モンゴル時代の「知」の東西

上

宮 紀子【著】Noriko Miya

名古屋大学出版会

1 カタラン・アトラス（全体像）

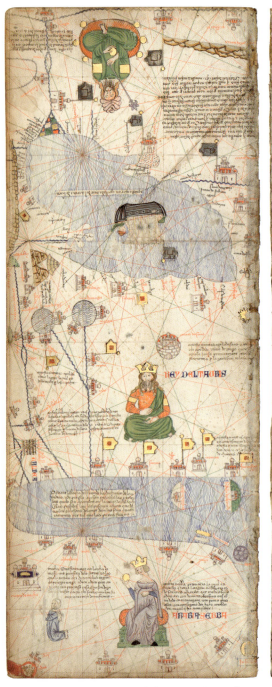

2　カタラン・アトラス上のフレグ・ウルスとジョチ・ウルス

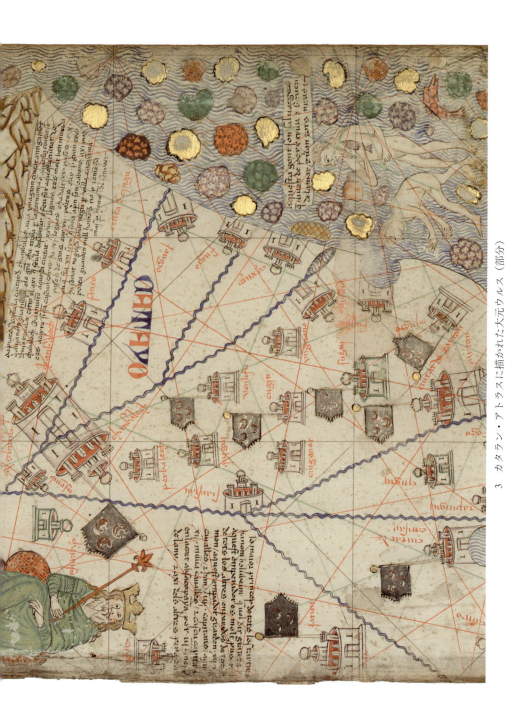

3 カタラン・アトラスに描かれた大元ウルス（部分）

5　站赤を利用する使臣 2

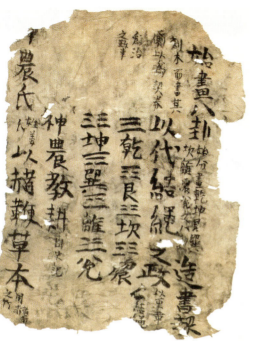

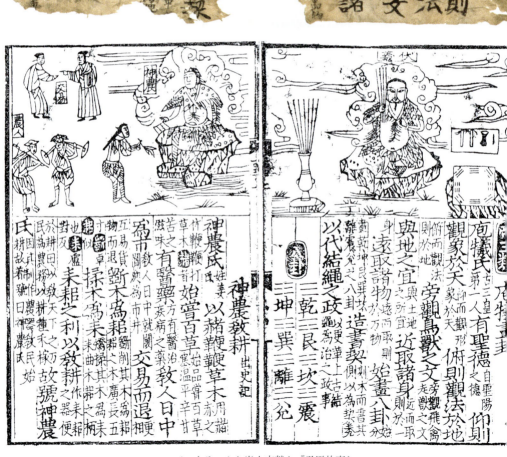

6　カラ・ホト出土文献と『君臣故事』

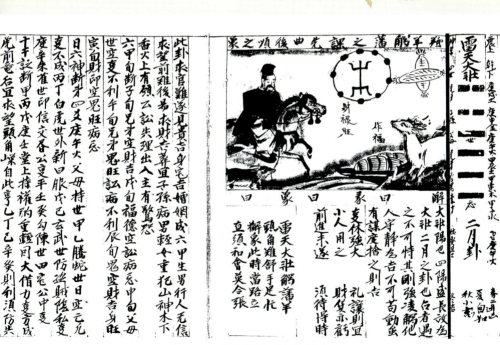

7　カラ・ホト出土文献と『卜筮元亀』

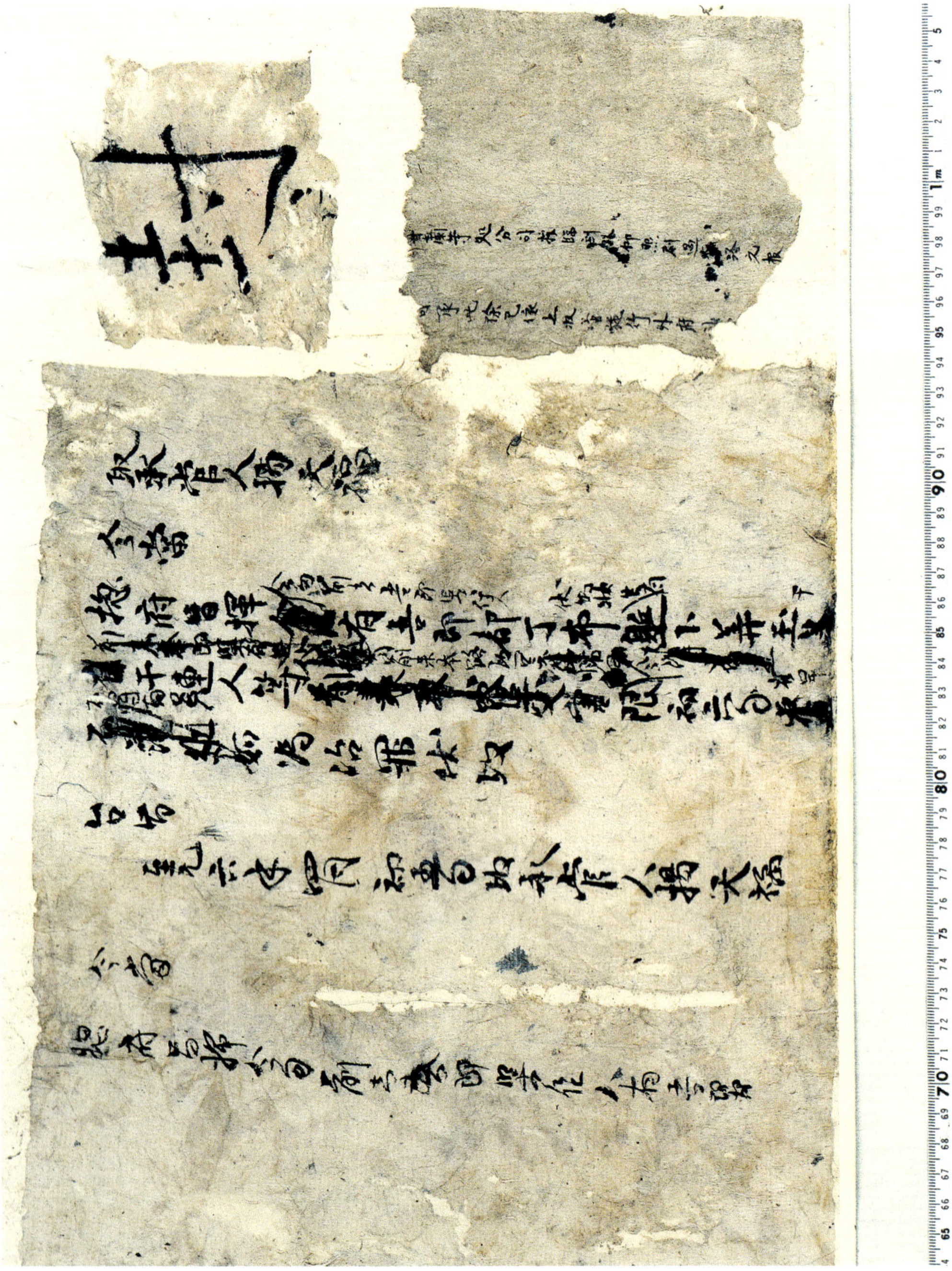

9　日本が蔵するカラ・ホト出土文書 2

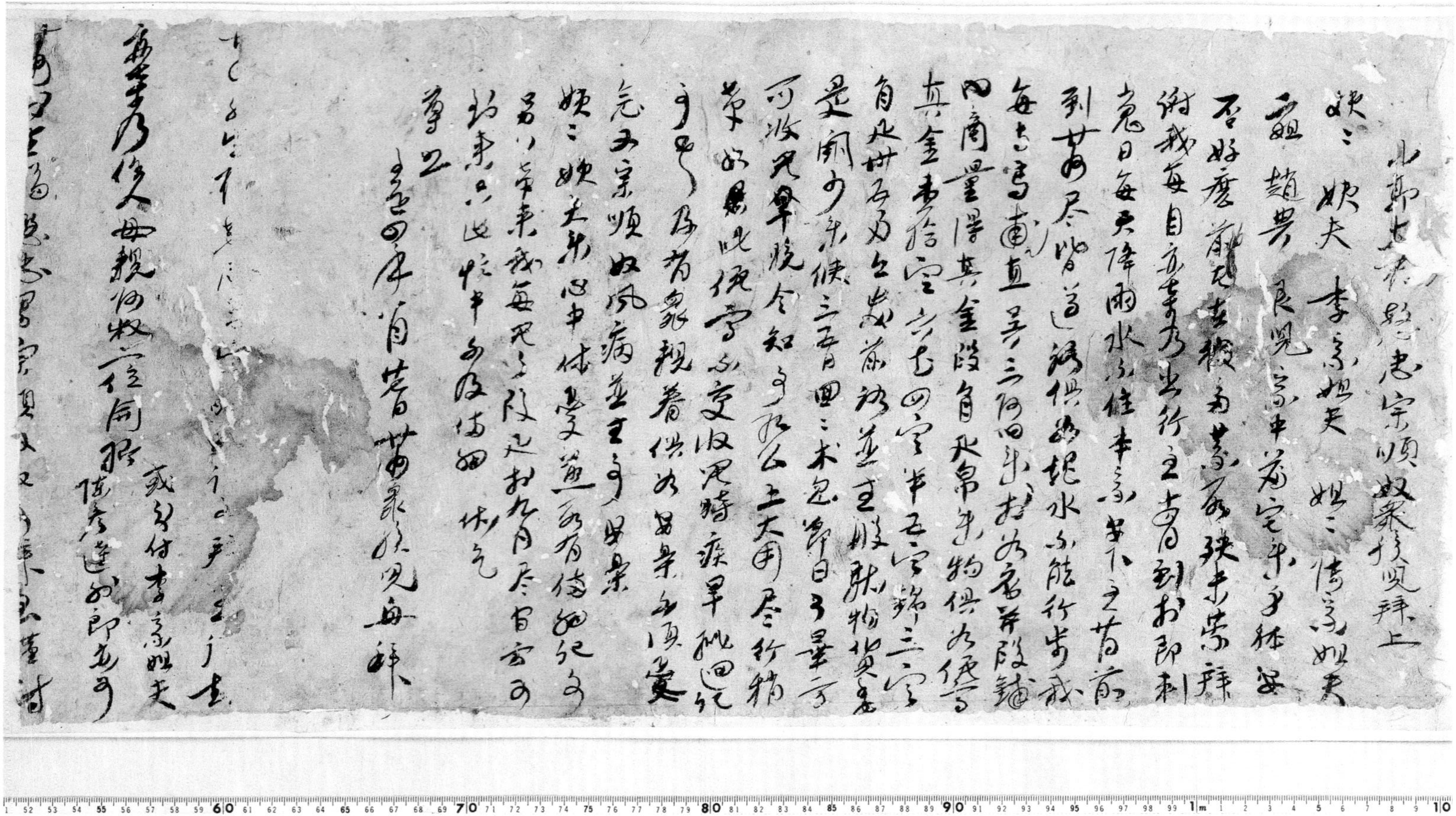

10　日本が蔵するカラ・ホト出土文書 3

11　カラ・ホト出土の至元通行宝鈔

12　カラ・ホト出土の支帖

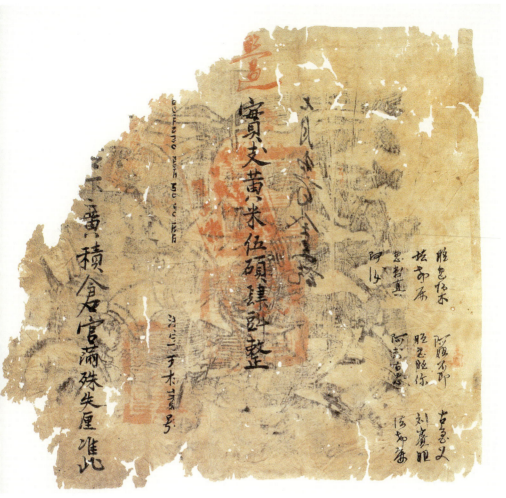

13 カラ・ホト出土の半印勘合文憑

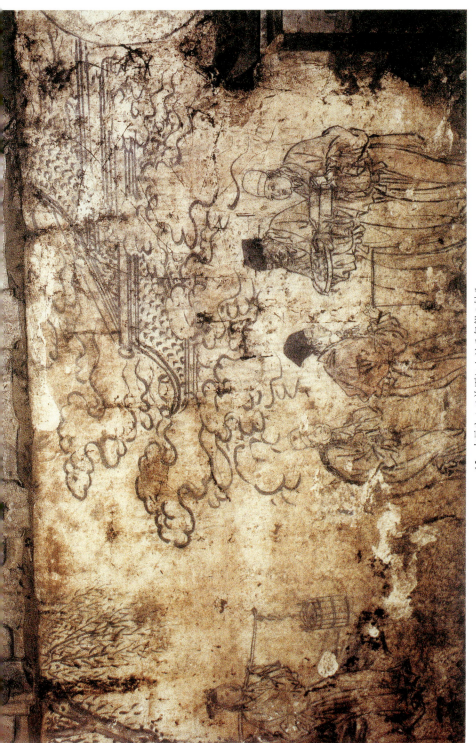

15 大元ウルス治下における包銀の納入

16　モンゴル時代の広州ムスリムの記録——「重建懷聖塔寺之記」

17 重建懷聖塔寺之記（部分）

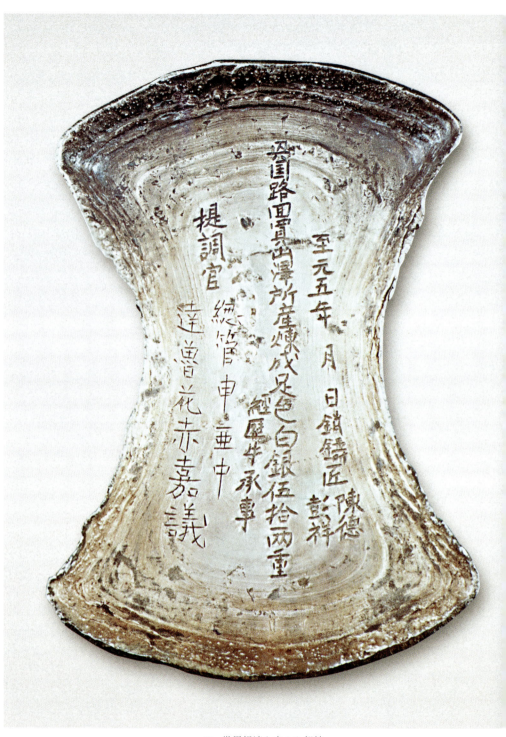

18　世界経済を支えた銀錠

19　精緻を極める金銀細工

20 宴会の準備に忙しい官邸の男たち

21　宴会の準備に忙しい官邸内のご婦人がた

22　大都の宮殿

23 世祖クビライ・カアンをとりまく都堂の高官たち

24 世祖出猟図

25 世祖出猟図（拡大図）

26　日本に伝来したモンゴル王族の狩猟図

27　巻き狩りを愉しむモンゴル王族

28　クビライ・フレグ兄弟の初めての狩猟

ارشاهن او سکسانی داشت وهوا وهوای فرمودی که درسان برسعادت وادای ام می نمایند وچون بعات فرهند
بودم درا وال سن طوفلت اطفال واراب راجح که ازدی واسناز بایا وموت وبنو و داروگر موخی ومان انه
منه اقاوابی واند و بودای من فرمودی وکرسی برباو حداقدام وردی اورا طرف باسمال خواسته کمری وسزگی
ونیخ سانب و محاطبکاه دار ورقاعده الاطفال بعب ولهو شغال مودی و بازی کردن اوحان بود ازم فهرمودی
ندوحام شال دامی درخند واما مسی بوگر اندر وسگرد و رهمی دانشت وصار دنسا به
جمع ساده ندالاجان اورا بارخی خوان خرمی نبر در ماورا عمم داد خط معروف واقوله و ادای اسان می
وله در مو ازدن سهرای رکاب سارید وبعدار ام اهل اخا راحس وجرکنان احسکرده هنر ارده نی
مهی اس نشرو تراح ایاس وسوسه چاور ارام اخی ساخی برنطی عالمان ممی معبوددورهسته نمان وسعسر
اصاحان حت بدم سکرپرآد که درنازین کرای کرد بود دعان خراسان بوجه فرمود لفعان خاوت عارارا خود و ارو
نان باستمال مود و درجان رهمان مدی مست و سرود بدان کلک که شاد مان فرمود وحوت ازامن ومان روان شدند
بوجم اخری که دمسان دامغان ومان استسکار کردند وشهادت عازان هشت سال بود انجا تجنیس
ز ل

29　ガザンの初めての狩猟

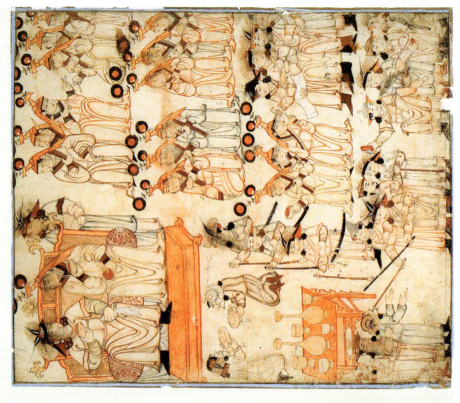
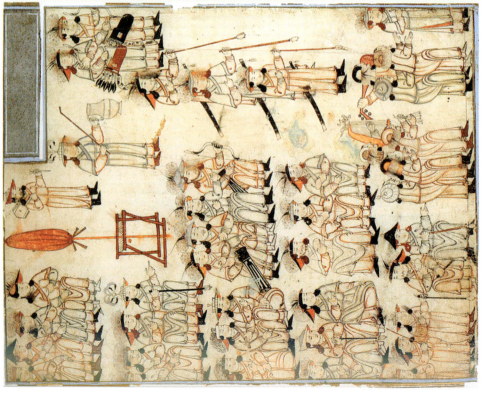

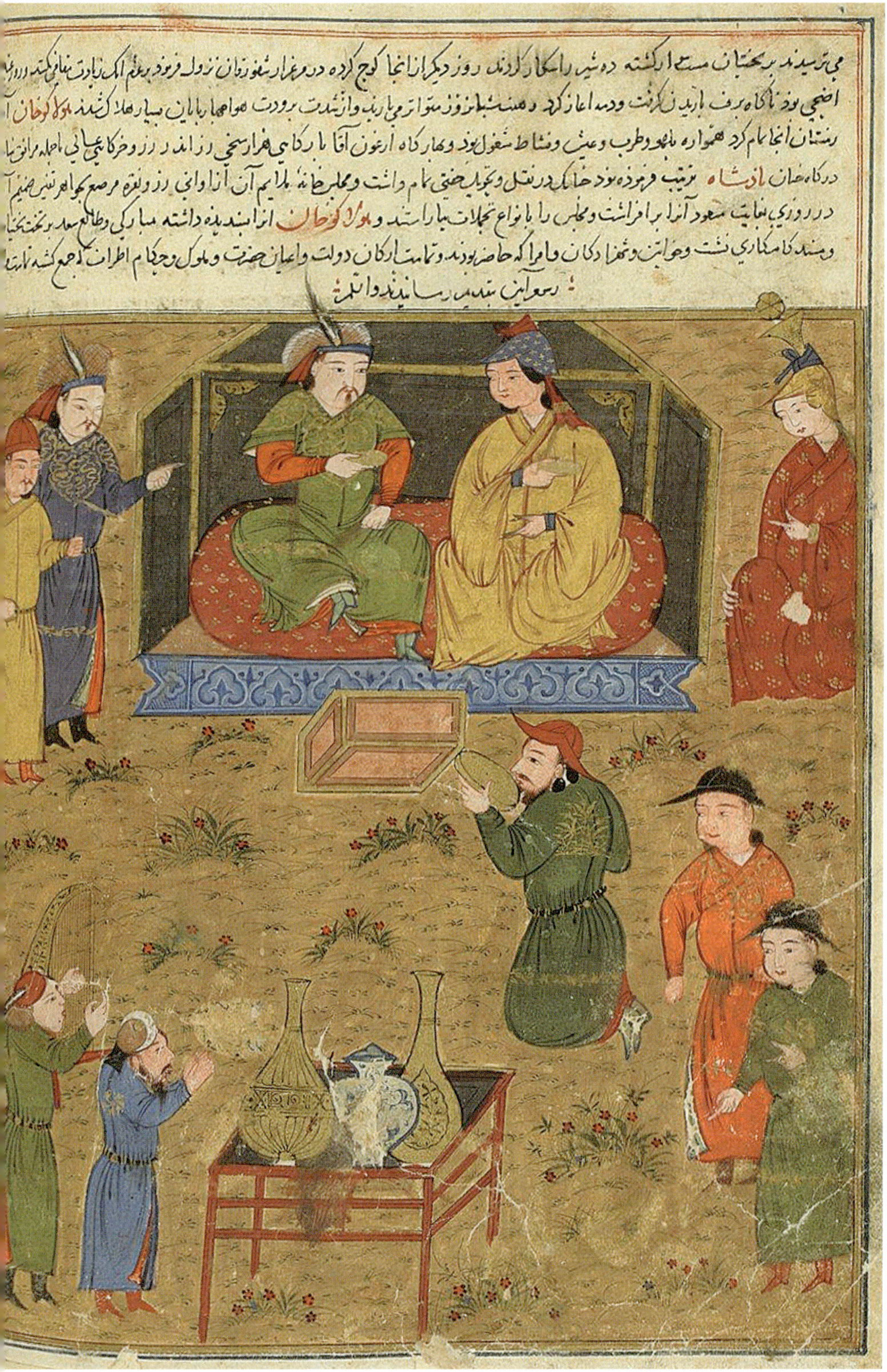

31　フレグの宴会

32　ガザンの王座

33 藍釉金彩鳳凰文タイル

34　アラビア文字とともに焼成された景徳鎮の大皿

35　ジャライル朝の金宝令旨

36　フレグ・ウルスにおいて読まれた挿図本「中国史」

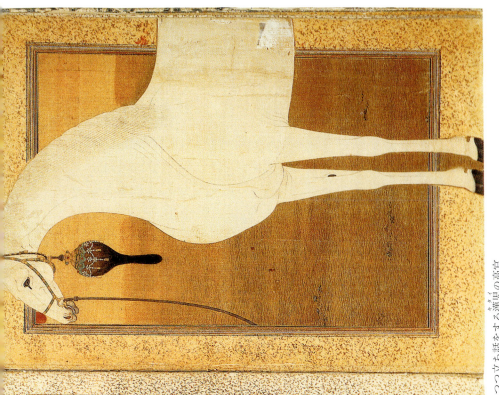

37　白馬を曳きつつ立ち話をする漢児の高官

回回藥方卷之三十四

金瘡門

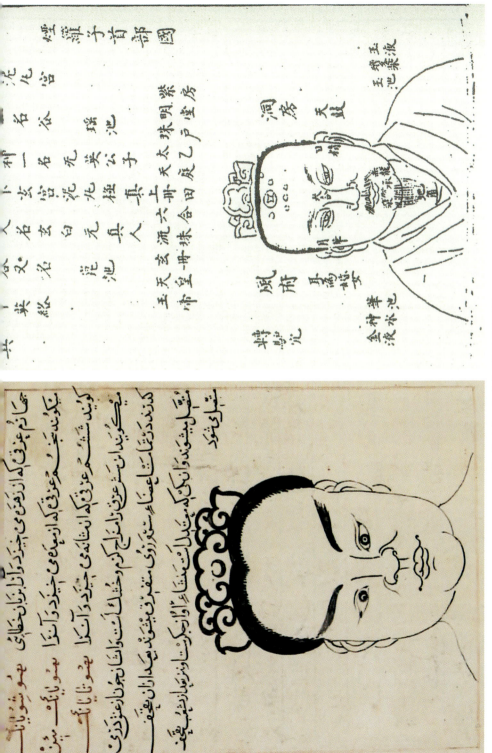

回回藥方卷之三十四

金瘡門

刀箭所傷類 說凡刀箭傷口成瘡并中毒箭能解喑止血收口生肌者

治傷損成瘡傷口新直者最妙者將瘡口對合休交諸物如糸埃小入傷縫或油務要乾縛三日莫開開者便縛二日候定若傷在不平處或肋務要放開不可化濕藥只可用乾藥貼

右用朧子粉蚕陀僧各等一錢淨沒藥木賈子各等半錢一同搗羅為末乾貼再用圓撒剌用酒煮爛乾為末貼傷再用濕麵一塊爛乾搗羅為末亦可若傷着筋者用地龍末貼或單用蘆薈或加野川草根同為末貼或有處着傷疼不能忍者是腦背子並管細腸在肝者亦重妥者多比別不同或心着傷者無限或傷着筋肉系邊必重絕其力也發昏沉重見識顯奄也或傷着膝前平處也重善不得脫離或是傷在肉系邊重顯見識奄者莫止望醫治者除是橫割肉系斷其此性肯者為之或傷着肚者便有乾嘔

或乾便腫或走臟腑者便死或傷着一塊傷口小莫交閉膿在下如此者用舊綿花蘸酥油貼在瘡口生肉再用生肌藥蘸在綿花撚上插入傷口撚子漸旋放小從傷生合或傷在肉用青木賈子石榴皮全銀油子車前子爛乾撒的知把是批薬匾豆各等分或單用或合為末欲小瘡口上用黑馬西葉杏葉茴苣葉貼者取效若傷大者用新乳餅研碎用酸子做的醋一同調貼或血不住者用此散藥蘆薈一錢乳香皮一錢檜木哈藥安撒魯的各等半錢一同搗羅為末同兒皮貼縛不能縛者適圍用石灰搽定血別可用藥

金瘡藥方 治金瘡諸般瘡疾止血生肌便乾又止鼻衄口疼舌疼又專治濕瘡拔膿生肌止諸般傷血用

安咱魯的 石榴花 乳香
血竭各等二兩 咱剌魯 沒藥各等五錢

右同為細末貼瘡

末子藥 治金瘡換生死肉用銅綠者能換死肉用

安咱魯的 石榴花 沒藥

39　*Tanksūq nāmah* と煙蘿子の首部図

40　ジョット（推定）が模したパクパ字風の書物

モンゴル時代の「知」の東西
上

目　　次

口絵解説──序にかえて ………………………………………… I

第 I 部　日出づる処の資料より

第 1 章　対馬宗家旧蔵の元刊本『事林広記』について ………………… 74

1　はじめに　74

2　宗家の『事林広記』　79

3　泰和律令と至元大典──南北の「知」の統合　92

4　むすびにかえて　99

第 2 章　叡山文庫所蔵の『事林広記』写本について ………………… 113

1　はじめに　113

2　比叡山延暦寺恵心院の『事林広記』　116

3　衝撃の別集巻二「官制類」　125

4　クビライ時代初期の官僚制　136

5　おわりに　144

附論 1　陳元靚『博聞録』攷　150

附論 2　新たなる『事林広記』版本の発見にむけて　159

第 3 章　江戸時代に出土した博多聖福寺の銀錠について ……………… 167

第 4 章　『卜筮元亀』とその周辺 ………………………………………… 181

第 II 部　大元ウルスの宗教政策

第 5 章　歴代カアンと正一教 ………………………………………… 190
　　　　　──『龍虎山志』の命令文より──

1　はじめに──『龍虎山志』簡介　190

2　モンゴル朝廷と正一教　194

　1）世祖クビライ時代　194

目　次　iii

　　　　２）成宗テムル時代　200

　　　　３）武宗カイシャン時代　203

　　　　４）仁宗アユルバルワダ時代　205

　　３　命令文の体式　207

　　４　石の齢を越えて　211

第6章　庇護される孔子の末裔たち ……………………………………223
　　　　──徽州文書にのこる衍聖公の命令書──

　　１　はじめに　223

　　２　孔端朝とその後裔　224

　　３　衍聖公の命令書　228

　　４　むすびにかえて　240

第7章　地方神の加封と祭祀 ………………………………………………253
　　　　──『新安忠烈廟神紀実』より──

　　１　はじめに　253

　　２　『新安忠烈廟神紀実』簡介　256

　　３　至元二十五年の道仏闘争　261

　　　　１）楊璉真珈の発給文書二件　261

　　　　２）解　説　266

　　４　加封申請への道　276

　　　　１）徽州路総管府の保管文書四件　276

　　　　２）解　説　293

　　５　おわりに　302

第III部　ケシクからみた大元ウルス史

第8章　バウルチたちの勧農政策 …………………………………………326
　　　　──『農桑輯要』の出版をめぐって──

　　１　はじめに　326

　　２　クビライ時代の勧農政策　327

　　　　１）ヴェールを脱いだ高麗版『農桑輯要』　327

iv

　　　　２）大司農司の設立　328

　　　　３）『農桑輯要』の編纂　334

　　　　４）大司農司の浮沈　342

　　　　５）東西文化の交流　343

　　　　６）ボロトが去って　345

　　３　成宗テムル以降の勧農政策　350

　　　　１）江南開発の中で　350

　　　　２）王禎と『農書』　355

　　　　３）元刊大字本『農桑輯要』とその咎文　361

　　　　４）苗好謙と『栽桑図説』　373

　　　　５）魯明善と『農桑撮要』の出版　381

　　　　６）見直されるべき泰定帝イスン・テムルの治世　385

　　　　７）度重なる政変の中で　391

　　　　８）二世，三世の大司農司　397

　　４　むすびにかえて──『事林広記』が語ること　401

第9章　ブラルグチ再考 ……………………………………………432
　　　　──カネとちからの闘争史──

　１　はじめに　432

　２　建前の世界のブラルグチ　437

　３　ブラルグチの実態　441

　　　　１）不蘭奚と闌遺　441

　　　　２）路・府・州・県における遺失物管理　445

　　　　３）権力闘争のなかで　448

　　　　４）ブラルグチたちの横暴　455

　４　おわりに　459

第10章　モンゴル・バクシとビチクチたち ……………………………489

　１　はるかなる匈奴の記憶　489

　２　モンゴル命令文の世界　496

　３　『書記規範』の任命書　500

（下巻目次）

第Ⅳ部　ユーラシア東西の文化交流

第 11 章　移剌楚才『西遊録』とその周辺

第 12 章　フレグ大王と中国学──常徳の旅行記より

附　論　マラーガ司天台と『イル・カン天文表』について

第 13 章　モンゴル王族と漢児の技術主義集団

第 14 章　『元典章』が語るフレグ・ウルスの重大事変

第 15 章　ユーラシア東西における度量衡統一の試み

第 16 章　ジャライル朝の金宝令旨より

第Ⅴ部　ラシードゥッディーンの翻訳事業

第 17 章　ラシードゥッディーンが語る南宋接収

第 18 章　ラシードゥッディーンの農書に見える中国情報

第 19 章　*Tanksūq nāmah* の『脈訣』原本を尋ねて──モンゴル時代の書物の旅

第 20 章　*Tanksūq nāmah* の「序文」抄訳

あとがき

初出一覧

図表一覧

人名索引

図書索引

事項・術語索引

口絵解説
――序にかえて――

1〜3　カタラン・アトラス

MS : Paris, Bibliothèque national de France, Espagnol 30

　1375 年，アラゴン王国のペドロ四世が，フランク国王シャルル五世のもとめに応じ，マヨルカ島はパルマのユダヤ人工匠クレスケス父子に製作せしめたもの。①総説（聖書にもとづく人類史を含む），②天球図，③*mapamondi* 世界図から構成される。

　この地図に関する研究は，J. A. C. Buchon et J. Tastu, *Notice d'un atlas en langue catalane*, Paris, Imprimerie Royale, 1839 を皮切りに，一貫して西欧の研究者の主導のもとに進められてきた。近年も，フランス，スペイン，ロシア等の諸国から，類似の地図を徹底的に収集して比較する美麗かつ詳細な図録，自国とその周辺の地名の解読・分析の結果が陸続と公刊されている（天球図の歴史については，A. Пильгун, *Вселенная Средневековья : Космос, звезды, планеты и подлунный мир в иллюстрациях из западноевропейских рукописей VIII-XVI веков*, Москва, 2011 が出た）。くわえて，本家本元――所蔵機関であるフランス国立図書館は，肉眼を遥かに超える解析を可能にする高度なデジタル画像を公開した。ただ，東方の地名解読・分析については，今もって捗捗しくない。

　さて，地図は北を上に，アフロ・ユーラシアの領域にある山・島・海・河川・諸国・都市・王侯・古跡名所等を網羅しつつ，美麗な挿絵に金・銀を惜しみなく用いる豪華絢爛ぶりで，まこと王国間の贈答品に相応しい。イドゥリースィーやイスタフリーといったアラビア文字の地図帳の影響を受けつつ，とうじの勢力図・諸国興亡史の常套的な表現法を用い，ヨーロッパ諸国はもとより，フレグ・ウルス（タブリーズの王国），ジョチ・ウルス（Sarra＞Saray の君主国），チャガタイ・ウルス（Medeia の君主国），大元（大蒙古）国（Catayo），デリー・スルタン朝（トゥグルク朝）等の版図が"旗"を以て描き分けられている。フランク王国の旗

がキリスト教国家の象徴"紺地に金の百合の花散らし"であるように，それぞれの紋章にはちゃんと基づくところがある（ヨーロッパでは，神聖ローマ帝国の敵・味方を，獅子と鷲のどちらの紋章かで大まかに見分けていた）。ジョチ・ウルスについても金銀貨・家畜等に打刻・烙印される tamqa と連動する。ぎゃくに，大元ウルスの tamqa は，この地図によってはじめて知り得るのだ（マルコ・ポーロの *Il Milione*『百万の書』／*Le Deuisement dou Monde*『世界の記述』の諸本のなかでは，唯一ラムージオ本に，"日月の像が描かれた帝室の旗"と記される。カアンの代理として，十万の軍を統べる元帥／大将軍の虎頭金牌に刻まれていたという日月も，あるいは大元ウルスのタムガか）。歴史資料としての価値はきわめて高い。

　ヨーロッパを描く一葉の最南端の海域に帆船が浮かぶが，その傍らに"1346年8月10日，Jac Ferer＞Jacome Ferrer の船が（アフリカ大陸北西部の）黄金の河に行くために出発した"と記す。そのアフリカ北西部には，黄金で名高いマリの城子と最盛期の王 Musse マンサ・ムーサ（1312-37 在位）が描かれる。また，ジョチ家の当主として 1341 年に即位した Janibech 札尼別の名を挙げるので，全体として大体いつ頃の世界情勢を記したものか，推測できる（1333-58 年の間に締結されたヴェネツィアとジョチ・ウルス間の商業協定書では，ウズベクが Husbec-cho/Hosbach/Usbecko，ジャニベクが Zanibek/Zanibeck/Zanibech，ベルディベクは Ber-dibech と表記される）*1。フレグ・ウルスは，おりしも傀儡政権が連立している時期で，当主の名が記されないのは当然といっていい。ただし，中央アジアのチャガタイ家の当主として挙げられるのは，"公正なる君主"として名を馳せた 1320年代の Chabech 怯別である。大元ウルスのカアンは"holubeim＞qol-un ejen 腹裏的主人？"なる呼称。Qubilai，泰定帝 Yesun-temür，文宗 Toq-temür のいずれかの誤記かとも考えられるが，特定できない。この時間差は，船乗りたちの膨大な知識が注ぎ込まれた *portolano* ポルトラーノ地図に基づく西方の地名に対し，東に向かうにつれ情報量が減ってゆくことと，関係するだろう。

　地図には，ペルシア湾を航行するフレグ・ウルスの船，カスピ海を渡るジョチ・ウルスの船，キプチャク草原を経由して大元ウルスに赴く隊商が描かれている。しかも，よく見ると"内海"としての地中海・エーゲ海・黒海・アゾフ海・カスピ海，それらとドン河・ヴォルガ河・アム河等の内陸河川が連結され，中央アジアの奥深くまで船による"水路"が確立していたことがわかる（ユーラシアの東西を結んだのは，ステップ・ルート，アラビア海・インド洋ルートだけではなかっ

た）。

　したがって，大元ウルス治下の地名についても，外交使節団・宣教師・隊商からの交通情報に依拠，じゅうぶんに利用できたはずなのだが，何故か，『百万の書』からほとんど進歩していない（従来から，キプチャク草原をゆく商人たちがポーロ一家に擬されるのも，相応の理由があったのだ）。それどころか，Cipang＜Ch. Žibunguų 日本国は，描かれてすらいない。1296 年の時点で廃墟同然になっていた大蒙古国（イェケモンゴルウルス）のかつての首都カラ・コルム Carachora が Elbeit＞Elghiur？西涼と Chancio 甘州の南に配されてしまったのは仕方がないにしても，Iangio 揚州が漢児（キタイ）（華北）のかなり北部にあったり，蛮子（マンジ）（江南）の沿岸部が，北から Mingio 明州，**Ciutat de Zayton 泉州の城**，Fogo 福州，Tapinguy 太平州，**Ciutat de Cansay 行在（杭州）の城**，Canyo 南澳？，**Cincalam 広州**[*2]，Ciutat Caynan 海南（açi fini Cataio ここでキタイ終わり）となっている。杭州→太平州→明州→福州→泉州→南澳→広州→海南が正しい。世界に名を馳せていた貿易港の位置関係が混乱しているのは，一体どういうことなのか。揚州には，"也里可温（エルケウン）の十字寺"のほか，ポルデノーネのオドリコが語るごとく，フランチェスコ会の僧院があり，1340, 44 年に客死したジェノヴァの商人イリオーニ家の姉弟の墓誌，泉州ではペルージアのアンドレアス司教の墓誌も見つかっているのに。

　ヨーロッパの人々にとって，とうじ比較的手軽に入手できたであろう南宋咸淳年間の「輿地図」（京都東福寺栗棘庵蔵）や朱思本「輿地図」の拓本，『事林広記』（本書第 1 章・第 2 章）や『翰墨全書』などの類書（百科全書）に附された地図，それらに記された漢字の障壁はあまりに高過ぎたのか。それとも，大元ウルスとの窓口になっていたフレグ・ウルスからの情報が少なかったからなのか――*Jāmi' al-Tavārīkh*『集史』の第三部もしくは第四部に附されていたという世界地理志・地図は流布せず，*Safīnah-yi Tabrīz*『タブリーズの翰墨全書』（1321-23），*Nuzhat al-Qulūb*『心神の娯楽』（1339-41），*Ravẓat ūlī al-Albāb fī Ma'rifati al-Tawārīkh wa al-Ansāb*『歴史と系譜の知識に関する賢者たちの庭園』（通称『バナーカティー史』MS : Istanbul, Aya Sofya 3026 1345 年写本）等に収録されるアラビア文字の地図には，大元ウルスの情報がほとんど記されていなかった。アラゴン・カスティーリャは，みずから使臣や商人を大元ウルスに派遣することはせず，教皇庁やフランク王国に便乗しているだけだったのか[*3]。それとも把握している情報の詳細を，フランク王国に進呈する気がなかったのか。

4

とはいえ，ヨーロッパにおいて，かくも詳細な交通図は，それまで存在していなかったし，じっさい 16 世紀に到るまで最高峰でありつづけた。いま，この地図を真に理解するために必要な作業としては，アラゴン・カスティーリャの資料の発掘と当地の研究の回顧がひとつ。ヨーロッパ諸語・ペルシア語・アラビア語・シリア語等の諸資料に見える地名の総ざらい，そのうえで音価・表記の問題も含めた徹底的な比較分析。同じく未だ完全・正確な把握には至っていない「混一疆理歴代国都之図」（龍谷大学図書館蔵・長崎県島原市本光寺蔵）の中央アジア以西の地名の解読も併せて進めるべきだろう。その作業自体が，とうじの站赤／<ruby>站赤<rt>ジャムチ</rt></ruby>駅伝網の復元へと繋がり，ユーラシアの「知」の東西交流の具体的なルートや各集団のネットワーク，歴史背景を知るため，あるいは各種言語の資料，特に固有名詞を読む際の手がかり・工具となるにちがいない。

* 1　Louis de Mas-Latrie, *Privilèges commerciaux accordés à la République de Venise par les princes de Crimée et les empereurs mongols du Kiptchak*, *Bibliothèque de l'école des chartes*, 1868, tome 29, pp. 580–595 ; A. M. Özyetgin & İ. Kemaloğlu, *Altın orda hanlığına ait resmî yazışmalar*, Ankara, 2017, pp. 90–127. なお，後者に収録される文書は，ほぼ全てについてカラー写真が提供される。

* 2　*Jāmiʿ al-Tavārīkh*, MS : Istanbul, Topkapı Sarayı Müzesi, Kütüphanesi, Revan 1518, f. 207b, MS : Taškent, Abu Rayhon al-Biruni Institute of Oriental Studies 1620, f. 177a, MS : Rampur, Raza Library, F 1820, p. 137.

　　　　5 番目の省は，**Yangjū** 揚州の<ruby>城子<rt>まち</rt></ruby>：この城子は漢児の境界に立っている。（■■）［カアン］の子息 Tūqān 脱歓が彼処にいる。6 番目の省は，**Jīngsāy** 京師／<ruby>行在<rt>マンジ</rt></ruby>の城子：蛮子の dār al-muluk 御座所／首都である……7 番目の省は，蛮子の諸城のうち **Fūjīū** 福州の城子：以前，省は彼処にあったが，**Zaītūn** 刺桐（＝泉州）に将て去られた。如今は［<ruby>再<rt>も</rt></ruby>び］彼処に将て来られている……諸々の船舶の港が<ruby>刺桐<rt>ザイトゥン</rt></ruby>／泉州である……9 番目の省は，**Kungjī** 広州：それを<ruby>大食<rt>ターズィーク</rt></ruby>人たちは，**Chinkalān** と呼んでいる。<ruby>刺桐<rt>ザイトゥン</rt></ruby>／泉州の下（＝南）の海岸部のひじょうに大きな城子で，かつ巨大な港である……。

Jāmiʿ al-Tavārīkh, MS : Istanbul, Topkapı Sarayı, Hazine 1654, f. 335b.

　　　　それから，やはりカアンの <ruby>īl</ruby>＜Tur. el 附属たる **Khaitam** の諸邦／田地である。その向こう側が **Chinkalān**。さらにその向こう側には **Zaitūn** の海港。Chīn 支那の海の沿岸に位置しており，shing 省として知られるカアンの dīvān 衙門，そのひとつが其処にある。彼処を通過すると **Jingsāy** に到ることになる。壮麗な外観のひとつとして，城子の間に，東西方向へ 6 farsang 里程（1 farsang＝6.24km）の城壁があり，南北方向もここから類推できる。そして，カアンの nāyib 代理人たち，モンゴル，<ruby>木速魯蛮<rt>ムスルマン</rt></ruby>／回回，漢児，<ruby>畏吾児<rt>キタイ</rt></ruby><ruby>　<rt>ウイグル</rt></ruby>が其処を統治している。

Shihāb al-Dīn ʿAbd-Allāh Sharaf Shīrāzī, *Tajziyat al-Amṣār va Tazjiyat al-Aʾṣār* (*Tārīkh-i Vaṣṣāf*), Bombey, p. 22, MS : Istanbul, Süleymaniye Kütüphanesi, Aya Sofya 3109, f. 32a.

　　　　特に，**Linkīnfū** 隆興府，**Zaitūn**，**Chīnkalān** は，**Khinzāy** のように shing 省——すなわち

最高の dīvān 衙門としての大城——と呼ばれる。

*3　本書第14章第3節・第17章註23参照。ローマ教皇庁やフランチェスコ会の姿勢にも責任があるだろう。ロジャー・ベーコン（1214-92）は，オックスフォード大学卒業後，フランチェスコ会修道士として，そのまま同大学で教鞭をとっていたが，1233年に，研究の展開・深化をはかるため，パリ大学に赴いた（一時期，ドミニコ会のトマス・アクィナス，その師アルベルトゥス・マグヌスと同僚だったことになる）。ギリシャ語，ヘブライ語，アラビア語等を習得，徹底した原典主義を取り，多言語の最先端の著作を読み漁っていたかれの興味が，神学のみにおさまらず，数学・光学等に向かったのは，神聖ローマ帝国皇帝にしてシチリアの王フリードリヒ／フェデリーコ二世（1194-1250。諸科学の庇護，『鷹狩りの技術の書』で知られる），かれに仕えた占星術師マイケル・スコット／ミカエル・スコトゥスやピサのレオナルド・フィボナッチ（1170-1241?）等の例からしても当然といってよかった。とうじアルフォンス十世の治めるカスティーリャ王国をはじめ，北アフリカからコンスタンティノープルへと至る地中海沿岸において，宗教を越えた学術交流，ギリシャ・アラビア科学の研究が盛んになされていたからだ。

　　驚かされるのは，同じフランチェスコ会に属すとはいえ，ベーコンがプラーノ・カルピニのジョヴァンニ／ヨハネスとルブルクのギヨームの報告書に細かく眼を通していた点だ。後者は，献呈を受けたルイ九世が秘匿したため膾炙しなかった。ベーコンは，1267年，教皇クレメンス四世（進歩的な思想の持ち主でよき庇護者だった）に献呈した著作 Opus Majus『大著作』の「数学」の章において，モンゴルの軍事的脅威，モンゴル朝廷が天文学者を庇護し科学を重視していること——フレグのバグダード接収について数回言及しており，ナスィールッディーン・トゥースィーとマラーガの司天台のことも聞き知っていたようだ（本書第12章）——，その対抗策の必要性を力説し，カスティーリャ王国の『アルフォンソ天文表』，アストロラーベの利用による世界図の製作を示唆した。「ヘレフォード図」などイェルサレムを中心に置く宗教理念の強い旧来の円形の mappa mundi からの脱却，「カタラン・アトラス」への指針が，はやくもここに見て取れる。かれは，キリスト教国家の「知」の遅れを認識し，強い危機感をもっていた。クレメンス四世の死後，身内の修道会から異端の容疑をかけられて1278年から10年間投獄されたため実現しなかったが，稀少な"異教"の書物を大々的に収集し，その精髄を Scriptum Principale『主要著作』なる百科全書に投入する計画をたてていたという。かれの理念からすれば，恐らく，外交使節団に天文学者・測量技師を同行させる企ても進めていたに違いない。

4〜5　站赤（ジャムチ）を利用する使臣たち

陝西歴史博物館蔵

「西安南郊元代王世英墓清理簡報」（『文物』2008-6　pp. 54-68）

『驍騰万里——中国古代馬文化展』（三秦出版社　2014年）

　大モンゴル国（イェケ・ウルス）の広大な版図に張り巡らされ，"ヒト・モノ・情報"の運搬・循環に大いに寄与した陸・海・水の駅伝網。その概容——制度・運営・設備・弊害等——を知ろうとすると，まず紐解かねばならないのが，『永楽大典』の「站

赤」や「急逓鋪」の項目に収録された『大徳典章』，『経世大典』，『成憲綱要』，『六条政類』等大元ウルスの散逸政書の記事，『大徳典章』の改訂増補版たる『大元聖政国朝典章』（通称『元典章』），『通制条格』，『至正条格』といった現存の政書。さらにはフレグ・ウルスで編まれた『世界を開くものの歴史』や『集史』，『ヴァッサーフ史』。類書／百科事典の「地輿類」「郡邑類」，各地方志も役に立つ。カラ・ホトや敦煌から出土した文書の断片，各地の碑刻は，站赤の運用のより具体的な実態を垣間見させてくれる。くわえて，利用者側の目線で描かれた記録として，李志常『長春真人西遊記』（征西中のチンギス・カンに招聘された華北の道教教団全真教の旅行日誌。本書第11章参照），『百万の書』，フィレンツェのペゴロッティが編んだ *La pratica della mercatura*『商業指南』，プラーノ・カルピニのジョヴァンニにはじまるフランチェスコ会修道士たちやドミニコ会の報告書・書簡，イブン・バットゥータの旅行記等もある。それら多言語の資料が相互に補完しあい，ときに驚くほどの内容の一致をみせる。

　上記のような文献の山から編み出される歴史ドラマの脚本，站赤の道中あるいは郵亭（十五里ごとに設置）／館駅（六十里ごとに設置）*1，急逓鋪での一齣一齣を上演可能にしてくれるのが，たとえば，2005年に陝西省西安の有名な"雁塔"の南側で発見された大元時代の墓だ。盗掘によって金目のものは持ち去られていたが，墓主の冥土のお供に葬られた陶器の人馬・家畜の俑の一群が，色鮮やかなまま壊れることもなく残っていたのである。

　墓主の王世英は，京兆府路（のち安西路，奉元路に改名）耀州は富平の出身。モンゴル語に堪能な軍人だったので，京兆宣撫司において奏差をつとめていたが，至元五年（1268），四川行省の宣使に抜擢された。至元九年の末，南宋側の昝万寿の軍勢に包囲されてしまった厳忠範の指令を受け，わずか10騎で敵陣を突破，救援を求めた。この事蹟は，『元史』の本紀にも記載されている。その軍功あってか，安西王府の開設時にマンガラ（クビライの嫡子）の kelemeči 通事に択ばれ，クビライにも拝謁している。しばしば敵情視察，根回しを目的とする使臣／窺探（隠密・間諜）の任を命じられた。至元十二年から十三年にかけて，"兵部郎中（従五品）"という格上の肩書きを以て龍虎山の天師張宗演や衢州・信州一帯の招諭に赴いている王世英も，おそらく同一人物（第5章参照）。至元二十八年（1291）には咸陽県の県令に任じられたが，そのごも吐蕃の部族叛乱の鎮圧軍に随行を命ぜられたりしているので，影の任務は続いていたのだろう。大徳五年

（1301）に，忠勇校尉同知耀州事（正七品）に昇進し，五年後，七十三歳で没している。

M11：23，M11：26の番号を附されている俑（口絵4）は，冠っているモンゴル式の氈帽ひとつとっても軍官だとわかるが，de'el 衣衫，büči 腰線が裙子（スカート）と看做されてしまったのか，発掘報告では婦女だと勘違いされている。諸文献が伝えるごとく，聖旨や令旨を収めた箱を防水布，赤地に金の刺繍入りの風呂敷で包んで襷掛けにしており，明らかに急逓鋪を疾駆する王世英自身の姿を写したものである（牌子（バイズ）は落とさないように懐にしまいこんでいるのだろう）。かれの最終の資品・職品はともに正七品。したがって，鋪馬の使用は三疋まで，kötölči 馬牽き（M11：10，M11：33）等の従者は二人までしか認められていなかった。墓からは，立派な鞍をつけられた馬（M11：29）のほか，虎の毛皮やら着替え等を詰めた行李を背負う極めてリアルな鋪馬（M11：21，M11：24）も出土している。

その王世英に先んじ，至元三十年に耀州の尹（従五品）に任じられた耶律世昌の墓も見つかっている。発掘自体も王世英から遡ること55年前，場所は同じ西安だが，郊外の長安区韋曲（2009年に発掘された華北軍閥のひとつ劉黒馬一族の墓とも近い）。任官が決まってまもなく四十六歳で亡くなったので，王世英のちょくせつの上司になることはなかったが，じつに対照的な人生だった。

世昌は，チンギス・カンの腹心だったキタイ軍団の頭領——太傅也哥那延耶律（イェケ・ノヤン）（＝移剌）阿海・禿花兄弟の甥猪哥の子である。一族・姻戚ともどもみな軍官として高位を占めており，かれの正妻は，同じくキタイの名族石抹氏，それも万戸長の娘である。キタイは多言語を操るのが普通だったので，往来する使臣（エルチ）や商賈・斡脱（オルトク）の護衛のみならず，みずから使臣（エルチ），kelemeči 通事をつとめる者も多かった。とくに耶律家は，チンギス・カン以来，サマルカンドやブハラの統治に携わっており，カアンへの報告のみならず，一族同士の連絡も頻繁にとる必要があった。駅伝馬や馬車は，生活必需品といってもよく，斡脱（オルトク）との関わりも濃密だったはずである。世昌自身は，五人兄弟の末っ子で，儒者を気取って長らく風来坊だった。さすがに周囲が世間体を気にしたのか，家産を相続できなかったのか，夫人との間に七人も子を儲けてしまったので俸給をもらう必要がでてきたのか，陝西行省から安西王アーナンダ（クビライの孫。マンガラの子）に保挙してもらって最初に得たのが従五品の職だったのである。墓に埋葬された陶俑が，大量かつ見事な出来栄えである理由がよくわかる（口絵5，本書第16章参照）。

なお，站<ruby>赤<rt>ジャムチ</rt></ruby>の発展・維持を促した要因に，定期的に開催されるモンゴル王族たちの"<ruby>聚会<rt>クリルタ</rt></ruby>・朝会"と"湯沐邑／投下領・aqar-t'amar 五戸絲"の制度がある（江戸時代の"参勤交代"，"天領"の経営などを思い浮かべればよい）。新たに版図を獲得すると貢献に照らして一族に公平に分与してゆくのがチンギス・カン以来の原則なのだが，かれの4嫡子についていえば，ジョチ・ウルス治下のカートとヒヴァをチャガタイに，チャガタイ・ウルス治下のブハラをトルイに，華北の平陽路・沙州路（いまの敦煌）をジョチとその子バトゥに，太原路をチャガタイにといった按配で，各ウルスに他の3兄弟の湯沐邑を設定することで，結果としてかれらが常時かつ永久に相互連絡をとらざるを得ないようにしたのである。同じく，后妃，諸王，公主，駙馬，功臣たちにも，その都度"食邑／投下領"が与えられた。かくて，モンゴル時代の漢文資料やペルシア語資料には，各湯沐邑の戸籍台帳に依拠して，租税，絹・陶磁器などの特産品，文武に優れた人材を互いに届け，受け取るという名目のもとに往来した使節団・<ruby>幹脱<rt>オルトク</rt></ruby>の記録が数多くのこる。いずれのウルスにおいても，戸籍台帳の管理，税制の整備，出納簿の記入法や各種文書の定型化，各地の言語における行政用語——とくに税関連の語彙の把握，ユーラシアの東西における度量衡や貨幣の対応表の作成が喫緊の課題となったことは，想像に難くない。また，王族たちが<ruby>挙<rt>こぞ</rt></ruby>って，諸ウルスに点在する自身の湯沐邑から，選りすぐりの学者や将来有望な俊英，たしかな腕をもつ工匠を自分の<ruby>宮帳<rt>オルド</rt></ruby>に招いた結果，各地域の「知」をぶつけあう場が出現し，各種学問・技術の融合，活性化，飛躍が促進されることとなった。

＊1 『中庵先生劉文簡公文集』巻十三「題張受益古斎詩巻」"一尺五寸為肘＜Mon. toqai，四肘為一弓＜Mon. numu，三百弓為一里"，『回回館訳語』「宮室門」"館駅：呀木哈納 yām khā-nah"，『陳竹山先生文集』内篇巻一／『西域番国志』「<ruby>哈烈<rt>ヘラート</rt></ruby>」"道傍多築土屋，名［朗哥児 langar／朗児哥 langar-gāh（＝宿泊処）］，以為［往来人／憩来往之人］留憩，免［寒暑風雨／祁寒暑雨］之患。二十里為一木頭，或毎木頭設土屋一所。又名臘巴児 rāh-bar（＝案内処），内設飲食，以給往来人之飢渇者"。

6〜7　逸書の宝庫——カラ・ホト（黒城）と日本

『中国蔵黒水城漢文文献⑧』（国家図書館出版社　2008年）

『図像合壁句解君臣故事』（前田尊経閣文庫蔵五山版）

『大易断例卜筮元亀』（蓬左文庫蔵天正年間抄本）

口絵解説　9

　甘粛省と青海省の境界をなす祁連山（祁連は，匈奴・鮮卑語の"天"）。その頂き
の氷河に源を発して北流し，甘州（張掖），粛州（酒泉）をはじめ，いわゆる河西
回廊のオアシスを次々と潤してゆく黒河は，内蒙古自治区のゴビ砂漠に至って湖
となり，その長い旅を終える。西夏時代にはイズィナ（＝西夏語で黒水の謂い）
と呼ばれ，モンゴル時代もそれを踏まえ，その地域一帯を漢語でいうところの
"亦集乃路総管府"なる行政単位のもと管理した（「混一疆理歴代国都之図」では
"各班脳児 qurban na'ur 三つの湖"＝漢代の居延沢の傍らに"亦集乃"と記される）[1]。
　イズィナは，モンゴル高原と青海・雲南・東南アジアを南北に結び，中国と中
央アジア・ヨーロッパを東西に繋ぐ大道が交差する要衝であったため，諸王以下
の軍が通過ないし駐屯するほか，外交使節や隊商が絶えず往来した（クビライ時
代から，オゴデイ家当主のカイドゥ，西のチャガタイ家当主のドゥアに対峙する大元ウ
ルス軍への食糧補給の一助として，水利・灌漑・屯田事業が推進された）。『百万の書』
も，Eçina/Azina/Ezina の表記で，この地の解説を甘州とカラ・コルムの間に配
し，"四十日行程の沙漠を通過する前に，此処で糧食を買い込まねばならない"
と注意を喚起する。「カタラン・アトラス」（口絵 1）でも，ほんらいあるべき位
置ではないが，Chancio 甘州から少し離れたところに Eiginea の城が見える。
　明代以降，さまざまな要因によって，砂塵に埋もれ廃墟となり，いまや年間降
水量 15mm 以下の不毛の地である。いつしか呼称もモンゴル語でカラ・ホト
（黒城。旧い城の意）に変わった。ところが，20 世紀に入り，数回に亙って遺跡
の発掘が行われた。結果，匈奴との興亡の一端を伝える漢代の木簡・竹簡，西夏
統治時期のさまざまな文物が纏まって出土した。モンゴル時代についても，青磁
や青花の破片，絵画や版画，仏像などの美術品，"塩引"と呼ばれる一種の為替
手形や"鈔"と呼ばれる小額紙幣，政府専売品のひとつである茶葉の包装紙，官
庁が発給した文書や租税の出納帳簿，官僚・胥吏・官立学校の子供たちが読んだ
り書き写したりしたさまざまな中国の古典の残葉などが見つかっている。文書や
典籍には，西夏文字，シリア文字，ウイグル文字・phags-pa 八思巴／パクパ文
字・アラビア文字で記されたものも少なくなく，時にはそれらと対応する漢語の
翻訳もそのまま残っており，イズィナが西夏語・テュルク語・モンゴル語・ペル
シア語・漢語などの会話が飛び交う"多言語の世界"であったこと，確認できる。
これらの出土品の分析を通じて，そのときどきの軍事情勢や行政，人々の生活の
一端が明らかになりつつある。

なお，これらの資料群のうち，1908-09 年にロシアのコズロフが持ち帰ったものは，サンクト・ペテルブルクのエルミタージュ美術館およびロシア科学アカデミー東方文献研究所に，イギリスのスタインの 1914 年の収集品は大英図書館に，1983-84 年，李逸友率いる内蒙古自治区文物考古研究所が調査・発掘した資料は，フフ・ホト（青い城の謂い）にて整理・保管されている。

　内蒙古考古研究所の発掘した典籍・抄本は断片が多く，かなりは未だ書名の特定に至っていない。そのなかで，M1・1296 ［F1：W44］，M1・1298 ［F1：W45］の文面は，元刊本を同時代の日本の禅寺において覆刻した『図像合璧句解君臣故事』巻上「君道門」《帝王類》（前田尊経閣文庫蔵五山版）の【庖犠画卦】【神農教耕】と一致する（口絵 6）。この書は，大元ウルス治下の福建で刊行された『三国志平話』や『孝経直解』と同様，上図下文式である。高麗・朝鮮王朝の翻訳・通訳の教材だった『老乞大』の中でも，主人公の高麗商人が大都（現在の北京）の書肆にて購入し，王都に持ち帰っている。

　ちなみに，ラシードゥッディーンの『集史』第二部「世界史」のうち「中国史」（口絵 36）に描かれる天地創造の初め，盤古が両手にもつ円盤も，この五山版『君臣故事』の【盤古立極】，挿絵入りの百科全書『事林広記』「人紀類」【人極肇判之図】を見てはじめて，両曜──太陽と月だったこと，ほんとうは左手の円盤に三足のカラスを，右手の円盤には杵を搗く兎を描かねばならなかったこと，フレグ・ウルスの画家の想像の産物ではなく依拠する原画があったこと，ラシードゥッディーンのみた「中国史」のネタ本が『三五暦紀』や『通鑑要略』などの記述を踏まえていたこと，確認される[*2]。

　前田尊経閣文庫には，ほかにも天下の孤本といっていい『標題音訓直解文公小学書』をはじめ貴重な漢籍が蔵されており，M1・1239 の正体を教えてくれるし，M1・1258 は，宮内庁書陵部の元刊本『直音傍訓尚書句解』から書名が判明する。

　かたや砂塵の廃墟という環境の結果，かたや公家・大藩・寺社の宝物。しかしいずれも，タイム・カプセルのごとく，モンゴル時代の書物が東西に流通し，熱心に学ばれていたありさまを，あざやかに物語る。

　同様に，M1・1293 ［F61：W2］，M1・1294 ［F62：W23］，M1・1295 ［F61：W3］，M1・1301 ［F61：W1］，M1・1302 ［F62：W22］ も，蕭天祐（字は吉父）の『大易断例卜筮元亀』だと知れる（口絵 7）。この書は，中国では『永楽大典』に部分的に収録されているが，巻上・中・下の三巻からなる書物全体の構成は，尾張徳川

藩，京都は五山の建仁寺や清原家の旧蔵書など，日本各地に伝来する端本を繋ぎ
合わせることによってしか知りえない。しかも，空欄になっている部分には，ほ
んらい挿絵が刻されていたことも判明する——日本で筆写されたさいに，人物
の衣服が和風にアレンジされているが，もとの図案をじゅうぶんに偲ばせる。こ
の書も，上図下文式だったのである（詳細については，本書第4章参照）。同じ形
式の M1・029, M1・030 は，ウイグル文字モンゴル語のテキストだが，孫真人
が戦没者の孤魂のための醮を行う一節が書かれており，金朝末期に出現した道教
の一派，全真教の関与が示唆される。

　カラ・ホトから甘粛・陝西・山西・山東にかけて——全真教がモンゴル王族
の庇護のもとに活動し，勢力を伸ばしていた地域では，断易・六壬・遁甲の類が
ひじょうに好まれた。西夏末期，番漢教授に任じられ国史の編纂にもあたった烏
道冲は，『論語』の註釈のほかに，『周易卜筮断』なる書物もものしていて，その
西夏語の刊本は国中に流通，後至元年間に至っても伝わっていたという。じじつ，
カラ・ホト，トルファン，敦煌出土の西夏語・ウイグル語・モンゴル語・漢語の
文献には，陰陽書（天文・暦法・卜筮・亀卜・地理等）が少なからず含まれる。な
かでも具注暦の断片が目立つ。最近公開されたモンゴル語の卜占の書 *Ümere-tu
Yuwan-ujiruqai-yin bičig*『北元易書』（内蒙古人民出版社　2014 年）の木活字本は，
朱墨二色刷りで挿絵部分に美麗な彩色を施す。ちなみに，M1・1280［F14：
W10］は，『重校正地理新書』（北京大学図書館／台湾故宮博物院蔵　金〜大モンゴ
ル刊本）の「後面景表版図」が載る一葉の下部の断片である。この書は，モンゴ
ル時代においても，秘書監司天台の採用試験の国定教科書に指定されていた。

＊1　『集史』「チンギス・カン紀」に "さて，Sangūn サングン（Ūngkhān オン・カンの息子）
　　は，かれの父が捕獲され殺されているその最中に逃走した。外に高飛びして，その名が Īshīq-
　　balaqasūn/Īshīq-balghasūn＞**Īshinaq**-balaqasūn＞亦集納城である邑に，すなわち Mughūlīstān モ
　　グリスターンの邦土／田地の領域の chūl＞čöl 沙漠の境界の先端に，落ちて通過して Būrī
　　Tubut の邦土／田地に入り行き……" とあり，資料源を同じくする『皇元聖武親征録』では，
　　"亦剌合走西夏，過**亦即納**城，至波黎吐蕃部" と訳す。いっぽう，『集史』「部族志・ケレイト
　　部」では AYSAQ＞īsāq と記す。この二箇所の表記を矛盾なく解決しようとすれば，本来，
　　AYSNAQ＞īsināq と表したかったものか。であれば，亦即納 Īshinaq/īsīnaq の音価は，とうじ
　　のテュルク語での古称を正確に表す貴重な資料といえる（同地において発見された数々のウ
　　イグル文字モンゴル語文書断片の表記では，Yisina もしくは Yisinai，パクパ字では yitsinay
　　と綴られる）。Rashīd al-Dīn Faẓl-Allāh Hamadānī, *Jāmi' al-Tavārīkh*, MS : Istanbul, Revan 1518, f.

85b, f. 25b, MS：Taškent, f. 57a, f. 23b, MS：Tehrān, Majlis 2294, f. 78b, f. 24a.

＊2　*Jāmi' al-Tavārīkh*, MS：Istanbul, Topkapı Sarayı, Hazine 1654, f. 254b, MS：Hazine 1653, f. 394b,

宮紀子『モンゴル時代の出版文化』（名古屋大学出版会　2006 年　口絵 16）

8　日本が蔵するカラ・ホト出土文書 1

天理大学附属天理図書館蔵

　奈良県天理大学の附属図書館には，わずかながらカラ・ホト文書そのものも収蔵される。昭和 12 年（1937）の末に，清野謙次が北京にて敦煌文書とともに一括購入，日本に将来したものである。14・15 世紀には紙は貴重であり，典籍はともかく，古くなった文書や綴じ糸が切れてバラバラになった典籍等は官庁の厠などで再利用されることもあった。そのため，皺くちゃに丸められていたり，異物が付着したり，各葉が相互に固着した状態で発見された。京都にて一枚一枚，剝離・裏打作業がなされ，『寧夏省黒城発見西夏経幷元時代古文書』と題する画帖に収録された。西夏文字以外の断片を貼付した台紙は，全部で 16 葉。

　パクパ字モンゴル語と口語漢語の傍訳からなる書物の断片＊1は，従来からよく知られていたが，それ以外の内容については，管見のかぎり，今に至るまで紹介されていない。『真字千字文』の刊本や『千家詩』の写本のような典籍もあるが，ほとんどは，公文書，手紙，契約書の類である（ウイグル文字モンゴル語の断片も二点確認される）。

　まず，掲げるのは，口絵 7 に関連して，後至元六年（1340）四月初五日，イズィナ路の総管府の指示により，取承管人（事情聴取担当）の楊天福が吾即県に出張したさいの上申書。そこの住人，都丁布（タングート＝ティベット系の西夏人であろう）が御禁制の卜算・玉巻の書を求めた案件について，翌日までに期限を切って関係者を召集し，事情聴取を行った。

　じつは，この楊天福，内蒙古考古研究所が総管府の官庁跡から発掘した M1・0787［F125：W54］にも登場する。つまり，天理大学の断片の多くが同じ場所から出土したことを示唆する。

　ある種の陰陽書が厳しく取り締まられ，しばしば聖旨が発令されたことについては，『大元通制』，『至正条格』にも記載があり，じっさいの禁制の書が列挙されている。

口絵解説　13

* 1　『モンゴル時代の出版文化』口絵 10

9　日本が蔵するカラ・ホト出土文書 2

天理大学附属天理図書館蔵

　中央部の三つの断片は，商人が家族に書き送った口語の手紙の一部。モンゴル時代，すでに"私も三歳の幼児じゃあるまいし"といった言い方があったことや，そうした日常会話が，蒙漢対訳碑，『元典章』などのモンゴル語直訳体漢文——左端の断片にみえる文体とはまったくことなる文法構造であることも，確認できる。この直訳体の断片のほうは，後至元五年（1339），ときのカアン，トゴン・テムルが大都の明仁殿にいた時分，当直の怯薛たち（職務と名前が列挙される）を介して，御史台の高官たちが上奏した案件，及びそれに対するカアンの判断を示した聖旨の写し，もしくはそれを引用する公文書から剝離したもの。

　下の断片は，公文書末尾の部分で，年月日の間にパクパ字，下部に書き判が二つ見える。趙文秉は，この文書の受け渡しを担当した人物で，別の台紙の断片によると，イズィナ路に長らく在住し，書・算に習熟していた。

　さらに別の台紙には，河西隴北道粛政廉訪司の照刷（書類監査）を受けた文書の断片等も貼付されている。これらは，『元典章』などの政書が定める様々な手続きの理解を助けてくれる，貴重な現物である。

10　日本が蔵するカラ・ホト出土文書 3

天理大学附属天理図書館蔵

　カラ・ホト在住の郭・宋二家を中心とする親族経営の商人たちが，出張先の甘州から出した口語交じりの書簡。ほぼ欠損のない状態でのこっている。おそらく他の断片とは異なる場所から出土したのだろう。きわめて流麗な草書体——趙孟頫『六体千字文』や『事林広記』の「文芸類」【草書訣法】等の教本で学んだような筆跡で認められており，書き手の宋衆がそれなりの教育を受けていたことをうかがわせる。

　この隊商は，カラ・ホトを出てから，南行し，即刺鬼なる地を経由して，甘州へと向かった。連日雨が降り止まず，道中，泥水で歩行困難な有様であったという。至正四年（1344）八月二十日前後の間の甘粛の天候を証言する貴重な資料である。

甘州に到着後，かれらは，まず現地で店舗を構える馬甫直，呉三等と商談し，金糸を織り込んだ高級絹織物を買い付けた（反物の時価が記される）。足りない商品については，四・五日までば，回回と兀忽，すなわちムスリム商人とユダヤ商人が解決してくれる目処がついたので，とりあえず，それまでの経緯と，取引に不満があるかどうかの伺い，隊商のメンバーが息災であること，九月末に帰郷予定であることなどを書きつらね，カラ・ホトに帰る別の一行に託して送った。

この書簡は，さまざまな地方から多種多様な隊商と商品が集まってくる甘州の様子を垣間見せてくれる。ウイグル商人が登場しないのも面白い。

11　カラ・ホト出土の至元通行宝鈔

天理大学附属天理図書館蔵

最後に，『寧夏省黒城発見西夏経并元時代古文書』のなかでも，鴉青色でひと際目立つ至元通行宝鈔を紹介しておこう。紙質が竹や麻とは異なるのだ。参考にされた金朝末期の貞祐宝券と同様，あるいはラシードゥッディーンの農書や『百万の書』，オドリコの報告書などが伝えるように，それは cartas bombicius 蚕の紙，ようするに桑の樹皮から作られている（本書第 18 章参照）。

大モンゴル国では，つとに太宗オゴデイの八年（1236），交鈔を印刷する聖旨が発令されていた。トルイの正后ソルコクタニ・ベキ（ケレイト族出身，オン・カンの姪），クビライ，クビライの実兄たる憲宗モンケ等も，母子ともども，ウイグル官僚の協力のもとに，自身の領土内において銀鈔・交鈔を発行している（1077 年頃に編纂されたマフムード・カーシュガリーの *Dīwān Lūghāt al-Turk*『突厥語総覧』によると，ウイグルのカンの印を押した qamdu という四腕尺×一咫の細長い布切れが商取引に使用されており，古くなると七年ごとに洗浄し，印を捺し直していたらしい。お札にしては異様に長いので，為替手形の可能性もあるが。ルブルクのギョームの報告によれば，モンケの交鈔は，一咫四方の桑紙に印が捺されていた）。とうじ山西は絳州の寺観に立っていた戊申年（1248）の「寺規」碑によると，酔っ払ったり境内に酒を持ち込む者，博打をしたり，諸宮調を唱ったりした者は，罰金として銀二銭（≒8.4g）～銀一両（≒42g）を支払うことになっており，モンゴル高原のみならず華北でも銀立て経済が浸透していたことがわかる。寺規は大定二年（1162）に定められ，泰和元年（1201），庚子（1240）と追認されてきているので，はやくから華北は銀立てだったのかもしれない[*1]。

口絵解説　**15**

　ともあれ，クビライが即位した中統元年（1260）以来，銀と直結した比較的小額の紙幣として中統元宝交鈔が供され，大々的に使用されるようになった（『百万の書』が，紙幣の流通を錬金術のようにとらえ驚きをもって詳細に伝えたのは，その使用範囲の広汎さ，体系化・周到に整備された運用法ゆえだろう。ちなみに，施行には到らなかったようだが，当初は 42g の銀貨を単位とする高額の鈔の通行——偽造を防ぎ，耐久性・信用性を高めるため"織造"——も予定していたようだ）。しかし，南宋接収後の陸・海の交通網の連結と世界レヴェルでの経済展開，莫大な富と利権をめぐる激しい権力闘争（クビライの寵臣で尚書省の長官すなわち財務大臣だったアフマド・ファナーカティーが暗殺され，皇太子チンキム派の策謀により，ムスリムの大商人たちに対する締め付けが行われた。第 14 章参照），東北地方をおさえるオッチギン家の当主ナヤンの叛乱等，諸要因によって，物価高が進行した。そのため，至元二十四年（1287），サンガ率いる尚書省は，基幹紙幣としての中統鈔に加え，便宜上，新たな紙幣——至元鈔一貫＝中統鈔五貫とする——の発行を決定したのである（王族への歳賜や官僚たちの俸給は，変わらず中統鈔を基準に計算した）。

　「至元通行宝鈔」の大文字は，両側から火焰の紋様（「冕服十二章図」の「火」の図案）によって挟まれ，四周の辺欄は偽造防止用の鳳凰・雲の精緻な紋様で飾られる。明らかに「中統元宝交鈔」における纏身の龍・唐草の紋様と一対たることを意識したものだった（現存の中統鈔の多くは，至元六年に制定されたパクパ字が印刷されており，少なくとも一度は，原版のデザインを修正している。さらにいえば，「中統元宝交鈔」の文字を両側から挟む紋様は，元刊本の目次や見出しの大項目を飾るそれとほとんど同一といってよく，これらの意匠は，後述するようにモンゴル帝国の象徴となった）。

　上段中央には，最高額の「貳貫」（二貫・一貫・五百・三百・二百・一百・五十・三十・二十・一十・五文の 11 種類あった）の文字と銅銭二緡の図案，その上に重ねて尚書省提挙司の朱方印を捺す。両側にはパクパ字で縦二列，左は「dži 'ɥèn baw tš'aw」（＝至元宝鈔），右は「džèu lu duŋ ɦèiŋ」（＝諸路通行），その下にそれぞれ「字号」「字料」と刻まれ，字号の上に墨で千字文の「恵」の字が書き込まれている。下段に印刷されるのは，

　　尚書省の
　　奏して印造を准されたる至元宝鈔。宣課・差発の内に，

並びに収受を行う。年月を限らず，諸路に通行す。

宝鈔庫子攢司

印造庫子攢司

偽造する者は死に処す。^{首告する者は，銀伍定を賞し，仍，犯人の家産を給す。}

至元 年 月 日

宝 鈔 庫 使 副

印 造 庫 使 副

尚書省提挙司

なる文面である。中心部と右端が欠損しているが，「二貫」の文字と緡一つ分の図絵，朱印の大半は残っているので，平準・行用庫に赴いて３％の手数料を払えば，新札に換えてもらえただろう。額面上は，中統宝鈔で十貫，銀で五両（約210g）分に相当するが，現実には銀一両（約42g）分の価値しかなかったようだ（とはいえ，この小額紙幣がこんにちそれなりの数を以て伝わり，大元ウルス全土で流通していたことを確認できるのは，"地獄の沙汰も金次第"とばかりに，冥土にもってゆかれたり，寺・仏塔でのお賽銭として使われることが多かったからだ[*2]）。それからすれば，偽札作りの告発に対する賞金，銀五錠（約10.5kg）はものすごい額である。

ちなみに，この至元鈔・中統鈔を参考にして，フレグ・ウルスでも，一度，紙幣の導入が試みられた。『集史』「ガイハトゥ・カン紀」【（不祥なる）chāw 鈔の印造（とそれゆえに［Īrān の］諸国に現れた損害）の記】は以下のように語る。

Ṣadr al-Dīn サドルゥッディーンと数名の官人（ノヤン）**たちは，しばしば，漢児の田地において通行している chāw 鈔，ならびにこの地でのそれの実施と普及に関し，討議・［尋思／思考］をなしていた。かくて，その案件を［殿下の］御前に奏した。ガイハトゥは，その情況の様相を Pūlād Chīngsāng 孛羅丞相**（ボロト）**から聞き出すよう命じた。述べたことには「鈔とは，是れ君主の tamghā＜Tur. tamγa/Mon. tamqa 印が那底**（その）**上に有る的 一張の紙で有る。漢児の全土の裏に鋳造さ被る 的**（ところの）** diram 銀銭の替頭裏通行し**（かわりに）**着有る。那裏底金銀は bālish 錠（口絵 18）で有り，内府の帑庫に納めら被着有る」と。**ガイハトゥはひじょうに気前のよい君主であり，かれの賜与は極端に走っていた（そして世界中の銭糧でもかれの恩賜には足りなかった）ので，その案件は御心に適った

……

　イスラーム暦 8 月 27 日の金曜日，Aq-Buqa, Ta'ačar 官人（ノヤン），サドルゥッデ
ィーン，inaq（＝親信／寵信するところの的（もの））の Tamači は，鈔の施行のため
にタブリーズの方面へ［発ち／前去し］，9 月 19 日，彼処に到着した。yar-
līgh 令旨／文字（かきもの）［を通知し／が通知され］，大量の鈔を整えた。693A. H. 10
月 19 日（1294 年 9 月 12 日）の土曜日，タブリーズの城子（まち）において鈔を発行
し，流通させた。farmān 勅命／令旨に以下の如くあった。「倒換せざる的（もの）は，
不揀是甚麼人（いかなるひとであっても），随即に扎撒（ジャサク／うち）の裏（し）に入去せ交（こ）め者（よ）」と＊3。

　ボロト丞相は，かつてクビライとチンキムの父子に仕え，多国籍の技術官僚たち
とともに大元ウルスの諸制度の設計，文化事業に携わり，ときには自ら指揮をと
った人物であった。1282 年に起きたクビライの財務官僚アフマドの暗殺事件の
責任を問われ，翌年，外交使節としてフレグ・ウルスに"永久に"派遣されてい
た。『集史』の編纂時，とくに大元ウルス方面の地名・人物・特殊用語について
解説・註を施すさい，かれの知識を借りたことは，よく知られている。なお，上
の引用だけ読めば，首都タブリーズにのみ印造宝鈔庫が置かれたように見えるが，
大元ウルスと同様，じっさいは各道・諸路に設置された。ガザンが治めていたマ
ーザンダラーンにも数 khar-vār（＝約 300 kg）分の鈔版と白い紙，朱印等の道具類
がガイハトゥの許から送付されている＊4。

　ハムドゥッラー・ムスタウフィーの『勝利の書』やシリア語で書かれたバー
ル・ヘブラエウス（ヤコブ派キリスト教徒）の『年代記』にも纏まった記録がの
こるが＊5，『ヴァッサーフ史』と通称される『地域の分割と歳月の推移』は，よ
り詳細に事の顛末を語る。すなわち，アルグンの死後，フレグ・ウルスの相当な
地域において，yūt（＜Tur. yut/Mon. jud 寒波による家畜の死滅）が発生したこと，
放埓な支出等の諸要因により，国庫の金銀が霧散し，財政が立ち行かなくなった。
イッズゥッディーン・ムザッファルの発案により，鈔の実施が検討され，サドル
ゥッディーンは，カアンの使臣たるボロト丞相とともにガイハトゥ・カンに上奏
し，最終的に施行を命ずる令旨が下された。

　［'Irāq 'ajam ／両イラク］，Diyārbakr, Rabī'ah, Mauṣil, Maiyāfārikīn, Āzar-
bāījān，［Khurāsān, Kirmān/Kirmān, Khurāsān］，Sīrāz の諸国の方面へ，
大官人（イェケ・ノヤン）たちをこの危険な重大事を以て指名された。そして，chāw-khānah

宝鈔庫の malik 管軍官／各投下官人の頭児（かしら）に据え，mutaṣarrif 管課官／来往科差の的たち，bičikči 必闍赤（ビチクチ）／書吏たち，khazanat 庫子たち，その他の徭役が任じられ，津々浦々において，銭糧の総額が鈔の諸経費に使用された……

鈔の様相は，以下のようである。長方形の紙片の表面の周縁部に漢字による数語——漢児（キタイ）のためにこれがある——（が書かれており），**上截部には，**左右方向に "lā ilāh illā Allāh Muḥanmmad rasūl Allāh アッラーの外に神はなく，ムハンマドは，その僕（しもべ），かれの使徒" と，**首飾りの真珠のような金銀の縉銭［の絵］，護身の符籙／霊呪のような勅命の巻物の ṭughrā 花押（＝朱印）が続き，それより下に Īrīnjīn Tūrchī＜Mon. Irinčin Dorǰi と記して，中間には円形が描かれ，正円の中心より外に，1/2 dirham 銀銭から 10 dīnār 金銭まで数字が打れる。さらに「世界の君主が 693 年（1294）に這の吉祥なる鈔を諸国に通行せ交め来（きた）。変更・改竄を做（な）す的（もの）は，妻・子女と共に扎撒（ジャサク）の裏に入去せ交め者。他的家産を尚書省の裏に断没（しょ）せ交め者（よ）」との規定を以て記された**[*6]。

様式は，中統宝鈔・至元宝鈔と似ているが，円形のデザインは，金朝末期の「興定宝泉」を思わせる。あるいはフレグの母后ソルコクタニの銀鈔が，それに倣ったものだったのだろうか。イリンチン・ドルジの名は，令旨・金銀貨にも使用されている。ティベット仏教僧が命名したもので，おそらく "ガイハトゥ＜Mon. Qayiqa-tu 神威／驚奇持つ" は他称，廟号である。

　結局，この鈔の導入の試みは成功に至らなかった。理由として，鈔の信用を確保するにたる金銀のじゅうぶんな備蓄が無かったこと，新札への倒換の際の手数料が一割と高かったこと，ガザン，バイドゥとのカン位をめぐる闘争等，いくつか挙げられる。ただ，ガザン政権は，自身たちの政策を良く見せるために，以前の政権の否定に躍起となりがちだったので，その記述を額面どおりに受け取るのは，危険である。じっさい，『マール・ヤバーッラーハー三世伝』などは，ガイハトゥの治世を誉めそやし，かれを暗殺したバイドゥとガザンを非難する。むしろ，フレグ・ウルスにおいて，漢籍の流入が確認できるにもかかわらず，ついに印刷術の浸透をみなかった事由，それこそが鈔の普及を妨げたのではあるまいか（『クルアーン』以外は，筆写に拘る必要はなかったはずである。高昌ウイグルは，木活字印刷を導入している）。

口絵解説　**19**

　いっぽう，日本でも，建武元年（1334）正月に後醍醐天皇が紙幣を発行している。同時に，"乾坤通宝"——あきらかに『周易』の"大いなる哉乾元，至る哉坤元"を意識した命名——なる銅銭を鋳造し，併用を試みたことからすれば，武宗カイシャンの至大銀鈔と至大通宝（1309）をモデルにしたようだ[*7]。こちらも普及を見る前に，足利尊氏との戦いとなった。

　いずれにせよ，モンゴル時代の東西で，大元ウルスを範として鈔の導入が試みられたことは，特筆に価する。

* 1　王国傑編『三晋石刻大全・運城市新絳県巻』（山西出版伝媒集団・三晋出版社　2015 年　p. 35）少林寺の李純甫「重修面壁庵記」（興定二年／1218 立石）末尾の勧進帳にも銀五十両，金一両等の額面が並ぶ。釈永信主編『中国少林寺　碑刻巻』（中華書局　2003 年　pp. 64-65）
* 2　無錫市博物館「江蘇無錫市元墓中出土一批文物」（『文物』1964-12　pp. 52-61），湘軍・石見「沅陵元墓出土元代紙幣考説」（『湖南文物』1986-1　pp. 36-38, p. 52），葉玉梅「試析青海柴達木盆地出土的元"鈔"」（『青海社会科学』1994-6　pp. 113-117），西蔵自治区文物管理委員会「西蔵薩迦寺発現的元代紙幣」（『文物』1975-9　pp. 32-34），内蒙古幣学銭幣学会編『元代貨幣論文選集』（内蒙古人民出版社　1993 年），内蒙古幣学銭幣研究会・《中国銭幣》編集部合編『中国古鈔図輯』（中国金融出版社　1992 年），『中国歴代貨幣大系⑤』（上海人民出版社　2009 年）
* 3　*Jāmiʿ al-Tavārīkh*, MS : Istanbul, f. 269a, MS : Rampur, pp. 265-266 ; K. Jahn, Das Irānische Papiesgeld, *Archiv Orientální*, vol. X, 1938, p. 340.
* 4　*Jāmiʿ al-Tavārīkh*, MS : Istanbul, f. 276b, MS : Taškent, f. 250a, MS : Paris, suppl. persan 209, f. 347b-348a.
* 5　Ḥamd allāh Mustawfī, *Ẓafar nāmah*, MS : London, British Library, Or. 2833, f. 664b-f. 665a ; E. A. W. Budge（ed & tr）, *The Chronography of Gregory Abû'l Faraj, the son of Aaron, the Hebrew Physician, Commonly Known as Bar Hebraeus, Being The First Part of His Political History of the World, Volume I*, Gorgias Press, 2003, pp. 496-497.
* 6　*Ta'rīkh-i Vaṣṣāf*, Bombey, p. 272, MS : Paris, suppl. persan 208, f. 215b-216a.
* 7　『建武年間記』（『群書類従』巻四五四所収）「改銭事」，『太平記』（1898 年　博文館編輯局校訂）巻十二「大内裏造営事，付．聖廟御事」"大内裏作らるべしとて，昔自り今に至るまで，我朝には未だ用いざる紙銭を作り，諸国の地頭・御家人の所領に課役を懸け被るの条，神慮にも違ひ，驕誇の端とも成りぬと，眉を顰むる智臣も多かりけり"。最良とされる京都龍安寺蔵西源院本は，この条を含め，モンゴル史に関わる記事を欠くことが多い。『元史』巻二三「武宗本紀」［至大二年九月朔］"頒行至大銀鈔，詔曰……"，『国朝文類』巻九／『聖元名賢播芳続集』巻六闇復「行銅銭詔」（至大二年十月），『元史』巻一八四「王都中伝」

12 カラ・ホト出土の支帖

『中国蔵黒水城漢文文献③』（国家図書館出版社　2008 年）

　モンゴル時代，鈔とは別に，紙幣の役割を果たしていたものが数種類ある。しかも，より高額だった。現物の配給券，“支帖”と呼ばれるものも，そのひとつだ。毎月，俸米を受け取るさいにも使われた。

　至大四年（1311），甘粛行省の財務担当の都思帖木（トズテムル）が，イズィナ路総管府に対し，アク・ブカ寧粛王（チャガタイ家チュベイの息子）位下の季節ごとの米麺のkesig 分例を支給するよう，ウイグル文字モンゴル語の文書（漢語による直訳を後ろに付し，境目に印を押す）によって指示を出していた。じっさい，アク・ブカの部下の月魯帖木（ウルクテムル）が総管府に現物を受け取りにやってきたので，銭糧房の経歴のイグミシュ（ウイグル）等は，広積倉・支持庫の担当者に，月魯帖木（ウルクテムル）の持参する半印勘合文憑の識別番号——某字幾号（『千字文』の漢字と数字）を文冊（台帳）で照合し，一致すれば，指示通りに支給するよう命じた（申請時より一ヶ月以内に支給されねばならないきまりである）。こうした一連の手続きは，“塩引”や“茶引”と同様，遅くとも太宗オゴデイ時代からその実施が確認される barāt/ḥavālah 為替手形による支払いが前提となっている（本書第 16 章参照）。

　さて，本文書（M1・0426［F26：W101 正］　63.3 × 27.7cm）には，勝手に改竄できないように，支給品目の分量・金額（簿記用の漢数字で記す），日付の上と，計五箇所に朱方印が捺される。広積倉・支持庫では，担当者が規定どおり，月魯帖木（ウルクテムル）の受領書と自分たちの保管する文冊に勘合用の半印を捺し，必要事項を書きいれたはずである。煩瑣だが，なんらかの疑惑が生じたさい，身を守る証拠となる。いっぽう，本文書をはじめとする支帖は，現物引渡し後，支持庫から銭糧房に返却され，同様の文書とともに纏めて綴じ，書棚に配架される。甘粛行省に提出される年間の収支決算報告書の作成時に文冊とともに参照の必要があるからだ。さらにこれらは，半期に一度の御史台下の粛政廉訪司の刷巻を俟つことになる。

13 カラ・ホト出土の半印勘合文憑

『中国蔵黒水城漢文文献②』（国家図書館出版社　2008 年）

　口絵 12 の文書中，二箇所に見える“半印勘合”の実物（M1・0140［HF193A 正］ 38 × 35.8cm）。パクパ字漢字音と漢字による“γun tshi giw ši ži γaw　洪字玖十貳

号"の文字，朱方印がそれぞれ左半分のみ見える。支給額の上には，朱筆で"照過"（チェック済）と書かれている。室町時代以降，日本で為替が急速に普及し，しかもそれが「割符」と呼ばれるのは，モンゴル時代の影響であろう。また，明朝の専売特許のようにいわれる勘合貿易のシステムにしても，大元時代の市舶司の入管業務で，すでに行われており，多くの留学僧が目にしていたことだった。

なお，この黄米五石四斗分の支給に立ち会った広積倉の官は，マンジュシュリという名なので，あきらかにウイグル仏教徒である。

14〜15　大元ウルス治下における銭糧・包銀の納入
『中国出土壁画全集⑤河南』（科学出版社　2012 年）

2000 年，河南省尉氏県后大村において大元時代の墓が発見された。とうじの行政単位でいえば，汴梁路に属し，開封と許州の間に位置する。墓室の壁には，金代から華北で流行していた「二十四孝図」のほか，とうじの納税の有り様が墨筆で生き生きと描かれていた。

東壁（口絵 14）は，倉（蔵穀物之所也。Per. anbār, Tur. aqılıq sang）を背景に，机案に敷かれた毛氈とその前に陣取る官服の朱色がことに際立つ。緋羅の官服，烏犀の角帯は正従六品，七品の職官が身につけるものだから，かれは広積倉監支納達魯花赤か，広積倉・万盈倉・永備倉・景運倉・平盈倉のいずれかの倉の大使もしくは副使ということになろう。搬送される穀物袋の数目を吏人が点呼し，それを逐一，文冊——出納帳簿に記入，あらかじめ必要事項が印刷された受領書（納入証明書）の空欄を埋めたり，あるいは支給指示書に署名し，印鑑を捺してゆく。そうした現物は，カラ・ホトからいくつも発見されている（ちなみに，大元ウルス末期の孔克斉『至正直記』巻三「出納財貨」によれば，各家庭では『黄簿』『帳目』など——毎日「旧管」「新収」「開除」「見在」の四項目につき記録し，資産の動きを子孫に確実・明白に伝える簿記術が発達していた）。フレグ・ウルスにおいても同様のシステムがとられており，istīfā'（納税・収税等の簿記），ḥisāb 計算，siyāqat 特殊記数法などが発達し，マニュアルも作成されていたことが，さまざまなペルシア語資料から確認される。なお，大元ウルスでも，この技術は，回回国子監で教育・継承がなされていた。『大元通制』等に見えるいわゆる"亦思替非文字"がそれである。とうじ漢文，ウイグル文字モンゴル語，アラビア文字ペルシア語の三種類の文冊が存在していたのである。

かたや西壁（口絵 15）では，帑庫（兵車所蔵曰「庫」，金帛所蔵曰「帑」。Per. kha-zīnah, Tur. qasnaq）の前で，秤を使って課銀を計測している。分銅をつりあわせている官吏の目は盆上の銀錠（口絵 18）に吸い寄せられ，重みをじっさいに腕に感じている官吏もにんまりしているように見えるのは，気のせいか。かれらの傍らに控えている二人は，ともに高い鼻梁を持ち，ウイグル帽らしきものを被っている。かれらこそ納入者で，おそらくは ortoq 斡脱戸なのだろう。

16〜17　モンゴル時代の広州ムスリムの記録──「重建懐聖寺之記」

個人蔵

　本碑は，かのイブン・バットゥータの旅行記にも紹介される大モスク懐聖寺の境内において，600 年以上の時を越え，在留の，あるいは様々な国から貿易・外交に訪れるムスリムたちを見守ってきたが，文化大革命時に破壊されてしまった。はやくは，Dieterici, Arabisches aus Kanton, *Zeitschrift der Deutschen Morgenländischen Gesellschaft*, Bd. 13, Wiesbaden : Harrassowitz, 1859, pp. 475-477, K. Himly, Die Denkmäler der Kantoner Moschee, *ZDMG*, Bd. 41, 1887, pp. 141-174 ＋ 1 pl. に，アラビア語部分の録文と翻訳，白黒反転させた拓本が紹介されていたものの，中国では最近までこの雑誌自体の閲覧が容易でなかった。Lo hsiang-lin 羅香林, Islam in Canton in the Sung Period, *Symposium on Historical, Archaeological and Linguistic Studies on Southern China : South-east Asia and the Hong Kong Region*, Hong Kong University, 1967, pp. 177-179 の拓本写真は不鮮明だった。そうした事情もあって，この碑を『道光南海県志』，『道光広東通志』等の録文等を参考に復原・立石したさい，3 行余りに互るアラビア語は省略された。

　ところが，2008 年，東京は神田の古書店より "書道" 資料として，文革以前の拓本が「重建懐聖塔寺之記」（康熙三十五年）と一対で出現した。碑身の縁取りの花紋，額の上部が採拓されていないのが惜しまれるが，きわめて良質の拓本である。

　本碑の漢文書丹は，広東道宣尉司の副都元帥サルディミシュ／サディミシュ（ウイグル）が担当し，1300 年代初めより大元ウルス治下の官学で書道の模範とされ大流行していた趙孟頫体で認められる。アラビア文字もきわめて流麗。おそらくは越山の石を切り出し運ばせて（至正五年，僧家奴撰「宣聖遺像記」参照），腕のよい刻工に命じ彫らせたことが窺える。額の四爪の龍の彫刻もかなり精緻な出

来だが，どことなくユーモラスな表情を浮かべてこちらを見ているのは，泉州とともに，世界最大の貿易港として富を享受していた広州の気風の影響か。

さて，その貴重なアラビア語3行を郭嘉が撰した漢文と照合しつつ訳を試みるならば，

> 至高無上のアッラーは云われた：「アッラーの諸モスクは，ひたすらアッラーと終末の日を信じる者によって管理されるべきである」（『クルアーン』「9 悔悟章18節」）と。また預言者——彼ニ平安アレ——は云われた：「至高無上のアッラーのモスクを建てる者は誰であれ，至高無上のアッラーが天堂にかれのため7万の宮殿を建てられよう」（シーア，スンナ両派のハディース『真正集』に類似の文有り）と。馬合麻の撒哈八（＝教友たち）——神ヨ，彼等ニ祝福ヲ——のこの巨大な金曜礼拝の寺院の建物は，最初に（masʿūd 幸福以て）馬速忽が，最後に（maḥmūd 賞賛を以て）馬哈謀が完成せしめた。すなわち最高のṣadr 首長に昇りつめた高貴な Amīr（＝官人），アミール・馬哈謀 wanshāī 元帥——神ヨ，彼ヘノ最高ノ敬意ヲ長引カセタマエ——の指揮によって。**751A. H.（1350）のラジャブ月（イスラーム暦第7月），Jījīng 至正10 nīn 年 säkisinč ay（＝8月）*¹ 1（日）に書かれた。**

末尾の漢語・テュルク語・アラビア語の三ヶ国語を折り混ぜた独特の記年法は，モンゴル時代ならではといえる（本書第14章註172 参照）。ちなみに，同時期のシリア語の墓誌では，Alaqsandoros qan アレクサンドロス大王のギリシャ暦と Tabγač（拓跋・桃花石＝漢児）／テュルクのそれを併記するのが一般的である。

漢文では"創建者"たるマスウード——こんにち唯一伝来する大元時代の銅壺滴漏に刻まれる広東道都宣慰使都元帥の馬速忽だとすると，工事自体は延祐三年（1316）頃にはじまっていたことになる*²——の名は明記せず，アラビア語のほうは，馬哈謀の前任の都元帥僧家訥／僧家奴（モンゴルの"侂瀦沃鱗"族の出身）の功績を無視している。また，馬哈謀は，正確には副都元帥（官：従三品。資：正四品下）で，本碑の書丹を担当したサルディミシュ／サディミシュ（官：従三品。資：正三品上）よりも下位だった。

同じ至正十年，泉州の清浄寺に建てられた碑（明正徳二年重刻）において，撰者の呉鑑は，"隋の開皇七年（587）に至り，撒哈八撒阿的斡葛思なる者有り，大嵩自り航海して広に至り，方に広州に於いて礼拝寺を建て，「懐聖」と号を賜

う”という。ヒジュラ暦も始まらないうちにイスラーム教が東伝した筈もなく，“開皇”は“開元”等の誤りだろうし（南宋の方信孺『南海百咏』は唐代の建立とする），ワッカースの墓と称されるようになった広州の遺跡も甚だ胡散臭いものだが，明・清のムスリムたちの多くはこの記述を踏襲した。ちなみに，呉鑑はとうじ福建道下ではそれなりに知られた名士で，泉州（ザイトゥン）についての著述『清源郡志』二十巻があったほか，汪大淵『島夷誌略』にも序文を寄せる。そのかれの理解では，別諳抜爾（ペイガンバル）بيغمبر：天使，攝思廉（シャイフアルイスラーム）شيخ الاسلام：主教，益繇（イマーム）امام：住持，没塔完里（ヴァッリー）متولى：都寺，謀阿津（ムアッズィン）مؤذن：唱拝者，なのだった。

* 1 『高昌訳語』（明四夷館鈔本）「時令門」“八月：塞信尺哀 säkisinč ay”。
* 2 胡継勤「我国現存唯一完整的一件元代銅壺滴漏」（『文物』1957-10 p. 38, pp. 43-45）

18 世界経済を支えた銀錠

『遼西夏金元四朝貨幣図録精選』（遠方出版社 2003 年 p. 304）

後至元五年（1339）に湖広行省興国路において鋳造された“足色”すなわち純度ほぼ100％の銀錠。五十両の重さで1965g（ほんらい2100gなければならない）。長さ16cm，幅6.3cm，厚さ2.8cm。興国路は，『湖北金石志』巻十四欧陽玄「興国州修学記」にも明記されるように，隋・唐以来の金・銀・銅・鉄の産地で，それゆえにこそ“富川”の名を以て称されていた。『元史』巻九四「食貨志」に銀の産出地が列挙されるが，湖広行省では，興国路と郴州路の二箇所が挙がる。天暦元年（1328）の銀課一覧をみると，雲南省，江西省に次ぐ。オゴデイ，そしてモンケとクビライの兄弟が南宋接収に拘った理由のひとつは，ここにあった。くわえて，クビライの治世において，雲南はサイイド・アジャッルの一族，湖広はウイグル官僚の根城となるいっぽう，江西・江浙の両省は，クビライの寵臣アフマド・ファナーカティーの一族郎党が握りつつ，そこに裕宗チンキムの投下領が絡むという，金銀さらには茶をめぐる勢力図も浮かび上がってくる（興国路は，もともと大量の銀を産出する瑞州路とともに江西行省に属していたのだが，あまりに収益が偏ってしまうので，至元三十年に行政区分を変更した経緯がある。チンキムの投下領江西龍興路の金については，『危太樸文続集』巻十「富州鑭金紀事」に詳しい）。

瑞州路は，チンキムの投下領のひとつで，孫のカイシャンが，大徳八年（1304）の冬，懐寧王に封じられた際に併せて受け継いだ。ココジン皇太后（裕宗

チンキムの皇后，成宗テムルの母）の死，成宗テムルの“不豫”の後，実権を握ったブルガン皇后が，安西王アーナンダと新政権確立をめざすなかで，やむをえずとった措置だったが，大失敗だった。武宗カイシャン，仁宗アユルバルワダの兄弟が即位にあたって王族たちにばら撒いた銀錠は，おそらくこの蒙山銀だろう。至大元年（1308）以降は，皇太后ダギの湯沐邑として，徽政院の管轄下に置かれた。それは，かつてのソルコクタニ・ベキ——ウイグル官僚の協力のもとに真定路やブハラの銀を運用し，モンケ・カアンの擁立資金となした——を思い起こさせる。ようするに銀こそが権力掌握の鍵だったのである。

　ちなみに，1977年，吉林省農安県で出土したふたつの“蒙山課銀”のうち，片方は“元字号”，“提調官：瑞州路総管府官，催弁官：新昌州判官拝住”，“収銀庫官劉自明，庫子周世栄”，“炉戸呉瑞夫”，“銷銀匠易志周”，“元統三年（1335）月　日造”と刻まれ，長さ13.7cm，重さ1895g。もうひとつは，“天字号”，“瑞州路総管府提調官：庫官丁諒，庫子易簡文”，“炉戸雷興吾”，“銷銀匠余珍可”，“至正十年（1350）月　日造”，長さ15.7cm，重さは1904gであった。1985年に内蒙古の敖漢旗の墓から出土した“蒙山課銀”も“元字号”で，“瑞州路総管府提調官：収銀庫官胡文輔，庫子劉旌善”，“炉戸雷興吾”，“銷銀匠易志周”，“至正八年（1348）月　日造”の刻文，長さ16.2cm，重さは1930g。年代順に並べると，銷銀匠，炉戸の名が重なりあっている。1966年に河北省の懐来県で出土した銀錠は四十九両九分で1980gを計測するので，いずれも縁を削り取って，別に使用してしまったものと見える。錠はその形状から，モンゴル語でsüke斧と，テュルク語，ペルシア語でそれぞれyastuq枕，bālish枕と呼ばれたが，長さや幅（最短部・最長部と屈曲の度合い），厚さの統一は図られていないようだ（本書第3章参照）。

19　精緻を極める金銀細工

湖南省博物館『湖南宋元窖蔵金銀器発現与研究』
（文物出版社　2009年　p. 209, p. 216）

　フレグ・ウルスのガイハトゥ・カンは，鈔の導入前，ボロト丞相に「『皇帝の諸国，漢児の田地の裏に，黄金の調度品・装飾品が多い』麼道，聴い着有る。甚麼縁故か？」と尋ねたという[1]。それほどに，大元ウルスの金銀細工は世界に知れ渡っていた。

ここに紹介するのは，1992年，湖南省攸県河源村にて，村民が自宅庭の地下40cmの深さから掘り出した金銀製品の一部である。陶器の壺ひとつに，50余りの金銀製品，計1394.5gが詰め込まれていたという。この地は，大元ウルス治下にあっては湖広行省嶺北湖南道茶陵州にあたり，クビライの異母兄弟モゲ（モゲの母，ナイマン族のサルク妃は，クビライの乳母もつとめた）の子永寧王昌童（チントム）の一家に与えられた投下領である。至正末期から明初の混乱のなかで，緊急の策として財産の一部を埋め隠したものと考えられる（本書第3章参照）。『元典章』には，延祐四年（1317），湖広行省の広西両江道は邕州路（＝南寧路）宜化県において，現役軍人が銀器33件を強奪した事件が収録されるが，被害にあったのは千戸の家だった。それからしても，この壺の所有者は，相当な身分だったにちがいない。

　まず，全長約20cmの金の簪，その尖端にこれだけの細工がなされていた。三爪のaždar翼龍（ドラゴン）で，ヨーロッパの諸王家，ソグド好みの意匠のようだ（センムルヴの翼に似る）。高さわずか2.6cm。女物にしては雄渾過ぎる気もするが，何せ，オゴデイ家カイドゥの娘Qutulun-čaqa（福神有的孩児）（もっこどむ）またの名Ay-yaruq（＝月明／月光）の武勇伝が『集史』や『百万の書』に書きとめられた時代，まして女将軍が活躍する「楊文広」や「花関索」の詞話が流行った土地柄である。これ以外にも，息を呑まんばかりの緻密な細工が施された金製の簪，釵，歩揺などが揃っている。

　旦那のほうも負けてはいない。銀の食器類を蓄えるいっぽうで，身だしなみ・装飾品のひとつとして帯につるす"五事児"に凝ったのだ。鎖にミニチュアの剪（はさみ），鑷児／摘鑷（けぬき／ピンセット），髪油や口紅といった化粧品・常備薬を入れるための合子，皮袋を模した容器，荷葉の蓋付き壺等をぶら下げたもので，"七つ道具"といわんばかりに小刀，解錐児（むすびめほどき），篦（すきぐし）／頂牌（頂児）等が加わることもある。銀製のものが多いのは，毒殺防止のためか。ともかく，鎖込みで全長40cmほど，恐るべき技術といわざるをえない。こんにちでも充分使えそうである。ちなみに，上都近郊のモンゴル時代の祭祀遺址（通称：羊群廟）に鎮座する石像や「世祖出猟図」（口絵24〜25）の轟赤（トクチ）や昔宝赤（シバウチ）（＝鷹匠）の右腰には，この五事児がしっかりぶら下がっている[*2]。また，至正十二年（1352）頃に編まれた高麗の司訳院の語学教材『旧本老乞大』において，高麗商人が大都で買い付ける"零細行貨"にも，この五事児が10セット含まれていた。同じく高麗の語学教材で，モンゴル帝室の駙（キュレ）馬たる高麗王，順帝トゴン・テムルの皇太子で高麗貴族の血をひくアユルシリダ

ラ，二人をとりまく怯薛たちの生活・交際マニュアルだった『朴通事』でも，舎人の出で立ちを描写する場面にしっかり登場する。『元史』巻九〇「百官志」の"銀局の提領一員は，御用の金銀器盒，**繋腰の諸物**を造るを掌る"も，こうした実物を目にしてはじめて，理解できるというものだ。

* 1　Abī-Bakr Qutbī Aharī, *Ta'rīkh-i Shaykh Uvays*, MS : Leiden, Or. 341, f. 71b.
* 2　内蒙古文物考古研究所・正藍旗文物管理所「正藍旗羊群廟元代祭祀遺址及墓葬」，内蒙古文物考古研究所・錫林郭勒盟文物管理站・多倫県文物管理所「元上都城南砧子山南区墓葬発掘報告」(李逸友主編『内蒙古文物考古文集』内蒙古百科全書出版社　1994 年　pp. 610-621，図版拾参，pp. 639-671)，魏堅『元上都（下）』（中国大百科全書出版社　2008 年　彩版貳捌壹—貳玖捌）

20～21　宴会の準備に忙しい官邸の人々

『華夏瑰宝——山西洪洞元代壁画』
（中国対外翻訳出版公司　2009 年　p. 26, p. 43）

『趙城金蔵』（『大蔵経』）で名高い山西省洪洞県広勝寺。その境内の水神廟明応殿は，南壁西側に，この時代の文学ジャンルを代表する"雑劇"の団員たちの姿を描き留めたことでも知られる。泰定元年（1324），"大行の散楽忠都秀が此に在りて場を作す"と大書するように，当地の官僚——敦武校尉（従七品）晋寧路趙城県達魯花赤兼管本県諸軍奥魯勧農事（従七品）の百火者以下の官吏立会いのもと，奉納芝居が演じられたのである。

東・西の壁面には，雨乞いの儀（水利事業の推進・勧農は，大元ウルス治下とくに重視された公務であった。本書第 8 章参照），神々の降臨を大々的に描くいっぽう，地方官僚たちの生活の一齣——象棋／囲碁，捶丸（宋の徽宗や金の章宗が耽溺して国を滅ぼしたといわれる球技。陶宗儀『説郛』に収録される『丸経』参照），魚釣りなどの娯楽に興じる姿——が切り取られ，活き活きとした筆遣いで報告される。劣勢なのか顔を真っ赤にして盤面を睨みつけ，従者のもってきたお茶も眼に入っていなかったり，太鼓腹もものともせず相手の打球の行方を屈み込んで見守ったり，となんとも微笑ましい。しかし，ここに敢えて紹介するのは，東壁左下隅（口絵 20）と北壁西側（口絵 21）に描かれる宴会準備の様子である。

まず，東壁の舞台は，県城官庁内と推測される。竹や牡丹の植わる庭園に，朱塗りの欄干を飾る獅子の金細工。螺鈿細工か磨き上げた嵌めこみ細工の檯／卓の

上に眼をやれば，銀製の鉢と鍍金の柄杓，黄金色の皿と壺瓶，獅子が鎮座する蓋付きの双耳缶が眩しい。食器類は，奥座敷からまだまだ運ばれてきそうだ。『元典章』にしばしば言及され，漢児・蛮子の田地の墓室や隠し穴から出土する金銀器が，じっさいにどのように用いられていたのか，よくわかる。白釉の梅瓶二つは，近隣の霍州窯から齎されたものか。ちなみに，洪武二十年（1387）に曹昭（字は明仲。松江の人）が編んだ『格古要論』（台湾国家図書館蔵）巻下／『新増格古要論』巻八「古無器皿」によると，左端の無紋の羅服を着た官吏が手にしている胡瓶（水差し）をはじめ，執壺，あるいは注ぎ口・取っ手のついた小皿，急須などの食器類は，大元ウルス治下において初めて生活に定着・浸透し，陶磁器でも模されるようになったもので，宋の官窯には見られないという。卓の下では，青銅製の大鉢に桃や石榴，瓜が氷水にぷかぷか浮かんで，出番を待っている。

　画面手前では，漁夫が釣れたばかりの淡水魚を籃から取り出して，官吏のひとりと値段交渉の真っ最中。官吏が手にするのは，クビライの治世において統一が図られた官製の秤。口絵 15 にも描かれていた六角柱の銅権（＝分銅）は，現物が各地で少なからず出土しており──パクパ字，ウイグル文字，アラビア文字，漢字で目方を刻むものもある──，この壁画の写実性を保証してくれてもいる（本書第 3 章・第 15 章）。

　薄暗い廟内に独り佇み，壁画を眺めていると，時空を越えて『朴通事』の冒頭，大都の官僚たち三十名ほどが花見の宴会を開く場面の会話

　　「張三に羊を買いに行かせよう。よく肥えた羊を二十匹買うのだぞ。母羊は買わずに，全部，去勢した牡羊を求めろよ。それからよく肥えた牛も一頭買って，豚肉を 50 斤（≒33.6kg）買うのだぞ」
　　「李四には果物，拖爐（＝携帯コンロ，転じて出来合いのお惣菜？），おつまみを買いに行かせよう」
　　「酒に関しちゃ，大都に醸造所は多いが，街で売ってる酒なんぞ飲めたものか，光禄寺に伺って南方からきた蜂蜜林檎の焼酎一樽，長春酒一樽，苦酒一樽，豆酒一樽を強請ろうぜ。それから内府の管酒官らが造った好酒を十瓶せしめてくるってのは，どうだ？」
　　「いいねえ，誰にもらいに行かせる？」
　　「光禄寺には李某っていう館夫を遣って，内府には崔外郎を遣ろう」

口絵解説　29

「酒担当が二人とも戻って来たぞ」

「勘合の支帖はもらえたかい？」

「もらってまいりました。そこの衙門（おやくしょ）に行って上役に申し上げましたら，担当の外郎に勘合を書かせてすぐに印を捺してくださいました」

「どこだ，私に見せてごらん。『官人たちの文書に：管酒の署官に分（もうし）付ける。竹葉の清酒十五瓶，脳児酒を五樽，支給せよ』とな。以前の体例に照らせば，もっと多いはずなのに，今，何で少なくなってしまったんだ？」

「すべてお役人様方が削っておしまいになったので」

「まあ，まあいいじゃないか，そんなに減ってないし。それ，卓を設らえよう」

「どう並べる？」

「向こう側の一列目の十六皿は野菜料理だな。二列目の十六皿には，榛子（はしばみ），松子（まつのみ），乾葡萄，栗，龍眼，核桃（くるみ），荔枝（ライチ）。三列目の十六皿には，蜜柑，石榴，香水梨，桜桃，林檎，杏，李。真ん中には動物か獅子に乗る仙人を象った砂糖菓子。手前には焼いた鴛鳥に素揚げの鶏，豚肉の四川風炒め，鳩の卵おとし，脚の燻製，蒸し魚，牛肉の細切り甘酢餡かけ，豚の腸詰の味噌炒め。座席側には花を高々生けて，と」

「張三に教坊司の楽工を十数人呼んで来させて，院本やいろんな雑技をやってもらおうよ」

「そこの鉢に氷を浮かべよう。杏や桜桃等，新鮮な果物が鉢に浸かっていたら，とっても見映えがするぞ」

が聞こえてきそうだ。クビライ時代，すでに大都の官吏の宴会では，一回に最低でも中統交鈔で十数錠！は費やしていたらしい。地方でも，大徳八年（1304）に，河間府の塩運司が官庁を挙げて，中書省戸部から派遣されてきた使臣たちを接待するため，中統交鈔七十五両分の"支帖"を前借りした事例が報告されている。羊一匹・馬乳酒・餅酪等を揃え，芸妓たち綺麗どころも連れてきて，花園で飲めや歌えやのどんちゃん騒ぎを繰り広げた，という（ちなみに，贈り物，お土産，袖の下はまた別に用意するのである）。『朴通事』の登場人物たちは，費用として総額で銅銭三貫文（＝鈔三両）しか集めていないので，さいしょから公金で飲み食いするつもり満々だったのだろう（『老乞大』と異なって，明代に改訂された新本しか

見ることが出来ないので，物価に関わる記述は信用できないが）。自腹を切らずに，部下の給料からカツアゲをしたり，求職中のものから接待を受ける例も後を絶たなかった。

　とうじの大筵席の会場設営，料理，宴会の進め方，作法については，『新編事文類要啓箚青銭』（徳山藩毛利家旧蔵元刊本）巻九「諸式門」《茶飯体例》《把盞体例》，『事林広記』（国立公文書館内閣文庫蔵西園精舎刻本）前集巻十一「儀礼類」《拝見新礼》に詳しい。

　いっぽう，北壁の卓上には磁州窯の罐（白地に黒で絵付けがなされる。豪放・雄渾な筆遣いが特徴。磁州はフレグ・ウルスの投下領がある彰徳府に属する。スルタナバードでは，青花のみならず磁州窯を模した陶器が作られ，マムルーク朝にも影響を与えた。ぎゃくに孔雀藍釉黒花は，フレグ・ウルスから影響を受けている可能性がある）[*1]。眼を凝らせば，五爪の龍が描かれているのがわかる。磁州窯の瓶や壺には，"内府"やパクパ字で"sayi[n] darasun 好酒"と書かれるものもあり，カアンのための健康食を纏めた『飲膳正要』巻二「諸般湯煎」の挿絵にも見えている。皇室御用達だったのだ。

　絵師としては，水神明応王の後宮を舞台としたつもりだろうが，ちょくせつ参考にできたのは，馴染みの官庁，あるいはこの地に投下領を有したジョチ家の代官，豪族が住まう邸宅だったに違いない（ここに描かれる調度は，「彰徳路庁壁記」に詳細に記録される官庁の豪勢な備品とよく対応する。食器類は，安西府路咸寧県の富戸韓某の夫婦墓に描かれた宴会準備の図とも似る。趙城県には，朝廷の聖旨のもとに重修され全真教の道士が住持する女媧廟があり，霍山は，いわゆる"四鎮"のひとつ中鎮で，大元ウルス朝廷によって定期的に祭祀が執り行われていた）[*2]。欄間は水墨画で飾られ，御簾をとめる紐の飾りも玉や珊瑚をあしらった凝った作りのもの。ひるがえって，磁州窯の罐の旁には，象が蓋を押さえ込む意匠の瓶，『重修宣和博古図』に出てきそうな爵・斝・彝・簠・尊（青銅器か，それを模した玉製・耀州窯かは不明），八卦の紋様の香炉，ジョチ・ウルスかフレグ・ウルスからの輸入品と思われる金属おそらく真鍮製の胡瓶等が所狭しと並ぶ。こうした調度品の極上のものは，ジョチ・ウルスの宮帳にも運ばれていた[*3]。

　なお，この図と対になる東北の壁面の卓上では，重ねられた薄い青の椀，盞——汝窯あるいは鈞窯の天青・月白釉と見られるが，1324年という時期を考えれば景徳鎮窯の青釉の可能性も否定はできない——が眼を惹く。ひとつは朱塗

りの托に載せた上，お盆で今まさに主のもとに運ばれようとしていることからすると，中身は緑茶らしい。茶を細かく粉状に搗き練っているらしい宮女や，拖爐に石炭をくべ鉄瓶に湯を沸かしている舎人たちの姿もそれを裏付ける。足元におかれる磁州窯の八卦紋様の巨大な壺は，北壁の壺と同様，茶葉の保存などに使用されていたようだ。これらの荷の葉を模した蓋は，龍泉窯の青磁の壺——史天沢一族や金沢文庫の北条顕時の墓から出土したほか，フレグ・ウルス以来歴代王朝の宝物を蒐集したオスマン朝のトプカプ宮殿，フレグ・ウルスの庇護を受けていたアルダビールのサフィー廟にも伝来——や銀器にも共通して見られ，とうじの流行だったことがわかる（パクパ字・ウイグル文字モンゴル語，アラビア文字ペルシア語，漢文の四体の言語が記される宣慰使司都元帥府の夜巡円牌にも荷の葉があしらわれている）。

＊1　D. Behrens-Abouseif (ed), *The Arts of the Mamluks in Egypt and Syria : Evolution and Impact*, Bonn University Press, 2012, pp. 90–91, pp. 102–109.

＊2　『安陽県金石録』巻十一「彰徳路庁壁記」（後至元五／1339 年立石）"本路営運官本：中統鈔壹阡貳伯参拾柒定参拾柒両柒銭。赤金壹盞貳付：計重壹拾柒両兩肆分。白銀帯蓋索壺瓶貳隻：通重伍拾両。白銀壺瓶参隻：通重陸拾両。銀釭臺雙盞壹付：通重伍両柒銭伍分。銀甄様臺雙盞壹付：通重柒両。■■銀■臺盞貳付：通重拾両。白銀盂子壹箇：重壹拾両。銀盂子壹箇：重柒両。鍍金銀瓜盞壹箇：重四両参銭。■鍍白銀香盒壹箇：重柒両四銭。鍍金白銀香爐壹箇：重壹拾陸両貳銭。白銀水瓶壹箇：重肆拾貳両伍銭。白銀盆：重肆拾両。白銀交椅貳把。五■銀交椅壹箇：脚踏肆箇内，銀釘・金釘壹箇，銀■花釘壹箇，銅釘貳箇。雑色絨錦条褥肆拾参箇。花布条褥壹拾参箇。篘皮条褥通壹拾壹箇。鴉青紗幮并暖帳新旧陸張。新旧雑色頂幔壹拾箇。門簾陸箇。雑色錦座子肆拾参箇。篘皮座子新舊肆拾柒箇。紅綾并紵絲等被児壹拾張。白氊五領花毯貳拾肆箇。絨錦搭椅柒箇。銷金門額彩色柱衣陸件。首綿察褶児壹箇。彩色雕花細細褌并心紅大小酒棹参箇。幛幔床貳張。心紅等児・棹児柒拾参箇。大小鉄鍋・紅漆盤仗等物壹阡参伯玖拾玖件"，西安市文物保護考古所『西安韓森壁画墓』（文物出版社　2004年　彩版 17-30），『秘書監志』巻三「什物」「公用銀器」，『元史』巻七六「祭祀志五」《岳鎮海瀆》《岳鎮海瀆常祀》《古帝王廟》，『山右石刻叢編』巻二六高鳴撰「重修媧皇娲廟碑」（至元十四年），巻二九「祭霍山崇徳応霊王記」，巻三〇「霍岳廟田地詔」

＊3　『郝文忠公陵川文集』巻三二「河東罪言」"分撥公賦，使為私食，則亦一代之新制，未為失也。平陽一道隷抜都大王，又兼真定・河間道内鼓城等五処，以属籍最尊，故分土独大，戸数特多。使如諸道，祇納十戸四斤絲，一戸包銀両両，亦自不困。近歳公賦仍旧，而王賦皆使貢金，不用銀・絹・雑色，是以独困于諸道。河東土産，菜多于桑，而地宜麻，専紡績織也，故有大布・巻布・板布等。自衣被外，折損価直，貿易白銀，以供官賦。民淳更質，而一道課銀独高天下，造為器皿，万里輸献，則亦不負王府也……今王府又将一道細分，使諸妃・王子各征其民，一道州郡至分為五七十頭項，有得一城或数村者，各差官臨督……"。

　Государственный Эрмитаж 《*Подарок Созерцающим*》 *Странствия Ибн Баттуты*, Каталог

Выставки, Санкт-Петербург, 2015 には，ロシアに伝来するモンゴル時代の文物が大量に収録されている。

22　大都の宮殿

Jāmi' al-Tavārīkh, MS : Rampur, Raza Library, p. 133

（クビライ・カアンは）Khān-bālīq の城子――漢児が Jūngdū 中都と呼んでおり，その君主たちの玉座が彼処にあった――を qishlāq 冬営に定められた。それは，いにしえ，陰陽家・賢者たちの選択により，「全き吉祥・常なる繁栄の占」を以て，王朝がそれによってより一層の完璧さを得るよう，建設されたものだった。チンギス・カンがそれを滅ぼしたので，クビライ・カアンは，弥栄あれとて願い，自身の名聴・声望のため，別の城子をその傍らに建設させた。相互に繋がりあっているかのように，その名も Dāīdū 大都。その城墻には 17 の趐楼があり，趐楼から趐楼まで 1 farsang の間隔である。外側にも際限なく建物を造成するほど繁栄している。さまざまな果樹が各地から将来されて彼処の園林・苑囿に植えられる。大部分はよく実を結ぶ。かの城子の中間に，自身の宮帳として，sarāy 宮闕／皇城を極めて壮麗に造成して，その名を qarshī＜Tur. qarši 殿と為した。その諸柱・舗装は，すべて雪花石膏・大理石で，美麗と清浄の極致にある。その周囲は四つの廳となっている。廳から廳まで矢が飛ぶ距離である。外側のは kiryās 乞列思／怯烈司（禁外繋馬所／聚馬処）のために，内側のは毎晨集まる官人たちが坐すために（＝主廊），第三のは怯薛丹たちのために（＝宿衛直廬），第四のは貴族のために（＝拱辰堂）。カアンは，冬，その宮殿に坐す。[その図像は，以下に描くような形状である]*¹。

大明殿，延春閣の外観については，ほとんど記述されていないにもかかわらず，挿絵に朱塗りの欄干，丹墀，青（孔雀釉）・緑の瑠璃瓦を葺いた中国風の宮闕とそれを挟む二つの台を描きえたのは，フレグ・ウルスから大元ウルスに派遣されたことのある使臣たち，ボロト丞相等から詳しく話を聞いたか，使節団に画家が同行していたか，あるいは大元ウルスから画軸――「大明殿図」の類を入手していたからだろう。雲，樹木，孔雀の描き方からすれば，中国絵画の影響を受けていることは間違いない。この写本とひじょうに近い関係にあるベンガル本には，

口絵解説　**33**

かつてオゴデイ・カアンが漢児(キタイ)の工匠たちに建てさせたカラ・コルムの qaršī
——万安殿の図が載っており，やはり六角形の敷地に宮殿を描く*2。

　ロンドン本の『集史』「クビライ・カアン紀」の当該箇所では，"その図像は，
君王ガザンの名を以てあった原本に描かれていたが，ここでは省略した"とあり，
同系統のイスタンブルやタシュケントの『集史』写本では，挿絵のスペースが設
定されていない。大きく二系統に分類される『集史』諸写本のいずれが原本の姿
に近いか，明白に示唆してくれる（本書第 14 章参照）。

　このインドの『集史』古写本は，「オゴデイ・カアン紀」末尾から「ガザン・
カン紀」冒頭までの端本だが，書体から 14〜15 世紀初頭の筆写と見られること，
ガザンの編纂時の『集史』の姿をよく伝えること，パリの写本（suppl. persan
1113）（口絵 28〜29，31〜32）と同じ系統に属し且つ同じく大量の細密画(ミニアチュール)（当初の
ものからムガール朝の補写まで）を附すこと，パリ本の欠落部分を補い得ること，
以上の点で資料的価値がきわめて高い。今回，2015 年に所蔵機関が出版したカ
ラー影印本を使用したが，頁数が振られておらず，本来の闕葉以外に撮影・刊行
時の落丁もあるようで，引用するさいには，便宜上シュミッツが細密画に附した
頁数を基準にした*3（『集史』の諸写本については，本書第 14 章参照）。なお，「チ
ンギス・カン紀」，「ガザン紀」が欠けているのは，ティムール朝，ムガール朝に
おいて，モンゴル・ウルスの始祖たるチンギス・カンが特別な意味をもったこと，
細密画(ミニアチュール)がとりわけふんだんに用いられ美術的価値が高かったこと，「ガザン紀」
第三部が『帝鑑』『政要』の用途をもったことから，ティムール朝の歴代君主，
バーブルないしその子孫によって日々愛玩，あるいは秘蔵され，最終的に墓陵に
までもってゆかれたからではあるまいか（類似の事例として，天理大学附属図書館
が蔵する『長春真人大宗師玄風慶会図説文』——肝心の中央アジア旅行，チンギス・
カンとの対面を描いた巻を欠いてしまっている——を挙げうる）。ベンガル本も「チ
ンギス・カン紀」の西征以前の記事を欠く。ぎゃくに 14 世紀から 15 世紀初頭に
製作されたテヘラン写本（挿絵こそないが，ヌクタ，シャクルを丁寧に施した美麗な
テキスト）は，「部族志」と「チンギス・カン紀」しか残らず，しかもティムー
ル終焉の地であるオトラル攻めまでしか残っていない。14 世紀のパリ本（Ancien
fonds 68）も，「部族志」，「チンギス・カン紀」のみである。

---

* 1　*Jāmiʿ al-Tavārīkh*, MS : Istanbul, f. 210b, MS : Taškent, f. 175a, MS : Rampur, p. 132 ; *Ẓafar*

34

nāmah, MS : London, f. 578b-579a, 『国朝文類』巻四二「『経世大典』・工典」《城郭》"国家建元之初，卜宅于燕，因金故都。時方経営中原，未暇建設城郭，厥後，人物繁夥，不足以容，廼経営旧城東北，而定鼎焉。於是，坤堞之崇，楼櫓之雄，池隍之浚，高深中度，勢成金湯，而後，上都・中都諸城，咸倣此而建焉"と対応する。いっぽう，『ヴァッサーフ史』巻一は，大都について次のように語っている。

> 前の君主たちの統治時代にあっては，王国の御座所は **Khān-bālīgh** であった。クビライ・カアンが，カンの称号に更なる権力を加えたとき，それは無益となった。太陽が地平線を昇らんとしている時，**方形の城子**（まち）を建てさせた。**横 4 farsang，縦 4 farsang の格子状**，この数字は ma'ālī 高位（→『周礼』『周易』）に照らして理想を示したものだった。そしてそれを **Ṭāīdū 大都** と名付けた。さまざまな文人たち，芸術家たちに，彼処の描写を命じた。短期間に，多量・膨大な創造物がその市鎮に，光り輝く豊富な装飾品・奢侈品がかの城市（まち）に向かって集まってきた。**qarši**——かれらのことばで王国の **kākh** 宮殿のなかでも立派な建物，王国の謁見の間である——もまた，**横 400 歩，縦 400 歩の方形で，alvākh 諸経・計算に基づいてなした**。かの繁栄せる天堂では，数々の丸天井・威容——人家の閣・甍の嫉妬心を搔き立てている——が屹立した。各方面からの移民による開発・過重な運搬によって，かたや装飾の諸技芸・様々な細工・演出を以て，布置した。**玉石の舗装がなされた**広間は絨毯が敷かれた。才芸・技巧の発揮に際して，画家・彫刻の魔術師に対し推奨されたことは，その鮮明化，彩色，繊細なアルキメデスの精神，驚嘆・呆然のユークリッドの不思議，金・銀の混在融和……。

Ta'rīkh-i Vaṣṣāf, Bombey, p. 23, MS : Paris, suppl. persan 208, f. 21a, MS : Istanbul, Aya Sofya 3109, f. 32b.

* 2　B. Gray, An Unknown Fragment of the "Jāmi' al-Tawārīkh" in the Asiatic Society of Bengal, *Ars Orientalis*, vol. 1, 1954, Fig. 14.

* 3　B. Schmitz & Z. A. Desai, *Mughal and Persian Paintings and Illustrated Manuscripts in the Raza Library, Rampur*, New Delhi, 2006, pp. 171-179, pl. 236-259. この措置が正しかったことは，松田孝一「ラーンプル，ラザー図書館所蔵『歴史集成』（『集史』）写本『元朝宮殿図』簡報」（『内陸アジア史研究』2017 年　pp. 47-60）によって確認された。

23　世祖クビライ・カアンをとりまく都堂の高官たち

Jāmi' al-Tavārīkh, MS : Rampur, p. 136

『集史』「クビライ・カアン紀」【漢児（キタイ）の田地の官人（ノヤン）たち，臣僚たち，必闍赤（ビチクチ）（＝天子のために文史を主どる者／吏）たち，かれらの詳細と位階，かれらが有する所の諸の規則・制度，かの民族の術語の記】に次のようにいう[1]。

> 名代・宰相の職掌を有する大官人（イェケ・ノヤン）たちは，chīngsāng **丞相**と呼ばれる。軍の官人（ノヤン）は ṭāīfū **太傅**と，tūmān＜Mon. tümen 万戸の官人（ノヤン）は WNKŠY＞wangshai **元帥**と，大食（タージーク）・漢児（キタイ）・畏吾児（ウイグル）からなる dīvān 衙門の（官人（ノヤン）・）臣僚・副官たちは finjān **平章**と呼ばれる。体例は以下のごとくである。大衙門（＝中書省・

尚書省）には，大官人（イェケ・ノヤン）たちから**4名の丞相**，大食（タージーク）・畏吾児（ウイグル）・漢児（キタイ）・也里可（エルケ）温（ウン）（＝ネストリウス派キリスト教徒）さまざまな諸部族の大官人（イェケ・ノヤン）たちから**4名の平章**がいる。かれらにもまた，衙門に副官がいる。彼処の官人たち，ḥākim 大小の官員たちの官職は品級を以て分類されている。かれらの位階は以下のようである。

第一位：丞相　（名代・宰相の職掌を有している）

第二位：dāīfū 太傅　（軍の官人（ノヤン）である。いかに大権であれ，丞相に照会する）

第三位：平章　（衙門の副官・臣僚である。さまざまな諸部族の人からなる）

第四位：yūchīng 右丞

第五位：zūchīng 左丞

第六位：samchīng 参政

第七位：samyī 参議

第八位：lanjūn 郎中　（全簿冊がかれの手にある）

［第九位：欠］

――――――中略（本書第 14 章註 321，第 9 章第 4 節参照）――――――

また，以下のような慣習がある。既述の官人（ノヤン）たちは，毎日省にゆき，ひとの詞状を討議し，諸国の大勾当（と）を做す。この 4 名の丞相も臨席せんとする際，上述のほかの官職の長たち，必闍赤（ビチクチ）たちは，ひとりひとり，職の品級にもとづき，順番に座ってゆく。各々には，卓が橙のように前面に据えられ，硯がその上に置かれており，常に其処にある。各官人（ノヤン）は，その nishān＜Tur. nišan 判と tamghā＜Tur./Mon. tamqa 印が決められている。ちなみに，数名の必闍赤（ビチクチ）は，職務として，毎日衙門に来ない者の名を写（か）こと――［来ていない日数分，当人の俸給を控除するため／来ていない分を当人の俸給から控除するため］――と決められている。若し某人がめったに衙門に来ず，且つ明白な事由がない場合には，かれは罷免される＊2。［かれの言辞は，かの 4 名の丞相がカアンの御前において奏する／詞状は，カアンの御前において，かの 4 名の平章が奏する］。Khān-bālīq＜Tur. Qan-balïq 中都の省は，きわめて広大である。数千歳，衙門の簿冊が彼処にあり，よく管理され，諸規範がよく遵守されている。かの省の雑役は，約二千人である。

ところで，明の万暦〜崇禎年間の文化の担い手の一人で蔵書家として知られる

胡震亨は，『読書雑録』（上海図書館蔵清康熙十八年刻本）巻下の冒頭において，友人の屠衡が蔵する至治三年（1323）の『郷試録』——「先祖の屠曾が解元だったから自宅に伝来した」と主張するが，当年の江浙行省の郷試における首席及第は林仲節であった——に収録される皇慶二年（1313）十一月発令の詔勅を二通，紹介している。『元典章』巻三一「礼部四・学校一」《儒学》【科挙条制】，『通制条格』巻五「学令」《科挙》，『新刊類編歴挙三場文選』（静嘉堂文庫蔵元刊本）「聖朝科挙進士程式」，『事林広記』後集巻六「学校類」【科挙詔】，『元史』巻八一「選挙志」《科目》等に収録される一連の詔勅と比較すると，前者については，新たに"軍民，僧尼，道客，官儒，回回，医匠，陰陽，写算，門厨，典偏未だ完らざる等の戸の試を願う者"をはじめ，受験資格について定める条画が三款確認できる。後者については，存在自体これまで全く知られていなかった。そしてなにより二通とも，末尾にとうじの朝廷中枢部の官僚たちの名を記録する点で貴重である。ただし，胡震亨がモンゴル時代の書式に通暁していなかったためか，左右を逆に配列し直し，空格に勝手に語を補ったようで，その間に文字の脱落，行のズレなどを生じてしまっている。『異国出契』や『両国書翰』（国立公文書館内閣文庫蔵江戸写本）に収録される「至元六年六月中書省牒」，『臨川呉文正公草廬先生集』（宮内庁書陵部蔵明永楽四年刊本）「附録」，『弘治休寧志』巻三一「忠烈王程霊洗勅牒」等を参照し，位階を考えながら訂正したうえで，紹介しよう。

①
勅　　　　　　　　　押
（中書参）知枢密院事御史大夫（正二品）臣脱歓答剌罕
（中書参知政事）侍御史（従二品）臣答失罕
（中書）知枢密院事（正二品）宣徽［院］使（従一品）臣完沢
翰林学士承旨（従二品）臣玉連赤不花　　　　　　　　　施行

［中書］参知政事禿魯花鉄木児
中書参知政事（従二品）吏部尚書（正三品）綱領国子学事臣許（思）［師］敬
中書左丞（相参知政事）（正二品）臣阿卜海牙　　　押
中書右丞（相）（正二品）臣八剌脱因　　　　　　押
中書平章政事臣張驢

口絵解説　**37**

中書平章政事臣枢密［院］使（従一品）張珪　　　　　押

中書平章政事（従一品）臣兀伯^{ウ バイドゥッラー}都剌　　　　押

中書左丞相（正一品）臣

中書右丞相（正一品）臣

②
勅　　　　　　　押　　　　　　　江浙行省中書省正六品散官安思台^{アル ス ダイ}　謄写

淇陽王開府儀同三司（大）［太］師（正一品）録軍国重事（従一品）知枢密

院事臣脱児（罕赤）［赤罕］^{チ ガン}　　行

開府儀同三司知枢密院事臣也先鉄木児^{イェスン テ ム ル}　　　　　　施行

御史大夫　　　欠

御史大夫　　　欠

［開府儀同三司］御史大夫臣火尼赤^{コ ニ チ}　　　押

なお，二通目ならびに『三場文選』によると，科挙の全日程，地域別合格者数な
どに関しては，張珪が中心となって，**丞相の禿魯**^{トクルク}，**合散**^{ハ サン}，**牙成応**（鉄木迭児の別
名？），**平章の阿迭不花**^{ア デ ブ カ}，**張驢**（＝章閭），**八剌脱因右丞**^{バ ラク ト イン}，**阿里海牙左丞**^{ア リ カ ヤ}，参知政
事の許思敬，薛居敬，参議の薛忽都牙里^{ク トゥ エ ル}，御史の答剌醜^{ダ ラ チュ}，および翰林院の官人た
ちが討議し，詳細を決定，十一月二十三日拝住怯薛の第二日，博児赤^{バ イジュ ケ シク}（＝主膳）
の**答失蛮丞相**^{ダ シュ マン}，哈剌赤^{カ ラ チ}（＝主渾／馬乳酒係）の燕帖木児^{エ ル テ ム ル}知院が仁宗アユルバルワ
ダに取り次いだという。『集史』のいうとおり丞相4名，平章4名が確認できる。
右丞，左丞も2名ずついたので，ここまでを指して『百万の書』は maggior corte
大廷たる shieng/singh 省――行省下の各機関の官僚，路府州県のダルガチ・総管
などの任命権，租税・銭糧などの財政面の差配，軍事以外の行政を掌握する
――に 12 名の重臣がいる，というのだろう。枢密院や御史台の軍官たちの関与
も，注目される。

* 1　*Jāmi' al-Tavārīkh*, MS : Istanbul, f. 206a, MS : Taškent, f. 176a-176b, MS : Rampur, pp. 135-
136 ; *Ẓafar nāmah*, MS : London, f. 579a-580a.
* 2　『元典章』巻十三「吏部七・公規一」《署押》【円坐署事】"一．京・府・州・県官員，**毎
日早聚円坐**，参議詞訟，理会公事。**除合給暇日外，毋得廃務，仍毎日一次，署押公座文簿。**
若有公出者，於上標附"は，下の官位のものたちの規定だが，原則は同じである。

24〜25　世祖出猟図

台湾国立故宮博物院蔵

　至元十七年（1280）二月に劉貫道によって描かれたあまりにも有名なクビライ（1215-94）の肖像画*1。毛髪も鬚もすっかり寂しくなったクビライは，とうじ66歳。まさにチンギス・カンが亡くなったとされる年齢に達していた。実権は，皇太子チンキムに移行しつつあり，朝廷内では，父子を取り巻く重臣たちが，史上最大の富と力の掌握のために，暗闘を繰り広げている。そのさなかの飛放・捕猟である。場所は，大都南郊濼曲の希徹禿＜Mon. hiče-tü 柳林，もしくは『百万の書』にいう Cacciar modun＜Mon. qaqča-ar-modun 哈察木敦（独木の意。里程の目印となる"一本松"）とみられる。

　画面中央のクビライは，棕帽を被り，納失失（Per. nasīj 金錦／金段子。ときに"納錦"なる音訳・意訳の略称も用いられる）と呼ばれる金糸を織り込んだ雲龍紋の通袖膝襴の de'el 衣／帖裏の上に色とりどりの宝石を鏤めた帯を締め，刺繍を施した油靴を履く。そして，ただ独り，襟と袖口に黒貂の縁飾りのついた最高級品の銀鼠（オコジョ）の皮襖を着込んでいる。毛皮の質感，その暖かさまで伝わってきて，劉貫道の腕前に舌を捲かざるを得ない。御衣局使（帝室の衣装係）だっただけのことはあり，画像資料としては，これ以上望めないくらいの精度といえる。何せ，猟犬が見上げるご主人様 güyüči（跑る者）／güilgeči（放犬捕牲）——葦毛（はし）に騎乗する漆黒の肌の持ち主——が纏う紅の納失失の衣には，羊歯と伏鹿（福禄と同音なので古来より漢児に好まれた図案。惨白色の鹿は，蒼色の狼とともにモンゴルの根源とされる。ちなみに，1330年代のタブリーズでの製作に係る『王書（シャー・ナーマ）』の一葉（ハーヴァード大学附属美術館蔵）には，これとまったく同じ衣装が描かれる）の紋様が忠実に描きこまれているし，鼈甲の鞍をつけた白馬に跨り，紅い嘴の白鷹——脚に遺失防止のため紅い革製の名札を結んである——を操る青の納失失の šibawuči（鷹匠）は，片手にきちんと皮の手袋をはめているのだ。後背に不貞腐れた面構えの豹を載せた barsči（豹使い）は，ただひとり先端の尖った帽子を被り，その容貌・風体によって西域から来たこと，ムスリムではないこと，がわかる。そのひとつひとつが熊夢祥の『至正析津志典』（大都地区に関する地方志），『朴通事』，『百万の書』等東西の文献，さらには Diez Album『ディーツ旧蔵画帖』や Saray Album『宮殿画帖（サライアルバム）』のような画像資料を以て確認・裏づけられる。

ちなみに，豹は一日に新鮮な羊肉を三斤から七斤（約2kg〜7kg）も喰ったといい，飼育にはとんでもなくカネがかかった。クビライのご機嫌を損ねた重罪人も餌になっていたようで，有名な道仏論争で380歳だと大法螺を吹いた全真教道士は，そのひとりである。

　ひるがえって，クビライが跨るのは，青毛（＝黒色）の全馬（去勢していない牡），頭部は流星・鼻梁大白・鼻梁鼻白，肢部の白斑は細長白——『朴通事』にいう五明馬か——，口絵4〜5の駅伝馬と比較すると，脚が細く大型なのでルーム産の馬かアラビア馬（Mon. köl ündür tobičaq 脚高の西馬）[2]だろう。轡を並べる少年は，襟に橙と柳青の二種の金襴／錦をあしらった白の納失失を纏い，サファイアかラピスラズリを嵌めこんだ黄金の鞍と色とりどりの宝石で飾り立てた轡を河原毛／粕毛に取り付けており，一目でクビライの最愛の孫だとわかる。ふたりとも，箭靫・弓袋を提げていないので，自分で獲物を仕留めるつもりはないようだ。

　その役目は，豹の尾のついた箭靫を腰に提げて傍に控える比較的質素な出で立ちの速古児赤，緑の納失失の daqu 搭護（半袖の騎射用の衣）に氈帽姿の二人——ひとりは漆に螺鈿の細工が施された鞍に跨り，今まさに鹿の縫い取りのある弓袋から取り出した弓に矢をつがえ放たんとしている。相棒は，既に仕留めた天鵞や鴨を後ろに積んで，鷹を放す瞬間を計る——に委ねられていた。かれらがそれぞれ誰なのかは，怯薛制度を詳細にしらべ，とうじの政治背景を理解したとき，明らかとなる。そして，後方から野営用の物資を積んだ駱駝を率いて追ってくる豆粒のような鬚面の人物こそ，クビライの寵臣アフマド・ファナーカティーに違いない，と気づくのだ（本書第9章・第14章参照）。

＊1　現時点では，『公主的雅集——蒙元皇室与書画鑑蔵文化特展』（台湾国立故宮博物院2016年）が最も鮮明な写真，拡大図を提供してくれる。
＊2　フレグ・ウルスにおいて編纂された財務会計のマニュアル『特殊記数法の技芸に関するFalak 殿の小冊子』によると，ルーム産の鹿毛の流星は，アラビア馬よりも高価で一頭につき1 dīnār 金貨9000枚分もしたそうだ。

26　日本に伝来したモンゴル王族の狩猟図

徳川美術館蔵

　鎌倉彫に影響を与えた大元ウルス治下の漆器。『格古要論』巻下／『新増格古要論』巻八の「古漆器論」《剔紅》によると，

剔紅の器［皿］に，新旧無し。但そ看るに，［朱／硃］厚く色鮮やかに紅
［潤い］，而して堅重なる者を好しと為す。剣環・香草を剔る者，尤も［佳／
佳］。黄の地子に山水・人物及び花木・飛走を剔る若き者は，用工細巧と雖
も，容易に脱起す。［朱／硃］薄く而して紅［少なき／なる］者は価低し。
宋朝内府中の物は，多く是れ金銀なれば，素と作す者なり。**元**［末の／朝の
嘉興府の］**西塘楊滙に張成・楊茂なる有りて，剔紅に最も名を得たり**。［但
そ朱／但し硃］薄く而して堅からざる者，［多く浮起す／多し］。**日本**［国］，
琉球国，［極めて／独り］**此の物を愛す。**

という。じっさい，『看聞日記』『満済准后日記』をはじめとする室町時代の資料
には，金襴・唐綾などとともに，花鳥を刻む堆紅の香合・箱・盆が，将軍家周辺
の贈答品，賭け事の賞品として，しばしば登場する。“張成造”といささか誇ら
しげに記す場合もある。足利・徳川幕府の旧蔵品のなかに実物も数点確認される。
現在，日本では“彫彩漆”（多色の漆の層を彫りの深浅で表現する技法）に分類され
ているが，沈金が施されることからすれば，同書の《戧金》

　　［要むるに／戧金の器皿は］漆堅く，戧し得たるに（景の）好しきを上と為
　　す。**元朝の初め，嘉興（府）西塘に彭君宝なる有りて甚だ名を得たり**，山
　　水・人物・亭観・花木・鳥獣を戧するに，種種臻妙なり。

に相当するか。

　山間を疾駆する四騎と逃げ惑う鹿，兎。躍動感溢れる背後の構図とは対照的に，
手前の五名は悠然と構える。馬上に骨朶を持ち，若いカアン／大王（金の鞍・鉄
鐙に跨る）を護衛するふたりが üldüči（環刀持ち）。鬚を蓄え織金の王旗らしきも
のを抱える老将が sükürči（傘蓋持ち）で，その傍らに šibawuči と犬が控える。
güyüči は見当たらない（本書第9章・第14章参照）。

　画題・細工いずれの点から見ても，武家の棟梁たる将軍家に伝来・珍重された
ことがもっともな逸品である。なお，有名な鄭和の航海に際して錫蘭山の仏寺に
立てられた永楽七年（1409）の漢語・ペルシア語・タミル語合璧碑（京都大学人
文科学研究所蔵内藤湖南旧蔵拓本第28函）の永楽帝の賜与品リストにも，“硃紅漆
戧金香盒伍箇”が含まれている。

口絵解説　41

27　巻き狩りを愉しむモンゴル王族

Topkapı Sarayı Müzesi, Hazine 2153, f. 55b

『王書（シャー・ナーマ）』に附されたミニアチュールとされるが，ādam-i safī "選ばれし者"と添え書きされる王は，「世祖出猟図」（口絵24）のクビライと同様，襟と袖口に黒貂の縁飾りをつけた銀鼠の搭護（オコジョ）を纏う。その左側には sükürči が立つ。モンゴル王族の捕猟——巻き狩りの合間にとられた休憩の一齣を描いたもの。岩や植物は，中国絵画の影響のもとに描かれており，モンゴル時代の文化交流の一端を示す。

　狩猟用の文豹は，古来珍獣とされる獅子（ライオン。別名の "狻猊" とともにおそらくペルシア語 shīr の音訳。もうひとつの別名とされる "獒" は，ほんらいティベット・マスティフを指していた[*1]）と同様，フレグ・ウルスやチャガタイ・ウルスから大元ウルスのカアンへの贈り物として献上されることも多く，馬に乗せられ出番を待つよう，ちゃんと調教されていた。画面右下の丸襟の老人がかれらのちょくせつの主人，すなわち barsči である。注意してみると "伏せ" をする右の二匹と首を擡げる左の二匹，紋様が異なるので，異なる種——おそらくはヒョウとチーターを描き分けているのだとわかる。前者はモンゴル王が尻に敷き，barsčiが身にまとう皮襖と同じ。後者の後ろに控える獰猛な面構えのひとまわり小さな茶色の動物も，尻尾からネコ科と推測される。

　文豹は，つとに唐初の章懐太子李賢（高宗の子）墓や懿徳太子李重潤（中宗の子）墓の壁面に狩猟・飼育時の情景として詳細に描かれていた。馬上に鎮座する狩猟俑も，永泰公主（重潤の妹。武延基の妻）の墓や1991年に西安市東郊金郷県で出土したものをはじめ，いくつか知られる。大型の文豹や猞猁孫（＝土豹）はソグドとみられる男が扱い，ネコにしかみえない小型のそれは，角髪姿の少年に委ねられる[*2]。『遼史』巻三「興宗本紀三」や宋綬『契丹風俗』（『続資治通鑑長編』巻九七）にも簡略ながら記録がある。豹や虎の毛皮が弓袋や韂韀（うまおおい）に使用されていたことを示す絵画・俑も数多い。

　じつは，移剌楚才／耶律楚材の詩の情景（太宗オゴデイが1235年の冬に主催した巻き狩りにおいて，虎豹が手負いの狼を追いかける）と呼応する『元朝秘史』巻二 11b，阿児思闌 arslan 獅子（ライオン）と対句で詠まれる 中合卜闌 qaplan は，まさにその文豹を指す。しかし，テュルク語由来で明初の翻訳担当官には馴染みのない単語であ

ったためか，傍訳には"獣名"，総訳には"猛獣"としか記されない（マフムード・カーシュガリーの『突厥語総覧』によると qaplan＝burslan＝asrï≒tuŋa）。漢児やモンゴルにとっては外来動物であり（アムール河流域にはトラもヒョウもいたが），テュルク語，ペルシア語など由来の異なるさまざまな呼称があった。『魁本対相四言雑字』（元刊本の覆刻である洪武四年金陵王氏勤有書堂刊本をさらに日本で覆刻した五山版）の「虎豹獅象」の豹にいたっては，彫り間違えて黒地に白の紋様になってしまっている。

　そもそも，『重修政和経史証類備用本草』巻十七「獣部・中品」"郢州[*3]の豹"，『飲膳正要』巻三「獣品」【豹】の解説や挿絵をみると，漢語でいうところの"豹"とは，ほんらい耳の黒いオオヤマネコのことだったようだ（南宋・大元時代に描かれた『楚辞』の「九歌図・河泊」の"赤豹"も，どうみてもヒョウではない）。また，方以智『物理小識』巻六「飲食類」《皮類》によれば，"石虎"もヤマネコなので，大元ウルス治下の文書に"蛮子の田地（＝江南）の裏に八児思烈納の皮子に似る一般石虎児の皮子が出て有る"（『元典章』巻三八「兵部五・捕猟」《囲猟》【収拾石虎皮】）"とある bars-lena/lainaq もヒョウ，チーターの呼称のひとつに相違ない（burslan の語尾変化したものか。あるいは，ラテン語や英語でオオヤマネコを lynx といい，その語源は 1340 年頃まで遡るとされるので，烈納と同一語の可能性がある。通説ではギリシャ語の"光"に由来するというが，果たしてどうか。なお，皮革の価格は，虎＞金銭豹＞土豹／猞猁孫＞葫葉豹／艾葉豹で，25：20：5：3 の比率。食欲・餌代でいえば豹子＞大土豹＞小土豹で 7：4：3）。とうじの口語漢語において"豹子"に"贋物／紛い物"の意味があるのも，以上のような事情が原因か。ルブルクのギョームや『百万の書』は，調教されたそれを専ら leopardus/leopard/leopardo といい，panthera 等ほかの呼称を用いない。また，『百万の書』は，クビライの捕猟において，loup cervier/lupo cerviero 山猫のような狼＝オオヤマネコのほか，バビロニアのライオンよりも大きく，美しい毛並み，美しい色，白・黒・赤の縦縞模様をもつ lion/leone 獅子も調教されていたことを伝える。かれらの言語には，ぎゃくに虎を表す単語がなかったのである。

　虎は中東において稀少動物——インド・ベンガル産の虎を表すアラビア語の babr（＝Tur. yolbars 縞の豹）という単語はあったが——だった（実物をみたことのないサファヴィー朝の挿絵画家にいたっては，虎の縦縞を渦巻き紋様に描く始末であった）。それは，ペルシア語の『集史』が，"寅年"を"豹の歳"，"虎頭牌"を

"pāīzah-yi sar-i **shīr** 獅子の頭の牌子(バイザ)" と訳したことからも窺える。『百万の書』も
『集史』と同様，"虎頭牌" を "table d'or teste de **lion**/tavola d'oro con un capo di
leone" と呼ぶ。

　モンゴル時代以降，ユーラシアの東西で盛んに編まれた百科事典や多言語辞書，
地誌のいくつかを紐解くと，

　　『析津志輯佚』「物産」【獣之品】
　　　　豹：**金銭の毛色**にして甚だ雄偉。躑躅(あしぶみ)して停住すること無く，通(あまね)く六，
　　　　　　七有り。随牽し粗粗の山に到り，田(かり)すれば則ち之を嚙(すか)す。獣に遇わ
　　　　　　ば獲えずに有ること無し。
　　　　彪：馬の後背に於いて羈(かり)ぎ，田すれば則ち之を縦(はな)つ。**毛色は光に耀き，
　　　　　　日に之を照らせば則ち五色の花紋有り**。獣を捕するに，則ち草莽の
　　　　　　中に蹲伏し，卒然として之を禽(とら)う。是れ其の態也。
　　『事林広記』「蒙古訳語／至元訳語」【走獣門】
　　　　虎：八索 bars，豹：吉里必（枝児）［児枝］鬼 gil birjigüi くっきりびっし
　　　　　　り小さな斑点の有るもの
　　『華夷訳語（甲種）』『続増華夷訳語』「鳥獣門」
　　　　虎：巴児思 bars，彪：中合児忽剌黒 qarqulaq，豹：石勒兀孫 silagusun
　　『高昌訳語』『畏吾児館訳語』「鳥獣門」
　　　　虎：把児思 bars，彪：合喇虎喇 qaraqulaq，豹：失喇孫／舎了孫 šilasun
　　　　　　／玉子 yuz，金銭豹：俺呑呀児麻力把児思 ältunyarmaq-bars，花豹：
　　　　　　阿喇把児思 ala-bars
　　『回回館訳語』『回回館訳語（丙種／阿波国文庫蔵）』「鳥獣門」
　　　　虎：迫郎克 palang，豹：迂子 yūz，金銭豹：郁子法児 yūz-far
　　『瀛涯勝覧』（中国国家図書館蔵明抄本）「忽魯謨思(ホルムズ)国」『西洋番国志』
　　「忽魯謨廝(ホルムズ)国」
　　　　［又一等の獣を出すに／又獣有り］，名は「草上飛」，番名は「昔雅鍋失(シャーグーシュ)」。
　　　　［大猫の大なる有り，**渾身 儼(いかめ)しく玳瑁の斑猫の様(さま)に似たり**／猫に似，而
　　　　して大，身は玳瑁の斑］，**両耳は尖り黒く**，性は純にして悪ならず。若
　　　　し獅，豹等［項］の猛獣の［他／之］を見れば，即ち地于(それ)(これ)伏す。乃(たちま)ち
　　　　（百）獣之王也。

D. Varisco & G. R. Smith（ed），*The Manuscript of al-Malik al-Afḍal*, Gibb Memorial Trust, 1998, f. 195, f. 199；*Shamīlah al-luɣa*, MS：Istanbul, Topkapı, Ahmet III 2695, f. 159b.

 Ar. al-namr＝Per. palang＝Tur. qaplan＝Mon. qaplan

 Ar. al-fahd＝Per. yūz＝Tur. äsri/pars＝Mon. bars

Nuzhat al-Qulūb, MS：Paris, BnF, Ancien fonds 139, f. 132a-132b, f. 134a-135b, MS：Istanbul, Süleymaniye Kütüphanesi, Fatif 4517, f. 159b, f. 161a-162a.

 babr：名高い。テュルクたちはそれを yolbars，モンゴルたちは■■と呼ぶ。shīr 獅子・palang に敵意を抱く。両方に勝っている……

 ‘anāq：siyāhgūsh 黒耳／ヤマネコをテュルクたちは［qarākūzqara-köz 黒眼／qarāqūlāqqara-qulaq 黒耳］，モンゴルたちは shīlāūsūn と呼ぶ。かの動物は，狩りをしている。**狗・yūz 豹のごとく養成・訓練しうる。色は黄地に黒い斑点である**。豹より大食いで，狗より大きい。しばしば獅子の従者たりて，その獲物のお余りを食べる。しかし，獅子の襲撃を恐れ，厳として近くには行かない。

 fahd：yūz をテュルクたちは bārs，モンゴルたちは■■と呼ぶ。かの動物は，気性が荒く獰猛だが，よく眠る。**狩りをして，養成・訓練しうる**。雌は雄より俊足である。なぜなら，子どもたちの餌のため，より多く狩りをしなければならないからだ。ほかの猛獣たちにもまさにこの法則があてはまる。これゆえに，yūz は三年毎に一回，妊娠する。*‘Ajā’ib al-makhlūqāt*『被造物の驚異』に，「**若し獅子と palang が一緒に交尾すると，かれらから yūz が産まれる**。ちょうど騾馬が馬と驢馬から生まれるように」という……

 namr：palang をテュルクたちは qaplān，モンゴルたちは■■と呼ぶ。かの動物は，傲慢な暴君で，**強力，俊足，しなやかで優美な姿である**。背中が極度に弱い。僅かな苦痛で敗れる……

となっている。フレグ・ウルスのガザン・カンの治世に製作された『動物の特性／効用』の細密画（ミニアチュール）をみてみると，palang と yūz は同じ斑点模様だが，前者の斑点のほうが大きく脚も太くて全体的にずんぐりしており，挿絵が逆ではないかと疑ってしまう[*4]。画家たちも両者をあまり区別できていなかったのかもしれない

（イングランド王国の紋章は，リチャード獅子心王の時代，まさにライオンを用いていたが，十字軍から帰還後，"横向きで垂直に立つ"図案から"正面に顔を向け四足歩行する"それに変更した。ところが，1339年に始まった百年戦争のさい，フランス国王家によって，それは"豹"と看做され，嘲笑の的となった。『被造物の驚異』の記事のごとく，豹は，牝獅子と牡彪の姦通による私生児と考えられていたからだ）。

ちなみに，『太平記』に伝えるところの，北条高時が田楽見物のさいに

> 楽屋の幕には纐纈を張り，天蓋の幕は金襴なれば，片々と風に散満して，炎を揚るに異ならず。舞台に**曲彔縄床を立双べ，紅緑の氈を展布て豹虎の皮を懸け**（巻二七「田楽の事，付．長講見物の事」）

たこと，

> 又都には佐々木佐渡判官入道道誉を始として，在京の大名，衆を結びて茶の会を始め，日に寄合い活計と尽すに，**異国本朝の重宝**を集め，百座の粧をして，**皆曲彔の上に豹虎の皮を布き**，思ひ々々の緞子金襴を裁ちきて，四主頭の座に列をなして並居たれば（巻三三「公家・武家栄枯地を易ふる事」）

といったありさま——いわゆる「バサラ」振りは，まさにこのモンゴル王族の最新ファッションを真似たものにほかならない。じじつ，

> **異国の諸侯は，遊宴をなす時**，食膳方丈とて，座の囲四方一丈に珍物を備ふなれば，**其に劣るべからずとて**，面五尺の折敷に，十番の斎羹，点心百種，五味の魚鳥，甘酸苦辛の菓子ども，色々様々居え双べたり（巻三三「公家・武家栄枯地を易ふる事」）

という（口絵20〜21，30〜31）。くわえて

> 此に高欄を金襴にて裹みて，葱頭に金箔を押し，橋板に**大唐の氈，呉郡の綾，蜀江の錦**，色々に布き展べたれば，落花上に積みて，「朝陽不到渓陰処，留得横橋一板雪」*5 に相似たり……本堂の庭に十囲の花木四本あり，此下に一丈余りの鍮石の花瓶を鋳懸けて，**一双の華に作りなし，其交に両囲の香炉を両机に並べて**，一斤の名香を一度に炷き上げたれば，香風四方に散じて，人皆浮香世界の中に在るが如し。其陰に慢を引き，曲彔を立双べて，百味の珍

膳を調へ，百服の本非を飲みて，懸物山の如く積み上げたり（巻三九「道誉
　　大原野花会の事」）

との記述からすれば，部屋のしつらえや接待に関しては，既述の『事林広記』や
『啓箚青銭』なども，大いに参照されたことだろう。

＊１　『爾雅音図』巻下「釈獣第十八」，『不繋舟漁集』巻九「題献狻猊図」"西域狻猊百獣豪，
　　照人閃閃紫金毛，当年入貢来疏勒，誰向明堂諷旅獒"，『灤京雑詠』"錦衣行処狻猊習，詐馬筵
　　開虎豹良。特勅雲和罷絃管，君王有意聴堯綱"，『貢礼部玩斎集』（静嘉堂文庫蔵明刊本）巻八
　　「題旅獒図」"此図，一人執紖牽大犬，一人従以墨幟，一人函書最後。其状貌，衣服，大類西
　　域人。豈取「武王時西旅献獒事」以為之乎。不然。今日流沙万里之外，炎荒百蛮之国，莫不
　　臣妾，以献其所有，南北之人見聞習矣。何以図為。然因図以観「召公之書」，亦豈無所警乎"。
　　至大三年（1310）に趙孟頫が唐の閻立本の「貢獒図」を模写したもの（『故宮書画図録（十
　　七）』台湾国立故宮博物院　1998 年　pp. 169-172）や銭選の「西旅貢獒図」（『故宮書画図録
　　（十六）』台湾国立故宮博物院　1997 年　pp. 401-402）では，ティベット・マスティフ。「元
　　人画貢獒図」（『故宮書画図録（五）』1990 年　pp. 257-258）は，ライオン。
＊２　『中国出土壁画全集⑦陝西下』（科学出版社　2012 年　pp. 269-277, pp. 304-308），『天可汗
　　的世界』（台湾国立故宮博物院　2002 年　pp. 124-127），『驍騰万里──中国古代馬文化展』
　　（三秦出版社　2014 年　p. 88, p. 91），邵国田主編『敖漢文物精華』（内蒙古文化出版社　2004
　　年　p. 96）
　　　1960-62 年，1971-72 年にかけ，乾陵周辺の永泰公主，章懐太子，懿徳太子等の陪葬墓が発
　　掘された（位置じたいは，陝西行台の治書侍御史であった李好文が 1342 年に編纂・刊行した
　　『長安志図』巻頭の「唐高宗乾陵図」によって知りえた）。李賢は，高宗の第六子，一時は皇
　　太子として立ったが，則天武后との政争に敗れ去り，齢三十二を以て自殺に追い込まれた。
　　『後漢書』の註釈等の文化事業で名を遺すが，その墓道・甬道・前室の壁は，虎や豹の皮を纏
　　い，箭筒をぶら下げた宿衛や，巻き狩り・ポロの試合など，生命力にあふれた絵画で飾られ
　　ていた。疾駆する騎馬と馬具，武人たちの服装，纛旗の色など，資料性がきわめて高い。前
　　方には，四つの尾をたなびかせた纛旗の黒馬と併走する青い衣の人物──黒い鬣のひときわ
　　目立つ大型の白馬に跨る──が描かれており，それが李賢本人といわれている。画面後方に
　　は，自らの背後に文豹や耳の尖った猫科の動物（文豹とは異なる紋様。おそらく猞猁孫）を
　　乗せた barsči や腕に鷹を留まらせた qušči/šiba'či もみえる。劉貫道の「世祖出猟図」とほぼ
　　同じ情景である。いっぽう，李重潤は中宗の長子で，誕生時，祖父の高宗は改元するほど喜
　　び，皇太孫にも立てたが，十九歳の若さで，やはり則天武后によって永泰公主ともども殺害
　　された。両側から親衛隊が見守る墓道を進んで最初の部屋および二つ目の部屋には，"五坊
　　使"による文豹，猞猁孫，鷹，狗等の飼育の場面が詳細に描かれていた。これらは，ウマイ
　　ヤ朝もしくは突厥からの贈答品であったと考えられる。乾陵のむかって左側には 29 名，右側
　　には 32 名の諸蕃の酋長の石像──昭陵の前に立てられた突厥の il-qa'an や nizak čerbi qa'an 等
　　14 名の石像に倣ったもの。テュルクのみならず，波斯の大首領なども含む──が臣下のごと
　　く控えていた。
　　　また，『唐会要』巻七二「諸監馬印」によれば，皇帝・王族用に供される見目良き良馬には

口絵解説　47

タムガ——焼印を押さない，もしくは目立たぬように尾の側に刻印したらしい。つづく「諸蕃馬印」にも，各部族の tamγa タムガの形状が写し取られており，前後の王朝と比べても，馬に対する執着は半端ではない。唐王朝がまぎれもない遊牧国家であった証拠のひとつといっていい。なお，「諸蕃馬印」のなかには，マフムード・カーシュガリーの『突厥語総覧』，『集史』「部族志」に収録されるオグズ二十四氏族のタムガと似通ったものもある。

＊3　陳師凱『書蔡氏伝旁通』（台湾国家図書館蔵至正五年建安余氏勤有書堂刊本）巻二 "郢州：今改安陸府，属荊湖北道"。

＊4　'Abd al-Hādī bn. Muḥammad Marāghī, *Manāfiʻ al-Ḥayavān*, MS : New York, Pierpont Morgan Library, M500, f. 16a, f. 18b-19a ; Muḥammad bn. Maḥmūd bn. Aḥmad Ṭūsī Salmānī, *'Ajāʼib al-makhlūqāt wa gharāʼib al-Maujūdāt*, MS : Paris, BnF, suppl. persan 332, f. 235a-236a ; Zakariyā bn. Muḥammad Qazvīnī, *'Ajāʼib al-makhlūqāt wa gharāʼib al-Maujūdāt*, MS : London, British Library, Or. 14140, f. 108a, f. 111b, f. 113b, MS : München, Bayerischen Staatsbibliothek, Cod. arab. 464, f. 177a-177b, f. 182b, MS : Paris, BnF, suppl. persan 2051, f. 224b, f. 230a, MS : suppl. persan 1781, f. 207b, f. 213b.

＊5　劉克荘編集『分門纂類唐宋時賢千家詩選』（周防国清寺旧蔵元刊本）巻一五「地理門」《渓・附．渓行》【時賢】李顕卿「渓行」"枯木扶疎夾道傍，野梅倒影浸寒塘。朝陽不到渓湾処，留得横橋一板霜"。

28　クビライ・フレグ兄弟の初めての狩猟

Jāmiʻ al-Tavārīkh, MS : Paris, BnF, suppl. persan 1113, f. 85b

［甲］申年（1224）——猿の歳。ヒジュラ暦 621 年に相当する——に，チンギス・カンは大食の田地の征服より帰還を命じて，途上，夏と冬をやり過ごした。自身の諸宮帳の疆域に着くと，十一歳だったクビライ・カアンと九歳だったフレグ・カンが出迎えに来た。ちょうどそのおり，Ayman-hoy 林の地——Naiman の田地の疆界，Hīlah 河の彼岸の Emil-qučin に近い。畏吾児の田地とも近接——にて，クビライ・カアンは兎を，フレグ・カンは āhū 麢＊1を射ていた。蒙古の慣習では幼子たちが獲物を殺す最初の回，かれらの親指に jāmīshī＜yaγlamïšï 塗脂——その肉・脂を以て刷り込む——することになっており，チンギス・カン御自らが塗脂なされた。

　1260 年，マムルーク朝，ヨーロッパを目指して進軍中だったフレグは，長兄モンケ皇帝の急逝と後継争いの混乱に乗じ，一族で開催する大聚会に諮らず，西征で得た領土を全て己の版図——フレグ・ウルスとなした。そして，やはり強大な軍事力を以て非合法に皇帝となった兄クビライの大元ウルスを，いちはやく宗主国として仰ぐことで，その正当性を確保した。かつてのチャガタイ・オゴ

デイ連合を髣髴させる判断であった（トルイとソルコクタニ・ベキのあいだにうまれた四兄弟は，上から順に Möngke/Mängü 長生，Qubilai 分与，Hüle'ü 多余，Ariq-böke 神聖な力有る的／清浄なる力士。長子と末子の優遇が明白な命名である）。

　フレグ・ウルスの立場から記述される『集史』は，「晩年のチンギス・カンから大モンゴル国の将来を託される二人の孫」という場面を，意図的に設定し，細密画を附した。『集史』「モンゴル史」の性格を象徴するきわめて重要な一葉といわねばならない。

＊1　*The Manuscript of al-Malik al-Afḍal*, f. 195, f. 199.
　　　　Ar. al-ġazāl＝Per. āhū＝Tur. ïvïq/ubuq
　　　『回回館訳語（丙種）』「鳥獣門」"鰾：阿乎"，『黒韃事略』"猎而て得る者は曰く兎，曰く鹿，曰く野彘，曰く黄鼠，曰く頑羊，曰く**黄羊**，曰く野馬，曰く河源之魚"。

29　ガザンの初めての狩猟

Jāmi' al-Tavārīkh, MS : Paris, BnF, suppl. persan 1113, f. 212a

　王子ガザンは八歳だったが，そこで nakhjīr 黄羊＊1を射止めた。初めての獲物だったので，かれの手の yaɤlamïšï 塗脂のため，（アバカは）三日間，ダームガーンに駐屯を命じ，かれらは toy 宴会・jirqa 歓楽に興じた。mergen 多能すなわち獲物を善く射止めていた qorči 箭筒士のブカが王子ガザンを塗脂した。

　『集史』「モンゴル史」は，細密画の数からも，記述量からも，チンギス・カンに比肩せんとするガザンの意気込み，ラシードゥッディーンたちの礼賛・顕彰の意図が露わである。したがって，「ガザン紀」の読解・資料としての利用は，特に注意を要する。

　この一葉も，ガザンを愛しげに見守る祖父アバカ，父アルグン等を総て巨大なルビーを嵌めたターバン姿に描きつつ，ガザンがフレグの直系らしく幼少期より優れた武人の片鱗を示していたことを読者に訴える，メッセージ性の高い挿絵である。ガザンは鞍に尻をつけることなく，器用に漆黒の若駒を乗りこなし，上方から矢を射掛けている。とはいえ，鎧に付けられた落馬を防ぐ補助具，二本の矢でも止めを刺せないあたりが，まだ非力な少年であることを示し，ぎゃくにリア

ル。

　15世紀成立といわれる写本でこれだけの想い・情報量が伝わってくるのだか
ら，ガザンに献呈された原画は定めし素晴らしかったことだろう。ガザンの思い
入れからすれば，献呈本では，龍の刺繍に豹の尻尾の飾りのついた箭靫や納失失
の駞痰は，実物を臨写していた可能性が高い。

　なお，14世紀の製作とみられる『集史』の良質な古写本を蔵するタシュケン
トの科学アカデミー東洋学研究所には，同時期に筆写されたと思しきアリー・ブ
ン・アル・マンスール・アル・ハヴァーフィーの *Sikar nāmah-yi Īlkhānī*『イル・
カンの鷹狩の書』が蔵される。

＊１　*The Manuscript of al-Malik al-Afḍal*, f. 195, f. 199.
　　　　　Ar. al-ṣaid＝Per. nakhjīr＝Tur. avlig/arqar＝Mon. arqar
　　『回回館訳語（丙種）』「鳥獣門」"黄羊：乃謊只児 nakhjīr"，『訳語』「回回・鳥獣」"黄羊：
　　乃黒炙児 nakhjīr"，『回回薬方目録』巻下 56b7 "納黒知児"，『華夷訳語（甲種）』「鳥獣門」
　　"黄羊：者連 jēren"，『析津志輯佚』「物産・獣之品」"黄羊：朔方の山野の中に広く之有り。
　　毛は黄紅色，疎に而長し。小耳。両角は赤く尖り小なり。数を成して群れ常に百数。上位の
　　囲猟より駕回すれば以て奉じ上膳す。其の肉は味精美なるも，人の多くは敢えて食さず"。
　　『飲膳正要』巻三「獣品」【黄羊】には挿絵が二種載っており，角のないほうが，この細密画
　　とよく対応する。"kharsh-i budd 逃げる罷"が描かれる有名な Hazine 2153, f. 28a の「雪中出
　　猟図」（ジャライル朝の巨匠アフマド・ムーサー筆），Hazine 2153, f. 18a, 19b にみえる動物も
　　おそらく麝と黄羊。こうしたユーラシア東西の画像資料については，画法・構図等美術的観
　　点のみならず，いまいちど文献にもとづく分析・検討が必要だろう。

30　茶飯・演奏を楽しむモンゴル王族の大宴会

　　　　　　MS：Staatsbibliothek zu Berlin, *Diez Album*, Fol. 70, S. 20, S. 23-Nr. 1

　モンゴルの大聚会，質孫と呼ばれる衣服を着ての宴会の様子は，プラーノ・
カルピニのジョヴァンニとかれと同行したベネディクトをはじめ，ルブルクのギ
ョーム，『百万の書』，オドリコ等，それを目にしたものの多くが詳細に報告して
きた。それと対応する図像が，『集史』諸写本の歴代「カアン紀」「カン紀」の冒
頭にそれぞれ大画面を以て掲げられている。

　中央には，御榻が設えられ，ウルスの長たるカアン／カンとその正后が二
人仲良く坐す。モンゴルの坐次は右を尊ぶ。カアン／カンの右側に皇子，諸王・
駙馬が，左側に后妃，公主等が並ぶ。かれら及び勲旧・大臣・宰輔・台院の一品

の官員以外は，交牀に腰かけることを許されておらず，床・敷物の上に直接座ったので，ここに描かれているのは，朝廷中枢の特別な階級だけだ，とわかる（大元ウルスでは，至順三年／1332 以降，中書省・枢密院・御史台は二品以上，そのほかの衙門は一品以上に変更）。

　カアンとカトンの周囲を火児赤（帯弓箭人），云都赤（環刀持ち）が厳重に警備し，そのいっぽうで，宝児赤（主膳）や舎児八赤（煎諸香果・御薬係り），合剌赤（主渾／馬乳酒係），答剌赤（主酒）が甲斐甲斐しく食事の世話をする。速古児赤（司香，主服御）は，傘蓋を放置して御榻の二人のご機嫌・様子に眼を配る。末席には，昔宝赤（鷹匠）の姿も見え，羊の肉片を海東青にちらつかせて大はしゃぎ。八剌合赤（門番／管城的）は，外国からの使臣の無礼――敷居を踏んだ――を見咎めたのか，杖を振り上げる。その傍らでは，見て見ぬふりか，騒ぎをかき消すためか，忽児赤（楽人）の一団が火不思や拍板，箜篌を高らかに演奏する。呉弘道の散曲「太平筵宴」がこの場面にぴったり合いそうだ[*1]。本図は，怯薛制度の理解を助けてくれるだけでなく，ともすれば画一的になりがちな大聚会の細密画のなかにあって抜群の活力を誇る。読者を楽しませようという心意気が伝わってくる。

　しかし，ルブルクのギョームや南宋の使臣孟珙，『事林広記』の編者ならずとも，最初に眼を惹かれるのは，画面の右半分を埋め尽くす罟罟帽の数だろう[*2]。モンゴルのカアン，カンたちは，母や妻に頭が上がらないことが多く，政治の重要な局面では，良くも悪くも彼女たちが大活躍だった。したがって，東西の史書のあちこちに顔を出す。自身の投下領の収益等を用いて斡脱に投資したり，宗教や芸術・学術の庇護にも力をいれた。后妃，公主が発給した懿旨も複数伝わっている。

　ところで，

　　Tartarye 韃靼国の Sarray サライには，
　　Russye 兀魯思に向かいて戦仕掛けし王ありき。
　　数多のもののふ魂果てて，
　　この気高き王こそ Kambiyuskan と呼びなしけれ。

からはじまるイングランドのジェフリー・チョーサー（1343-1400）の未完の大作，The Canterbury Tales『カンタベリー物語』「squire 郷士の物語」。Sayn-Qan 好き汗

口絵解説　51

と呼ばれたバトゥ（チンギス・カンの孫，ジョチの子）がモデルだが，より有名な
チンギス・カン（アルメニアのヘトゥム侯の著で，ヨーロッパで『百万の書』ととも
によく読まれた『東方史の華』では，Changius can/Cangio can と表記）の名を借りて
いる。舞台は，まさにルブルクのギヨームやオドリコの報告書，『百万の書』が
語る宴会の式次第，版位そのままで，影響を受けていること，明らかだ。そして，
Kambiyuskan の子どもたちの名は，なんと Algarsyf（wyf＝wife と韻を踏む），
Cambalo，Canasee。Canbalech（大都），Cansay（杭州）を思わせる命名である。
おまけに，案の定というべきか，この話の大半，美味しいところは公主 Canasee
がもっていってしまう。同書やボッカチオの『デカメロン』の各モティーフの源
流を探るとき，モンゴル時代の「知」の伝播がみえてくる。

＊1　『楽府新編陽春白雪』後集巻四呉仁卿「【越調】闘鵪鶉」"天気融々，和風習々。花発南枝，
　　氷銷岸北。慶賀新春，満斟玉液。朝禁闕，施拝礼，舞踏鹰揚，山呼万歳。【紫花児序】托頼着
　　一人有慶，五穀豊登，四海無敵。寒来暑往，兎走鳥飛，節令相催。答賀新正聖節日。願我王
　　又添一歳，豊稔年華，太平時世。【小桃紅】官清法正古今希，百姓安无差役。戸口増添，盗賊
　　息，路不拾遺。托頼着万々歳当今帝。狼烟不起，干戈永退，斉和凱歌回。【慶元貞】先収了大
　　（カ）〔理〕，後取了高麗，都収了偏邦小国，一統了江山社稷。【幺】太平无事罷征旗，朝廷聖寿
　　做筵席，百官文武両班斉，歓喜无尽期，都喫得酔如泥。【禿廝児】光禄寺瓊漿玉液，尚食局御
　　膳堂食。朝臣一発呼万歳，祝聖寿，慶官裏，進金杯。【聖薬王】大殿裏，設宴会。教坊司承応
　　在丹墀，有舞的，有唱的，有鳳簫象板共龍笛，奏一派楽声斉。【尾】願吾皇永坐在皇宮内，願
　　吾皇永掌着江山社稷，願吾皇永穿着飛鳳赭黄袍，願吾皇永坐着万々歳盤龍兀金椅"。
＊2　『事林広記』は，王士点が製作した「皇元朝儀之図／皇朝元会版位図」――『集史』の図
　　像と連動する――を収録するうえ，至順年間（1330-32）のテキストでは，モンゴル特有の
　　服装についていくつか"新増"の記事を載せており，
　　　　【固姑】今の韃旦・回回（＝ウイグル）の婦女は之を載す。皮或いは糊紙を以て之を為
　　　　し，朱漆・剔金もて飾りと為す。若し南方・漢児の婦女ならば則ち之を載せるを得ず
　　と説明している。『高昌訳語』「衣服門」"罟罟帽：土馬哈卜児克 tumaqa bürq"。

31　フレグの宴会

Jāmiʻ al-Tavārīkh, MS：Paris, BnF, suppl. persan 1113, f. 174b

　フレグ・カンとトクズ・カトン（ケレイト部族の君主オン・カンの孫娘）の王座
の紋様は，モンゴルの基幹紙幣たる「中統元宝交鈔」の最上部の装飾を簡略化し
たもの（金・宋代には見られなかったデザインである）。この紋様は，大元ウルス治
下において刊行された漢籍――『元典章』や『事林広記』，『回回薬方』（口絵38）
の標題や大項目をもしばしば飾った。フレグ・ウルスやティムール朝の細密画を

多く収録するオスマン朝トプカプ宮殿の画帳には，元刊本の『二十四孝図』の一葉が貼付されており，やはりこの紋様が確認される（Hazine 2153, fol. 124b）。また，ラシードゥッディーンが設立したタブリーズの学術区に関わる寄進文書集やかれの書簡集によれば，そこには沢山の中国（漢児・蛮子）の学者・医者たちが暮らしており，ラシードゥッディーンが海外から収集し・寄贈した蔵書六万冊の中にも漢籍が相当量含まれていたらしい。

　なお，中統宝鈔の周囲を飾る纏身の五爪双角龍や唐草紋様は，大元ウルスから陸運・海運で輸出された青花磁器にも好んで描かれた。そして，フレグとトクズ・カトンの前に据えられた榻／卓——大元ウルスからの輸入品，漆塗りだろうか（口絵 21）——にも，青花の壺が見える。

　こうした細かなところにも，東西交流の一端を窺うことができるのである。

32〜33　ガザンの王座と藍釉金彩鳳凰文タイル

Jāmi' al-Tavārīkh, MS : Paris, BnF, suppl. persan 1113, f. 254a

岡山市立オリエント美術館蔵

　美麗な細密画がふんだんに挿入されるパリの『集史』写本は，15 世紀の書写とみられるが，そこに描かれる王族たちの衣装や家具は，すでに述べたように，おそらくガザンに献呈された豪華本からさほど逸脱していない。その根拠のひとつが，ガザンの takht 王座の褥である。紺碧の布に黄金の鳳凰が縫い取られているが，イランの takht-i Sulaymān ソロモンの王座と呼ばれるモンゴル時代のSoqurluq 遺跡——ガザンの祖父アバカが創建した駐夏の宮殿——のタイルのデザインと完全に一致するのである[*1]。ガザンは，幼少よりアバカの皇后であったブルガン（のちアルグンの皇后ともなった）の宮帳で扶育された。

　フレグ・ウルスの陶器は，大元ウルスから齎される青磁や青花の光沢・透明感を再現すべく，釉薬と焼成について研究・工夫を重ねることで，大きな飛躍を遂げた。ラスター彩，アフガニスタン産のラピス・ラズリを思わせることから命名されたラージュヴァルディーナ。それらの技法は，食卓を飾る器皿のみならず，建物を飾るタイルにも転用された。『集史』編纂官のひとりで，『オルジェイトゥ史』の著者として知られるアブー・アルカースィム・カーシャーニーは，鉱物学の専門書 *'Arāyis al-Javāhir va Nafāyis al-Aṭātib*『宝貝の花嫁たちと芳香の珠玉』のなかで，出身地の特産だったタイル製作について詳述している。

ちなみに，『回回館訳語』「来文」の天方国，撒馬児罕（サマルカンド），土魯番（トゥルファン）から大明皇帝
への献上品リストにみえる kūzah-i lājvardī, kāsah-i lājvardī, ṭabaq-i lājvardī の訳語
には，それぞれ"磁瓶"，"磁碗"，"磁盤"が充てられており，ラージュヴァルデ
ィーナの陶器の域を超えた出来映え・精緻さに対して，本家本元の中国でも高い
評価がくだされていたことが窺える。

* 1　『砂漠にもえたつ色彩——中近東 5000 年のタイル・デザイン』（岡山市立オリエント美術
　　館　2001 年），『煌めきのペルシア陶器——11〜14 世紀の技術革新と復興』（中近東文化セン
　　ター附属博物館　2008 年）
* 2　『陳竹山先生文集』内篇巻一／『西域番国志』「哈烈」"造甆器尤精，描以花草，施以［采
　　色／五采］，規制甚佳，但不及中国軽清潔瑩，撃之無声。蓋土性如是"。

34　アラビア文字とともに焼成された景徳鎮の大皿

イラン国立博物館蔵

『幽藍神采——元代青花磁器特集』（上海博物館　2012 年）

　フレグ・ウルスの聚会（クリルタイ）・宴会の場で用いられた青花磁器の多くは，生々流転の
末，オスマン朝はイスタンブルのトプカプ宮殿と，サファヴィー朝の祖廟たるア
ルダビールのサフィー廟の所蔵に帰した（本書第 16 章）。後者のコレクションは，
シャー・アッバース一世が 1611-12 年に 1200 件余りを一括奉納したものが中心
になっている。金の点描によってアラビア文字で Qarachaghātay と肩口に記す牡
丹紋の梅瓶なども眼を惹くが，直径 57.5 cm のこの大皿は，艶やかな白地に精緻
な鳳凰と牡丹の紋様で埋め尽くされ，ひときわ美しい。そして，まさに製作者の
自負を伝え，鑑賞者の思いを代弁するかのごとく，側面にはペルシア語で
ḥarīrī-yi jamrat "石の綾"と記される。江浙行省下の浮梁局——景徳鎮の官営工
場において，はじめからフレグ・ウルスの宮廷への贈り物として製作されたこと
が窺われる。

　ちなみに，浮梁局に限らず，吉州窯などでも白地を緻密な紋様で埋め尽くす絵
付けの技術が発達した。クビライの重臣，史天沢一族の墓から見つかった高麗青
磁の細かな象嵌も，この時代の好みから製作されたものだろう（高麗王朝は，高
額輸出品となったこの青磁の技法を秘匿した）。

　官窯の皿や壺に描かれた龍や鳳凰，麒麟の紋様は，錦，金花のそれと同様，
『集史』をはじめとするペルシア語古写本の細密画に写し取られ，あるいは口絵

54

33 のように宮殿・廟の壁面を飾るタイル等にも転用されていった。

35　ジャライル朝の金宝令旨

MS : Paris, BnF, suppl. persan 1630

　　フレグ・ウルスの"執権"ジャライル家が建てた後継王朝，その二代目シャイフ・ウヴァイスの治世の 1372 年，アルダビールのサフィー廟を創建した教主サドルッディーン（サフィーの子）に対して発給された特許状（詳細は第 16 章参照）。中国方面では，同様の内容をもつ聖旨・懿旨の実物として，ティベットの諸寺（現在，その多くは档案館に移管されている），広東省の南華寺に発給されたパクパ文字モンゴル語のものが知られている[1]。それらと比較すると，冒頭の欠損部分を 30 cm 程度として長さはほぼ同じ，幅は二つ折りにされている状態だとわかる。多言語の翻訳体制については，つとにプラーノ・カルピニのジョヴァンニが，バトゥ，グユクの宮帳でまのあたりにし，ジュヴァイニーの『世界を開くものの歴史』の「国家の柱石たち」にも

　　　　どの種の柱石についても，［波斯（ファールス）・（大食（タージーク））・畏吾児（ウイグル）・漢児（キタイ）・土蕃（トゥブト）・西夏（タングート）等の書記たちからなる吏員が随行する。（若し）ある地に命令を書く場合には常にその集団の言語・文字を以て発令を下すべく／吏員がいる。そして波斯（ファールス）・畏吾児（ウイグル）・漢児（キタイ）・土蕃（トゥブト）・西夏（タングート）等の書記たちによって，ある地に命令を書く場合には何処であれ，その言語・文字を以て発令を下す］[2]。

と記されるが，おそらく紙の寸法についてもモンケ時代にはきちんと規格が定められたのだ。行政用語（徴税・戸籍作成等）・特殊概念に関し，モンゴル語を介した各種言語の対照表や翻訳辞書が編まれ，各王府に頒布されたに違いない。

　　ちなみに，『集史』「ガザン紀」第三部第 22 則【［全国に於いて］yarlīgh 宣勅・pāīzah 牌子を人に与える勾当（こと）に関し統制を命ぜられることについて】は，命令文の書写・発給の手順を以下のように説明している[3]。

　　　　宣勅に関し，「凡そ有る言辞は，醒（てい）め着有る状態の裏（うち），閑暇の時分に奏せ者（よ）」とて命じられた……。
　　　　また，「奏上の後，宣勅の抄白は，国家の裨益・諸事の有益を識る官人（ノヤンたち）毎が做者（なせ）。［利益が無く，根拠が無く，勾当（こうむ）から遠い案件は／若し根拠が無く

勾当から遠い呵]，甚麼人の懇願を以ても休写者。赤た，非常に重大な案件
であれば即ち衙門／尚書省の簿冊，地点・数量の記録と須要照合すべし。且
つ須らく用心し着，抄白を做者。那其間，蒙古の必闍赤毎与眼同に口頭で一
語一語宣読し着，奏の場に至ら教め者」とて命じられた。もし修正があれば，
宸筆を以て或いは託宣以て命じられる。写浄した後，再度奏し，それから āl
＜Mon. al 大紅（＝朱印）に及ぶ。すなわち「ムは，ムの為，ム日に奏が下
され，ム日宣読し参らせた宣勅である」と述べてから，印を押す許可がそれ
に加えられる。

　以前は，（諸の）大印の鍵は，必闍赤毎の手にあったが，現在は聖上の
匣子の裡にある。必要時に渡されることになっている。つまり［必闍赤毎と
一同に／必闍赤毎は一同に］印璽を押して返却することになっている。四
怯薛から四名の官人毎を委任して，各々に qarā-tamghā＜Mon. qara-tamqa 黒
印（＝墨印）を個別に与えた。則ち宣勅に捺印するさい，背面にそれを押さ
せる（＝円押・円簽）。決して「俺毎的識認に無かっ来」と否定し得ないよう
に。それから，再び「照詳せられよ」とて宰臣たち・尚書たちに具呈し，い
かなる差池も行せしめず，無からしむ。かれらも衙門／尚書省の印をその背
面に押し，本人に付す。

　また必闍赤を委付して，「大紅（朱印）に至っ来 的 不揀甚麼宣勅も都，
那的抄白を簿冊の裏に一字一句写者。何日に印が押され，誰が写き，誰が奏
し来か，記を做者。歳終以後，新たな別の簿冊を置者」とて命じた……。

　……各々の重大な要衝のため指定の印章を製した。高貴なる ṣulṭān 諸王毎，
官人毎，malik 各投下の官人毎の統治，諸国の案件の大勾当のために，**玉の
大印**を。哈 的（＝イスラーム法断事官）毎，imām 住持毎，mashīhah 長老毎の
ために，やはり**玉製の稍小さめの別の印章**を。諸案件の中等の勾当のために，
金製の大印を。それより下の勾当には，玉製のものを。軍の出陣・駐屯のた
めに，規定の文字・紋様と同一だがその周囲に弓・棍棒（＝骨朶）・大刀を
描く**金製の機密印**を「軍は，那的印章を見ない迄は，qarāul＜Tur./Mon. qala'ul
哨望／瞭高毎（疆界の大勾当，諸路の警備少隊は，自己の官人毎の言語を将て出
陣・駐屯する）を除するの外は，官人毎，不揀甚麼人的言語を将っても休出
陣者。休安下者」との令旨／勅命とともに。

　また，**小さな altūn-tamghā 金印**を製して，即ち帑庫・諸邦の barāt 為替手

形，売買・水土のために書かれた衙門の yākhtah 受領証，mafāzat 預かり書，文書に押す。それらを parvānah 宣勅／執照に依って尚書省の必闍赤毎が写き終わり，‘alāmat（＝niṣan, belge 判／符）に及んだ後，標目が蒙古文字を以てその背面に写かれる。そしてかの印章がその上に押される。

* 1　『西蔵歴史档案薈粹』（文物出版社　1995 年），『南華禅寺』（新華出版社　2002 年）
* 2　‘Alā al-Dīn ‘Aṭā Malik Juvaynī, M. Qazvīnī (ed), *Ta‘ríkh-i-Jahán-Gushá*, vol. 3, Leyden & London, Brill, 1937, p. 89, MS : Istanbul, Süleymaniye Kütüphanesi, Fātif 4316, f. 395a, MS : Esad Efendi 2106, f. 259b, MS : Paris, BnF, suppl. persan 2018, f. 266a, MS : suppl. persan 205, f. 148a, MS : suppl. persan 1375, f. 204b, MS : suppl. persan 1556, f. 182a.
* 3　*Jāmi‘ al-Tavārīkh*, MS : Istanbul, f. 325a-325b, MS : Paris, BnF, suppl. persan 1561, f. 81b-82b.

36　フレグ・ウルスにおいて読まれた挿図本「中国史」

Jāmi‘ al-Tavārīkh, Nasser d. Khalili collection 727, f. 251a

『集史』の編纂は，ヒジュラ暦 700 年（1300-01），ガザンの令旨を奉じ，チンギス・カンの即位 100 周年を記念すべく，ラシードゥッディーンを総裁官として始まった（当初は 1306 年以前の完成を目指していたと考えられる）。閲すること約 10 年，膨大な原稿に何度も手を入れながら，次のオルジェイトゥの代に完成の運びとなった。フレグ・ウルスの建国 50 周年の祝賀にも相応しい事業であった。ご進講に使うため，いくつか紹介したように，重要場面には，言葉以上に雄弁さを発揮する美麗な細密画が添えられた。より多くの読者を獲得すべく，かれのほかの著作と同様，ペルシア語版に加えアラビア語版も作成された。

　第一部は，テュルク・モンゴル諸部族志とモンゴル史（伝説の祖先アラン・ゴアから太祖チンギス・カンまで，太宗オゴデイから成宗テムルまでの歴代カアン，フレグからガザン兄弟に至る黄金の一族の歴史）。ガザン自身の口述，各モンゴル王室に頒布・秘蔵されていた 金　冊――国史『蒙古脱卜赤顔』，即位式に朗誦されるチンギス・カンの『 聖　訓 』（『太祖金匱宝訓』），歴代カアンの『制誥録』等を基本に，多言語に亙る関連資料，ボロト丞相や使臣の情報等に依拠しながら執筆された。フレグ以降の重大記事は，『授時暦』と連動する『イル・カン天文表』（本書第 12 章参照）の成果を取り入れ，ヒジュラ暦とテュルク暦の年月日を併記している。誤訳箇所等から判断して，ラシードゥッディーン自身もモンゴル語は，ひととおり読むことができたようだ。原文に忠実な翻訳を意図したため，以前の

口絵解説　　57

ペルシア語史書に比し，平易な文体となっている。

　第二部は，オルジェイトゥ史（闕）とイラン古代・イスラーム・オグズ・中国・イスラエル・フランク（ローマ教皇庁も含む）・インド等の諸史からなる天地創造以来の世界史で，アブー・アルカースィム・カーシャーニーの著述に拠るところが大きいとされる（詳細は本書第 17 章参照）。

　第三部の系譜集，第四部の世界地理志・地図は見つかっていないが，前者の姿・存在を推測させるものとして，*Shu'ab-i Panjgāna*『五分枝』や *Favā'id al-Sulṭāniyya*『君主の亀鑑』附録（MS : Istanbul, Nuru Osmaniye 3415, f. 432b–444b, MS : Iran, Gulistan Palace 2235, f. 202a–214b）などがある。

　『集史』の編纂自体が，モンゴル時代の"ユーラシア東西の「知」の交流"であった。

　ちなみに，ラシードゥッディーンは『君主の亀鑑』において，

（■■■■）［オルジェイトゥ・スルタン］——神ヨ，彼ノ統治ヲ永遠タラシ<ruby>メタマエ<rt>トコシエ</rt></ruby>——の数ある才芸のなかでも，学問，科学・芸術の庇護，名声の蓄積。すなわち，この<ruby>か弱き僕<rt>しもべ</rt></ruby>が『集史』の書，*Tauẓiḥāt*『註釈』，*Miftāḥ al-Tafāsīr*『<ruby>（聖経）<rt>クルアーン</rt></ruby>解釈の鍵』，［*Sirr-i*］*Sulṭāniyya*『君主［の秘奥］』（＝『君主の亀鑑』）の諸書，その他幾つかの書籍をモンゴル語で，彼の吉祥なる御名を以て完成したとき，sīurghāmīshī 恩賜・賞与，敬意・尊重，慇懃・慰撫を，この<ruby>僕<rt>しもべ</rt></ruby>の功に対して下された——アダムの時代の始めよりこんにちに至るまで，いかなる君主も，何人の功に対してもなされず，いかなる史書にも現れなかったほどに。（MS : Istanbul, Nuru Osmaniye 3415, f. 144b, MS : Tehran, Gulistan Palace Library, No. 2235, f. 199b）

と語っており，ウイグル文字モンゴル語版も併せて作成・献呈されたようだ。大元ウルス治下においても，『集史』と同様「本紀」「事目」「聖訓／制誥録」の構成をもつ歴代カアンの『実録』，『孝経』をはじめとするさまざまな儒学書の註釈は，漢文版（あるいはモンゴル語直訳体）とともにウイグル文字モンゴル語版も作成され，カアンの御覧に呈されているので，当然のことといってよい。

　さて，ここに紹介するのは，第二部「世界史」のうち，現存の写本で最も古い 1314–15 年のアラビア語版の一葉。端本だが，1317 年筆写とされるトプカプ宮殿蔵 Hazine 1654 の「中国史」のペルシア語訳とともに，まず拠るべきテキストで

ある。第 14 王朝：Shin 秦の Shīkhwāndī 始皇帝と第 16 王朝 Khan 漢の Kāwžū 高祖が描かれる。二人とも，「俺様は偉いのだ」といわんばかりに行儀悪く寝転がっている。第 15 王朝の Pāwāng 覇王については，肖像画を描くスペースをとり忘れたことに後で気付いたのか，墨筆で頭だけ"落書き"した（傍らにティムール朝シャー・ルフの所蔵印が捺されるので，あるいはハーフィズ・アブルーあたりが別の写本と比較した際にものした可能性もあるが）。

　ちなみに，この場面，ペルシア語版の最良のテキストと看做され，校訂・翻訳において中心に据えられてきた Hazine 1653（ハーフィズ・アブルーの再編纂を蒙っている）では，f. 400b の下部から f. 401a にあたるが，そこでは始皇帝・覇王・高祖いずれも端座している。さらに気になるのはかれらの装束で，覇王と高祖は，玉藻十二疏の冕に袞の礼服ではなく，隊商の親分かムスリムみたいな格好である。高祖のポーズと衣装は，f. 398a の第 10 王朝夏の禹王，アラビア語版 f. 249b（Hazine 1654, f. 259a）の第 12 王朝周の武王と瓜二つ。しかも，f. 400a に周王朝の解説のあと，いきなり跳んでアラビア語版の高祖と同じ寝転がった覇王が描かれ，高祖の見出しがつづく（Hazine 1654, f. 262a の下部と一致するので，余白に誤って臨写してしまったことがわかる）。明らかに画家の脳が錯乱している。冒頭の盤古にはじまる神話の世界とは異なって，途中から似たような肖像画ばかりでウンザリし機械的になったのか，複数の画家による共同作業だったのか。あるいは担当者がペルシア語を読めなかったのか。明確な意図を描き分けられていた王朝の始祖と装束の表象は，完全に無視されてしまっている。フランス国立図書館の suppl. persan 2004 も，この系統の写本である。

　とはいえ，ハーフィズ・アブルーが手を入れる前にも，オルジェイトゥ・カンへの献呈本から写しをいくつも製作し，適当に図像を省略したり，二段組を三段組に変更したりしてゆく過程で，既に本文と図像がズレてしまっていたようだ。

　ラシードゥッディーンたちが依拠した漢籍は，音訳ではあるものの編者である仏僧 3 名のなまえ，『仏祖歴代通載』（国会図書館蔵拠至正四年 1344 刻本五山版／中国国家図書館蔵至正七年刻本）が参照した史書と共通すること，この二点がわかっている（詳細は本書第 20 章参照）。したがって，『仏祖歴代通載』，それに近い史書との厳密な比較によって，ラシードゥッディーン以下編纂官たちが原典をまずペルシア語に翻訳するさい，情報提供者の発音する漢字の固有名詞をどう聞き取ったのか，仏教・道教・儒教をはじめとする異文化，さまざまな用語・概念をど

のように理解していたのか，なぜその訳語を選んだのか，理解を助けるためにどのような解説を補ったのか，探ることが可能である。そして，その推理の可否をアラビア語版で——ペルシア語版と同一人物の手になるとは限らないが——確認することもできるのだ（たとえば，道教について述べた部分については，本書第12章註57参照。仏教に関しては「インド史」との照合も必要であること，いうまでもない）。「フランク史」についても同じことが言える。また，第一部に関しては，1383年書写のアラビア語版 Aya Sofya 3034 がある。

37 白馬を曳きつつ立ち話をする漢児(キタイ)の高官

Topkapı Sarayı Müzesi, Istanbul, H. 2154, f. 33b-34a

それぞれ緋色・緑色の窄い袖の短衣に長靴の靴を履き，鞢鞢帯を締める。胸背には，金糸で獅子が刺繍される。契丹に使いしたこともある北宋の沈括が『夢溪筆談』巻一において語るように，遅くとも北斉の頃，中国の衣冠の制度は，遊牧民仕様となった。かれの言の正しさは，近年続々と発見されている歴代の官僚・豪族たちの墓室に描かれた壁画によっても確かめられる。そして，モンゴルはもとより，「中華」を主張した大明の王朝もまたこのスタイルを踏襲した。

この絵は，とうじ人気のあった趙孟頫の絵によく似ている。絹地に描かれており，ほんらい軸装仕立てだったと思われるが，のちに裁断，画帳に貼り付け装飾を施された。上部には，ペルシア語で Īn şurathā az jumlah-yi kārhā-yi khūb-i ustādān-i Khitāī ast "この諸図像は，漢児(キタイ)の巨匠たちの優良作品集に属している"と書かれている。ハーフィズ・アブルーの編纂に係る Zubdat al-Tavārīkh-i Bāysunghurī『バイ・ソンコルの歴史集成』に，明の永楽帝が俺都(アンドゥツカイ) 淮の頭目賽亦(サイ イ)答阿哈麻答剌罕(ダ ア フ マド ダ ラ ガン)（シャー・ルフの義理の兄弟）に"（朝廷の）なかでもきわめて俊秀な漢児(キタイ)の画士たちが，[馬を牽いている二名の akhtāchī＜Mon. aqtači 管馬の的(もの)と併せて] 写生した「asb-i būzī 駿馬／asb-i būrī 赤兎馬の図」——その出来映えは，（こちらの）熟練した腕をもつ画士たちでもその表現に太刀打ちできないほどだった——"を送付したことが記録されており*1，この絵もティムール朝の王侯たちへの贈答品だった可能性がある。

14世紀以降，モンゴル時代の細密画(ミニアチュール)は，中国絵画の技法——イブン・バットゥータも驚嘆している——を採り入れることによって，格段に洗練・昇華されたものとなっていった。じっさい，トプカプ宮殿のいくつかの画帳，そこから流

出しこんにち *Diez Album* の呼称で知られるようになったベルリン国立図書館所蔵の画帳には，宮廷の画師たちが大元から明初の絵画コレクションを模写して熱心に研究した証であるスケッチがいくつも含まれている。ジャライル朝の『カリーラとディムナ』（イスタンブル大学図書館蔵），『スルタン・アフマド詩集』（フリーア・ギャラリー蔵）[2]なども，東西の文化交流の精華である。

* 1 Ḥāfiẓ Abrū, S. K. Javādī (ed), *Zubdat al-Tavārīkh*, vol. 4, p. 666, MS : Istanbul, Fātif 4370/1, f. 539b.
* 2 J. S. Cowen, *Kalila wa Dimna : An Animal Allegory of the Mongol Court*, Oxford University Press, 1989 ; B. O'Kane, *Early Persian Painting : Kalila and Dimna Manuscripts of the Late Fourteenth Century*, I. B. Tauris, 2003 ; M. Farhad, The Dīvān of Sultan Ahmad Jalayir and the Diez and Istanbul Albums, in J. Gonnella, F. Weis & C. Rauch (ed), *The Diez Albums : Contexts and Contents*, Brill, 2017, pp. 485-512.

38 『回回薬方』

中国国家図書館蔵鈔本

『回回薬方』全三十六巻（上下二部に分かつ）のうち，こんにち伝わるのは巻十二，三十，三四の三巻ならびに，下部（巻十九以降）の目録のみ。巻十二「衆風門」23a "黎鶏児" の割註に，"即ち一等の黒い禽鳥有り。**北平の人**呼びて黎鶏児と為す……" とあるので，明初の刊行と知れる。洪武十五年（1382）より翻訳が開始され，翌年刊行された『天文書』四巻，『回回暦法』一巻[1]，あるいは書名のみが伝わる陰陽書の『馬哈麻課書』，『回回課書』各一巻と同様，大都に遺されていた "西域書数百冊" の中から選定されたものだろう。海達児，阿答兀 丁，回回大師の馬沙亦黒，馬哈麻等，翻訳スタッフのほとんどは，大元ウルスの秘書監等に勤めていた文官であった。かなりの短期間の仕事であり，大元ウルス治下において翻訳されていたものを流用，少し手を加えただけにすぎない可能性も否定できない。

『天文書』は闊識牙耳 Kūshyār の *Madakhal* の翻訳だが，『秘書監志』巻七「司天監」によると，至元十年（1273）の時点ですでに蔵していた「回回書籍」の基本書一九五部の中に，*Zīj*『積尺』（『諸家暦』）四十八部やプトレマイオスの *al-Majestī*『麥者思的』（『造司天儀式』）十五部等と共に，『麻塔合里』（『災福正義』）■部として登録されていたからだ。くわえて，『回回暦法』は，「中国の閏

月を求む」の項目において，至元元年（1264）甲子の歳から洪武十七年（1384）甲子の歳へ，すなわち121年を足すという至極単純な換算をなしている。『イル・カン天文表』を作成していたマラーガの司天台から，観測機器や『万年暦』を携えて来朝し，秘書監の長官となったジャマールゥッディーンの仕事，ナスィールゥッディーン・トゥースィーの選定したペルシア語の訳註書を下敷きにしている可能性が高い（本書第12章附論参照）。

　『回回薬方』もまた，イブン・スィーナーをはじめとするアラビア医学の基本書，おそらくは『秘書監志』のいうところの Ṭibbī『忒畢』（『医経』）十三部からの翻訳だろう。たとえば，"馬竹尼法刺昔伐"方が"ma'jūn-i falasifah 哲学者たちの膏薬"の音訳であることから，原典からではなくペルシア語版から翻訳されたとわかるからだ。大元ウルス治下で流通し，使用される薬剤のうち，対応する漢方の名が判明しているもの，すでに広く使用され外来語として定着しているもの以外は，漢字音訳とともにアラビア文字表記も附される。ハイダル等が原書を見ながら口頭で片っ端から翻訳していったというだけあって，同巻 44a-44b の"答兀撒刺必"，"宰体油／賽的油"の割註にそれぞれ"即ち是れ頭髪が脱落して<ruby>了<rt>しまった</rt></ruby>的<ruby>病証也<rt>ところの</rt></ruby>。其の病は毛が退いて<ruby>了<rt>しまったところの</rt></ruby>的<ruby>狐狸に似る<rt>よう</rt></ruby>一般だ"，"即ち是れ沙<ruby>迷<rt>シャーミー</rt></ruby>の地面の宰<ruby>桐<rt>ザイトゥン</rt></ruby>樹の上に生じる<ruby>的<rt>ところの</rt></ruby>油"とみえるように，きわめて平易な口語まじりの文体が用いられる。

　なお，『永楽大典』の目録によると，巻一四二六～巻一四六四に，回回医書──内科二十六巻，外科六巻，薬方七巻が収録されていた。巻数からすれば本書とは別ものである。しかも，乾隆帝に仕えじっさいに『永楽大典』を通覧した紀暁嵐は，『済衆新編』（朝鮮の『東医宝鑑』の簡約本）の序文において，回回の医書は百巻近く収録されていたと証言しており，こんごの発見が俟たれる。洪武帝の第五子，永楽帝の兄弟の朱橚が，宋・元刊本の医薬書のデータを注ぎ込ませた『普済方』一六八巻（『四庫全書』本は四二六巻）にも，これらの翻訳書を参照した形跡が認められる。紀暁嵐は，ヨーロッパの医学がアラビア医学とくに外科を中心に学び，そこから進歩を遂げていったことから，かれ自身，回回医書の内容を理解・習得しようと試みたようだ。しかし，翻訳文体ゆえの晦渋さ，長いもので十数字にもなる漢字表記のアラビア語薬剤の羅列，その同定に悩まされた。新疆のムスリムに諮問までしたが，一向に埒があかず，結局諦めてしまったという。

62

＊1 『回回暦法』（国立公文書館蔵明内府刊本）一巻は，『天文書』の翻訳からまもなく元統を
はじめとする欽天監の官僚たちがティベット方面の河州に赴き入手したアラビア語の『サン
ジュフィーニー天文表』（本書第14章註422）によって改訂がなされたようだ。現行のテキ
ストは，『緯度太陽通経』一巻（韓国奎章閣蔵朝鮮銅活字本）と同じく，洪武二十九年頃の刊
行と見られる。なお，元統は，洪武十七年に『大統暦』を頒行するさい，解説書『暦法通軌』
も著している。高次方程式の天元術を使いこなしており，元好問の後裔かもしれない。本書
第13章参照。石云里「元統《緯度太陽通経》——回回暦法史上的一份重要文献」（『奎章閣』
33 2008年 pp. 241-249), E. S. Kennedy, Eclipse Predictions in Arabic Astronomical Tables
Prepared for the Mongol Viceroy of Tibet, *Zeitschrifft für Geschichte der Arabisch-Islamischen
Wissenschaften*, 1987-88, pp. 60-80.

39 *Tanksūq nāmah* と煙蘿子の首部図

MS : Istambul, Süleymaniye Kütüphanesi, Aya Sofya 3596, f. 83b-84a
「煙蘿子首部図」（『蔵外道書』第9冊 p. 373）

　こんにち何よりもまず"『集史』編纂の総裁官"として知られるラシードゥッ
ディーンは，ユダヤの高名な医学者の家系に生まれた。フレグ・ウルスの第二代
君主アバカの侍医として出仕し，以降，オルジェイトゥ毒殺の容疑で処刑される
まで歴代カンに仕え，財務官僚としても手腕を発揮した。多額の資金を寄進して
首都タブリーズに開設した学術特区には，多国籍の学者，古今東西の書物・情報
が集まった。かれ自身，多言語に通じ，インド・中国の知識を含む農業技術書
Āsār va Aḥyā'『踪跡と生物』を著している（本書第18章参照）。さらには，『王叔
和脈訣』『銅人経』『本草』（以上，医薬書），『泰和律令』（金から世祖クビライの至
元八年まで使用された政書）等，大元ウルスから陸路・海路を経由して運ばれた貴
重な漢籍のいくつかをペルシア語によって翻訳する事業も監修した。

　Tanksūq nāmah-yi Īlkhān dar funūn-i 'ulūm-i Khitā'ī『漢児の諸の学問技術に関す
るイル・カンの珍貴の書』と題されるこの叢書，こんにち伝来するのは，冒頭の
第一冊のみだが，『回回薬方』とともに，ユーラシア東西の「知」の交流を具現
する資料となっている。五言・七言絶句の歌訣や書名・人名等の固有名詞は，協
力者の発音のままに，あらたな表記法——シリア文字，ヘブライ文字を改良。
大元ウルスで創出され，フレグ・ウルスでも知られていた完璧な表音システムの
パクパ文字を用いなかったのは，横書きのアラビア文字と連結する必要があった
ため——まで編み出して音訳しており，A. Dragunov, A persian transcription of
ancient mandarin, *Bulletin de l'Académie des Sciences de l'URSS, Classe des sciences*

口絵解説 **63**

sociales, 1931, pp. 359-375 をはじめ，大元時代の漢字音の資料として早くから注目されていた。ただ，中国音韻学の分野では，アラビア文字の表記法，さらにはペルシア語そのものの習得に踏み出そうとする研究者がおらず，進展をみなかった。そうしたなか，イラン学の羽田亨一が，内容面から原書を李駉『晞范子脈訣集解』（1266 年刊）十二巻と推定した。それが正しかったことは，日本の抄物資料（公家や高僧による漢籍の講義録・訳註ノート・漢籍の欄外への直接の書き込み，受講生による聞き書き。中国で散逸した書物の抜粋や書誌データが大量に含まれており，資料性がきわめて高い）によって確認される（詳細は，本書第 19 章・第 20 章参照）。ようするに，ほぼ同じ時期に，東は日本，西はイランで同一の漢籍が読まれ，翻訳されていたのである。東西の「知」の伝播・共有を具現するまたとない証拠といっていい。

『晞范子脈訣集解』の完本は，いまのところ発見されておらず，したがって，構成・内容の詳細を知りうるペルシア語訳の存在は，中国医学史においても大きな意味をもつ。

なお，この 1313 年の写本は，誤字・空欄が少なくない。草稿段階のものに依拠したか，書き写す際，筆の色やサイズを替える必要がある箇所を後回しにして，結局そのまま放置されたからだろう（オルジェイトゥ・カンに献呈されたテキストは，もとの漢字もきちんと書き込まれ，金をふんだんに用いたもっと豪華なテキストだったはずである）。音訳を漢字に引き戻す作業には，同時代の『蒙古字韻』（パクパ文字と漢字の対照表）や庄垣内正弘等によって構築された"ウイグル語訳仏典等の資料にもとづく音韻学"はもとより，多分野に亘る様々な素養が必要とされる（漢字をじっさいに発音し，翻訳に携わったスタッフは，おそらくフレグ・ウルスの投下領があった河北の彰徳路，陝西は京兆府の涇陽，山西の河中府，湖北の宝慶路等を本籍としており，それゆえにこそ，華北，江南両方の発音が記録されるのだろう）。

たとえば，巻二収録の本図は，tū jeh jū yāng jī khūī tū「頭者諸陽之会図」と復元される。しかし，この巻の最初に掲げられる煙蘿子の語録と五臓を描く「内景図」と異なり，李駉がこの図をどの医学書からもってきたのか，特定されていない（「頭者諸陽之会図」と対をなす xjī jī jū yāng jī ben tū「四肢諸陽之本図」は，こんにち伝来する漢籍のなかでは，『活人書』（静嘉堂文庫蔵宋刊本）の挿絵の一葉と合致する。『活人書』は，『王叔和脈訣』，『通真子脈訣』，『図註本草』等とともに，京都五山の東福寺普門院にも蔵されていた）。冠の形状からすれば，道教の書籍に影響を受けてい

る可能性が高い（『魁本対相四言雑字』の「儒・釈・道・人」参照）。

　宋元刊本のなかでは、『新編西方子明堂灸経』（武漢大学図書館蔵元刊本／中国国家図書館蔵熊氏衛生堂重刊本）巻一「正人頭面之図」、金末の張行簡が著した『新刊相法人倫大統賦解』の附図（本書第 2 章附論 2 参照）、金・大元時代の医学書の抜粋・再編集で知られる張介賓の『類経図翼』巻四「面部図」「臓腑色見面部図」「肢節色見面部図」などと似ているが、原図に刻まれていたはずの漢字語彙が音訳・意訳されていないので、決め手にかける。

　ただ、明の刊本・抄本しかのこっていないとはいえ、『煙蘿子體殼歌』（『正統道蔵』／中国国家図書館蔵『真仙上乗』所収。『宋史』や『通志』がいう煙蘿子の著作『内真通玄［訣／歌］』、『養神関鍊秘訣図』の姿をある程度伝えると考えられる。なお、後者の叢書には「授時暦要法」も収録され、『南村輟耕録』巻五を補う記事が載る）──冒頭の「首部図」は、無視できないだろう。後につづく 5 枚の図のうち、「朝真図」「内境左側之図」「内境右側之図」には、ほかの「内景図」には見られない三尺神・七魄神・龍虎などが描かれているのだが、『事林広記』の「医学類」に後至元六年（1340）の段階で初めて"増新"された【煙蘿子図】と比べると、より早期の形態を有していることがわかるからだ。

　なお、本叢書 Tanksūq nāmah『珍貴の書』は、漢文原文の完全な逐語訳ではなく、時に異文化にはじめて接する読者の理解を助けるために、さまざまな工夫が施され、卑近な例やことばが補われる。たとえば、煙蘿子の言説に対して、以下のような翻訳がなされている（f. 59a-59b）。

　　漢児（キタイ）の学者たちは、肺を shāng fū 相傅と呼んでいる。shāng 相は chingshāng 丞相の略、即ち公正なる天秤、官人たちの官人である。fū 傅は即ち師である。shāng fū 相傅の意味は、「官人たちの官人」兼「師」である。すなわち幼少の限りかれ（＝君主）に教育を施し、長ずると侍奉し見守る。膈膜に khen shīn 顕紳の名、即ち君主の子たち、を当てている。剣形の軟骨の前にある穴は tanjū 膻中と呼ばれている。即ち敵あるいは盗賊が君主の建物に入るのを通さない qalāūūl＜Tur./Mon. qala'ul 哨望／瞭高の官人。この穴も蒸気・心臓に至る下部の諸臓器からの熱成分──つまり動物の気である──を防ぐ。膈膜の下に肝臓がある。肝臓もまた心臓の下僕である。われら（＝フレグ・ウルス）の学者たちは、それ即ち肝臓を、「偉大な下僕」、比喩を以

て「気の生産者」とも称しているが，漢児の学者たちは，肝臓を **jāng shū**
掌書との名，**即ち ṣāḥib-dīvān〔戸部〕尚書**——諸臓器の全栄養が肝臓由来
で，身体の諸臓器の総管理者である，ということから——を当てている[*1]。

翻訳に携わった人々は，まさに『ターヘル・アナトミア』を前にした前野良沢や
杉田玄白と同じような無上の知的興奮と学問の醍醐味，相応の苦労を味わったに
違いない。

[*1] 『黄帝内経素問』巻三「霊蘭秘典論篇第八」"心者，君主之官也，神明出焉。肺者，**相傅**
之官，治節出焉。肝者，**将軍**之官，謀慮出焉。膽者，**中正**之官，決断出焉。膻中者，臣使之
官，喜楽出焉……"，『煙蘿子體殼歌』"神在心為「帝王」……魂在肝，肝為「丞相」……膽為
「将軍」……志在脾為「大夫」……魄在肺為「尚書」……"，『外台秘要法』巻三九「五臓官」
"尚書（一云：将軍又為郎官），帝王，諫議大夫，上将軍（一云：大尚書），後宮列女"，『察病
指南』巻上"心臓部為「帝王」一云君主之官……肝臓部為「尚書」一云将軍之官……腎蔵部
為「列女」云作之官……肺蔵部為「将軍」一云相伝之官……脾蔵部為「大夫」一云倉稟之官"，
『幼幼新書』巻七「蒸忤魃啼」《変蒸第一》"一蒸：肝生魂，肺為「尚書」……二蒸：肺生魄，
肺為「丞相」……三蒸：心生神，為「帝王」……四蒸：脾生智，脾為「大夫」……五蒸：腎
生精，腎為「列女」"。

40　ジョット（推定）が模したパクパ字風の書物

S. Bandera Bistoletti, *Giotto : Catalogo completo*, Firenze, 1989, pp. 24-25

Rosamond E. Mack, *Bazaar to Piazza*, California, 2002, p. 52

『晞范子脈訣集解』のような翻訳事業のほかに，ユーラシア東西における「知」
の伝播を一目で伝えてくれるものとして，世祖クビライが至元六年（1269）に製
作させたパクパ字の字典を挙げることができる。この文字は，ティベット文字を
改良し，世界中の言語の音を表記できるようにしたものである。

　モンゴルの駙馬国であった高麗王朝では，立身出世の近道・鍵であるウイグル
文字・パクパ字モンゴル語の習得に励む者が少なくなかった。その教育システム
は，朝鮮王朝にも受け継がれ，ハングルの創製へとつながってゆく。面白いこと
に，日本でも，14世紀から15世紀末にかけて，京都や鎌倉の僧侶たちが，『事
林広記』等に収録される漢字・パクパ字対照表を参照しながら，この最新流行の
文字を取り込んだ印鑑を作成していた（こんにち，我々が気取ってローマ字印を作
るようなもの）。ときには舶来品の銅銭や陶磁器，印章等に刻まれたパクパ字を解

読してみることもあっただろう。

　フレグ・ウルスでも，ガザン，オルジェイトゥ・カンに仕えた最高位の軍官ク
トゥルグ・シャーが，パクパ字の小さな印鑑を作り，公文書にペタペタ押捺して
いた。ペルシア語古写本『驚異の集成』（イスタンブル大学図書館蔵）が収録する
クビライの「聖訓」の一節は，ウイグル文字とパクパ字の両方を以て臨写される。
また，パリ本『集史』の挿絵のイスラームの建築物・宮帳の装飾は，パクパ字の
変形に見える（f. 187a, f. 217b, f. 239a）。

　さらに西のイタリアでは，アッシジのサン・フランチェスコ聖堂の丸天井に描
かれた dottori 博士たちのフレスコ画——1290 年代の製作に係り，手がけたのは
ボンドーネのジョット（1267-1337）と推定されている。1997 年の地震で崩壊し
てしまった——に，パクパ字風の書物が認められる。こうした壁画を描きえた
のは，ジョットが，ローマ教皇庁なり商人の家なりにおいて，パクパ字で書かれ
た典籍をじっさいに目睹していたからだ。ちなみに，ヴァティカン図書館には，
ペルシア語の辞書 *Lughat al-Furs*，ヴェネツィアのマルチアーナ図書館には，ラ
テン語，ペルシア語，クマン語（キプチャク草原のテュルク語）の辞書 *Codex
Cumanicus*——いずれも 1330 年代の写本——が伝来する。

＊

　♫誰も寝てはならぬ。誰も寝てはならぬ。おお，姫君よ，汝もまた，冷た
き閨房の内，愛と望みに震えし諸星を眺めておられることだろう。なれど，
我が秘密はこの胸に，我が名は誰も知り得まい。いや，陽炎の立つ時分，汝
が唇に告げようぞ。我が口づけは沈黙を破り，汝をわがものとなそう。おお，
夜よ消え去れ。諸星よ沈みゆけ。夜，明くれば，わが勝利なり！　勝利な
り！　勝利なり！♫

　プッチーニの未完の歌劇『トゥーランドット』，その原作が，フランソワ・ペ
ティ・ドゥ・ラ・クロワ（1653-1713）の *Les Mille et un Jours*『千一日物語』——
アントワーヌ・ガラン編訳『千一夜物語』の向こうを張って著したもの——だ
ということは，あまり知られていない。かれは，同名の父親（1622-95）がルイ
十四世の通訳秘書官をつとめる東洋学者だったため，幼少よりさまざまな言語を
学び，フランスの特派員・外交使節として中東の国々を歴訪，その傍ら，学術調

査も行った。フランス国家図書館のアラビア語，ペルシア語等の古写本のコレクションには，かれが将来したものも少なからず含まれるという。王立アカデミーの教授をつとめ，父の死後はその職務も引き継いだ。宮仕えのなかで，ルイ十四世の孫ブルゴーニュ公の妃のために編まれたのが，『千一日物語』である。知己であったイスファハーンの darvīsh 托鉢僧 Mocles（Per. Muqlah "目玉" の意か）の物語集を翻訳したとされるが，その原典はいまだ発見されておらず，かれ自身が各地の伝承や叙事詩・物語の写本を参照しながら，創作・編集した可能性もある。

　"Nessun dorma" のアリアを高らかに唱いあげる主人公 Calaf カラフ（Mon. Qalawu "雁" もしくは Qara'u "黒車" の意か）は，ジョチ・ウルスの分家ノガイ・ウルスの君主 Timurtasch テムル・タシュの息子という設定。Chine の Altoun-kan は，いうまでもなく金朝皇帝だが，その皇女 Tourandocte は "Tūrān-dukht トゥーラン（＝テュルキスターン）の娘" の意で，おそらく『集史』や『百万の書』の男勝りでなかなか嫁ごうとしなかったカイドゥの娘のイメージが投影されている。求婚者のなかには，Samarcande サマルカンドの王子——さしずめチャガタイ・ウルスの王子ということになろうか——もみえる。通読すると，Naimans ナイマンや Keraït ケレイトの王国，さらには Hyrcanie イル・カン国＞フレグ・ウルスの Codavende ホダーバンダ（＝オルジェイトゥ・カンの名前）やジョチ・ウルスの Usbec-Can ウズベク・カンまで登場しており，時空に多少のズレはあるが，舞台設定は「カタラン・アトラス」の世界さながらに，アフロ・ユーラシアを覆っていた。Histoire du grand Genghizcan : premier empereur des anciens Mongols et Tartares『偉大なるチンギス・カンの歴史』や Histoire de Timur-Bec, connu sous le nom du Grand Tamerlan『ティムール・ベクの歴史』（シャラフッディーン・アリー・ヤズディーによる伝記『勝利の書』の翻訳）を編集・出版した父子ならではの遊び心が詰まった作品なのである（この例からしても，物語・文学の解析には，まず歴史背景の理解が必要なこと，明らかだろう）。

　ヨーロッパにおいて，モンゴル時代，ポスト・モンゴルの研究は，当初から多言語を操り，未知の文献を渉猟・発掘し，現地を眺めるのが大前提だった。近隣の諸外国語，ラテン語，ギリシャ語は最低限の教養で，そこに "東洋"——具体的にはオスマン帝国，サファヴィー朝，ムガール帝国——の言語たるテュルク語，アラビア語，ペルシア語，アルメニア語，シリア語，ヘブライ語等が加わる。ドゥ・ラ・クロワ父子にはじまり，シルベストル・ドゥ・サシ，コンスタン

ティン・ムラジャ・ドーソン，ポール・ペリオ，ヴァシーリィ・ヴラジミロヴィチ・バルトリド等の巨著・大作，かれらが積み上げた膨大な業績は，ひとつひとつがモンゴル時代史研究の一里塚であり，それ自体が古典となっている。その時点の研究環境において全力を尽くし，広い視野のもとに精緻な分析を加えており，こんにちでもじゅうぶん参照に価する。これらを起点として，そのごも研究路線に大きな変更なく，現在にいたるまで膨大な量の論著が蓄積されてきた。ただ，新資料の増加に反比例して，個々の研究対象・語学習得の範囲は狭まった感が否めない。また，ほとんどが漢文・ティベット語資料を自前で扱えなかったため，宗主国たる大元ウルスについては考察が及ばず，フレグ・ウルス，マムルーク朝やヨーロッパとの交渉に偏る。膨大な原典資料を有するイランやトルコの研究者は，影印本と解説，校訂本を次々に提供してくれるが，「イスラーム」の枠組みのなかで，モンゴル帝国史そのものを論ずる姿勢は薄く，どちらかといえばその眼差しは西に向いている。

ぎゃくに，テュルク・モンゴル語，漢文の資料を扱い，原文書や碑刻の紹介・基礎研究を次々と公刊したフランシス・ウッドマン・クリーヴスやヘルベルト・フランケ等は，ペルシア語，アラビア語資料には手を出さなかった。中国や台湾，韓国，日本の「元朝史」研究も，基本的には漢文資料といくつかの基本資料の翻訳を用いて勝負してきた。

かつてフランスでポール・ペリオに師事した韓儒林は，じゅうらいの伝統的・古典的な「元朝史」に漢文以外の資料を導入することについて大きな可能性を見出し，陳得芝，黄時鑑等門下生に，ティベット語，モンゴル語，ペルシア語，ヨーロッパ諸語の習得を指示していた。しかし，周知のごとく，中国の政治・経済事情により，外国書籍の輸入・国内外での資料調査，情報へのアクセスが困難な状態がつづいたため，主としてソビエト連邦の研究者たちの仕事を介せざるを得なかったのである。内蒙古のイリンチンもまた同じ情況下にあった。

日本では，本田實信が，『集史』，『元朝秘史』，『聖武親征録』，『元史』という基本書の比較分析だけでも充分フレグ・ウルス史ならびにモンゴル帝国史の突破口となりうること，いちはやく実証していた。その成果はのちに『モンゴル時代史研究』（東京大学出版会　1991年）に纏められ，後進に大きな影響を与えた。そのひとり杉山正明は，既知の漢文資料に碑刻といくつかのペルシア語史料をつきあわせることで，じゅうらいとは異なったモンゴル史，世界史のなかの"大元

ウルス"像を描き出した。『モンゴル帝国と大元ウルス』（京都大学学術出版会2004年）ならびに一連の概説書は，その斬新さを以て，一時期，「モンゴル時代史」「元朝史」の流行を齎した。現在，それは中国に波及しつつある。

しかし，"最低でもペルシア語と漢文の二大資料群の併用が常識になった"といわれるいっぽうで，前者については，未だ『集史』，『五分枝』の利用にとどまる論著が多く，『世界を開くものの歴史』，『ヴァッサーフ史』，『オルジェイトゥ史』，そのた漢籍でいえば子部・集部に分類される資料は活用されていない。

東西の文献を扱ううえで特に注目すべきは，「外来語」であろう。①漢文資料に頻見されるテュルク語・モンゴル語・ペルシア語等の音訳語彙，②ペルシア語・ヨーロッパ諸言語資料中のテュルク語・モンゴル語・中国語の語彙。これらは，大元ウルス，フレグ・ウルスをはじめとする諸ウルスおよびそれぞれの後継政権，あるいは外交・通商関係をもったマムルークやヨーロッパの諸勢力において，特別な地名・人名・部族名であることはもとより，とうじ共有されていた意訳し得ない重要概念，すなわち政治・軍事・経済・文化各方面の実態を知るための鍵であり，東西大交流の証ともいえる。

また，支配者たちのことばであるモンゴル語はさまざまな言語に翻訳されていたのだから，モンゴル語を介して，たとえばペルシア語と漢語，イタリア語とテュルク語でひとつひとつの単語，慣用句がどう対応するのか，モンゴル語の影響を受けて一時期派生していた新たな意味等，体得してゆくことが可能である。その結果，原文解読の際に細心の注意を以て訳語を択ぶことになり，それぞれの文献をじゅうらいとは異なる文脈で読み直さねばならない場合が少なくないことに気付く。具体的には，解読が困難といわれてきた『元典章』等一連の政書を『集史』や『ヴァッサーフ史』で得られる知識に基づいて読むとき，確定できていなかった口語漢語の語彙の意味が明らかになったり，一見卑小な案件に過ぎないものが，じつは背後に壮大な政治ドラマ・人間模様を内包していたり，ぎゃくに『元典章』をはじめとする膨大な漢文資料の知識が，『集史』や『ヴァッサーフ史』の難解な箇所を読む際の手助け・裏づけとなったり，というふうに。

ここに，じゅうらいとは異なる「古典学」「中国学」の――ささやかではあるものの「世界史」「各国史」についても――新たな可能性が仄見えている。くわえて，現在だからこそ，日本だからこそ提供できる研究成果とは何か。人文学の存在意義自体が問われているなか，独創性を発揮・維持し，発信してゆくため

には，どうすればよいのか。

　本書は，こうした問題意識のもとに，世界史上，空前の規模で展開されたモンゴル時代の人・モノ・情報の交流——西はイベリア半島から東は日本まで——を，国内外に蔵される多言語の原典資料（典籍・碑刻・文書など）の解読と細密画（ミニアチュール）・書画・陶磁器などの美術工芸品，考古出土品をはじめとする各種文物との照合によって，様々な角度・分野から実証する試みである。そして，大元ウルスとフレグ・ウルスの協力・主導のもとに，芸術・文化のみならず政治・経済・外交等の諸制度において，情報交換・改革・統合がなされてゆくさまを具体的に描き出すことをねらいとする。

　呈示するのは，全て，二十年来の①中国・台湾・韓国の各図書館，日本の寺社，徳川家・前田家・宗家等の旧大藩，天皇・公家が蔵した漢籍の発掘，②鎌倉～江戸時代の抄物（しょうもの）・日記・随筆を渉猟する作業，③ヨーロッパでのペルシア語古写本の調査・収集・解読，④それら新資料と既知の基本文献，画像資料，発掘報告の比較分析，によって得られた独自の成果である。

　本書は上下二巻，全五部からなる。**第 I 部**（全4章）は，日本が蔵する未紹介資料を軸に，大元ウルス初期の官品や給与体系，法令，儀礼，官僚たちの日常生活，文芸，陰陽学をはじめとする諸学問の実態を見直す。**第 II 部**（全3章）は，学界未知の漢籍に収録される大元ウルスの様々な命令書と関連の碑刻・拓本を紹介し，当時の宗教政策を論ずる。**第 III 部**（全3章）は，モンゴル帝国の政治と文化の構築に多大な寄与をなした怯薛（ケシク）の各職掌について，『農桑輯要』やジャライル朝の *Dastūr al-Kātib*『書記規範』収録の命令文を手がかりに解明する。**第 IV 部**（全6章）は，チンギス・カンの西征からポスト・モンゴルにいたる東西交流の諸相と群像。それらの描出と並行して，モンゴル帝国の政治や制度上の様々な問題についても論ずる。**第 V 部**（全4章）は，ラシードゥッディーンの著作のなかから「中国」に言及するものをとりあげる。『集史』「クビライ・カアン紀」の南宋接収の記事のほか，中国の科学技術史に資すべく，かれが著したとされる農書 *Āsār va Aḥyā'*『踪跡と生物』と，『珍貴の書』の 80 葉にわたる序文の特に重要な箇所を翻訳・紹介する。全体の索引については，下巻末尾に収める。

　本書の編集にあたり，既発表論文については，配列上やむを得ない記述の移動や重複箇所の削除，明白な誤りを除き，大きな変更は加えていない。ただし，投稿時に枚数制限のため削除を余儀なくされた情報，省略せざるを得なかった記事

口絵解説　71

は復活させた。とうじ所蔵機関の移転や工事等の事情によって閲覧できなかった資料についても，可能な限り再び探求，懸案のいくつかを解決すべく努めた。また，国内外での調査で新たに入手し得たより良いテキストの情報，公刊後に見つかった論の補強に有効な証拠資料も追加した。

　本文中において，非漢語由来の人名・地名は，カタカナ表記を原則とし，必要な場合には原語の綴りを附す。

　中国・日本・朝鮮半島等の漢文資料を引用するさいは，訓読もしくは翻訳を呈示し，後者の場合は註に原文も附す。註で傍証として紹介する関連記事については，原文のみとする（この習慣について，非漢語地域を扱う歴史研究者や理系の研究者からとかく批判があるが，いにしえより西洋のラテン語，中東のペルシア語・アラビア語，中央アジアのテュルク語と同様，広く共通語として使用されてきており，少なくとも日本において高等教育を受けた者であれば，句読点を施した漢文の大意を汲むことは容易な筈である。そもそも註に引く資料の要旨は本文中で述べられるし，逐一，訓読・翻訳を併記すると紙幅を膨大に喰う。中国・台湾・韓国，あるいは中国学の研究者にとって，訓読や日本語訳のみの呈示は迷惑なだけである）。ただし，外来語・特殊用語にはルビを振り，難解とされるモンゴル語直訳体は訓読した。抄物をはじめ日本の古籍を少なからず引用することも勘案し，原文のみの呈示の場合，**固有名詞に下線（人名は太線，地名・建築物等は細線，国号は二重線，集団名は波線，年号は点線。書名は不適当な場合もあるが『　』で括った）**を施す。■や///は欠落している文字，部分を表す。

　ぎゃくに，ペルシア語やイタリア語などの資料の内容の紹介・分析にあたっては，本文・註ともに，諸写本の異同——（　）〔　〕○○／□□などを以て表記——もふくめて，できるだけ翻訳を呈示する（近年の日本語・英語による論著では，原典の引用・翻訳なく，刊本や欧米の訳本の当該頁を註に呈示するだけの閉鎖的な姿勢が目に付く。言語・分野を問わず，翻訳を呈示したばかりに，自身の論に都合の良い恣意的な翻訳，誤訳の積み重ねによる論旨の破綻，あるいはそもそもの学力の欠如が露呈する事例もままあるが，そうであっても論拠となる重要資料について自身の解釈を公開するのは最低限の作業だろう）。結果として，註に註することも避けがたく，"清人十三経注疏"のごとき様相を呈するにいたった。箚記形式のものもあるので，煩わしければ，まずは本文のみ読まれたい。

第I部

日出づる処の資料より

第 1 章

対馬宗家旧蔵の元刊本『事林広記』について

1 はじめに

　長享三年（1489）二月一日の夜，京都五山のひとつ相国寺の崇寿院では，塔主の桃源瑞仙（1430-89），小補軒の横川景三，蔭涼軒の亀泉集証等によって，聯句の会がはじめられようとしていた。亀泉はその席上での出来事をつぎのように書きとめている。

　　宴会の準備の間に，桃源殿は使いの者をやって東雲景岱と竺英有桂をお招きになられた。東雲が先に到着した。桃源殿が硯と紙を取り出し，東雲に発句をお命じになられた。東雲が句を横川に耳打ちすると，横川が「今日が花朝節では？」といい，東雲は「そうでしょうか」という。横川が桃源殿に尋ねると，桃源殿は「今日なのか？　明日の二日ではなかったかね」とおっしゃる。横川が「もし明日が花朝節なのでしたら，"花朝節に迫る"という語は妥当なわけですな？」というので，わたくしが「愚僧の記憶では，十五日が花朝節ですから，その意味は含まれていることになりましょうかな」ともうしあげたところ，桃源殿は「識らん」とおっしゃり，横川も「識りませぬ」という。そこで，桃源殿が書物を取り出されてこの語を検索になり，ちょっと笑っておっしゃられた。「花朝節は十五日のことだったわい」。その書物は，と見れば『事林広記』である。（じつは）わたくしが以前しらべたのも『事林広記』なのであった。偶然の一致である。東雲がそこで「花を添う方丈の雨」と詠み，桃源殿が「樹に於ける万年の春」と続けた……[1]。

この『事林広記』なる書物，南宋末期に福建は建安の陳元靚が編纂したとされる類書（百科事典）で，桃源，亀泉のみならず，とうじかれらときわめて親しい間

第1章　対馬宗家旧蔵の元刊本『事林広記』について　　75

柄にあった万里集九や南禅寺聴松院の希世霊彦も座右に置いていた。五山僧や清原家の人々から漢籍の講義を熱心に学んでいた三条西実隆，その友人で殿上人として代々雅楽の鳳笙を担当した豊原統秋，さらには遣明使として有名な策彦周良の著述などにも引用される[2]。

　室町時代の五山僧は，かつて大元大蒙古国（ダイオンイェケモンゴルウルス）に留学した鎌倉末期の僧侶たちが目の当たりにし日本にそのやり方を導入したとおり，五山十刹制度のもと，『勅修百丈清規』に即した生活を送り，掛け軸，青磁，染付け，堆朱など唐物の調度品に囲まれ，仏典のみならず外典とされる経・史・子・集四部の書籍も広く読み漁った。各寺で代々集積されていた貴重な宋元刊本もあれば，古書店や知人から購入，貸借したもの[3]，あらたに外交使節が明や朝鮮から将来したテキストもあった[4]。かれらは，そこから得た知識，漢詩，漢文の作製能力を武器に，足利将軍家や管領，守護大名といった権力の中枢に結びつき（そもそも上に立つ僧は，摂関家，細川，赤松，京極などに連なる名門の出自の者が多いが），文化を先導し，そして江戸時代にいたるまで外交の実務を担いつづけた。

　なかでも，足利義満が夢窓疎石の弟子春屋妙葩に命じて「花の御所」の東側に立てさせた相国寺は，完成が南北朝合一と同年の1392年であること，京都を一望しうる高さ109メートルの七重の大塔を建立したことからも知れようが，室町幕府にとってきわめてモニュメンタルな意味をもった。大元ウルスの大龍翔集慶寺と宣政院による江南の禅・教・律の寺院の統制，よりちょくせつには明洪武年間の天界寺と僧録司の制度を模倣し，春屋妙葩を僧録に任じ，諸国の寺院の住持の任免などを取り仕切らせた。そして，洪武帝に見（まみ）えたことで名高い絶海中津以降，僧録の職は相国寺の鹿苑院の主が兼ね，やがて副僧録は鹿苑院内の寮舎――蔭凉軒の主が担当することになった。幕府の大明，朝鮮との外交を支え，さらには対馬との交渉などにも携わったのである。亀泉集証はもとより，横川景三，景徐周麟等の師で『善隣国宝記』の著者として知られる瑞渓周鳳もそのひとりであった。

　京都の五山僧や公家たちの間では，四書五経，歴代正史，通鑑の類はもとより，仏教の世界観をヴィジュアルなかたちで示す『仏祖統記』や中国の歴史地図帳として基本中の基本の『歴代地理指掌図』，簡便な中国通史である『十八史略』（附『元史節要』）のほか，杜甫，李白，蘇軾の詩文集，『三体詩』，『古文真宝』[5]，『皇元風雅』などがよく読まれた[6]。また，明への派遣，じっさいの外交の場面を想

定して，『大明官制』[7]や洪武，永楽期の皇帝のブレインであった宋濂，劉基，季潭宗泐[8]，天淵清濬[9]，姚広孝[10]等の詩文集，随筆，語録の入手，覆刻，学習にも怠りなかった。最新の流行を押さえておくために『皇明詩選』，『鼓吹続編』なども入手している。詩文の作成時には，『韻府群玉』，『古今韻会挙要』のほか，『源流至論』，『方輿勝覧』，『輿地要覧』，『氏族大全』，『押韻淵海』（『詩学集成』），『珍珠嚢』[11]，『詩苑叢珠』[12]，『詩学大成』[13]などの類書も参照された（寺によっては『太平御覧』，『玉海』など大部の類書も備え付けられていた）。さらに，かれらがものした著述，日記には，しばしば『新編古今事文類聚』，『新編事文類聚翰墨全書』，『新編事文類要啓箚青銭』，『新編事文類聚啓箚天章』，『新編事文類聚啓箚雲錦』[14]，『新編古今事類啓箚天機錦』[15]，『新編増修類編書林広記』といった一連の類書――詩文に用いる慣用句や故事，用例等を調べるための辞典，往復書簡，交際等のマニュアル本。編纂過程，内容ともに『事林広記』との関わりがきわめて深い――からの引用が目につく。全体的な読書傾向として，大元時代の編集，刊行にかかるテキストがひじょうに多い。そして相国寺には，陳元靚の著作とされる『歳時広記』[16]，『差穀撰良玉暦撮要』[17]，やはり『事林広記』と極めて密接な関係にある『居家必用』も蔵されていたのである[18]。

　くだんの『事林広記』は，陳元靚の編纂当時は『博聞録』という名で知られていた（『歳時広記』の朱鑑の序文には『博聞三録』とあり，大きく分けて『前録』『後録』『第三録』の三部構成だったことが知れる）[19]。それが，大元ウルスの南北混一後，最新の情報をふんだんに加えて，至元二十三年（1286）頃までに，まず『新編分門纂図博聞録』として仕立て直される。タイトルに「纂図」（チャート式，挿絵入り参考書）を冠するように，ありとあらゆる分野のことがらを過去から最新のものまで広くヴィジュアルな状態で知りたいというモンゴル時代特有の精神にもとづき，既存の経・史・子・集四部それぞれの纂図本から絵図，記述のエキスを抽出，合体した書物で，天文，地理をはじめ，医学，薬学，数学，農学，さらには音楽，囲碁，双六といった遊戯，モンゴル王室の系図など多岐にわたる内容をもった。甲〜癸の十集構成をとっていたが，各集および全体の巻数は不明である[20]。至元三十一年から泰定二年（1325）にかけて，書中チンギス・カンの御名を忌避せず，モンゴル王室の系図を載せるヴァージョンがあったこと，禁忌に触れる天文，陰陽関係の記事を収録していたことから，禁書のリストに入れられ，しばしば秘書監に押収された[21]。そうしたこともあって，大徳年間（1297-1307）

頃から『事林広記』という名でも売り出されるようになり[22]，頻繁に増補，改訂版が出された。14世紀以降，中国，朝鮮，日本，それぞれの国の王侯貴族，官僚，僧侶など特定の階層の人々に珍重，愛用された。時間と地域を超え，共通の文化，知識を育むのにもっとも貢献した書物といっていい。

『博聞録』は，中国では佚書とされるが[23]，日本では鎌倉末期に伝来，伊勢神道の渡会家行『類聚神祇本源』（1320年脱稿）や愛知の穂久邇文庫の『五行大義』（1333年奥書）の紙背にその一部が抜書きされてのこっている[24]。あきらかに後醍醐天皇，北畠親房等の周辺で読まれていた[25]。京都は山科の天台宗門跡寺院，毘沙門堂が蔵する『篆隷文体』[26]や岩倉観勝寺の僧が編纂した辞書『塵袋』[27]，惟宗具俊の『本草色葉抄』（1284年脱稿）[28]，大和の大福寺の僧訓海が著した『太子伝玉林抄』（1448年脱稿）にも引用される。

いっぽう『博聞録』の後身たる『事林広記』の元刊本は，至順年間（1330-32）の刊行と推定され，前・後・続・別の四集構成の『新編纂図増類群書類要事林広記』と題する西園精舎本五十巻（国立公文書館内閣文庫）[29]と椿荘書院本四十二巻（台湾故宮博物院），後至元六年（1340）の刊行で甲～癸の十集構成をとり『纂図増新群書類要事林広記』と題する鄭氏積誠堂本二十巻（中国北京大学図書館，宮内庁書陵部，佐賀武雄市教育委員会），丁集のみがのこる金沢市立図書館の零本[30]の計四種が知られている。明刊本としては，まず洪武二十五年（1392），元刊本の前・後・続・別の四集に外・新の二集を加え六集構成とし，部分的に明代の最新情報に入れ替え重刊した梅渓書院本三十五巻（慶應義塾図書館，東洋文庫，韓国ソウル大学校奎章閣，韓国学中央研究院蔵書閣[31]）がある。これを六集十二巻に圧縮したものとして，永楽十六年（1418）の翠巌精舎／呉氏玉融書堂本（静嘉堂文庫，南京図書館），弘治五年（1492）の詹氏進徳精舎本（米沢市立図書館），弘治九年の詹氏進徳精舎本（国立公文書館内閣文庫）があり，そのほか六集六巻の弘治四年（1491）の雲衢菊荘本（天理大学附属図書館），刊記のない刊本（東京大学東洋文化研究所大木文庫，前田尊経閣文庫，山東省図書館），鈔本（中国国家図書館）や「新刊纂図大字群書類要」を冠する嘉靖二十年（1541）の余氏敬賢堂本（中国遼寧図書館）が伝わる。また，至順刊本と同じ四集構成をとり，上述の明の情報のほかに『通鑑続編』の著者陳桱が纏めた手紙の書き方マニュアルブック『尺牘筌蹄』などをとりこんで独自の内容をもつ成化十四年（1478）の福建官刻本四十巻（台湾国家図書館，中国南京図書館，英国ケンブリッジ大学図書館蔵。弘治十七年刊行の

『建陽県志』続集「典籍」にいうテキスト）や「纂図類聚天下至宝全補」を冠し巻十一「聖賢類」のみ残る鈔本（中国国家図書館）もある。そして，はるか遠くヴァティカン図書館にも中国刊本が蔵されるという。

　とにかく，元，明刊本ともに，やはり日本に伝来するテキストが目立つ。そのうえ皇室，江戸幕府以下，名だたる諸藩に蔵されていた（もとをたどれば，五山等の名刹，公家からの献上品，買い上げであることが多い(32)。北京大学の元刊本にしても，巻頭に朱筆で「木禅菴」「十竹」の書き入れや建仁寺禅居庵十竹軒の「古雲」智云の朱方印が捺されているように(33)，あきらかに明治維新の混乱の中で寺院から流出したもので，とうじ外交使節として日本を訪れた李盛鐸が，やはり室町期の禅僧による書き込み，圏点がみえる『啓箚青銭』等とともに購入，持ち帰ったのである）。なかには，朝鮮を経由して入ってきたものもある。かの相国寺での聯句の会の四年ほど前のことだが，宋元刊本の収集に極めて熱心であった周防の大内政弘は，僧元粛を朝鮮に遣わし，明から購入できなかった書籍をリストアップして請い求め，下賜されている(34)。その中に『事林広記』や『翰墨全書』もあった。とうじ重宝されたのは，なにも『大蔵経』ばかりではないのである。

　朝鮮では，はやくは太宗の元年／建文三年（1401）に，中国帰りの使臣によって『事林広記』が王の御覧に呈されており，そのごも儀礼，さまざまな行事の有職故実，朝廷の薬膳，医療，ジャムチの牛馬の診療など，多方面にわたって参考書として使用されていた。かの崔世珍が『老乞大』，『朴通事』（高麗末期の編纂にかかり，翻訳官，通訳を養成する司訳院で教材として用いられつづけた）の改訂にあたって，モンゴル時代のさまざまな事物を解説するために参照，引用したのもこの書である。『事林広記』は，つねに王室とともにあった。

　このように需要の高い書物であるにもかかわらず，朝鮮版，五山版はともに存在しない。作製されたという記録もまったくのこっていない。『攷事撮要』などに収載される朝鮮王朝下の出版目録のリストをみると，挿絵の多い大部の書も覆刻しており，技術，予算面の問題ではないだろう。おそらくこの書にかぎって，意図的に，少人数しか見ることができないようにした。「舶来品」であることに意味があり，それを所有，閲覧できることでステイタスとなるような特別な書籍であった。まさに「知」の独占といっていい。

　それでも，日本では，はるかのちのことになるが，出版業が著しく活性化する江戸時代の元禄十二年（1699），京都の書肆から泰定二年の刊本にもとづくテキ

スト（和刻本）が上梓された。ここに，ようやく一般のあいだでも広く流通するようになった[35]（貞享元年／1684に序文を書いた岩国の儒者宇都宮由的自体，二十年前の京都遊学中，わずかに写本を目にしたにすぎなかった[36]。ちなみに木村兼霞堂がもっていたのは明弘治九年刊本である）。泰定二年とは，『博聞録』が禁書の指定をあらためて受けた年である。この和刻本は，甲〜癸の十集構成で合計九十四巻からなる。現存するどの元刊本よりも古い内容をもち，至元年間すなわち南宋接収後まもない時期の姿をとどめるテキストとして，重宝されてきた。上述の『博聞録』の逸文の多くは，和刻本とのみ合致する。じじつ，和刻本だけが『博聞録』と同様，「〜門」の部立てを用い，表題にもところどころ「分門纂図」の文字をのこしている[37]。とはいうものの，「新編纂図増類群書類要」や「新編群書類要」を冠する例もみえ，『博聞録』と至順刊本をつなぐテキストのひとつであることを示す。底本に刻されていた泰定二年の刊記によれば，版木の欠落，錯簡等がそうとう深刻であったため，不完全な部分を補うべく，校勘のうえあらたに版木にして六十枚余りの記事，絵図を増やしたとのことで，表題に「重編」，「重刊」の二字を被せなおす巻もある[38]。

　文献からいえば，天台宗延暦寺の僧侶光宗遍照の『渓嵐拾葉集』三百巻（顕密はもとより医方・俗書・歌道・兵法・術法・工巧・算術など百科全書的な内容をもったことで知られる）の重要な参考書として使用されており，『事林広記』が遅くとも文保二年／延祐五年（1318）には日本に到来していたことは動かない[39]。正和二年（1313）から嘉暦二年（1327）にかけて編まれた梶原性全の『万安方』にも，本文に一箇所，欄外に三箇所引用される[40]。また，宇都宮由的の一世代あとの儒者で，相国寺の長老や対馬の雨森芳洲等と親交があり，朝鮮半島・中国の漢籍を博覧していた伊藤東涯[41]が，その著『制度通』において出典を『事林広記』として掲載した［宋国子監図］は，既知のテキストにはのこっていない。泰定，至順刊本よりはやいテキストが存在していたことは，確実である。

2　宗家の『事林広記』

　そうした『博聞録』，『事林広記』の歴史とほぼ軌を一にして，六百年余の長きに亘り，朝鮮，大陸，日本の動きをほぼ同距離の波濤のむこうに眺め，附いたり

80　　第 I 部　日出づる処の資料より

離れたり，ときに互いを結び合わせながら，外交と貿易に巧みに生きてきた一族がいる。対馬の宗家である。

　この宗家の文庫に，じつは，じゅうらい知られていないきわめて貴重かつ古い情報を伝える元刊本『事林広記』──諸版本の相互関係を解明する糸口となる──が伝わっていた。厳密にいえば，1977 年から 1979 年までの三年間，九州大学の研究者を中心として宗家文庫の調査，目録の作製が行われたさい，本書の存在についても簡単な言及があった。しかし，蟲損が激しかったためか，あるいは膨大な文書群のほうに注目が集まったためか，そのご看過されたままになっていたのである(42)。さいわいにも，2007 年春になって，現在の所蔵機関である長崎県立対馬歴史民俗資料館により補修作業が進められ，閲覧に供された(43)。全十冊，今回の修復に際し，もっとも蟲損の少ない第三冊のみ，あえてもとの状態のままにとどめおかれた。それによれば，外寸 20.8×13.6 cm，四ツ目袋綴。小口には平積みの中から容易に選び出せるよう「事林広記　十二之廿一」と巻数が記されている。薄茶色の表紙に，五山が所蔵する宋元刊本の類書の多くがそうであるように，ちょくせつ書名及び各冊に収録される題目を墨筆で書す。南北朝から室町期にかけてなされたものだろう。同じ手で「共十冊」とも記すので，舶来以後（おそらく早い段階で一度裏打ちされているが）冊数に変化はないとみてよい。

　それを証するかのごとく，各冊冒頭には，「慶福院」の双欄朱方印が捺される（後掲図 4 参照）。現在，大東急記念文庫と駿河の清見寺（十刹のひとつ。北条，足利，今川，徳川各氏の庇護を受けた臨済宗の寺で，要衝の地に立つ。『満済准后日記』，『蔭涼軒日録』にもしばしば登場するほか，徳川家康が幼少時に親しんだこともあり朝鮮通信使の接待場として利用された。したがって，対馬藩とも縁が深い）に分蔵され，紹興二十九年（1159）の刊記を掲げる『新雕石林先生尚書伝』二十巻，宮内庁書陵部の所蔵に帰し南宋刊本とされる『寒山子詩集』附『豊于拾得詩』一巻，大東急記念文庫の南宋刊本『大光明蔵』三巻，米澤藩主上杉家の旧蔵書を引き継ぐ米沢市立図書館の元刊本『鐔津文集』二十巻，お茶の水図書館成簣堂文庫の至正二十六年（1366）刊本『礼経会元』四巻，それぞれの冊頭にも同一の印が捺されている(44)。慶福院が由緒正しき寺院であることは疑いない。『不二遺稿』「華屋大姉十三年忌拈香　応永丙申（二十三年／1416）孟秋初八日」，『蔭涼軒日録』「永享八年（1436）六月十九日」に，それぞれ慶福院殿（大日本国山城州京師宿戯軒奉菩薩弟子大純居士道孝の母，華屋大禅定尼）の十三回忌，三十三回忌の法要を開催し，

第1章　対馬宗家旧蔵の元刊本『事林広記』について　81

ときの将軍足利義持自らも臨席，南禅寺の前住持の永安和尚に説法を，焼香を東福寺の岐陽方秀に命じた記録がのこっていること，『大光明蔵』，『鐔津文集』に捺された「竜眠」「栗棘庵」「金剛関」「天龍金剛蔵海印文常住」の印からすれば，京都五山——東福寺，天龍寺，相国寺のいずれかに甞てあった塔頭の可能性がきわめて高い(45)。清見寺のテキストは，京都から赴任した住持の将来か，あるいは幕府から下賜されたかだろう。同寺には，東福寺普門院の旧蔵とみられる宋版『歴代地理指掌図』（東洋文庫蔵），建仁寺希真寮旧蔵の五山版等も蔵されていたからである。

　では，なぜいま慶福院旧蔵のそれが対馬にあるのか。天和三年（1683）七月の『御書物帳』に書名が見えており，それ以前に京都から運ばれたことは間違いない。最もありうるのは，豊臣秀吉が朝鮮遠征の際に設置した朝鮮修文職，あるいは有名な寛永十二年（1635）の「柳川一件」以後に定められた以酊庵輪番制（対馬と朝鮮の外交文書の授受への介入，宗家の監視を目的として天龍寺，相国寺，建仁寺，東福寺の僧が対馬厳原の禅寺に交代で赴任）の僧が，接待，詩文の応答等に必須の参考資料だとして，現地に持っていった可能性だろう。

　さて，一冊目の表紙を開くと，封面，刊記の類はなく，「増新類聚事林広記総目」が目に飛び込んでくる。和刻本，至順刊本，明刊本にみられるような各巻ごとの詳細な目録は附されていない。前・後・続・別の四集構成，「〜類」によって分けられる。彫りはきわめて鋭利，竹紙に鮮明に印刷されている。蟲損をのぞけば判読にこまる箇所はまったくない。現存する建安小字本のなかでも屈指に美麗なテキストで，おそらく初印本である。その精緻な挿絵は，同時代のフレグ・ウルスの細密画〔ミニアチュール〕と連動するものもあり，こんご版画史において特筆されるべきものとなろう。元刊本であることは，その書体はもとより“大元”などの「聖なる文字」での改行，抬頭からもあきらかである。板框は 17×10.2 cm，有界細黒口双魚尾，基本的には四周単辺。その意味については後述するが，12 行×18 字，13 行×23 字，14 行×24 字の版木が混在する。各巻のじっさいの構成および諸版本との対応は，表1『事林広記』版本対照表（　）内は総目に依拠した類名）のようになっている。

　全八十七巻（内七巻欠落：続⑯文芸［蒙古字書］，㉑㉒㉓医学，別②③④官制。『御書物帳』で七十六巻となっているのは計算まちがいか書き誤りだろう）。ただし「総目」によれば，続集は「卜史」のあとに「雑術」が続くはずなので，ほんらいは

第 I 部　日出づる処の資料より

表 1　『事林広記』版本対照表

	対馬宗家文庫本	椿荘書院	西園精舎	鄭氏積誠堂	和刻本
第一冊	前 1 天文 ［太極・天文］（天象）	前 1 天文	前 1 天文	甲上天文	甲 1 天文図説
	前 2 暦候	前 2 暦候	前 2 暦候	甲上暦候	甲 5 律暦気数・甲 12 挈壺昼夜・壬 5 度徴休咎
	前 3 節序	前 2 節序	前 2 節序	甲上節序	甲 3 節令記載上・甲 4 節令記載下
	前 4 地輿	前 3 地輿	前 3 地輿	癸上地輿	甲 2 地理図経
	前 5 郡邑中	前 4 郡邑	前 4 郡邑	癸上郡邑	乙 3 江北郡県・乙 4 江南郡県
第二冊	前 6 方国 ［按広舶官本］	前 5 方国	前 5 方国	癸下方国	辛 8 島夷雑誌・辛 9 山海霊異
	前 7 勝蹟	前 6 勝蹟	前 6 勝蹟	癸下勝蹟	
	前 8 仙境	前 6 仙境	前 6 仙境	癸下仙境	壬 6 仙霊遺蹟
	前 9 人紀	前 7 人紀	前 7 人紀	乙上人紀	庚 2 四民安業
	前 10 人事	前 8 人事上	前 8 人事上	乙上人事	庚 7 立身箴誨
	前 11 人事	前 8 人事上	前 8 人事上	乙上人事	庚 5 治家規訓
第三冊	前 12 人事	前 8 人事上	前 8 人事上	乙上人事	
	前 13 人事	前 9 人事下	前 9 人事下	乙上人事	庚 8 仕途守要
	前 14 人事	前 9 人事下	前 9 人事下	乙上人事	庚 4 訓戒嘉言
	前 15 家礼 ［冠・昏］	前 10 家礼	前 10 家礼	乙下家礼	壬 2 婚姻旧体
	前 16 家礼 ［喪］	前 10 家礼	前 10 家礼	乙下家礼	壬 4 五服隆降・壬 3 喪祭通礼
	前 17 家礼 ［祭］	前 10 家礼	前 10 家礼	乙下家礼	壬 3 喪祭通礼
	前 18 儀礼	前 11 儀礼	前 11 儀礼	乙下儀礼	
	前 19 農桑	前 12 農桑	前 12 農桑	甲下農桑	庚 3 農桑急務
	前 20 花果（花菓）	前 13 花果	前 13 花果	甲下花果	癸 11 花菓品題
	前 21 竹木 ［附草］	前 13 竹木	前 13 竹木	甲下竹木	癸 11 花菓品題
第四冊	後 1 帝系	後 1 帝系	後 1 帝系	丙上帝系	甲 6 歴代提綱上・甲 7 歴代提綱中・甲 8 歴代提綱下
	後 2 年紀（紀年）	後 2 紀年	後 2 紀年	丙上紀年	甲 9 正統年運
	後 3 歴代	後 2 歴代	後 2 歴代		
	後 4 聖賢	後 3 聖賢	後 3 聖賢	丙下聖賢	丙 1 素王事実・丙 3 聖賢褒賛
	後 5 聖賢	後 4 聖賢	後 4 聖賢	丙下聖賢	丙 1 素王事実・丙 3 聖賢褒賛
	後 6 聖賢	後 4 聖賢	後 4 聖賢	丙下聖賢	丙 4 名将建封
第五冊	後 7 聖賢（先賢）	後 5 先賢	後 5 先賢	丙下先賢	丙 2 伊学淵源・丙 3 聖賢褒賛
	後 8 宮室	後 6 宮室	後 6 宮室		甲 11 京都城闕
	後 9 学校	後 6 学校	後 6 学校		甲 2 地理図経・壬 9 卜筮
	後 10 文籍 ［経・子］	後 7 文籍	後 7 文籍	己上文籍	丁 1 経書諸子・丁 2 諸史修撰・丁 5 勧学捷径
	後 11 辞章	後 7 辞章	後 7 辞章	己上辞章	丙 5 文章縁起
	後 12 辞章	後 7 辞章	後 7 辞章	己上辞章	

冊					
	後13儒教	後8儒教	後8儒教	丁上儒教	
第六冊	後14幼学	後9幼学	後9幼学	丁上幼学	丁3速成模楷・丁5勧学捷径
	後15幼学	後9幼学	後9幼学	丁上幼学	丁6切字活法・正訛点画
	後16文房	後9文房	後9文房	丁上文房	戊5芸圃須知
	後17服飾	後10服飾	後10服飾	辛下神仙技術	戊1祭器儀式・戊6器物紀源上・戊7器物原始下・癸8宮院事宜・癸6斂蔵述異
	後18器用	後11器用	後11器用		戊1祭器儀式・戊6器物紀源・戊7器物原始下
	後19音楽［楽制］	後12音楽	後12音楽	庚上音楽	戊7器物原始下・戊8音楽挙要・戊10古代楽舞
	後20音楽［音譜］（音譜）	後12音譜	後12音譜	庚上音譜	戊9楽星図譜
	後21兵法［軍陣］（武芸）	後13武芸	後13武芸		戊4軍陣奇正
	後22兵法［射芸］（武芸）	後13武芸	後13武芸		戊3狐矢譜法
第七冊	続1道教	続1道教	続1道教	丁下道教	己4道教洪緒・天師宗系
	続2道教	続1道教	続1道教	丁下道教	己6聖真降会上
	続3道教	続1道教	続1道教	丁下道教	己6聖真降会上・己7聖真降会下
	続4道教	続2道教	続2道教	丁下道教	己3真人摂養
	続5修真	続2道教	続2道教	丁下道教	己1黄庭要旨・己2辟粒服餌
	続6神仙		続2道教	丁下道教	
	続7禅教（仏教）	続3禅教	続3禅教	丁下禅教	己5空門清派
	続8禅教（仏教）	続3禅教	続3禅教	丁下禅教	己8蔵経名相
	続9禅教（仏教）	続3禅教	続3禅教	丁下禅教	己9禅門規範
	続10文芸［琴］	続4文芸	続4文芸	庚上音譜	丁4文芸直訣・戊5芸圃須知
第八冊	続11文芸（棊局）	続4文芸	続4文芸	庚上	
	続12文芸［象棊］（棊局）	続4文芸	続4文芸	庚上	丁4文芸直訣
	続13文芸［古書］				戊6器物紀源上・丁4文芸直訣・丁7古文奇字
	続14文芸［草書］	続5文芸		庚下文芸	丁8草書体勢
	続15文芸［篆隷書］	続5文芸		庚下文芸	丁9古篆偏傍
	続16	続5文芸？		庚下文芸？	丁10蒙古篆字？
	続17文芸［図画］	続5文芸		庚下文芸	丁4文芸直訣
	続18文芸［投壺］	続6文芸		辛上風月錦嚢下・打双陸例	戊2文芸類（投壺新格・双陸）
	続19医学［察証］			戊下医学	辛2薬石備用上
	続20医学［用薬］			戊下医学	癸7綺疏叢要・辛6薬忌反畏
	続21		続10医学［薬忌］？	戊下医学	
	続22		続10医学［炮製］？	戊下医学	

続 23		続 10 医学？	戊下医学	
続 24 卜史 [卜筮]		続 11 卜史	己上卜史	壬 9 卜筮・壬 7 星命要括
続　（雑術）？		続 11 選択？	己上？	
続　（雑術）？		続 12 卜史？	己下？	
続　（雑術）？		続 13 雑術？	己下？	
第九冊 別 1 官制	別 1 官制	別 1 官制	戊上官制	
別 2	別 2 官制	別 2 官制	戊上官制・俸給？	
別 3	別 2 官制	別 2 官制		
別 4				
別 5 官制				
別 6 官制				
別 7 官制				
別 8 国典 [朝儀]				
別 9 貨宝	別 5 貨宝		戊上貨宝	
別 10 算法 [算附尺法]	別 6 算法	別 5・6 算法	辛上算法	
第十冊 別 11 刑法	別 3 刑法	別 3 刑法	戊上刑法	壬 1 至元雑令・吉凶雑儀
別 12 公理	別 4 公理	別 4 公理	戊上公理	辛 10 詞状新式
別 13 飲饌 [茶・酒]	別 7 茶菓・別 8 酒麹	別 7 茶菓・別 8 酒麹	壬上茶菓	癸 10 茶品集録・癸 2 異醸醴醪・癸 3 庖廚利用・癸 4 蔬蔥集珍上
別 14 飲饌 [麹法・醸法]		別 8 酒麹	壬上酒麹	癸 1 麹法纂要
別 15 飲饌 [穀蔬]	別 8 酒麹	別 8 酒麹・別 9 飲饌	壬下飲饌	癸 4 蔬蔥集珍上・癸 5 穀蔬捜奇・癸 3 庖廚利用
別 16 飲饌 [蔬果]	別 7 茶果		壬上茶菓	癸 5 穀蔬捜奇・癸 4 蔬蔥集珍上・癸 6 飲蔵述異
別 17 獣畜 [牧養]（禽獣）		別 11 獣畜	辛下獣畜	庚 6 畜牧便宜
別 18 拾遺 [氏族]	前 7 人紀	前 7 人紀	乙上人紀	壬 10 郡望音属
別 19 拾遺 [接談]	前 11 儀礼・続 8 文芸	前 11 儀礼	乙下儀礼・庚下文芸	庚 9 事物綺談
別 20 拾遺 [閨粧]	後 10 閨妝	後 10 閨妝		癸 7 綺疏叢要

全八十八～九十巻だったろう。現在欠落している巻は，パクパ文字と漢字の対照表，モンゴル語単語帳，モンゴル官僚の職務内容と俸給表，救急医療などであったと推定され，あるいは五山の僧が留学するさい，いったん分解して必要な部分のみ一冊に綴じなおし，携帯していったのかもしれない。

　各巻の表題は「新編纂図群書類要事林広記」（前③頭は「新編纂図群書類聚事林広記」）とするものがほとんど，「新編群書類要事林広記」（前⑤⑳頭，後⑭⑲⑳㉑尾），「群書類要事林広記」（後⑦尾）などは略称とみなしてよい。つまり，「増

第1章　対馬宗家旧蔵の元刊本『事林広記』について　85

類」される以前の状態をうかがわせるテキストということになる。じじつ，至順刊本の目録で「新増」のマークが付される項目は収録しない。例外はわずかに三箇所，ひとつは続集巻一「道教類」の《歴代天師》で，「新増」の三十七代，三十八代の正一教天師を収録する。この巻は，至順刊本と同様「新編纂図増類群書類要事林広記」と題している。対馬本には，巻頭巻末の表題のどちらかで「増類」を標榜する巻が八巻あり（表1の網トーンをかけた巻），その版木は基本的にはみな14行×24字（左右双辺）。至順刊本の版木と挿絵，文字の配置ともにきわめてよく似ている。とくに後集巻四の頭は，唯一「新編纂図増類群書一覧事林全璧」と特異な表題を掲げるが，至順刊本の後集巻二，三と同一であり，それらが依拠した版木，テキストが共通していること疑いない。のこりのふたつは，前集巻十五「家礼類」大徳八年（1304）《嫁娶新例》と続集巻十八「文芸類」《双陸》の記事で，やはり14行×24字（左右双辺）。ぎゃくにいえば，この版式をもつ箇所は，「増類（新増）」後の版木を使用している可能性がある。なお，対馬本が至順刊本の目録で「増附」のマークがつく前集巻一「天文類」の記事を載せているのも，まったく同じ理由である。

　対馬本が「合わせ本」なのは，やはり「増類」を表題に掲げる続集巻十一の《碁盤路図》が半葉のものと一葉全体を使用したものと二種類収録されていること，巻十八「文芸類」にも司馬光の［投壷格範］(46)に附された紹興十七年（1147）の洪遵の識語を「増類」本（新増の［北双陸盤馬制度］図と同じ半葉に刻される）とそれに先行すると思われる12行の版式のものと二種重複して載せることから明らかである。ちなみに張与材の三十八代天師襲封が正式に認められたのは元貞二年（1296）二月，次の三十九代天師張嗣成の任命は延祐四年（1317）正月(47)。したがって，最初の「増類」（「新増」「増附」）の時期は，大徳八年〜延祐年間に求められ，現行のふたつの至順刊本はそれを踏まえた後刻本とみるべきだろう(48)。

　さて，これらを念頭に，逐一，諸版本と対照してゆくと，12行の箇所は，和刻本，とくに陳元靚の原本に近い至元刊本の『博聞録』の記事と考えられる部分と一致することが多く，内容的に最古層のものであることが判明する。そして，この貴重な古い版木を最大限に生かしながら，削除命令の出た部分（モンゴル諸王の系図や［玉璽］の挿絵）や欠落部分をほかのテキストや新しい情報をもって補足，編集しなおした箇所──「増類」以前の版木が，13行（収録すべき文字数に

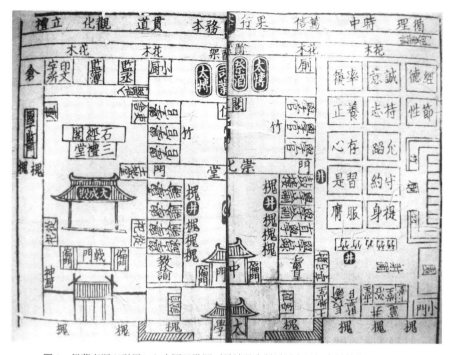

図1　伊藤東涯が引用した宋国子監図（長崎県立対馬歴史民俗資料館蔵，以下同）

よっては14行）の版式をもつ部分ということになる（それを裏付けるように，至順刊本の表題でも，「増類」を冠さない続集巻一「道教類」，別集巻一「官制類」は，それぞれ13行，12行である）。各項目の表題も，かなりこのとき改められた。広舶司の官本に依拠したという前集巻六「方国類」や『袁氏世範』のダイジェストである前集巻十〜十三「人事類」，伊藤東涯がみた［宋国子監図］（図1）を収録する後集巻九「学校類」，続集巻十三「文芸類」の《古文奇字》などは，いずれも12行を基本として形成されている。

　ちなみに，編集作業の一例をあげれば，後集巻一「帝系類」の《三国》において蜀が魏の前に並べ替えられ，巻十「文籍類」（13行）では，冒頭にあらたに『千字文』を置き，あとのほうにあった『孝経』，『論語』を前にもってきて解説を書き直し，『国語』のかわりに『離騒』を入れる。これらは，おそらく大元ウルスの朱子学教育を反映しているだろう。

　13行の部分は，後集巻二「年紀類」《歴代紀年》に"大元祖皇帝：中統五年，

至元三十一年，今上皇帝：元貞万年"とあることからすれば，元貞元年（1295）以降に編集されたとみてよい（和刻本の当該箇所は"今上皇帝：中統五年，至元万万年"）。「大元一統」と称しながら，和刻本と同様，南宋と金の行政区画を合体させて載せるだけの前集巻五「郡邑類中」も 13 行。胡三省が『資治通鑑』の華北地名に注釈を施すのに使用した至元刊本の『博聞録』は，和刻本の情報とほぼ完全に一致するが，対馬本は「〜路」をすべて「〜道」に書き換え（前集巻四［大元混一図］も同じ処理を施される），さらに江北の記事を江南の体例に統一し，各州に所属する県数を陰刻するなどの改変を加えている。"上京道　共四州""上京道　共四路"（「利州西道」の項目でも"共八路"に作る）と一行重複するミスは，先行するテキストを見ながらあらたに版下を書き直した証だろう。そして，おそらくこのころから『事林広記』という名でも売り出されるようになった。建安の何士信が大徳二年に刊行した『類編古今事林群書一覧』[49]の一部の巻が「類編古今事林広記群書一覧」，「類編古今広記書林一覧」と題する事実とも対応する（『事文類聚群書一覧』，『（事文類聚）群書通要』と題するテキストもある）。

　ひるがえって，前集巻五で「郡邑類中」と題しながら，前後の巻に「郡邑類上」，「郡邑類下」が存在しないことは，この対馬本がとりあえずのこっている版木，入手できたテキストをならべて編集しなおし，機械的に頭から巻数をつけていった様子をうかがわせる。一貫して同じ書体で刻まれ，均質な印面がつづくことからすれば，すべての版木を彫りなおしたわけで，刊行時に，同じ版式に統一すること，単純に増類した最新のテキストをそのまま覆刻・重刊すること，いずれも選択可能だった。にもかかわらず，敢えてそうせず古いデータにこだわり，原型——12 行の版式最優先でほぼ三種類の版木のままに刊行した（その方針は，異なるテキストの接続ではみ出した文字数を 12 行の版木の前後で行数を調節することによって解消している点から明らかである）。「増類」本の参照は最低限に抑えられている。12 行の版式では 14 行よりも版木，刻工の手間賃等，経費がかさむというのに。ある意味，さいしょから後世における成立過程の分析，それぞれの記事の年代比定を予想，期待したテキストだった，といっていい[50]。一，二葉の落丁が何箇所かみとめられるが，出版時の綴じ忘れと補修時，胡蝶装からの改装時における紛失，その両方だろう。

　なお，至順刊本が対馬本の依拠した元貞〜大徳年間の『事林広記』を踏まえたうえで編集されていることは，つぎの点によって明らかである。まず「総目」の

最後に配される「拾遺」類において，"各集の下に見ゆ"と注記し，じっさいに
対馬本別集巻十八〜二十の「拾遺」の記事を，前集の「人紀類」「儀礼類」，後集
の「閨妝類」，続集の「文芸類」に振り分けている。さらに，たとえば対馬本の
冒頭の「天文類」には，和刻本と同様，［渾象中外官星図］二葉，［渾象北極南極
星図］二葉，［紫微垣星図］一葉が収録され(51)，連相（前図後文）形式をとって
直後に"右の〜図"と解説を附すが，至順刊本の段階ではこれらの挿絵の版木が
欠落していたため，"按ずるに〜図"と一文字改竄してごまかしている。後集巻
四「聖賢類」《大元褒典》（13行）では，大徳十一年に発令された［加封孔子詔］
を押し込むために，じゅうらいあった至元六年四月の［山東提刑按察司欽奉聖旨
事理］(52)を削除し，つづく至元十年二月に御史中丞兼領土侍儀司ボロトが上奏し
た呈文で「聖なる語」として処理されていた「至聖文宣王」「文廟」「孔子」「先
聖先師」などの一字空格・改行を取り払っている（ちなみに，この箇所，和刻本丙
集をみると，じつは対馬本の段階で至元六年四月の聖旨の後半分がすべて削られている
こともわかる。ぎゃくに和刻本ではそのあとにつづく筈の至元十年二月の呈文が，重刊
のさいに紛失していたのか，収録されていない）。続集巻六「神仙類」の［楽真人昇
仙］以下の記事（12行，13行の版木）が全部欠けている。別集巻十「算法類」の
最後の二葉に収録される［円田畝法］［鐹背田畝法］［方台丈尺］［塚子丈尺］［築
城地畝］［平地斛法］（図2）は，至順刊本の版刻時には欠落しており，西園精舎
本では［弧矢田畝法］［円田畝法］の版木に"別六巻終"と刻まざるをえず，椿
荘書院本にいたってはすべての田の畝法を収録しなかった。

　また，対馬本の後集巻九「学校類」《大元新降条画》（13行）には，節略ながら，
至元十一年に発令された華北の選試実施をうたう聖旨が収録されている(53)。『世
祖実録』(54)にもとづく『元史』はもとより『元典章』や『通制条格』にも収録さ
れない。のち，明らかにタブーとなった聖旨である。西園精舎本では，儒者の差
発の免除を確約する前半部のみを載せ，しかも発令年を記さない（依拠したテキ
ストに欠損が多かった椿荘書院本は《大元新降条画》自体を収録しない）。そして平然
と皇慶二年（1313）の［科挙詔］に続ける。

　同様に，続集巻十二「文芸類」の象棋の局面のうちモンゴルを連想させる［平
沙落雁勢］［猛士滅胡勢］の一葉（図3）は，書肆が自粛したのか，至順刊本以降
では消え，かわりに［三跳潤勢］［歩歩随勢］が登場する。こんご，上述の「算
法類」などとともに，当該分野の歴史をたどるうえで，きわめて貴重な画像資料

第1章　対馬宗家旧蔵の元刊本『事林広記』について

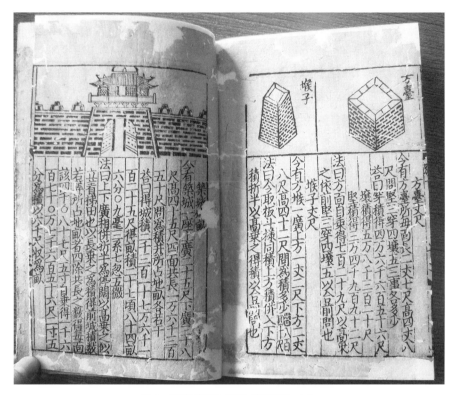

図2　『事林広記』別集「算法類」より

成宗テムル時代に建安で活躍した何士信は，さまざまな類書の編纂，出版に深く関わった。かれの『小学書図』の図解の多くは『事林広記』にとりこまれているが，本図もまた同書の「九数算法之図」と連動する。既知の『事林広記』諸版本にはのこっていない貴重な一葉である。

となるだろう。

　挿絵という点に注目すれば，後集巻六「聖賢類」の昭烈武成王像が，建安周氏家蔵の「礼奠図」の真本にもとづくことも，この対馬本によってはじめて明らかになる。巻七「聖賢類」の周敦頤以下の像は，『新編音点性理群書図解』前集巻一「遺像」から借用されたことがすでに判明しているが，それらも建安の"大貴家の得る所の七先生の子孫の家廟の真本を伝写"したものであった。また，後集巻十四「幼学類」の冒頭には，モンゴル官僚式の［習相跪図］［対坐接談図］が掲げられる。至順刊本では，巻十一「儀礼類」に《拝見新礼》という「新増」項目が作成されたのを機に，それぞれ構図をあらため（後者は［茶飯体例］［把盞体

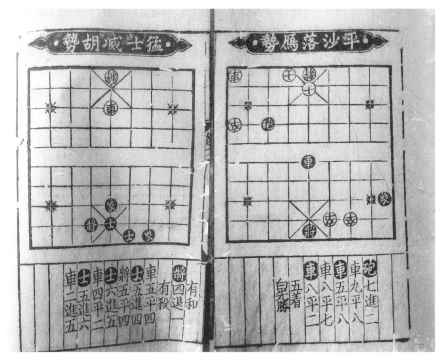

図3　新出の棋譜

例］に合わせて盃を酌み交わす図になっている），解説を附してそこへ移動させられた．

　今回の対馬本の再発見により，至順刊本でどのような改変がなされているのか，それが意図的なのか，版木の破損・落丁等やむを得ない事情によるのか，和刻本（泰定本）とともに克明に検討する術を得られたこと，じゅうらい知られていない記事・挿絵を抽出しえたこと，椿荘書院本にしばしば見られる巻末の記事の省略・欠落は西園精舎本に先行するテキストたる理由にはならない点，再確認しえたことは，ひじょうに大きなメリットだろう．

　いっぽう，これまで南宋時代の情報をのこすもっとも古いテキストとして使用されてきた和刻本についても，誤字の校勘はもちろん，どの部分が真に最古層なのか，確定が格段に容易になった．同時に壬集巻二《嫁娶新儀》の新増に限らず，泰定二年の段階でかなり手が加えられていることが判明した．対馬本の前集巻三「節序類」や巻八「仙境類」の12行の版木の部分でも，数行単位で省略，ひどい

第1章　対馬宗家旧蔵の元刊本『事林広記』について　91

場合は前後の脈絡もなんのその，文章の途中でぶった切り，各項目の量が均一になるようコンパクトな形に変えられている。後集巻五・六「聖賢類」の七十二子，孟子配饗，武廟従祀の人物の脱落もはなはだしい。続集巻十三「文芸類・古書」の［字有八法］すなわち永字八法の図解や別集巻十三「飲饌類」の［炙茶］や［碾茶］のように，項目自体，適宜カットしている部分もある。先述の前集巻五「郡邑類中」冒頭は，前年──泰定元年，建安劉氏日新書堂によって重刊されたばかりの『啓箚青銭』外集巻一「方輿勝紀上」の［書指序略］を参照して加筆された。

　そもそも和刻本は，甲集・戊集の目録，戊集巻二の表題に「増類」の二文字が見え，全冊14行の版式に統一されている。じっさい甲集巻一，戊集巻二には，至順刊本では前集巻一，続集巻六，七に当たる「新増」の記事を組み込んでいた。対馬本と同じく「合わせ本」だが，収録する記事は，ときに大きくことなる。対馬本の前集巻十二「人事類・伝家遠慮」，巻十八「儀礼類」は，『博聞録』時代からあったはずの項目だが，和刻本ではまるごと欠落している。ぎゃくに，和刻本甲集巻十「宋朝世系門」，乙集巻一「燕京図志」，巻二「朝京駅程」，己集巻十「禳鎮指要門」，庚集巻一「渉世良規門」，巻二「農田急務門」「旅行雑記門」などは，対馬本には存在しない。より細かい記事でいえば，壬集巻一「至元雑令」の【軍官館穀】も収録しない。両者は，兄弟もしくは叔父・甥の関係にある。

　和刻本の目次に対馬本の対応巻数をならべてみると，甲集には前・後集，丁・戊集には後・続集，庚・辛集には前・別集，壬集には前・続・別集，癸集にいたっては前・後・続・別集の記事が混在し，その配列も不自然なところが多々あり，各巻のとなり合う項目，対馬本で12行の同じ版木に収められている項目が，別の集や巻に分散されていることがわかる。「新増」記事の収録にあたって，『博聞録』時代の十集構成を大きく入れ替えたことは間違いない。乙集巻二「燕京図志」末尾の解説が“「東京旧城」，「宮室制度」は已に纂して図となし前巻に於いて刊す”というにもかかわらず，それらが甲集巻十一「京都城闕」に置かれているのは，その証拠である。また，前節註20で言及した『博聞録』辛集の記事が，和刻本では戊集巻五に収録されていることも傍証のひとつとなろう。和刻本の表題にしばしば被せられている「重編」の意味は，じつはそうとう大きかったのである。

　いま，知られているテキストを全てのように思い，それらの間に無理やり線を

引き系統図を作ること，特定の記事によって刊行年代を限定してしまうことは，絶えず増殖，進化しつづける百科事典や『大蔵経』の場合，とくにナンセンス，無意味な作業である。そもそも前集から別集，甲集から癸集まで一時に刊行されたとは限らず，順次販売されていった可能性が高い。しかも，それを皆が皆，律儀に購入したわけではない。こんにちわれわれが毎週発行されるシリーズものの写真集やカタログを順次好きなものだけ購入して最終的にファイル，製本するのと同じことである。別の出版社のものを挟み込むことだってある。個人によって千差万別の『事林広記』が出来上がってゆくわけである。そのわかりきった当たり前の事柄を，対馬宗家の『事林広記』は，あらためて認識させてくれる。

しかし，なんといっても対馬本において歴史資料としてもっとも価値があるのは，別集に収録される「官制」，「国典」，「刑法」の三類だろう。これらには，既知のテキストからはまったく得られなかった情報が大量に含まれている。

3　泰和律令と至元大典──南北の「知」の統合

まず，巻十一「刑法類」から覗いてみよう。冒頭にいきなり《至元大典》の四文字が掲げられ（図4），『故唐律疏義』巻一「名例・五刑」に依拠した笞刑，杖刑，徒刑，流刑，死刑の原則が示される[55]。12行の版式をもち，和刻本壬集巻一の［笞杖則例］よりも，原形に近い状態をとどめている。

つづく［法物軽重］（13行）には，"至元十　年十二月　日中書省　条画内一款"とあるが，内容は，『至正条格』巻三四「条格」《獄官》【獄具】の「中統二年七月中書省が奉じた聖旨の節該」と同一である（『元典章』巻四〇「刑部二・刑獄」《獄具》【獄具之制】は，やはり中統二年七月の聖旨をまとめた表だが，訊杖の大頭，小頭の直径の寸法が誤っている）。和刻本の［諸杖大小則例］には，中統五年八月付けのやはり同内容の条画が収録されるが，枷，杻，鎖，鐐についての記載がない。次の［省部断例］（13行）は，杖刑五七以下は司県が，徒刑三年（＝杖刑八十七）以下は散府州郡が，徒刑五年（＝杖刑一百七）以下は各路の総管府が執行することを定めた規定で，"至元十二年二月初九日刑部が籍録し到った"ものだが，和刻本は同じ至元十二年二月でも某日付けの"皇帝の聖旨の裏に，中書兵刑部の承奉したる中書省の箚付"を収録する（この部分からだけでも，和刻本と対馬本

第1章　対馬宗家旧蔵の元刊本『事林広記』について　93

の底本が同一ではないこと，諸版本の系統が単純ではないことが明らかである）。国家編纂物たる『元典章』，『至正条格』は，この規定を至元二十八年の『至元新格』として収録し，意図的に至元十一～十二年の条項に触れまいとする。クビライと裕宗チンキムの確執が，のちのちまで大元ウルス朝廷のタブーとなったことをあらためてうかがわせる。

　そのあとの［十悪条例］（12行）は，五刑と同様，やはり『故唐律疏義』巻一「名例・十悪」に完全に依拠する。以上の部分は，［取受臓賄］の項目が存在しないことをのぞけば，至順刊本の「刑法類」《大元通制》の配列と同じである。

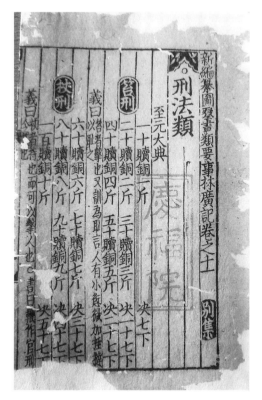

図4　クビライ時代の貴重な法制資料

　ところで，増類本の別集が至治三年（1323）二月に完成した勅撰の政書『大元通制』から必要事項を抜粋，整理したものとすれば，同様に『至元大典』と呼べる書物もとうじ存在したのではないか。それも『至元新格』の成立より前に[56]。であれば，つづく《雑行事目》（13行）は，その一端を伝える貴重な資料ということになるだろう（ことによると，史天沢と姚枢の編集した『大元新律』か）[57]。なお，［諸色廻避］（13行）以下の記事は，すべて和刻本の《至元雑令》にもそのままの順番で採録されているので紹介しない。

　　　［詞訟］一，応告状者，須用明注年月，指称実事，齎録憑験，指立諳証，不
　　　　　　得朦朧陳訴。
　　　［商旅］一，告憑引者，開説郷貫・年貌・身材・鬢髯・面上帯破，亦須声説

　　　　　同伴，依上開坐，将夯物色，指定去処，召到保人，当官引審，
　　　　　量程給限。
　［盗賊］一，司県或人戸申告盗賊，画図様，称説賊人出入蹤由，獲時多差弓
　　　　　兵，粘蹤追捕，移文隣接官司会合，申報　上司照会。
　［闘毆］一，告毆傷者，先取医工験傷文状，然後勾追行兇人・干証人等断。
　［自刑］一，申告投井・自縊・水溺・火焼・横死者，獲時委官，初復検験，
　　　　　仍申　上司照会。
　［犯罪］一，抄估到犯罪人・人口・家産，或寄頓係官諸物，責取合干人看管，
　　　　　并隣首人等収管，不致散失・損壊。如違，賠償甘罪文状。
　［罪囚］一，見禁罪囚，毎日申押禁暦，仍常切省会。禁子人等，夏月清涼，
　　　　　冬月温暖，依時飲膳水火，無令罪人，凍飢身死。
　　　　一，罪囚病患，令医工看治，申報病勢分数，婦人姙月，穏婆看守。
　　　　　無令罪人横死。

　では，つぎに，じゅうらいそのような項目があったことすら知られていなかっ
た巻八「国典類・朝儀」を紹介しよう。冒頭の一葉全体を使用して示される《聖
節旧典》は，北宋の太祖から南宋の度宗まで歴代皇帝の誕生日とその祭日として
の名称の一覧表（南宋最末期，いわば摂政役であった寿明太后，太皇太后のふたりの
誕生日もそれぞれ寿慶節，寿崇節として掲げられている），つづく《百官慶寿》《教
坊楽器》《錫宴酒数》《御宴器皿》は，『東京夢華録』巻九「宰執親王宗室百官入
内上寿」——徽宗の天寧節（十月十日）の二日後に執り行われる宮中での祝賀パ
ーティー——からの抜粋である。『東京夢華録』は，陳元靚がしばしば参照した
書物で，現在，静嘉堂文庫所蔵の元刊本が最古最良のテキストとして知られてい
る。しかし，対馬本の収録部分と比較してみるとしばしば文字の異同がある（ち
なみに，南宋が接収された直後の至元十三年二月の段階で，山西平陽の官庁にいた王惲
はすでにこの書物に目を通していた）。そして，対馬本では，現行の『東京夢華録』
ではカヴァーされていない有名な徽宗の「艮岳」についても紹介がなされる。
《華石綱運》《董役作山》《寿山坡岫》《寿山蔭木》《寿山台殿》《寿山関闥》《峯石
爵号・御製記文》がそれで，張淏「艮岳記」，僧祖秀「陽華宮記」にもとづく(58)。
「国典」よりもむしろ「宮室」の附録としたほうがよさそうな内容だが，徽宗つ
ながりでここに分類したものだろう。

第1章　対馬宗家旧蔵の元刊本『事林広記』について　**95**

　宋の国典のあとには，《大元慶節》（13 行）の項目が掲げられる。八月二十八日を天寿聖節とするから，クビライ時代の規範である[59]。『元典章』巻二八「礼部一・礼制」《朝賀》【慶賀】にも類似の文が収録されるが，それよりも原型に近い。大元ウルスの朝儀は，ボロト，劉秉忠のもと，金朝の古老たちから有職故実を聞き取り調整しながら二年半余りの準備期間を経て，国号を「大元」と定めた至元八年のまさにこの日より開始された[60]。

　そして，以下《迎詔儀典》《出郊迎接》《行礼賛拝》《揖勧酒饌》《下馬酌別》《軍司宣読》《宣官迎接》《鳴鼓作楽》《受閲宣命》《参見問候》《勧酒館待》《官属酌送》《親王客儀》《経過接送》と地方官庁での詔赦の迎接儀礼，開読の式次第が連なる。頁も改められていないので，いっけんモンゴルの儀礼の続きにみえる。しかし，《軍司宣読》に"諸京府節鎮"，"統軍按察運司"の文字が見えることからも推察されるように，じつは，これらは金朝の儀礼を伝えるきわめて貴重な情報なのである。『大金集礼』巻二四「外路迎拝赦詔」と同様の事柄をより詳しく述べており，《親王客儀》にいたっては，『大金集礼』巻九「親王」の「大定二年（1162）十一月二十五日に奏して定めたる見客儀式」と完全に一致する。金朝の"天寿聖節"でもモンゴルの"詔赦"の迎接[61]でもなく，いきなり金朝の"詔赦"に項目が跳ぶこと，この数葉の行数がばらばらであることを考えれば，もとの版木に欠落が多かったのを無理やりつなぎあわせたのかもしれない。至元初めに定められた礼制の多くは『泰和律』を踏まえており，両者は似通った内容であったから，落丁に気づかなかった可能性もある。あるいは，素直にみれば，じつは本資料こそ「至元八年以前は，金朝の制度で動いていた」という証拠なのかもしれない。同様のことは後述する部分でも共通しているからである。

　つづいて，巻一「官制類」にたちかえり，頁をめくってみよう。［官制源流］の一葉につづき［宋朝文武官品之図］（図 5）という，じゅうらいまったく知られていない図表が掲げられる。『宋史』巻一六九「職官志九」に列挙される南宋の文官三十七階，武官五十二階が一目瞭然である。さらに，《文臣奏補》《文臣奏名》《進士授官》《武臣奏資》《八資法》《四資法》《武臣入仕》《武挙授官》《職名》《爵勲》《食邑》の項目のもと，南宋の文武の官僚システムがじつにコンパクトなかたちで簡明に解説される。ところが，そのあとにいきなり『禁扁』，『秘書監志』等の著述で知られる王士点の《皇元朝儀之図》[62]およびその解説たる《元日進賀礼物》《称賀表日》《朝儀》《拝舞式》（14 行）という「新増」の二葉が出現す

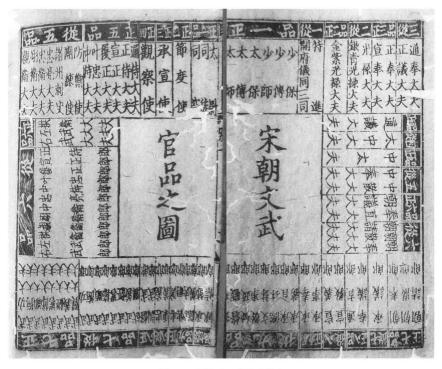

図 5　一目瞭然の宋代官僚表

る。いうまでもなく，これらはほんらい巻八「国典類」にあるべき内容で，混入してきたようにみえる。ただ，つぎの《随朝職品》（14 行）がモンゴル時代の中央官僚のリストであることからすれば，かれらが国典でどの位置に立つ役職なのかヴィジュアルに示すために，意図して移された可能性も否定はしきれない。そもそも「国典類」を削除してしまったヴァージョンの「増類」本では，その配置にせざるを得なかっただろう。対馬本はそれを機械的に踏襲してしまったとも考えられる。至順刊本でも，巻一「官制類」の《官制源流》，《大元官制》《雑流品秩》の二葉の図の次――《官職新制》と《随朝職品》の間に挟みこまれる。なお，対馬本では《随朝職品》の最後の四葉が欠けているが，気にせずそのまま「事林別集一巻終」と刻す。《随朝職品》と対になる筈の《外任諸衙門官職》ものこっていない。

　そして，巻五《朝官俸給》（図 6），巻六《外任俸給》へと跳ぶ。この二巻は，

第 1 章　対馬宗家旧蔵の元刊本『事林広記』について　97

全て 12 行の版木からなる。《外任俸給》の官職名に，諸路九公，諸京留守司，諸路総管，諸路散府，諸路節鎮，諸部族節度，諸路防禦，諸州刺史，赤県令，劇県令，次劇県令，警巡院，録事司，司候司，提挙京城所，城所事，軍器庫，作院使，南京交鈔庫，麹使司，税使司，京兆司竹監，潼関関使，大慶関，孟津渡が列挙されること，府判，推官，知法の割註に"女直司""漢児司"の区別が何度も見えることからだけでも予測がつくが，金朝の俸給表である。なお，つづく《監官食直》の項目の下には，［諸使司都監食直］，［諸監同官食直］，［諸司吏銭粟］，［射糧軍銭粟］が挙げられ，やはり役職ごとに俸給が示される。

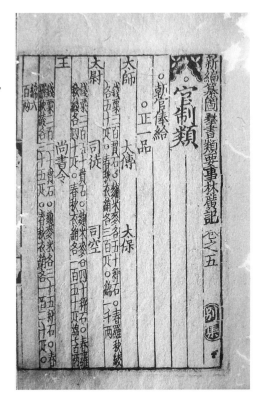

図 6　金朝の官僚制度の情報

　巻七はすべて 13 行の版木で構成され，まず《封官品格》《帝冑栄封》《勲封食邑》《補転官資》《職官加遷》が並ぶ。《封官品格》の末尾に"以上，子孫の陞品に遇う毎に，其の父祖随遷す。若し明昌五年（1194）閏十月二十五日以前に身故たる者は，父祖を封贈するに並びに旧格を准す"という一文が見えるように，やはり金朝治下の規範で，ほかの資料に見えないきわめて貴重な情報が含まれる。次に，《叙廕新制》として［品官叙廕］，［因門廕官］，［雑班廕官］，［進納廕官］の項目別に金朝治下の恩廕制度が説明され，《給誥新格》として，［文武品官］，［郡主県主］，［公主王妃］，［夫人郡君］，［嬬人県君］の項目ごとに，制誥の錦の地の色や刺繍の紋様，縦横の寸法，軸の素材等の規定が示される。

　以上を通覧すれば，金朝についての把握は特筆すべきものだろう。こんにちでこそ『金史』巻五八「百官志四」《百官俸給》，《官誥》などによって確認しうる

98　第Ⅰ部　日出づる処の資料より

事項だが，とうじの江南の人々からすれば，『大金国志』や張棣『金虜図経』等
では，まったくカヴァーしきれない情報量であった[63]。『大金集礼』四十巻は，
金朝治下，礼部尚書の張瑋が息子の行簡と，明昌六年（1195）に献上された勅撰
の政書『礼器纂修雑録』四百余巻を整理して作成した簡約版と考えられているが，
鈔本しか伝来しない（張行簡には『礼例纂』一二〇巻の著述もあったという）。おそ
らく『事林広記』の編者が入手していたのは，つとにフレグ・ウルスにも運ばれ，
ペルシア語に翻訳されて *Tanksūq nāmah-i īlkhan dar funūn-i'ulūm-i Khitā'ī* 『キタイ
の諸の学問技術に関するイル・カンの珍貴の書』（本書第 19・20 章参照）に収録
された，かの『泰和律令』であったと思われる。

　いずれにせよ，こうした華北の情報がまとめて類書で検索できる状況は，『事
林広記』以前にはなかったことであった。しかも，しばしば『金史』との間に文
字の異同が見られ，対馬本が正しい場合もある。こんご校勘作業にも役立つだろ
う。ぎゃくにいえば，モンゴルは，それなりの金朝以来の文献を宮中図書館に保
管し，有職故実を知る人材にも事欠かなかった，にもかかわらず，正史であると
ころの『金史』の情報の少なさは何なのか。『事林広記』との照合は，大元ウル
ス朝廷の三史の編纂，意図を見つめなおす手がかりともなる。

　ひるがえって，では，こんにち欠落している巻二〜四には，いったい何が収録
されていたのか。「国典類」での配列からすれば，モンゴルの《外任諸衙門官職》，
金朝の官僚システムの詳細（*Tanksūq Nāmah*『珍貴の書』にあったという「右手の
側・左手の側に属する amīr 官人たち各自の順序・位階について」の記述と資料源は同
じか）[64]，宋朝の俸給表，モンゴルの俸給表ではあるまいか。とうじ，旧金朝の
版図たる華北と旧南宋領の江南，両方の知識が何につけ必要とされた。ようする
に，金と南宋の行政区画を合体させて載せる前集巻五「郡邑類中」と同じ発想で
ある。既述の和刻本乙集巻二，大都建設当初の情報を伝える「燕京図志」の末尾
に附された四枚の「南京城図」——図中，大定二十一年（1181）の文字も見える
——の解説は，つぎのように言っていた。

　　（宋の）「東京旧城」「宮室制度」は已に纂して図となし前巻に於いて刊す。
　　而して金人の改むる所の東京，南京の九段の楼館に損益するところ有れば，
　　今，城壁の図制を将って《燕京図志》の後に刻す。**覧る者は以て古今の制の**
　　同じからざるを知る可きなり。

第1章　対馬宗家旧蔵の元刊本『事林広記』について　　99

　少なくとも，こうした「知」の合体は，旧南宋の官吏たちがほぼ鬼籍に入る泰定年間頃までは必要とされていたわけである。ちなみに，明刊本の『事林広記』には大元ウルス朝廷の官制の記事はまったくのこっていない。明王朝は，大元ウルスの諸制度を踏襲していること，しかしそれよりも小規模でしか展開できない実態をひたすら隠し，比較の対象となる記述を排除した。洪武二十九年（1396）の『稽古定制』でも，意図的に浅ましいまでに大元ウルスを無視する。この姿勢は地方志の編纂においても明確に現れる。あたりまえのことだが，「礼制」に限らず全てにおいて，宋，金から大元，明初までひとまとめに眺め，徹底的に分析する必要がある。そうすることで，いくつかの難解な用語の意味の措定，まったく解明されていない官吏の昇進，文書の送付等のシステムの解明も可能になる。また，そうしなければ各時代のことがらを正確に把握できない。『元典章』の解読も同じことである。じゅうらいほとんど利用されていないが，詔赦の迎接儀礼や文書の行移の体例，官吏俸禄等は，『洪武礼制』や『諸司職掌』にも記載があり，そもそも明刊本の『事林広記』はそれに依拠しているのだ。ほんらいならば，ここで実例として本章で紹介した部分について訳註を提示すべきだろうが，紙幅の関係により別の機会を俟たざるを得ない。とはいえ，もっとものぞましいのは，まずはこの根本資料が全冊影印で公開されることである。本書は，日本にとどまらずアジア，世界に共有されるべき宝のひとつといっていい。関係各位の善処が期待される。

4　むすびにかえて

　桃源瑞仙が花朝節について議論したまさに長享三年／延徳元年（1489），かれの聯詩三百句の難解な部分について，弟子のひとりが桃源自身と景徐周麟に質問，整理した聞書『蕉窓夜話』をつくった。その一条に"苦棟接梅，其花似墨海『事林広記』ノ語也"という。これは，後集「花奔類」［接花法］の記事で，明洪武二十五年（1392）以降のテキストにしか収録されない。
　さかのぼって，桃源は応仁の乱を避けて横川景三，万里集九等とともに近江の永源寺に身を寄せたことがあり，そこで文明六年（1474）から九年にかけて胡方平『易学啓蒙通釈』上下二巻図一巻と『周易』についての講義をした。そのさい

の詳細な準備ノート『百衲襖』/『易抄』（建仁寺両足院蔵，京都大学附属図書館清家文庫蔵）には，やはり『事林広記』の図説が大量に引用されている。"出于『事林』"と出典を明記する第四冊の［蓍卦之徳］［揲蓍之法図］（以上「卜史類」）のほか，第五冊の［算法源流］［九九算法］［置位加減因折］［下籌算法］［算細数長短之法謂之度］（以上「算法類」），［両儀両曜之図］［両儀図説］［両曜図説］［七星之図］［璿璣玉衡図］［十二次日月交会図］［二十八宿宮分之図］［晦朔弦望之図］［按紫微垣星図］［星説］（以上「天文類」），［二十四気七十二候之図］［昼夜百刻長短之図］（以上「暦候類」）(65)，第七冊の［定干支所属法］［定五行生剋法］［配卦内六向法］［易卦総説］［擲卦定爻象歌］［辨八卦例］［辨六十四卦象］［推八卦所生数遊魂帰魂訣］［推卦内世応所在之法］（以上「卜史類」），第八冊の［律呂隔八相生図］［四宮清声］［律生八十四調］［五音律呂宮調之図］（以上「音譜類」），［律呂配卦之図］（「暦候類」）なども，みなそうである。［二十八宿宮分之図］の標題，［昼夜百刻長短之図］に刻まれる左右の雲紋などからすれば，参照されたのは，後至元六年の鄭氏積誠堂本に近いテキストと見られる。ちなみに，この『百衲襖』の奥書によると，どうも桃源瑞仙は，文明九年（1477）の段階では，二月二日ではなく一日を花朝節だと思い込んでいたらしい。

　いっぽう，ほぼ同時期に作成された『史記桃源抄』(66)（京都大学附属図書館清家文庫蔵）では，「淮南衡山列伝」において，"『群書類要』ニハ臣瓚未詳何代，或云，姓于，姓傅トシタゾ"という（『事林広記』の呼称を用いないのは，おそらくテキストを区別するためだろう）。これは，和刻本丁集巻二「諸史門」［前漢書］と一致する。さらに「儒林列伝」では，"『群書類要』「経書門」総叙云……"として，和刻本丁集巻一「経書門」の二葉半にわたる記事をそのまま転載する。これらの部分は，至順以降のテキストではまったく異なる（対馬本の当該箇所をみると至順本と同内容かつ 13 行の版式なので，『博聞録』からの移行の過程で改訂されたことがわかる）。桃源が使用したのは，和刻本が依拠した泰定二年本に確定されるかにみえる。しかし，巻頭の『史記事実』で，太史院の解説のために『翰墨全書』とともにとりあげられる『群書類要』の［太史局］の記事および《朝官俸給》のリスト（図7）は，宋朝，金朝治下のそれであり，後者は対馬本にしか存在しない（図6）。しかも，前者の［太史局］の記事こそ，こんにち欠落している対馬本別集巻二〜巻四の内容についての推測を裏づけるものなのであった。

　金・宋・大元・明の諸制を通覧するためには，『博聞録』，そして『事林広記』

第1章　対馬宗家旧蔵の元刊本『事林広記』について　101

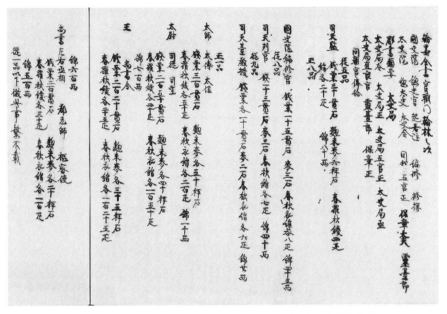

図7　桃源瑞仙がみた『事林広記』（京都大学附属図書館清家文庫蔵）
『史記抄』巻頭附録「史記事実」より。「正一品」以下の情報は図6とみごとに一致する。

のさまざまなヴァージョンのテキストをいくつもそろえる，それが当時の常識であったのだろう。

　じじつ，『史記桃源抄』「扁鵲倉公列伝」に言及され，かの相国寺の瑞渓周鳳とも親しく交流のあった僧有隣（有林ともいう。号は壺隠庵）は，その著『有林福田方』（宮内庁書陵部蔵文明十九年写本）巻一の奥書に

> 猶，諸家本草二十余部ノ外，別伝諸薬多シ，此等ヲ以テ思之，今ノ法ハ九牛ガ一毛ヨリ云ニ不足者也。雖然，此方之中ニ篇入処八十余部，或『病源論』・『難経』・『脈経』・『素問』・『大（素）』・『明堂経』・『鍼経』・『資生経』・『針灸四書』・『太平御覧』・**『事林広記』**・**『博聞録』**・『医説』・『史記』・『最勝王経』・『止観第八』諸経論説，和漢名書等，都テ一百余部，歳久ク捜猟スル也。

と記した。また，桃源の親友だった万里集九の『暁風抄』（『三体詩』の講義録）は，かれが『事林広記』の多部本，少部本と複数の版本を所有し，それらをつき

IO2　第I部　日出づる処の資料より

あわせて研究していたことを伝える。少部本とは全十二巻の明刊本，多部本は
前・後・続・別の四集からなる元刊本で，そのうちのひとつはおそらく対馬本の
系統であった⁽⁶⁷⁾。少し時代はくだるが，京都大学附属図書館清家文庫の『三体
詩抄』や，希世霊彦等の講義を桃源瑞仙，蘭坡景茞等の著述を参考に纏めなおし
た同館谷村文庫の『三体詩抄』もまた，『博聞録』と『事林広記』を併用する。
みな編纂者，書肆の意図をくみとり，そして明朝廷の編纂物の欠点はもとより諸
制度の通史的・客観的な分析に何が必要なのか，ちゃんとわかっていたのである。

　おそらく，相国寺をはじめ京都・鎌倉の五山の各塔頭，各地の名刹のほか，天
台宗・浄土宗・法華宗など諸宗派の寺院・神社には，『博聞録』，『事林広記』に
限らず，まだまだ未知の貴重な漢籍，それらを抜書きする抄本，抄物が大量に眠
っているのだろう⁽⁶⁸⁾。それらは，中国，朝鮮半島，日本のあいだで繰り広げら
れた人・モノ・情報の交流を伝えるのみならず，室町から江戸期にかけて形成さ
れた日本の精神，文化の基層を見つめなおす手がかりともなる。さらには，それ
ぞれの国の歴史を書き換える可能性をも秘めている。日本が発信する中国学に新
たな展開があるとすれば，そのひとつはまさにこの分野においてだろう。こんご，
調査が進み，順次公開されてゆくことを願ってやまない。

註

（1）『蔭涼軒日録』「長享三年（1489）二月一日」
（2）『梅花無尽蔵』巻三上「長享元年（1487）十二月廿三日」"『事林広記』謂貫銭為鈎水。今
　　日自府内，為暮年投十絹。賑余之逆旅。「府命投吾十鈎絹，苦於徹骨去年貧。厨中蕭索聴松
　　臥，無甄何曽有点塵」"，巻三下「羅浮春東坡惠州醸酒。号羅浮春」"祇盃雖愛洛葱紅，不及羅浮
　　風味濃。四海七生蘇内翰，尋常下戸楽其中酒有上戸・中戸・下戸。見『事林広記』"，『村庵散文』
　　「居家四本補亡書後韻」"『事林広記』「警世人事類」中載「余氏家約」所称「居家四本」者，
　　其一日読書起家之本，其二日循理保家之本，其三日勤倹治家之本，其四日順斉家之本……
　　文明庚子（1480）春書於岩栖之村庵"，清原業賢『易学啓蒙通釈抄』（京都大学附属図書館清
　　家文庫蔵）"程氏日：「河図」自一至十，五十五点之在馬背者，其旋毛之図，有如星象，故謂
　　之図，非五十五数之外，別有所謂図也。全旋毛ハ馬ノヅ文也。『牧馬経』一云；毛旋𦜝花・
　　寿星・帯剣云々。馬ノ背ノ文也。「洛書」ハ亀ノ背ノ文也。コレハ『事林広記』ナンゾノ図
　　トハカワルゾ。『事林広記』ニハ背ニ八卦ヲ負テ出也"，清原宣賢述『老子経抄』（京都大学
　　附属図書館清家文庫蔵）「序」"老子変現ノ事ハ『事林広記』ニ委ク見タリ……"，「俗薄章
　　第十八」"六親ト云ハ『事林広記』ニハ父母兄弟妻子ト見タリ"，「顕質章八十一」"老子変現
　　事ハ『事林広記』ノ図ニハ廿六度也……"，『実隆公記』「文亀三年（1503）四月二日戊戌

"天晴。俊通卿来，象戯有興，甘露寺中納言同来，祥雲院来話，抑定光古仏止火偈「寄言宋無忌，火光速入地，家有壬癸神，日供四海水云々」。此宋無忌不審処，『事林広記』云俊通語，「姓宋，名無忌，知君是火性大金輪王，勅速去不留停云々」，宋無忌火神ノ名也"，「永正二年(1505)八月廿八日庚辰"晴。先公月忌。良秀・宗寿等小斎如例，早朝行水，念誦。覚城法師来，『新古今集』「真名序」師象筆合点持来之，先聖伝事相尋之間，『十八史略』一冊，『事林広記』一冊，借与之。雲龍院来臨"。

　　豊原統秋は，永正九年（1512）に著した『體源鈔』巻一の冒頭において"もろこしの文などうかがひみざるものは家の秘事にて侍ればたやすく不可申よしなど申のがれんずらむなれども，とふ程の人ならば大かた知てとふにぞ侍らんなれば秘事と被仰事の安じらるる文の侍は如何とて難言，『礼記』，『爾雅』，『釈名』，『白虎通』，『説文』，世本『通典』，蔡邕『月令章句』，『文選』已下審也，『事林広記』殊ニ普見レル人ノ文ども也"，"一．抑笙ノ簧事，此時ハ同吹物ニテ別ニ在之様ニしるし侍を笙の簧に用事古来不知之，但当家に伝之，『事林広記』などにも載之上者，世上に知所也"と述べるごとく，『事林広記』や『新入諸儒議論杜氏通典詳節』などの元刊本を蔵しており，じっさい巻四に「音譜類」の《楽星図譜》，「音楽類」の《音楽総叙》，《音楽名数》，巻八下に「音楽類」の「埙」の挿絵と解説を引く。

　　医学方面でも，『康頼本草』（明徳元年／1390）「本草艸部中品之下集・百部」によって，丹波家に伝来していたことがわかるほか，樵青斎洞丹『煙蘿子針灸法』（享録三年／1530　杏雨書屋蔵）が『事林広記』戊集「医学類」の《灸艾雑流》《鍼灸法》《支日人神》を引用し，曲直瀬道三——足利学校で学んだ——の『啓迪集』（天正二年／1574）にも参考図書として挙がる。また，この書に序文を寄せた策彦周良は『蠡測集』（建仁寺両足院蔵抄本）において"君実之言如人参甘草ト云語ガ『事林広記』ニアルゾ。君実ト云モ温公ノ事ゾ。温国公トモ云ゾ"という。

（3）たとえば，『梅花無尽蔵』巻五「還春澤之書籍」に"『十七史』全部四十五冊，『史記』五十六冊，『漁隠』前集五十巻・後集四十巻已上九十巻，『詩林広記』前集十巻・後集十巻已上二十巻，還春澤。以『漢書』之前集・後集以上十九冊，還南豊之方丈。謹白平生多懶眠，付書籍。一々完全。奉還春澤"とある。巻数・冊数から『十七史詳節』や『漢書』のダイジェスト版など，ほとんど建安小字本であることが推察される。

（4）明との勘合貿易では，幕府，管領，四職のほか，天龍寺，相国寺，三宝院，三十三間堂，伊勢法楽社，大和多武峰，大乗院，九州探題，周防の大内，豊後の大友，薩摩の島津などが船を出していた。朝鮮との交易では，将軍家，大内，畠山，京極，細川，山名，小弐，対馬の宗氏がきわめて熱心であった。

（5）万里集九や横川景三に教えを受けた相国寺の彦龍周興は，上図下文式をとる『全相真宝古文選玉』なども参照しながら，近衛政家，勧修寺教秀に古文の講義をしている。

（6）一条兼良『尺素往来』は，とうじの学問のありようを知る上で極めて貴重な史料である。

（7）『蔗軒日録』「文明十八年（1486）三月十一日」，『実隆公記』「永正元年（1504）十一月十二日」

（8）詳細は，宮紀子「幻の『全室藁』」（『漢字と情報』11　2005年10月），木田章義・宮紀子編『両足院——学問と外交の軌跡』（平成18年度東方学会関西部会　京都大学大学院文学研究科国語学国文学研究室　2006年）参照。なお，『蕉窓夜話』に"『西遊集』ハ湖季潭ノ集ゾ。一冊アリ。天竺ヘ行ノ時ニ恒河ヲワタリ，霊山ニ行タト云詩トモソノ中ニアルゾ。『西遊集』ト云本ノ録ヲバ『全室集』ト云"とあるほか，景徐周麟の『翰林葫蘆集』巻七

104　第Ⅰ部　日出づる処の資料より

「書西遊集後」にも貴重な記録がのこる。

（９）天淵清濬は，四明の僧侶で，昨今話題の「混一疆理歴代国都之図」（1402）が依拠した地
　　図のひとつ「混一疆理図」（1360），別名「広輪疆理図」の作者である。かれの文集も日本に
　　伝来しており，瑞渓周鳳が目睹している。『臥雲日件録跋尤』「宝徳二年（1450）九月十九
　　日」に“又日，近時看濬天淵『文集』，蓋銘古鼎之嗣也。集中載送巽権中帰日本序，権乃大
　　統青山之嗣也”とある。清濬は，洪武帝の命で設立された僧録司において，季潭宗泐，来復
　　見心とともに禅・律・教の三宗を統括し，明初の文化・外交を担った。権中巽は『書史会
　　要』にもとりあげられ，少林寺の碑に書跡がのこる留学僧で，建仁寺大統院等に清濬の地図
　　を将来している可能性がある。また，『了幻集』によれば，建仁寺，天龍寺，建長寺の住持
　　をつとめた古剣妙快も，留学中に清濬とちょくせつ面会している。洪武二十五年（1392），
　　扶桑の沙門徳始天初が来復撰「嵩山祖庭少林禅寺住持淳拙禅師才公塔銘」の書丹を，三十一
　　年には日本沙門東升が僧録司左善大夫の大佑とともに四川の「栖賢山道場禅寺石塔記」の書
　　と篆額を担当している。南京には日本僧が相当数いたとみてよい。

（10）かれの著作として『逃虚子詩集』十巻『続集』一巻『逃虚類稿』五巻『逃虚子道余録』一
　　巻『逃虚子集補遺』一巻『詩集補遺』一巻『附録』一巻の抄本が知られるが，五山版にはそ
　　れらより早い『独菴外集統藁』があり，相国寺，建仁寺などに蔵されていた。

（11）金朝泰和年間，平陽の李君璋が編纂した書を建安の何士信（字は君實）が大徳元年
　　（1297）に増補したもので，『増広事聯詩苑学吟大備珍珠嚢』が正式名。天理大学附属図書館
　　所蔵の元印本は大徳寺芳春院に伝来したもので，延慶三年（1310）の禅福寺金圏の識語があ
　　る。『蔭涼軒日録』「延徳四年（1492）正月廿三日」には“『珍珠嚢』外題書之。五冊，自一
　　至廿七全部也。又『詩苑叢珠』外題書之。十冊，自一至三十全部也。蓋藤侍者請之”とある。

（12）大モンゴル治下，元好問の友人，平陽の仇舜臣が改訂した『学吟珍珠嚢』を，元貞年間に
　　曹輅（字は彦文。あるいは大徳年間から至大年間にかけて『爾雅』や元好問の『中州集』，
　　蕭天佑の『大易断例卜筮元亀』を刊行した平水曹氏進徳斎か。蕭天佑はおそらくは全真教の
　　祖庭永楽宮の碑にパトロンとして名を連ねる宣差河東南路平陽総府二官その人。ちなみに
　　『卜筮元亀』は，室町時代初期にはすでに五山や清原家に伝来していた）が舜臣の子仇郁よ
　　り入手，大徳三年に表題を『新編増広事聯詩苑叢珠』（『類増吟料詩苑叢珠』）に改めて刊行
　　したもの。『至正直記』巻二「江西学館」，山東諸城県の至正十年「密州重修廟学碑」などに
　　も書名がみえるように使い勝手のよい参考書である。国立公文書館内閣文庫に元印本が蔵さ
　　れる。

（13）林楨の編輯とされ『増広事聯詩学大成』，『聯新事備詩学大成』などの表題を付し，大徳～
　　泰定年間頃に活躍していた毛直方の序を付し建安で刊行されている。至正十五年の翠巌精舎
　　の刊記に“旧刊詩学如『大成』繁而且冗，『叢珠』『珍珠嚢』等編簡而又略，蓋両病焉。本堂
　　是編，則去諸家之疵，而集諸家之粋，於叙事故事総名之以「事類」，摭唐・宋名賢佳句，而
　　削去重複，采皇元群英警聯，而増広新奇，視前刊，実為明備，敬用鋟梓，以広其伝，収書君
　　子幸鑒”というとおり，三書とも同工異曲の書物である。

（14）『蕉窓夜話』“『雲錦』ト云テ，『翰墨全書』ニ似タ本ガアルゾ”。前田尊経閣が蔵する『天
　　章』は，『雲錦』に大元ウルスの混一以後のデータを加え編集したという。しかし，清末に
　　楊守敬が日本で入手し，現在は中国国家図書館が蔵する『雲錦』の元刊本をみると，巻頭の
　　綱目においてのみ『雲錦』と題し，実体は『天章』の重刊。いっぽうで，乙集と丙集の表題
　　が『輿地要覧』『姓氏源流』になっているなど，『翰墨全書』『啓箚青銭』との関係も深い。

ちなみに、『雲錦』の蔵書印のひとつに、パクパ字と漢字で"šiw 寿仁"と刻む小さな正方形の印（大元～明初の蔵書家か、鎌倉～室町期の日本僧のもの）が認められる。

(15) 現在のところ、伝本は知られていないが、『碧山日録』（前田尊経閣文庫蔵写本）「応仁二年（1468）閏十月四日庚申」に、"渉閲『新編古今事類啓天機錦』、其「請召筵会」・「坐次儀式」・「茶飯体例」、此方又有得其一二者、至同席客所相楽、乃一也"、『蔭涼軒日録』「延徳二年（1490）閏八月十九日」"九峯云［閏中秋之来歴、『天機錦』前集「閏八月時令」事目云「時属中秋月添一閏」］"とあり、『啓箚青銭』や『事林広記』の至順刊本と内容が一部重複していたことがわかる。ただし、『蠡測集』の"断腸英トハ薔薇ノ事ゾ。牛勒ト云モ薔薇ノ事ゾ。牡丹ノヨキ対ゾ。裴白馬紅ト云ハ牡丹ノ名ゾ。裴氏馬氏ゾ。『天機錦』ニ評ニ載タゾ。姚黄魏紫ノ類ゾ"に類似する記事は、管見の限り見当たらない。

(16) 『蔭涼軒日録』「文明十九年（1487）五月廿二日」"『歳時広記』云「消暑珠『拾遺記』、黒蜥蜴千年一生。燕昭王常懐此珠、当盛暑之月体自軽涼、号消暑招涼之珠」"、『臥雲日件録跋尤』第十九冊「享徳三年（1454）七月廿九日」"浴残年『歳時雑記』、東京寺観、以除日多燂湯饌食、以召賓客、謂之浴残年『歳時広記』"、「寛正四年（1463）閏六月十八日」"拾桂子云々、有遠飛難云々、■■桂実帰南土云々『歳時広記』"、等。とうぜんのことながら、後世の重編である現行の『歳時広記』（『十万巻楼叢書』所収）のテキストとは文字の異同がある。

(17) 『差殺撰良玉暦撮要』については確たる明証はないが、『実隆公記』「永正八年（1511）五月廿七日」に「『差殺新書』五冊、陰陽書也。十五冊也。端平甲午撰也。『啓蒙通釈』二冊在重朝臣本借預之処、可返送之由有命之間返了」とあり、陰陽道の勘解由小路在重の家に伝来した『差殺新書』が端平元年（1234）の成立といい、陳元靚の著作の可能性がある。巻数からすれば李盛鐸旧蔵の『類編陰陽備用差殺奇書』十五巻（北京大学図書館蔵後至元三年刻本）と同一書か。

(18) 李梓の編集とされる挿絵入りの類書で、『事林広記』と同様、甲～癸集の十集本（後至元五年呉氏友于書堂・椿荘書院刊）と前後二集本、二種類の元刊本の存在が知られる。『蔭涼軒日録』「文明十七年（1486）五月十七日」、『実隆公記』「明応八年（1499）正月八日」"真盛法印『居家必用』五冊、借送之、一見本望也"。陰陽道の勘解由小路在盛が長禄二年（1458）に著したという『日法雑books』（『吉日考秘伝』）も、『新撰陰陽書』——前註にいうところの『差殺新書』だろう——とともに『居家必用』の記述、挿図を参照している。『煙蘿子針灸法』も『居家必用』を利用する。ちなみに東福寺、天龍寺、南禅寺等に歴住した岐陽方秀（1361-1424）、不遷法序（?-1383）は、それぞれ『碧巌録不二抄』『勅修百丈清規』（駒澤大学図書館蔵五山版）欄外書き込みにおいて、『史学指南』を参照しているが、これも『居家必用』所収のテキストかもしれない。

(19) 『歳時広記』とともに、はやくは淳祐十年（1250）成立の『百菊集譜』に引用されるほか、華北にも伝来、大元ウルスの大司農司が至元十年（1273）に刊行した『農桑輯要』にみえている。本書第8章参照。なお、『普門蔵書明徳目録』（国立公文書館内閣文庫蔵天保三年／1832写本）「麗」函に"『博聞前録』一冊。唐。"とあるので、明徳三年（1392）までに、京都五山のひとつ東福寺の普門院に伝来していたことは間違いない。ただ、聖一国師円爾弁円（1202-80）が将来した漢籍およびそのごの収集品の一部を、文和二年（1353）、大道一以が筆写した『普門院経論章疏語録儒書等目録』には、『博聞前録』は記載されていない。40年ほどの間にほかの五山十刹から持ち込まれたものか。

(20) 文保元年（1317）以降の成立で、京都の智積院の僧、恵岳が編んだ中日歴史対照年表『仁

寿鏡』に『博聞録』丙一云：<u>宋紹定五年壬辰歳</u>，自<u>周敬王四十一年辛酉</u>（BC480），至<u>聖宋</u>
紹定五年壬辰（1232），実一千七百十二年"という。また，『三体詩抄』（京都大学附属図書
館清家文庫蔵）の引用に"『博聞録』辛集：【修琴】古琴冷而兀声者，用布嚢炒沙甓，候冷易
之，数次而又作長甁，候有風月，以甁蒸琴，令汗溜取出吹乾，其声如旧。琴無新旧，常置床
上近人気被中尤佳。琴絃久而不鳴者，繃定一処，以桑以桑葉将之，鳴亮如初"とある。この
抄物は，弘治十一年／明応七年（1498）の遣明使が将来した『三体詩』を参照していること，
建仁寺の月舟寿桂の講義を踏まえていることなどから，十六世紀以降の成立とみられる。

(21)『通制条格』巻二八「雑令・禁書」，『至正条格』巻二「断例」《職制》[隠蔵玄象図讖]。①
大徳三年にモンゴル朝廷の文官李衎が著した『竹譜』の巻四に『博（文）[聞]録』が引用
されていること，②汪璐『蔵書題識』巻一によれば，宋隆夫が淮西無為州の官舍にて槧本と
思しき『玉璽博聞』一巻九葉を目睹し，成化七年（1471）に呉寛が跋をものしていることか
らすれば，徹底的な没収が行われたわけではない。宋濂や陶宗儀といった至正年間から明の
洪武年間にかけて活躍した文官たちも，『博聞録』に近い『事林広記』のテキストを所有し
ていた。『南村輟耕録』巻一【大元宗室世系】，【列聖授受正統】，巻七【官制資品】，巻二六
【伝国璽】などはそこからの引用だろう。

(22)『三体詩』（京都大学附属図書館谷村文庫蔵五山版）「諸家集註唐詩三体家法諸例」により，
至大二年（1309）には，『事林広記』と題するテキストが存在したことは確実である。延祐
五年（1318）に完成した王幼学の『資治通鑑綱目集覧』（台湾国家図書館蔵明洪武二十一年
梅渓書院刻本）巻五七も，『事林広記』と明記して「儀礼類」《郷居雑儀》の【刺字之式】を
引用する。

(23)管見の限りでは，万暦十五年（1587）の『岱史』巻三「形勝考」に一箇所引用されるほか，
『汲古閣珍蔵秘本書目』に端本の売りたて記録がのこるのみである。

(24)この『五行大義』のテキストは，元弘三年，鎌倉鶴岡八幡宮の智圓の手によって写され，
そのご鎌倉の相承院，大和多武峯の寿命院，京都粟田口の青蓮院，久邇宮家へと伝来した。
また，『類聚神祇本源』には，『五行大義』がしばしば用いられている。

(25)東福寺所蔵の渡会貞昌筆「袈裟伝授状」，鼓山大随筆「天照大神相伝袈裟記」によれば，
無本覚心（1207-98），東福寺の別峰大殊（1321-1402）は，伊勢神道の度会家と親交があっ
た。であれば，渡会家や北畠家の漢籍入手に，博多・京都の禅寺が貢献している可能性もあ
る。こんご，東福寺と後醍醐天皇の関係も再検証してゆく必要があろう。『高僧と袈裟』（京
都国立博物館　2010 年　p. 55, pp. 254-256）

(26)書写年未詳。『実隆公記』「明応八年（1499）五月九日戊辰」のテキストと同一か。

(27)巻一「虹」「天狗」，巻三「不死」，巻五「行李」，巻七「箪簞」，巻九「糉」の六箇所に
『博聞録』が，巻二「盧橘批把」，巻四「猶豫」の二箇所に『博聞後録』が引用される。

(28)国立公文書館内閣文庫蔵室町写本の「路部第二」《盧橘》，「比部第四十四」《枇杷》に引用
される。

(29)京都の法華宗「妙覚寺常住日典」の旧蔵に係る。上杉景勝の家老直江兼続との親交で知ら
れる日典は，永禄九年（1566）から天正十九年（1592）まで同寺に住持した。神田喜一郎
『東洋学文献叢説』（二玄社　1969 年　pp. 297-318）参照。

(30)「瑞龍寺」の朱方印が捺される。出版事業で知られる美濃の寺だろう。

(31)蔵書閣本の存在については，住吉朋彦の教示を得た。

(32)『看聞日記』[永享十年（1438）三月十四日]"『事林広記』一部十帖，自内裏被借召之間

進之"。また，後水尾天皇の代に編纂された『禁裏御蔵書目録』（大東急記念文庫蔵），『官本目録』（柳原家旧蔵，西尾市岩瀬文庫蔵）にも，"『事林広記』五々"，"『事林広記』抜萃一々"とある。大元時代以降，必読とされた類書は『詩学大成』『翰墨全書』『居家必用』をはじめすべて挙がっているほか，『全相孝経』などの書名も見える。東山御文庫は正倉院と同様，勅封のため，閲覧・調査が困難であり，現在は確認するすべをもたない。なお，相国寺文書の享保十三年（1728）十月四日「書籍御改書付」，十四年七月「書籍目録」，『参暇寮日記』などによると，この時期，五山以下の寺観が所蔵する宋版などの貴重書の把握，補修が全国規模で進められている。

(33) 中華書局の影印本では，意図してのことなのか，所蔵印，朱筆による欄外の書き込みや圏点・傍線等を消去しており，したがって，とうじ歳時，卜占，算数などの記事が頻繁に参照されたこともわからない。『中華再造善本』に拠るべきである。

(34) 「香山常住」の印が捺される宋元版は，大内氏の菩提寺国清寺の旧蔵にかかる。

(35) 正徳三年（1713）成立の貝原益軒『養生訓』は，巻七，八に和刻本の辛集巻五「解毒備急」，同集巻八「灸艾門」より一箇所ずつ引用する。宝暦五年（1755）序，十三年刊行の大枝流芳『雅遊漫録』も，"陳元靚の説"として巻一「朱錠」，巻五「琴」，巻七「投壺」に『事林広記』の解説と挿絵を引用する。投壺は，『事林広記』が呼び水となり，朝鮮王朝下で王侯貴族たちの遊戯として愛好された。日本ではつとに正倉院に伝来する現物が有名だが，和刻本の刊行後，民間で流行し投扇興のもとになる。

(36) この『事林広記』が，慶長二十年（1615），宗哲，上田善次により，二条城の数寄屋書院にて確認された"雲斎（＝金地院崇伝）上り本"のうちの端本一冊と同一書かどうかは不明。『好書故事』巻八五「二条御数寄屋」

(37) 金・宋代の類書の伝統を踏襲して，大徳二年の『類編古今事林群書一覧』をはじめ『新編古今事文類聚』『翰墨全書』『啓箚青銭』などみな「～門」で分ける。

(38) 以上『博聞録』『事林広記』についての詳細は，木田章義ほか編『学びの世界――中国文化と日本』（京都大学附属図書館・総合博物館・文学研究科　2002年　pp. 3-4, pp. 13-16, pp. 23-42），宮紀子「附属図書館の珍本――公開展示『学びの世界』の選書から」（『静脩』39-3　2002年12月），同「『混一疆理歴代国都之図』への道――14世紀四明地方の『知』の行方」（藤井譲治・杉山正明・金田章裕編『絵図・地図からみた世界像』京都大学大学院文学研究科21世紀COEプログラム「グローバル化時代の多元的人文学の拠点形成」「15・16・17世紀成立の絵図・地図と世界観」　2004年　pp. 3-130＋口絵解説8-11，のち『モンゴル時代の出版文化』名古屋大学出版会　2006年に収録）参照。

(39) 「渓嵐拾葉集縁起」（文保三年／1319正月　日　金剛光宗記）に，光宗の知識源が分野別に列挙される。「作業」の部分のみ前後の体例と異なるので，脱文，行の混乱などがあるとみられるが，『事林広記』が使用されたことはまちがいない。現行の『渓嵐拾葉集』は，教団にとってとくに重要な顕部・密部・戒部を中心に全体の約三分の一しかのこっていない。『事林広記』の引用は，第六雑記部「三才規範」「古今芳談」にあったと見られる。なお，現在の叡山文庫の保存状況および山科の毘沙門堂の例から考えれば，1318年以前の『事林広記』や『博聞録』が当該機関に収蔵されている可能性はきわめて高い。その調査の詳細については，本書第2章参照。

(40) 金文京「『事林広記』の編者，陳元靚について」（『汲古』47　2005年6月　pp. 46-51）に，真柳誠の教示として紹介がある。おなじ梶原性全が編んだ嘉元二年（1304）成立の『頓医

108　第Ⅰ部　日出づる処の資料より

抄』では『事林広記』はみえない。『万安方』には，大徳十年（1306）に杭州路において国家出版された『新刊風科集験名方』も引用される。

(41) 伊藤東涯の旧蔵書は，現在，天理大学附属図書館に蔵される。かれが朝鮮の『懲毖録』『海東諸国紀』などを読んでいたこと，対馬からさまざまな情報，典籍，拓本等を入手し，閲覧させてもらっていたことは，東涯の数多の著作からじゅうぶんにうかがえる。ちなみに，そのひとつ『輶軒小録』の「元世銅馬之事」には，博多聖徳寺の塔頭瑞応庵の墓地で掘り出された壺に，大元ウルスの行宣政院福建分院が客商の謝福に発行した銀錠など，財宝が詰まっていたこと，挿絵入りで詳しく解説がある。本書第3章参照。

(42) 藤本幸夫「宗家文庫蔵朝鮮本に就いて——『天和三年目録』と現存本を対照しつつ」（『朝鮮学報』99・100 輯合併号　1981 年7 月　pp. 195-224），岡村繁「対馬宗家文庫漢籍（朝鮮本）提要」（『九州文化史研究所紀要』27　1982 年3 月　pp. 281-336），宗家文庫調査委員会編『宗家文庫史料目録（記録類Ⅳ和書漢籍）』（厳原町教育委員会　1990 年　p. 263）。なお，森田憲司「王朝交代と出版——和刻本事林広記から見たモンゴル支配下中国の出版」（『奈良史学』20　2002 年12 月）の「現存『事林広記』諸本表」には，この宗家文庫所蔵の『事林広記』は挙げられていない。

(43) その重要性に鑑み，概要はすでに拙著『モンゴル帝国が生んだ世界図』（日本経済新聞社 2007 年）において三葉の書影とともに紹介した。

(44) 『新雕石林先生尚書伝』には「清見寺常住」「江風山月荘」「福堂」（稲田福堂）の印も捺される。長谷川強『典籍逍遥』（財団法人大東急記念文庫　2007 年　p. 29, p. 37），『清見寺総合資料調査報告書』（静岡県教育委員会　1997 年　口絵 12，p. 312）参照。『寒山子詩集』は『日本宮内庁書陵部蔵宋元版本漢籍影印叢書』第一輯（線装書局　2001 年）に全冊影印。ほかに「無範」「霞亭珍賞」「植村書屋」「暢春堂図書翰」の印記，安政四年（1857）の貫名海屋の手になる墨書，外箱には文久二年（1862）の池内奉時の識語。『経籍訪古志』巻六によれば，書陵部に入る前は姫路の藩老河合元昇が蔵した。『大光明蔵』は，川瀬一馬『大東急記念文庫貴重書解題　仏class之部』（大東急記念文庫　1956 年）に巻頭，巻末の半葉の写真あり。「竜眠」「栗棘菴」「金剛関」「多紀氏蔵書印」「杉垣篸珍蔵記」「向黄邨珍蔵印」（姫路藩校の向山黄邨）の印。「竜眠」の印は，斯道文庫の『事林広記』にも見える。至元十九年，宣授江淮諸路釈教都総摂の楊璉真迦の助捐によって刊行された『鐔津文集』については，内田智雄『米沢善本の研究と解題』（ハーバード・燕京・同志社東方文化講座委員会　1958 年図版 32，pp. 156-157）参照。『米澤蔵書』「天龍金剛歳海印文常住」の印。『礼経会元』の書影は，川瀬一馬『お茶の水図書館蔵新修成簣堂文庫善本書目』（石川文化事業財団　お茶の水図書館　1992 年　p. 975）に見え，明治四十年に徳富蘇峰が豆州某寺より入手したという。以上から，慶福院の蔵書がはやくに分散していたことがうかがわれる。

(45) 文化十四年（1817）刊行の大田覃『南畝莠言』巻二「朝鮮板の法華科注三百年余の本」に書きとめられる永正十五年（1518）の相国寺の僧の奥書，およびその解説をみると，応仁の乱後，そして江戸末期と，五山の書籍が京都の書肆に流出していた様子がうかがえる。

(46) 銭大昕『天一閣碑目』，孫星衍『寰宇訪碑録』巻十二によれば，至正五年二月に山東東西道粛政廉訪副使の亦思剌瓦性吉が「司馬温公投壺図」を重刻立石している。註 52 に紹介するごとく，対馬本『事林広記』には，山東粛政廉訪司の前身である提刑按察司のデータが収録されている。

(47) 『龍虎山志』巻上「人物上・天師」

（48）これは，至順刊本の前集巻四「郡邑類」の「新増」記事と六枚の地図が，それぞれ大徳三年〜大徳五年，大徳五年〜大徳九年（皇慶元年〜天暦二年改訂）の行政区画であることとも適合する。なお至順刊本の後集・別集目録にはマークがまったく附されていないが，後集巻三の大徳十一年十二月二十六日《大元加封詔》，巻六の延祐元年《新条画及科挙詔》，別集巻一《官職新制》などは，あきらかに「新増」記事である。

（49）『経籍訪古志』に言及される小島宝素旧蔵の元刊本は，『居家必用事類全集』の元刊本とともに楊守敬の手にわたり，現在，台湾故宮博物院に蔵される。なお，伊藤東涯も『秉燭譚』巻五「視篆ノコト」において，"往年何士信ガ『群書一覧』ヲ見ルニ"という。

（50）たとえば，前集巻十八「農桑類」は，12行，13行の版木で構成されており，じっさい，『農桑輯要』に引用されてのこっている『博聞録』の記事，和刻本『事林広記』との一致から南宋末期の陳元靚の原本のままであることは間違いない。いっぽう，至順刊本では，［井田之制］図以外は，大司農司によって頒布された『農桑輯要』——それが大部分依拠する悟端『務本新書』，姚枢『士農必用』といったモンゴル初期に華北で編まれた農書の情報——のダイジェストに完全に差し替えられている。『農桑輯要』の最初の頒行は至元十年，至元二十三年以降は杭州の西湖書院に委託して国家出版され，江南でも次第に閲覧が容易になってゆくが，『事林広記』に取り込まれるのは，だいぶ後，王楨の『農書』の刊行年と同じ大徳八年以降であったことがわかる。本書第8章参照。

（51）これらの図は，北宋の紹聖年間に蘇頌が著した勅撰の『新儀象法要』に遡りうるが，南宋ではすでに入手が困難となっていた。土御門家の安倍清明から数えて十二代目の泰世は，後醍醐天皇のもとで天文博士をつとめ，家蔵の書から星宿図を抄写して「格子月進図」（第二次世界大戦中に焼失。『実隆公記』に言及されるほか，金沢文庫にも一部伝来するという）と名づけたが，それこそ和刻本がもとづいた元刊本の『博聞録』，対馬本の『事林広記』から孫引きした可能性が高い。一条兼良の教えを受けた朝倉孝景から瀧谷寺に寄進された室町時代の「天之図」とも連動する。井本進「続本朝星図略考」（『天文学報』35-6　1942年），『安倍清明と陰陽道展』（読売新聞社　2003年　p. 98）参照。

（52）『廟学典礼』巻一「官吏詣廟学焼香講書」，『元典章』巻三一「礼部四・学校一」《儒学》［朔望講経史例］，『通制条格』巻五「学令」《廟学》などに同じ聖旨が載る。ここでは，採録にあたって，設立直後の山東東西道提刑按察司（正使：陳祐，副使：董文用）が受理した書類を使用していることが注目される。

（53）至元十一年内聖旨節該：古者，学校官為稟給，養育人材。今来，名儒凋喪，文風不振。民間応有儒士，都収拾見数，令高業儒人転相教授，攻習儒業，務要教育成材。其中選儒生，若有種者輸納地税，売買者出納商税，其余差発並行蠲免。仍将論及経義・詞賦分為三科，作三日程試，専治一経一科為式，有能兼者聴。但不失文義者為中選。

（54）至元三十一年六月二十五日に翰林院に編纂命令が出され，翌元貞元年六月に完成，とうじ承旨に昇進していた董文用等が献上した。大徳八年にサルバン／サルマンがモンゴル語の簡約版を献上したさい，再度，改訂作業が行われている。

（55）『元典章』巻三九「刑部一・刑制」《刑法》【五刑訓義】，『南村輟耕録』巻二【五刑】

（56）じっさい，『正徳松江府志』巻十一「官署中」【県丞魏虞翼記】に"我国家平治天下，有詔頒降**至元大典**中款節云；除府州県外，其余官司，不得私置牢獄，応犯死流徒罪枷枉，婦人去枉，杖罪已下，並鎖収。委佐貳幕職，分輪提控，三日一次，親於牢内点視。又定選例，諸路及散府，各設司獄一員，獄典一名，本官所受品級・月俸・職田，倶簿尉同，考満通転亦

110　第Ⅰ部　日出づる処の資料より

然"とある。

(57)『青崖集』巻四「奏章三十一」"至元八年十二月二十五日，欽奉聖旨節該：「『泰和律令』不用着，休依着行者。欽此」。風聞史開府与諸大老講定『大元新律』，積有歳月，未覩奏行……泰和之律，非独金律也，旁采『五経』及三代・漢・唐歴代之遺制耳。若刪去金俗所尚及其勅条等訖，益以開国以来聖旨条画及奏准体例，以成一書，即『至元新律』也"。

(58)『東都事略』巻一〇六「朱勔伝」にも収録されている。

(59)　　八月二十八日該遇
　　　皇帝
　　　天寿聖節，前期一月，内外文武百官，皆詣寺観，啓建祝延
　　　聖寿万安道場，至期満散。其日質明，朝臣詣
　　　闕称
　　　　賀，外路官員則率僚属・士庶・父老・僧道・軍公人等，結綵香案，呈舞百戯，夾道
　　　　祇
　　　　迎，就寺観，望
　　　闕称
　　　　寿，僚属各具公服，設褥位，叙班立定。班首率僚属，先再拝，班首稍前，跪上香，祝賛訖，退復位，再拝二，舞踏叩頭，三称万歳官属叩頭，中間公吏人従等相応高声呼。就拝興復，再拝訖，礼畢，就公庁設宴，尽歓而退。

(60)『元史』巻七「世祖本紀四」，巻六七「礼楽志一」。金朝の名家の出で，朝儀制定に携わった周鐸の息子周之翰は，いわば家学として，大徳五年頃に『朝儀備録』五巻，『朝儀紀原』三巻を纏めている。なお，この至元八年には，「祭祀社稷体例」や「婚姻礼制」も定められた。

(61)『通制条格』巻八「儀制」《賀謝礼迎送》，『元典章』巻二八「礼部一・礼制」《迎送》【迎接合行礼数】

(62)『純白斎類稿』巻十九「皇朝元会版位図賛」に紹介される侍儀舎人王士点（字は継志）の図と同じものだろう。賛・識語を書く胡助，張希文（字は質夫），ヤークートの肩書きからすれば，延祐年間の作成に係るとみられ，曽巽申の「鹵簿図」の製作とも連動するだろう（清朝道光年間の『元史』の考証では，『永楽大典』に収録されていた『経世大典』の「中宮導従図」を使用している）。『禁扁』に附された至順元年（1330）の欧陽玄の序文は，王士点に『侍儀儀注』若干巻の著述もあったことを伝える。ちなみに『経世大典』の編纂に参加した王士点は，『禁扁』（棟亭旧蔵，揚州詩局重刊本）「引用書目」によると，至正年間の三史の編纂に先立つ至順三年の時点で，なんと『遼史』の稿本も参照していた（四庫全書本には，巻頭の自序，「凡例」「引用書目」「歴代都」が収録されていないため，この事実が看過されてきた）。

(63)『遂初堂書目』には，『金国刑統』『金国須知』などの書名がみえ，『郡斎読書志』巻五上「金国承安須知一巻」には"右金国名諱，及増修朝官職事・俸給・格式・服制・地理図之類也。承安蓋金主之璟之紀元也。時惟丁巳乃寧宗皇帝慶元三年（1197）云"とある。最新情報の入手・刊行に努力していなかったわけではない。対馬本『事林広記』に収録される内容とも似通う。

(64)『元典章』巻十三「吏部七・公規一」《座次》【官職同者以先授在上】"又『泰和制』云「諸文武官朝参加預宴，各依職事為序，同者以先授，授同者以散官」"。

(65) ここで『事林広記』の基礎算法をふまえつつ算木を用いてなされる閏月の計算法は，足利
学校で学んだという柏舟宗趙をはじめ室町時代の僧侶たちの数学レベルを知るうえで，貴
重な資料となる。

(66) 『史記抄』『漢書抄』の歴史については，『南畝莠言』巻二「史気抄にある史記家漢書家并
師行，未師行の事」「同書にみえし応仁の乱の実録」参照。

(67) 註20所引の『仁寿鏡』は，『博聞録』丙集巻一の当該記事に対応する『事林広記』後集巻
四「聖賢類」【廟宅宏規】──現存のテキストでいえば対馬本・至順刊本──も参照してい
る。

『三体詩抄』（京都大学附属図書館清家文庫蔵）「題張道士山居」には"『千金方』五枝花喩
五臓也。暁風云：『事林広記』続集第七多部本也。少部本无之，【花酒令】花酒左手把花右指酒，云
「十朶五枝花」以手伸五指反覆応十朶，又舒五指応五枚，仍旧指花。梅謂：五指花三字証耳。於詩無
益。暁風按謂『事林広記』**別集下少部也**，多部ニハ続集四巻也，「修真部」云【内視迎記】真人
日外縁既屏，須守五神。黄帝内視法，存［想］思食，令見五臓有如垂磬，五色了了分明"と
あるが，これに巻数がぴたりとあてはまる多部本は見当たらない。

註1所引の『梅花無尽蔵』のふたつの記事のうち巻三上のほうは，対馬本の別集巻十九
「拾遺類」○事物綺談【銭数】にしか対応しない。この部分は12行の版式だから，最古層の
記事ということになる。いっぽう，巻三下の記事は酒飲みの程度を表す「上戸」「下戸」の
語源を『事林広記』にもとめるが，これは，少部本すなわち明刊本後集「家礼類」に収録さ
れた『洪武礼制』の「庶民婚礼」の結納品のひとつ"酒：上戸八瓶，中戸四瓶，下戸二瓶"
を誤解した牽強付会の説である（もっとも，さかのぼれば1305年頃，無住の『雑談集』巻
三に"医書云「雪ノ中ニ山ヲ越ルニ，三人ノ中ニ，上戸ハ酒多ク飲タルハ悩ミ無シ云々」"
とすでに同じ過ちが見られる。1288-92年の編纂と推定され，『博聞録』しかもっていなか
ったらしい惟宗具俊の『医談抄』巻上「上戸下戸事」では"酒ヲノム人ノ上下戸ノ差別ハイ
カナル事ニカヲボツカナシ。大戸小戸トゾ医書ハ申タル"と述べる）。

文明十四年（1482）に万里集九が『増刊校正王状元集註分類東坡先生詩』を読む際に著し
た解説書『天下半』（京都大学文学部蔵）の巻二二「饅頭」に引く『事林広記』別集十には，
白頭麺，学士饅頭，葵花饅頭，荷花饅頭，亀蓮饅頭の記事があるというが，これにほぼ対応
するのは内閣文庫の至順刊本のみである。

建仁寺の住持をつとめた心田清播（1375-1447）と月舟寿桂（?-1533）がみたテキストの
ひとつは，『三体詩抄』の「拗体」の解説に引く『事林広記』辛集の記事から，後至元六年
の鄭氏積誠堂本と確定できる。北京大学本がまさにそれかもしれない。

『東福寺湖月和尚三体詩抄』（蓬左文庫蔵）の"中元：『事林広記』丁集「聖真降会章」
【三元斎日】正月十五日……"，甲集七月処【中元】七月十五日謂之中元，『道蔵経』云：中
元地官検校人間，分別善悪"凡『三体詩』諸抄并諸類書等引『正一条真旨要』十一八九有烏
焉之誤，故以『事林広記』校正之"，"摩睺羅：『事林広記』甲集七月部『東京夢華録』云
……"，"見『事林広記』辛集算部"，"『事林広記』庚集出篆書部"，"『事林広記』戊集有「烟
蘿子図」"といった記事からすれば，湖月信鏡がみたテキストは鄭氏積誠堂本である。"『事
林広記』続集七部有十朶五花語，是花酒令之古文而非道士安坐法，不足取之"とあるので，
万里集九と同じテキストもみている可能性がある。

義堂周信の『東山外集鈔』（国立国会図書館蔵写本）巻一「毫笏」「銀杏」，巻三「旌陽鋳
生鉄」には，『事林広記』「算法類」の「下籌算法］，「竹木類」「栽挿木法」，「勝蹟類」「名観

古跡・西山観］が引用されるが，どのテキストかは不明。

　虎関師錬の『海蔵略韻』は，大元～明初の漢籍を膨大に引用し，とうじの学問体系を知る
屈指の資料だが，その増補版『略韻』（建仁寺両足院蔵　正保五年／1648　敦賀屋久兵衛刊）
にしばしば見える『事林広記』は，巻数と内容から──たとえば「碁」の文字の下に"【広
記後集】十二：象碁［二龍出海勢］［双馬飲泉勢］［平沙落雁勢］［猛士滅胡勢］"とある
──対馬本の系統であること，まちがいない。ちなみに，『全相漢［書平話］』や『新編連
相捜神広記』『新編金童玉女嬌紅記』といった大元時代の小説・戯曲類も見える。

(68)『事林広記』に限らず，たとえば①『元史』巻一九〇「儒学」に伝のある韓性の『五雲漫
　　稿』，四明の僧曇噩が跋を付したモンゴル朝廷のお抱え画家王振鵬の栴檀仏の版画（泰定四
　　年刻）等を，東福寺の季弘大叔や太極が目にしていること，②東福寺の雲章一慶（一条兼良
　　の兄）と桃源瑞仙の合作『百丈清規抄』（建仁寺両足院蔵）が，宣徳八年（1433）に明の礼
　　部が南禅寺の僧霊珍に対し発行した度牒二通を写すこと，③桃源瑞仙が元刊本の『新編連相
　　捜神広記』をみていること，④『有元先嶽英華集』なる大元ウルス治下の詩文のアンソロジ
　　ーを月舟寿桂が引用していること，⑤寛正二年（1461）の時点で，醍醐寺三宝院に極めて高
　　価なモンゴル政府官刻の大字本『聖済総録』等の外典が蔵されており，散逸を防ぐために写
　　本が大量につくられたこと，などは新たなテキストの出現の期待を膨らませてくれる。なお，
　　『四庫全書総目提要』が編者を偶桓とする『乾坤清気集』は，明の著名な蔵書家であった楊
　　士奇や東福寺の湖月信鏡が述べるごとく，洪武七年に盧陵の晏璧（字は彦文）が編んだ五
　　言・七言絶句のアンソロジーである。

第2章

叡山文庫所蔵の『事林広記』写本について

1 はじめに

　『事林広記』は，南宋末期に福建の建安で活躍した陳元靚の『博聞録』を下敷きに，大元ウルスから明代にかけて，絶えず改訂版が出されつづけた絵入りの百科事典である。朝鮮半島，日本でも，つねに王侯貴族，官僚，僧侶たちの座右に置かれ，時代と地域を超えて共通の文化を育むのに最大の貢献を果たした。室町時代の公家や禅僧が漢籍の講義にあたって作成した準備ノートや学生たちが講義を聴いてその場で筆録したノート——抄物，あるいは名家の秘伝・奥義書にもしばしば引用されている。現在，日本を中心に複数のテキストがのこっているが，大元時代の姿を伝える版本としては，これまで以下の五種が知られていた[1]。

① 和刻本：『新編群書類要事林広記』甲集十二巻乙集四巻丙集五巻丁集十巻戊集十巻己集十巻庚集十巻辛集十巻壬集十巻癸集十三巻計九十四巻　泰定二年（1325）の刊本を元禄十二年（1699）に重刊

② 西園精舎本：『新編纂図増類群書類要事林広記』前集十三巻後集十三巻続集十三巻（巻五〜巻九闕）別集十一巻（巻五闕）計五十巻　国立公文書館内閣文庫蔵　至順年間（1330-32）刊

③ 椿荘書院本：『新編纂図増類群書類要事林広記』前集十三巻後集十三巻続集八巻別集八巻計四十二巻　台湾故宮博物院蔵　至順年間（1330-32）刊

④ 鄭氏積誠堂本：『纂図増新群書類要事林広記』甲〜癸集各上下二巻計二十巻　中国北京大学図書館・宮内庁書陵部・佐賀武雄市教育委員会蔵　後至元六年（1340）刊

⑤ 零本：『纂図増新群書類要事林広記』丁集上下二巻　金沢市立図書館蔵

元刊

そして，①はもとの南宋時代の『博聞録』の状態をあちこちに留め，「〜類」で
はなく「〜門」で分かたれており，至元年間に成立したテキストに泰定二年の段
階での情報を加えて編集しなおしたもっとも古い系統のテキスト，②③は①と
構成・内容を大きく異にし，至順年間に最新の情報を加えたもの，④⑤は①と
同様「十干」によって集を分かつが，内容は②③を踏まえたテキスト，という
大まかな理解がなされている。なかには，いくつかの仮想テキストを設定し，現
存の諸版本をすべて直線で連結する系統図を提示した研究者さえあった[2]。

　ところが，2007年，①よりもさらに古い情報をのこしつつ，同時に①と②③
を結びつけ，その関係を解き明かす鍵となる学界未知の元刊本が出現した。

　⑥ 対馬宗家旧蔵本：『新編纂図群書類要事林広記』前集二十一巻後集二十二
　　　巻続集二十四？巻（巻十六，巻二一〜巻二三，巻二五以降闕）別集二十巻
　　　（巻二〜巻四闕）計八十七？巻　長崎県立対馬歴史民俗資料館蔵　元刊

がそれである。②③④とことなり封面，刊記がないため，刊行年および発行機
関（書肆）は不明である。「慶福院」の所蔵印から，おそらくは14世紀に外交も
しくは留学目的で大元ウルスに赴いた僧侶が，京都の五山に将来したテキストで，
江戸時代に朝鮮との文書のやり取りや通信使の接待を担当した以酊庵の輪番僧が，
参考書として対馬に携帯していったものと推測される。ひじょうに精緻・鮮明な
印面にくわえ，同時期のフレグ・ウルスのミニアチュールと連動する挿絵もあり，
こんご版画史において特筆されることは疑いない。『博聞録』時代の半葉12行×
18字の版を最大限に活かしつつ，新たに13行×23字（「増類」される以前の元貞
〜大徳年間のテキスト）の版式で，モンゴル朝廷によって削除命令の出た箇所や
欠落部分にかわる情報を盛り込み補充，編集しなおしたテキストを底本とする。
古い形をとどめる『事林広記』の需要もつづいていたからである。どうしても足
りない部分は，最新の14行×24字（大徳〜延祐年間の増類本）の版で補塡された。
三種の版式が混在するこの「合わせ本」は，ある意味，編集当初から後世におけ
る成立過程の分析，それぞれの記事の年代比定を予想，期待したテキストだった。
しかも，ほかの諸版本にみられない南宋・金朝治下の官僚制度や朝廷の儀礼に関
する図・解説が，相当量，収録されていた。いまは散逸して伝わらない『泰和律

令』，世祖クビライ期の『至元大典』の一部なども載っている。

　この貴重な根本資料の概容は，とくに重要な挿図とともに前章において紹介したが，その過程で，禅宗のみならず，栄西や道元，日蓮，一遍，法然，親鸞等多くの祖師が学んだ天台宗は比叡山の延暦寺でも，①より早い『事林広記』を所有，利用していたという事実を指摘した[3]。

　すなわち，延暦寺の僧侶，光宗遍照が著した『渓嵐拾葉集』三百巻は，日本の中世史において，顕密はもとより医方・俗書・歌道・兵法・術法・工巧・算術など百科全書的な内容をもった書物として知られているが，その知識がどこから得られたものかということには注意がまったく払われていなかった。巻頭の「縁起」に重要参考書として書名がちゃんと挙がっているにもかかわらず。現行のテキストでは，『事林広記』の原文，挿絵が纏まって引用されていたと思しき第六雑記部「三才規範」，「古今芳談」が欠落しており，しかも教団にとってとくに重要な顕部，密部，戒部を中心に全体の約三分の一しかのこっていない。それも一因ではあったろう。学界全体の傾向として，日本におけるこの時代の支配者層が共有していた「知」の体系，文化サークルの整理・分析が進んでいないこと——具体的には漢籍・抄物等の調査の重要性に対する認識が希薄で，中国・朝鮮半島との政治・文化上の交流という分野が現実には未開拓なままであること，が最大の原因だろうが。いずれにせよ，『渓嵐拾葉集』の執筆年代から，『事林広記』が遅くとも文保二年／延祐五年（1318）の段階で日本に到来していた事実，したがって天台宗の僧侶たちが至順刊本よりも古いヴァージョンのテキストを読んでいたことは動かない[4]。

　また，延暦寺の傘下の門跡寺院，山科毘沙門堂には，巻末に『事林広記』の前身たる『博聞録』の抜粋を載せる『篆隷文体』が蔵される。後醍醐天皇の周辺では，『博聞録』，『事林広記』が，その政治理念を支え，大陸の最新の知識を得る重要な書物として利用されたが，ほかならぬかれの息子たち——護良，宗良両親王はかつて天台座主をつとめ，また，それゆえにこそ鎌倉幕府との対峙のさいに比叡山の協力を得ることができたのである。

　交通，軍事の要でもあった延暦寺は，周知のごとく，元亀二年（1571），足利義昭将軍および朝倉，浅井の両軍に与したことから，織田信長の焼き討ちに遭い，最澄以来，円仁，円珍をはじめ歴代の留学僧や外交使節，博多の商人，末寺の神人等がもたらし秘蔵されてきた舶来品をはじめ多くの寺宝が失われた。典籍も例

外ではなかった。ただ，豊臣，徳川両家の支援もあって，舟橋秀賢（明経道の清原国賢の息子で，圓光寺の閑室元佶とともに銅活字による出版事業に寄与した。近衛家や勧修寺家などの公家はもとより，五山，比叡山，高野山，興福寺等を結びつける当時の文化サークルの中心人物の一人）の手になる『慶長日件録』が伝えるごとく，はやくも慶長九年（1604）頃には，『毛詩』の古活字版の刊行に携わるなど，復興の兆しを見せている(5)。さらに，天海大僧正の指揮下，ふたたび天台宗にかかわる資料を中心に内典，外典の収集が開始され，比叡山周辺で所蔵する貴重書の筆写が精力的に進められた。つてを最大限に活かし，公家や五山の所蔵する典籍も借り出して移録・校勘がなされた。集積されたそれらの典籍・絵図・古文書類は，大正十年（1921）以降，広く一般の利用に供することを目的として滋賀院門跡のすぐそばの叡山文庫に一括移管された。真如蔵，天海蔵はことに有名である。現在もなお整理作業が続けられ，蔵書の全貌を明らかにする目録も順次公刊されつつある。

　こうした状況からすれば，自然，叡山文庫に光宗遍照がみたテキストがのこっているのではないか，と期待がされる。そして，じっさい，当地に赴くと，そこには写本ながらこれまで知られていない系統の元刊本の姿を伝える『事林広記』が眠っていたのである(6)。

2　比叡山延暦寺恵心院の『事林広記』

　その未紹介の『事林広記』（請求番号：別当代蔵書／外典／十一／二／二七一）は，外寸縦 27.8×横 19.8 cm，薄黄土色の紙表紙，四ツ目袋綴。半葉 22.0×16.6 cm，四周双辺の板框に金釘流に近い書体で墨筆をもって写される。奥書等が一切ないので，いつ誰の手によったのかまったく不明だが，紙質からすれば江戸期の写本だろう。全八冊，第一冊目の表紙右下に墨書されるように横川兜率谷の恵心院の蔵書，昭和五年（1930）七月一日に叡山文庫に寄託された。恵心院は，永観元年（983），藤原兼家が本願主となって建立された歴史ある寺院で，叡山浄土教を大成した源信が住持したことでも知られる。やはり織田軍によって灰燼に帰し，天正十二年（1584），豊臣秀吉の寄進をうけ再建された。かの天海大僧正も寛永五年（1628）にここの住持を首楞厳院の別当職と兼任している(7)。恵心院はそのご

も二度火災にあっており，現在の建物は近隣の生源寺横にあった別当大師堂を移築したものである。生源寺は，『渓嵐拾葉集』にも登場する。

本書には，金沢文庫の蔵書と同様，歳月の経過をうかがわせる古い銀杏の葉が二箇所，栞のように挟まれていたが，蟲損は防ぎきれず，開くのが困難な頁もある。第一冊：前集巻一～六，第二冊：前集巻七～十五，第三冊：前集巻十六～二一，第四冊：後集巻一～六，第五冊：後集巻十七～二二，第六冊：続集巻一～十，第七冊：続集巻二一～二三，第八冊：別集巻一～五の構成となっている（目録カードが前集十三巻，後集十三巻と記すのは，つとに中華書局より影印されていた椿荘書院本，もしくは内閣文庫の西園精舎本の情報に引きずられたためだろう）。ただし，第一冊目巻頭の「総目」の各項目に朱筆で書き込まれた該当の集・巻数をみると，ある段階までは，後集の巻七～十六も確実に伝わっていた。さらに，それとは別の手——おそらく同じ江戸時代，台帳をたよりにこの写本を閲覧，元刊本とつきあわせて多少の校勘作業をなした人物も，第一冊巻頭の「増新類聚事林広記総目」と照会しながら，"後集廿二巻合メ五巻（＝冊），一ヨリ三合一，四ヨリ六合一，七ヨリ十一合一，十二ヨリ十六合一，十七ヨリ廿二合一""続集　未知有幾巻（＝冊）〇一ヨリ六合一，七ヨリ十合一，有二巻（＝冊），後為合一。〇十一ヨリ廿闕巻，廿一ヨリ廿三合一。〇廿四ヨリ已下闕巻。右続集合三巻（＝冊）"，"廿一至廿三　廿四ヨリ闕，続集二巻（＝冊）有之"，"別集　一至五　初為二巻（＝冊），後合一巻（＝冊），巻五已下闕"という箚記をのこしている。ほんらい後集は前集と同じく全巻揃で五冊，続集，別集はそれぞれ少なくとも三冊以上，二冊以上あった（表1）。『東叡山庫書目』（国立公文書館蔵写本）「外典書籍目録」《皇》には"事林広記　十五巻"と記録される。

各集の巻数，「総目」の配列，ほとんどの巻で冠される「新編纂図群書類要事林広記」の表題だけでもじゅうぶん予測がつくが，じっさいに，前集から順に頁を繰ってゆくと，すぐにこれが対馬宗家旧蔵の元刊本と同系統のテキストの写しであることに気づく。正確を要する星図や地図は，原本に紙をあてて透写している。版式も，サイズはともかくほぼ原本に忠実に移録されており（筆写，もしくは校勘のさいに"此面十一行"などの注記が付されている），12行，13行，14行が混在する。つまり，もとの元刊本がまだ関係寺院に眠っている可能性もあるわけだ。前集，後集は，対馬本とまったく同じ版を写したもので，それが証拠に前集巻三の「新編纂図群書類聚事林広記」，後集巻四の「新編纂図増類群書一覧事林

118　第Ⅰ部　日出づる処の資料より

表1　『事林広記』版本対照表

対馬宗家文庫本	叡山文庫本	椿荘書院	西園精舎	鄭氏積誠堂	和刻本
前1天文［太極・天文］	前1天文	前1天文	前1天文	甲上天文	甲1天文図説
前2暦候	前2暦候	前2暦候	前2暦候	甲上暦候	甲5律暦気数・甲12挈壺昼夜・壬5度徴休咎
前3節序	前3節序	前2節序	前2節序	甲上節序	甲3節令記載上・甲4節令記載下
前4地輿	前4地輿	前3地輿	前3地輿	癸上地輿	甲2地理図経
前5郡邑中	前5郡邑中	前4郡邑	前4郡邑	癸上郡邑	乙3江北郡県・乙4江南郡県
前6方国［按広船官本］	前6方国	前5方国	前5方国	癸下方国	辛8島夷雑誌・辛9山海霊異
前7勝蹟	前7勝蹟	前6勝蹟	前6勝蹟	癸下勝蹟	
前8仙境	前8仙境	前6仙境	前6仙境	癸下仙境	壬6仙霊遺蹟
前9人紀	前9人紀	前7人紀	前7人紀	乙上人紀	庚2四民安業
前10人事	前10人事	前8人事上	前8人事上	乙上人事	庚7立身箴海
前11人事	前11人事	前8人事上	前8人事上	乙上人事	庚5治家規訓
前12人事	前12人事	前8人事上	前8人事上	乙上人事	
前13人事	前13人事	前9人事下	前9人事下	乙上人事	庚8仕途守要
前14人事	前14人事	前9人事下	前9人事下	乙上人事	庚4訓戒嘉言
前15家礼［冠・昏］	前15家礼	前10家礼	前10家礼	乙下家礼	壬2婚姻旧体
前16家礼［喪］	前16家礼	前10家礼	前10家礼	乙下家礼	壬4五服隆降・壬3喪祭通礼
前17家礼［祭］	前17家礼	前10家礼	前10家礼	乙下家礼	壬3喪祭通礼
前18儀礼	前18儀礼	前11儀礼	前11儀礼	乙下儀礼	
前19農桑	前19農桑	前12農桑	前12農桑	甲下農桑	庚3農桑急務
前20花果	前20花果	前13花果	前13花果	甲下花果	癸11花菓品題
前21竹木［附録］	前21竹木	前13竹木	前13竹木	甲下竹木	癸11花菓品題
後1帝系	後1帝系	後1帝系	後1帝系	丙上帝系	甲6歴代提綱上・甲7歴代提綱中・甲8歴代提綱下
後2年紀	後2年紀	後2紀年	後2紀年	丙上紀年	甲9正統年運
後3歴代	後3歴代	後2歴代	後2歴代		
後4聖賢	後4聖賢	後3聖賢	後3聖賢	丙下聖賢	丙1素王事実・丙3聖賢褒賛
後5聖賢	後5聖賢	後4聖賢	後4聖賢	丙下聖賢	丙1素王事実・丙3聖賢褒賛
後6聖賢	後6聖賢	後4聖賢	後4聖賢	丙下聖賢	丙4名将建封
後7聖賢		後5先賢	後5先賢	丙下先賢	丙2伊学淵源・丙3聖賢褒賛
後8宮室		後6宮室	後6宮室		甲11京都城闕
後9学校		後6学校	後6学校		甲2地理図経・壬9卜筮

後 10 文籍［経・子］		後 7 文籍	後 7 文籍	己上文籍	丁 1 経書諸子・丁 2 諸史修撰・丁 5 勧学捷径
後 11 辞章		後 7 辞章	後 7 辞章	己上辞章	丙 5 文章縁起
後 12 辞章		後 7 辞章	後 7 辞章	己上辞章	
後 13 儒教		後 8 儒教	後 8 儒教	丁上儒教	
後 14 幼学		後 9 幼学	後 9 幼学	丁上幼学	丁 3 速成模楷・丁 5 勧学捷径
後 15 幼学		後 9 幼学	後 9 幼学	丁上幼学	丁 6 切字活法・正訛点画
後 16 文房		後 9 文房	後 9 文房	丁上文房	戊 5 芸圃須知
後 17 服飾	後 17 服飾	後 10 服飾	後 10 服飾	辛下神仙技術	戊 1 祭器儀式・戊 6 器物紀源上・丁 7 器物原始下・癸 8 宮院事宜・癸 6 斂蔵述異
後 18 器用	後 18 器用	後 11 器用	後 11 器用		戊 1 祭器儀式・戊 6 器物紀源・丁 7 器物原始下
後 19 音楽［楽制］	後 19 音楽	後 12 音楽	後 12 音楽	庚上音楽	戊 7 器物原始下・戊 8 音楽挙要・戊 10 古代楽舞
後 20 音楽［音譜］	後 20 音楽	後 12 音譜	後 12 音譜	庚上音譜	戊 9 楽星図譜
後 21 兵法［軍陣］	後 21 兵法	後 13 武芸	後 13 武芸		戊 4 軍陣奇正
後 22 兵法［射芸］	後 21 兵法	後 13 武芸	後 13 武芸		戊 3 狐矢譜法
続 1 道教	続 1 道教	続 1 道教	続 1 道教	丁下道教	己 4 道教洪緒・天師宗系
続 2 道教	続 2 道教	続 1 道教	続 1 道教	丁下道教	己 6 聖真降会上
続 3 道教	続 3 道教	続 1 道教	続 1 道教	丁下道教	己 6 聖真降会上・己 7 聖真降会下
続 4 道教	続 4 道教	続 2 道教	続 2 道教	丁下道教	己 3 真人摂養
続 5 修真	続 5 修真	続 2 道教	続 2 道教	丁下道教	己 1 黄庭要旨・己 2 辟粒服餌
続 6 神仙	続 6 神仙		続 2 道教	丁下道教	
続 7 禅教	続 7 禅教	続 3 禅教	続 3 禅教	丁下禅教	己 5 空門清派
続 8 禅教	続 8 禅教	続 3 禅教	続 3 禅教	丁下禅教	己 8 蔵経名相
続 9 禅教	続 9 禅教	続 3 禅教	続 3 禅教	丁下禅教	己 9 禅門規範
続 10 文芸［琴］	続 10 文芸	続 4 文芸	続 4 文芸	庚上音譜	丁 4 文芸直訣・戊 5 芸圃須知
続 11 文芸		続 4 文芸	続 4 文芸	庚上	
続 12 文芸［象棊］		続 4 文芸	続 4 文芸	庚上	丁 4 文芸直訣
続 13 文芸［古書］					戊 6 器物紀源上・丁 4 文芸直訣・丁 7 古文奇字
続 14 文芸［草書］		続 5 文芸		庚下文芸	丁 8 草書体勢
続 15 文芸［篆隷書］		続 5 文芸		庚下文芸	丁 9 古篆偏傍
続 16		続 5 文芸？		庚下文芸？	丁 10 蒙古篆字？
続 17 文芸［図画］		続 5 文芸		庚下文芸	丁 4 文芸直訣

続18文芸 ［投壺］		続6文芸		辛上風月錦嚢下・打双陸例	戊2文芸類（投壺新格・双陸）
続19医学 ［察証］			後9医学	戊下医学	辛2薬石備用上
続20医学 ［用薬］				戊下医学	癸7綺疏叢要・辛6薬忌反畏
続21	続21医学 ［薬品］				辛1薬石弁正
続22	続22医学 ［炮製］		続10医学	戊下医学	
続23	続23医学 ［薬忌］		続10医学	戊下医学	辛5解毒備急・辛6薬忌反畏
続24卜史 ［卜筮］			続11卜史	己上卜史	壬9卜筮・壬7星命要括
続　（雑術）？			続11選択？	己上？	
続　（雑術）？			続12卜史？	己下？	
続　（雑術）？			続13雑術？	己下？	
別1官制	別1官制	別1官制	別1官制	戊上官制	
別2	別2官制	別2官制	別2官制	戊上官制・俸給	
別3	別2官制	別2官制	別2官制		
別4	別2官制				
別5官制	別3官制 ［俸給・封蔭］				
別6官制	別3官制 ［俸給・封蔭］				
別7官制	別3官制 ［俸給・封蔭］				
別8国典 ［朝儀］	別4国典				
別9貨宝	別5貨宝	別5貨宝		戊上貨宝	
別10算法 ［算附尺法］		別6算法	別5・6算法	辛上算法	
別11刑法		別3刑法	別3刑法	戊上刑法	壬1至元雑令・吉凶雑儀
別12公理		別4公理	別4公理	戊上公理	辛10詞状新式
別13飲饌 ［茶・酒］		別7茶菓・別8酒麹	別7茶菓・別8酒麹	壬上茶菓	癸10茶品集録・癸2異醸醴醪・癸3庖饌利用・癸4蔬蓤集珍上
別14飲饌 ［麹法・醸法］			別8酒麹	壬上酒麹	癸1麹法纂要
別15飲饌 ［穀蔬］		別8酒麹	別8酒麹・別9飲饌	壬上飲饌	癸4蔬蓤集珍上・癸5穀蔬捜奇・癸3庖饌利用
別16飲饌 ［蔬果］			別7茶果	壬上茶菓	癸5穀蔬捜奇・癸4蔬蓤集珍上・癸6斂蔵述異
別17獣畜 ［牧養］			別11獣畜	辛下獣畜	庚6畜牧便宜
別18拾遺 ［氏族］		前7人紀	前7人紀	乙上人紀	壬10郡望音属
別19拾遺 ［接談］		前11儀礼・続8文芸	前11儀礼	乙下儀礼・庚下文芸	庚9事物綺談
別20拾遺 ［閨粧］		後10閨粧	後10閨粧		癸7綺疏叢要

第 2 章　叡山文庫所蔵の『事林広記』写本について　121

「全璧」の表題はそのままである[8]。対馬本で落丁していた前集巻十八の「郷居雑儀」（至順刊本前集巻十一参照）以下二葉，後集巻二二の「習挽進力」以下二葉（和刻本戊集巻三 33b〜35a 参照）もちゃんと残っている（ぎゃくに後集巻一の最初の五葉，巻十七の「澣澤須知」一葉を欠くが）。

　しかし，続集は，対馬本が 14 行の「増類」本をもって補わざるをえなかった巻三の《九月聖降》以下の一葉，巻八のあたまから二葉が，ほんらいの 12 行の版木の姿をのこしていること（後

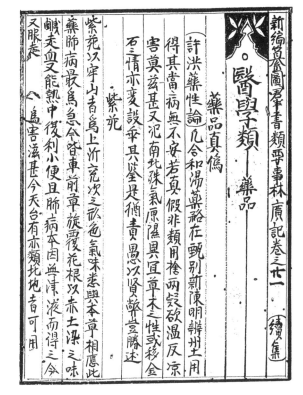

図 1　僧侶たちが頻繁に参照した医薬の情報

者の表題は直前の巻七と同様「類編纂図増類群書類要事林広記」を掲げるが），巻九，巻十末尾の表題がそれぞれ"事林広記巻之第□終"となっており対馬本とはあきらかに版木が異なることからみて，より早期の版だろう。くわえて，ありがたいのは，ちょうど対馬本で欠落し，前後から内容を類推するしかなかった巻二一〜二三（図 1）がそっくりほぼ完全な状態でのこっていることである（巻二二の一葉目と二葉目の間に一葉分落丁がある）。表題はいずれも「新編纂図群書類要事林広記」で，巻二一「医学類・薬品」は第二葉，第三葉をのぞき，12 行，13 行の版式が混在，巻二二「医学類・炮製」，巻二三「医学類・薬忌」はすべて 12 行で構成されている。したがって十中八九，『博聞録』時代からあった記事だとみてよい。じゅうらい知られていた泰定二年の重編本と，至順年間の西園精舎本（椿荘書院本はこの部分欠落），後至元年間の鄭氏積誠堂本のあいだに位置する内容をも

ち，医学，薬学の記事における改訂の過程，何が切捨てられてゆくのか，そして
挿絵が附された時期を知るうえで，やくにたつ。

とはいえ，何よりもこの叡山文庫のテキストの史料価値を無条件に高からしめ
ているのは，別集の五巻である。すべて表題は至順刊本と同じ「新編纂図増類群
書類要事林広記」を冠するが，じっさいには，それとはまったくことなる内容を
もつ初期のヴァージョン──対馬本と同じ，もしくはそれに先行する情報の塊
である。前，後，続集で必要最小限の参照に止められた「増類」本のテキストが，
別集ではまるごとそのまま使用された。ほかの集に比し，筆写のさいに判読され
ていない文字が格段に多く，ときには割注を写すことを放棄した箇所さえみられ
る。参照した元刊本の版木がかなり摩滅していたに相違ない。

巻一「官制類」は，総論たる《官制源流》（12行）から宋代の［文臣奏補］［文
臣奏名］［進士授官］［武臣奏資］［八資法］［四質法］［武臣入仕］［武挙授官］
［職名］（以上14行）［宋朝文武官品之図］［武挙授官］［職名］［爵勲］［食邑］（以
上13行）まで，版式こそ違え，対馬本とまったく内容を同じくする（［武挙授官］
［職名］の3行が重複して写されていることからすると，14行の部分も本来は対馬本と
同様13行であったかもしれない）。さらに，そのあとに対馬本では欠落してしまっ
ていたやはり宋代の官僚制にかかわる唯一無二の情報が14行の版式で六葉分つ
づく。

すなわち，まず文臣が充てられる内任官庁の［侍従官］［門下省］［中書省］
［尚書省］［尚書六部］［枢密院］［翰林院］［御史台］［秘書省］［史館］［勅令局］
［九寺］［五監］［東宮官］［親王府］［宗正司］［諸王官］［太学］［九寺令］それぞ
れに属する職名が列挙される（［宗正司］の主管大宗正府には"宗室財用"と，［親
王官］の知南外宗正事には"泉州置司"，知西外宗正司には"福州置司"との割注が施
されており，これらの機関がその当時いかに重要視されていたかをものがたる）。内任
職のあとには，《文臣外任》として［監司］［帥司］［諸司属官］［州官］［縣官］
［監当官］が，《武臣内任》として［南班］［三衙］［四廂主管］［枢密院］［閤門］
［職名］［内侍官］［黄門］，《武臣外任》として［諸路兵官］［諸寨兵官］［諸将下
兵官］がつづく。さらに［医官］［技芸官］［責降官］，《文武両階通用》の職とし
て［諸司］［倉庫］［場務］［坊門館驛］［内侍省］が，そして再び跳んで［太醫
局］［太史局］［堂後官］が並ぶ（この箇所，底本に乱丁があった可能性がある）。さ
いごは，南宋朝廷が認可，崇奉した道観を列挙する《内外宮観》と《命婦封贈》

の項目をもって締めくくる。

対馬本では，この六葉の代わりに，至順刊本と同じ王士点の手になる《皇元朝儀之図》一葉およびその解説《元日進賀礼物》《称賀表日》《朝儀》《拝舞式》（以上 14 行）の一葉，モンゴル時代の中央官僚のリストたる《随朝職品》（14 行）四葉分の新情報が補われていた（至順刊本から，この記事が途中で断ち切られておりつづく四葉が欠けていることがわかるが，対馬本は気にせずそのまま「事林別集一巻終」と刻す。《随朝職品》と対になる筈の《外任諸衛門官職》ものこっていない）。前章において，『史記桃源抄』（京都大学附属図書館清家文庫蔵）に引用される『群書類要』（『事林広記』）の宋の［太史局］の記事から，対馬本の欠落部分を推測したが，まさにそのとおりであること，ここに裏付けられたわけである。

そして，叡山文庫本の別集巻二「官制類」（12 行）こそ，対馬本で欠落していた巻二〜四に相当する部分にほかならない。なぜならば，つづく巻三「官制類 俸給 封蔭」（12 行）（図 2）は，ちょうど対馬本の巻五〜七「官制類」（巻五・六は半葉 12 行，巻七は 13 行）の三巻分に完全に対応（一行の字数を四文字増やして頁数を圧縮）しているからである。この部分の出現は，じゅうらいの大元ウルス初期の官僚制度，国政，ひいてはこれまで使用に供されてきたさまざまな一次資料に対する認識に大きな変更を促すものであり，資料的価値はきわめて高い。そこで，次節において全文の校訂テキストを提示，紹介し，そのあと分析を加えることにしたい。

なお，巻三では，前章で明らかにしたように，《朝官俸給》《外任俸給》《監官食直》のほか，大きく分けて《封官品格》《帝胄栄封》《勲封食邑》《補転官資》《職官加遷》《叙蔭新制》《給誥新格》の項目のもとに，至順刊本以降，完全に削除されてしまう金朝治下の俸給表や恩蔭システムなどさまざまな規範が提示される。『金史』巻五八「百官志四」《百官俸給》，《官誥》，『大金集礼』などにほぼ同様の記事があるが，とうじ，編集段階でちょくせつ参照されたのは，『泰和律令』だったと考えられる。対馬本，叡山文庫本の状況からみて，「官制類」は，さいしょの「増類」（新増）時には，後述する巻二の一部をのぞいて，まったく差し替えられなかったとみてよい。

では，そのさいしょの「増類」とは，いつごろ行われたのか。それを窺わせるのが，つづく巻四「国典類 朝儀」——宋，大元ウルスの天寿節の朝儀，金朝が制定した地方官庁での詔赦の迎接儀礼，開読の式次第などを収録する——で

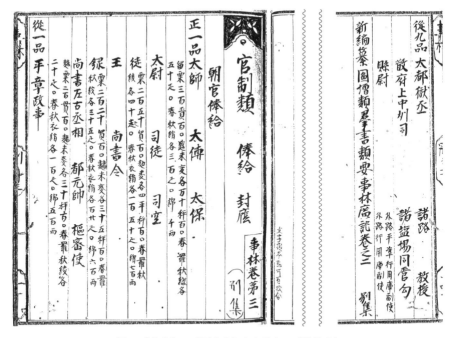

図2 『金史』の「百官志」と合致する「棒給表」

ある。この巻もまた版式は別として（一行の字数を増やす，改行抬頭を一字空格に変えるなどの処理によって頁数を節約する）対馬本巻八に対応するが，《大元慶節》において，世祖クビライの誕生日であることを示す"八月二十八日該遇"が削除されているので，成宗テムル以降の編集であることはまちがいない。なお，対馬本巻一のかの《皇元朝儀之図》と解説は，ほんらい「国典類」に収録されていた可能性があるが，叡山文庫本ではどこにも見あたらない。したがって，さいしょの「増類」時の挿入でないこと，確かである。

また，巻五「貨宝類」は，対馬本巻九に対応するが，「新増」作業にあたって，末尾の《大元聖朝》の〔中統元宝交鈔〕のあとに附された解説[9]を削除し，あらたに〔至元通行宝鈔〕の項目を立てる。中統鈔と至元鈔の併用は，至元二十四年（1287）にはじまる。しかし，その情報は，あたりまえのことながら即時には反映されていない。この時間のズレ——多層の編集過程からなる継接ぎの資料の場合，収録されるそれぞれの記事は成立年代の指標となりうるいっぽう，成立時期，刊行年代の枠組みを過度に細かく限定してしまうと，全体としては砂上の楼

閣になる危険性がある——も，つねに念頭においておくべきであろう（『大蔵経』のような典籍はもとより，たとえば地名，行政区画の変遷から成立時期を割り出すことの多い地図でもそうである）。至順刊本の「貨宝類」は，この改訂された叡山文庫本のほうを踏襲しており，版式も行数以外の処理は酷似する。「増類」本がたびかさなる情報量の追加にともない，当初のゆったりした版式を改め，一葉の字数，行数を増やし小さな文字でびっしり埋め尽くし，ときには記事そのものを節略，削除したりして，頁数の帳尻を合わせ携帯に便利な量に抑えつづけたことが，ここに確認される。

　とはいえ，やはり別集のみ「増類」本であるこの叡山文庫の『事林広記』それ自体が強烈なメッセージといえるだろう。絶えず増殖，進化しつづけ，さらに購入者の選択によって千差万別の組み合わせ，セットができあがってゆく複雑な類書の性格を，系統図を作成することの不毛さ——そうした営為が"衒学"でしかないという現実を，否応なくつきつけずにはおかないのだから。

3　衝撃の別集巻二「官制類」

【校訂テキスト】

割註は読みにくいので（　）内にポイントを落として示す。文字の校訂については（　）が原字，［　］が校訂後の文字である。写本では，欠字や移録のさい判読できなかったらしい文字を・もしくは－を以って表示しているが，標点との混同を避けて■とし，空格はそのまま表示することにした。網トーンをかけた部署はその直前の機関に属する。なお，校訂は，あくまで写本が基づいた元刊本の状態にできるだけひきもどすことを趣旨とする。

○官職新制

　至元元年九月，省内開讀欽奉　中統五年八月日

聖旨諭中書省節該：以降條格，省併州縣，定立官吏員數，明分品從，加散官，授宣勅，給俸禄，定公田，設儀從，仍三个月一次，考功過，為殿最，以憑遷轉施行，使為官廉能者，知有賞，貪汚者，知有罰，為民者，絶侵漁之患，享有生之樂。今将本省合行條畫，逐一開列如后。

○一．管民官，三年一遍，別个城子裏換者。諸王議将随處官員，擬三十个月為一考，較其功過，以憑陞降遷轉。其達魯花赤，不在遷轉之限。

○一．随路京府州縣官員不一，今特置定各各員数。凡諸京総府設四員；府尹，同知，治中，府判，散府三員；知府，同知，府判，州官三員；上州：州尹，同知，州判，下州：知州，同知，州判，縣官三員；縣尹，主簿，縣尉，仍各依驗品従，給降俸禄，公田，儀従，及擬（吾）[五]品以上授宣，六品以下授勅。

○一．諸縣尹，品秩雖下，所任甚重，民之休戚係焉。往往用非其人，致使恩澤不能下及，民情不能上通，培克侵陵，為害非一。今（撰）[擬]；於省併到州縣內，選差循良廉幹之人，以充縣尹，給俸禄公田，專一撫字吾民，布宣新政。仍擬以五事考較而為升殿，戸口増，田野闢，詞訟簡，盗賊息，賦役平，五事備者為上選，內三事有成為中選，五者俱不挙者黜。

○一．諸官員頒降俸禄之後，不得循習受納饋獻。

《大元文武官品之図》（図3）

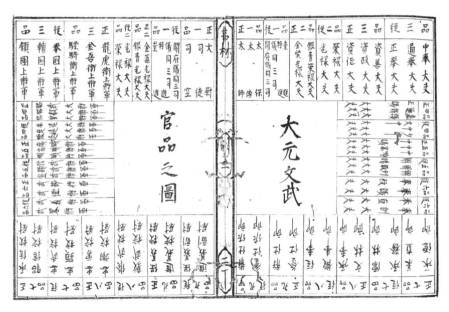

図3　クビライ初期の「位階表」

《朝官職事》

【三師】（師範一人，儀刑四海）　　太師　　太傅　　太保

【三公】（論道経（升）［邦］，（■）［燮］理陰陽）　　太尉　　司徒　　司空

【中書省】（総領紀綱，儀刑端禁）　　中書令　　左丞相　　右丞相　　平章政事（二人）
　　　　右為宰相，掌丞天子，平章萬機。
　　　左丞　　右丞　　参知政事（二人）
　　　　右為執政官，為宰相之貳，佐治省事。
　　　左司（掌総察吏・戸・礼三部受事付事）　　郎中　　員外郎　　都事
　　　右司（掌総察兵・刑・工三部受事付事）　　郎中　　員外郎　　都事
　　　　尚書省祗侯郎君管（句）［勾］官　（加）［架］閣庫
　　　　管勾（今只（殷）［設］一員）　　同管勾（舊設二人，今設一人）
　　　　　六部

【吏部】（掌天下文武官吏，（殿）［選］授勲封，考察（廳）［廉］能，出給制［誥之事］）
　　　尚書　　侍郎　　郎中（二人）　　主事　　員外郎（二人）　　架閣庫　　管勾
　　　同管勾　　檢法

【戸部】（掌民（■）［籍］（員）［貢］（■）［賦］，官吏俸禄，府庫・倉（■）［廩］・（■）［歳］
　　　計・支（周）［用］・権（■）［衡］・（受■）［度量］・法式・坑冶・銭幣・宝（■）［貨］・
　　　恩賜之事）
　　　尚書　　侍郎　　郎中（二人）　　主事　　員外郎（三人）
　　　勾當官二人（管勾（勤）［勘］（農）［覆］，経歴交（■）［鈔］・及香・茶・（又）［塩？］引）
　　　　（加）［架］閣庫　　管勾　　同管勾　　檢法

【礼部】（掌以礼楽・祠祭・（熟）［燕］享，（貢）［貢］挙（舞）［釋］道，四方使客，諸蕃進貢，
　　　（■）［犒］設張設之事）
　　　尚書　　侍郎　　郎中　　員外郎　　主事　　（加）［架］閣庫　　管勾
　　　檢法

【兵部】［（掌兵籍・軍器・鎮戌・厩牧・鋪驛・車輅・儀仗・郡邑図志・険阻障塞之事）］
　　　尚書　　侍郎　　郎中　　員外郎　　主事　　（加）［架］閣庫　　管勾
　　　檢法

【刑部】（掌律令格式，審定（那）［刑］名，奴婢（■■）［配隷］，（■■）［関津］機禁，城門
　　　啓閉之事）
　　　尚書　　侍郎　　郎中　　員外郎（二人）　　主事　　（加）［架］閣庫　　管勾

128　第Ⅰ部　日出づる処の資料より

　　同管勾　　　檢法

【工部】（掌修造營建法式，諸作工匠，屯（旧）［田］・山林川澤之禁，江河堤岸，道路橋梁之事）

　　尚書　　侍郎　　郎中　　員外郎（二人）　　主事　　　（加）［架］閣庫　　管勾

　　同管勾　　　檢法

【左右三部檢法司】　司正（各二人）　　　檢法（二十二員）

【都元帥府】（掌（■■）［征討］之事）

　　都元帥　　左副元帥　　右副元帥　　元帥左監軍　　元帥右監軍

【樞密院】（掌凡武備機密之事）　樞密使　　樞密副使（唐昭宗後，或置二人）

　　簽書樞密院事　　同簽書樞密院事　　都事　　（加）［架］閣庫　　管勾

　　知法

【睦親府】（掌敦睦䜈（攣）［率］宗属，欽奉王事）　判睦親正事（以宗室（宗）［中］属尊者充）

　　同判睦親正事（宗室充）　　同簽睦親正事（宗室充）　　睦親正丞三人　　知事

　　諸睦親将軍　　副将軍　　檢法

【御史臺】（掌䜈（宗）［察］朝儀，弾劾官邪，勘（勲）［鞠］官公事，凡内外刑（息）［獄］所

　　属（望）［理］断不當，有陳訴者，付臺治之。登聞檢院隷焉）

　　御史大夫　　御史中丞　　侍御史　　治書侍御史（（仁）［二人］）

　　殿中侍御史二人（毎遇侍朝，立於龍墀之下，専掌朝見之儀）

　　監察御史　　典事　　架閣庫　　檢法　　（獄）［獄］丞

【登聞檢院】　知登聞檢院　　同知登聞檢院

【殿前（部）［都］點檢】（掌宮中及行役宿衛門戸関防等事。（隷）［兼］（■）［督］親軍，総

　　■領左（有）［右］（止断）［両衛］将軍・符（宗）［宝］郎・宿（有）［直］将軍・（根）

　　［振］肅。宮（■）［籍］（■）［監］・近（公門）［侍］等諸局（着）［署］，鷹坊・頓舎

　　（宮）［官］（誄）［隷］焉）

　　殿前都點檢　　殿前左右副都點檢　　殿前都點檢判官　　知事

【殿前将軍】　殿前左衛将軍　　殿前右衛将軍　　符宝郎（四人）

　　宿直将軍（掌禁兵宿衛之事）　　左右振肅

【宮籍監】　　監　　副監　　丞

【近侍局】　　使　　副使

【器物局】　　使　　副使

【尚厩局】　　使　　副使　　掌厩都轄　　副轄

【尚輦局】　　使　　副使　　典輿都（梠）［轄］　　（使）［副轄］　　収支都監

第2章　叡山文庫所蔵の『事林広記』写本について　129

【鷹坊】　　　使　　副使

【武庫署】　　令　　［丞］

【武器署】　　令　　丞

【頓舎官】　　諸直長

【宣徽院】（掌朝會,（點御食）［燕饗］, 凡殿（建）［庭］（凡）［礼］（徽）［数］,（官■）［管
　　轄］閤門・（桷■）［横班］諸司）

　　　　左宣徽使　　右宣徽使　　同知宣徽院事　　同簽宣徽院事　　宣徽判官

【拱衛（宣）［直］】　　使　　副使

【（■■）［客省］】　　使　　副使

【引進】　　使　　副使

【（闍）［閤］門】　　東上閤門使（（仁）［二人］）　副使（（仁）［二人］）　西上閤門使
　　（（仁）［二人］）　副使（（仁）［二人］）　通事舎人（（仁）［二人］）　承奉班［都
　　知］　　内丞奉班押班　　（都知）

【御院】　　通進四人　　使　　副使

【儀（示鳥）［鸞］局】　　使　　副使

【収支局】　　都監　　同監二人

【尚食局】　　使　　副使

【生料庫】　　都監　　同監　　収支都監　　同監

【尚（■示）［薬］局】　　使　　副使　　都［監］

【果子庫】　　都監　　同監

【内蔵庫】（掌内府坊宝閣物）　使　　副使　　随庫都監　　［同監］

【太醫院】［（掌医療之法）］　　使　　副使　　判官

【御薬院】　　都監

【教坊】　　使　　副使　　判官

【宮（■）［闈］局】　　使　　副　　随殿位都監　　［同監］

【宮苑司】　　令　　丞

【内侍局】　　令二人　　丞三人　　局長二人

【尚醞署】　　令　　丞

【典客署】　　令　　丞

【侍儀司】　　令　　丞

【典衛司】　　令　　丞　　諸直長

130　第I部　日出づる処の資料より

【勧農使司】（掌勧農天［下］力田之事）　　勧農使　　副使

【翰林学士［院］】（掌（■）［制］（拱）［撰］（■）［詞］（兪）［命］,（几）［凡］（■）［應］
　　　奉文字,自（丞■）［承旨］至（■）［直］学（上）［士］,（衛）［衡］内知（■■）［制誥］,
　　　待制・應奉,衝内（■）［帯］同知制誥）
　　　翰林学士承旨　　翰林学士　　翰林侍讀学士　　翰林侍（讃）［講］学
　　　應奉翰学

【國史院】　　監修國［史］　　修史　　同修史　　編修官

【太常寺】（掌（利）［礼］楽・（■■）［郊廟］・（■■）［社稷］之事,領四署）　（即）［卿］
　　　少卿　　丞
　　　博士　　太祝　　奉（直）［礼］郎　　協律郎

【太廟署】　　令　　丞

【郊社署】　　直長　　令　　丞

【諸（■）［陵］署】　　令　　丞　　直長

【大楽署】　　令　　正　　副　　直長

【（秋■）［秘書］監】（掌経（簫）［籍］（門）［圖］書,（■）［領］著作等局,司天（　　）
　　　［臺隷］焉）
　　　監　　少監　　丞　　秘書郎　　校書郎

【著作局】　　郎　　佐郎

【筆硯局】　　直長

【書畫局】　　直長　　都監二人

【司天臺】　　監　　少監　　判官　　教授

【諫院】（掌規（肅）［諫］遺（聞）［闕］）　　左諫議大夫　　右諫議大夫　　左司
　　　［諫］　右司諫　　左補闕
　　　右補闕　　左拾遺　　右拾遺

【大理寺】（掌審断天下奏案,（■）［凡］刑（獄）［獄］之事）　　卿　　少卿　　正
　　　丞　　司直　　評事　　知法

【國子監】（掌学校,國子学・太学（諫）［隷］焉）　　祭酒　　司業　　丞二人

【國子学】　　博士二人　　助教二人　　教授四人

【太学】　　博士四人　　助教四人

【登聞鼓院】（掌奏告（助）［御］史臺,登聞檢院理断不當之事）
　　　知登聞鼓　　同知登聞鼓院　　知法

第2章　叡山文庫所蔵の『事林広記』写本について　　131

【記注院】(掌［記］言（勧）［動］)　　修起居注

【武衛庫】(掌防衛都（聞）［城］及（敗言）［警］捕之（中）［事］)　　都指揮使　　副都
　　指揮使

【(大)［太］府監】(掌出納邦（周）［國］（射）［財］用銭（鼓）［穀］,（官）［管］轄左［右］
　　（聞）［藏］諸［倉］坊（車）［学］署)　　監　　少監　　丞二人

【左藏庫】(掌金（根）［銀］・珠（下）［玉］・（金）［宝］貨・（■■）［銭幣］)　　使　　副使

【右藏庫】(掌（番市）［錦帛］・（諸蠻）［絲綿］・（上禍）［毛褐］・諸道常（緑）［課］雑（坊）
　　［物］)　　使　　副使　　支應所都監

【太（登）［倉］】(掌九（殿）［穀］・（稟）［廩藏］・出（■）［納］之事)　　使　　副使

【酒坊】　　使　　副使

【鈎盾署】　　使　　副使　　直長

【市署】　　使　　副使

【少府監】(掌邦（周）［國］百工營造之事,管轄文思（符）［等］諸署)　　監　　少監
　　丞二人

【文思署】　　令　　丞

【尚方署】　　令　　丞　　直長

【圖（書）［画］署】　　令　　丞

【(藏)［裁］造署】　　令　　丞

【文（■）［繍］署】　　令　　丞　　直長

【織（　）［染］署】　　令　　丞　　直長

【(■)［甄］官署】　　令　　丞　　直長

【都水監】(掌川（■）［澤］・（誦）［津］梁・（■樹）［舟檝］・河渠之事,（新）［街］道司
　　（　）［隷］（馬）［焉］)
　　　　監　　少監　　丞二人　　掾　　（街道司）

[【街道［司］】]　　管勾官

【四方（■）［館］】　　使　　副

【提點山陵】　　使　　副

【修内司】　　使　　副　　直長二人　　受給官　　部役官

【法物庫】　　使　　副　　直長

【■其■】　　使　　副

【萬（■）［寧］宮提挙司】　　提挙　　同提挙

【都（■）［城］所】　提挙　　同提挙

【左右（廟）［廂］】（廟）［廂］官　　受給官　（祗應同）

［【祗應司】］　　令　　丞　　直長

【恵民司】　　令　　直長

【上林署】　　令　　丞三人　　直長

【（丞）［承］發司】　　管勾　　同管勾

【尚書（■）［省］堂（■）［食］公使酒庫】　　使　　副

【交（■）［鈔］庫】　　使　　副

【印造（■）［鈔］引庫】　　使　　副

【直省局】　　局長　　副局長

【直院局】　　局長　　副局長

《東宮品職》

從三品　　太子詹事 （掌知東宮内外諸（■）［務］,（■）［統］領判院事）

從四品　　太子少詹事 （掌（■）［同］詹事）

正五品　　太子左諭徳 （掌諭道徳侍從文章之事）　太子右諭徳 （掌諭道徳侍從文章之事）

從五品　　太子左衛率府率 （掌衛導從（■■）［儀仗］）　太子右衛率府率 （掌同左率府率）

正六品　　太子僕正 （掌車正（取）［収］弓箭（■）［儀］物事）　太子左監門 （掌衛禁）
　　　　　太子左賛善 （掌道徳侍從文章）　太子右監門 （掌（司）［同］左監門）

從六品　　太子（興）［典］儀 （掌司賛礼（■）［儀］事）　太子掌寶 （掌奉宝出入之事）

正七品　　太子侍 （止）［正］ （掌冠帯衣服左右（始）［給］使之［事］）　太子副僕正 （掌貳僕正）

從七品　　太子賛儀 （掌司功■）

正八品　　太子侍丞 （掌随侍正院（丞）［承］冊之事）　太子（興）［典］食令 （掌（丞）［承］奉肴［饌］）
　　　　　太子司経 （掌［経史圖書筆硯等事］）
　　　　　太子侍薬 （掌承奉（■■）［医薬］）
　　　　　都監 （掌東宮閣内儀物等）　　　　　　同監 （掌同都監事）

從八品　　太子司倉 （掌倉（明）［出］給及薪炭等事）

正九品　　太子家令 （掌司礼儀法令）　　　　　太子副経 （掌同司経事）

第2章　叡山文庫所蔵の『事林広記』写本について　　133

　　　　　太子掌飲丞（掌司飲事）　　　　　　太子典食丞（掌同［典］食令事）
　　　　　太子奉薬（掌奉同侍薬）
従九品　　太子司蔵（掌（甫）［庫］財貨出入之事）　太子副司蔵（掌同司蔵事）
　　　　　太子中侍局（掌綸同二官等事）　　　　太子副司倉（掌同正司倉）

《宮輔府品職》

正二品　　太子太師　　　　　太子太傅　　　　　太子太保
　　　　　右掌以道徳輔導太子
正三品　　太子少師　　　　　太子少傅　　　　　太子少保
　　　　　右掌明三師徳行，（論）［諭］太子，尚論諸道。其人不必備。

《親王府品職》

正四品　　傅（掌師範輔導，参議可否）
従五品　　府尉（掌警厳侍従，檢校門禁，総統府中事）
従六品　　司馬（掌同府尉之事）
従七品　　文学
正八品　　記室参軍

《外任職員》

従二品	安西王相	都元帥	宣慰使
正三品	上都留守	統軍使	都轉運塩使
	招（計）［討］使	副都元帥	上萬戸
	安撫使	経略使	安南國達魯花赤
	各道提刑按察使		中書省断事官
	上路総管府達魯花赤		上路総管兼府尹
	諸站都統領使		高麗國達魯花赤
従三品	諸節鎮使	諸轉運使	中下萬戸
	下路総管	諸省断事官	諸路幹脱府（達魯花赤総（角戸）［管尹］）
	下路総管府達魯花赤		西夏新民安撫使
	理断畏吾児公事官		

正四品	節度使	各道按察副使	副統軍
	元帥府監軍	都統領	散府達魯花赤
	散府知府	宣慰副使	安撫副使
	大都人匠総管	上都副達魯花赤	
	同知上都留守事		高麗國副達魯花赤
從四品	上都副留守	管軍総管	副招討
	上州達魯花赤	上州尹	経略副使
	諸州刺史	同知上路総管府事	
	諸站都提領副使		安南國副達魯花赤
	同知都轉運塩使司事		
正五品	同知轉運使事	統領	上千戸
	総管府治中	營田使	提挙河渡司
	宮城所提點	羅羅斯都元帥宣慰司断事官	
	中州達魯花赤	中州知州	（覈）［覆］實司兼辨驗官
	諸路雑造提挙	諸路（局）［弓］匠提挙	諸路箭匠提挙
	大（路）［都］雑造提挙	諸管提挙（管三千戸上者）	都提挙漕運司事
	安西王府（中郎）［郎中］令		同知下路総管事
	簽書各道提刑按察司事		都轉運塩使司副使
	西蜀川監榷茶場使		西夏新民安撫副使
	両都兵馬都指揮使		諸路交鈔都提挙
	同知諸路斡脱総管府事		
從五品	扎魯火赤郎中	副統領	中下千戸
	諸轉運副使	下州達魯花赤	昌州蓋利泊知使
	下州知州	同知散府事	各道（■）［巡］行勧農使
	各萬戸下鎮撫	上都留守判官	真定等路（局）［弓］匠提挙
	各處鉄冶提挙	諸路弦匠提挙	茶場使
	四川中興交鈔提挙		諸管匠提挙（二千之下，一千之上）
	諸路交鈔同提挙		
正六品	安西王府長史	諸塩司提挙	諸路交鈔提挙
	総管府官	同知上州事	同提挙漕運司事
	各處鐵冶同提挙		簽西夏新民安撫司事

第 2 章　叡山文庫所蔵の『事林広記』写本について　135

諸管匠提挙（諸管一（下）［千］戸之下，五百戸之上者）

従六品	行省員外郎	漕運使	柴炭局使
	同提挙	廣恵司推官	散府判官
	赤縣達魯花赤	赤縣尹	上縣達魯花赤
	上縣尹	同知中州事	諸塩使
	營田副使	茶場副使	管軍総把
	扎魯火赤員外郎		諸挙諸河路渠水利官
	諸路交鈔庫提挙		諸路（局）［弓］匠同提挙
	諸路箭匠同提挙		大都雑（達）［造］同提挙
	四川中興交鈔同提挙		

正七品	漕運副使	中縣達魯花赤	中縣尹
	同知下州事	上州判官	管軍上百［戸］
	諸路宣課提挙	萬億庫提領	各道巡行勧農副使
	漢軍都元帥府計議官		各（■）［處］鐵冶副提挙
	四川中興交鈔提挙司使	諸管匠使（諸管五百戸之下，三百戸之上）	
	諸管匠同提挙（諸管二千戸之下，一千戸之上者）		

従七品	行中書省都事	元帥府経歴	招討司経歴
	経略司経歴	塩使司副使	警巡副使
	下縣達魯花赤	下縣尹	中州判官
	管軍中下百戸	諸管匠局使	各路総管府経歴
	各道提刑按察司経歴		大都督府討議官
	管領諸路打捕鷹（戻）［房］経歴		乞里乞思等處断事官経歴
	諸司匠同提挙（管（十）［千］戸之下，五百戸之上）		
	諸管匠同提挙（謂管二千戸之上者）		
	諸管匠局使		

正八品	行省照磨		行省管勾承發司
	各路儒学教授		稟給司
	諸屯令		諸録事司達魯花赤
	諸録事		諸縣丞
	下州判官		両都司獄
	各道提刑按察司知事		諸路雑造副提挙

	諸管匠副提挙（管二千戸之下，千戸之上）	市令
	諸管匠局副（両管五百戸之下，三百戸之上）	大都平準（軍）[庫] 同提領
従八品	都元帥府知事	監戦万戸府知事
	万戸府知事	統軍司知事
	各路総管府知事	漕運司知事
	宣撫司主事	諸塩司判官
	散府上中州儒学教授	警巡判官
	市丞	上路司獄
	主簿	諸管匠副提挙（管一千戸之下，五百戸之上）
	諸管匠局副（諸管三百戸之下，一百戸之上）	外路平準行用（軍）[庫] 提挙
	外路平準行用庫同提挙	大都平準庫使
正九品	諸站統領使司知事	大都四関廂巡検
	諸塩場管勾	管軍総知事
	下路司獄	屯丞
	録事判官	稟給司丞
	主簿兼尉	大都平準庫副使
	外路平準行用庫使	外路行用庫提領
	外路行用庫使	
従九品	大都獄丞	諸路（■■）[医学？]教授
	散府上中州司	諸塩場同管勾
	縣尉	外路平準行用庫副使
	外路行用庫副使	

4　クビライ時代初期の官僚制

　中統五年（1264）八月，カアンの座をめぐり争っていた実弟アリク・ブケの投降を受け，もはやゆるぎない政権を築きつつあった世祖クビライは，冬の首都たる燕京を「中都」とよびなし，年号を『周易』の一節“至哉坤元”にもとづき，「至元」と改元した。兄の憲宗モンケの命を受け，開平府（のちの上都）に拠点をおいて華北経営に乗り出して以来，なんとはなしにそれまでの太宗オゴデイ，定

第2章　叡山文庫所蔵の『事林広記』写本について　137

宗グユク時代と同様，暫定的に金朝風のシステムを運用し，（帰順した人々の自己申告による官職名の追認も含めて）各地方官を「宣差」していた（中統四年には，旧金朝の律科出身で左三部郎中をもって致仕した鄭汝翼が唐律と金律にかかわる資料を収集，両者を対比，詳細な解説を施した『永徽法経』三十巻を著している）(10)。即位後，ブレインの姚枢等に命じて，徐々に中央，地方の各官庁の整理を開始し，その俸給表や運用規定の準備をさせていたが，ここに本格的に着手することとなったのである。

　まず，次男のチンキムをトップに据える中書省の構造をみなおし（長男のドルジは早世），さらにクビライの黒衣の宰相ともいうべき劉秉忠に光禄大夫太保参領中書省事を授けて中華風の政体のコーディネートを委ねた(11)。三男マンガラ，末子ノムガンの幕下にもそれぞれ，華北経営に必要な顧問が送り込まれた。陝西四川，西夏中興，北京の三箇処の行中書省のほか，かつて厳忠済や李璮が抑えていた山東方面にもあらたに行中書省を設置した。華北の地付きの漢人世襲軍閥が解体され，モンゴル諸王の投下領を下敷きに，路分が確認されたのである。そして，史天沢，姚枢等の助言を受け，各路府州県における新たな官僚制の運行をうたう聖旨条格が定められ，中統三年作成の官員簿の基本台帳を参照しながら，翌至元二年（1265）にかけて施行された（各路の総管府には，「モンゴル」のダルガ，漢人の総管，ムスリムの同知を配置すること，とした。翌年には，州，県それぞれに上中下三つのランクが設けられている）(12)。

　『事林広記』別集巻二のさいしょに掲げられた聖旨と四款の条画は，まさにそのときのもの，とくに第一款，第二款は，『元典章』や『通制条格』にはのこっていない根本資料で，モンゴル諸王の任命する投下のダルガが，遷転（三年一期）の対象外であること，はっきり言明されている。第二款にいう五品以上に与える宣に捺す皇帝の印（一，二品は玉製，三〜五品は金印）も，このときあらたに鋳造された。至元三年には"勅牒の旧式"があらためられた。そして，至元元年からかぞえて三年，さいしょの遷転が行われた至元四年，品官の子孫の恩蔭の体例も定まった(13)。三年後の至元七年には，管民官の遷転が以前の倍の六年一期に延長される（『元典章』巻八「吏部二・官制」において，内外の官の議案がほぼ三年ごとにもちあがっているのは，遷転制の任期満了と連動していること，いうまでもない）。

　さて，出発点となったこの至元元年の聖旨，条画につづいて掲げられるのが，

138　第Ⅰ部　日出づる処の資料より

散官の位階表たる［大元文武官品之図］（図3）である。これは，あきらかに前巻の［宋朝文武官品之図］[14]と一対になっている。ところが，それは，至順刊本の『事林広記』が収録する位階——すなわち大元ウルスの位階としてじゅうらいよく知られているところの表（はやくは『元典章』巻七「吏部一・官制」《資品》に見え，至正末年の『南村輟耕録』巻七「官制資品」でも同じ）——とはまったく異なるものであった。皇慶二年（1313）八月から延祐二年（1315）夏までのあいだに「亜中大夫」とあらためられる「少中大夫」の四文字がみえ，しかもそれは従三品ではなく従四品に位置する。そして，なんとこの表では，従九品まで全て埋まっており，それぞれの資品は，正一品に三師（文散階），三公（武散階）を設定することをのぞけば，『金史』巻三六「百官志」のそれとまったく同じなのであった。

　大元ウルスでは，金朝の散階を一品ずつ繰り上げ，その結果，正従九品の散官が存在しなかったということは，歴代の官制史では大前提，ほとんど自明のことがらとしてあつかわれてきた。しかし，少なくとも至元初めは，金制が踏襲されていたことになる。とうじ朝廷で一連の変革をまぢかに眺めていた王惲が『玉堂嘉話』巻三において，

　　　許左丞の「新定官制図」を作るに，大抵，唐を以て則と為し，品従は略ぼ，金と与同じ。

と述べたのは，正しかったのである。というよりも，本図こそ許衡が作成した図の一部なのかもしれない[15]。

　つづいて，《朝官職事》をみてみよう。モンゴルは右を尊ぶのに，左が上位の官職として書かれているから，金朝の遺制をそのまま引き写したこと，容易に推測される。じじつ，それは，『金史』巻五五，五六の「百官志」ときわめて近く，各官職の下に割注で施される解説は，ときに一字一句まで重なり合う。《東宮品職》《宮輔府品職》《親王府品職》も，同じく『金史』巻五七「百官志」と対応する。

　しかし，資品と同様，果たして旧金朝時代のものと素直にうけとってよいのかどうか。というのは，つとに南宋からチンギス・カンのもとに派遣された外交使節団の記録，『蒙韃備録』の「官制」が"韃人襲金虜俗，亦置領録尚書令，左右相，左右平章等官，亦置太師，元帥等"と証言している。

第2章　叡山文庫所蔵の『事林広記』写本について　139

　くわえて，上述の記事は，ほとんどみな，富大用が『新編古今事文類聚』
——南宋末期に建安の祝穆が詩文の作成の参考書として編んだ有名な類書——
にあらたに附した新集，外集でも，各官職名の項目ごとに，「歴代沿革」の【大
元】の記事として分散して収録するからである。いつ編纂されたのかは，序文や
富大用の伝記等の資料がいっさいのこっていないため確定できないが，管見の限
りでは，泰定三年（1326）の廬陵武溪書院刊本がいちばん早い（そもそもこの叡山
文庫本の「官制類」は，大元ウルスのモンゴリアへの撤退からすでに二百年以上，見慣
れぬ用語が続出，理解が難しかったのか，とりわけ誤字が目に付くが，前節の校勘作業
を可能にしたのは，ひとえにこの元刊本のおかげである）。編者・刊行年共に不明の
『新編事文類啓箚天章』（前田尊経閣蔵元刊本）丁集巻一「仕官門」【官職事実】も，
同じ資料に依拠していると見られるが，"主に三教九流の公事を管する集賢院大
学士"の翰林院からの独立，提刑按察司の呼称，鎮江路における行大司農司の設
立（"天朝新置"と明記する）等への言及を考えると，至元二十四年以降，至元二
十八年以前の新データが含まれることは疑いない。また，劉応李編・詹友諒増訂
の『新編事文類聚翰墨全書』庚集巻七以下の「官職門」は，至元二十八年に提刑
按察司が粛政廉訪司に改名されたことに言及するなど，幾分の改訂を施しつつ，
これらをはっきり"大元新制"という。この類書は，大徳十一年（1307）と泰定
元年の序文をもつ二種の元刊本が知られている。

　富大用，劉応李等はいずれも，『事林広記』に収録されるこの官職一覧表をみ
ながら編集作業をおこなった（じゅうらい，これらの類書の説く大元ウルスの官僚
制には注意があつまらなかった。その意味で，バラバラにされる前の一覧表の威力は強
烈，衝撃的である）(16)。泰定年間にいたっても，これらの記事が差し替えられて
いないことからすれば，金朝を踏襲していた時期が，「大元」時代の初期，確か
にあり，その状態を意図的に後世に伝えたと見てよいだろう。なお，この泰定の
二年は，和刻本『事林広記』の底本が刊行された年でもあった(17)。

　そうした目であらためて《朝官職事》から《親王府品職》まで見直せば，それ
らが『元史』の「世祖本紀」や王惲の『中堂事記』などが語る中統・至元初期の
状況とじつはそう矛盾していないことに気づく。既述のごとく，チンキムは，中
統の初めより中書省と枢密院の上にたち，ほかの皇子とは少し違う扱いをうけて
いた。《宮輔府品職》たる太子太師には姚枢，太子太傅には竇黙，太子太保には
許衡が，《東宮品職》のひとつ太子賛善には『授時暦』で名高い王恂が任じられ

た。クビライは，至元三年六月にノムガンを北平王に立て，翌至元四年八月には庶子のフゲチを雲南王として送り出すが[18]，そのとき《親王府品職》の傳としてココダイ，府尉の柴禎，司馬の寧源，文学の張立道等が同行した。マンガラの安西王府の設立は至元九年十月[19]，文学に姚枢の甥の姚燧を任じ，記室参軍には――結果的に辞退されたが――金朝時代の名門，河東段氏の一員，段思温に白羽の矢が立った。

　官庁の大規模な再編は，尚書省，大司農司の設立に代表されるように，二度目の遷転が実施される至元七年前後に行われた。そしてそれまでさんざん参照してきた『泰和律』の使用禁止命令が出されたのは，翌至元八年――「大元」の国号が定められ，中華風の朝儀が整えられた冬の日のことであった[20]。三度目の遷転を控えた至元十年三月のチンキムの立太子，チャブイの立皇后の儀式は，それらの総仕上げであったといっていい。

　『泰和律』に代わる新格，史天沢，姚枢等が長期にわたって整理，編纂してきた『至元大典』は，まさにこの至元十年より暫定的に試行が始まった。至元十二年には，モンゴルの駙馬国となったばかりの高麗が，クビライの聖旨をうけて，王朝内の官職名を使臣の岳都因（＝岳脱衍，阿禿因）と相談，改革している（翌年には度量衡も統一される）[21]。この段階で，大元ウルスの官制がいったん整備されていたことを示すだろう。のち至大元年（1308）五月，高麗では忠宣王（瀋陽王）エジル・ブカが改訂した官制が頒行されるが，これもまた武宗カイシャンの改革を受けてのことだった[22]。

　以上からすれば，対馬本，叡山文庫本の『事林広記』における「郡邑」，「国典」，「俸給」などもまた，じつは中統・至元初期の状況とみてよいのかもしれない（至元二年の礼楽制定のさい参照されたのも，金の太常寺掌故張珍の『畳代世範纂要』，『大備集』であった）。そもそもこの「増類」本において，《朝官職事》のみ品級が記されていないのは，すぐあとの巻三「官制類　俸給」《朝官俸給》とセットで併せ参照することが想定されており，省略しても差し支えないと判断されたからだろう。

　ちなみに，《朝官職事》にみえる「登聞検院」，「典衛司」のふたつの職は，至正四年（1344），大元ウルス朝廷で編纂された正史であるところの『金史』の解説によると，『泰和律』には記載がなく，『士民須知』なる書物に拠ったという。この『士民須知』，華北の行政区画の一覧も収録していたようで，おそらくは

『事林広記』に似た類書だった。モンゴルは，太宗オゴデイのころから『遼史』，『金史』，『宋史』の編纂を意識しており，元好問，王鶚等の努力によって，『実録』はもちろん，さまざまな根本資料が集積されていた。にもかかわらず，『事林広記』の記事よりも簡略な記事しか載せない場合がある。意図してのこと，いうまでもない。

　いっぽう《外任職員》は，巻三「官制類　俸給」《外任俸給》のそれ，『金史』の「百官志」とはまったく対応しない。そして，一見するだけでも，現行の『元典章』の巻七「吏部一・官制」《職品》［内外文武職品］（大徳七年〜至大三年の作成），至順年間の『事林広記』が記す「外任諸衙門官職」（至大四年〜皇慶元年頃），カラ・ホト文書 M1・0765［F61：W4］（泰定年間以降）[23]よりも早い段階のリストであることがわかる。『古今事文類聚』，『啓箚天章』，『翰墨全書』が言及しない職も多々あり，文字通り唯一無二の資料である。アユルバルワダの即位時には，カイシャン時代の否定のために，いったん百司の品級が上がっていたものをすべて"至元の旧制"にひきもどしたから，増類時にもこうした古い情報は，のこしておく必要があると考えられたのだろう[24]。

　至順刊本は，巻頭の至元元年の聖旨，条画につづけて，大徳十一年十二月日の詔書の条画一款を増補する。資品表と同様，おそらく延祐年間以降に加えられた情報だろう。「刑法類」の情報やこの記事の直後の大元ウルス治下の［官員禄廩俸給］が江南の官吏しか扱っていないことからすれば，至治三年（1323）の『大元通制』や『元典章』を参照した可能性も高い。旧南宋領の官僚がほぼみな鬼籍に入った至順以降の刊本では，南宋の情報がすべて削除され，金朝以来の「華北との対比」はなくなり，完全に「混一」されてしまう。

　では，この叡山文庫本のリストは，いつごろの状況を示すのか。

　安西王府の開設は至元九年の冬，マンガラの死にともない，いったん廃止されるのが至元十七年六月[25]。従三品の理断畏吾児(ウイグル)公事官は，至元十年三月に存在していたことが確認され[26]，至元十八年二月には北庭都護府に改められる。そして，正二品の諸站都統領使司は，至元十三年正月に通政院に改組された[27]。したがって至元九年末から十二年までのわずか二年のあいだということになる（ただし，正五品の覆実司兼辨験官は，『永楽大典』巻一一一九「広誼司」の記述を信じるならば，至元十四年の設置でしかも秩従五品である）。それは，このリストが旧南宋領について触れていないこととも合う。

とりあえず，金朝時代の官制を踏襲する至元八年以前の華北の《外任職員》の
み，新しい情報に差し替えられた。新しい《朝官職事》は，この時点では入手でき
ていなかったのだろう。対馬本の当該巻が欠落しているので断言はできないが，
その差し替えは，あるいは，大徳年間の最初の「増類（新増）」のさいに行われ
たものかもしれない。とうじ既に書肆から発行，流通していたという『仕民要
覧』，『断例条章』，もしくは『金玉新書』，『官民準用』の類[28]を参照した可能性
もある。

　そして，この《外任職員》のリストの出現によってはじめて，『元典章』巻七
「吏部一・官制一」《職品》に［拾存備照品官雑職］の項目が立てられたことの意
味が真に理解できるのである。解由状に記される各官の履歴や過去の案件を調べ
たり，各官庁の題名碑などの撰文を依頼されたりしたさい，既に廃止になった職
官の品級表はどうしても必要だった。また，至元十一年から至元十二年のあいだ
の状況を示す《外任職員》と照合すれば，この［拾存備照品官雑職］のそれぞれ
は，廃止時期を数段階に分類できる——そのうちのひとつ，アリク・ブケ家，
オイラト諸部族の勢力下にあった乞里乞思等処断事官の存廃は，じつは，カイド
ゥの台頭とも密接にかかわるのだ——。しかも，同じ職官でも品級が移動して
いる場合もある。《外任職員》にしかみえない職もある。

　たとえば，正四品の節度使については，中統四年五月，九月に立石された碑の
関係者リストのなかに宣差節度使，宣差節度同知，滑州節度判官の肩書きをもつ
者がいること，至元二年の段階で斬和なる人物が絳陽軍節度使であることから，
大元ウルス初期，金制が踏襲されていたこと，すでに清朝乾嘉年間の考証学者た
ちによって指摘されていた[29]。しかし，節度使の廃止の時期と原因を，至元初
め，諸路に総管府が設置されたことに求めていた点は，大幅に修正せねばならな
くなったわけである。そして，定海軍節度判官であったという崔世栄の神道碑な
ども読み直しが必要となってくる[30]。

　ところで，金朝以来の資品の位階は，いったいいつ，繰りあげられたのだろう。
『元史』巻八三「選挙志三」は

　　凡そ文武の散官は，多く金の制を採用し，建官の初め，散官は例として職事
　　より二等を降す。至元二十年，始めて陸官の職，品と対するも，九品に散官
　　無ければ，之を「平頭勅」と謂う。

という。至元二十年の時点では，もはや資品に正従九品は存在しなくなっていた。《外任職員》の記事の差し替え時には，まだ［大元文武官品之図］が有効だったと考えれば，至元十年以降の十年間に限定される。

　至元十一年，南宋の牙城であった樊城，襄陽の降伏以降，将軍バヤンは江南をゆっくりと進軍，各地をほとんど戦うことなく接収していったが，そのさい，現状維持の原則のもとに，それまでの官職と同等の地位を保証する任命状を乱発した。しかし，至元十三年，杭州の南宋朝廷が無血開城し，じっさいに南北混一がなされてしまうと，すぐ問題となってきたのが，この旧南宋治下の文武の官僚の処遇であった。そもそも，それ以前に，接収にあたって功績のあったモンゴル軍のそれぞれに褒賞として江南における権益，官職を与えねばならない。ポストが足りなくなるのは，当然のことであった。といって，旧南宋の面々をそのまま失職させてしまえば，不満は蓄積し，モンゴル政府にとっては不安材料となる。そこで，クビライ，チンキムがとったのが，つぎのような手段であった。

　まず，将軍バヤンに命じて旧南宋政府の高官と学生たちをとりあえずいったんすべて上都に連れ帰らせた。正二品以上であった官僚はそのまま中央で職を与え，それ以下の官と学生については，そのご数年の間にそれぞれの能力を見極め，前者は以前とほぼ同じランクの地方官等に任命，後者は役にたつものだけ留めてあとは帰らせた。そして，江南が落ち着くまでしばらくしのぎ，至元十七年から遷転官員の法，俸禄表を整理しなおし，至元十九年秋（江南接収後の遷転から数えて二期目），それまでの昇進，転任，左遷等のシステムの見直しを断行した[31]。その結果，旧南宋の三品はなんと六品へ，ひどい場合は四ランク格下げ，七品，八品の下級官僚だったものは，いきなり九品より下の案牘，税務監當官や巡検（交番勤務の警官）ということになった[32]。そしてこれらの事務，実職ポストに仕官を希望する大量の人々を詰め込んだのである。ランクひとつ上げるだけでも九年から十二年の歳月を要し，しかもそれを何度もくりかえさねばならないので，キャリアになるまでの道のりは気が遠くなる話となった。そうすることによって，いったん入流した職事の官吏たちの潤滑な遷転システムは守られるという目算であった。したがって，資品も九品前後をファジーな状態にしてしまう必要があったのである。このシステムでは，もともと宣勅をもらっていた華北の官僚たちは護られ，しかも給料，席次，封蔭，服色等の根拠のひとつとなる資品もひとつ上がるわけだから，不満があろうはずもない。そこにカラクリがあった。じじつ，

のち至正四年に江南行台が編纂，刊行した『至正金陵新志』巻六「題名」をみると，至元十九年より前の任官者は，事情を知らない人たちの誤解を招くことを恐れてだろう，資品が記されない。

　この『事林広記』のテキストは，対馬本と同様，クビライとチンキムの不仲，三年間にわたるチンキムのカン即位という大元ウルス最大のタブー[33]が生じる以前のデータを含む。したがって，『元典章』，『大元通制』を補い，『元史』の「百官志」を書きかえる根本資料となる。これまで，『元典章』や至順刊本に列挙される内外の官職は，その一覧表の成立時期，重層構造を深く考えることなく，すべての時期に一律に適用し，論が組み立てられてゆくことが多かった。『元史』の各志は，既知の元刊本『事林広記』と同じ至順年間に，文宗トク・テムルの聖旨のもと，編纂された『経世大典』に依拠する。これらの国家編纂物や官僚たちのものした文章がときに一様に口を噤んで語らないこと，言葉を飾りウソをつくこと，資料としての限界が浮かび上がってくる。少なくとも，至元年間について語る資料は，典籍，碑刻ともにみな，こんごこの叡山文庫の『事林広記』の理解のうえによまねばならなくなった。別のヴァージョンのテキストが見つかれば，さらに深く，個々の事象をつきつめてゆくことができよう[34]。

　チンギス・カン以降クビライ初期にかけての諸々の制度は，資料の限界もあってほとんどが未解明である。しかし，金朝治下のジュシェンや（カラ・）キタイ，ウイグル，さらにはタングート等の経験と知恵が多く摂取，踏襲されていったことは，この『事林広記』の例からも想像に難くない[35]。バトゥやフレグをはじめ，モンゴル諸王は，大元ウルスの版図内にも投下領とよばれる所領を有しており，その結果，ロシアや中央アジア，中東方面と絶えず人，モノ，情報が交流していた。各ウルスの創設期において，怯薛制や大聚会，宴会等とは別に，当該版図での官制，朝儀の装い，行政区画の設定，各投下の現実がそれぞれどうであったのか，それがどう変化してゆくのか，こんご詳細に比較，検討してゆく必要がある。

5　おわりに

　天台宗の僧侶たちは，金末から大元ウルスにかけてのさまざまなことがらを，

ほぼリアルタイムで知っていた。じゅうらい，モンゴル時代の大陸と日本の交流は，どうしても十四世紀以降めざましい展開をとげる鎌倉，京都五山を中心とした禅宗に焦点が絞られがちであった。しかし，それ以前，たとえば至元三年から六年にかけて（まさに叡山文庫の『事林広記』に記録される官制が運用されていた頃），大元ウルス朝廷および高麗から日本に送られた外交文書の写しは，東大寺尊勝院や興福寺一乗院に保存されていた。奈良の西大寺には，パクパ字を刻む普寧寺版の『大蔵経』も伝わる。それに，考えてみれば，鎌倉の称明寺や京都の泉涌寺，清涼寺の例をもちだすまでもなく，とうじ密教，律宗，禅宗いずれにあっても諸宗兼学がふつうとされ，医学や薬学，卜占，陰陽，音楽などの雑学も尊ばれるようになっていた。漢籍，とくに最新の情報を伝え，さまざまな書物の精髄をコンパクトにまとめる類書の輸入は，いずこにおいても絶えず極めて熱心に行われていたはずである。

　文献上の記述と現地，現物の照合作業——鎌倉末期から室町時代の対外交流の拠点，あるいは公家，守護大名たちの文化サロンの形成に重要な役割を果たした寺院を中心に調査をすすめ，舶来の刊本のみならず，写本，文書の紙背，抄物，日本で編纂された韻書・類書の引用にも目をむけてゆくべきだろう。同時期の醍醐寺三宝院・釈迦院や興福寺大乗院，高野山の学問体系も気になるところである。日本学と中国学，歴史・文学・語学・宗教・美術といった学問の垣根はもとより，中世・近世なる時代区分も取り払って，資料を博捜し，総合的に考えてゆく時期がきている[36]。

　そのはじまりの第一歩として，まずは，この象徴的かつ貴重な叡山文庫の写本が，対馬宗家旧蔵の元刊本とあわせて影印公刊のはこびとなり，各分野で広く利用に供されることが望まれる。関係各位の善処に期待したい。

註

（1）木田章義ほか編『学びの世界——中国文化と日本』（京都大学附属図書館・総合博物館・文学研究科　2002年），宮紀子「附属図書館の珍本——公開展示『学びの世界』の選書から」（『静脩』39-3　2002年12月），同『モンゴル時代の出版文化』（名古屋大学出版会 2006年）

（2）森田憲司「王朝交代と出版——和刻本事林広記から見たモンゴル支配下中国の出版」（『奈良史学』20　2002年12月）

146　第 I 部　日出づる処の資料より

（3）宮紀子『モンゴル帝国が生んだ世界図』（日本経済新聞出版社　2007 年），本書第 1 章。

（4）「渓嵐拾葉集縁起」（文保三年正月　日　金剛光宗記）

　　　　一．兵法事
　　　　　　　義憲法印　義源僧都　定宗法印　栄俊阿闍梨
　　　　　　　　　以上　『黄石公傳』『神明相傳』等
　　　　一．術法事
　　　　　　　公慶僧都　慶盛阿闍梨　観慶阿闍梨
　　　　　　　　　以上
　　　　一．作業
　　　　　　　通又傳　依『事林広記』　智乗大徳
　　　　　　　　　以上
　　　　一．工巧事
　　　　　　　傳信和尚　公慶僧都
　　　　　　　　　以上
　　　　一．算術事
　　　　　　　公慶僧都　性圓阿闍梨　事圓禅師
　　　　　　　　　以上大綱依学師等也云々

　　「作業」の部分のみ前後の体例と異なるので，脱文，行の混乱などがあるとみられるが，『事林広記』が使用されたことはまちがいない。

（5）『慶長日件録』第一，九年「二月廿九日」，「三月廿八日」，「四月六日」，「十二月廿三日」，第二「十年八月廿九日」，第三「十一年十月六日」

（6）①の和刻本の序文を書いた宇都宮由的が，1680 年代，京都遊学中にみたのも写本であった。

（7）『横河堂舎並各坊世譜』「山門天正再興已来首楞厳院各房住持記兜率谷分・恵心院」

（8）後集巻二〇，二一の末尾の二箇所の表題が対馬本と同じ「新編群書類要事林広記」ではなく，ほとんど全巻で冠される「新編纂図群書類要事林広記」になっているのは，筆写のさいに，その左側に見える次の巻の表題にひきずられたものと考えられる。

（9）古者，鋳銭以利天下，民用流転，然多則不能致遠，後世雖以楮幣兼行，其価或高或低。今大元聖朝通行宝鈔，自貳文參文以至壹貫貳貫，民間接受，大小交易，各得其便，利亦博矣。溥天之下，孰不蒙福，此萬萬世無窮之利也。

（10）オゴデイの二年（1235），モンケの元年（1251）にいちおう大まかながら華北統治の官制が定められた。『山右石刻叢編』巻三〇「王氏世徳碑」，巻三一「梁瑛碑」，『四庫全書総目』巻八四「政書類存目」，『通鑑続編』巻二四「庚午六年春正月」

（11）『蔵春詩集』巻六中統五年八月日「拝光禄大夫太保参領中書省事制」，『仏祖歴代通載』巻二一

（12）『元史』巻五「世祖本紀」［至元元年八月乙巳（四日）］，巻五「世祖本紀」［至元元年十二月乙巳，庚午］，［至元二年二月甲子］，［至元二年閏五月丙寅］，『通制条格』巻六「選挙」《廕例》，『山右石刻叢編』巻二七「劉会碑」，『民国重修新城県志』二二「元至元二年初建儒学記碑」

（13）『元典章』巻八「吏部二・官制」《承廕》［品官廕叙体例］，巻十一「吏部五・職制」《代満》

第2章　叡山文庫所蔵の『事林広記』写本について　　**147**

［代官到任務方許離職］

(14) 本書第1章図5参照。

(15) 『魯斎遺書』巻十三「考歳略」“［至元］六年，奉旨議官制。先生与左丞張公，賛善王公同奏官制，送入中書。先生歴考古今設官分職之本，沿革之由，与夫上下統属之序，其権摂増置，冗長倒置，行之有弊者，率皆不取，自省部郡県体統之正，左右台院輔弼之制，内外百司聯属控制之差，后妃儲藩隆殺之防，悉図為定制，以聞其所以取捨，欲著成書，而未聞也”。

(16) いずれの類書も『事林広記』と同様，朝鮮，日本で盛んに利用された。なお，2002年，韓国の慶州孫氏の邸宅で，安承俊により，『至正条格』，『山居四要』（『事林広記』や『居家必用』と似た内容をもつ），『新編古今事文類聚』の元刊本がまとまって発見された。

(17) 泰定二年に，江西行省検校官の王元亮が唐律と金朝・大元ウルスの律を比較，図表化し『纂例』として纏め，二年後には龍興路で刊行されていることからすると，とうじ『泰和律令』の閲覧はさほど困難ではなく，大元ウルスの諸制度との区別もできたはずである。なお，『永楽大典』巻七五一七「倉官」にも『泰和定律』の逸文がのこる。

(18) 『元史』には記載がないが，山東の霊巌寺に今も立つモンゴル語直訳体聖旨碑によれば，クビライは，天寿節（カアンの誕生日）の八月二十八日，ティベットに近い貴徳州の必赤里にまで出張ってきていた。至元四年は，パクパの言によって金転輪聖王として白傘蓋の仏事を初めて行い大都建設にとりかかった年である。バラクとチャガタイ・ウルス全体への睨みは当然のこととして，前後の『元史』本紀，『安南志略』（台湾国家図書館蔵銭大昕父子書写本）巻二「大元詔制」［至元四年七月諭安南詔］などから辿っても，その動きの意味するところは重大である。『霊巌寺』（文物出版社　1999年），『泰山石刻大観』（銭装書局　2002年），『泰山石刻』（中華書局　2007年　pp. 2471-2472）。なお，舩田善之「蒙文直訳体の展開——『霊巌寺聖旨碑』の事例研究」（『内陸アジア史研究』22　2007年3月）は，移録に限れば正確だが，読み，全体の把握，個々の分析ともに粗雑といわざるをえない（この年この日を選んで禅宗の大利に聖旨を発令したことの価値にすら気づいていない）。

(19) 『元史』巻七「世祖本紀」［冬十月丙戌朔］，『隴右金石録』巻五「宝慶寺記」

(20) 至元七年八月の段階でも，会議，宴会等における文武の官の席順を，『泰和律』に依拠して①職官の品級順，②同等の場合は着任順，③同時着任の場合は散官の品級順，と定めている。『元典章』巻十三「吏部七・公規一」《座次》［官職同者先授在上］，『滋渓文稿』巻二二「故昭文館大学士中奉大夫知太史院侍儀事趙文昭公行状」

(21) 『元史』巻八「世祖本紀」［至元十二年十一月甲午］，『高麗史節要』巻十九「忠烈王元年八月」，『高麗史』巻二八「忠烈王世家一」［冬十月庚戌］，巻二九「忠列王世家二」［五年夏四月］，『止浦集』巻二「告奏表」

(22) 『高麗史』巻三二「忠烈王世家五」［三十四年五月丙戌，六月辛丑］，巻三三「忠宣王世家一」［忠烈王三十四年十一月辛未］

(23) 李逸友『黒城出土文書（漢文文書巻）』（科学出版社　1991年　図版伍），『中国黒水城漢文文献⑤軍政与站赤文書巻』（国家図書館出版社　2008年　p. 992）

(24) 『元史』巻二四「仁宗本紀」［至大四年三月丁酉］

(25) 『元史』巻十一「世祖本紀」，『国朝文類』巻四九「中書左丞李忠宣公行状」

(26) 『元典章』巻十九「戸部五・田宅」《家財》【爺的銭物要分子】。『元史』の「本紀」は至元十一年設置とする。

(27) 『永楽大典』巻一九四一六 3b「站赤一・元史兵志」，巻一九四一七 8b「站赤二・経世大典」

148 第I部 日出づる処の資料より

(28) 『歴代名臣奏議』巻六七鄭介夫「上奏一綱二十目・定律」,『四庫全書総目』巻八四「政書類存目」。なお,『翰墨全書』后丁集巻五「器用門・書簡」には,とうじ江南では流通していなかった華北刊行の『断例』六冊を郎中から借りうけ筆写するという例文が挙げられている。河南安陽の出身で福建路転運副使となった梁琮にも,『官吏須用』十六巻,『唐律類要』六巻の著作がある。

(29) 『山右石刻叢編』巻二六「絳陽軍節度使靳公神道碑」,『常山貞石志』巻十五「晋州五岳観碑」,『滑県金石録』巻七「大朝蒙古国滑州白馬県太平郷岳村創修寧真観碑」,『光緒臨朐県志』巻九下「芸文」《元・宣授千戸井公先塋碑》。とくに,『康熙晋州志』巻八「芸文・紀述」任毅【改晋州記】には,中統二年(1261)に,宣差軍民万戸府の王安仁が,真定路総管史楫の口利きで,晋州節度使同知となった経緯,モンケ,クビライ初期の官制の実態が生々しく語られる。

(30) 呉紹田『源遠流長的東萊文明——平度歴代碑刻研究』(山東人民出版社 2004年 pp. 12-16)。この碑は皇慶元年の立石とされ,そこに記される崔世栄の子供たちの経歴の信憑性,史料的価値はともに高い。ただ,額と碑身の内容が合致せず,"大元"を"元"とするなど,明代以降に少なくとも一度,子孫によって彫直しされている。

(31) 『秋澗先生大全文集』巻九五「玉堂嘉話三」【減江南冗員詔草】【誡諭官吏詔草】

(32) 『元典章』巻八「吏部二・官制二」《選格》「官員遷転例」。たとえば,『宋史』,『元史』に名前のみえる呂師孟は,大都に四年間留められたあと,あらためて嘉議大夫,漳州路総管,行淮東道宣慰副使に任じられたという。方回撰「故宣慰嘉議呂公墓誌銘」(『江南の文物 II』明石市立文化博物館 2001年 p. 67),『癸辛雑識』続集下「入燕士人」参照。

(33) 至元十七年十二月,二十年六月の二度にわたって,大元ウルスが忠烈王を冊して"開府儀同三司中書左丞相行中書省事","征東中書省右丞相"としているのは,チンキムのカン即位時と,クビライの復権の時を示す目安となろう。『高麗史』巻二九「忠烈王世家」[六年十二月辛卯],[九年六月癸未]

(34) 王禎の『農書』や『永楽大典』巻六六二「辟廱旧規」,巻七七〇二「北京」,巻八六二八「遠行」,巻八六二九「修行」などに引かれる『事類全書』も,『博聞録』,初期の『事林広記』,『居家必用事類全集』(邵懿辰『四庫簡明目録標注』によれば,編者は李梓。『翰墨全書』や『事林広記』を刊行した呉氏友于堂・椿荘書院による後至元五年の甲〜癸壬集本のほか,前集十二巻,後集十巻で構成される元刊本もあった)ときわめて密接な関係をもつ挿絵入りの類書であった。あるいは,『古今韻会挙要』や『金石例』に引用される『事祖広記』も同様の書か。

(35) 『元史』巻一一〇「三公表」によれば,大モンゴル初期の記事を多く載せる『和林広記』なる書があったという(和林は首都カラ・コルムの漢訳)。

(36) ときに,江戸時代の資料も有効である。たとえば,韓国の張東翼が再発見し価値を措定した『異国出契』(国立公文書館内閣文庫/京都大学文学部蔵)。そのうち,至元三,四,六年,文永七年の外交文書に関しては,『両国書翰』(国立公文書館蔵)にも収録される。しかも,至元六年の牒について"旧本云:文永七年正月十六日於経所記之云々"とし,校勘の異同からしても原文書により近い良好な別の資料に基づいていることがわかる。

　かの曲亭(滝沢)馬琴は,随筆『燕石雑志』の「漢雲長 [附] 漢寿亭侯」「関羽印の追考」にて,京都五山は建仁寺の住持であった古澗慈稽の『三体詩抄』六巻(伊藤東涯がじっさいに閲覧。一乗寺曼殊院蔵のテキストか)に依拠して,足利義満が大陸から取り寄せた関羽の

像と印，恕中無惲（「混一疆理歴代国都之図」の原図のひとつ「広輪疆理図」を作った天淵清濬の師）の記が，さいしょ京都は京極芝の薬師（大興寺）に，そのご吉田神楽岡の東北院に寄進されたことを伝え，同時に藤原貞幹『好古日録』も参照しながら，明の東皐心越禅師が将来し，水戸藩の禅寺に納められたふたつのパクパ字印――「Bi-šewli（畢守礼？）」「Dž hiw-□ k'eu（鄒□屈？）」と人名を刻む――を紹介している。宮紀子「滝沢馬琴とパクパ字印」（『人文』55　2008年6月　pp. 38-40）

　『桂林漫録』巻上「平他字類鈔」によれば，節用集の嚆矢ともいうべき『平他字類鈔』附『平他同訓字』（桂川中良所蔵抄本）の各巻にパクパ字墨印「šu'e 水本」が捺され，末尾には"嘉慶二年（1388／洪武二十一年）十一月廿三日，於笠取之服薬所，為後見，如形書写畢執筆釈迦院実守㊞"と記されていたという。「水本」坊は，京都醍醐寺の釈迦・報恩院の別名で，醍醐寺文書によると，ときの水本僧正は隆源。日本の僧侶たちもパクパ字印を作成，使用していたのである。パクパ字の"šu'e 水"の表記において，"審"と"禅"の字母を区別していないので，『蒙古字韻』ではなく『事林広記』所収の「蒙古字体」を参照したことがわかる。じっさい，元応元年（1319）に醍醐寺の僧道恵が著した『指微韻鏡序解』（水戸市六地蔵寺蔵）は，六書の「象形」の解説において口語体で書かれた陳元覯の語を引用している。ちなみに，『経籍訪古志』巻一「毛詩二十巻　旧鈔単経本　求古楼蔵」によれば，影元鈔本の『毛詩』（元統二年〜後至元年間，江浙儒学提挙をつとめた余謙が音考を施しているので，依拠したテキストが元刊本であったとわかる）にも「鹿苑寺」，「水本」の墨印が捺されるという。森立之は，『桂林漫録』も参照しており，パクパ字を判読できたようだ。『モンゴル帝国が生んだ世界図』pp. 194-199，宮紀子「モンゴル時代の書物の道」（京都大学人文科学研究所附属東アジア人文情報学研究センター編『漢籍の遥かな旅路――出版・流通・収蔵の諸相』研文書院　2018年）参照。

【附記】2016年2月，京都大学人文科学研究所の武田時昌教授より，天台宗は比叡山の三井寺（園城寺）にて『事林広記』の天正十四年〜十五年（1586-87）の抄本が発見されたとの知らせを受けた。欠字の箇所・誤字の一致から判断するに，おそらくは叡山文庫本が依拠したテキストそのものと考えられる。後集巻九〜十一（うち二巻は別集に綴じられる）がのこっているいっぽうで，後集巻二十，二十一，続集巻一〜六が紛失しているので，両方参照するのが望ましい。

附論 1　陳元靚『博聞録』攷

　『博聞録』は，南宋末期，福建は建陽の陳元靚（字は誠甫）が編んだ類書（百科事典）である。かれの友人で，のちにやはり陳元靚が編纂した『歳時広記』に序文を寄せた朱鑑（朱子の嫡長孫）によれば，とうじ，この書は，『博聞三録』（前録，後録，第三録──王明清の『揮麈録』と同じ三部構成）と称されて世間に流通していた。それが，大元ウルスの南北混一後，最新の情報や挿図をふんだんに加え，至元二十三年（1286）頃までに，まず『新編分門纂図博聞録』甲〜癸集として仕立て直された。至元三十一年から泰定二年（1325）にかけて，チンギス・カンの御名，王室の系図，成宗テムルの擁立のさいにジャライル国王家がでっちあげた「傳国の璽」[1]の原図等を載せていたこと，禁忌に触れる天文・陰陽関係の記事を収録していたことから禁書としてしばしば押収された[2]。そのためか，大徳年間（1297-1307）頃から『事林広記』という名で頻繁に増補，改訂版が出るようになった[3]。明，清時代の『万宝全書』をはじめとする類書も，これを踏襲，改変したものにすぎない。

　現在，『博聞録』そのものの伝来は知られていないが[4]，大元〜明代の編纂・刊行物（『農桑輯要』，『竹譜』，『通制条格』，『永楽大典』等）や日本の鎌倉末期から南北朝・室町時代にかけてのさまざまな典籍（『類聚神祇本源』，『五行大義』，『篆隷文体』，『塵袋』，『有林福田方』等）に書名がみえ，ときには内容の一部が移録されており，それらの逸文はいずれも，元禄十二年（1699）に刊行されたいわゆる和刻本『事林広記』（泰定二年の刊本に依拠）とよく一致する。

　さらに 2007-08 年にかけて，『事林広記』のどの部分が陳元靚の編纂当初のものか，版式によって判断，考証しうる早期のテキストが二種みつかった[5]。ひとつは京都五山の塔頭と思われる慶福院[6]から対馬宗家へと伝来した元刊本，いまひとつは天台宗延暦寺恵心院の旧蔵に係る写本。いずれも南宋，金，モンゴル初期における官制や国典等に新たな展開をもたらす貴重なデータを収載している。

附論1　陳元靚『博聞録』攷　　151

　ところが，これらを紹介したのち，あらたに『博聞録』にかかわるいくつかの資料を入手することができた。この書は，13世紀以来，日本の政治・文化の形成に少なからぬ影響を与えてきたが，こんご発見されるとすれば，国内の旧華族の文庫あるいは各宗寺社において，そしてそのあかつきには南宋から大元時代の各学術分野に多大な知見がもたらされることまちがいない。そこで，とくに上述機関での調査の機会が多い国語国文学，日本史，美術史研究者の注意を喚起すべく，あえてこの場を借りて補足する次第である。

　まず，北京大学図書館に蔵される『上官拝命玉暦大全』の抄本⁽⁷⁾。巻頭に掲げられる朝請大夫主管建寧府武夷［山］冲佑観賜紫金魚袋黄渙（呂祖謙の弟子）の序に，

> 陰陽之学，使人多忌，<u>班孟堅</u>嘗有言矣。然若昔名官紀瑞之始，<u>大撓氏作甲子</u>，以定支幹。迄今数千載，用之如符鑰。然則是学流伝，特拘之者病之耳。陰陽名家，果不可無也。
> 国家以火徳代興，考正星暦，其法為尤重，祖宗除授，必命涓剛擇良，所以愛惜人才，保全臣下，欲其有終吉也。而自一命以上守法，惟謹若寅午戌之不以上官，河魁天罡不以視事，率以為驗，惜其無全書，而疑似附會之説，得以介乎其間，識者病焉。**兪公建**，**趙公師俠来治閩邦**，**首刊是書**，**以遺後人**，**亦可尚矣**。**陳君元靚復参諸暦法以衍其伝**，非好為是拘拘者，網羅畢備用之，其在人乎。予嘉其有便於蒐閲也。故喜為之書。<u>武陽黄渙徳亨序</u>。

とある。陳元靚は，『集聖万年暦』，『撮要暦』，『弾冠必用』などの諸暦を参照しながら，趙師俠等が建安で紹熙四年（1193）に刊行した趙景先の『拝名暦』⁽⁸⁾を書き改めた（『拝名暦』の概容は『事林広記』と関係の深い『居家必用』丙集によって知りうる）。この抄本は，序文の一節"国家以火徳代興"で改行平出するほか，本文の「正五九月不宜上官第九」においても"本朝尚火徳"といい，南宋刊本もしくはその覆刻本を写したものであることはほぼ疑いない。

　現行の『歳時広記』（『永楽大典』引用本，『十万巻楼叢書』四十二巻本）のテキストは，いくつかの事由から『事林広記』と同様，初版よりかなり変貌を遂げていると推測される。その強力な根拠のひとつは，『博聞録』とともにこの『上官拝命玉暦』の情報がとりこまれている点にある⁽⁹⁾。

　趙師俠は淳熙十四年（1187）に『東京夢華録』も刊行しており⁽¹⁰⁾，『歳時広記』，

『事林広記』に頻繁に引用される同書は，まさにこのテキストにほかならない。そしていずれも陳元靚の編纂当初からあった記事と見なしてよい。

　ところで，この陳元靚の『博聞録』および『歳時広記』は，大元ウルスが南宋を接収する以前，どんなに遅くとも至元九年（1272）には，モンゴル政権の官僚たちの目にするところとなっていた。かの耶律（＝移剌）楚才の息子で，1259年，憲宗モンケの急死による次期カアン位の争奪戦のさなか，世祖クビライのもとに奔り中書省の高官となった耶律鋳もそのひとりである。『双渓酔隠集』（『永楽大典』輯本）巻五の「飲梅花下」と題する七言絶句

　　　除了孤高梅子真，蘭生更待与誰親。無如清友延清客，有似賢人対聖人。

に自ら註を施し

　　曽端伯云「花中十友，清友者梅花也」。『博聞後集』号梅花為清客。

といっている。これは和刻本『事林広記』庚集「綺語門」《果菜・花木》，対馬本『事林広記』別集「拾遺類」《事物綺談》に“梅花：花魁，清客”としてのこっており，後者は最古層の記事であることを示す半葉十二行の版式である。耶律鋳は，姚枢をはじめ『農桑輯要』の編纂にかかわった大司農司の面々と交流があった。そして，至元二十二年（1285）に没している。

　いっぽう，日本でも，はやくは下総の千葉氏一族や北条経時の帰依をうけ，法華宗の日蓮との大論争でも知られる浄土宗の然阿良忠（1199-1287）の著述，『決答授手印疑問鈔』巻上「五種正行処」《一口称正行》【一心専念弥陀名号乃至順彼仏願故事】に

　　『博文録（ママ）』云：「故人以意不伝後世，即以辞伝之。是故辞外不得増，増則為外意，辞内不得闕，闕則違本意。二者相備，即知故人意」(11)

と見える。なんと，遅くとも康元二年（1257）の段階でこの書が伝来していた。かつて筑後の天福寺，善導寺，京都の二尊院，乗願寺等に赴いたさいに入手したか（渡宋した泉涌寺の俊芿や建仁寺の栄朝，宇治興聖寺にいた道元に面会，教えを受けたともいわれる），庇護者より贈られたか。あるいは信州善光寺，上総蓮沼極楽寺，下総の飯岡光明寺，福岡西福寺のいずれかに蔵されていたのか。はたまた当時，舶来の漢籍を精力的に収集していた称名寺金沢文庫にて閲覧，抄写した（さ

せた）のか。

　ちなみに，浄土宗中興の祖で，良忠と同様，真言・天台・禅・法相・律をも学んだ了誉聖冏（1341-1420）は，明徳三年（1392），この箇所に註解を施して

> 「『博文録』云」等者，『博聞録』也。文字誤也。此百巻録也。穎川陳元靚撰也。穎川，所名也。陳，姓也。元靚，名也。是唐朝人也。今所引文，解【説書要法】篇有之。教講書作法也。言「講書者，書外不増言，又書内不脱言」也云々(12)。

と述べた。ただし，『竹譜』，『通制条格』も一様に『博文録』と作るからには，誤字ではなく，そう綴るテキストもあったのかもしれない(13)。であれば，聖冏は良忠のみたものと別のテキスト――"百巻"本，十干分類で各十巻の構成か――を参照していることになる。かれは別の折に『事林広記』も見ているので，十分ありうる話だろう(14)。

　成宗テムルの外交使節として日本に遣わされた慶元（現在の寧波）の僧一山一寧の弟子，かの虎関師錬（1278-1346）もまた，『博聞録』を手元に有していた。『済北集』巻十四「宗門十勝論」に

> 又宋陳元靚撰『博聞録』，其「空門清派」，載【如来直下二十八祖】【達磨直下六祖并三十三世】，曰「大哉曹渓，可謂通天下之仏法，成天下之畳畳者也」。陳君雖俗士，且付世所尊有所聞而言。不為苟然，至諸宗無収攝矣。禅門為大統者明矣。爾後余無為，『博聞』重編，「空門清派」下列【五禅】，【五教】。五教者，賢首・天台・慈恩・南山・密教也。五禅者，臨済・潙仰・雲門・曹洞・法眼宗也。先禅後教有次序矣。

という。一山一寧の"博学"も案外この書あたりがネタ本だったのかもしれないが，それはともかく，ここに掲げた『博聞録』の記述は，和刻本『事林広記』己集巻五「空門清派門」と対応し（かつて日蓮が誤りとして非難した【如来以下二十八祖】は削除されている），「五禅」「五教」の項目は，"増類"された至順（1330-32）刊本の「禅教類」に見える。『事林広記』の登場のいっぽうで，『博聞録』の増改訂が，大徳～泰定年間にもなされていたことをうらづける貴重な記録だろう。

　また，鎌倉建長寺に伝わった南禅寺の希世霊彦（1403-88）『聴松和尚（希世霊

彦）三体詩抄』（蓬左文庫蔵駿河御讓本）には

> 『博聞録』世系歌云：太祖太宗真与仁，英宗神哲及徽欽，高宗南渡孝光継，
> 寧宗理度有沖君……
> 『博聞録』世系歌云：唐室龍興高祖立，太宗伝祚及高祖……

とあり，それぞれ和刻本『事林広記』甲集巻八「宋朝」，巻六「唐」に対応する。
しかもそれぞれの記事の直前に掲げられている系図のうち，「趙宋朝世系図」は
和刻本甲集巻十「宋朝世系図」よりも詳細であったことが窺われ，「唐世系図」
は和刻本では削除されてしまっている。対馬本にいたっては両方とものこってい
ない。『通制条格』巻二八「雑令・禁書」がいう“聖朝開基太祖皇帝御諱及以次
皇族宗派”は，まさにこの世系歌，世系図の形式を踏襲して，現代史たるチンギ
ス・カンから成宗テムルまでの記事を継ぎ足していたものに相違ない。そのご禁
令の煽りをうけ，ぎゃくに唐・宋の系図も削られていったのだろう。

　なお，建仁寺青松軒，清原秀相の旧蔵に係る『立斎先生標題解註音釈十八史
略』七巻（国立国会図書館蔵　五山版　覆正統六年／1441 建安余氏刻本）の第一冊の
見返しに「三皇」「五帝」「夏」「殷」「周」「十二諸侯」「戦国七雄」，第三冊に
「南朝宋」「斉」「梁」「陳」「北朝」「北斉」「後周」「隋」，第五冊に「唐」「五代」
「宋」の七言歌が，出典を『博聞録』と明記して筆写されている。延徳元年
（1489）頃，建仁寺青松軒に住持していた桂林徳昌がモンゴル時代の『史学提要』，
『十八史略』などの中国通史をもとに著したという『唐土歴代歌抄（灯前夜話）』
（龍門文庫蔵）の巻頭にも「歴代歌」と「十二諸侯」「戦国七雄」などの七言歌が
掲げられる。いずれも，和刻本『事林広記』甲集巻六〜九「歴代門」の該当部分
と対応するほか，「歴代歌」に関しては，和刻本の最後の数句に脱落・改変があ
ること，判明する。

　留学経験や膨大な外典の知識を買われ，幕府や朝廷において朝鮮半島，大陸と
の外交を一手に担い，さまざまな制度の導入に与った京都・鎌倉五山の僧侶たち
が，『博聞録』，『事林広記』を重要な参考書として利用しつづけたこと，すでに
確かな事実だが[15]，『善隣国宝記』で名高い相国寺の瑞渓周鳳もまたそのひとり
であった。

　1969 年，伊藤東慎は，瑞渓周鳳が漢籍・抄物等，国内外の群書を渉猟抜粋し
た『刻楮集』二百巻（散逸）の天隠龍澤等による抄出本四十三冊を，みずからが

住持する建仁寺両足院において発見し，概容を紹介した[16]。そこに挙がる漢籍類は，『蔭凉軒日録』，『蔗軒日録』，『碧山日録』，『蕉窓夜話』など室町時代の日記・随筆に見えるそれと同じく，いずれも鎌倉末期以来，僧侶の必読書となり，じっさい抄物や詩文作成のための字書類において盛んに引用・参照される宋～明初のテキストであった。そのなかに『博聞録』の名も混じっていた。

この『刻楮集』は，時を経て 2008 年秋，氏の御子息で両足院現住職の伊藤東文および京都大学国語国文学研究室の木田章義教授によって，第一五五函に保管されているのを再び"発見"された。そして，その火帙第九冊に『博聞録』の抜粋——応永三十四年（1427）抄録の『坏輟集』巻三六から孫引きしたもの——が三葉にわたってつづく。

冒頭に"『博聞録』引用書目　凡三百五十三書"とあり，その内訳として大まかに"『氾勝之書』，縦横家書，農家専書，『忘懐録』，『東坡指掌図』，『雪山集』，『三昧集』，『迷仙集』"と記される。もとのテキストに引用書のリストが附されていたのだろう。そのあとに抜き書きされる"西穎　陳元靚編"の『新編分門纂図博聞録』は，①和刻本『事林広記』甲集巻三「節令門」《花朝》《寒食》《五月五日》，②巻四「節令門下」《九月九日》，③丁集巻五「勧学門」《十可惜説》《聖賢事跡》，④庚集巻三「農桑門」《種治竹法》《栽挿木法》，⑤辛集巻六「薬忌門」《薬忌総論》，⑥庚集巻九「綺語門」に相当する。

つづけて抄出される『博聞後録』は，①書簡等で用いる"闌干""幸々甚々""阿堵"などの語彙の出典，意味の解説，②「仙源支派図」と題する宋朝の宣祖から寧宗までの歴代皇帝の御諱のリスト。前者は現行の『事林広記』のテキストにはのこっていないが，『塵袋』に引用される『博聞後録』の記事はいずれも和刻本『事林広記』に見えているから，何度かの改訂の間に淘汰されただけのことだろう。瑞渓周鳳（もしくは『坏輟集』の編者）も末尾に"『博聞録』前後集**八策**抄畢"と記しており（"後集"という呼び方は，耶律鋳と共通する），『博聞録』，『博聞後録』がセットであったことを証言している。

ところが，この『博聞後録』，編者は"龍渓の劉文之"だとはっきり記される。龍渓は，おそらく本籍地に過ぎないが，福建の漳州に属する。劉文之は，『篆隷文体』にいう，かの玉璽の模本を有した建安劉氏，ことによると朱子の弟子劉崇之の一族ではあるまいか。周知のごとく宋から明代にかけて麻沙，崇化劉氏の名を掲げる坊刻本は少なくない[17]。類書も数多く編集，出版した。寧宗の御諱ま

で記すことからすれば，その成立は宝慶元年（1225）以降，咸淳元年（1265）以前とみてよい[18]。

　いっぽう，それより遅れるはずの『歳時広記』の成立は，宝慶二年（1226）から紹定元年（1228）頃[19]。両書は間髪いれずに刊行されたことになる。

　にもかかわらず，朱鑑は『博聞三録』を陳元靚編とした。これは果たして何を意味するのか。ますます現物そのものの発見が俟たれるわけである。

註

（1）『天下同文集』（台湾国家図書館蔵影元抄本）前甲集巻三崔彧「献宝璽書」"皇帝福蔭裏，資徳大夫御史中丞臣崔彧言［至元三十一年歳次甲午正月三十日，既臣番直宿衛，御史台通事臣潤潤出，即其衛所来言曰「大師国王之孫拾得者，嘗官同知通政院事，今已歿矣。生産散失，家計窘極，其妻脱脱真縈病，一子甫九歳比相告『幸煩以此玉見賞得価，以給朝夕之食』，及出，乃玉印也。潤潤出自惟蒙古人，不暁文字。茲故来告」。聞之且驚且疑……］"。なお，このときのジャライル国王家当主は安童の弟，和童である。

（2）『篆隷文体』の末尾に移録された『博聞録』巻一の「傳国璽」の挿絵・記事は，方回（1227-1307）が『続古今考』巻五「皇帝璽符節」において"舜初不言璽文幾字，璽方幾寸，璽之玉色。何若今之俗伝，『博聞録』。恐多不経，未足信也"と非難するまさにそれ。なお，この「傳国璽」の挿絵は，"皇朝特奏状元陳応行"が新増・刊行した冊子から採録したもので，非難を負うべきは，じつは陳応行である。かれは，偽書の疑いが濃い『吟窓雑録』の著者として有名（『直斎書録解題』巻二二によれば，『吟窓雑録』の撰者は莆田の蔡伝と明記されるので，増改訂を施しただけではあるまいか）で，紹熙四年（1193）刊行の『春秋穀梁伝』（蜂須賀家旧蔵宋建安余氏万巻堂刊本）の校正作業にも"春議郎簽書武安軍節度判官庁公事"の肩書きを以て加わっている。陳元靚は，後述する建安劉氏との繋がりからしても，陳応行の一世代あとの極めて近い親戚だったと考えられる。

（3）『事林広記』の諸版本については，註5の各論文参照。至元二十九年（1292）に完成した胡三省の『資治通鑑音註』では『博聞録』が参照されていたが，延祐五年（1318）に完成した王幼学の『資治通鑑綱目集覧』（台湾国家図書館蔵明洪武二十一年梅渓書院刻本）巻五七では，『事林広記』と明記して「儀礼類」《郷居雑儀》の【刺字之式】を引用する。梅渓書院は，洪武二十五年（1392），元刊本の『事林広記』前・後・続・別の四集に外・新の二集を加え六集構成とし，部分的に明代の最新情報に入れ替え三十五巻本として重刊したことで知られる。なお，大徳年間以降に加えられた新データの一部，たとえば江南の官僚の給与表は，『元典章』や同時代の各地方志と同様，『江浙須知』なる書物に依拠した可能性がある。この書は，『文淵閣書目』をはじめ明清の書目に記載がないため，これまでまったく留意されていなかったが，『永楽大典』巻七八九〇 2a「汀州府」【至到】，12b【戸口】，巻七八九二 13a【衙門　五十八処官吏一百九十六員名】，巻七九六三 26b「紹興府」【至到】に逸文がのこり，大都や近隣の路までの距離，人口調査，俸給表などきわめて重要な資料だったことがわかる。おそらく『大元大一統志』の編纂の過程で生まれた国家出版物で，各官庁に頒布されていた。

附論 1　陳元靓『博聞録』攷　157

（ 4 ）『文淵閣書目』巻十一「盈字号第六厨書目・類書」“『博聞録』一部五冊闕”。
（ 5 ）宮紀子「『混一疆理歴代国都之図』への道――14 世紀四明地方の『知』の行方」（藤井譲治・杉山正明・金田章裕編『絵図・地図からみた世界像』京都大学大学院文学研究科　2004 年　pp. 3-130　のち『モンゴル時代の出版文化』名古屋大学出版会　2006 年に収録），同『モンゴル帝国が生んだ世界図』（日本経済新聞出版社　2007 年），本書第 1 章・第 2 章・第 8 章。
（ 6 ）『明翰抄』第五十「雑号名奇」によれば，のちに近衛稙家の息女で『源氏物語』の写本をもって知られる玉栄も「慶福院」と号したが，宋元版の収集をした可能性は低い。
（ 7 ）『伝是楼書目』「登壇」“『上官拝命玉暦』一巻　一本　抄本”。“大全”は明代の書に多くみられる表題。のちに付け加えられたものか。註 9 参照。
（ 8 ）『郡斎読書志』巻五上「五行類」【拝命暦一巻】
（ 9 ）『歳時広記』末巻「総載」【諸家兀日】“『邐斎閑覧』：「仕宦多忌兀日不赴官，人多不暁其義，或云瓦日」。然兀日数家之説不同，最為無拠，『弾冠必用』所載，有年兀，月兀，時兀，大兀，小兀，上兀，下兀。又有大小月兀法，逐月上下兀法，六輪兀別法，伝神経兀法，百忌暦兀法，通仙六局兀法，演星禽兀法，並詳見『上官命玉暦』……”。なお，李盛鐸旧蔵の『類編陰陽備用差穀奇書』十五巻（北京大学図書館蔵後至元三年刻本）巻一「陳拝受官上官視事吉凶」に“今論兀日之法，却有数般，甚是較雑，未有験者。只有陽軌陰異，上下兀法，是出乎『道蔵』，屢試有験。其余兀日，未有出処，不堪行用。前江西運使陳文卿刊行『上官撮要』，兼逐年朝廷頒降台暦，亦用此”とあるが，この陳文卿，陳元靓と縁者である可能性も否定できない。
（10）『東京夢華録』（静嘉堂文庫蔵元刊本）巻末に附された趙師俠の識語参照。
（11）和刻本『事林広記』丁集「速成門」【説書要法】に該当。
（12）『決答疑問銘心鈔』上「一心千年弥陀名号等下」
（13）ただし，『西南草木考』（北京大学図書館蔵抄本）に収録される『竹譜詳録』上「鶏頭竹」では，“博聞録”と正しく綴る。
（14）『伝通記糅鈔』巻十四「言無量寿者乃至向唯在近等事」に『事林広記』の「帝系類」《歴代統系》を引用する。
（15）じゅうらい意識されていないが，後醍醐天皇の息子で征西将軍に任じられた懐良親王の「中書」をはじめ，南北朝から室町時代にかけての「管領」や「都元帥」，希閟霊彦の義父細川満元が名乗った「総管府」等の肩書きは，あきらかにモンゴル時代のそれを導入したものであり，その職務，意味をじゅうぶん理解したうえで適切に使用されている。金沢文庫が「集賢館」「昭文館」「史館」の三館を有していたことも，もう少し注意されてよいだろう。そして，南北合一を成し遂げた足利義満は，金閣寺舎利殿で有名な北山第を中心に，いわゆる平安京のすぐ北に新たな方形の都城建設を企てたが，明らかに，大元ウルスの大都，旧金朝の中都（南城）のダブル・シティがモデルであった。おそらくは自らを世祖クビライに擬していた。入れ知恵をしたのは，留学帰りの禅僧たちだろう。
（16）伊吹東慎「瑞渓周鳳の『刻楮集』について」（『禅学研究』57　1969 年 2 月）
（17）至元二十九年，胡方平の『易学啓蒙』に序文を寄せた劉涇（字は揖之）もあるいは一族か。
（18）『仁寿鏡』に引かれる『博聞録』丙集巻一には，“宋紹定五年壬辰歳，自周敬王四十一年辛酉（BC480），至聖宋紹定五年壬辰（1232），実一千七百十二年”とあり，1232 年頃に編纂，もしくは改訂されたことが示唆される。ちなみに，現行の和刻本『事林広記』丙集巻一「素

王事実」【廟宅宏規】，対馬本後集巻四「聖賢類」【廟宅宏規】では"宋朝徳祐二年丙子歳（至元十三年／1276），実一千七百五十（八）［六］年"に改められている。

(19)『詩伝遺説』の序文によれば，端平乙未（1235）五月の時点で朱鑑は承議郎（従七品）権知興国軍兼管内勧農営田事節制屯戍軍馬。したがって『歳時広記』の序を書いた時期，すなわち"宣教郎（従八品）特差知無為軍巣県事兼義武民兵軍正総轄屯戍兵馬借緋"の肩書きを有したのは，宝慶二年（1226）頃ということになる。『歳時広記』のもうひとつの序文の撰者劉純（字は君錫。劉崇之の子）の肩書きは，"文林郎（従九品）新行在太平恵民和剤局監門"で，『景泰建陽県誌』巻三「名人賢士」収録の伝とあわせ考えれば，紹定二年（1229）より前。

附論2 新たなる『事林広記』版本の発見にむけて

　13世紀，チンギス・カンの登場によって幕をあけたモンゴル時代は，中国の伝統文化・価値観が徹底的に破壊された「暗黒の時代」として語られてきた。しかし，じっさいには，朱子学をひとつの支柱としつつ，古典や新たな知識の保存・普及を助ける書物の編纂や出版，研究機関・学校の整備，人材の育成が重視され，莫大な公費が投入された。その姿勢は，はやくは戊戌の選試（1238），至元十一年（1274）の選試等にすでに窺えるが，なんといっても延祐元年（1314）の科挙再開が拍車をかけた。科挙再開にあわせて，幼少よりいかなる書物を読み学んでゆくべきか詳細に指示する程端礼の『程氏家塾読書分年日程』が国家の肝いりで出版され，じっさいその指針どおりに各路・府・州・県の儒学・書院あるいは書肆において関連の書籍が次々に刊行されていった。用途別に大きく，①官庁や学校での閲覧・保存用に作られた大字本，②コンパクトで携帯に便利な小字本に分けられる。

　そして，程端礼と同郷の趙撝謙がものした『学範』，あるいは至正十年（1350）に山東益都路に立てられた「密州重修廟学碑」の碑陰に見える購入書目のリストと，現存する国内外の元刊本（もしくはその覆刻・重刊本，抄本）を検討してゆくと，とりわけ大元ウルス治下の江南——福建建安や江西廬陵——の小字本の流通が顕著であったことが判明する。また，モンゴル朝廷は，当初より多言語多分野に通ずる優秀な人材を尊び熱心に広く求めたので，医学・薬学・工学・農学，数学等の書物も盛んに編集，刊行された。金朝末期からモンゴル初期にかけて東西交流の刺激のもとに格段に飛躍，進歩を遂げていた華北のさまざまな知識は，大徳年間以降，遅れをとっていた江南で急速に吸収され広まってゆく。官僚あるいはその子弟のみならず，道士や僧侶も「外典」としてこうした書物を熱心に収集し，学んだ。ゆえに，『事林広記』のような挿絵入りの類書は，おのれの博学を示し，さまざまな人との交流，接待の場で恥をかかないために，とくに歓迎・

重宝された。

　韓国や日本の社会・文化は，この大元ウルスの出版物の多大な影響・恩恵を受けた。高麗，朝鮮王朝内に持ち込まれ，参照・重刊された書籍については，こんにち各地の図書館，名家に伝わる現物はもとより，実録や官僚の日記，文集，あるいは『事林広記』の朝鮮半島ヴァージョンといってよい百科事典『攷事撮要』からその書名，巻数等を知りうる。

　かたや，日本についても，こんにち，高校の漢文教育に用いられている教材や江戸時代の和算の発展の契機となった暦や数学書，多分野で盛んに参照・引用された挿絵入りの百科事典は，みなモンゴル時代に作られ，鎌倉時代から室町時代にかけて留学僧や商人が持ち帰り珍重したものである。書籍の多くは，陶磁器や漆器・書画等の舶来品と同様に，高麗，日本との外交・貿易の窓口であった慶元（現在の寧波）の港から博多・京都・鎌倉へと運ばれていった。そして，とくに京都の貴族や五山の僧侶が中心となって翻訳，研究が進められた。もとのテキストをできるだけ忠実に覆刻した五山版や抄物とよばれる当時の講義の準備ノート，手控えや学生たちが書き取った記録は，中国の文化の受容を知るための格好の資料である。

　抄物は，じゅうらい日本語の口語の歴史を探る資料として重視されてきたが，現在中国には伝わらない典籍の名が頻出し，ときにはその著者名・巻数・刊行年・書肆名などの情報も記されており，さらに幸運な場合には，内容の一部が抜粋，録されていることもある。また，詩文作成の際に参照すべく編纂した韻書や字書等の工具書にも，舶来の書物が大量に引用されている。同時代の史書や公家・僧侶たちの文集・日記・随筆等も相当量のこっているので，これらを併せて検討してゆくと，日本に現存する宋元版の由来，あるいは学界未知の天下の弧本が伝来している可能性の高い場所を絞り込むことができるわけである。じっさい，日本各地の古刹・神社・旧華族の文庫には，中国では散逸した重要文献がたくさん保存されている。こんご，これらを探索し，丹念に読むことによって，さまざまな新事実が判明し，じゅうらいの常識が覆るだろう。本書で紹介した二種類の『事林広記』の版本もそうした手続きのもとに再発見されたものである。じつのところ，『博聞録』が蔵されている場所も二，三箇所なら，推測しうる。実地調査が可能となるかどうかは，こんごに委ねられるが。

　泰定四年（1327）の進士で，慶元・台州・紹興・杭州・建徳等の路を転々とし

附論 2　新たなる『事林広記』版本の発見にむけて　　161

ながら文学活動を行い，やがては江西儒学提挙に任じられた楊維楨は，「送僧帰日本」と題する七言律詩において，"我欲東夷訪文献，帰来中土校全経"[1]とうたった。とうじから，日本に貴重なテキストが多く伝来，大切に保管されていること，よく知られていたのである。

　ひるがえって，本家本元の中国で，大元ウルス時代の刊行物の探索にあたり有効な手がかりとしてまず挙げられるのは，『文淵閣書目』や『内閣蔵書目録』，『南廱志経籍考』，『古今書刻』といった明代の書目題跋や，蔵書家として名高い葉盛や楊士奇の文集・日記だろう（とかく「出版文化の隆盛」をもって喧伝されてきた嘉靖・万暦年間の書物の多くが，大元時代の書物の重刊や剽窃であること，明代の読書規範が終始，大元ウルスの踏襲であったことは，いまや否定しがたい事実となりつつある）。

　だが，さらに注目すべき資料がある。地方志に録される各地の学校が所蔵する典籍のリスト，とくに『建陽県誌続集』（弘治十七年／1504）の「典籍」，『建昌府志』（正徳十二年／1517）巻八の「典籍」は参照する価値が高い。若干明初の刊行物を含むが，ほとんど大元時代の書物で，ただ所蔵するだけではなく実際に教育の現場で用いられていたことが確かで，しかも建陽は小字本出版の中心地，江西の建昌路は，建寧に隣接し廬陵や龍虎山，仁宗アユルバルワダの投下領であった龍興路にもほど近い。つまり大字本・小字本ともに入手しやすい位置にあった。書籍を"収貯"していた建昌路下の南城・南豊の官学が，至元十九年以降，書籍・祭器等の収集・整備に余念がなかったこと，いくつも資料がのこっている。

　この二種の地方志は，大元時代の版木そのものが十六世紀初頭まで伝来・保管されていた可能性を証言する貴重な記録である。じっさい，ここに掲げられた典籍は（呉繹を呉戫，遺山先生＝元好問を遠山先生，『全纓簡易方』を『金纓簡易』とするなど，多少の誤刻はあるものの），両者ともに一致するものが多く，また現存の元刊本，これまでの調査で判明していたとうじの必読書（陰陽学や医学書も含む），科挙の対策書や類書と恐ろしいまでに対応する。『三場文選』や『梁氏策要』『丹塀独対』『策学提綱』『詔誥表章』『太平金鏡策』『尺牘筌蹄』『群書一覧』等，近年になってその全貌を紹介されたものも，しっかり見えている[2]。平話の『宣和遺事』も保管されていた。ぎゃくに，『三車一覧』『挙業啓蒙』『全書錦嚢』『律学解頤』『仏門定制』などは，書名から内容を推察するに，こんごの発見が切望される資料といえるだろう。

くだんの『事林広記』は，このふたつのリストにも挙がっている。ただし，『建陽県誌続集』にいうところの四十巻本は，成化十四年（1478）の福建官刻本（台湾国家図書館・中国南京図書館・英国ケンブリッジ大学図書館）にほかならず，『建昌府志』のテキストは，『古今書刻』がいう江西臨江府の重刊本（学界未知の版本）である可能性も否定できない。

ところで，北京大学には，陳元靚と『事林広記』にかかわる未紹介の資料が少なくとも三点ある。

まずは，李盛鐸の旧蔵に係る『上官拝命玉暦大全』の抄本（10行×22字）。これについては，すでに附論1「陳元靚『博聞録』攷」にて詳しく紹介した。

ふたつめは，『新刊相法人倫大統賦解』の影元鈔本（9行×18字）（図1）。金の礼部尚書であった張行簡が譔した人相術のテキストに，かつて安西王府の文学に任じられたこともある薛延年（字は寿之）[3]が音註，集解を附したもので，死ぬ三ヶ月前の皇慶二年（1313）の五月に序文をしたためている。『四庫全書』にも『永楽大典』の輯佚本が収録されるが，巻頭の「十二宮図」「諸部分野之図」「流年運気之図」「面紋之図」「枕骨之図」「黶誌之図」「面部」計四葉および末尾に附された「気形図」の各「気」の絵と「書人倫大統賦後」を欠く。前者の六枚の面部の図は，薛延年が入手したばかりのもので，陝西部陽県の県簿であった李庭玉が描いたという。本文の理解を助ける目的で特別に附したこと，序文に明言されている。そして，このさいごの「面部」の図一葉が，和刻本『事林広記』の壬集巻八「人倫奥旨」，至順刊本の続集巻十二「卜史類」，後至元刊本の己集巻上「人倫風鑒」に掲げられる【面部図】の挿絵と細かい部分まで完全に一致する。そして，これらの図は，宣和五年（1123）に江陵府超然観道士張紫之庭瑞が編集した『集七十二家相書』の写本（金沢文庫蔵）の「面部図」より詳細である（カラ・ホトから出土した西夏の「相面書」の挿絵のレヴェルも相当高かったことを考えると，やはり華北の卜占の発達の原因および南宋に対する文化の優位性に注目すべきだろう），対馬本，叡山文庫本は，ちょうどこの部分が欠落しているので，いつの時点で挿入されたか確定できないが，華北の刊本が江南で参照，採り入れられた例として，貴重である。薛延年の『四書引証』や杜瑛の『語孟旁通』も，胡炳文，張存中が『四書通』（泰定元年自序，天暦二年建安余氏勤有堂刊），『四書通証』（泰定五年序）を著すさいに参照していた。

みっつめは『折疑論集註』二巻。ここに『事林広記』が引用されている。この

附論 2　新たなる『事林広記』版本の発見にむけて　163

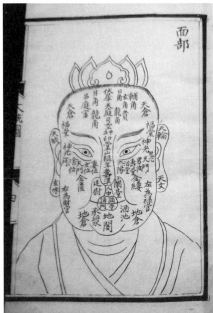
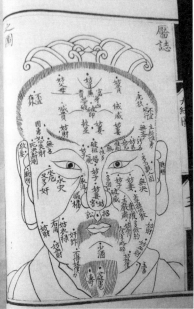
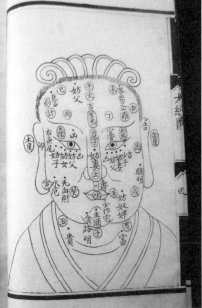

図1　『事林広記』に採り入れられた華北刊行の挿図本（北京大学図書館蔵影元鈔本）

書は，京兆覇陵出身で，儒・仏・道の三教に通じ，世祖クビライによって"伝大乗戒賜紫潤国大師"の号を封じられ経律論を講じた釈子成（字は彦美，号は妙明。魚岩老人祥公，少林寺の雪庭福裕等に学ぶ）の著述[4]に対し，明の景泰年間に金臺大慈恩寺の西域の比丘たる師子が注釈を施したもの。巻頭の「孔子・釈迦・老子三像」「釈迦三尊像」の挿絵一葉につづけて掲げられる「折疑論中所引三教経書諸子伝目録」の道教関係の参考書リストに『事林類要』が挙がっており，じっさい「宗師編第五」の"昔者虞舜師尹寿，唐尭師務成"の考証において同書を引用する。これは，『群書類要事林広記』を指すと思われ，「道教類」の［老子変現之図］に対応する。また，「論孝第七」の"以其四方六合之内，八紘九圍之内"では，はっきりと"『事林広記』曰：「八紘，『淮南子』曰：『九州之外有八彙，彙即縁運也。八彙之外，有八紘』。八紘者，四方四維也」"という[5]。ただし，現行の『事林広記』諸本にこの部分はのこっていない。とうじ北京宛平県の大慈恩寺（旧名海印寺）に，未知の版本が存在しており，それをティベット等西域出身の僧侶たちが常時参照していたことになる。

　大慈恩寺は，文官や諸国の外交使節，衍聖公，張真人，国師等を一堂に会して開かれる宴会，各種儀式の舞台であり，そこに住持するティベット僧たちの果たす役割は相当に重要であった[6]。だからこそ，『事林広記』が備えつけられていた（その書名が『居家必用』，『方輿勝覧』等とともにティベット方面に知られていたこと，まさにこの景泰年間に于謙が証言している）[7]。ほかにも歴代の各種書籍が集積されていたに違いない。やはり明の寺観の状況も，日本と同じだったのだ。

　したがって，こんご，中華人民共和国の境域内，たとえばティベットにおいて，対馬や比叡山と同様に，『（弘治）建陽県誌続集』「典籍」や『（正徳）建昌府志』巻八「典籍」に録されるような元刊本，あるいは天下の孤本が出現する可能性は，あるだろう。その発掘のためには，けっきょく，書誌学の基礎の上に，広やかな視野をもって地道に各種文献を読み漁り，ひとつひとつの書物の行方を辿ってゆくしかないのである。

註

（1）洪武十七年（1384）頃に寧波で刊行された『元音』の巻十二に収録される。また，至治元年に編まれた釈龍岩の『竹居火後拾遺集』（京都大学附属図書館蔵写本）「送日本修書記遊

附論2　新たなる『事林広記』版本の発見にむけて　**165**

岳」にも“<u>扶桑日本</u>相隣居，<u>三韓</u>之地多知寿。且聞<u>秦</u>火不及到，亦経典籍倶全儲”とうたわ
れる。

（2）宮紀子「『対策』の対策――大元ウルス治下における科挙と出版」（木田章義編『古典学
　　の現在』5　2003年　pp. 5-126　のち『モンゴル時代の出版文化』名古屋大学出版会　2006
　　年に収録）

（3）『勤斎集』（静嘉堂文庫蔵抄本）巻三「元故文学薛君寿之墓誌銘」“至元壬辰（1292）秋，
　　<u>秦王妃聞平陽薛氏董</u>母賢，召之。其子<u>延年寿之</u>，扶輿而西至，則以経訓輔導。明年春，得告，
　　賜金帛，官其子<u>開成教授</u>，而帰，再授<u>王府文学</u>。<u>寿之</u>，皆以侍親不克赴，居長安東郭，士夫
　　延之，以淑子弟，後六年，母卒……又十五年，當皇慶癸丑（1313），<u>寿之</u>，年六十二，八月
　　戊寅，沐浴正衣冠而終……其素蘊見詩文・琴阮・六書，則所専業，至于医卜・図画・装襦，
　　率皆能之，有『小學纂図』・『本草図』・『四書引証』・『秋潭良方』・『鐘鼎大小篆韻』・『琴
　　譜』・『秋潭集』。五書伝于家……”，『洪武平陽志』（中国国家図書館蔵）巻五「臨汾県・人
　　物」，呉昉「大元磧黎雅等処副総管呉君墓碣銘」（西安市文物稽査隊編『西安新獲墓誌集萃』
　　文物出版社　2016年　pp. 278-279）。胡炳文『四書通』（中国国家図書館蔵天暦二年／1329
　　建安余氏勤有堂刻本）巻頭の「四書通引用姓氏書目」にこの『四書引証』が挙げられており，
　　江浙行省徽州路の儒者であった胡炳文が1324年以前に山西は平陽の刊本を入手していたこ
　　とがわかる。大徳二年（1298），駱天驤の『類編長安志』を刊行するにあたって，開成路儒
　　学教授だった薛延年は，校正を担当した。『小学纂図』とは，『内閣蔵書目録』巻八の“『小
　　学纂疏』六冊全。<u>元大徳間</u>，<u>薛延年</u>，采集経史所載事物，各為図説，以訓童蒙，又以<u>李成己</u>
　　『小学』諸書附焉”，『銭遵王読書敏求記校証』巻一下「李成己小学書纂疏四巻」“<u>洛陽薛延年</u>，
　　又創纂『小学書』，「挙要図」冠于前”に等しい。同時期，福建は建安の何士信が『小学集
　　成』附『纂図』――『事林広記』にも少なからず取りこまれる――を刊行しており，前者
　　の海賊版であった可能性も否定できない。何士信については，本書第1章，『モンゴル時代
　　の出版文化』参照。

（4）『折疑論』上下二巻『続増補折疑頌論詩二十一首』二巻（『高昌秘笈甲集』収録　影元鈔本
　　四周双辺　8行×18字）が，比較的，原型に近いテキストと思われる。巻頭に辛卯（1231）
　　の年の序（勾呉非衣道人徐正和の書とするが，撰文は金末の郷貢進士白水屈蟠で，至元二十
　　八年／1291に係年するのは誤り），至元十六年（1279）付け，山東の巨利霊巌寺の住持であ
　　った足庵浄粛の序を掲げる。割注は，かつて『心経』にも注釈を施していることから，釈子
　　成自身のものと考えられるが，達筆であった徐正和が全文の版下を作成しており，かれの手
　　になる可能性も完全には否定できない。中国国家図書館所蔵の『折疑論』一巻（左右双辺
　　10行×20字）は，至元十六年の足庵の序，辛卯の屈蟠の序，後至元六年（1340）の空庵了
　　一の後序を附す。国立公文書館の江戸期の写本（11行×20字）は，屈蟠，足庵の序と永楽
　　十五年（1417）一如の跋。なお，足庵は至元三年（1266）より河南の少林寺の住持をつとめ
　　たとあり，至元三十年に大都報恩禅寺伝法住持嗣祖林泉老衲従倫が撰した「霊巌足庵粛公禅
　　師道行碑」を補う貴重な資料となる。

（5）中国国家図書館の『折疑論述註』一巻『続増折疑論頌詩』一巻（万暦四十年／1612釈如
　　湛等刻本）の当該箇所は，“於『事林類要』「道教洪続」内，明之也”と註する。

（6）『礼部志稿』巻二一「諸宴通例」，巻三八「賜封」

（7）『忠粛集』巻四「南征類」【兵部為辺情事】

【附記】本章は，2009 年 5 月 17 日に北京大学歴史学系にて報告した「関於蒙元時代的典籍」に
　　　もとづく。

第3章

江戸時代に出土した博多聖福寺の銀錠について

　ときは元禄十一年（1698）の暮れ，ところは明庵栄西[1]の創建にかかる博多の勅賜扶桑最初禅窟安国山聖福寺。源頼朝（開基時の大檀那）の五百年忌法会という一大行事を終え，住持の丹巌義誠は，一息つきながら，京都本山で行われる自身の転位の儀の往復旅費，上納金をはじめ，こんごの資金繰りに頭を悩ませていた。そこに，天与のようなニュースが飛び込んでくる。貝原益軒『筑前国続風土記』（宝永六年／1709）は，ことの顛末を次のように記す。

　当年十二月十二日博多宗湛町の民三宅伝兵衛が息女，病んで死す。聖福寺の子院瑞応庵に葬んとして，役夫，墓地をうがつ事三四尺許。地中に石あり。其下より忽に一の壺をほり出せり。ふたをひらき見れば，壺中悉く金器也。僧徒より福岡の有司に其由を告しかば，監吏来て是を点検せしに，壺中の金器，花銀，金花銀，金銭，銀銭，団金，片金，其外，金にて作れる禽獣蟲魚の形，品々多くして，枚挙し難し。其体製皆中華良工の所作にして，日本の製に非ず。是，いにしえ乱世に兵火をさけて，ここに埋みしなるべし。丹巌，是を封じて邦君［黒田］綱政公に上つる。綱政公，此時江戸に述職し玉いしが，其内文字を刻める金銭，金花銀各一枚をとどめ，其余は悉く丹巌に返し賜う。はじめ壺をひらきし時，役夫，賤人等あまた金器をつかみ取しを，監司の輩相議して，是を取返して送り返さんとす。丹巌かたく制して，「是，彼傭夫等地を掘し力より出たれば，彼等が取りしは得べき分也。取返すべからず。況 罪すべけんや」とて，傭夫等をせめ求る事をゆるさず。きく人これを感ず。其後，金花を悉く集め鋳たりしに，凡二百三十余両を得たり。此内金八両を彼墓の地主瑞応庵におくり，又銀百両を護聖院に寄て，開祖の祭奠を助く。「其余は住持丹巌出世の資用とすべし」とて給わりける。

168 第Ⅰ部　日出づる処の資料より

　いっぽう，熊本敬卿『博多古説拾遺』（元文三年／1738）の「聖福寺金出る事」
は，意図してのことか，異なる視点から語り，上述の記事を補ってくれる。

　西町中下番に綿屋伝兵衛と云者有り。此娘ちょう随分器量も能く利発に生付
きし故，市小路浜呉竹善三郎娵に呼けり。此女不図病気出て親伝兵衛方に来
り養生しけるに終に快気せずして元禄十一年寅の十一月に病死す。合壁の者
ども墓所を取り旦那寺聖福寺塔頭瑞応庵に行て地をほりけるに瓶にほり当り
けり。古墓の跡ならんと驚あえるに光る物有り。不思議におもい穴に入て又
ほり付見ければ銀のさはち（＝沙鉢）成。是をのけて瓶の内を見るに色々の
作り物入たる，初は金と云事を不知騒げるゆえに寺より同宿大勢出て是を見
「金成」と云。夫故，地をほりし者ども銘々隠々に盗取て迯帰りぬ。寺より
跡を改て此赴御奉行所江注進有。其比は庄野彦右衛門殿，舟橋十郎衛門殿
御奉行之時分にて御詮議被成，西町中下勘七，長次郎，与右衛門，左兵衛，
久兵衛と云者共地取に行し故，御呼出稠敷御僉儀被成候処，取帰候品々差
出けれども過半は隠し置けり。後にそろそろ内証にて売払しと云。右之者共
当分は渡世も緩やかに致けれども幾程なく逼迫して子孫も絶たり。此瓶聖福
寺に拝領有りて吹つぶしに成，其時，両市中之者見物しけり。金銀之作り物
にて在り。此銀を以其比の住持丹巌と云ける僧，和尚になられしと也。其
後右ちょう廿五年忌に石塔を直す迚，兄惣兵衛と云者又瓶をほり出しける。
是も金銀の作り物成よし。其対惣兵衛今壱つ有事を見置たるよし，魚町の者
共に語りければ四五人相談して或夜密にほりけるに又壱つ出けり。都合三
つ出たり。不思義成事共也。

　まず三宅家についていえば，①屋号は綿屋，②伝兵衛の娘"お長さん／お蝶さ
ん"は，呉竹家に嫁いだが，跡継ぎを生まないままに病気に罹って実家で療養，
死去した，③綿屋の家督は，長／蝶の兄の惣兵衛が継いだが，無類のお人好しで
お喋りだった，ことがわかる。とうじは隣近所が葬式のみならず墓掘りも手伝っ
た。

　さいしょの話では丹巌義誠禅師と黒田綱政公の無欲さを示す美談に仕立てられ
ている。だが，じっさいのところは，出土した財宝を目の前で根こそぎもってい
かれた聖福寺が，福岡の奉行所に訴え出て，それらを取り返さんとしたのが真相
だった。回収できたのは半分以下，とうじの奉行の取り調べは──たとえ丹巌

の取り成しがあったにせよ，呆れるほど大らか。だからこそ，著者も奉行二人の実名を憚らずに挙げたのだろう。

享保八年（1723）に同じ墓地から金銀財宝の詰まった壺がさらに三つ発見された件，黒田藩の右筆頭取，長野源太夫恒義の『長野日記』[2]巻下の把握するところでは

> 二月廿六日聖福寺塔頭瑞応庵にて，壹斗入程之壺掘出す，金銀入有之，右博多桶屋町之者夢想に見て掘候由，先年も同寺にて金銀の金具入候壺を掘出候，其類之由，但銀の分銅（＝錠）并銀細工之類入有之由，如先例聖福寺住持圓珪へ被下，右掘出候銀懸目
> 　　　九貫六百六拾目程
> 　　　　銀分銅（＝錠）六十九の内　六つは大，六十三は小
> 　　　四貫貳百目程
> 　　　　　同　細工物　但茶碗・皿・鑑之類
> 　　　合銀拾三〆八百六拾目程

とのことだった。盗掘現場を聖福寺側に押さえられ，取り調べを受けた桶屋町の者は，惣兵衛・魚町の衆の名は出さず，あくまで夢のお告げと主張した。そういうわけで，今回もまた奉行所が把握・回収できたのは，ごく一部分に過ぎなかった。それでも約52kgあったというのだからすごい。それらは，元禄十一年の先例に倣って，ときの住持圓珪祖応に下賜された。

この『長野日記』によれば，じつは享保八年どころか享保元年（1716）——長／蝶の十七回忌のさいにも，ほぼ同じ場所から財宝の詰まった壺が一つ発掘されていた。

> 博多町人呉竹善三郎と申者之妻，先年相果，聖福寺の内瑞応庵へ葬，石塔に地蔵を建置候，所柄不宜候に付，少々脇へ引直し候迚，六月十九日墓所掘候処，地蔵之下棺無之に付，深く掘見候へば壺壹つ掘出候，棺は地蔵の下に無之，二三尺脇に有之由，右之壺に金銀作り物大分入居候事，先年元禄十一年十二月に右瑞応菴より壺掘出し，金銀の作り物懸目拾貫余入居候由，右之金銀至て宜金にて候由，『旧記』に見，此節掘出候金銀掛目
> 　　金　八百七拾八匁四分　銀　五貫三百貳拾目壹分

このとき，前回の発見も考え合わせ「二度あることは三度ある」と周囲を徹底的に掘り返さなかったあたり，暢気というべきか，罰当たりと恐れたのか。あるいは，ぎゃくにこんごの蓄えとばかり，ほかの壺はこっそり埋めもどしておいたのか。報告では金銀あわせて23.2kg。元禄十一年には奉行所が回収できた分だけでも37.5kg，享保八年分は52kgあったことからすると，発掘時に中身を半分以上抜き取ってから申告した可能性もなくはない。いずれにしてもこれだけの数の壺が一箇所から数回にわたって出土したのだから，誰かの"隠し財産"だったことは間違いない。これらは一体いつごろ埋められたものなのか。

　その考証については，同時代の儒学者，伊藤東涯（1670-1736）が，いちおう手をつけていた。『輶軒小録』「元世（銅）［銀］法馬之事」がそれで，銀錠のひとつをとりあげて写生し，重量についても詳細に報告する。

　　享保より前の比(ころおい)，筑前博多中に市小路と云町あり。其浜に呉竹善三郎迚(とて)あり。
　　其妻物故しけるに依て，聖福寺の塔頭瑞応庵へ取納む。墓地を掘に，壺一つ
　　掘出す。其中に金銀の分銅，金銀の作り物等，品々取出し，其跡へ彼妻を取
　　葬りてけるに，金銀は寺へ上，祠堂の領とし，其跡に石仏一体を安置し，其
　　処を記し置く。其後十九年，享保丙申年（＝元年），彼石仏の脇，藪竹生じ
　　ける。依て彼墓を一二尺わきへ移す。六月十九日，其処を掘りけるに，亦壺
　　一つ掘出す。此壺前より大也。其中より銀の法馬八錠を掘出す。大体長四寸
　　五分程，重四百九十余もあり。大三，小五ありて，料目少々不同，小成(なる)長二
　　寸五六分あり。其法馬表背に文あり。八つにて合二貫百七十四目二分あり。
　　其余金の鈴，金虎，銀の刀鞘，金銀鋳の造物，諸具品々出で銀目合て五貫目
　　余も有と云。法馬形左（＝下）の如し。

図1　『輶軒小録』「元世（銅）［銀］法馬之事」（京都大学附属図書館谷村文庫蔵）

右（＝左）の形を考るに，元の世の物成(なる)べし。元の時に，諸道に「行宣政院」と云官府を置，一道の政事を掌る。「経歴」は其下役人官なり。「提調官副使」と云は，其官の司とて，正使のたすけ也。「側失監」は，韃人の名と見えたり。元の時に，丞相搠思監と云

人，字は異れども，其音近し。「弁験［銀］匠」と云は，日本にて兌銀鋪の銀見也。「客」と「商」と云は，銀主のこと也。本朝二三百年前は，異国の商船筑前博多津に付，唐にても覇［家］台と覚て居る処なり。其時分乱世のことなれば，元人彼津へ来り交易する次手，忍て埋む成べし。今より四百年程に成。昔，元の世の金幣の制度，可考見也[3]。

　その形状から，モンゴル語で süke 斧，テュルク語，ペルシア語でそれぞれ yastuq, bālish 枕と呼ばれた「錠」を，東涯は「法馬」と連呼する。豊臣秀吉の太閤法馬金，徳川幕府の大小法馬金等が念頭にあったからだ[4]。明の嘉靖・万暦年間頃より，金・銀の両替に使用する天秤の分銅を「法馬」と呼ぶようになった。朱載堉『楽律全書』巻一〇「平衡第三」によれば，ほんらい"銅を以て之を為し，上面に字を鐫り，其の形は方・円に拘わらず皆可"のはずだったが，じっさいにはモンゴル時代以降ユーラシア東西に広く知られた「錠」そのものの形状を模すことが多かった（繭を象るという通説は誤り）。

　ちなみに，大元ウルス治下，大都路以下諸路で製作された官造の竿秤の銅権の多くは六角柱で，作成年月，作成地，重量，校勘官の名のほか，時には製造番号・記号も陰刻される（口絵 15・20）。漢文：元貞元年大都路造／三十五斤秤，パクパ字漢音：gin boi tšue 斤半錘，アラビア文字ペルシア語：chudan-i sī panj mann az sanghāī 諸権錘のうち三十五斤の鋳鉄，ウイグル文字モンゴル語：qučin tabun batman teng 三十五斤権錘，のように，四体の銘が刻まれるものもある[5]。同様に，少なくともガザン・カン以降のフレグ・ウルスにおいても，『元典章』に規定されるごとく[6]，金銀計量用の官製の sanghāī 諸権錘（八角柱）——Tabrīz 造 vazn 秤を規範とし純鉄で以て鋳造，各行省・諸道下の側から信任された二名（親民州郡・司県の正官）と当該地区の qāẓī 断事官たちの長（路・府・州・県管民達魯花赤長官）一名，muḥtasib 監察官一名の四名の校勘を経て印烙（釘で彫金）——を頒布していた。諸の bār 物色／財貨計量用の分銅は 10 mann 斤，5 斤，2 斤，1 斤，1/2 斤，1/4 斤，1/8 斤，10 diram（銀）銭，5 銭，2 銭，1 銭の 11 種あったらしい[7]。

　史上最大の版図を有し，陸路・海路，内陸河川を連結して遍く站赤網を張り巡らせた重商主義のモンゴルは，度量衡はもとよりあらゆる方面で「あらたな統一基準」と「換算表」の設定を要した（構想自体は憲宗モンケ時代に立てられてい

172 第I部　日出づる処の資料より

たが，実行可能となったのは南宋接収以降）。

　至元十九年（1282）十月，華北で施行されていた金銀錠と兌換紙幣たる中統元宝鈔の運用法の原則が，旧南宋地域に対しても示された（官制もこのとき統一[8]）。その冒頭に掲げられた「倒換金銀価例（りょうがえレート）」によって，赤金＞花銀[9]＞白銀であることが確認される[10]。さらに至元二十四年（1287）三月，至元宝鈔の導入時に，赤金1に対し花銀10に固定された[11]。前年フレグ・ウルスのアルグンが父アバカの先例に倣い，世祖クビライの聖旨（ジャルリク）のもとに即位式を挙行しており[12]，まさにユーラシア東西の統一基準を提示する機運到来。東南アジア遠征による海路の確保，東は日本から西はイベリア半島まで陸続と派遣された使臣（エルチ）[13]，「天下地理総図」や『大元本草』の編纂等，すべてこの脈絡のなかにあった。

　アルグンの子ガザンと宰相ラシードゥッディーンが，ガイハトゥ時代の最大の失政として口を極めて罵る1294年発行のchāū鈔[14]も，おそらくはアルグン時代から，大元ウルスより来到してまもないボロト丞相に詳細を聞きつつ準備が進められていたものだった。その証拠に，アルグン，ガイハトゥともに，大元ウルスの金銀貨幣の成色に準ずべく，九成銀の鋳造を命じる令旨をしばしば発していた[15]（本書第16章参照）。

　ひるがえって，東涯の計測によると，大きい銀錠は長さ約13.635cm，重さ約1837.5g，小さい銀錠は長さ7.575〜7.878cm，重さは——大きい銀錠3つと小さい銀錠5つで計8153.25gということから割り出せば——平均で528.15g。前者の値は，1991年に雲南省江川県で出土した泰定二年の銀錠（長さ13.5cm，重さ1844g）に近い[16]。また，上図の銀錠には，表面に「経歴郭徳潤」「行宣政院福建分院」「提調官」「副使側失監」，裏面に「客商謝福」「辨験銀匠彭禎」「花銀肆拾捌両重」と刻まれる[17]。かれが推測するとおり，大元ウルス治下において発行されたものに相違ないが，さらに年代を絞り込むことができる。

　まず，後至元五年（1339）に湖広行省の興国路でダルガ（チ）以下の提調のもとに鋳造された白銀伍拾両に「銷鋳匠彭祥」と刻まれており（口絵18）[18]，「辨験銀匠彭禎」と近い関係が示唆されること。「郭徳潤」も，『金石萃編未刻稿』「辛卯（至正十一年／1351）会試題名記」[19]に"漢人南人第三甲"として名の挙がる人物と同一の可能性が高い（前年大都路の郷試に10位で及第した李士瞻は，度支監知印，万億広源庫知事，枢密院の経歴，戸部侍郎等を歴任したのち福建に出向した。そして，現地での活躍を認められて，福建行中書左丞に抜擢されたのだった[20]）。

また，宣政院は，ティベット仏教の国師を頭とし，自前の軍を以て大元ウルス治下の仏教全体およびティベット・河西方面を統括する機関だが，その支部・派出所たる「行宣政院」の「福建分院」は，福建行省，行枢密院等と同様，至正十二年（1352）以降，江南各地で勃発した叛乱[21]に対処するため設立された臨時部署のひとつで，各地で交通網が遮断されるなか，大元ウルスの最後の生命線——銭糧・物資の海上輸送を死守していた（広州以西から寄航する船舶とその積荷，延平・邵武両路産出の官塩，塩引を扱う客商たちの存在が，銀立て経済を辛うじて支えている状況だった）[22]。大元ウルス末年の福建の戦闘を詳細に語る貴重な同時代資料，呉源『至正近記』（『八閩通志』巻八七「拾遺」所引）によれば，至正十九年正月まで，三旦八（名前からするとティベット出身）が行宣政院使に除され，興化に拠点を置いていた。もっとも，『元史』における福建分院の言及は，巻四七「順帝本紀」［至正二十七年（1367）］に

　　［夏五月］癸未（八日），<u>福建行宣政院以廃寺銭糧，由海道送京師</u>。
　　［十二月］庚午（二十八日），<u>大明兵由海道取福州</u>，守臣平章政事曲出遁。行宣政院使朶耳死之。

の二条が確認されるのみ。後者については，『明太祖実録』巻二八下［呉元年十二月庚午］において，多少詳しく語られる。湯和の率いる大明軍の船団は，慶元路（現在の寧波。大元ウルス治下において重要な貿易港のひとつで，高麗・日本の外交・通商・留学等の窓口でもあった[23]。聖福寺とも縁が深い）から東北の風に乗って一気に福州五虎門へ上陸，行枢密院の頼世孫，謝英輔，鄧益，行省平章政事曲出，行宣政院使朶耳麻等を筆頭に二万の兵が団結して守りを固める城を包囲した。行省参政の袁仁が大明側に内通したため，必死の抗戦むなしく陥落の憂き目をみた。福建分院の副使「側失監」も，その名からすればティベット仏教僧で，このとき上司の朶耳麻と運命をともにしたと見られる。

　というのも，至正二十三年（1363）以降，江浙行省下を流離っていた陳高の『不繋舟漁集』（『四庫全書』本）巻十二「重建東禅報恩光孝寺記」（至正二十四年十一月）に登場する"行宣政院副使の側寶世鑑"（民国十五年本は側實世鑑に作る）こそ，「側失監」その人だからだ。かれは，焼失した福州の名刹東禅寺の重建費用を請われるままに捻出し，寺はわずか二年をもって復元された。それを可能ならしめたのは，「側失監」が銀錠の鋳造，管理を任された「提調官」だったから

にほかならない（実務は「経歴」の「郭徳潤」が担当）。福建には，カアンやモンゴル諸王が庇護する大寺院が林立していた。その寺産，上納金は馬鹿にならない[24]。行宣政院が銀錠の発行にかかわり，それが反乱鎮圧の軍資金になっていたという事実は，じゅうらい知られていなかった。

　そして，壺を隠したとみられる「客商の謝福」一族は，聖福寺の南側にある承天寺の開基檀那——博多綱首謝国明の子孫である可能性がきわめて高く，京都の東福寺や天龍寺の貿易船事業を請け負い，行宣政院との間をとりもっていた。春屋妙葩のもとで初期の五山版の製作を一手にひきうけた刻工陳孟才，陳伯寿も，まさにこの至正末年，福州から亡命してきたことを思えば[25]，朱元璋が，日本からの留学僧を大元ウルスの残党や胡惟庸の資金源・諜報員と看做して敵視，監視下に置いた心情も納得される。

　黒田綱政の御納戸役を務めた津田元顧・元貫[26]父子の『石城志』（1766）巻四「聖福寺」は，『筑前国続風土記』の記事をほぼ転載しつつ，その後に

　　今按に，其後享保元年丙申六月十八日，彼亡女遠忌に当るに其兄惣兵衛と云者，石塔を修補すとて又壺を堀出せり。金弐貫九百目，銀五貫三百目，外に五百目の銀分銅あり。銘に郭徳（浸）［潤］とあり。此時住持北澗長老，伽藍再興の発願に諸国勧化に出て留守なりしに越舟，文外，江山，古崖，知事などいえる五僧等貪慾心を起して各私曲のふるまいあり。其の事終に発覚せしにより，一山の不法なる事を咎めたりき。公載ありて北澗は住職を止めたりき。五僧は追放ちたりき。同八年癸卯二月廿五日又同処より壺を堀出せり。銀九貫六百六十目，右の内，法馬六十九，外に銀の作り物の掛目四貫目余りあり。五百目法馬の銘左（＝下）に志す。

　　　　　　客商（胡）［謝］福
　表　　辨（臨）［験］銀（真）［彭］（禛）［禛］　　裏　　金花銀
　　　　華銀伍十両重
此時住持圓珪長老也，右（＝上）金銀の作り物は塔頭継光菴の境内にて刀鍛治守一権次と云者鋳造せて掠去たり。ただつといえる商人是を買取て京都に持登り大に利潤を得たり。又津内にて数人，筑後久留米梅林寺等も此銀を借用せり。然に其家の者是を貨殖し或は借り用いたる者は皆衰微せり。満に一奇事と云うべし。

とつづけた。銀錠の文字から，伊藤東涯の記録する享保元年の壺と八年の壺がセットで，同一人物によって埋められたことが，ここに確認される[27]。また，丹巌の次の住持北澗義溟が，享保元年に発見された金銀財宝をめぐって配下の僧侶たちがしでかした不始末の責任を問われ，辞任を余儀なくされたこと，その次の住持の圓珪祖応も，せっかく拝領した金銀の作り物を鋳潰させて投機に走り，私腹を肥やしたことも判明する。

　銀錠とともに出土した沙鉢や茶碗，皿，鏡，禽獣蟲魚の細工は，"皆中華良工の所作"と評されたが，中国湖南省，江蘇省，内蒙古など各地で次々に出土，報告がなされている大元時代末期のそれ——やはり陶磁器に詰め地中1m余りの深さに埋蔵されていた——に類するものだったろう（至元十三年／1276に西京路蔚州で金子，銀錠，金銀製の腕輪と箸を詰めた大きな白磁の鉢が，元貞元年／1295に大都で銀錠・銀盞を詰めた青磁の壺が発掘された事例もあり，敷地内での埋蔵は緊急時に備えた貯蓄の一方法としてふつうに行われていたらしい）[28]。

　1960年代に旧常徳路（オゴデイ一門コデン王家の投下領）[29]で発見された壺からは，金銀細工物のほか銀錠，デリー・スルタン朝の金貨数枚が，1978年に同じく常徳路より出土した壺には，金細工157件2.0423kg，銀細工・銀錠（大半に「花銀」「謝師徳記」の銘あり）69件7.4096kgが納められていた（聖福寺のいずれの壺よりも少量）。宋代のそれに比してはるかに精巧に麒麟や鳳凰，螭，虎，胡蝶，荔枝等が象られ，いくつかの金箸にはパクパ字が刻まれる（口絵19）[30]。旧鎮江路（クビライの庶子鎮南王トゴン家の投下領）[31]金壇県出土の四爪の龍が描かれた青花の壺には，各種銀器（アラビア文字でヒジュラ暦の"714年1月朔日"＝1314年4月17日と刻されるものもある），銀条12個，大小の銀錠4個（535g，247g，218g，216g），併せて50件余り詰め込まれていた。やはり，至正十二年以降の動乱の中で一時的に埋蔵されたものと考えられている[32]。また，旧寧昌路（イキレス駙馬家の投下領）[33]の遺蹟では，宝飾品・銀錠が緑釉に黒の紋様の陶磁器に詰められていた事例，武宗カイシャンが発行した稀少な至大元宝の金貨，"蒙山課銀"と刻された銀錠などの発見が報告されている[34]。参考までにいえば，これらの壺の中身は，南宋の旧臣で，至元十六年（1282）頃に嘉議大夫（正三品下）漳州路総管（従三品）行淮東道宣慰副使（正四品）に任じられ，大徳八年（1305）に身罷った呂師孟の夫婦墓，あるいは至正年間，江南に割拠した張士誠の父母の墓の全副葬品と比べても遜色ない[35]。

176 第Ⅰ部　日出づる処の資料より

　聖福寺がいくら手元不如意だったにせよ，こうした精緻な細工物や金銭・団金──チャガタイ・ウルスやフレグ・ウルス等，東西交流を具現するものだった可能性がある──を鋳潰してしまったことは，返す返す惜しまれる。それでも，加藤一純・鷹取周成・青柳種信『筑前国続風土記附録』（1798）巻之四「博多上・聖福寺」に

> 元禄十一年瑞応庵の地中より掘物せる金銀の器物あり。一箇に納む。甚奇工なり。享保年中にも両度掘出せしが[36]，散失して今はなし。今現存するもの左（＝下）の如し。
> 一．花銀　　一枚
> 一．金細工　六箇
> 一．銀細工　七箇：此内に「長命富貴」，また「永保千秋」等の文字，又「清」の字を記せしものあり。
> 一．銀盞　　壱箇
> 一．銀盆：銘に「劉君質虚欽裁」とあり。一枚
> 一．銀剤　　二箇
> 一．銀瓶　　壱箇
> 一．金笄に似たるもの　　三箇
> 以上。

と記されるごとく，記念にいくつか保管していたらしい。ただ，これらも明治初年，博多市内の資産家に売却されてしまった（なお，この時点でまだ長／蝶，法名「雪庭智白禅尼」の墓石は，瑞応庵の西に建っていた，とのことである）[37]。それに比せば，黒田綱政が，文字が刻まれる銀錠一個と金銭一枚（至大通宝もしくはアラビア文字・ウイグル文字が刻された金貨の可能性あり）をとくに選んで手元にのこしたというのは，見識ある行為だった。こんご黒田藩の文書，関連資料を探していけば，より詳細な記録，絵図が見つかる可能性もあろう。

　時は流れて 2002 年 5 月 23 日午前，寧波の中心街（前年には近隣で大元時代の永豊庫の遺構と当時の海上貿易の一端を示す各地の陶磁器やさまざまな文物が発掘されていた[38]）でビルの建設工事のため掘削中，安徽省から出稼ぎに来ていた作業員の胡懐波が大元時代末期の銀錠大小あわせて 18 個（うち 3 個には，"元宝"，"花銀"，"金花銀"の銘が刻まれていた）を発見した。かれは，これを水で洗ってから休憩

所にこっそり持ち帰り隠匿したが，午後五時頃，目撃情報から海曙公安分局の霊塔派出所が乗り出し，三時間後には隠し場所を自供させられてしまったという[39]。300年の時を経ても，国が異なっても，ひとの行動はさして変わらないのであった。

註

（1）『興禅護国論』附録「未来記」，「日本国千光法師祠堂記」，「洛城東山建仁禅寺開山始祖明菴西公禅師匠塔銘」。

（2）秀村選三編『近世福岡博多資料　第一輯』（西日本文化協会　1979年）

（3）伊藤東涯『盍簪録』（京都大学文学研究科蔵慶応元年／1865抄本）巻四「雑載篇」

　　　○筑前博多管下，市小路町商人，有呉竹善三郎者，元禄戊寅歳妻死，葬本州聖福寺内瑞応菴。穿壙之次，得金銀器作，法馬等物一鏨，悉進之寺，以為修葺之資，置石仏一躰，以誌其処。後十九年，享保丙申之歳，以側旁竹茂，主僧命俾改瘞。六月十九日移石仏，穿土三尺所，又得一鏨，比前稍大，内蔵金銀器物如前，得銀法馬八錠，合重貳貫百七拾四銭余，其余金鈴，金虎，銀刀鞘，金銀鋳造物象，諸具甚夥，凡得八百八拾八銭余，銀五貫二百九拾銭，以今時金銀分両準之，価可得百貫目云。法馬上各鏨記字号，面三行○経歴郭徳潤○行宣政院　福建分院○提調官副使側失監。背亦三行○客商謝福○花銀肆拾捌両重○辨験銀匠彭禛。

　　　　　　　　　　　　　　　（図は省略）

　　　○按；元時諸路置行宣政院経歴官。元・明倶有側失監，似是人名，元有丞相撕思監，想側失監，是胡人之名，然則所得銀錠等物，皆元時物。前世外国船舶，皆湊于筑州。故元時器物，亦埋土中。距今殆五百年余。中国前代之制，儼然可見也。丙申九月廿二日記。

（4）柏崎永以『古今沿革考』「金　銀」**此金銀，頼朝時分迄，砂金にて通用せしなり。足利将軍尊氏の頃に至り，初て此砂金吹きかため，丸く打延ばし遣ひける。是を花びらと云。大小**もあり。又入用ほど切ても遣ひける。今世年始に用る花びら餅の形に似たればなり。其後，花びらよりよほどあつく打のばし，真中に足利の丸に二ツ引領の紋引を打，惣地には，ひしと石目を打けるゆへ，此金を霜ふりという。霜のごとく石目を打たればなり。此霜ふり金をも入用ほど切て遣ひけり。足利の末，信長の頃に至りて，竹流しとて竹を二ツに割，其節の中へ金銀を鋳流して通用しける。是も量目定まらざるゆへ，切て遣けるゆへ不自由なるにより，豊臣太閤の時慶長年中，初て金銀の一両の目小判一歩といふ形をも製作せらる。金は西方鶏の方位なればとて，鶏卵に象どり，先黄金を卵の黄みに擬らへて四匁八分と定め，白銀を卵の白みになぞらへ四匁三分と定む。卵の殻九分あり。惣合かけ目大抵拾匁を卵の度とする故なり。判金の形も則卵の形なり。大判といふものは名目是より前にも有けるか，足利家記録等の中往々見えたり。一枚の目四拾匁ありける由，今世大判といふは，四拾四匁八分あり。**今世将軍家の用金を分銅といふ。金四拾四貫七百目，銀四拾六貫三百目なり**”。

（5）高桂雲・張先得「記北京発現的元代銅権」（『文物』1987-11　pp. 69-75），許明綱「大連地区出土元代銅，鉄権」（『考古』1987-11　pp. 1052-1053），李剛・李超峰「河北塩山発現元代銅権」（『考古』1992-1　pp. 94-96），劉建中「張家口地区博物館収蔵的元代銅権」（『文物春

178　第 I 部　日出づる処の資料より

秋』1993-3　pp. 67-72），季占林「河北崇礼出土元代銅器」（『考古』1994-1　p. 73），劉朴
「河北承徳県発現元代銅権」（『考古』1994-10　p. 960），彭立平「河北囲城県発現元代銅権」
（『考古』1998-7　p. 96），鄭紹宗「河北出土金元時期銅権的分析与研究」（『文物春秋』
2004-3　pp. 57-65），蔡明「元代銅権的初歩研究」（『考古』2013-6　pp. 62-82）。これらの銘
文は，アラビア文字を解さない漢児の工匠が彫金したように見える。

（ 6 ）『大元聖政国朝典章』巻五七「刑部十九・諸禁」《雑禁》【禁私斛斗秤尺】【斛斗秤尺牙人】

（ 7 ）Rashīd al-Dīn Fażl-Allāh Hamadānī, *Jāmiʻ al-Tavārīkh*, MS : Istanbul, Topkapı Sarayı Müzesi,
　　Kütüphanesi, Revan 1518, f. 324a-325a. 詳細は，本書第 15 章参照。

（ 8 ）『元典章』巻八「吏部二・官制二」《選格》【官員遷転例】，本書第 2 章参照。

（ 9 ）『新増格古要論』巻六「銀」“銀出閩，浙，両広，雲南，貴州，交阯等処山中。足色成錠者，
　　面有金花，次者緑花，又次者黒花，故謂之「花銀」”，“ [王] 佐按；金花銀，是足色直砍到
　　底”。

（10）『元典章』巻二〇「戸部六」《鈔法》【整治鈔法】

（11）『元典章』巻二〇「戸部六」《鈔法》【行用事至元鈔法】，*Ta'rīkh-i Vaṣṣāf*, Bombey, p. 22,
　　MS : Istanbul, Aya Sofya 3109, f. 31a-31b. なお，『元史』巻二三「武宗本紀二」［至大三年九月
　　庚辰朔］“頒行至大銀鈔，詔曰「……至大銀鈔一両，準至元鈔五貫・白銀一両・赤金一銭」
　　と明記されるほか，至正六年の時点でも金銀比価は 1：10 のままである。杉村勇造「元公牘
　　零拾」（『服部先生古希祝賀記念論文集』冨山房　1936 年　pp. 571-583）

（12）*Jāmiʻ al-Tavārīkh*, MS : Istanbul, f. 263a-263b, MS : Taškent 1620, f. 233a, MS : London, British
　　Library, Or. Add. 16688, f. 148a, MS : Paris, BnF, suppl. persan 1113, f. 204a, 本書第 14 章註 330
　　参照。

（13）『元史』巻十四「世祖本紀十一」“［至元二十三年（1286）十一月］丁丑，命塔叉児，忽難
　　使阿児渾”，『永楽大典』巻一九四一八「站赤三」《経世大典》［至元二十四年（1287）四月二
　　十五日］

（14）*Jāmiʻ al-Tavārīkh*, MS : Istanbul, f. 269a, MS : Rampur, Raza Library, F 1820, pp. 265-266,
　　Ta'rīkh-i Vaṣṣāf, Bombey, pp. 271-275, MS : Paris, suppl. persan 208, f. 214b-217a.

（15）*Jāmiʻ al-Tavārīkh*, MS : Istanbul, f. 323a, MS : Paris, BnF, suppl. persan 1561, f. 77a.

（16）紀烈敏・雲希正「武清県出土的金元代銀錠」（『天津文物簡迅』1977-7　のち『中国考古集
　　成　華北巻　金元（一）』哈爾濱出版社　pp. 446-447 に収録），谷潜「元代蒙山銀課銀錠考
　　釈」（『博物館研究』1986-3　のち『中国考古集成　東北巻　元明清（二）』北京出版社　pp.
　　710-715 に収録），洪天福・計光華「雲南省首次出土元代差発銀錠」（『内蒙古金融研究』
　　2003-2　pp. 11-13）

（17）註 3，『十三朝紀聞』巻四［六月二十二日］により校勘。

（18）赤峰市銭幣学会『遼，西夏，金，元朝貨幣図録精選』（遠方出版社　2003 年　pp. 304-
　　305）

（19）京都大学人文科学研究所蔵拓本 GEN0230A「至正十一年進士題名碑（附額）」（内藤氏旧
　　蔵拓本第 34 函，中国金石拓本第 3 函）。

（20）『経済文集』附録「大元故翰林学士承旨栄禄大夫知制誥兼修国史楚国李公壙志」，「元翰林
　　学士承旨楚国李公行状」。

（21）『鶴田蔣先生文集』巻一「送王共之参謀帰永嘉」，「鐃歌鼓吹曲序送顔経略還朝」。

（22）『鶴田蔣先生文集』巻一「送阮左丞移鎮泉南序」，巻二「送撨史童處仁序」，「送復建左丞李

第3章　江戸時代に出土した博多聖福寺の銀錠について　**179**

公彦聞還朝詩序」，『経済文集』巻一「与泉南左丞」，「再与普大夫書」。

(23) 宮紀子『モンゴル時代の出版文化』（名古屋大学出版会　2006 年　pp. 487-651）

(24) 北京図書館金石組『北京図書館蔵歴代石刻拓本匯編（元二）第 49 冊』（中州古籍出版社　1990 年　p. 52），『閩中金石略』巻十一「一百大寺看経記」。世祖クビライから仁宗アユルバルワダにいたる歴代カアンに仕えた重臣赤黒迷失（ウイグル）の一族は，大元ウルス治下各地の大寺院に，貿易で得た利潤から，多額の喜捨，寄進を行っていた。なお同碑末尾には，イグミシュの自筆と思われるウイグル語二行が謄写，刻される。

(25) 義堂周信『空華日用工夫略集』「応安三年（1371）九月廿二日」

(26) 津田元貫は，『蒙古入寇記』五巻（九州大学附属図書館蔵）の著者としても知られる。

(27) 『石城志』が参照したと思われる鶴田自反『博多記』（東京大学史料編纂所蔵抄本）は，銀錠の銘文「客商謝福」を「商胡の福」と解釈して「客」の字を無視，「郭徳潤」を「郭徳浸」と読み，『百世統譜』の村上天皇／北宋の太祖皇帝の時代に生きた同名人物に批定した。むろん，いずれも誤りである。

(28) 『癸辛雑識』続集巻下「張氏銀窖」"張府主奉位酒庫屋，其左則蒙古平章之居。一日，蒙古欲展地丈余。主奉者，不獲已与之。彼方毀旧垣再築，於旧基，得烏銀十大笏，皆掩有之，蓋張氏之宿蔵也"，『元典章』巻五六「刑部十八闌遺」《宿蔵》【得宿蔵物地主停分】"至元十三年閏三月，中書戸部，拠西京路申：[「韓村民戸王拝驢状告：至元十一年四月初三日相合到王四九，李倉児，賀二等前去蔚州新孟庄，与賀二等築墻，李倉児於窑塌内掘出大白磁鉢子，王四九用杴剗剗，拝驢見黄色金子，不肯分張」。得此」。勾到一千人等，追到元擗小銀一錠，銀鐲児一対，金鐲児一対，金釵児一隻，鍍金釵一隻。乞照験事」。省部照得：王拝驢元物已有分張，陪到価銭，若便没官，誠恐；已後凡有異奇，珍宝，隠匿不肯出首。為此，省部公議得；拠王拝驢等於賀二地内掘得埋蔵之物，於所得物内，一半没官，一半付告人（＝得物之人），於[他人]地内得者，依上令得物之人与地主停分。若租田，[官] 私田宅者，例同業主。如得古器，珍宝，奇異之物，随則申官進献，約量給価。若有[詐偽]隠匿其物，全追没官，取招（＝更行）断罪。奉都堂，准呈。施行"，『通制条格』巻二八「雑例」《地内宿蔵》"至元二十九年三月，中書省刑部呈：「山東宣慰司解納到萊蕪県潘醜驢等，打墻掘出銀子内，壹半没官，銀伍伍柒両。本部参詳；即係本人自己地内，宿蔵之物，擬令回付元主」。都省准擬"，"元貞元年閏四月，中書省刑部呈：「大都路楊馬児告：『於梁大地内，与楊黒厮跑土作𡒤，馬児跑出青磁罐壹箇，於内不知何物，令楊黒厮坐着罐上，蓋磚看守，馬児喚到母阿張，将罐跑出，覷得；有銀四定，銀盞壹箇，私下不敢隠蔵』。本部議得；楊馬児於梁大地内，跑出課銀肆定，銀盞壹箇。擬依例与地主梁大中分，却縁楊黒厮曾経看守，量与本人銀参拾両，余数楊馬児与地主両停分張」。都省准擬"。

(29) 『元史』巻九五「食貨志」《歳賜》"太宗子闊端太子位：江南戸鈔，至元十八年，分撥常徳路四万七千七百四十戸，計鈔一千九百九錠"。

(30) 湖南省博物館『湖南宋元窖蔵金銀器発現与研究』（文物出版社　2009 年）

(31) 『江蘇省通志稿』「芸文志三・金石二十」【鎮江路儒学復田記】，『至順鎮江志』（『宛委別蔵』所収）巻五「輸復」，巻六「常賦」《夏税》

(32) 肖夢龍「江蘇金壇元代青花雲龍罐窖蔵」（『文物』1980-1　pp. 59-63），劉麗文「江蘇金壇元代青花罐盛銀器窖蔵」（『収蔵』2013-9　pp. 110-118），『幽藍神采——元代青花磁特集』（上海博物館　2012 年　pp. 196-197）

(33) 盧懋「義県大寧路義州重修大奉国寺碑記（大徳七年）」（『満洲金石志稿』第一冊　南満洲

180 第 I 部　日出づる処の資料より

　　鉄道株式会社　pp. 156-159)
(34)　敖漢旗博物館「敖漢旗発現的元代金銀器窖蔵」(『内蒙古文物考古』1991-7　pp. 89-100),
　　邵国田主編『敖漢文物精華』(内蒙古文化出版社　2004 年)
(35)　江蘇省文物管理委員会「江蘇呉県元墓清理簡報」(『文物』1959-11　pp. 19-24),揚之水
　　「読物小札——呂師孟夫婦墓出土金銀器細読」(『南方文物』2014-2　pp. 143-147),蘇州市
　　文物保管委員会・蘇州博物館「蘇州呉張士誠母曹氏墓清理簡報」(『考古』1965-6　pp.
　　289-300 ＋3 pls.)
(36)　『筑前国続風土記附録』巻之四「博多上・聖福寺」"元禄十一年此寺内より金銀の作り物を
　　掘出せし事『本編』に見えたり。其後享保元年六月十八日,同(七)[八]年二月廿五日にも
　　掘出せり。両度ともに一壺を掘得たりと云。詳に『寺伝』に見えたり。ここに略す"。
(37)　小畠文鼎『聖福寺史』(聖福寺文庫刊行会　1909 年　1964 年重刊　pp. 171-173),古田紹
　　欽『開創八百年記念　聖福寺通史』(安国山聖福寺　1995 年)
(38)　『中国文物報』2003 年 1 月 15 日,寧波市文物考古研究所『永豊庫——元代倉儲遺址発掘
　　報告』(科学出版社　2013 年)
(39)　『中国孔子』2002 年 6 月 2 日。なお,1982 年山西省霊丘県三楼郷の曲廻寺の境内で農民た
　　ちが掘り出したモンゴル時代の金銀細工の詰まった陶器の壺も,分け前をめぐって紛糾,公
　　安部・文物管理局の知るところとなり,回収にいたったという。同寺は,西京路大同府すな
　　わちクビライの妹でオングト駙馬家に嫁いだ独謨干翁主／独木干公主の湯沐邑に属し,その
　　庇護を受けていた。李白軍「曲回寺金銀器考釈」(『文物世界』2004-4　pp. 5-8)

【附記】本章は,2009 年 5 月 24 日に北京大学歴史学系にて報告した「関於三百年前日本博多聖
　　福寺出土的銀錠」にもとづく。

第4章

『卜筮元亀』とその周辺

　断易のテキストは，『周易』の注釈書に比し，低俗なものとして，じゅうらい，ほとんど注目されてこなかった。『永楽大典』編纂時に伝来していた書物――『鬼谷卦（影）』，『郭璞洞林（影）』，『海底眼』，『康節卦（影）』，『双林（影）』，『卜筮元亀』，『諸家断易奇書』，そしてしばしば朱熹が言及した『火珠林』ですらも，明代の中頃には，ほとんどが散逸してしまっており[1]，『断易天機』や『卜筮全書』といった明代晩期の刊本所引の条に，内容の一端を窺うよりほかない状態であった。そうした研究情況に鑑み，2002 年，京都大学附属図書館の貴重書を紹介する機会を得たさい，あえて清家文庫に蔵される『（新編）大易断例卜筮元亀』（大元ウルス治下，大徳十一年（1307）平水進徳斎の刊記有り）の写本を採りあげた[2]。ただ，紙幅の関係もあり詳細をのべないままとなっていた。そこで，そのごの継続調査によって判明したいくつかの事柄と併せて，纏めておきたい。

　清家文庫は，「天師明経儒」すなわち代々，朝廷において経書の御進講を担当した清原氏（宣賢の玄孫秀賢以降は船橋氏），その支流たる伏原氏の旧蔵書を一括して収める。したがって，このテキストは，船橋秀賢が『慶長日件録』において，"内裏より借り受け筆写した"と記録するそれにほかならない（『禁裏御蔵書目録』の書名と清原家の蔵書は，少なからず重なり合う）[3]。

　いっぽう，宣賢や三条西実隆との学術交流および足利学校の柏舟宗趙への師事で知られる桃源瑞仙の抄物――『易抄』（清家文庫蔵）にも，"蕭天佑吉父『卜筮元亀断例』"，"『大易断例卜筮元亀』巻之一有「銭代蓍法」。断例乃建安蕭天祐吉父所撰集也。或本作葉。蕭字形相似。不知孰是"等と，しばしば言及される。したがって，関連の書物を探すには，五山十刹のほか，足利学校で卜筮・同じく算木を使う算術・医薬・兵法等を重点的に学び，上杉・朝倉・徳川等の幕僚となっていった僧侶たちの足跡をたどってゆけばよいこと，容易に推測された[4]。じじ

つ，建仁寺の両足院（清原家と浅からぬ関係があった）にも，『易抄』が『百衲襖』
という書名で第 154 函に蔵されており，全 23 冊のうちに『卜筮元亀』の中巻が
第 10 冊として紛れ込んでいたのだった。さらに，第 79 函には，『卜筮元亀』の
全三巻，下巻の二種が収められる。大東急記念文庫に下巻のみの端本，中国国家
図書館にも日本から入手した抄本二冊が蔵される[5]。江蘇省鎮江博物館が蔵する
清抄本は全八巻なので，別系統のテキストだろう。蓬左文庫には，上巻の節略本
といっていい『著室図説』（江戸中期書写）と『卜筮元亀』中・下巻（天正六年隣
松寺書写　駿河御譲本）が伝来，後者には上述の諸本では空欄だった箇所に甚だ
日本風にアレンジされながらも挿絵が描かれており，ほんらい上図下文式の刊本
であったことがわかる。『永楽大典』の逸文[6]だけでは，まったく知り得ない事
実であった[7]。

　くわえて，これらの諸本によって，近年公開された内蒙古はカラ・ホト（ユー
ラシアの東西・南北を結ぶ要衝の地）出土のモンゴル時代の写本残葉 M1・1293
［F61：W2］【艮　為　山】，M1・1294［F62：W23］【雷天大壮】，M1・1295［F61：
W3］【山火賁】が，『卜筮元亀』中・下巻の一部にほかならないこと，断片 M1・
1301［F61：W1］，M1・1302［F62：W22］もまた，『卜筮元亀』中巻の【恒雷風】
であること，判明する[8]。しかも，それら残葉には，挿絵が書かれるべき箇所に
"月"，"阻隔"，"行人"，"山"，"銭"（【艮　為　山】），"貴人"，"香炉"，"文書"，
"鬼"，"金銀銭"（【山火賁】），"雷"，"貴乗馬"（【雷天大壮】）といったごとく，絵
の各パーツとその位置，構成を指示する文字が書き込まれていた。蓬左文庫の当
該箇所にはまさにそのとおりの図が描かれる（口絵 7）。つまり，挿絵が日本の室
町期に独自になされたものではなく，元刊本から存在していたことが証明された
のである[9]。佐々木孝浩が紹介した新出の『卜筮元亀』の写本二種，中巻（慶應
義塾大学蔵室町末写本），中・下巻（佐々木孝浩蔵　寛永七年岡本宣名写本）に描か
れる挿絵も，細部はともかく図柄の構成は同一といっていい[10]。

　じつは，これと同じ情況を，同時期のフレグ・ウルスの『世界を開くものの歴
史』[11]，『集史』[12]といったペルシア語古写本に描かれた乃至は添付された
細密画にも見ることができる。筆写年代が多少下っても祖本から大きく逸脱す
ることはなく，そこに描かれる衣装・武器・調度品等の情報は時代を背負った図
像史料としての利用に堪え，多言語文献，さまざまなかたちで伝来する文物・出
土品とよく合致する。ぎゃくに挿絵から写本の系統を探る手掛かりともなる。

ひるがえって，著者の蕭天祐の名と字は，あきらかに『周易』大有<ruby>乾下<rt>けんか</rt></ruby><ruby>離上<rt>りじょう</rt></ruby>“上九：自**天祐**之，**吉**无不利（<ruby>天<rt>てん</rt></ruby>自り之を<ruby>祐<rt>たす</rt></ruby>く，吉にして利あらざる<ruby>无<rt>な</rt></ruby>し）”にもとづくが，この人物の詳細はわかっていない。いまのところ，ふたりの人物に可能性が求められる。

　一人目は，華北の道教集団のひとつ太一教の第七代嗣教となった崇玄体素演道真人蔡天祐。この教団のトップは歴代，蕭姓を名乗るのが慣わしであった。大徳九年（1305）の時点では，李全祐が第六代嗣教の座にあったから[13]，蔡天祐が“蕭”天祐となったのはどんなにはやくとも大徳十年以降。現実に第七代としての足跡は，いまのところ延祐二年（1315）から泰定元年（1324）の間にしか確認できないが（虞集や掲傒斯といった文官，さらには正一教のトップの呉全節とも交流があった）[14]，“大徳十一年”の刊記と矛盾はしない。ただ，注意しなければならないのは，平水（山西省平陽）曹氏進徳斎が大徳年間から至大年間にかけて出版したほかの書物は，『爾雅郭注』[15]，仇舜臣（元好問の友人）『詩苑叢珠』[16]，元好問の『中州集』[17]と，すべて覆刻・重刊本だったことである。つまり，『卜筮元亀』の編纂も，金末からモンゴル初期になされた可能性が高い。

　そこで浮かび上がる二人目が，1246年の時点で“宣差河東南路平陽総府二官”の肩書きを有した蕭天祐。かれの名は，全真教の祖庭であった永楽鎮純陽万寿宮に立つ至元十一年（1274）立石の碑の碑陽第一截「宣差平陽府路都達魯花赤疏」（潘徳冲を永楽宮と平陽府長春観の住持として推薦する公文書）にパトロンとして，しかと刻まれている[18]。全真教の道士およびかれらを支援する文官たち（李治・元好問等）は，卜筮・数学・天文・医薬等の兼通が普通であった。また，とうじ平陽では，カアン以下，モンゴル諸王の助縁のもとに『道蔵』の出版事業が進められており，挿絵入りの書物の刊行にも手馴れていた[19]。やはり大徳十一年に刊行された全真教の道士李道純の断易書『周易尚占』もこうした土壌のなかから生まれてきたのである[20]。

　蕭天祐の籍貫として冠せられる“建安”は，出版業で有名な福建ではなく，おそらく古称で北魏雲州建安郡すなわち山西忻州に近い建安城，建安口[21]を指す。全真教の大物，李道謙が教団にかかわる碑文を収集して，至元二十六年（1289）に『甘水仙源録』を刊行したさい，校勘作業に携わり後序の撰文も委ねられた張好古——祖庭大重陽万寿宮講経師が，まさにこの建安の出身である[22]。

　さて，蕭天祐が『卜筮元亀』の編纂にあたって参考にしたのは，

184　第Ⅰ部　日出づる処の資料より

　　予は是に因りて，上は□聖人の経旨を窺い，下は六君子の伝義を竊み，旁に
　　鬼谷先生の遺文を参じ，演じて歌詩を作し，述して断例と為す

というように，おそらくは『鬼谷卦（影）』——抄物，宋元版や五山版の欄外書
き込みにしばしば『鑑明断』とともに引用される『鬼谷断』であった。この書は
ながらく佚書とおもわれていたが，じつは，その全貌を示す室町時代の写本が，
『易占』の題箋を附して清家文庫に眠っていた。『永楽大典』にのこる【山火賁】
【兌為澤】を当該箇所と比較すると，双方写本であるが故の誤字脱字は別として，
表の「全動」「全静（『易占』は「倶尽」に作る）」の位置が筆頭か末尾か，という
違いしかない。しかも，原刊本での一葉の構成——空欄の部分に『卜筮元亀』
と同様，おそらく挿絵が入っていたことが判明したのである。

　なお，叡山文庫真如蔵の『断例』写本には，『卜筮元亀』とは異なる解と，そ
れを図化した拙い挿絵が附されるが，これは龍門文庫の彩色写本『洗心経』[23]
（元亀三年／1572 曹渓恵光書写）を簡略化したものである。そして『洗心経』は，
柳田征司の研究によって，『新増晦庵先生断易奇書』と同一書であることがわか
っている[24]。

　上述の桃源瑞仙は，京都の等持院の唐本『鑑明断』（元演蔵主が売書郎の嚢から
見つけて購入。おそらく元刊本）——『永楽大典』がいうところの『康節卦（影）』
を筆写した。それは別として，蓬左文庫にはまさに室町末期の写本『康節先生易
鑑明断全書』が蔵される[25]。柴田勝家の遺臣，種村肖推寺が寛永十二年（1635）
に徳川家に献上したらしい。同時に献上された書物のなかには，もう一冊，重要
な断易書があった。

　同じく室町後期の写本『新刊周易卦火珠林』またの名は『六十四卦火珠林并雑
占解卦』（末尾に「聶氏萬巻堂新刊」の刊記有り）である。巻頭附録部分で『事林
広記』の「卜史類」【著卦之徳】を引用するので，『卜筮元亀』と同様，大元時代
以降の刊本にもとづくと知れる（東北大学狩野文庫の写本は未見）。これが完全な
状態でのこっていたので，はじめて，真福寺所蔵の『紹聖新添周易神煞暦』とし
て知られる有名な宋刊本こそ，原形の『火珠林』を知りうるテキストにほかなら
ないという事実が判明するのである[26]。この標題は，『六十四卦火珠林并雑占解
卦』なる書物に新たに組み込まれた部分（版木がひとまわり大きい）に冠したもの
に過ぎない。全ての版心に「火」とあることからも，この書全体が『火珠林』の

第4章 『卜筮元亀』とその周辺　185

亜種本であること間違いない。さらに，カラ・ホトから出土した文書のうち，
［俄　TK293］［俄　TK322］の番号を附された「六十四卦図譜」[27]も同じく『火
珠林』を書写したものとわかり，蓬左文庫本を参考に各葉を正しく配列しなおす
ことが可能である。ただし，末尾には「雑占解」ではなく「六十甲子納音」[28]を
載せる。

　近年，中国では五山版・朝鮮版に対する注目が急速に高まっている。しかし，
写本類も同じくらい資料性は高く，そして比較にならない数量で我々の研究をま
っているのである。

註

（1）『文淵閣書目』巻十五「列字号第一厨書目・陰陽」"**易占**』一部一冊闕，『易占』一部一冊闕，
　『周易古占法』一部一冊闕，『周易尚占』一部一冊闕，『周易象占』一部四冊闕，『周易爻占』一部一
　冊闕，『周易外卦』一部一冊闕，『易課占法』一部一冊完全，『易課』一部一冊闕，**『易鑑明断』**一部
　一冊闕，『易影亀鑑』一部一冊闕，**『易断奇書』**一部一冊闕，『易断奇書』一部一冊闕，『易断』一部
　一冊闕，**『文公断易奇書』**一部一冊闕，『木鐸奇書』一部一冊闕，『羲聖心畫』一部一冊闕，『周易秘
　奥』一部一冊闕，**『康節心易』**一部一冊闕，『心易類占』一部一冊闕，『心易発明』一部一冊闕，『心
　易内篇』一部一冊闕，『易占心鏡』一部一冊闕，『心鏡』一部一冊闕，『易法勾玄』一部一冊闕，『占
　法玄要』一部一冊闕，『京房易軌』一部一冊闕，**『郭璞洞林』**一部一冊闕，『金鎖玄関』一部一冊闕，
　『金鎖玉匙』一部一冊闕，**『卜筮元亀』**一部一冊闕，**『卦書雑占』**一部一冊闕，『筮書』一部一冊闕，
　『双林卦影』一部一冊闕，**『火珠林雑占』**一部一冊闕，**『鬼谷拆字林』**一部一冊闕，『康節寓物数』
　一部一冊闕，『易学淵微』一部一冊闕，『考変占法』一部一冊闕，『範囲易』一部六冊闕，『天玄賦』
　一部一冊闕，『六親断例』一部一冊完全，『麻衣四言独歩』一部一冊闕，『四言独歩』一部一冊闕，
　『麻衣四字占』一部一冊闕，『潜虚占書』一部一冊闕，『太極玄機』一部一冊闕，『走失詳註』一部一
　冊闕，『海底眼』一部一冊闕，『海底眼』一部一冊闕，『先天観梅数』一部一冊闕，『観梅数』一部一
　冊闕"。

（2）『学びの世界──中国文化と日本』（京都大学附属図書館・総合博物館・文学研究科
　2002年　pp.26-28）

（3）船橋秀賢『慶長日件録』第一「慶長八年正月廿二日」"己卯，晴。<u>掃部頭</u>被来，次<u>出納将
　監</u>来。午刻参番，**先日老父ニ被見下『周易本注』之冊，『正義』并「序」，朱熹注本『纂注』，
　『卜筮元亀』等返上申者也。予本『筮儀』并『図暦』等令借進了。**<u>槇尾平等真王院律僧乗印</u>
　被来，茶笑一ッ給之"，「二月七日」"甲午。飯後参番，『易伝授式』，家君新令書写給御進上，
　以新典侍殿申入了，其次，『藻塩草』全部進，次『卜筮元亀』両策返上了，終日，候御前"，
　『禁裏御蔵書目録』"**大易断例**』二冊『叙断易発蒙』三冊『観梅易数』一冊『前定男命易数』
　二冊"。清家文庫本に捺される「大通」「宗密」の所蔵印は，宮内庁書陵部の五山版『嘉泰普
　灯録』，お茶の水成簣堂文庫の元刊本『雪巌和尚語録』および五山版『北礀詩集』，大宰府神
　社の古活字本『孟子』，東洋文庫の古活字本『龍龕手鑑』，杏雨書屋の朝鮮版『南華真経口

義』，早稲田大学の『蒲室集鈔』（幻雲撰）および『大明万暦己丑重刊改併五音集韻』にも見える。なお，『慶長日件録』は，慶長古活字を用いた出版事業の史料としても知られるが，比叡山延暦寺とともにその中心を担った京都伏見円光寺の『外典書籍目録／山城国愛宕郡一乗寺村円光寺蔵書目録』（京都大学附属図書館蔵　嘉永三年／1850 連胤書写）にも，"『断易天機』六冊　『卜筮元亀』四冊"とある。円光寺の開山閑室元佶は，南禅寺の法脈に連なり，足利学校の第九代庠主をつとめた禅僧で，豊臣秀次に仕えたのち，徳川家康の懐刀となる。近藤守重『右文故事』附録巻四「足利学校」《現存真本》に"『易解義抄』写本国字　全六冊……『断易』写本　全六冊。守重曰「右二部ハ学校ノ秘書ト云ヒ伝フル由」"といい，『南畝莠言』巻一には，以下のごとき記録がある。

> 足利学校にある所の『帰蔵抄』は，『易』の王弼注を片仮名にて講義を書しものなり。首に「周易要事記」という篇あり。諸式を細に記し，和漢易学伝来の事など委載たり。尾巻の末に，文明丁酉十月廿一日始レ之，十一月廿一日終レ之。滴翠亭子としるし，「莠萬」と云篆印あり。其講義の中に間々当時の事を説し所あり。需ノ上六ノ條ニ云，鎌倉ニ『易』ヲ聞時，我師ヲバ喜禅ト云タゾ。其師ヲバ義台ト云タゾ。其喜禅ノ語ラレタハ，我『易』ヲ伝フル時ニ，鎌倉持氏ノ乱ニワウズ。其時，撲レ著天下ノ乱ヲ占フ時，コノ需ノ上六ワウズ。有二不レ速客一三人来云々。自レ爾以来，不レ見二其可否一。ソノ後ニ鎌倉ノナリヲ御ランゼヨト云ハレタリ。又其後重氏出頭ノ時，足利ニヲイテ『易』ヲ講ズル時，持氏ノ時ノ筮ノコトヲサタスルニ，其占，符節ヲ合セタルガ如シ。其故ハ重氏出頭兄弟三人，不レ連来テ重氏ヲ扶タリ。弟ハ美濃ノ土岐ニ養セラレテ「雪ノ下殿」ト云タ一人也。聖道デアッタゾ。又ノ弟ハ僧ガ一人アッタゾ。又重氏ノ一ノ兄ガ美濃ニアッタゾ。其ハ俗人ゾ。以上三人来テ重氏ヲ扶タゾ。重氏ツツシミテ居ラレタニヨッテ貞吉也。今マデ無為ナルハ奇特也。『易』ヲ信ジテ著ヲトラバ，違フコトハアルマイゾとあり。此たぐひなりと新楽閑光の話なり。

（４）『易抄』には算博士三善行康の学問の一端や，算木による各種計算の実例・詳細な解説が見え，紙上に筆記するさい記号としての「零」の概念が出現していたこともわかる。室町後期より特定の公家・博士家に秘匿されていた陰陽・天文・暦・音律等の舶来刊本・知識の一部が，五山僧との交流によって外部に流出・広まった。本書第 19 章において紹介する釈道器の『周易筮儀私記』（叡山文庫真如蔵）には，李駉『晞范子脈訣集解』十二巻とともに，『火珠林』からの引用が多数見える。

（５）『北京図書館古籍善本書目』には収録されていない。梶浦晋の教示によれば索書号碼は3114。

（６）『永楽大典』巻一三八七五【山火賁】36b／一三八七六 4b【山火賁】（重複），一五一四三【兌為澤】15a。なお，『千頃堂書目』巻十三は"『易卦歌断卜筮元亀』二巻"を録すが，『大易断例卜筮元亀』中下巻と同一書だろう。

（７）宮紀子「全真教からみたモンゴル時代の東西交流──和算の来た道」（関西大学三研究所公開合同シンポジウム「アジアが結ぶ東西世界」2008 年 9 月 27 日　のち橋寺知子・森部豊・新谷英治編『アジアが結ぶ東西世界』関西大学出版部　2011 年に収録），同「（増補版）」（「第 5 回暦数の会」2008 年 10 月 11 日　於京都大学理学部数学科），同「モンゴル時代の『知』の東西」（東方学会シンポジウム II「学問のかたち」2012 年 5 月 25 日）

（８）『中国蔵黒水城漢文文献⑧医算，暦学，符占秘術，堪輿地理及其它巻』（国家図書館出版社

第4章 『卜筮元亀』とその周辺　187

2008年　pp. 1613-1615, p. 1620)

（9）窪田順平編『ユーラシアの東西を眺める――歴史学と環境学の間』（総合地球環境学研究所イリプロジェクト　2012年　口絵解説），宮紀子「モンゴル時代の百科全書的知識――抄物・ペルシア語資料による研究展開の可能性」（2012年9月29日　於京都大学人文科学研究所　武田時昌主催「術数学研究班」），本書口絵9～10

（10）佐々木孝浩「『大易断例卜筮元亀』2種」（『シンポジウム「絵入り占本の国際的比較研究」報告書』2010年　pp. 69-107）

（11）Juvaynī, *Ta'rīkh-i Jahān Gushāy*, MS : Paris, BnF, suppl. persan 206, f. 140b と V. Loukonine & A. Ivanov, *Persian Miniatures*, Parkstone, 2010, pp. 24-25 の British Museum のテキストは，いずれも1438年，シーラーズにおける写本とされる。植物の種類や傘蓋の有無等細部に違いは見えるが構図は同じ。

（12）S. Blair, *A Compendium of Chronicles*, Oxford University Press, 1995, pp. 90-108, pp. 111-112, Rashīd al-Dīn, *Jāmi' al-Tavārīkh*, MS : Paris, BnF, suppl. persan 1113, MS : Rampur, Raza Library, MS : Staatsbibliothek zu Berlin, *Diez Album*, Fol. 70-73, MS : Istanbul, Topkapı Sarayi Müzesi, Kütüphanesi, Hazine 2153.

（13）『長春大宗師玄風慶会図説文』（天理大学附属図書館蔵）「勧縁題名」に"太一掌教宗師太一承化純一真人伝教六代祖蕭全祐"とある。

（14）「大元投奠龍簡之記」，「周天大醮投龍簡記」（陳垣編纂／陳智超・曽慶瑛校補『道家金石略』文物出版社　1988年　pp. 862-863）

（15）李盛鐸旧蔵の元刊本の刊記に"今得郭景純集註善本，精加訂正，殆無毫髪訛舛，用録諸梓，与四方学者共之。大徳己亥（1299）平水曹氏進徳斎謹誌"とある。

（16）天理大学附属図書館，国立公文書館の元刊本二種によって以下の経緯が判明する。ほんらいの書名は『学吟珍珠嚢』で，元貞年間に曹敏が仇舜臣の子郁から一セット入手し，大徳三年に書名を『新編増広事聯詩苑叢珠』（『類増吟料詩苑叢珠』）と改めて刊行した。

（17）宮内庁書陵部（石清水神宮寺大丘大律院旧蔵），蓬左文庫（駿河御譲本）などが蔵する五山版巻末の張徳輝の跋文によって，1249年，真定府路の提学趙国宝の資金援助を得て初版上梓にむけての準備が開始され，「乙卯新刊」――憲宗モンケの五年（1255）に刊行されたことがわかる。静嘉堂文庫が蔵する至大三年（1310）曹氏進徳斎覆刻本には張徳輝の跋がない。そのご元末明初から活動が確認される建安の葉氏広勤書堂も覆刻本（台湾国家図書館蔵）を出した。従来，これを五山版のもとづいたテキストと見なしているが，戊子（1228年）に燕京で刊行された移剌楚才（耶律楚材）の『西遊録』が京都五山の東福寺普門院に蔵されていたこと，奈良の龍門文庫が蔵する『唐土歴代歌抄』が1242年刊行の『孔氏祖庭広記』を引用すること等からすれば，華北の初版本がちょくせつ日本に輸入された可能性は高い。

（18）『道家金石略』pp. 491-493.

（19）『成化山西通志』巻十五段成己「創修棲雲観記」"至元十八年五月甲午，栄河棲雲観張志覚介清風観主人王志瑞，郷進士周従善状其師立観始末，絵而図之，就平陽寓舎来謁文志其事"，『甘水仙源録』巻七李国維「頤真冲虚真人毛尊師蛻化銘」"関洛諸公多為作伝，及賦歌詩料挽誄之，有『汎霞図巻』伝於世"。

（20）門人の蔡志頤の尽力によって，おそらく『清庵先生中和集』と同時に上梓された。

（21）『遺山先生文集』巻三三「創開滹水渠堰記」

188　第Ⅰ部　日出づる処の資料より

(22)『甘水仙源録』巻八「洞元虚静大師申公提点墓誌銘」，同巻八「清平子趙先生道行碑」，同書後序。いずれも至元二十一年以後の撰に係り，福建出身の可能性はのこる。法名に"志""道"いずれの漢字も用いない。

(23)蘇軾の「易を治むる僧智周に贈る」七言律詩の末句"胸中自有**洗心経**"が典拠。元好問や段成己等が，金末からモンゴル初期に流行らせた語で，後者の作品は，『中州集』にも採用されている（蘇東坡の詩文集とともに五山僧の必読書）。それに対抗しようとしたのか，耶律楚才の息子鋳は自分にとっての『洗心経』は自家製の**酒**だと，自分の文集『双渓**酔**隠集』（現存六巻）のなかで二度も言及したが，こちらは無視された。

(24)『龍門文庫　知られざる奈良の至宝』（奈良国立博物館　2002年　pp. 55-57）

(25)清家文庫には，断易書ではないが，やはり現在の中国では散逸してしまった『新刊康節先生前定男命易数』（室町写本）が蔵される。東福寺・堺の海会寺に住持した季弘大叔の日誌，『蔗軒日録』文明十六年四月十八日，八月廿四日に言及される『前定易』もこの書であろう。

(26)『右文故事』余録巻二「又同所（＝天龍寺）ニ三会院アリ。モト後醍醐帝第二ノ皇子大宰師世良親王ノ別荘ノ地ナリ。予嘗テ聞ク。尾張大洲ノ真福寺ニ古本甚ダ多シ。ミナ後醍醐帝皇子ノ所蔵ノモノナリト。其皇子名ヲ問ウニ其人忘レタリ。予疑フ。所謂ル皇子ハ則チ世良親王ナルベシカ。然レバ皇子書ヲ好テ常ニ夢窓ニ従遊シ能ク蔵庋ノ富ヲ致サレシニヤ"。

(27)『俄蔵黒水城文献④漢文部分』（上海古籍出版社　1997年　p. 382），『俄蔵黒水城文献⑤漢文部分』（上海古籍出版社　1998年　pp. 37-80）

(28)『南村輟耕録』巻二〇「納音」，劉英華「敦煌本蔵文六十甲子納音文書研究」（『中国蔵学』2005-1　pp. 160-174），張鉄山「漢―回鶻文合璧《六十甲子納音》残片考釈」（『敦煌学輯刊』2004-4　pp. 13-16）

第II部

大元ウルスの宗教政策

第5章

歴代カアンと正一教
――『龍虎山志』の命令文より――

1　はじめに――『龍虎山志』簡介

　14世紀，青花磁器の生産開始によって世界にその名を轟かせた江西省の景徳鎮，そこから鉄道で丘陵のゆるやかな傾斜とクリークの中に連綿とつづく水田を車窓にみながら南行すること約三時間，交通の要衝で方言の坩堝ともなっている鷹潭駅に降り立つ。駅前からバスに乗って西南郊外に20kmも行けば，さほど高くはないが異様な形の深緑に覆われた岩山の連なりと，静かに滔々と流れる清河が見えてくる。『水滸伝』の冒頭の記述から想像される風景とは似ても似つかぬ"小桂林"こと，信州は貴渓県の龍虎山である。この地は，張道陵以来，歴代漢天師が住まい，孔子の子孫衍聖公の居城曲阜と並び称されてきた。前面に河，後ろに山が控え，さながら要塞のごとき天師府，こんにち貴渓県が誇る広大な水田地帯，豊かな植生，建築に必要な木材，石材，そして金，銀，鉄，銅の産出量は，歴代天師がこの地をなぜ拠点としてきたかを我々に知らしめる。

　龍虎山は，曲阜と同様，とりわけ13，14世紀に，モンゴル朝廷の庇護のもと，正一教の総本山として認められ，未曾有の繁栄を享受した[1]。正一教の道士たちは，おもに儒教と道教を統括する集賢院のもと，中央，地方のさまざまな文化事業に参画，重要な役割を果たした。

　とうじの正一教についての比較的纏まった研究書としては，孫克寛『元代道教之発展』（台湾中央書局　1968年）がまず挙げられる。ただ，『元史』の本紀，釈老伝，『漢天師世家』を軸に，元人文集から関連の部分を抜粋，整理するにとどまり，むしろ資料集としての性格が強かった。そのご，陳垣・陳智超・曽慶瑛『道家金石略』（文物出版社　1988年）が刊行された。全真教の石刻資料の量に比すれば格段に少ないものの，益するところは大きかった。高橋文治は，同書に収

第5章　歴代カアンと正一教　191

載される碑刻文書をフル活用し，モンゴル朝廷と全真教，正一教を中心とする道
教教団の関係，教団内部のシステムを解明しつつある(2)。

　ところが，じつはモンゴル時代にすでに正一教の全貌を知るための書物が作ら
れていた。皇慶二年（1313），ときのカアン仁宗アユルバルワダの聖旨（ジャルリク）によって，
翰林侍講学士の元明善が編纂した勅撰『龍虎山志』がそれである。この書の存在
自体は，『楚国文憲雪楼程先生文集』巻十五「龍虎山志序」，『道園学古録』巻二
五「河図仙壇之碑」，そして（じゅうらいまったく利用されなかったことが信じがた
いが），清朝乾隆五年（1740）に，龍虎山の法官で雍正帝の寵を得た婁近垣の『重
修龍虎山志』によって知りえた。『重修龍虎山志』巻十六「芸文・表八」に収録
される玄教嗣師呉全節の「進龍虎山志表」によれば，皇慶二年（三月）［二月］
辛巳(3)，かねてよりカアンの聖旨のもとに重建されていた大上清万寿宮の完成報
告として，呉全節が集賢院を通じて絵図を献上したさい，その解説書ともなる
『龍虎山志』の編纂を併せて願い出た。太保のクチュと集賢院大学士の李邦寧が
アユルバルワダに上奏し，元明善に編纂の勅命が下った。呉全節に序文を依頼さ
れた翰林学士承旨の程鉅夫のことばを借りれば，"山川の奇，人物の盛，前後宮
宇の廃興，累朝恩数の隆尚が，此の書に聚め"られていた。全三巻，四冊に仕立
てられたという。

　その『龍虎山志』の姿をいまに伝えるテキストが，台湾故宮博物院に蔵され
る(4)。縦 30.3 cm×横 20.4 cm（板框 24.2×17.5 cm），白口四周双辺 10 行×24 字の
大型の美本である。巻頭には，元明善および程鉅夫の筆跡をそのままに写す序文
が掲げられる(5)。元明善によれば，天下の名山は多いが，勅命をもって志が編纂
されるのは，じつに龍虎山が初めてのことであった。かれは正一教側によって提
示された資料をもとに，「山水」「宮宇」「人物」「法籙」「詔誥」「碑刻」「題詠」
の七項目に分類，整理し，上中下三巻に編纂しなおした。現行のテキストでは，
巻上は「山水」から「人物」まで。巻上の目録は，途中から欠落しているが，じ
っさいの中身と照らし合わせると，「人物」は上・下二編に分けられており，上
編に歴代天師および（こんにち欠落してしまっているが）大宗師，嗣師，宮門を，
下編に宋代以降の高士（やはり途中から欠落）(6)を収録していたと考えられる。巻
中，下の目録はのこっていないが，「法籙」（欠落）「詔誥」（「大元制誥」のみ残り，
それ以前の歴代の制誥は欠落。ただし，「大元制誥」も「天師」の後半部が脱落）が中
巻，「碑刻」「題詠」が下巻である。

192　第 II 部　大元ウルスの宗教政策

　程鉅夫の序は，延祐元年（1314）正月二十七日付け，したがって元明善の編纂作業自体は，一年弱で終了したことになる。アユルバルワダへの献上は同年四月某日に行われた。

　この勅撰の『龍虎山志』は，歳月とともに版木が摩滅し四十四代天師張宇清のころには僅かにその一，二をのこすのみとなってしまった。そこで，勅命によって第四十六代天師張元吉の補佐役をつとめた賛教の周召[7]は，重修，増訂を計画した。かれは，あくまでもとのテキストの体例を尊重する姿勢をとり，上中下三巻の構成を踏襲した。そして，天師の世家については該当箇所の後に新規増加分の伝を挿入，張留孫，呉全節以下の遺漏および大元時代以降の人物の事跡，山水，宮宇，題詠等については，別に一巻をもうけて続編とし，三巻の後の附録とした。そして，以後の増訂者にも同様の処置をとることを希望した。

　現行のテキストは，全巻を通じてこの周召の増訂を経たものである。版木の縦の長さ，書体がことなる箇所はあきらかに増補分，また，巻上「山・西崋山」の項に宣徳年間の記事が述べられること，巻上「人物・天師」に，巻中と重複する制誥がいくつも収録されており，しかも巻中に比べて誤字が多く，改竄，加筆が認められること，延祐元年よりあとの記事が散見され，至正十三年（1353）に行われた第三代から三十四代天師への加封が各天師の項に記されていること，増補された三十八代から四十四代の天師についても同じ書体で書かれていることから，旧書にできるだけ似せながら（増補部分以外は，謄写，覆刻を原則として），新たに版木が作製されたこと，まちがいない。極度に右上がりの書体で記される四十五代の張懋丞[8]については，さらにそのあと増補されたものだろう。巻中の「大元制誥」のうち，天師の項の末尾の至正十三年「補贈歴代天師職号」は周召による増補である。それ以外は原型のままと看做し得る。アユルバルワダへの献上後の延祐二年七月の制誥も収録するが，これは同年の版木作製の段階で呉全節等によって追加されたものだろう。巻下の「碑刻」も巻頭の“由南唐歴宋元至今”の一句のみは改竄であるが，元明善の編纂時のままの姿を留めた覆刻である。したがって，本書を元刊明代修補続増本とするのは正確ではないが，当時の姿をじゅうぶんに窺わせるテキストであることは間違いない。なお，続編については，一巻のみの筈にもかかわらず，現行のテキストでは“巻之一”と冠し，あたかも複数の巻から構成されているように見える。巻末が欠けているので，はたして何巻構成なのかは不明だが，周召よりさらに後の手が入っている可能性もある。

第5章　歴代カアンと正一教　　193

　ちなみに，『岷泉集』巻二「龍虎山志序」によれば，永楽年間，四十三代天師張宇初は“旧志の疎浅凡近の多きを病み”，配下の李唐真，弟でのち四十四代天師となる張宇清に，『龍虎山志』十巻をあらためて編纂させていた[9]。ところが，周召はこのテキストを完全に黙殺した。ぎゃくに，『四庫全書総目提要』所載の『龍虎山志』のテキスト，すなわち明工部左侍郎両山張鉞較閲，第五十代天師張国祥続修，第五十一代天師張顕庸同修，建武後学屋山居士王三極続較の『続修龍虎山志』三巻（中国国家図書館蔵，天啓六年刊本）は，周召の増訂本を目睹していながら，周召自身の経歴については全く述べず，周召の提示した編纂方法も踏襲しない。『続修龍虎山志』を底本にし，さらに独自に収集した資料を加えた婁近垣『重修龍虎山志』も，周召については一切言及していない。

　そこには，正統十四年（1449），皇帝がオイラト部のエセンに捕えられたいわゆる「土木の変」と景泰帝の即位，天順元年（1457）の正統帝の復位，成化年間の衍聖公孔弘緒，正一嗣教張元吉の獄[10]という一連の政局の中での天師府の浮沈，ひいては天師府内の勢力争いが絡んでいる可能性がきわめて高い。

　ともあれ，周召がモンゴル時代の天師府の威光，栄華を現在，未来に，そして張留孫，呉全節の姿を天師の補佐たる自身に，重ね合わせ希求していたことは，疑いない[11]。末路はともかく第四十六代天師は，洪武帝以来の銀印ではなく，金印と玉印を得るなど，明代において正一教が最も輝いた時とも言えるのであった。それに，この元刊本の姿をうかがわせるテキストの出現によって，大元，明，清の正一教を『龍虎山志』の諸本を軸に通覧できるようになったことの意味は大きい。また，じゅうらい使用されてきた『続道蔵』所収の『漢天師世家』は，四十二代天師のときの編纂とされ，洪武九年（1376）正月の宋濂の原序をとどめるものの[12]，じっさいには，洪武二十三年頃，四十三代天師張宇初が刪校増広したテキストを，さらに万暦三十五年（1607）に第五十代張国祥が増修したものである。つまりつねに『龍虎山志』とセットで，そのときどきの政治情勢，龍虎山の立場を濃厚に反映，主張しながら編纂しなおされてきたことになる。周召増訂の『龍虎山志』「人物・天師」は，『漢天師世家』の原資料であり，これらの資料を以前より客観的に検討することが可能になった。

　本章では，まず手始めとして，この元明善『龍虎山志』のみに収録される大元ウルス朝廷発令の大量の命令文，碑記（とくに勅建碑）によって，混一いご延祐初年までの正一教の歴史を，第三十六代から三十八代の張天師および張留孫，呉

194 第Ⅱ部 大元ウルスの宗教政策

全節の官職の変遷を軸に整理しなおし概説する（集賢院，道教所の職務，運営，正一教道士と官僚たちの文化交流，全真教との比較等については踏み込まない）⁽¹³⁾。『元史』の本紀は，成宗テムルの後半以降，道教について触れることがほとんどなく，既知の典籍，碑刻資料の編年も必ずしも正確ではないが，『龍虎山志』に収録される命令文には，発令月日が記されている。張天師，張留孫等の年度ごとの肩書きを把握しておくことは，さまざまな典籍の刊行，碑文の立石の年次の比定にも役立つ。なお，命令文そのものについても検討しておきたい。これらの命令文の中には，モンゴル語を漢語口語の語彙を以て逐語訳したいわゆる直訳体の聖旨九件も含まれる。蔡美彪『元代白話碑集録』（科学出版社 1955 年）には，龍虎山正一教のための命令文は収録されていないうえ，江南の碑自体，武当山大五龍霊応万寿宮の一通のみであった（こんにち陸続として報告されつつある新発現の直訳体碑にも，管見の限り江南のものはない）⁽¹⁴⁾。『道家金石略』や『北京図書館蔵中国歴代石刻拓本匯編（以下『北拓』と略す）』（中州古籍出版社 1990 年），『元典章』をはじめとする一連の政書にも見えない未紹介の直訳体聖旨群である。『龍虎山志』の価値をもっとも高からしめているといってよい。一教団に宛てて発せられたさまざまな時期のさまざまな文体の命令文を，収集の労なくして，こんにち我々は一気に得たわけであり，これらを詳細に分析すれば，全真教や太一教，大道教，仏教，ネストリウス派キリスト教等の代表者，道観，寺廟に宛てて発令された命令文の見直しはもとより，大元ウルスの命令文の変遷，大系を理解，整理するうえで重要な手がかりとなることは，まちがいない。

2 モンゴル朝廷と正一教

1）世祖クビライ時代

1259 年，鄂州に侵攻しつつあったクビライは，腹心の太一教の道士王一清⁽¹⁵⁾を江南に遣わし，三十五代嗣教漢天師張可大から「のち二十年，天下まさに混一すべし」との予言を得た，という⁽¹⁶⁾。南宋の滅亡は誰の目にも明らかだったのか，のちの捏造なのかはともかくとして，記録に現れる正一教との最初の接触である。使者の派遣自体は，同年閏十一月，華北道教を統括する全真教の姜善信を開平府に招致する令旨を発していること⁽¹⁷⁾，南宋攻略の布石といった点からす

れば，じゅうぶんに有り得る話ではある[18]。

　張可大は王一清との邂逅の四年後の景定三年／中統三年（1263）に亡くなり，次男の宗演が弱冠十九歳で第三十六代天師となった[19]。至元十二年（1275），モンゴルの南宋征伐の大義名分のひとつ，中統元年以来十六年間，賈似道によって抑留されていた国信使郝経等の帰還が果たされ，バヤンの活躍により揚子江以南の制圧がほぼ確実となると，クビライは，臨安の南宋朝廷の降伏をまたず，四月二十九日，さっそく兵部郎中の王世英，刑部郎中の蕭郁に詔を持たせて龍虎山に遣わし，張宗演を招聘する[20]。かつて太宗オゴデイが耶律楚才に命じて金末汴京の戦乱の中から先聖五十一代孫衍聖公孔元措を，南宋，金，モンゴルの三勢力が拮抗した曲阜では孔元用をいち早く保護したように，道教のトップの張天師を迎えることで，チャイナ・プロパーにおけるモンゴル王朝の正統性，文教政策に熱心な姿勢を示そうとしたのである[21]。七月十四日には，さらに江南に使者を派遣し"儒，医，僧，道，陰陽の人等を捜訪"させた[22]。張宗演の招聘は，南宋朝廷の降伏した翌至元十三年の四月十九日にもなされ，張宗演はその徒のうち才ある者，張留孫，孫景真，李嗣仙をはじめ数十人を択び従えて八月に入覲した[23]。そして，至元十四年春正月[24]，長春宮にて醮を執り行ったあと，張宗演は龍虎山への帰還を願い出て，クビライより玉冠，玉圭，金織文服，さらに演道霊応冲和真人の号を賜った。

　『龍虎山志』巻中には《授三十六代真人》として，このとき発令された雅文漢文の聖旨が収録される。じっさいの正本は，以下の漢字音をパスパ字で表記したものであった[25]。

　　A　**上天眷命せる皇帝の聖旨**：嗣漢三十六代天師張宗演卿は，心は法統を伝え，体は真風を粋にし，黄庭大洞之科を広げ，正一盟威之籙を持つ。爰に清たり爰に静たり，信を以てし誠を以ってす。三尺の青蛇は冥漠に於いて鬼神を役し，一杯の明水は邇遐に於いて妖孽を浄す。既に開済之功を宏くすれば，宜しく褒崇之号を昇うべし。演道霊応冲和真人**を特賜す可し**。宜しく張宗演**に令すべし**。**此を准けよ**。至元十四年二月日。

　また，『廬山太平興国宮採訪真君事実』（『道蔵』，『蔵外道書』所収）巻四「元朝崇奉類・聖旨文字」に，おそらく同日に発令されたパスパ字モンゴル語命令文に副本としてそえられた直訳が載る。ほんらい，『龍虎山志』にも収録されていた

はずであるが，現行のテキストでは，天師に対して発令された直訳体聖旨の部分
がまるごと欠落してしまっている。

B 長生の天の気力の裏に，大いなる福廕の護助の裏に，皇帝の聖旨：城子
裏，村子裏，達魯花赤官人毎根底，来往行（路）［踏］す底使臣毎，管軍
的官人毎，出軍底人毎，衆くの先生毎，百姓毎根底，宣諭す的聖旨：
成吉思皇帝，哈罕皇帝の聖旨の裏に：「和尚，也里可温，先生，達失蛮
は，不揀甚麼差発も休著者。天を告し俺毎の与に祝願者」と道った的で
有っ来。「如今であっても已先の聖旨の体例の裏に依著して，和尚，也
里可温，先生，達失蛮は，不揀甚麼差発も休著，太上老君の教法の裏に
依著して，天を告し俺毎の与に祝願者」麼道，這の信州龍虎山上清正一
宮に住持する張天師根底執り把っ著行的聖旨を与え了也。更有天師の
本戸の演法観＊を頭と為す諸の宮観の裏に，房舎の裏に，使臣毎は
休下者。不揀是誰，気力に倚って休住坐者。宮観の裏に休断公事者。倉
糧は休頓者。不揀甚麼休頓放者。鋪馬，祇応は休著者。商税は休与者。
但そ宮観に属す底田地，水土，竹木，碾磨，船隻，園林，解典庫，店，
浴堂，鋪席，酒醋は，不揀甚麼差発であっても休要者。俺毎的明降せる
聖旨が無かった呵，諸色の投下を推称し著，於先生毎根底，不揀甚麼
休索要者。先生毎也休与者。更に先生毎は不揀甚麼公事であって呵，這
の天師的言語の裏に，太上老君的教法の裏に休別了，理に依って行踏者。
更た俗人毎根底休帰断者。先生毎与俗人毎に折証的言語が有った呵，倚
付し来的先生毎の頭目与城子を管する官人が一同に理問帰断せ者。若し
先生的体例に行わず行う的公事は，説謊做賊的先生毎は，於城子
を管する達魯花赤官人毎根底分付け与え者。更た這の張天師は「執把著
行的聖旨が有る」麼道，体例に無い公事は休行者。行った呵，俺毎
根底説者。怎生般に道的も，俺毎は識る也者。（至元十四年二月初十日）
［聖旨（←俺的）は，牛児の年の二月初十日，大都に有る時分に写い来］。

＊『龍虎山志』巻上「天師家廟」"天師家廟者，四代天師作於信州之龍虎山祀其祖天
　師，其子孫，世紀世祔，今三十七代廟，旧在上清宮西二十里，宓勅賜額曰演法観"。

このA，Bふたつの聖旨を踏まえたうえで，二品の銀印と「上清正一宮提点」
と刻んだ銅印を給し，"這の演（法）［道］霊応沖和真人張天師根底「江南の田地

の裏の応有的衆くの先生毎の頭児と為って掌管せ者」廝道這の般な聖旨を与え了也"と宣諭する，すなわち江南諸路道教所[26]の代表に任ずるモンゴル語の聖旨Cが下された。『元典章』巻三三「礼部六・道教」は，その直訳を，【宮観不得安下】と題し，いったん中書省を介して公布，ところどころ節略した形で掲載する（書式，内容はBに酷似）。日付は同年の十一月となっている。『元史』の本紀が"嗣漢天師張宗演に演道霊応冲和真人，［管］領江南諸路道教を賜う"とあたかもA，C同時に発令されたようにいうのは，正しくない。A，Bの発令と同じ二月に亢吉祥，怜真加，加瓦八の三名を江南釈教の総摂とし，僧の租賦を免除し寺宇を擾すことを禁じる聖旨がくだされている[27]ので，この前後に発令された聖旨が十一月にCとして再度引用されている可能性も否定はできない。しかし，江南行台，八道の江南提刑按察司，江西行省が設立され，八月に南北の官吏の遷転の体例がとりあえず定められるなど江南運営の枠組みが整えられはじめたこと，十一月に中書省に命じて江南の平定を宣言し，宋を「亡宋」，「行在」を「杭州」と呼ぶよう中外に檄を諭していることなどを考えれば，Cの発令が十一月というのはそれなりの説得力をもつ。

　なお，本来Cには，江南における張宗演の度牒発給権を認める一文もあったにちがいない。『元典章』の同じ巻の【有張天師戒法做先生】に"在前薛禅皇帝の聖旨に：江南の田地の裏に有的先生毎は，張天師が掌管し着，太上老君的教法，張天師的言語の裏に行者。張天師の文字の無い的は休做先生者"とあり，『龍虎山志』巻上「人物上・天師」は"自ら牒を出して人を度し道士と為すを得，諸路は道録司を設け，州は道正司を設け，県は威儀司を設け，皆焉れに属す"という。『洞霄図志』（台湾国家図書館蔵影元鈔本）巻五「人物門・洞霄宮住持題名」によれば，至元十五年十一月に，"管領道教所，師の箚付"によって，杭州洞霄宮の各職が一括して任命されており，張天師の度牒発給を裏付ける。

　いっぽう，張宗演のかわりに朝廷に留まった弟子の張留孫に対しては，至元十五年五月二十九日にいたってはじめて凝真崇静通玄法師，江南諸路道教都提点の肩書きを特賜するA型の命令文が下された。つづいて九月と閏十一月に，**"長生の天の気力の裏に，皇帝聖旨"**と冠して，**"宜令張留孫。准此。"**で終わる命令文（かりにA′型とする）が銀印（秩三品）とともに与えられた[28]。前者は，"江北，淮東，淮西，荊襄等の路の新附せる州，城の道衆の勾當を管領す可し。余は故の如し"と命じ，後者は，張留孫の居場所である上都，大都の崇真万寿宮の建設を

踏まえ，総摂両淮荊襄等路道教勾當，江南諸路道教都提点の役職に加えて玄教宗師を特賜する。また，至元十六年二月十五日には，張天師のCの命令文に対応する璽書が発令された[29]。その一節に"這の張宗師根底「淮東，淮西，荊襄等の路の田地の裏の応有的衆くの先生毎根底掌管せ者」張宗師根底執り把て行的聖旨を与え了也"という。両淮荊襄等路道教所ではいちおう代表だが，江南諸路道教所では管領の張天師の配下という構造である。祈禱によって皇太子チンキム，皇后チャブイ等の寵を得たとはいえ，クビライは，あくまで張天師を先に立てたのである。クビライが当初，張留孫に天師号を与えようとしたとする趙孟頫の「張留孫碑」，張留孫の進言によって張天師に真人号が与えられたとする虞集の「張宗師墓誌銘」（『道園学古録』巻五〇），呉澄の「道行碑」（『臨川呉文正公草盧先生集』巻三二）等は，かなりあとの大徳十年（1306）に出現する逸話にもとづいており，阿諛とみなしておくべきだろう。「張上卿」の銘を刻んだ剣を与えたのも，クビライではなくチャブイであった[30]。

　張留孫が荊淮の道教を掌ることになって三ヶ月後の五月，宗師の父たる張九徳にも奉議大夫信州路総管府治中（資品，職品ともに正五品）が授けられた。しかも張九徳は翌十七年二月に大中大夫同知浙東道宣慰司事（従三品）に昇進，二十二年十一月に同知江東道宣慰司事に配置換えと，張留孫の江南での権益，業務連絡を保証，サポートさせるかのごとき人事異動がなされた。至元十八年の夏には，弟子の陳義高が招聘されチンキムの近侍となって北辺に従軍する[31]。二十三年には張留孫の師である李宗老も静安沖妙崇教法師，江東道道教都提点を授けられ，上清正一宮に住持する[32]。少なくとも至元十六年以降，中書省，枢密院，御史台ほか百官の上奏はまず皇太子チンキムに啓した。チンキムが国政を預かるにあたっては，太一教宗師李居寿のクビライへの進言等もあったといい[33]，チンキムを中心にあらたな道教管理の構想が進められたことは，おそらく間違いない[34]。そのさなかの至元十七年七月，張留孫は咬難とともに，クビライ，チャブイ，チンキムの命を奉じて龍虎山，閣皁山，三茅山へ代祀に派遣された。同時に江南の名山を歴訪し高士を保挙する任務（のちの集賢院の職務につながる）および張天師をお迎えにゆくという特命も帯びていた[35]。のち二十四年二月にもほぼ同目的で龍虎山，閣皁山，三茅山の代祀に派遣され，一門の王寿衍等も随行，このとき龍虎山で修行中の呉全節を朝廷に連れ帰る[36]（ちなみに，正一教の道士に課せられた江南遺逸の保挙の任におけるもっとも早い例は，至元十三年バヤンの推薦

によってクビライのもとに入覲した杭州宗陽宮の杜道堅である)[37]。

「張留孫碑」によれば、至元十七年の派遣から帰還すると、商議集賢院事に抜擢され、『道徳経』以外の道書は全て焼却処分されるはずであったのを、偽経三十九種に留めるよう、チンキムに嘆願、『道蔵』を救った[38]。また、翰林院と集賢院を分立せしめ、前者は"詔誥国史を掌り"、後者は"天下の賢士を館して以って道教を領し"て、"道官及び宮観主者を置き、印の五品に視しきを給する"ように上奏した。翰林院、集賢院の分立は、『元史』巻八七「百官志」によれば至元二十二年のことである（じじつ、全真教の代表者であった祁志誠は、二月に張志仙を後任とする申請書をいったん集賢院に提出、カアンに上奏してもらう手続きを踏んでいる[39]）。

しかし、じっさいに張留孫が商議集賢院道教事となったのは、至元二十五年七月で、『龍虎山志』にA′型の命令文が収録されている（したがって「張公家伝」[40]にいう"預議集賢院"は官名と解してはならない）[41]。「張留孫碑」にもとづく「張公家伝」、「墓誌銘」は、分立をそれぞれ至元十八年、至元十四年のこととして、この間の「張留孫碑」の記事を配列しなおし辻褄をあわせようとするが、成功していない。『道蔵』云々の話にしても、至元十七年から十八年にかけて張天師をはじめとする各道教の代表者が招聘されているのは、ひとつにはまさにこの討論のためであって[42]、張留孫ひとりの功に帰することは難しい。また、この前後で語られる、張留孫が武宗カイシャン、仁宗アユルバルワダの名付け親であった話、サンガの失脚した二十八年にオルジェイを右丞相に推薦した話、二十九年の通恵河の開設の議への貢献、などは、じつは至治二年（1322）死ぬ直前の趙孟頫が勅を奉じて撰し、天暦二年（1329）呉全節が張留孫ゆかりの大都東岳廟[43]に立石したこの「張留孫碑」に始まるのであり、同じく勅撰で張天師、張留孫を称揚する『龍虎山志』をはじめ、それ以前の資料にはまったく出てこない。勅撰碑であっても、否、むしろ勅撰だからこそ、その時々の政権、立碑者の思惑、事情が反映される（虞集は確実に『龍虎山志』をみているが、呉全節の意を汲んだかれは、あえて「張留孫碑」の記述にしたがおうとする）。じつは編年など単純な事柄も、正確である保証は、ない。

ひるがえって、至元二十五年七月発令の命令文において、張留孫の職務が総摂淮東淮西荊襄等路道教勾當、江南諸路道教都提点から総摂江淮荊襄等路道教都提点に変化している点も注目される。翌至元二十六年六月二十九日には、江南の行

尚書省，行御史台，行司農司以下に宛ててＣ型の命令文が発令され，その一節に“這の張宗師は江淮荊襄等の路の田地の裏の応有的衆くの先生毎を総摂し頭児と為って掌管せ者”という。同じＣ型の至元十六年二月の命令文と比較すると，やはり淮東淮西荊襄が江淮荊襄に変わっており，この区画に明確な区別が存在することがうかがわれる。聖旨冒頭のあて先からすれば，この時点の江淮荊襄に江南行台の行政地域が含まれていることは確実である。その江淮荊襄等路道教所において，勾当官から都提点に昇進，格上げされたのである。元明善はこの変化を「掌荊淮道教」から「総摂道教」ととらえた。なお，こののち張留孫の肩書きに江南諸路道教都提点が書かれることはない。

　じつはこの発令に先んずる二月四日，張宗演は集賢院を通じてクビライにいくつかの案について上奏を行い，裁可を受けていた。そのひとつ，宮観に住持するさいの護持聖旨の申請については，すべていったん張天師の管領江南諸路道教所等を通しチェックしたのち，道教所の推薦状を添えて集賢院に提出，集賢院使のアルグンサリからカアンに上奏してもらう，という方式が採用されることになった[44]。張宗演は既述のとおり前年度から招聘されて朝廷に滞在中であった。集賢院における道教管理のシステムの整備（儒学管理については至元二十四年二月に集賢院の南北の諸儒，衆官が聖旨を受けて講究している[45]）のためだろう。七月の張留孫への発令はその結果，と見るべきである。

　ちょうどこのころ，龍虎山では上清宮の大殿，元壇，壇楼，三門の新築がはじまり，周辺の路でも，上饒の万寿真慶宮をはじめ宮観が林立，千人近い学徒を抱えるようになっていた。正一教の盛行は誰の目にも明らかになりつつあった[46]。

　ところが，張宗演は，至元二十八年十一月に死去，クビライは，張留孫より陳情を受けて，翌至元二十九年正月十日，長男の与棣が後を嗣ぐことを認可するＡ′型の命令文を発令，二十九日にはかれを招聘する詔を出す[47]。そして，四月には，Ａ型の命令文を発令，体玄弘道広教真人の号を宣授，父と同じ管領江南諸路道教を特賜，金冠法服を与えて龍虎山に帰した[48]。

２）成宗テムル時代

　至元三十一年（1294）正月，こんどはクビライが崩御，四月，孫の成宗テムルが上都にて即位する。大都の張留孫はいちはやく呉全節以下の属をつれテムル，皇太后のココジン（チンキムのカトン）のもとへ参上，ためにテムルは七月八日，

行省，行台，行司農司以下に宣諭し，歴代カアンの先例に依拠したうえで，"這の張宗師は江淮荊襄等の路を総摂し頭児と為って衆くの先生毎根底掌管せ者"といって張留孫に執り把て行くC型の聖旨を与えた。内容は，至元二十六年の聖旨と全く同じであり，カアンの代替わりで無効になった聖旨を更新，安堵したものとみられる。じっさい『龍虎山志』はこの聖旨に《申命総摂道教》の標題をつける。また，同月，沖素崇道法師呉全節に南岳廟提点を授けるA′型の命令文を発令した（「河図仙壇之碑」は元貞元年の制に誤り，しかも沖素崇道法師の称号もこのとき得たもの，とする）[49]。また，請われるままに張留孫の師である張聞詩に真人号を与える「上天眷命，皇帝聖旨……主者施行」式（かりにD型と呼ぶ）の雅文聖旨も贈った[50]。

いっぽうで，テムルは王寿衍を龍虎山に遣わして天師たる張与棣を招聘することも忘れてはいなかった。来京するとさっそく翠華閣，万歳山円殿などで祈禱を行わせた[51]。ことに長春宮で開催された七昼夜の醮は，南北の道士千人余りを集めた大規模なものであった，という。翌元貞元年（1295）二月二十八日には，延春閣にて醮を設け，張与棣，張留孫，全真教の張志仙等十三人にそれぞれ玉圭がひとつずつ下賜された。全仏教の統括者たる帝師には宝玉の五方仏冠を賜っており，各宗教代表者を一同に会する一大イヴェントであったことがうかがわれる[52]。さらに，このとき張与棣は祖天師張道陵，三十五代の張可大にそれぞれ加封，特贈するD型の雅文聖旨二通も受け取った[53]。テムルの正一教天師への尊重を示す象徴であった。張留孫の弟子で，チンキム亡き後，テムルの兄晋王カマラに仕えていた陳義高に崇真万寿宮提点を授け（A′型），大都留守司の段貞に勅して万寿宮周辺の民地を購入，璇璣殿の増築も開始された[54]（いご正一教は大都留守司と密接な関わりをもちつづけることになる）。

七月に入ると，江南諸路の天慶観をすべて玄妙観に改め，祭壇の宋の太祖の神主を毀つよう命ずる聖旨が出された[55]。"凡そ省臣，守臣，軍府外署の其の治に在る者は，歳時朔望，咸集り而して祝釐焉。他観は与比を得る莫し。故に天下の玄妙観は宏荘厳飭，敢えて怠荒すること罔し"というごとく[56]，孔子廟と同様の機能を持たせ，各路において醮を行わせるためであった[57]。杭州の道士にいたっては，前朝の碑石の「天慶」の字まで悉く鑿つ極端な挙に出たらしい[58]。

この同じ月，張留孫は，新たに弘教沖玄真人（張天師の六字号を越えないよう配慮されている）の号を加えて商議集賢院道教事から同知集賢院道教事に昇進させ

202　第II部　大元ウルスの宗教政策

るという A′型の命令文を受け取った（翌年四月二十二日には江南向けにかれが同知集賢院道教事となったことを確認，知らしめる C 型の命令文も発令された）[59]。いずれも『元典章』巻七「吏部・官制」《職品》や『元史』巻八七「百官志」等には見えない役職だが，道録司，各宮観の提点，提挙をはじめ，"仙官"の位階はおもての官制表に現れないだけのことである。

　張与棣はそのごまもなく崇真万寿宮にて客死した。天師となってわずか四年足らずであった。与棣の跡を嗣いだのは，弟の与材。呉全節が招聘の使者として龍虎山に赴き，張與材は元貞元年に大明殿に参内した[60]。そして翌二年正月末，テムルは嗣漢三十八代天師張与材に対し，太素凝神広道真人の号と父，兄と同じ管領江南諸路道教を授け，二月某日づけの A′型の命令文が発令された[61]。同時に天師補佐役の熊貴実，李志立を龍虎山大上清正一宮の住持提点，提挙知宮に任命する A′型命令文も出された[62]。張与材はいくつかの案件をまとめて集賢院から代奏してもらい，その結果，二十八日に，行省以下に宛てて張天師に不恭を致さないよう，璽書が数通降された。"自ら牒を給し人を度して道士と為し，宮観の差賦を免じ，法籙を申護し，遠輸の役を免じ"られたというから，C 型の命令文だろう[63]。また，三月には張与材の母の周恵恭に玄真妙応仙姑の号を賜う D型の詔も降された[64]。

　張与材は，歴代天師のなかでも相当にやり手の天師であった。大徳二年（1298），詔を奉じて嘗ての三十五代天師の再現よろしく海塩，潮官二州の海潮の調伏をこなし，折りしも火災に遭った龍虎山大上清正一宮の重建にあたっては，所属の宮観の収益を徴収，さらに張留孫とともにカアンに訴え費用の大部分を江浙行省から捻出させることにも成功（カアンから江浙行省への使者には呉全節がたった），わずか一年後には以前にもます威容を誇る大上清正一宮が完成したのであった[65]。五年にカアンからの使者呉全節が龍虎山に到来，再び朝廷に参内し，まず左丞相ハルガスン・ダラカンの依頼で京畿の早魃を救うべく雨乞いの祈禱を行い成功，上都に直行して宴会に参加，六月には寿寧宮，延春閣にて醮を行い，さらには暖冬の年に祈禱によって雪を降らせた，と見せてテムルを喜ばせる。六年四月上都へ移動する朝廷に辞し帰途につくが，この時あらためて二品の銀印を授けられた。李志立と章似志をそれぞれ大上清正一宮の住持，提挙に昇進させる A′型の命令文二通のほか，集賢院に推薦状を添えて申請しておいた徐懋昭，呉以慶，傅応辰等の各路道観住持提点への任命書も纏めて持ち帰る。八年には，今

までの功績を江浙行省および張留孫から申請させ，その結果，三月に正一教主兼主領三山符籙の肩書きを加授するＡ型の命令文，および父の三十六代天師に真君を追贈するＤ型の命令文を獲得する(66)。「大上清正一万寿宮」の正式な賜額もこの年のことである。

　かたや呉全節は大徳二年八月に陳義高の後を受けて大都崇真万寿宮提点に任ぜられ，張留孫のほうは，大上清正一宮が完成した大徳三年の七月，玄教大宗師の肩書きを加えられて，それぞれＡ′型の命令文を授かった(67)。大徳九年八月には，張留孫の亡父張九徳に昭文館大学士通奉大夫の官，荘敏公の諡，亡母の周氏に清河太夫人を追贈するＤ型の二通の命令文が出された。張天師の亡父への追贈より一年以上遅れており，あくまで張与材を先に立てる大元ウルス朝廷の姿勢は変わっていない。つねにカアン，カトンの膝元にいる張留孫，呉全節とより緊密な関係が築かれるのは当然の成り行きであったが(68)，天師の尊重というクビライ以降の基本方針は守られていたのである。

　ところが，翌大徳十年六月，Ａ′型命令文が発令され，張留孫に特賜上卿を加え一品の仙官とし，さらに総摂江淮荊襄等路道教都提点から総摂江淮荊襄等路道教所へ，すなわち名実ともに代表として，張天師の管領江南諸路道教所と比肩する官職を与えたのである（江淮荊襄等路道教都提点の職にはＡ′型命令文を以って呉全節を任命。ただし，この時点では"総摂"は許されていない)。この詔は，張留孫が天師の号を辞退したので，そのかわりに上卿を賜ったのだ，と言明する(69)。しかし，すでに述べたとおり，チャブイ等がそう呼んで以来習慣となっていただけであって，上卿の号を正式に命令文をもって加えられたことは，なかった。ここであらためて特賜したことは，現職の天師への気持ちが急転したとしか思えない処置である。ときに，廃人同様のテムルをかかえ，一粒種の幼い皇太子テシュを前年の十二月に亡くしたブルガン・カトンが，権力維持のために策謀をめぐらしている最中のことであった。

３）武宗カイシャン時代

　成宗テムルの崩御の公表にはじまった大徳十一年（1307）は，モンゴル帝国の歴史の中でも屈指に激動の一年であった。ブルガン・カトンと安西王アーナンダの政権掌握，成宗テムルの甥アユルバルワダとその母ダギによるクー・デタ，アユルバルワダの実兄武宗カイシャンのアルタイ方面からの大旋廻，五月の即位ま

で，大元ウルスの政局はめまぐるしく変動した。

その年の九月，カイシャンは大都崇真万寿宮提点に夏文泳（のちに張留孫，呉全節の後をついで第三代大宗師となる人物である），孫謙益を，同提挙に陳日新を，毛穎達を上都崇真万寿宮提点に（毛穎達は皇慶二年六月に大都崇真万寿宮提点になるから，大都より上都のほうが下のランクだったことになる），任命する。[70]いずれも張留孫の弟子である。さらに総本山の龍虎山大上清正一万寿宮の住持提点兼本山諸宮観事に呉以敬を任命する。

十月には，クビライ，テムル時代における張留孫の功績を尊重し，新政にあたって国家の安泰を願い，また正一教保護の意も込めて，かれに新たに志道弘教沖玄**仁靖大**真人の号を与え，知集賢院事，領諸路道教事の職に任じた（A′型）。袁桷，虞集によれば，知集賢院事は，集賢院大学士の上に位する官職である。呉全節に対しては，玄教嗣師，張留孫の旧職である総摂江淮荊襄等処道教都提点，さらに崇文弘道玄徳真人の号，「玄教嗣師之印」の銀印（視二品）が一気に与えられた（A型）[71]。翌至大元年（1308）七月二十四日，張留孫にC型の命令文が発せられているが，『龍虎山志』がこれに《加上卿》と標題をつけるのが正しいとすれば，ほんらいは，大徳十年六月のA′型命令文とセットのはずで，政変のごたごたの中で遅延したもの，と考えられる。しかしじっさいの内容は，"這の上卿張宗師根底，「江淮荊襄等の路分の裏に有的先生毎根底頭児と為って掌管せ者」と根脚裏薛禅皇帝の聖旨の裏に委付したので有た来。「它が管す的教門的勾當は，張宗師的後頭は，它的正派の徒弟が接続して掌管せ者。横枝児不揀那箇先生であっても休入去者。它毎根底休欺負者。它毎的勾當は休沮壊者」麼道，執り把て行的聖旨を与え了也"と述べるごとく，大都崇真万寿宮や総摂江淮荊襄等路道教所の管理者を，張留孫の弟子たとえば呉全節以下が継承してゆくことを保証するもので，この人事に張天師は介入できない。これをふまえたかたちで八月八日，"這の玄教嗣師総摂江淮荊襄等処道教所事崇文弘道玄徳真人呉全節根底「江淮荊襄等処の田地の裏の応有的衆くの先生毎根底它を交て頭児と為して掌管させ者。但是各処の路分の裏の先生毎を管す的頭目，大小の宮観の裏に住持す的定点，提挙等は，但是勾當の裏に合に委付すべき的人毎は它を交て選揀させ，媳婦の無い，清浄な好い先生毎を委付交せ者。更た它的文書の裏に曽て委付せざ的先生毎は，不揀甚麼勾當の裏にも休交行者。更た先生と做的人毎が有った呵，它の道教所の公拠，戒牒の文書を受け交せ了，先生と做交しめ者。它の管す的道教所の勾當の

裏に，不揀甚麼先生毎であっても休交入去者。恁は衆くの先生毎を太上老君の教法の裏に呉真人的言語の裏に休交別了，別了的毎根底罪過を要め者」麼道，執り把て行的聖旨を与え了也"[72]と命ずる C 型聖旨が出されたのであった。

注目すべきは，ここにおいてはじめて総摂江淮荊襄等処道教所の公拠，戒牒の発給権が明言されることで，それ以前の，張留孫に与えられた聖旨群には，全く言及されていない。それが現れるのは呉全節よりあとの，至大二年十一月の特進を加授する A 型命令文とセットをなす至大三年二月二十一日の C 型聖旨にいたってである[73]。

張与材は，至大元年三月二十三日にカイシャンのもとに参内した[74]。そつなく皇太弟であったアユルバルワダと皇太后ダギへの接近をはかり，平章政事で大都留守をつとめるハサンの依頼で得意の祈禱の術もみせた[75]。そして五月，太素凝神広道明徳大真人の号を加えられたほか，金紫光禄大夫（正一品）を特授，留国公に封ぜられる。この命令文（A 型）と同時に，第二代，第三代，第三十代に真君を加封し，母の周恵恭に真人号，嫂の三十七代馮淑真に仙姑号を与える五通の D 型命令文を受け取った[76]。クビライ以来認められてきた道士への度牒の発給権の継続を保証する C 型の命令文も得た[77]。だが，じつは大真人の号の獲得は，半年以上張留孫に遅れをとっていた。しかも張留孫は翌年には同じ正一品でも金紫光禄大夫よりうえの特進を授けられる。至大三年四月には，張留孫の曽祖父に銀青栄禄大夫（正一品）司徒信国公諡康穆，父に儀同三司大司徒信国公諡文簡の爵諡を特贈，祖母の呉氏と母の周氏に信国夫人を加封，弟子の陳義高に真人号を特贈する D 型命令文五通が与えられるのであり[78]，カイシャン政権下で完全に張天師と張留孫の立場が逆転する。それどころか，同じ至大三年四月に呉全節の祖父に昭文館大学士資善大夫（正二品）饒国公諡文靖の爵諡，祖母に饒国夫人が特贈され，父呉克己に大徳十一年八月に遥授されていた翰林学士中順大夫（正四品）から一足飛びの栄禄大夫（従一品）大司徒の加授，饒国公の特封，母に饒国太夫人の特封[79]がなされており，張與材は呉全節の扱いにさえ及ばなくなってゆくのである。

4）仁宗アユルバルワダ時代

至大四年（1311），兄カイシャンを暗殺してカアンの座に就いたアユルバルワダは，新政策として，まず四月二十六日，仏教を管理する宣政院，功徳使司の二

つの衙門以外の"和尚，先生，也里可温，答失蛮，白雲宗，頭陀教等の各処路・府・州・県の裏に有る他毎の衙門を都革罷さ教了，印信を拘収して了者。帰断す的勾當が有った呵，管民官が体例に依って帰断せ者"という聖旨を出す[80]。クビライ時代以来の道録司以下の衙門は少なくともいったん廃止になったと見られる。そのいっぽうで，張留孫の弟子で皇太弟時代から近侍していた大都崇真万寿宮提点夏文泳に，元成文正中和真人，江淮荊襄等処道教都提点を特授する A′ 型命令文および銀印（秩視二品）を与えた。

　張留孫に対しては，皇慶元年（1312）二月，玄教大宗師の前に「輔成賛化」の勲号を冠する A 型命令文を発令する[81]。『龍虎山志』の編纂がはじまった翌皇慶二年の八月十一日には，その新たな名分に"一品的印信を添え了与える"C 型命令文も出された[82]。その同日，『龍虎山志』編纂の音頭をとった呉全節本人にも"掌教的印信を与える"C 型命令文が出された[83]。いずれもカイシャン時代と同様に，江淮荊襄等処の地面下の各処路分に有る大小の宮観の住持，提点，提挙の選任権，戒法文書の発給権をはじめ既得の権益を保証するものであったが，さらに使臣が宿泊できない場所として宮観，房舎のみならず，菴院，廟堂が加えられ，末尾の一段に"罪過を做し了宮観裏り出去し了的が有った呵，宮観の裏に再び休交入去者。但是宮観の裏に有る常住の田地，水土は不揀甚麼物業←它毎的　であっても，不揀是誰休典売者。山林の裏の樹木，竹葦は休斫要者。這般に宣諭し了のだか呵，別了的人は罪過有者"という文言が付された。これは既知の直訳体碑にはまったく見られないものである[84]。なお呉全節のためには，饒州路の雲錦山の万寿崇真観に崇文宮の額を賜う D 型命令文も出された[85]。また，『龍虎山志』の程鉅夫の序が書かれた延祐元年四月には，張留孫の師李宗老から遡って胡如海，李知泰，陳瓊山，馮士元，馮清一，七世祖師張思永までの七名に真人号を追贈する D 型命令文が出された[86]。そして，延祐二年（1315）五月，張留孫に開府儀同三司という人臣の位を極める最高の資品と，玄教大宗師の前に冠せられた勲号「輔成賛化」のあとにさらに保運の二字を加える A 型命令文が発令されたのである[87]。そればかりか，七月には，張留孫の曽祖父，祖父，父にそれぞれ集賢大学士光禄大夫（従一品）柱国，金紫光禄大夫（正一品）司徒上柱国，開府儀同三司大司徒（従一品）上柱国の官が加贈され，またカイシャン時代に封じられた信国公から魏国公に改封された。曾祖母，祖母，母は皆魏国夫人を加贈された[88]（D 型）。これらは，既にいったん完成していた『龍虎山志』に是が非で

も収録すべき栄えあるデータであり，じじつ版刻のさいに追補された。

　ひるがえって，張与材の入覲は，おそらく皇慶元年三月より少し前のことであり，同月に集賢院から代奏してもらい，"如今であっても但是江南の田地の宮観の裏に有的先生毎は在先の体例の裏に依着して張天師根底戒法の文字を要め了先生に做者。文字の没的人は休做先生者。這般に宣諭し了のだか呵，張天師の文字が没く先生に做っ的人は罪過を要め者"という以前からの度牒の発給権を更新・保証する聖旨を入手した[89]。少なくとも五月には大都の崇真万寿宮にいたことが，『啓聖嘉慶図』（『道蔵』「洞真部・記伝類」『玄天上帝啓聖録』『玄天上帝啓聖霊異録』）に書いたかれの序文から確認できる（張与材は，詩文はもとより書画の腕前でならし，芸術の士との交流を好んだ[90]。この点は張留孫にはない才能であった）。嘉禧殿に参内したさい，アユルバルワダは太保のクチュを通じて"天師の嗣道は他に与比する鮮し。余一人之を嘉す"と宣ったといい，張与材が龍虎山に帰るにあたっては，正一教全体および各宮観五十余箇所を庇護する聖旨（おそらくB，C型）を発令し，宝冠，法服を賜い，銀印（視一品）を給付した[91]。また上清宮の提挙に董処謙を任じた[92]。延祐元年には母の周氏に玄真妙応淵徳慈済元君の号を追封するD型命令文を賜った[93]。そのご，勅命によって上清宮にて雨乞いをし成功をおさめ，"粟を捐して義倉と為し以って貧乏を済う"などの活動も行ったが，アユルバルワダのことばとは裏腹に，もはや張留孫をしのぐことが不可能なことは，翌延祐二年の夏，はっきりする。そして，張留孫の栄光と『龍虎山志』の刊行を見届けた延祐三年正月十一日，張与材は，雪の降りしきる中，坐化したのであった。

3　命令文の体式

　さて，以上年次を逐って列挙してきた複数のタイプの任命書のうち，まず，AとA′の制の違いは何か。いかなるときに「上天眷命，皇帝聖旨」を用い，いかなるときに「長生天気力裏，皇帝聖旨」を用いるのか。巻中「宮門」，「諸高士」に関する限り，至元十八年（1281）に発令された張天師の下の道教都提挙兼提点大上清正一宮事，道教都道録の任命書のみ，六品から九品の勅授にあたるため，中書省の勅牒──「皇帝聖旨裏，中書省牒……牒至准勅，故牒」の書式──で

あるほかは⁽⁹⁴⁾，龍虎山上清正一万寿宮，大都，上都の崇真万寿宮以下各地の宮観の住持提点，提挙の任命書は五品以上の宣授であり，みな A′ 型で，皇慶元年以降 A 型に変わる。この点は少なくとも確実にいえるだろう（この法則にあてはまらず，皇慶元年以前に A 型となっている例は，大徳二年八月の呉全節を大都崇真万寿宮提点に任ずる命令文のみである）。これらの宣授は，張留孫自身が"天師及び臣（張留孫）由り，制授され各宮観に主たる者，百許人矣"⁽⁹⁵⁾というごとく，一括して張天師，張留孫が集賢院からカアンに代奏，申請して得たものである。同日発令のものが多いのはそのためである。じっさいに各道士がカアンから直接宣を受けたわけではない。なお，かれらが任命された杭州路龍翔宮，西太一宮，宗陽宮，信州路万寿真慶宮，潭州路岳麓万寿宮，衡山昭聖万寿宮，龍興路逍遥山玉隆万寿宮，饒州路余干州万安宮，鎮江路紫府観，平江路致道観，信州路徳元観，湖州路玄妙観，吉州路浮山洞虚観，揚州路玄妙観，常州路通真観，潭州路王仙山登真観などが，正一教でもきわめて重要な拠点となる宮観であったことがわかる。

皇慶元年（1312）以前の張留孫についていえば，最初に発令された至元十五年（1278）五月の命令文——法師号と江南諸路道教都提点を特賜する——のみ原則から外れる A 型，そのご大徳十一年（1307）十月に大真人を加授する命令文まではすべて A′ 型である（ちなみに，全真教の宋徳方に真人号を贈る至元七年の制詞，范圓曦に真人号を贈る至元十一年四月の命令文は A′ 型⁽⁹⁶⁾であり，混一いごも，この原則にずっとのっとっていたことになる）。そのあとの至大二年（1309）十一月の特進（資品）の加授は A 型だが，これは，仙官の範疇からははずれるので同時に論ずるべきではないだろう。ところが，呉全節の場合は，張留孫と同じ大徳十一年十月に玄教嗣師および真人号を加授する命令文において A 型をとる。張留孫の大宗師，上卿の加授は A′ 型であったから，どうにも説明がつかない。張天師は，至元二十九年正月の第三十七代天師のたんなる嗣教の認可のみ A′ 型で，真人号の授与はかならず A 型である。その点はやはり特別扱いだったということだろうか。検討の余地をのこす。

いっぽう，同じ「上天眷命，皇帝聖旨」を冠する A と D のちがいはきわめて簡単である。「宜令○○○。准此」で締めくくられる A は，存命中の人物に対する直接の任命，授与であり，D は，A の対象者のうちとくに尊重の意を表したい人物のために，その父母，祖父母，曽祖父母をはじめとする親族，師（概ね物故者である），先賢，先祖に美号，爵官を加封，追贈する場合に用いられ，「主者施

行」の結句が示すように，間接的な授与といえる。

以下に，『龍虎山志』から得られる B・C 型命令文，すなわち直訳体聖旨についての新たな知見を整理しておく。

訳語：至元十六年の聖旨で"祝願者"と訳されていたモンゴル語が至元二十六年以降の聖旨ではすべて"祝寿祈福者"と訳される。sirge könürge の訳に一貫して"醐酵"を用いるなど同じ語彙，言い回しを用い，マニュアルに忠実に訳されていることがみてとれる。モンゴル政府で翻訳されたものをそのまま使用していると考えられる。とはいえ，例外もあり，ずっと"太上老君的教法"と訳されてきた語が『龍虎山志』の編纂開始後の皇慶二年八月十一日に発令された張留孫，呉全節への聖旨では，ともに，"太上老君的経教"に代わる。したがって最初の編纂のさいの翻訳者と，追加分の命令文の翻訳者が異なったという可能性も完全には否定できない。**通知先**：至元十四年二月の張宗演，至元十六年二月十五日の張留孫への聖旨は，ともに冒頭の通知先を"城子裏，村子裏達魯花赤官人毎，来往行踏す底使臣毎，管軍的官人毎，出軍底人毎，衆くの先生毎，百姓毎"とする。行省，江南行台等の官人は見えない。混一まもない江南の各機関は移動，統廃合を繰り返し，システム自体まだ流動的であったため，とも解釈できるが，中統元年（1260）六月十四日，即位したばかりのクビライが開平府にて発令した聖旨（『元代白話碑集録』p. 38 は 1296 年に誤る）冒頭の"道與随州城県鎮村寨達魯花赤毎，大小官員毎，去的来的使臣毎"，翌 1261 年の林県宝厳寺聖旨（『元代白話碑集録』p. 22）と少林寺聖旨碑第二截の"宣撫司根底，城子裏，村子裏達魯花赤官人毎根底，過往使臣毎根底，把軍底官人毎根底"，1268 年発令の少林寺聖旨碑第三截[97]を経た書式を踏襲したものとも考えられる。なお，あて先の中に"村のダルガ"が確認できるのは，至元十七年（1280）二月二十五日の聖旨（『元代白話碑集録』p. 29）までである。至元十七年十一月五日重陽万寿宮聖旨（『元代白話碑集録』p. 23 は 1268 年に誤る）以降は，管軍官人，軍人，管城子（裏）達魯花赤官人，過往使臣（往来使臣，来往的使臣），衆百姓の順にほぼ固定する。また，各官庁を列挙する場合には，中書省，枢密院，御史台，行中書省，行御史台，宣慰司，廉訪司を管軍官人の前に配するのが普通である。ところが『龍虎山志』の場合，至元二十六年以降の聖旨では，すべて中書省（時期によっては尚書省），枢密院，御史台，行省，行台，行司農司，宣慰司，廉訪司，城子裏達魯花赤，来往行踏的使臣，管軍的官人，軍人，百姓の順で，管軍官と軍人の位置に違いが見られる。こ

の点については，編集の際に手が加えられている可能性も，否定できない。なお，通知先の中に各枝児の頭目が現れるのは，『龍虎山志』では至大元年（1308）八月八日付けの聖旨からで，既知の直訳体碑では，延祐元年（1314）七月二十八日付けの重陽万寿宮聖旨（『元代白話碑集録』p. 29）がもっとも早い例であった。**先例**：クビライ時代は，成吉思皇帝，哈罕皇帝を挙げる。哈罕皇帝はオゴデイを指し，実名は挙げない。ところが，テムルは哈罕皇帝とは絶対に記さず[98]，即位した直後の至元三十一年七月八日の段階ですでに成吉思皇帝，月闊台皇帝，薛禅皇帝と列挙し，クビライについてはモンゴル語の廟号を以って呼んでいた（ただし直訳体碑では先皇帝，世祖皇帝と訳す例もわずかながら見られる）。この書式は，いごのカアンにおいても踏襲される。次のカイシャンは，至大元年八月八日にいたっても完者都皇帝すなわちテムルを挙げない。大徳十一年九月の段階で廟号を定めているにもかかわらず。至大三年二月の段階では挙げている。そこで，既知の直訳体碑も併せて見ると，カイシャンは至大二年の三月六日の段階でもテムルを挙げず，九月五日の聖旨に至って現れることがわかる（『元代白話碑集録』p. 56, p. 59）。ちょうどその間に出された八月十五，十七日のダギの懿旨とアユルバルワダの令旨はテムルを挙げる。**答失蛮**：じゅうらいの研究では，免税，免役対象者にムスリム識者のダーニシュマンドを挙げるかどうかは歴代カアンによって差が認められ，クビライ，イスン・テムル，トク・テムルの聖旨には挙げられるが，テムル，カイシャン，アユルバルワダの聖旨には挙げられないという傾向があり，各時代の令旨・懿旨もこれに準拠する，とされる[99]。ただし，クビライ期でも，至元十四年二月発令の張宗演宛の聖旨には見えていたのに，『元典章』に収録される同年十一月の宗演宛の聖旨には見えず，直訳体碑，モンゴル語原件の同年の発令でもまちまちである。アユルバルワダ期のものでも，ダシュマンが現れる例がある[100]。『龍虎山志』収録の聖旨はすべてダシュマンを記さない。この点はさらに詳細に調査する必要があろう。

　以上の法則からすれば，蔡美彪が 1293 年に批定する趙州柏林寺聖旨第一截は 1281 年，1296 年に批定する彰徳上清正一宮聖旨第二截は 1272 年，1297 年に批定する彰徳上清正一宮聖旨第三截は 1285 年としなければならない。またジョナストが系年を保留する太原府石壁寺の牛児の年の聖旨[101]は 1289 年，ティベット仏教僧宛のモンゴル語聖旨原件[102]も 1289 年，甘粛涇州の水泉寺の牛児の年のモンゴル語聖旨[103]は，1265 年もしくは 1277 年の発令だろう。

B型のいわゆる護持聖旨はA，A′型の命令文とほぼ同時に，印章，牌面とセットで降されたと考えられる。C型の命令文は，A，A′型の命令文の発令後，大体一年以内に出されたが，やはりセットで考えられていた。終南山重陽万寿宮の「大元崇道聖訓王言碑」が李道謙宛の至元十七年正月のA′型命令文と至元十七年十一月五日発令のC型聖旨を，「宸命王文碑」が孫徳彧宛の皇慶二年九月のA型命令文と延祐元年七月二十八日付けC型聖旨を，「皇帝聖旨碑」が楊徳栄宛の至正二十三年七月二十二日付けのA型，B型聖旨を合刻するのも，まさにそのためだったのである[104]。

4　石の齢を越えて

　『龍虎山志』一書に纏められた家伝，命令文，碑記は，ちょうど全真教の永楽純陽万寿宮や終南山大重陽万寿宮に林立する，命令文，道行碑など様々な種類の碑石群と同様の意味をもっていた。石に刻むことは，とこしえを意識した行為であり，文書現物の焼失，将来起こりうる係争などに備える意味もあった[105]。各種申請に必要となれば，関連の碑の拓本をとりさえすればよく，政府の側からも信頼のおける資料とみなされた。またそのためにこそ，立碑の式典に現地の官僚を招き，証人として碑にその面々の名を刻んだのであった。聖旨碑はもとより，勅建碑が好まれたのも，ただ単にそれが栄えあることだったからではなく，そこに書いてある記述が皇帝の認可を得たものとして保証されるためであった。さらに，永遠性と流通性の両方を満たすために，石に彫ることと版木に刻すことがセットで考えられた。大量に広く頒布，各機関，各人が保管しておけば，万一原石が滅びても復元可能である[106]。かくして巨石の立ち並ぶ碑林の世界をひとつの書物に凝縮した録文集がしばしば刊行された。全真教の各地宮観の碑記を集めた史志経『長春大宗師玄風慶改図説文』（至元十一年）巻五附録，およびそれを増補した李道謙『甘水仙源録』（至元二十六年）は，代表的な例である。
　歴代張天師，張留孫，呉全節等が拝受した数多の聖旨も，龍虎山の演法観，大上清正一万寿宮，そして正一教の出先機関である上都，大都のふたつの崇真万寿宮に碑刻になって林立していた可能性が高い。じっさい，繆荃孫が『永楽大典』巻四六五〇より抄出した『順天府志』所引の熊夢祥『析津志』によれば，大都崇

真万寿宮璇璣殿の下壇には，"張上卿，呉宗師及び開山の諸碑刻"が有り，趙孟頫の書が多かったと伝える[107]。明初に徐叔銘が北平にて入手し，劉崧が目睹したという呉全節の父母，祖父母への封贈誥詞の副書刻本も，趙孟頫の筆で鄧文原等当時の名卿の跋が九つ附されていたというが，あるいは大都崇真万寿宮の碑からの採拓だったのかもしれない[108]。

　では，なぜ『龍虎山志』がほかの道教の「志」に先んじて勅修，国家出版され，大量の命令文を碑刻にしていた全真教において『永楽宮志』なり『重陽宮志』なり，同様の書が編まれなかったかといえば，ようは混一いご，正一教がすべての道教の上に立ち，大元ウルス治下の道教の出版を管理したからにほかならない（全真教の独自の出版事業には，至元十七年の放火事件と『道蔵』偽経問題が大きく響いた）。国家出版の多くを担った地のひとつが杭州であり，三教に兼通した宗陽宮の杜道堅が中心となって早くから保挙と出版事業に取り組み，そのシステムを整えた。自身をとりたててくれたバヤンを顕彰する『大元混一平宋実録』（大徳八年），禅宗の『碧巌録』（大徳九年）[109]，正一教傘下の杭州路天柱山大滌洞天洞霄宮についてまとめた『洞霄図志』（この書の最初の刊行年は，巻末の題名[110]の張与材，張留孫，呉全節の肩書きから大徳十年六月以降大徳十一年九月以前と知れる）および『洞霄詩集』（静嘉堂文庫蔵元刊本　31.1×19.5cm　板框 24.0×15.6cm　白口四周双辺）。杜道堅は，全真教の著作の刊行についても張与材や集賢直学士江浙儒学提挙の趙孟頫にしばしば仲介を請け負った。はやくは，至元三十年（1293）九月に平陽府洪洞県龍祥万寿宮住持提点の姫致柔が杭州路の玉屏福恵観で重刊した『関尹子言外経旨』（静嘉堂文庫蔵元刊本　31.3×20.0cm　板框 20.6×15.8cm　白口四周双辺）があり，李道純の『清庵先生中和集』（台湾国家図書館蔵明覆大徳十一年刊本）にも序文を寄せる。また，趙孟頫が挿絵をえがく『玄元十子図』（『道蔵』所収　大徳十一年刊），『玄元十子図』と同様に全真教の路道通が重刊を申請した『長春大宗師玄風慶会図説文』（35 × 24cm　板框 24.5 × 17.5cm　白口四周双辺　巻末の勧縁題名は，張与材，張留孫，呉全節の肩書きから大徳八年二月以前のものとわかる）は，とうじ刊行にあたって正一教の認可を必要としたことのまたとない証左となる資料である[111]。さらには，大徳十年（1306）に前湖広官医提挙の劉世栄が重刊した全真教皇極道院の趙素の『新刊風科集験名方』（静嘉堂文庫蔵元刊本　31.2 × 19.8cm　板框 22.5 × 15.2cm　細黒口四周双辺）と『為政九要』の刊行にも関わった。それらの多くは精緻な版刻技術と美麗な大字本という，共通項をもつ。

『龍虎山志』（縦30.3×横20.4cm　板框24.2×17.5cm　白口四周双辺）の刊行は，あきらかにかくして培われてきた正一教の出版システム，ノウハウを利用したものである。

　ひるがえって，元明善が記録する龍虎山の碑刻は，「新建信州龍虎山張天師廟碑銘」（南唐保大八年四月十日立，陳喬奉勅撰，謝仲容奉勅書并篆額，王文秉刻字），「貴玄思真洞天碑」（開宝七年四月八日立，朱渙撰，徐継宗書，周慶篆額），「上清観重脩天師殿記」（元祐二年春分日記，賈善翔撰，董逢書，陳晞篆），「重脩靖通菴記」（嘉定八年十二月日，高似孫記并書），「改建霊宝記」（本文欠落），「上清正一宮碑」（端平二年三月日，王与権記，何処恬書，趙与懃題蓋），「龍虎山上清宮新建牌門記」（景定五年六月甲子日，周応合記），「重建天師家廟演法観記」（咸淳七年，周方撰并書，王爐篆額），「大元勅賜龍虎山大上清正一宮碑」（元貞二年，王構奉勅撰，卜忽■［木］奉勅書，盧摯奉勅篆），「真風殿記」（至元二十七年十一月辛亥日，曽子良書），「龍虎山大上清正一宮重建三清殿壇楼三門碑」（至元三十年十月，閻復撰，李謙書，董文用篆額），「大元勅賜大上清正一万寿宮碑」（延祐元年，元明善奉勅撰，趙孟頫奉勅書，郭貫奉勅篆額），「凝真観記」（至元二十五年三月望日，曽子良記）の計13件。漢代から南唐に至るまでの碑は，すでにいずれも摩滅がひどく録文は不可能であったという。とくに，このうちの「大元勅賜大上清正一万寿宮碑」は，張留孫が，完成したばかりの上清正一万寿宮に，大元ウルスの正一教保護の歴史とその隆盛を後世に誇るべく碑を建てたいと，集賢大学士の李邦寧と大都留守のココダイを通じてアユルバルワダに願い出たもので，聖旨によって，元明善が文を撰した。まさに『龍虎山志』の編纂と連動する勅建碑である。

　いっぽう，時代ははるかにくだって，清朝道光・咸豊期，高級官僚であると同時に金石蒐集家としても名をはせた呉式芬の『金石彙目分編』巻六「広信府・貴渓県」には，かれが所蔵もしくは閲覧した龍虎山の宋元碑拓本が11件記録されている。

　　①宋上清宮尚書省牒：行書。政和三年九月。下方蔡仍記。湯純仁集欧陽詢書。慶元二年三月刊。范氏拓本。②宋龍虎山尚書省牒：行書。大観二年，政和四年，五年，六年各一道。下方有大観二年，政和六年王道堅表二道。俱正書。慶元三年刊。③宋龍虎山尚書省牒：行書。政和八年七月。下方有政和八年八月王襲明表。正書。慶元三年刊。④宋龍虎山尚書省牒：行書。淳熙十四年，十五年，紹熙四年，慶元二年，嘉泰四年各一道。

214　第Ⅱ部　大元ウルスの宗教政策

下方刻留用光表。嘉定十二年刊。有王端中跋。至正六年重立。⑤元龍虎山道蔵銘：虞
集撰。并八分書。延祐四年四月（『道園学古録』巻四五）。⑥元龍虎山真風殿記：趙孟
頫撰。并行書。延祐六年四月。⑦元龍虎山霊星門銘：欧陽玄撰。張起巖正書。後至元
四年十月（『続修龍虎山志』巻中）。⑧元龍虎山長生庫記：掲傒斯撰并正書。後至元五
年八月。⑨元虚靖天師張継先道行記：正書。後刻趙孟頫篆書「大道歌」。呉全節跋。
至元後丁丑五月五日。見雪峰編。⑩元勅賜玄教宗伝碑：虞集撰。趙孟頫行書并篆額。
至正四年八月望。⑪元上卿玄教大宗師張留孫碑：趙孟頫撰并正書，篆額。至正四年。
府志：道教碑在西郭外浮橋頭嶺下。乾隆三十九年碑断仆裂。正一真人鳩工鑿嵌。

　まず，①の注に“范氏の拓本”とあるので，銭大昕の『天一閣碑目』を見ると，
以下のことが判明する。寧波の天一閣には，呉式芬の記録する拓本のうち⑨以外
は全て蔵されていた。さらに⑫「上清宮鐘楼銘」（至治二年，虞集撰并隷書），⑬
「天一池記」（至正三年，掲傒斯撰并正書，至正七年五月十五日立石）の拓本もあり，
やはりのちに呉式芬の目睹する所となって『攈古録』に収録されている。そもそ
も「天一閣」の名は，明の嘉靖四十年（1561）頃，范欽が蔵書楼を建て，庭園に
池を鑿っていたときに，この「天一池記」の碑陽，碑陰の拓本（『北拓（元 50）』
p. 29）を入手したことに由来する。范氏の龍虎山への想いはいご特別なものとな
った（しかも，龍虎山の大元碑はいずれも当代きっての名筆に係る）。呉式芬が記録
したこれらの拓本は，嘉靖末年まで遡ることは確かであり，孫星衍が『寰宇訪碑
録』に記す龍虎山関連の碑もすべてこの范欽の拓本によったものである。
　ところが不思議なことに，元明善『龍虎山志』収録の碑文がこれらの拓本の中
にはひとつもない。いずれの碑も范欽にとっては垂涎の的であったはずだから，
嘉靖年間には，既に滅びてしまっていたとしか思えない[112]。『道家金石略』にも
まったく収録されていない。范欽の拓本は①〜④の宋代の尚書省の牒をのぞけば，
いずれも延祐四年（1317）以降の撰文，立石に係る。いいかえれば，『龍虎山志』
編纂以後のものしかない。そして①〜④も，『天一閣碑目』によれば，じっさい
には至正六，七年（1346-47）の刊で，保管されていた拓本もしくは『龍虎山志』
の録文から再刻された可能性が高い[113]。
　周召の『続編』が増補する大元碑は，⑪と虞集の「張宗師墓誌銘」，そして同
じく虞集撰書篆額の「皇元勅賜河図仙壇之碑」[114]の三件，すなわち『龍虎山志』
巻上「人物」の補として採録された張留孫，呉全節の伝である。⑪については，

呉全節が天暦二年（1329）に大都の東岳廟に立てた巨大な美碑があったが，至正四年に，やはり呉全節の手によってあらためて本家の龍虎山にも立石された。周召は，⑪が当時たしかに鄱渓の南二里に現存し，"高さ三丈にして隆然として屹立し，過ぐる者皆睇観す焉"と伝える。同時に上清宮に立てられた⑩は，さかのぼること二十五年前の延祐六年に勅を受けて作製されたものだが，『道園学古録』，『道園類稿』ともに収録しない[115]。既に述べたように，⑪に描かれる張留孫の姿は，強烈な顕彰の意図をもってことさらに飾り立てられていた。呉全節による偽作説すらある[116]。その虚像と齟齬をきたす『龍虎山志』収録の碑の一群——これもまた呉全節の発案で纏め遺されたものであるのは皮肉だが——は，果たしていつ龍虎山から消えたのだろうか。

　1999年6月，筆者はひとり，『龍虎山志』，『重修龍虎山志』を片手に当地を訪れた。だが，つねに政権と深くかかわってきた龍虎山は，近くは文革を経て，雍正，乾隆年間の碑すらもなく，いまや天師府には，上清宮から移されたという至正十一年製（方従義の銘文を刻む）の大鐘と周召のみた⑪「張留孫碑」の二つが僅かにのこるばかりであった[117]。典籍が碑石の齢に勝つ，まさに万一の場合が起こったのである。

註

（1）たとえば『歴代名臣奏議』巻六七に引く皇慶元年頃に上奏された鄭介夫の「太平策」には"今張天師縦情姫愛，広置田荘，招攬権勢，凌爍官府，乃江南一大豪覇也"とある。また，四十三代天師張宇初の『峴泉集』（『道蔵』正乙部所収）巻三「正一玄壇題名記」に"厥後莫盛於元"といい，『明憲宗実録』巻六六［成化五年夏四月戊午］にも"自前代間有官封，然亦不常。至宋以来，加以真静先生等号，而猶未有品級。胡元主中国，始有封爵，令視（三）［二］品。我朝革去天師之号，止称真人，延至于今"という。

（2）高橋文治「張留孫の登場前後——発給文書から見たモンゴル時代の道教」（『東洋史研究』56-1　1997年6月），同「承天観公據について」（『追手門学院大学文学部紀要』35　1999年12月），同「モンゴル王族と道教——武宗カイシャンと苗道一」（『東方宗教』93　1999年5月）。いずれも『モンゴル時代道教文書の研究』（汲古書院　2011年）に大幅な修正・加筆を施したうえ，再録される。

（3）「彰徳路湯陰県鹿楼村創修隆興観碑銘」（『道家金石略』pp. 738-740）によれば，皇慶二年三月は辛卯が朔である。辛巳は三月ではありえない。二月の誤りだろう。

（4）かねてから念願の『龍虎山志』閲覧が叶ったのは，南京大学留学中の1998年1月5日，南京図書館古籍善本室においてのことであった。同館には，旧北平図書館蔵マイクロフィル

216　第 II 部　大元ウルスの宗教政策

ム・シリーズが備わっていた。半年後の一時帰国のさい，京都大学文学部図書館の書庫内で，杜潔祥主編『道教文献』第一冊（台湾　丹青図書有限公司　1983 年）に影印されているのを見つけ，欣喜雀躍した。ただし，刊行の意図に反して研究者に全く顧みられなかったようである。故宮本の書誌については，阿部隆一『中国訪書志』（汲古書院　1976 年　B　p. 137）に紹介がある。なお，同年 4 月，中国国家図書館所蔵のテキストを実見したところ，下巻の一部と続編のみの端本であった。

（5）元明善の文集『清河集』三九巻は，後至元五年以前に江北淮東道粛政廉訪司の指揮下に刊行されたが現存しない。現行の『静河集』七巻（『藕香零拾』叢書本）は清末の繆荃孫による輯佚本で，「龍虎山志序」は収録されていない。

（6）『永楽大典』巻一二〇四三 7b に「高士」《陳義高》の逸文がある。

（7）杉山の周召が第何代天師の"勅授賛教"なのか示す資料はのこっていない。『龍虎山志続編』の記事の筆が第四十四代天師まで及んでいること，巻下「真風殿記」の"真"の字を"貞"の字に作ることから，英宗朱祁鎮以降の改訂と考えられること，『漢天師世家』に第四十六代天師の張元吉が幼少で，正統十二年に皇帝が補佐役として賛教，掌書等の官を授けたという記事が見え，そのひとりが『重修龍虎山志』巻八「爵秩・府僚佐」によれば周応翰なる人物であること，『重修龍虎山志』巻十「芸文・綸言」によれば成化二年以降の賛教は鄭玉元，王紹通であること，以上から推測せざるを得ない。

（8）第四十五代張懋丞は，張宇初，張宇清の甥で，洪武帝が父の張宇澄（『漢天師世家』は，"宇珵"に作る）を気に入り，劉基の姪を嫁がせた結果，生まれた子供である。劉氏が全真教の重陽真人の齎した菊の花を食べて翌年の九月九日に生んだという"出生伝説"まで仕立てられた天師であった。なお，第四十六代張元吉は，張懋丞の孫である。

（9）『永楽大典』巻二五三八 8b-9a，巻二五三五 25b，巻二六〇四 9b などにその逸文が見える。

（10）『明憲宗実録』巻六六［成化五年夏四月戊午］，巻八四［六年冬十月丁未］，巻九八［七年十一月丁巳］，巻一一二［九年春正月戊午］，巻一三七［十一年春正月丁巳］，『明史』巻二九九「張正常伝」，『礼部志稿』巻八九「懲戒張真人」，『弇山堂別集』巻十八「衍聖真人同坐事」等。『漢天師世家』は，この張元吉の獄について沈黙，美辞を以ってごまかす。

（11）大徳九年刊の『長春大宗師玄風慶会図説文』（天理大学附属図書館蔵）の版木の最後にも明代にこの大元時代の版木を用いて印刷頒布した際の助縁者として，四十五代天師の弟子であった大上清正一万寿宮忠勤扶教文学法師甕渓周応瑜の名が見える。同時期にモンゴル時代の道教の栄華を示す二書が再版・重刷されている事実は，極めて注目に値する。

（12）洪武二十五年梅渓書院重刊の『事林広記』別集巻四「道教類」には，『漢天師世家』のダイジェストと宋濂の序文が収録されている。なお，第三十八代張与材まで記す至順刊本続集巻一，後至元刊本丁集巻下の「道教類」《天師世系》，和刻本己集巻四「天師宗系」は，元明善『龍虎山志』に依拠していない。

（13）呉全節と元明善，虞集，趙孟頫等の交流は，たとえばボストン美術館が蔵する「呉全節十四像賛巻」によっても窺える。

（14）『廬山復教集』，『勅修百丈清規』，『至正金陵新志』などに江南の白蓮教，禅宗に宛てた聖旨，法旨がわずかながら収録されるが，いずれも大元時代中晩期のものである。

（15）1256 年，クビライが開平府の建設を開始するさい祈禱を行い，五嶽四瀆の代祀に派遣された道士がこの王一清である。「創建開平府祭告済瀆記」（『道家金石略』 p. 865）

（16）『元史』巻二〇二「釈老伝」，『龍虎山志』巻上「人物上・天師」，巻中「大元制誥・天師」

《贈三十五代真人》

(17) 張江濤『崋山碑石』「勅董若冲旨碑」（三秦出版社　1995年　p. 37, pp. 262-263）

(18) 北京東岳廟に今も屹立する趙孟頫撰并書丹篆額「大元勅賜開府儀同三司上卿輔成賛化保運玄教大宗師道弘教冲玄仁靖大真人知集賢院事領諸路道教事張公碑銘（以下「張留孫碑」と略称）」（『北拓（元49）』p. 122,『道家金石略』p. 910）は，"歳己未，世祖軍武昌，已聞嗣漢天師張宗演名，間使通問" と誤る。もっとも，大徳八年三月，張宗演に真君を追封した雅文聖旨にも "自王師臨鄂渚之初，而妙道達世皇之聴" とある。

(19) 至元三十年九月，嗣漢三十七代天師与棣書「解真三十六代天師壙記」（『北拓（元48）』p. 130, 陳柏泉編『江西出土墓誌選編』江西教育出版社　1991年　pp. 251-253），『隠居通議』巻十六「漢三十六代天師簡齋張真人墓誌銘」

(20) 『元史』巻八「世祖本紀五」"［至元十二年四月庚午］，遣兵部郎中王世英，刑部郎中蕭郁，持詔召嗣漢（四十）［三十六］代天師張宗演赴"。なお，蕭郁と王世英は，翌至元十三年正月から二月にかけても，衢州，信州等の招諭に派遣されている。『元史』巻一二七「伯顔伝」，『新刊大元混一平宋実録』（台湾国家図書館蔵影元鈔本）巻中参照。

(21) 『龍虎山志』巻上「人物上・天師」《三十六代天師》"詔曰：諭龍虎山張天師……母以易主，遂生疑貳，卿之先世自東漢以来，歴事一十五姓，無非公心，未嘗有所偏執，天無私親，厥命靡常。卿知道者，寧復昧於是乎。宜趨命駕，母多辞譲……"。

(22) 『元史』巻八「世祖本紀」。なお，至元十三年二月「帰附安民詔」の条画においても，"前代聖賢之後，高尚僧道儒医卜筮，通暁天文歴数并山林隠逸名士" が求められている。『元典章』巻二「聖政・挙賢才」参照。

(23) 『元史』巻九「世祖本紀」［至元十三年四月壬午］，『安雅堂集』巻十「孫高士碑」，前掲「張留孫碑」，『龍虎山志』巻上「人物下」，巻下「大元勅賜龍虎山大上清正一宮碑」

(24) 『元史』巻九「世祖本紀」［至元十四年春正月丙申，己未］

(25) 神田喜一郎「八思巴文字の新資料」（『東洋学文献叢説』1969年），金芳漢「八思巴文字新資料」（『東亜文化』10　1971年）

(26) 『道園学古録』巻四五「龍虎山道藏銘」"黄君崇鼎，至元中佐天師，立道教所，多所画諾"，『掲文安公集』巻十二「楽丘碑」"至国朝天下郡県置道官。又置南北道教所以領之"。

(27) 『元史』巻九「世祖本紀」［至元十四年二月丁亥］，竺沙雅章「元代華北の華厳宗——行育とその後継者たち」（『南都仏教』74・75　1997年12月）

(28) 『元史』巻十「世祖本紀七」［至元十五年五月辛亥］，［冬十月乙丑］，『龍虎山志』巻中「大宗師」《授都提点》，《領荊淮道教》，《授玄教宗師》

(29) 『元史』巻十「世祖本紀」［至元十六年二月壬辰］，『龍虎山志』巻下「龍虎山大上清正一宮重建三清殿壇楼三門碑」（以下「三門碑」と略す）

(30) 『龍虎山志』巻下「三門碑」

(31) 『養蒙文集』巻四「崇正霊悟凝和法師提点文学秋厳先生陳尊師墓誌銘」

(32) 『龍虎山志』巻上「人物下・李宗老」，巻下「大元勅賜龍虎山大上清正一宮碑」

(33) 『元史』巻十「世祖本紀」［至元十六年冬十月辛丑］，巻二〇二「釈老伝・太一教」

(34) 至元十七年正月，十一月に，全真教の李道謙に陝西五路西蜀四川道教提点兼領重陽万寿宮事を任ずるA'型，C型の命令文が発令されているほか，十二月には三茅山上清四十三代宗師許道杞が祈禱に験ありとして，独立宗教として認められ，翌年二月には三十八代宗師蒋宗瑛が招聘されている。張宗演，臨川の女冠煉師邵君も至元十七年，詔によって徴された。

218　第 II 部　大元ウルスの宗教政策

「大元崇道聖訓王言碑」（劉兆鶴・王西平『重陽宮道教碑石』三秦出版社　1998 年　p. 19, pp.
97-98），『茅山志』（中国国家図書館蔵明刊本）巻二「大元詔誥」，巻七「三十八代宗師，四
十三代宗師」，『元史』巻十一「世祖本紀」［至元十七年十月甲申］，［十二月丙申］，［至元十
八年三月丙申，甲辰］，［秋七月辛酉］，『危太僕集』続集巻三「端静沖粋通妙真人黄君寿蔵
碑」

(35)『元史』巻十一「世祖本紀」［至元十七年秋七月己巳］，［至元十七年十月甲申］，『廬山太平
興国宮採訪真君事実』巻四「降香設醮意旨」，「宗師建醮意旨」

(36)『龍虎山志』巻下「大元勅賜龍虎山大上清正一宮碑」，『元史』巻十四「世祖本紀」［至元二
十四年］，『王忠文公集』巻十六「元故弘文輔道粋徳真人王公碑并序」，『道園学古録』巻二五
「河図仙壇之碑」

(37)『松雪斎文集』巻九「隆道冲真崇正真人杜公碑」，『松郷先生文集』（静嘉堂文庫蔵元刊本）
巻一「大護持杭州路宗陽宮碑」，「杭州路純真観記」，『白雲稿』巻三「杜南谷真人伝」

(38)「馬児年諭旨碑【碑陽】【碑陰】」（鄧慶平編録『蔚県碑銘輯録』広西師範大学出版社　2009
年　pp. 76-77），劉建華「河北蔚県玉泉寺至元十七年聖旨碑考略」（『考古』1988-4），高橋文
治「至元十七年の放火事件」（『東洋文化学科年報』12　1997 年 11 月　のち『モンゴル時代
道教文書の研究』に収録）

(39)「玄門掌教大宗師存神応化洞明真人祁公道行之碑」（『道家金石略』p. 699）

(40)『清容居士集』巻三四「有元開府儀同三司上卿輔成賛化保運玄教大宗師張公家伝」

(41)『龍虎山志』巻中「大宗師」《総摂道教》，巻下「三門碑」

(42)『元典章』巻三三「礼部六・道教」《先生毎做醮》

(43)『臨川呉文正公集』巻二六「大都東岳仁聖宮碑」

(44)『元典章』巻三三「礼部六・道教」《住持宮観事》

(45)『廟学典礼』巻二「左丞葉李立太学設提挙司及路教遷転格例儒戸免差」

(46)『龍虎山志』巻下「三門碑」，『元典章』巻六「台綱二・体察」《察司合察事理》至元二十五
年三月欽奉聖旨条画第五款

(47)『龍虎山志』巻中「天師」《三十七代嗣教》，巻下「大元勅賜龍虎山大上清正一宮碑」，「大
元勅賜大上清正一万寿宮碑」，『元史』巻十七「世祖本紀十四」［至元二十九年正月癸卯，壬
戌］

(48)『龍虎山志』巻中「天師」《授真人》

(49)『龍虎山志』巻中「嗣師」《授南岳提点》

(50)『龍虎山志』巻中「宮門」《贈張聞詩真人》，『養蒙先生文集』巻一「贈張宗師師祖制」。な
お，冒頭に“上天眷命”を掲げる書式について，『明太祖実録』巻二九［洪武元年春正月丙
子］は，“上以元時詔書首語必曰「上天眷命」，其意謂「天之眷佑人君，故能若此」，未尽謙
卑奉身之意，命易為「奉天承運」，庶見人主奉若天命，言動皆奉天而行，非敢自専也”と，
朱元璋のいささか頓珍漢なコメントを載せる。

(51)『王忠文公集』巻十六「元故弘文輔道粋徳真人王公碑并序」

(52)『元史』巻十八「成宗本紀」［元貞元年二月癸卯］

(53)『龍虎山志』巻中「天師」《加封祖天師》，《贈三十五代真人》。なお，前者の起草者は張聞
詩への真人号贈与の詔と同じ張伯淳である。『養蒙先生文集』巻一「加封漢天師制」，巻下
「大元勅賜龍虎山大上清正一宮碑」，「大元勅賜大上清正一万寿宮碑」

(54)『龍虎山志』巻中「宮門・高士」《陳義高》，「張留孫碑」

（55）『元史』巻十八「成宗本紀」［元貞元年七月壬寅］

（56）『楚国文憲雪楼程先生文集』巻十九「揚州重建玄妙観碑」。なお，程鉅夫は改額をクビライの至元年間のこととする。『臨川呉文正公集』巻二五「御香賷江陵路玄妙観記」も同じ。

（57）『元典章』巻三三「礼部六・道教」《先生毎做醮》

（58）『郭天錫手書日記』（上海図書館蔵稿本）［至大元年十月二十日］

（59）『龍虎山志』巻中「大宗師」《加真人同知集賢院道教事》，《加同知集賢院道教事》

（60）『龍虎山志』巻上「人物上・天師」が張與材の嗣教を至元三十一年とするのは誤り。

（61）『元史』巻十九「成宗本紀」［元貞二年春正月甲午］，『龍虎山志』巻中「天師」《三十八代掌教》。『松雪斎文集』巻九「勅賜玄真妙應淵徳慈済元君之碑」が張与材の入観を元貞二年春三月とするのは誤り。

（62）『龍虎山志』巻中「宮門」《熊貴実住持》，《李志立提挙》，巻下「大元勅賜龍虎山大上清正一宮碑」，「大元勅賜大上清正一万寿宮碑」

（63）『龍虎山志』巻上「人物上・天師」，『元典章』巻三三「礼部六・道教」《為伝法籙事》，《為法籙先生事》

（64）『龍虎山志』巻中「天師」《授周氏仙姑》

（65）『隠居通議』巻三〇「天師退潮」，『龍虎山志』巻上「人物上・天師」，巻下「大元勅賜大上清正一万寿宮碑」

（66）『龍虎山志』巻上「人物上・天師」，巻中「天師」《加三十六代真君》，《加正一教主兼領符籙》，巻中「宮門」，巻中「諸高士」，巻下「大元勅賜大上清正一万寿宮碑」。なお同碑が李志立，章似志等への叙任状の発令を大徳八年三月のこととするのは誤り。

（67）『龍虎山志』巻中「嗣師」《授大都崇真宮提点》，巻中「大宗師」《加大宗師》。巻下「大元勅賜大上清正一万寿宮碑」が張留孫への称号授与を大徳四年とするのは誤り。

（68）『道園学古録』巻四一「元故累贈集賢直學士亜中大夫追封魏郡侯張公神道碑銘有序」によれば，張留孫は末弟張広孫の子熙祖を成宗テムルにひきあわせケシクに入れている。

（69）『龍虎山志』巻中「大宗師」《特賜上卿》"……曩因日月山之奇徴，首被風雲会之隆眷，欲進天師之号，辞避正伝，遂錫上卿之名，式彰異数……"。

（70）『龍虎山志』巻中「諸高士」《孫益謙》，《毛穎達》，《夏文泳》，《陳日新》，「宮門」《呉以敬住持》

（71）『龍虎山志』巻中「大宗師」《加大真人》，「嗣師」《授総摂真人》

（72）『龍虎山志』巻中「嗣師」《総摂道教》

（73）『龍虎山志』巻中「大宗師」《加特進》

（74）『元史』巻二二「武宗本紀」［至大元年三月壬午］

（75）『龍虎山志』巻上「人物上・天師」

（76）『龍虎山志』巻中「天師」《加金紫封国公》，《封二代嗣師》，《封三代系師》，《封三十代真君》，《加周氏真人》，《馮氏仙姑》

（77）『元典章』巻三三「礼部・道教」《有張天師戒法做先生》

（78）『龍虎山志』巻中「大宗師」《贈大宗師曽祖父爵諡》，《贈大宗師祖母呉氏夫人》，《加贈大宗師父爵諡》，《加贈大宗師母周氏》，「諸高士」《陳義高》，『元典章』巻十一「吏部五・職制・封贈」《流官封贈等第》

（79）『龍虎山志』巻中「嗣師」《授嗣師父翰林学士》，《贈嗣師祖父爵諡》，《贈嗣師祖母陳氏夫人》，《加封嗣師父官爵》，《封嗣師母舒氏夫人》

220　第Ⅱ部　大元ウルスの宗教政策

(80)『元典章』巻三三「礼部六・釈道」《革僧道衙門免差発》
(81)『龍虎山志』巻中「大宗師」《加勲号》
(82)『龍虎山志』巻中「大宗師」《庇衛道教》
(83)『龍虎山志』巻中「嗣師」《給印掌教》
(84) 唯一，最近紹介された泰定二年に中書省から陝西省延安路中部県の保生宮軒轅黄帝廟に対
　　 して発給された榜文（『黄帝陵碑刻』陝西人民出版社　2014 年　p. 9）に，“公法を畏れざる
　　 之人，弾弓・吹筒を執把して輒ち本宮に入り，飛禽を採打し，雀鳥を掏取し，飛■［禽］■
　　 ［走］獣を損壊す。又，愚徒之輩，溌皮・歹人，斧具を齎夯し，橋陵内の長ずる所の栢樹・
　　 林木を■■［斫伐］する等の事，乞らくは禁治せられんことを”，“但そ宮観・寺院の裏に属
　　 す底田地，水土，竹葦，碾磨，園林，解典庫，店，浴堂……は，不揀甚麽差発，不要者”と
　　 ある。この軒轅廟は，北宋嘉祐六年（1061）に仁宗皇帝の聖旨を奉じて松栢一千四百株を植
　　 樹するなど，周辺地域でも特に目立つ森林を形成していたと考えられる。
(85)『龍虎山志』巻中「嗣師」《賜崇文宮額》
(86)『龍虎山志』巻中「宮門」《追封張思永等真人》
(87)『龍虎山志』巻中「大宗師」《加開府》，『元史』巻二五「仁宗本紀」［延祐二年四月乙巳二
　　 十八日］。「張留孫碑」は，保運の勲号を皇慶元年のことに誤り，開府儀同三司を加えられた
　　 同じ日に弟子七名，祖師八名を真人に封じたというが，弟子の加封は『龍虎山志』巻中「宮
　　 門」「諸高士」には収録されておらず，祖師の加封は七名，また既述のとおり延祐元年のこ
　　 とである。
(88)『龍虎山志』巻中「大宗師」《加贈大宗師曽祖父官封》，《加贈大宗師曽祖母呉氏》，《加贈大
　　 宗師祖父官封》，《加贈大宗師祖母呉氏》，《加贈大宗師父官封》，《加贈大宗師母周氏》
(89)『元典章』巻三三「礼部六・道教」《有天師戒法做先生》
(90)『龍虎山志』巻上「人物上・天師」，『書史会要』巻七，『図絵宝鑑』巻五
(91)『龍虎山志』巻上「人物上・天師」，巻下「大元勅賜大上清正一万寿宮碑」
(92) 現行の『龍虎山志』巻中「諸高士」《董処謙》には当該の命令文が収録されていない。
(93)『龍虎山志』巻上「人物上・天師」
(94)『龍虎山志』巻中「宮門」《陳士囙住持》，「諸高士」《李庭晰》
(95)『龍虎山志』巻下「大元勅賜大上清正一万寿宮碑」
(96)『道家金石略』p. 598, p. 611.
(97) 中村淳・松川節「新発現の蒙漢合璧少林寺聖旨碑」（『内陸アジア言語の研究』8　1993 年
　　 5 月　pp. 1-92）
(98) 既に前掲中村・松川論文 p. 20 に指摘がある。
(99) 前掲中村・松川論文 pp. 20-21 参照。
(100) たとえば『元典章』巻三三「礼部六・釈道」《革僧道衙門免差発》
(101) 照那斯図『八思巴字和蒙古語文献Ⅱ文献匯集』（東京外国語大学アジア・アフリカ言語文
　　 化研究所　1991 年　pp. 5-10）
(102)『八思巴字和蒙古語文献Ⅱ文献匯集』pp. 11-15.
(103)『八思巴字和蒙古語文献Ⅱ文献匯集』pp. 16-20.
(104)『重陽宮道教碑石』p. 5, p. 19, p. 54, pp. 97-98, pp. 124-127, p. 140.「大元重刊上清太平宮碑
　　 之記」（『道家金石略』pp. 709-710）
(105) たとえば，「大元易州龍興観宗支恒産記」（『道家金石略』p. 986）に“聞其常住事産等，悉

第5章　歴代カアンと正一教　　221

与編民更互隣接，宜令其観住持，将本観所有一切事産等，従実明白真書開列，深刻于石，永
為凭証，以絶其将来昏占侵奪争訟之源者"，大徳八年九月に書かれた邵権の「御衣局記」（李
経漢「薊県《御衣局記》碑」『天津史志』1987-1）に"守職者李得成等観購局文券類皆紙書，
不能垂示永久，欲刻諸石，命予記之"とある。なお，全真教の永楽宮には，定宗グユクの戊
申年（1248）二月に馮志亨，李志常が給付した戒牒の現物がのこっており，その写真が
1998年4月の段階では現地呂公祠の展示パネルに掲げられていた。その他の文書もまとめ
て保存されている可能性がある。

(106)『長春大宗師玄風慶会図説文』史志経後序

(107)『順天府志』「宮」（北京大学出版社　1983年　pp. 74-75）

(108)『㮣翁文集』巻十四「書元呉真人二代封贈誥詞副書刻本後」

(109)大徳八年の三教老人序は，『松郷先生文集』巻四「杭州路三教人士送監郡序」によって杜
道堅のものと推測される。なお，かれは"計籌山人"とも自称した。「終南山古楼観大宗聖
宮重建文始殿記」（王忠信編『楼観台道教碑石』三秦出版社　1995年　p. 157）。京都五山の
一，東福寺の座主であった太極の『碧山日録』の「寛正三年八月二日」の記事によると，雲
章一慶等は，三教老人を如如居士張炳と推測していたらしい。如如居士については，木田章
義・宮紀子編『両足院――学問と外交の軌跡』（平成18年度東方学会関西部会　京都大学
大学院文学研究科国語学国文学研究室　2006年　pp. 5-7）参照。

(110)台湾国家図書館蔵影元鈔本は題名の記される一葉が脱落しているため，この部分について
は知不足斎叢書本に依拠した。

(111)天一真慶宮の住持張洞囦が編んだ武当山の『啓聖嘉慶図』も正一教の認可のもとに刊行さ
れた。泰定四年刊の『茅山志』巻頭にも玄教大宗師呉全節の序と印が刻まれる。

(112)『続集龍虎山志』，『重修龍虎山志』所収の碑記は，現存していなくても前志の記事を踏襲
している可能性がある。

(113)いずれも留用光の表，あるいは跋があり，当初の立石者はかれだろう。左街道録で上清正
一宮の事務を取り仕切った留用光は，慶元，嘉泰年間に田賦の免除などの申請を盛んに行っ
た。同時代の「尚書省牒」碑の例からすると，牒は"尚書省牒〇〇〇：……［〇〇〇の奏
状の引用］……：牒：奉勅，宜賜〇〇〇為額，牒至准勅，故牒"という形式の賜額を証明
する"勅黄の文字"であり，衙府に到任した官員の迎接や宮観の科差徭役等の免除等を保障
する箚子と合刻されていた。こうした"元賜の宸翰，并びに省部の符箚"の文書は，兵火等
の事由で紛失，従来の権益が侵された場合などに，"石刻録白を在前に連粘して"提出でき
るよう碑に刻まれていたのであった。『龍虎山志』巻中「詔誥」にも収められていた可能性
が高い。呉全節の亡くなった至正六年直後，四十代張嗣徳には，これらの宋代の碑刻をまと
めて重刊せねばならない理由があったと見られる。『龍虎山志』巻上「人物下・留用光」，
『道園学古録』巻四五「龍虎山道蔵銘」，『重修龍虎山志』巻九「田賦」および「紫清観牒」，
「升元観勅」，「勅賜神居洞崇道廟学記」，「崇佑観牒」，「三茅寧寿観牒」，「白雲昌寿観勅牒」，
「天慶観尚書省箚并部符使帖」（『道家金石略』p. 325, p. 332, p. 333, p. 337, p. 349, p. 361, pp.
399-403），「六和塔尚書省牒碑」（『北拓（南宋43）』p. 77），『祠山事要指掌集』（中国国家図
書館蔵明刊本）巻一等参照。

(114)『峴泉集』巻二「遊仙巌詩序」"遂命舟訪巌之右，曰明誠観者，呉大宗師河図仙壇也"。

(115)この碑の全文については，『道家金石略』p. 962に拓本からの移録がある。『潜研堂金石文
跋尾』巻二〇「勅賜玄教宗伝碑」も参照。

222　第 II 部　大元ウルスの宗教政策

(116)　王連起「伝世趙孟頫書道教碑真偽考」（『文物』1983-6）

(117)　『貴渓県志』第三章「歴史文物」（中国科学出版社　1996 年 8 月　pp. 1118-1119）は，ほかに「元代玄教大宗師張公塘記」が残るというが立地場所は不明。なお，『同治貴渓県志』巻九之七「金石」は，⑩，⑪と靖通菴に立っていたという明の「上清宮虚靖祠重建碑記」しか収録していない。

【附記】蔡美彪『元代白話碑集録（修訂版)』（中国社会科学出版社　2017 年）は，収録する碑について逐一，拓影・写真・註釈を追加しており，便利である。本章で指摘した年代比定に関しても，いくつか訂正している。

第6章

庇護される孔子の末裔たち
──徽州文書にのこる衍聖公の命令書──

1　はじめに

　モンゴル時代の各地の廟学にかかわる碑石は，現物，拓本はもとより文集，地
方志，石刻書等の録文も含めて大量にのこっている。それらのなかには，カアン
の聖旨を筆頭に，モンゴル王族の命令文，あるいは尚書省，中書省，枢密院等の
諸機関が発給した札付，榜文が刻まれているものもある。しかし，いまのところ，
孔子以来，日本の天皇制のごとく男系男子で世襲してきた曲阜孔家のトップ，全
国の儒学を統べたはずの衍聖公が発給した文書は，曲阜孔子廟十三碑亭の東南に
立ち，『山左金石志』巻二二が「学田地畝碑」と仮称する碑刻[1]をのぞいて，ま
ったく知られていない。その曲阜の孔家に現存する大量の档案にしても，明代後
期を遡るものはない。

　金から明初にいたるまでの歴代衍聖公の襲封については，かつて陳高華が要を
得た概説をなし[2]，近年では，高橋文治が太宗オゴデイ～成宗テムル期の衍聖公
の襲封に関する問題点を抉り出した[3]。だが，『廟学典礼』や『大元聖政国朝典
章』（以下『元典章』と略す）等の政書にまったく登場しないこともあってか，と
うじ曲阜の衍聖公が具体的にいかなる権限をもち，廟学・書院，全国の孔氏一族，
儒者に対してどのような命令を発しえたのか，いっぽう大元ウルスの江南接収の
のち，南宋時代に襲封していた衍聖公の爵位を返還した衢州の孔家がどうなって
ゆくのか，といったことは，とりあげられたことがなかった。かれらの墓誌銘，
神道碑も必ずしもそうした角度からは読まれてこなかったのである。

　近年，全真教，正一教など道教教団のトップが発給した文書（いずれも碑刻の
かたちでのこされた）は，解析が進み，モンゴル時代の道教管理システムの輪郭
が徐々に浮かび上がりつつある[4]。それに比して儒教のほうは，まったく手つか

ずの状態といっていい。

そこで，本章では，手始めとして徽州出身の明代の大物官僚程敏政が編纂した『新安文献志』（台湾国家図書館蔵明弘治十年原刊本）に収録される大元ウルス末期の衍聖公の命令書を紹介し，この時代の儒教政策の実態，システムに多少なりとも迫ってみたい。程敏政は，妻（李賢の娘）の妹が第六十一代衍聖公孔弘緒に嫁いでいたこともあって，孔家に関わる文献にひとかたならぬ興味を示し，自らも「聖裔考」をものした[5]。また，『程氏貽範集』や『弘治休寧志』からも窺えるように，徽州にかかわる典籍，碑刻，そして各家が代々保管してきたさまざまな形態の古文書，家譜に精力的に目を通して，整理，一大集成を試みたのであった。衍聖公の命令書がこんにちまでのこり得た所以である。なお，本章は，筆者が数年来とりくんでいる典籍中の"徽州文書"研究の一環でもある[6]。

2　孔端朝とその後裔

『新安文献志』の乙集巻九三「行実寓公」は，李以申の撰になる「孔右司端木伝」から始まる。端平二年（1235），徽州の官学の教授であった李以申は，知事劉炳の命によって羅願の『新安志』を引き継ぐ『新安続志』八巻を撰した[7]。おそらく本伝もそこから転載したものだろう[8]。

孔端木（旧名は孔端朝，字は子與）[9]は，孔子の第四十八代孫。曽祖父は孔道輔，祖父は孔舜亮，父は孔若升。叔父の孔若谷が男子に恵まれなかったため，その跡継ぎとなった[10]。少年の頃から文才をもって知られ，宣和四年（1122）三月，徽宗が国子監に御幸した際には，孔子の子孫の優遇を示すシンボルとして，当時ただひとり外舎生として在学していたかれに白羽の矢がたち，上舎出身が特賜され，太学正に除せられた。周知のように，孔子の直系の子孫は，曲阜の孔子廟に聚居して約二千年の間，他州に異居する者はいなかった。ところが，建炎二年（1128），孔端朝は，第四十八代襲封衍聖公孔端友，叔父の孔伝（旧名は孔若古），甥（兄孔端節の子）の四十九代孫の孔璠，孔舜亮の弟の系統の四十九代孫孔琯等とともに，十一月に揚州で執り行われた宋王室の郊祀の礼に出席したあと，女真の侵攻をうけて南に落ちのびた。そのご高宗より賜わった衢州の廟宅を中心とし，徽州，湖州，撫州に散らばって寓居を構えた。孔端朝自身は，はじめ徽州黟県の

県令に銓注されたので，そこに家を建てて拠点とした。いっぽう，曲阜で留守を
あずかっていた孔端友の弟端操以下は，そのまま金朝の保護をうけた。かくして，
北の曲阜と南の衢州に二つの孔家が並びたつこととなったのである。

　孔伝の『東家雑記』（『琳琅秘室叢書』所収）[11]末尾に付された紹興二年（1132）
五月一日付けの『続修闕里世系』の序文において，孔端朝はみずから事の顛末を
次のように語っている。

　　宣和年間（1119-25）の末，女真の最初の入寇があり，靖康元年（1126）には，
　　群盗が蜂起し，家の代々蓄えてきた財産は，あとかたもなく雲のように散っ
　　てしまった。建炎二年（1128）十月，わたくし端朝はやむを得ず，曲阜の孔
　　林，孔子廟を離れ，江南に逃げ込む仕儀となった。翌年の八月，孔子の子孫
　　であることから高宗の恩寵を蒙り，特別に徽州黟県の県令として任命された。
　　二年後の紹興元年（1131）四月に任地に赴いた。六月，張琪が徽州を侵略し，
　　黟県一帯はみな灰燼に帰した。わたくしは，幼い子供たちをつれて山間部に
　　逃げ，なんとか死なずに済んだ。携えていた前代の誥勅，祖父の遺書，代々
　　の宝は，皆，失くしてしまった[12]。

　なお，この序文を記した紹興二年は，閏四月に徽州から，崇寧三年以来の孔家
の"白身最長人"を優遇する体例[13]に依拠して孔瓚を迪功郎判司簿尉の承継者
に申請していた件が許可され，五月三日には，客死した第四十八代衍聖公孔端友
のあとをその庶子孔玠が襲封することが認められるなど[14]，南宋朝廷下での孔
家の地位の確保，足固めがはじまっていた時期でもあった。孔端朝が急遽，家譜
を再編纂した所以である（また，二つの申請にあたって，保証人となった人物こそ，
孔家の最年長者の孔伝であり，二年後に完成した『東家雑記』には，出発点となる尚書
省の箚子がしっかり収録されている）[15]。

　そして，同年十月，広徳軍に隣接する寧国府宣城に異動になっていた孔端朝は，
皇帝の特別のはからいにより左迪功郎から左承事郎となり，十二月には秘書省の
正字に除せられた。翌年からは秘書省著作佐郎，都官員外郎を兼任，さらに都官
員外郎から司封員外郎へと昇進を重ね[16]，右司員外郎，知袁州に抜擢された。
空きポストがなくじっさいは名ばかりの官職に俸禄のみを食むこともあったが，
そのご江西の外任職，知臨江軍事となった。儒学の保護と振興につとめ任期を全
うしたが[17]，帰途病に倒れ，そのまま死去した[18]。著作に『南渡集』二十巻が

あったが，現存しない。子供は四人，長子の璵は饒州徳興県の主簿[19]，次男の瑒は監左蔵庫[20]，三男の瓅は揚州江都県の県令，四男の瓀は池州石埭県の主簿となった[21]。

そして時は流れ，百年ちかく経った端平二年（1235）の三月，徽州に赴任してきた李以申は，まっさきに孔端朝の子孫を訪ねた。科挙に及第しやすい『春秋』の学のみに拘泥する現状に眉をひそめつつも，太平興国三年（978），元祐元年（1086）の聖旨，条画に照らして[22]，孔瓅の子すなわち五十代孫にあたる孔悊が年齢，賢徳ともに高く，地元の評判もよいことから，孔家の子弟の教諭に任じ，租税を免除するよう郡に上申した。知事の劉炳は，その請願をすべて受け入れた。『新安続志』編纂の直前のことである。

さて，李以申の伝の後には，割注のかたちで計七通の文書が，程敏政によって移録されている。

まず，元符二年（1099）閏九月十一日付けの【宣聖子孫若谷授官録黄】。孔若谷が三十六歳のときに受け取った尚書省吏部発給の告身で，潭州清豊県尉兼管勾黄河埽岸に任命されたときのものである。"携えていた前代の誥勅は皆失くしてしまった"，という孔端朝のことばと矛盾するが，養父である孔若谷の勅牒のうち一通は死守したということだろうか。あるいは孔伝から現物もしくは写しを譲りうけたのかもしれない。二通目は【南宋録用孔端朝勅牒】。建炎三年（1129）八月四日，尚書省吏部が発給した勅牒で，かの『続修闕里世系』の序文の中で語られる徽州黟県令の任命書にほかならない。三通目は，紹興二年十月二十七日付け，翌十一月一日発行の【勅右廸功郎孔端朝】。これこそ，『建炎以来繫年要録』巻五九の紹興二年十月辛亥（二十四日）の条"左廸功郎孔端朝は宣聖の後裔である。上様が召見せられて左承事郎に特別に改められた。ついで端朝を秘書省正字となした端朝が正字に除せられたのは，十二月のことである"に対応する勅牒である。四通目は，紹興七年（1137）十月某日のやはり孔端朝に発給された【尚書省牒】で，権発遣袁州軍州兼管内勧農営田事に任ずる。李以申は，孔端朝の履歴にまったく年月を記さなかったので，これらの文書は「孔右司端木伝」全体を読みとくうえでの補助資料となる。五通目は，慶元二年（1196）七月二十一日付けの【録用孔瓀勅牒】。前述の崇寧三年の体例——族長一人を取って官とする——に即して，孔端朝の四男，孔瓀に廸功郎を特授する内容である。

以上の五通はいずれも，北宋末から南宋初期の朝廷が，儒教保護のスタンスを

示すために，孔子の子孫を特別に待遇したことをものがたっており，ぎゃくに孔璠の後裔にとっては，自分たちの血統，権益を主張するにあたって根拠となる，代々伝えてゆくべき重要な文書なのであった（なお，これらのうち四通には，門下省，尚書省のトップから令史まで文書発給に関わった人々の肩書き，署名がしるされている。そのたの文書類と併せて，宋代の文書システムの解明はもちろん，『宋史』「宰輔表」の確認，増補や，より詳細な中央官庁の人員表の作成にも役立つ）。

　ところが，その四十九代孫孔璠の後裔の名を徽州に探すならば，いきなり五十五代孫にまで下らねばならない。『弘治徽州府志』巻六「薦辟」《国朝》は，次のようにいう。

> 孔克煥。歙県の人。ほんらい宣聖第五十五代孫にあたり，宋朝のときに八世祖の孔端朝がはじめて歙県に家を構えた。克煥の才智，徳行が群を抜いており，貧しさに安んじながら学問に励んでいたことから，当地の官庁が推薦して役人となした。洪武年間に績渓の八都に引っ越した。唐宋以来の高官となった先祖たちの像および誥勅がともにのこっている[23]。

　孔端朝以降のものならともかく，唐の祖像，誥勅はありえない。誇張されているか，あとで偽造されたものだろう。遡ってもう少し正確な記事を探せば，大元末期から明初にかけての文人で績渓出身の舒頔が，洪武四年（1371）の編纂に係る『貞素斎集』の巻七「贈孔学教克煥」において

> 克煥は，なんと宣聖の後裔である。その八世祖の孔端朝は嘗て黟県の県尹となって，最終的に歙県に家を構えた。のち邑の八都に転居した。克煥は，官庁がその才智，徳行を以て推薦し，儒官に任じられた。家蔵の孔端朝の誥勅が今もなおのこっている[24]。

と証言しているのにゆきあたる。しかるに，この孔克煥こそ先の五通の文書の持ち主だったのである。そして，孔克煥自身に与えられた文書が，全七通ののこりの二通にほかならない。すなわち，次節において紹介する大元ウルス最末期の至正年間に衍聖公が発給した【元給孔氏子孫遊学文憑】，および朱元璋が呉王を名乗っていた時期──明朝の開国直前に興安府から発給された指揮【国初優免孔氏子孫差役帖】である。

228　第Ⅱ部　大元ウルスの宗教政策

3　衍聖公の命令書

【元給孔氏子孫遊学文憑】とは，すなわち，"大元時代，孔氏の子孫が遊学するさいに発給された証明書"の謂いである。弘治年間のテキストでは，『四庫全書』本と異なり，"聖旨"，"宣聖"などの「聖なる文字」，およびほんらい改行されていたと思しき文字の前において，一字空格の処理が為されている。移録にあたっては，これを踏まえたうえで，大元ウルス治下の文書にもっともよく見られる書式に即し，行替・抬頭を施す。なお，もとの文書は，衍聖公自らがしたためたと考えられ，詔，告身のように一行あたり何文字にするかということは，おそらく意識されていない。

【原文】

　　皇帝聖旨裏：嘉議大夫襲封衍聖公，拠族人孔克煥状呈[*1]：「係宣聖五十五代孫，同弟孔克煒等欲行前往迤南等処遊学，尋師問道，以広見聞，収買書籍，誠恐各処学院不行依例応付養膳銭糧。告乞施行。得此」。照得；元奉[*2]

　　集賢院咨：「承奉

　　中書省札付：『送拠礼部呈：[照得；欽奉

　　聖旨節該：【孔子之道，垂憲万世，有国家者，所当崇奉】。欽此。除欽遵外，孔氏子孫遊学去処，理合優恤，所在学院，毎名支給白米二石，中統鈔二十両，及行供宿頓，応付脚力，庶不負

　　聖朝崇重

　　宣聖，優異後人之美意。具呈照詳。得此]』。咨請依例施行。奉此」。又照得：近奉江南諸道行御史台札付：「今後除孔顔孟三氏子孫遊学去処，仰所在学院，依例応付施行。承此」。今拠見呈：仰経過路府州県廟学書院，験此文憑，毎名依例支給銭糧，応付施行。所有文憑，須議出給者。

　　一行四名　克煥，克煒，克新，克文

　　　右付孔克煥等。収執。准此。

　　至正某年　　月　　日

第6章　庇護される孔子の末裔たち　**229**

＊1　この時代の文書の体例からすれば，孔克煥の"状呈"は，"状告"とするのが普通であり，じっさい，孔克煥の申請書の末尾には"告乞施行"とある。しかし，後の箇所でも，衍聖公はかれの申請書を"見呈"と言っており，告とはみなしていない。族人の申請であることへの配慮か，後述するように，こうした申請は各地の孔氏の族長によって一括して曲阜の衍聖公府に送られるためかもしれない。

＊2　普通ならば，集賢院の咨は"奉"ずるのではなく"准"けるもので，誤刻，あるいは明代の中途半端な理解のもとに改字されたとも考えられる。しかし，じっさいには，集賢院と衍聖公の関係は未解明の事柄であり，またそれを直接に示す文献自体，この文書しか存在しないのが現実である。したがって，この根本資料を現在のこっている資料の知見でもって安易に校勘すべきではないと考える。そのまま提示する所以である。

【日本語訳】

皇帝の聖_{カアン}旨_{ジャルリク}の裏_{うち}に：嘉議大夫襲封衍聖公が拠_うけとった族人孔克煥の状呈に：

「宣聖（孔子の美称）の五十五代目の子孫にあたる私，孔克煥は，弟の孔克煒等とともに，江南のあちこちに赴き遊学して，学問の師をたずね，道について問い，そうすることによって見聞を広め，書籍を購入，収集してまいりたいと存じます。ただ，まこと気にかかりますのは，各地の廟学，書院が体例どおり生活手当，現金，糧食＊1を給付してくれないのではないか，ということでございます。申告いたしますので命令書を発給いただけますよう，お願い申し上げます。此レヲ得ラレヨ」とあった。

調べたところ，もともと

集賢院より奉っていた咨文には「承奉した

中書省の札付に『送って拠_うけとった礼部の呈に［調べたところ，欽しんで奉じた

聖_{ジャルリク}旨の節該に：【孔子の道は，万世に憲_{のり}を垂れ，国家を統べる者が，崇め奉じなくてはならない教えである】此レヲ欽シメ，とあります。欽しんで遵守することはもちろんのことながら，孔子の子孫が遊学に出かける場所は，道理として優待し必要なものを恵み与えるべきです。当地の廟学，書院は，各人に白米二石，中統鈔二十両を支給し，また宿泊場所を提供し，旅費を給付すれば，

聖なる大元ウルス朝廷の

宣聖を崇め重んじ，その後人を特別に優遇するという麗しい御心に，ほぼ負_{そむ}かないといえましょう。呈文を添付してお送りしますので，詳細に

お調べご検討くださいますように。此レヲ得ラレヨ〕といってきた』と
あった。咨文を送ってお願いもうしあげる。体例に依拠して施行される
ように。此レヲ奉ゼヨ」とあった。又，調べたところ，近ごろ，江南諸
道行御史台より奉った札付に「今後，孔・顔・孟三氏の子孫が遊学しに
いった場所はもちろんのことながら，当地の廟学，書院に申し渡して，
体例に依拠して給付施行せよ。此レヲ承ケヨ」とあった。今，この孔克
煥の呈文を受け取ったので，かれらが経過してゆく路・府・州・県の廟
学，書院に申し渡す。此の証明書を吟味し，各人ごとに体例に依拠して
現金，糧食を支給し，給付施行せよ。あらゆる命令書は必要なればこそ
討議して発給するものである。

　一行は，孔克煥，孔克煒，孔克新，孔克文の四名である。

　　　右，孔克煥等に付与す。執照を収めよ。此レヲ准ケヨ。

　　至正某年　　月　　日

* 1 "養膳の銭糧"すなわち"生活手当てとしての現金，糧食"と解するのが普通であろうが，
　孔克煥の立場からみれば，生きてゆくための最低限の手当てと書籍購入費や交際費などの小
　遣い，宿泊費，旅費を分けて請求しているように思われるので，後の箇所において衍聖公が
　いう"依例支給銭糧"と区別して，あえてこのように訳しておいた。註47の用例も参照。

　まず，この命令書を発給した嘉議大夫襲封衍聖公は誰か。至正年間の発給だか
ら可能性としてはふたり。第五十五代孫の孔克堅（字は璟夫），そしてかれの息
子の第五十六代孫孔希学（字は士行）である。孔克堅は，後至元六年（1340）十
一月に衍聖公を襲封した[25]。至正六年（1346）に，中書省が，衍聖公の爵（一
品）と階がつりあっていないので，正三品下の嘉議大夫から従二品下の中奉大夫
へ引き上げて銅章を銀章に換えてはどうかと上奏した。翌至正七年の秋に曲阜の
孔克堅に宣命および酒醴が送られ，至正八年（1348）の四月にはあらためて，国
子学においてじきじきに衍聖公の銀印を賜り，中奉大夫に昇進したのであっ
た[26]。至正十五年十月に同知太常礼儀院事に任じられたのを機に，衍聖公はと
うじ二十一歳であった孔希学が継ぎ，中奉大夫の資品もそのまま受け継いだ[27]。
したがって，嘉議大夫襲封衍聖公の肩書きは，孔克堅のものでしかありえず，こ
こに掲げた命令書の発給年月日じたい，至正元年から至正八年の四月以前，わず

か七年あまりの期間に限定されることになる。

孔克煥とその弟たち孔克煒，孔克新，孔克文のうち三人は，【国初優免孔氏子孫差役帖】[28]において

> 先聖五十五代の嫡孫に係る私どもは，歙県の西南隅の南門の内に寓居し，先聖孔子の家廟を建立しておりました……

と，興安府の儒学に連名で申告する儒人孔舜夫，孔明夫，孔和夫にほかならない[29]。宣聖五十五代孫は，みな名の一字目に"克"の字を，あざなの二字目に"夫"の字を用いて命名されることになっていた。【国初優免孔氏子孫差役帖】は，ほかの文書とことなり発給の年を記さないが，それは，かつて銭大昕が『潜研堂先生文集』や『弇山堂別集』巻八五，八六「詔令雑考」をもちいて指摘したように，韓林児の偽宋の年号"龍鳳"を奉じていたことを，のちに『明太祖実録』をはじめ，隠して書さなくなったためである[30]。龍鳳元年は至正十五年（1355）にあたり，その年号は，至正二十七年／呉の元年（1367）まで使用された。くわえて，文書の冒頭に"皇帝聖旨，呉王令旨"の書式を用いたのは，龍鳳十年／至正二十四年（1364）から龍鳳十二年／至正二十六年（1366）までのわずか三年の間であり，徽州が興安府と称されていたのも，呉の元年より前である[31]。

さて，この歙県に住まう孔克煥等四兄弟は，江南の各地に遊学し，書籍を購入する費用として，生活手当，現金，糧食を当然のように請求する。各地の廟学，書院がそれを負担するのは，すでに決まりごととして認められている，というのである。

かれらが根拠にしているのは，中書省が降した箚付で，孔子の子孫が遊学するさいには，当地の廟学，書院が，各人に白米二石，中統鈔二十両，宿泊場所，旅費を提供するようにと定めたものである。この箚付は，衍聖公孔克堅が孔家の代表として（正一教の張天師と同様の手続きにより），"儒・道の二教を管する"集賢院[32]を通じて，中書省に提出した申請に対する回答であり，衍聖公に届けられると同時に，行省，儒学提挙司，総管府等を通じて各地に掲示されたのだろう。ただ，中書省の箚付が正確にいつ発令されたのかは，現在のこっている資料からは，特定できない。

中書省の礼部が孔子の子孫の優遇の根拠として引用したのは，至元三十一年（1294）七月に発令された成宗テムルの「勉励学校詔」[33]である。この詔は，"曲

阜の林廟，上都，大都，諸の路・府・州・県・邑の応に設くべき廟学，書院”の
保護をうたう。そして，学校の経営のための不動産，産業，および貢士荘田から
得られる銭糧を，春秋二丁の祭祀，教師と学生の生活費にあてるほか，貧寒老病
に苦しむ儒者で多くの人々に尊敬されている人に毎月米糧を支給して，救済，支
援すること，破損した建物の補修に使用することも認めている。この詔は，曲阜
の孔子廟を筆頭に，各地の廟学，書院が権益誇示のために碑に刻し，いごのカア
ンたちによっても踏襲された[34]。

　孔克煥等が申請したとき，衍聖公孔克堅は，ちょうど江南行台から，廟学，書
院に対して給付を命令する文書の発給権をあらたに認められたところであった。
しかも，優遇措置の対象は，孔子の子孫のみならず顔子，孟子の子孫にまで広げ
られたのである。山東曲阜の衍聖公に対して，御史台ではなく江南行台が文書を
送っているのは，ここで遊学先として想定されている廟学，書院が江南行台の管
轄に属するからにほかならない。周知のように，大元ウルス治下において，廟学，
書院は月益歳増し[35]，江南の学田の数は，宋代のそれをはるかに上回った[36]。
そして江浙，江西の廟学，書院の学田からあがる銭糧が，曲阜の孔子廟の重修を
はじめ[37]，公的な出版事業[38]，科挙の諸経費等に投入されたのであった。

　そして，孔克煥の言のごとく，書籍の収集，購入という目的のためには，江南
諸路の廟学，書院を渡り歩くのが最上の方法であった。温州路の総管趙鳳儀が延
祐五年（1318）に路学で刊行した大字本『四書集註』の版木を稽古閣に置き，購
入希望者に印刷販売したように[39]，また杭州路の西湖書院や慶元の路，県，州
の儒学，書院が蔵した版木のリストをみてもわかるように[40]，各地の儒学，書
院，精舎は，国家出版の下請けのみならず，良書の刊行，古籍善本の覆刻につと
め，それらの版木を保管し，印刷所ももっていた。書物の収集を精力的に行い，
抄写，校勘のための貸し出しサーヴィスも行っていた[41]。さらに，集慶路（建康
路），杭州路，慶元路，建寧路，江西の吉安路等には，携帯に便利な小字本，巾
箱本を売る書坊が林立しており，受験参考書，平話，詞話なども入手することが
できた[42]。ちょうどこの衍聖公の命令書が発令されたころ，秘書大監のイェス
デルは，江南にて三十万巻にも及ぶ書と礼器を収集，購入し，何艘もの船に載せ
て四川に持ち帰り，自身が創建した三つの書院に置いたほどである[43]。それに，
五十四代衍聖公の孔思晦自体が，曲阜孔子廟の金絲堂を建て直したとき，中書省
に願い出て，“江南郡県の書籍”を置いたのだった[44]。

また，儒学，書院の教授，山長たちは，しばしば国家出版に値する書物かどう
かの審査や出版に際しての校正作業を委託される地方の名儒，それなりの学識を
備えた人々で，モンゴルの文官たちとも交流があったから，さまざまな学派の
「学問の師をたずね，道について問い」，人脈を築いてゆくにも，まことに有益な
旅なのであった。

　ところで，孔克煥等兄弟それぞれに与えられたあてがい扶持の白米二石，中統
鈔二十両は，当時どれくらいの価値があったのだろうか。

　至正元年正月一日に発令された改元の詔の一款によると，行省，行台，宣慰司
等の官で職田がない者に対し，俸銭のほかに毎月禄米を品級に照らして支給する
ことになった。そのなかで，二石を支給されたのは六品以下である。官糧がない
場合は，かわりに一石あたり中統鈔で二十五両が支給された[45]。いっぽう，江
浙行省下の路の総管府が至正六年五月に算出した物価表によると，粳米の上等品
である白米は，毎石，中統鈔で四十両というから[46]，孔克煥たちは，それぞれ
白米と現金であわせて中統鈔で大体七十両から百両の支給が約束されたわけであ
る。学官以外の名儒耆宿に江南の儒学，書院が支給していた一ヶ月分の学糧と比
べても，破格の扱いであった[47]。しかも，かれらの場合，月ごとではなく，滞
在先を換えるたびに支給される。站赤の宿泊地で使臣一人に支給される白米は
一升だから，単純計算すれば一度に二百日分受け取っており，酒代や，肉をはじ
めとしたおかず，調味料，燃料などの諸雑費を差し引いても，ずいぶん余裕があ
ったに違いない。おまけに宿泊費も無料，次の移動先までの旅費も給付してもら
えるので，一箇所に長期滞在するより，こまめに各地を渡り歩けば渡り歩くほど，
そして同行者が多ければ多いほど儲かる（→書籍がたくさん買える）寸法である。
孔克煥が兄弟を三人つれていったのも，「江南のあちこち」とか「見聞を広める」
と書いたのも，頷ける話である。まさに実りのおおい「遊学」であった。

　孔子の子孫の優遇は，すでに大徳七年（1304）頃には，鄭介夫が"きちんとし
た系図もないのに，姓が「孔」というだけでみな孔子の子孫であると称して，間
抜けで無学な輩が翰林院や集賢院に賄賂をおくって推薦状を書いてもらい，それ
まで無位無官だった者が一考ですぐ入品，路の教授で八品になったかとおもうと，
三年後にはもう提挙"とののしったくらいであったが[48]，ここに「空きポスト
が見つからない場合はとりあえず遊学する」という選択肢も出現したわけであ
る[49]。滞在期限は設定されていないので，気に入った廟学，書院には好きなだ

け居候を決め込むこともできたし，下手に儒学教授（五十歳以上との年齢制限があるうえ，品級のないものも相当いた）などやっているよりは，よほど気楽であった[50]。『新安名族志』によると，孔克煥が任じられた"儒官"とは，教授の下の学正であり，しかも弟たちはとうとう職がないままに終わったらしいので，なおさら遊学は魅力的だったろう[51]。

なお，孔克煥たちが何冊くらいの書物を買って帰ることができたのか，とうじの大字本と小字本，官刻本，坊刻本それぞれの販売価格の具体的な数字，相場を示す資料が，現在のところ見つかっていないため，推測はむずかしい（孔子の末裔ということで，特別に割り引きしてもらったり，贈呈されることもあったかもしれない）。ただ，華北の例ではあるが，中書礼部郎中の杜弘道の子で宋本の娘婿となった国子生の杜俛が鈔若干で書数巻を買ったという記録がある[52]。至正二十三年から二十五年に松江府学では，学廩若干碩をもって十三経注疏等を平江路の名家から一揃い購入した[53]。また，『正徳涿州志』巻一〇「涿州儒学蔵書之記」（至正十年）によると，涿州儒学の学正である龔仁実が俸給で経史若干巻を購入し，美麗な装丁を施して学校に寄付した。その書籍のリストが碑の左側に刻まれた。しかし，残念なことに，移録の際，書物が現存しないという理由で省略されてしまっている。1997年刊行の『涿州志』は，この碑は今もなお現地に立っているというので，拓本，移録が公開されれば，学正の給料で，はたしてどれくらいの書物を買えたのか，わかるだろう[54]。ちなみに，至正二年の時点で，政府が発行，独占販売する具注暦／暦日カレンダー——その売り上げの暦日銀は曲阜孔廟の建設等にも使用された——の内，大暦が毎本価鈔一両，小暦が毎本鈔一銭である[55]。

それはさておき，全国の廟学，書院にすでに中書省，御史台の箚付が行き渡っているにもかかわらず，なぜ，孔克煥たちは，「各地の廟学，書院が体例どおり生活手当，現金，糧食を給付してくれないのではないか」と危惧し，衍聖公に再度確認の命令書を書いてもらわねばならなかったのだろうか。

じつは，衍聖公から命令書をもらった孔子の末裔は，孔克煥たちだけではなかった。明の成化，弘治年間に中央官僚として活躍した呉寛は，宣聖五十八代孫孔［公］鏞（1427-89）[56]の家に伝わった大元時代の文書に次のような跋文を記している。

孔・顔・孟三氏の子孫がよその土地に遊学する場合に，訪問先の儒学，書院の人々がかれらに米を支給してやるのは，さきの元朝が下した命令だろう。これは，つまるところ，宣聖五十五世孫の孔克剛，孔克信が至正年間に江南に遊学した折，平江路（今の蘇州），嘉興路の二つの管轄地へ出された文書である。文書の中には，「行供宿頓」，「優加礼待」等の語が見える。当時の三氏への厚遇ぶりを窺うにしても，なんとまあ盛んであったことか。孔克剛が華北に帰還したのちも，ひとり孔克信は平江路に滞在した。まもなく兵乱が起こり帰路を阻んだので，とうとう長洲に籍を置き，孔希安を生んだ。孔希安は双流知県の孔友諒を生んだ。孔友諒は広東副使の孔公鏞を生んだ。二代に亘って進士に及第し，時の名宦となった。かれらは古い文書を大事に保管し，失くさないように気をつけてきた。この書付に残る文字は数行ではあるけれども，信憑性は充分だろう。呉の地方には百年来，曲阜孔氏の分支がいる。孔子の子孫の証拠となり，譜牒と相互に参照，考証しうるものは，ほぼこの文書の中にある。私はたまたま副使どのと同郷であったので，かれが賢くて優れた才能があることを知っている。だからこそ，先祖代々に恥じることなく，かれを友と思いかれに仕えてきたのであって，どうしてかの宓子賤が魯国に在って孔子を師としたのと異なることがあろうか。常に私自身の僥倖だと考えてきたのである。前日，かれの弟の孔公鐸がこの文書を持参して見せてくださって，何度も感嘆したあまりに，敬しんで文書の後に跋文をしたためるものである[57]。

　呉寛が「元朝が下した命令」と判断したのは，文書の冒頭におそらく“皇帝聖旨裏”とあったこと，宛先が「平江路」，「嘉興路」であったこと，発給年月日として，至正年間の日付が書かれていたからだろう。そして，「孔・顔・孟三氏の子孫がよその土地に遊学する場合に，訪問先の儒学，書院の人々がかれらに米を支給してやる」，「行供宿頓」などの語が見えるなどから，この命令書もまた中書省，江南行台の箚付を引用していたこと，間違いない。「優加礼待」の語は，徽州の文書には見えず，また孔克剛，孔克信の遊学先は平江路，嘉興路の二箇所に限定されていたらしいので，書式は孔克煥等のものと多少異なっていたと見られるが，やはり第五十五代衍聖公孔克堅の発給に係る。文中の「兵乱」は，至正十二年の紅巾の乱を指し，それより前の発給であることは確かだからである。

236　第 II 部　大元ウルスの宗教政策

　孔克剛（字は徳夫）は，大元ウルス治下，晋寧路学（旧平陽路。華北の出版事業
の拠点）の教授をつとめ，孔克信（字は善夫）は，泗水県学の教諭から，尼山書
院（後至元二年創建）の第四代山長となった人物である[58]。しかも，曲阜孔家が
所蔵する明清档案のひとつに，明弘治年間に翰林院侍読学士の謝遷がものした
「工部右侍郎節菴孔公事実」があって，その冒頭に

　　公，諱は［公］鏞，字は詔文，山東兗州府曲阜県の人。曽祖父の克信は宣聖
　　の五十五代孫である。元朝に仕えて尼（丘）［山］書院の山長となり，**至正
　　年間に官職を辞して江南に遊学し**，蘇州に至って，結局はそこに家を構える
　　こととなった……[59]。

という。やはり一介の書院の山長よりは，江南遊学のほうが魅力的だったのだろ
う。呉寛の記録は，徽州文書が決して偽造ではないこと，江南のみならず，華北
の孔氏一族も江南の廟学・書院を訪問，書籍を買っていたこと，衍聖公が名実と
もに全国の孔子一族，孔子を祭る廟学・書院を統べ，“パスポート”の発給権を
有していたこと，もはや衢州の旧衍聖公の家にはなんの権限もなかったことを裏
付ける。衍聖公の命令書は，孔子の正真正銘の後裔であるとのお墨付きの意味を
も有していたのだから，こんご，さらに各地の孔子，孟子，顔子の子孫の家譜な
どから同様の衍聖公の命令書の写しが，あるいは現物そのものが見つかる可能性
もあろう（この種の命令書を，受け入れ先の廟学，書院が碑に刻すことはありえない）。
　廟学・書院の立場から考えてみれば，孔克信や孔克煥たちはもともと出費が嵩
むあまり有り難くない来客でもあり，生活手当や宿舎を要求してくる人々がほん
とうに孔子の末裔なのかどうか，身元確認をしなければ，とても支給する気には
なれなかっただろう。それに戸籍登録上，たしかに姓が「孔」だとしても，孔子
の末裔とは限らない。勝手に系図をでっちあげている一族も少なからずいるはず
である。全国津々浦々の孔家の系譜の真偽を判断し太鼓判を押せるのは，衍聖公
をおいてほかにいまい。
　じつは，孔端友の南渡以来，華北と江南にながらく分断されていた孔家の系譜
がふたたび整理，統合されたのは，天暦二年（1329）の八月，孔克堅の父第五十
四代衍聖公の孔思晦[60]のときなのであった。世祖クビライの至元十九年（1282）
七月，衢州の第五十三代衍聖公孔洙が爵位を返還してからほぼ五十年の歳月が流
れていた。

第6章　庇護される孔子の末裔たち　237

　原因は，モンゴルの第二代カアンの太宗オゴデイ時代，衢州のみならず，曲阜の中にも孔元措と孔元用（死後は息子の孔之全）と，ふたりの衍聖公が並び立ったことにある。最終的には，孔元措が正式な衍聖公とされたが，かれが死ぬと再び孔之全，孔治親子が立ち上がり，曲阜では熾烈な権力闘争が繰り広げられた。ことを冷やかに眺めていたクビライは，孔洙の衍聖公の返還後も，とうじ曲阜の代表となっていた五十三代孫孔治の衍聖公襲封を認めず，孔治がはれて念願の衍聖公となったのは成宗テムルの元貞元年（1295）であった。もっとも，中議大夫（四品）の散官を授けられたにもかかわらず，大徳四年（1300），翰林学士の閻復が進言するまでは，月俸二錠をまったく与えられていなかった[61]。孔治の後は息子の孔思誠がいったん衍聖公を継いだが，仁宗アユルバルワダの延祐三年（1316），族人の合議と中書省礼部，元明善等の強力な推薦によって女真の血の混じる孔思晦が五十四代衍聖公となり[62]，月俸も五倍に跳ね上げられた。孔思晦の師は張𩆜，さらに大徳七年には国子祭酒の耶律有尚の知遇も得ていた。つまりクビライの中統元年（1260）に開始された孔顔孟三氏の子孫の教育の中で育った，いわば大元ウルスの朱子学を中心とする文教政策の申し子なのであった[63]。ここに名実ともに儒教の長たるに相応しい衍聖公が用意されたわけであり，衍聖公の権力の強化がはじまった。のち明の初めに徐一夔が

　　元朝の制度では，孔氏の後裔は，それぞれの族長が推薦して衍聖公府に文書を送り，衍聖公府が整理，分類して，管轄の行省に学校官の任命待ちの人員のリストを送り，一般の人々より級号俸表において一等分優遇されることになっていた[64]。

と述べたが，この事例は孔思晦のときから確認されるのである[65]。また，全国の孔家で徹底して統一の輩字が用いられるようになるのも，五十四代孫より後のことである。なによりも，孔克堅が孔思晦の墓に刻した肩書きは，"宣聖五十四世孫通議大夫襲封衍聖公礼部尚書贈通奉大夫江北河南等処中書省参知政事護軍追封魯郡公"とそれまでの孔治等と比べるとはるかに長いものであった。衍聖公は，孔氏の後裔に限らず，すぐれた儒者を，孔顔孟三氏子孫の教授や書院の山長として推薦することもできた。さらに，かれは衍聖公府に掌書一名のほか，国子監を模倣して，典籍，司楽，管勾を置いて仕事の分担を図り，完全な役所をつくりあげた。族弟の孔思立も，孔思晦，孔克堅親子の展開と歩調を同じくして江南行台

の監察御史にはじまり中書省参知政事兼翰林侍講学士同知経筵事へと順調に昇進を重ね，衍聖公府を援護した。イスン・テムルの御世になっても，衍聖公の尊重の方針は続き，泰定四年（1327），孔思晦は正三品の嘉議大夫に昇進し，トゴン・テムルの至順三年（1332）には，三品の印に改鋳してもらった。孔思晦は，内外から自分に期待されている役目をじゅうぶんに理解しており，曲阜孔子廟の金絲堂の修復や，書籍の収集，尼山書院の創設など精力的に活動し，孔顔孟三氏の学田三千畝を豪民から奪回することにも成功した。孔思晦が衍聖公を襲封した年に孟子の父母に加封の詔がくだされたが，孔子の父母の加号，顔子の父母，妻の加号の申請もかれが行ったのである。

　そうした成果のなかでも，南北孔家の家譜の統合は，最大の仕事といってよかった。天暦二年五月，五十三代孫の平江路呉江州判官孔濤[66]が曲阜に赴き，『闕里世系図』の著者の五十三代孫孔淑，五十四代襲封衍聖公の孔思晦と『闕里譜系』を編纂した[67]。江西は臨江の五十五代孫孔克己もまたはるばる曲阜へ赴き資料を調べ，自らが編纂した家譜を増改訂した。やはり同じ天暦二年の二月のことである[68]。じゅうらい注意されていないが，これは決して偶然ではなく，全国の孔家に家譜の提出が号令されていたに違いない。なお，『闕里世系図』とは，大徳四年，孔治が闇復をつついていたとき，とうじ秘書監著作佐郎だった孔淑が甥の孔楷とともに南北の譜牒を合わせて編纂したものである。ただこの系図は，稿本のまま刊刻されることもなく，孔淑の子の孔思逮が皇慶年間にアユルバルワダに贈呈したままお蔵入りになっていた。延祐年間には，五十一代孫の孔元祚が『孔氏続録』を編纂しており[69]，衍聖公と『家譜』の編纂がつねに密接にかかわっていたこと，明らかだろう。

　孔思晦は，典籍の『闕里譜系』の編纂，完成披露と同時に，曲阜孔子廟において，族人を集め，孔子から五十四代までの系図「孔氏宗支図記」を立石するという，一大イヴェントを企画した[70]。四十二代孔光嗣を殺し聖裔を騙った灑掃戸孔末の子孫がたびたび曲阜孔家の爵位を狙おうとするのを防ぐため，というのが建前であったが，じっさいは，その権力を一族に見せつけ，孔思誠，孔克欽（字は敬夫）の系統を抑えこむためのイヴェントであった（『攈古録』巻十九をみると，天暦三年三月に孔林において，四十五世孫孔廷沢から五十三世孫孔浣，すなわち孔思晦の父まで，みずからの血統を遡って，まとめて墓碑を建てている。これもその事業の一環に違いない)[71]。

第6章　庇護される孔子の末裔たち　　239

　孔思晦が元統元年（1333）に亡くなったあと，孔克堅が衍聖公を襲封するまで，七年の歳月を要したが，その坐を奪おうと画策していたのは[72]，ほかならぬ孔治の孫，曲阜県尹兼本県諸軍奥魯勧農事孔克欽であった。それは，この期間に孔克欽がおのれの適性を内外にアピールすべく，しきりに曲阜およびその周辺で立石した碑刻の数と碑文の内容自体からも疑いない。むろん，この空白は，科挙の一時的廃止とも重なっており，モンゴル朝廷の政局も考えねばならないが。

　ともあれ，孔思晦の代に統合された『闕里譜系』を前提として，はじめて五十五代衍聖公の孔克堅に孔氏の子孫への“パスポート”の発給権が認められたのであった。顔氏，孟氏の家譜の整理，編纂もおそらくこのとき同時に行われたのだろう[73]。孔，顔，孟三氏の掌握はもとより，かつてない広大な版図の大元ウルス治下，全国の廟学，書院を自らの指示のもとに動かすことができるようになった衍聖公府の未来はきわめて明るいものとなるはずだった。

　孔克堅は，はやばやと衍聖公を息子に継がせ，“院政”を敷きながら，みずからは平章政事タシュ・テムルの推薦を受けて太常礼儀院事となり，つづいて御史台の治書侍御史，山東道粛政廉訪使を拝した。紅巾の乱以降も，集賢直学士，礼部尚書，国子祭酒となり，モンゴルに忠誠を尽くした。かれは，朱元璋政権の誕生など，ちっとも望んでいなかった。というより，最悪の事態だと思っていた[74]。大元ウルスの巻き返しを予想，信じていたので，招聘になかなか応じず，朱元璋を怒らせた。衍聖公の孔希学より孔克堅が来ることに意味があったからである。孔克堅はしぶしぶ南京まで出向いたものの，帰途船中にて急逝した。おそらく暗殺されたのだろう。

　いっぽう，衍聖公の命令書を受け取った孔克煥たちの境遇もまた，四半世紀足らずの間に，とんでもないことになっていた。【国初優免孔氏子孫差役帖】において，孔克煥等兄弟は，興安府歡県の儒学に切々と訴える。

　　先聖五十五代の嫡孫に係る私どもは，歡県の西南隅の南門の内に寓居し，先
　　聖孔子の家廟を建立しておりましたが，土地屋敷は戦のために荒廃し打ち壊
　　されてしまい，前項の地所には，現在，城郭の石垣が積み上げられ，物見や
　　ぐらと墓山が建設中でございます……

そして，訴えを受けてじっさいに検分した興安府歡県の儒学も

孔舜夫等は，まこと先聖の後裔に係りますが，親類縁者もなく貧窮に喘ぎ見るからにみすぼらしい暮らし，家財も尽き逼迫いたしております。各戸が毎年体例に依拠して納めるお上の年貢を支払うのは当然のこととして，それ以外の雑泛差役は，理として優免されるが宜しいかと存じます……

と興安府の役所に口添えしてやったほどである。韓林児，朱元璋等の軍団がかれらを地獄へと突き落としたのであった[75]。いご，孔克煥の子孫は，績渓に居を移し，代々田舎の儒者として細々と暮らした。年に二回，績渓の孔廟で行われる春秋の釈奠の礼の介添えが，脚光を浴びるわずかなときであった。『新安文献志』が，孔克煥よりのちの文書を収録しないのは，そのためだろう[76]。

4　むすびにかえて

　孔端友の南渡よりはるか以前の後唐同光二年（924），キタイとテュルク系の沙陀族が華北を駆け巡っていたころ，ひとりの男が家族を連れ，山東から海に出て浙江は温州の平陽にたどりついた。男の名は孔檜，孔子の四十二代孫で，第三十九代文宣公（衍聖公となる前の称号）孔策の第三子郁より出た，とされる。曲阜では，既に述べたように，同じく四十二代孫の孔光嗣が，灑掃戸の孔末に殺され，家も乗っ取られてしまった。長期の動乱で文宣公の襲封もかなわず曲阜本家の威光は失われていた。そこを乗じられたのである。孔光嗣のみならず孔氏一族は，たまたま母の実家に里帰りしていた生後九ヶ月の孔仁玉をのこしてほとんど皆殺しの憂き目に遭った。のち地元の人が孔仁玉の成人を俟ってからお上に訴え出て，ようやく本家は嘗ての地位を取り戻し，ながらく途絶えていた文宣公の襲封も認められた。これが故に孔仁玉は中興の祖とされる。孔檜もそのときの生き残りということになるのだろう。いずれもかなり芝居がかった話ではある。

　真偽のほどはともかく，大元ウルス治下，平陽の孔氏は孔子の裔孫と認定され，つぎつぎと各地の学職に就いていった[77]。そのひとり五十四代孫の孔文昇（字は退之）は，父孔潼孫の仕事の都合で平陽から杭州，建康へと転居を繰り返し，そのうえ至元二十八年（1291），大都に赴く途中で父が病死，若く蓄えもなく係累も多かったため故郷の平陽に帰ることができず，溧陽にある妻の実家に身を寄せ

た。そうした事情を子孫，世間に伝え遺すべく家譜『闕里譜系』を編纂したという。『弘治溧陽県志』巻四「孔文昇伝」では，先祖の孔公志が建炎年間，高宗に随って南渡してはじめて温州に移住したことになっており，『闕里譜系』がむりやり孔公志の系譜を孔檜に遡らせた産物である一抹の疑惑も拭えないが，そこは抜かりなく，とうじ江浙儒学提挙の任にあり，当代きっての書画家として名を馳せていた趙孟頫に序文を依頼して，権威付けもした[78]。至治元年（1321）には，かの孔濤が溧陽の教授に着任しており[79]，天暦二年の『闕里譜系』編纂のさい，参考資料の一つとなった可能性もある。

　ところが，この孔文昇については，かの鄭介夫が名指しで猛烈な批判を浴びせていた。

　　たとえば，孔文昇は江南浙西道粛政廉訪司の書吏で，支部の常州路にて巡回按察をしておりましたが，孔文声という偽名を名乗ってもう一人の自分を作り出し，江浙行省に自己推薦の書類を書いて「学正を歴任して任期を満了しました」と称し，粛政廉訪司が行う再チェックはもとの孔文昇たる自分自身で行って保証書を捏造，府，州の官吏採用予定者の名簿に潜り込みました。そのうえ孔子の子孫であることを根拠に，州，府の儒学教授どころか太平路の儒学教授に昇進いたしました。叙任状が発給されてからも，相変わらず粛政廉訪司での仕事もしております。こんなふざけた詐欺行為を中書省のお歴々があらためて追及，尋問しないでは，まっこと，孔氏一門の汚点，御史台系統の恥となりましょう[80]。

太平路の儒学教授孔文声の名は，じつは書誌学の世界では，それなりに知られている。大徳九年（1305）から十一年にかけて，江浙行省下において刊行されたいわゆる大徳九路本正史の『漢書』に，かれの直筆の跋が掲載されているからである[81]。しかも，この跋文を読めば，さいしょ，江東建康道粛政廉訪司に十七史の刊行をもちかけたのは，ほかならぬ孔文声であったこと，かれの居る太平路が諸路にさきがけて『漢書』を刊行し模範を示したことがわかる。粛政廉訪司に顔が利くのもその筈，孔文昇としての経歴，活動も依然続いていたのである[82]。正史十七史の一大刊行事業によって実績をつくるだけでなく，誰もが必ず見る人気の『漢書』の「目録」の直後に自身の跋を置くことによってもうひとりの自分の名をも永遠に遺そうとしたのであった。正統性の象徴たる正史が，"曲阜孔文

242　第Ⅱ部　大元ウルスの宗教政策

声”の正統性をも保障することを狙って。

　この煮ても焼いても喰えない男，孔文声こと孔文昇の息子こそ，『至正直記』の著者孔克斉（字は粛夫）であった[83]。その名からも知れるとおり，やはり宣聖五十五代孫にあたり，みずから“闕里外史”と号した。自著において，顔子，孟子，朱子等の子孫の出自にケチをつけまくっていることからすると，自身の血統によほどこだわりがあったのだろう[84]。かれが，父の一生を美しく語る巻四「先君教諭」は，孔文昇のプライドの高さ，常州路の学正のポストを撥ね付けたこと，江東建康道粛政廉訪使の盧摯との密接な関係，溧陽の沈氏の入り婿と為ったにもかかわらず孔家の特権を享受しつづけたことなど，皮肉にも鄭介夫の告発を逐一裏付ける資料となっている。また，かれはその中で，昨今出まわっている書坊の刊行に係る『陽春白雪』の中の一曲「徐容斎贈千金奴一段」が，じつは徐琰の作ではなく，文才に優れた父が徐琰の求めに応じて即席で賦したものだった，と主張する。いま，楊朝英の『楽府新編陽春白雪』（南京図書館蔵元刊本）前集巻二小令【双調・蟾宮曲俗名折桂令】には，たしかに「徐容斎贈千金奴一段」がある。

　さらに，かれは“国朝の文典”として

> 『和林志』，『至元新格』，『国朝典章』，『大元通制』，『至正条格』，『皇朝経世大典』，『大一統志』，『平宋録』，『大元一統紀略』，『元貞使交録』，『国朝文類』，『皇元風雅』，『国初国信使交通書』，『后妃名臣録』，『名臣事略』，『銭唐遺事』，『十八史略』，『後至元事』，『風憲宏綱』，『成憲綱要』，<u>趙松雪・元復初・鄧素履・楊通微・姚牧庵・盧疎斎・徐容斎・王肯堂・王汲郡等三王・袁伯長・虞伯生・掲曼碩・欧陽圭斎・馬伯庸・黄晋卿諸公文集</u>，『江浙延祐首科程文』，『至正辛巳復科経文』

を挙げたが，その多くをじっさいに所有していた。こんにち国内外に現存する元刊本，それを覆刻した朝鮮版，五山版，明刊本，鈔本および同時代の関連文献から判断するに，江浙行省，江西行省下の廟学，書院において作製された大字本と，建安，廬陵などの書坊が刊行した巾箱本，小字本，いずれも入手可能であった。至正十二年（1352）以前，かれは父の孔文昇とともに江浙行省下で書籍，拓本の収集に熱中した。拓本だけでも数百枚にのぼったという[85]。父の恩蔭，孔子の末裔の特権のいずれを利用したにしても，とうじせいぜい山長クラスであった孔

克斉が[86]，なぜ膨大な書物を持ちえたのか。『至正直記』の中の情報，知識ははたしてどこからきたのか。おそらくは，かれの手元にも衍聖公孔克堅の命令書があったのである。

註

（1）駱承烈彙編『石頭上的儒家文献――曲阜碑文録』（斉魯書社　2001 年 4 月　pp. 228-230）
（2）陳高華「金元二代衍聖公」（『文史』27　1986 年　のち『元史研究論稿』中華書局　1991 年　pp. 328-345 に再録）
（3）高橋文治「書評：森田憲司著『元代知識人と地域社会』」（『東洋史研究』63-4　2005 年 3 月　pp. 138-147）
（4）高橋文治「モンゴル時代全真教文書の研究（一）」（『追手門学院大学文学部紀要』31　1995 年 12 月　pp. 168-150），同「モンゴル時代全真教文書の研究（二）」（『追手門学院大学文学部紀要』32　1997 年 3 月　pp. 176-157），同「張留孫の登場前後――発給文書から見たモンゴル時代の道教」（『東洋史研究』56-1　1997 年 6 月　pp. 66-96），同「承天観公拠について」（『追手門学院大学文学部紀要』35　1999 年 12 月　pp. 162-141）。いずれも『モンゴル時代道教文書の研究』（汲古書院　2011 年）に大幅な加筆・修正を施したうえで収録される。
（5）『篁墩程先生文集』（京都大学附属図書館蔵明正徳二年刊本）巻四〇「光禄大夫柱国少保吏部尚書兼華蓋殿大学士贈特進光禄大夫左柱国太師諡文達李公行状」"女二人，長適翰林院編修程敏政，次適衍聖公孔弘緒"。なお，明代孔家一門の詩文のアンソロジーである『孔氏文献集』（台湾国家図書館蔵明嘉靖四年刻本）巻三が孔承懿の「程氏重建忠壮行祠記」を収録するのもこの姻戚関係による。
（6）宮紀子「程復心『四書章図』出版始末攷――大元ウルス治下における江南文人の保挙」（『内陸アジア言語の研究』XVI　2001 年 9 月　pp. 71-122　のち『モンゴル時代の出版文化』名古屋大学出版会　2006 年　pp. 326-379 に収録），本書第 7 章参照。
（7）『弘治徽州府志』巻十一「詞翰一・序」《新安続志総序》，『洺水集』巻八「新安続志序」
（8）『弘治徽州府志』巻十「人物四・寓賢」《孔端木》にも同文を収める。
（9）『南宋館閣録』巻七「官聯上・著作佐郎」によれば，孔端朝のあざなは国正である。
（10）『慈渓黄氏日抄分類』（台湾国家図書館後至元三年慈渓黄氏刊本）巻三二「闕里譜系」参照。元豊八年（1085）に第四十六代孫孔宗翰が刊行した旧譜を，紹興二年（1132）に孔端朝が再編纂，序文を附し，紹興五年に洪興祖が広徳で刊行，さらに景定三年（1260），第五十一代孫の孔応得が最新のデータを補い，やはり広徳で刊行した。本書はそれを節略，転載したもので，衢州の孔家の世系が五十三代孫まで比較的詳細に書かれており，きわめて貴重な資料である。ほかに『闕里誌』（台湾国家図書館蔵正徳元年刻本）巻二「聞達子孫」，『石頭上的儒家文献』「四十六世孔舜亮墓碑」碑陰，「四十七世孔若升神碑」，「永楽七年孔子族譜図示碑」（pp. 183-185, pp. 370-371, 附録五）も参照。五十四代襲封衍聖公の孔思晦は，天暦二年八月，一族と大集会を開き，孔子から四十二代孔光嗣まで，四十三代孔仁玉から五十四代までの系図を両面に刻み，曲阜孔子廟において一大イヴェントとして立石した（『攈古録』巻

244　第 II 部　大元ウルスの宗教政策

十九「孔氏宗支図記」)。そのご，洪武年間に五十七代まで増補した碑が建てられ，永楽七年
(1409) には初代から五十九代まで一面に示した碑が新たに建てられた (上截に孔顔孟氏子
孫教授の蔡平の記を載せる)。道光十八年 (1838) の『至聖林廟碑目』巻二は崇聖祠の前に
三種の「宗派図」碑が立っていたことを伝える。『石頭上的儒家文献』の永楽七年碑は，五
十四代までの系図であり，あきらかに「孔氏宗支図記」を誤って収録したものである。初代
から五十九代までのほんとうの永楽七年碑については，天暦二年碑の碑陽とともに，馬場春
吉『孔子聖蹟志』(大東文化協会　1933 年　pp. 179-181, pp. 286-287) に移録，馬場春吉
『孔孟聖蹟図鑑』(山東文化研究会　1940 年　p. 38) に拓本の写真が載る。そこでは，孔伝・
孔端朝等の名は見えない。

(11) 比較的手軽にみることのできる琳琅秘室叢書本『東家雑記』は，銭曽・張金吾旧蔵の抄本
を底本とし，成化十一年 (1475) の袁則明の識語，黄丕烈・銭大昕の題跋を附す宋刊本の系
統に属する (『鉄琴銅剣楼宋金元本書影』「史部三一〜三五」)。『十駕斎養新録』巻十三「東
家雑記」，『竹汀先生日記鈔』巻一が述べるように，下巻「続添襲封世系」に衢州孔家の五十
三代孔洙まで配列されること，頁によっては欠筆されていないことから，四十七代孔伝の原
著のままではなく，大元ウルス治下で増補されたテキストと推測されている。巻頭の「杏檀
図説」，「北山移文」，「撃蛇笏銘」，「元祐党籍」は後人の増補で，巻末の孔宗翰・孔端朝・孔
擬の序も，別に通行していた『家譜』から抜き出してきたものだという (前註参照。ただし，
「続添襲封世系」はきわめて簡略なもので，『黄氏日抄』に収録される孔応得の『家譜』は参
照していないようである)。元貞二年 (1296) に平水で刊行された『論語纂図』(名古屋市蓬
左文庫蔵) の「杏檀」，元刊本『事林広記』続集巻四「文芸類」の「夫子杏檀之図」と比較
しても，相当技術が落ちるので，さらにあとの明の覆刻本かもしれない。ちなみに楊守敬の
旧蔵に係り南宋末の刊本とされる『監本纂図重言重意互註論語』(劉氏天香書院刊本) には，
「杏檀」図はない。いっぽう，『四庫全書』本が底本とした『東家雑記』は，張鈞衡の旧蔵で
現在は台湾国家図書館が所蔵する明西安県知県成安張潤身補刻本と同じ系統のテキストであ
る。咸淳元年／至元二年 (1265)，旧版の摩滅がひどくなったため，五十三代衍聖公孔洙が
上饒で重刻したもので，淳祐十一年 (1251) に江西転運司が刊行した『新刻東家雑記』も参
照されている。前者のテキスト群とことなり，巻頭に「宣聖小影」，「宋高宗皇帝御讃」(以
上が張潤身の補刻)，「孔聖生年月日考異」(淳祐十一年の趙去疾の跋を附す) が掲げられる
ほか，上巻「歴代崇奉・本朝」の"宣和二年 (1112)，朝廷が少府監鋳造の至聖文宣王廟に
銅印一個を頒した"との記事を，宣和五年のこととした上，さらにその印式，背文の挿図を
収録する。高宗を"今上皇帝"と呼ばない。下巻末尾には「続添襲封世系」のかわりに宝祐
二年 (1254) の趙汝騰「南渡家廟」記を置き，孔宗翰・孔端朝・孔擬の三序のかわりに咸淳
元年の馮夢得の跋文を載せる。したがって，両系統のテキストを併せて参照すべきである。

(12) "宣和末，女真始入寇，靖康丙午，群盗蜂起，家所蓄蔵，蕩然雲散。建炎戊申十月，端朝
不得已去陵廟南奔。明年己酉八月，蒙恩以孔氏子孫，特差徽州黟県令。後二年辛亥四月赴官。
六月，張琪犯徽州，黟之四境，焚殺一空。端朝与幼稚奔山間，僅得不死。所携上世誥勅・祖
父遺書・生生所資，皆失之矣"。なお，『曲阜孔府档案史料選編　第三編　清代档案史料　第
一冊』「孔子世家譜旧序」[続修直隷保定府冀州南宮県孔子世家譜 (一〇〇〇)]，「皖江孔子
支譜自叙」[増修皖江世系孔子支譜巻一 (一〇六一) 之十一] (斉魯書社　1980 年 2 月　pp.
312-314) にも，孔端朝がものした紹興二年五月一日付けの『孔子世家譜』──すなわち
『郡斎読書志』のいう『続修闕里世系』の序文としてほぼ同文が収められている。

(13)『東家雑記』巻上「歴代崇奉・本朝」“崇寧三年十一月十四日奉聖旨……”，“崇寧三年十一月十六日勅司封供到文宣王之後，襲封条貫下項……”，“宣和四年二月二十一日奉聖旨……”。

(14)『東家雑記』巻上「歴代崇奉・本朝」“今上皇帝紹興二年，勅送到吏部状……”，“紹興二年六月内准尚書省箚子……”。

(15) 孔伝の紹興四年三月の時点における肩書きは，“右朝議大夫知撫州軍州事兼管内勧農使仙源県開国男食邑三伯戸借紫金魚袋”。ただし，『四庫全書』本の系統の『東家雑記』は“金魚袋”を記さない。なお，孔伝は遡ること十年前の宣和六年，“朝散大夫知邠州軍州事借紫金魚袋”であったときに，『孔氏祖庭雑記』を編纂しており，こんにち金朝治下，曲阜で重修された『孔氏祖庭広記』（『四部叢刊』所収　大蒙古国壬寅年／1241 刊本）の中に見ることができる。そこでは，南渡した孔端朝を，“四十七代，太学博士”に誤る。

(16)『建炎以来繋年要録』巻五九「紹興二年十月辛亥」，巻六一「紹興二年十有二月戊午」，巻六六「紹興三年六月甲辰」，巻六七「紹興三年七月乙巳」，巻七六「紹興四年五月丙辰」，巻七九「紹興四年八月己亥」，『南宋館閣録』巻七「官聯上・著作佐郎」，巻八「官聯下・正字」

(17) 前掲『曲阜孔府档案史料選編　第二編　明代档案史料　全一冊』「宋朝優免臨江孔氏族人賦役帖」［続修江西臨江孔氏支譜（一一〇一）］（斉魯書社　1980 年 8 月　p. 118），『嘉靖臨江府志』巻四「官師表第三」《孔端木》参照。

(18)『丹陽集』巻八「軍学記」に“先聖四十八世孫尚書副郎端朝”が，嘗ての同僚で『続修闕里世系』の刊行協力者洪興祖の建設した広徳軍の学校の式典に立ち会った記録がのこるから，紹興九年の段階で存命であったことは間違いない。

(19)『闕里誌』巻二「聞達子孫」は“璩，字伯秋，端木子。従政郎，婺州蘭渓県主簿”という。

(20)『闕里誌』巻二「聞達子孫」には“璡，字仲石。初名璩。端木子。承直郎，監左蔵西上庫，終通直郎”とある。

(21)『闕里誌』巻二「歴代授官恩沢」に“紹興二年以瓚補迪功郎，此後四十九代璵授迪功郎，瓘授迪功郎池州石埭主簿”とある。『慈渓黄氏日抄分類』巻三二「闕里譜系」では，孔端朝の子供たちの情報が四十九代孫ではなく五十代孫の項目にまぎれこんでいる。それによると“璩，蘭渓簿。璡，左蔵庫。璵，迪功。瓘，迪功石埭簿尉”という。

(22)『東家雑記』巻上「歴代崇奉・本朝」“太平興国三年，詔免本家税租。先是歴代以聖人之後，不預庸調。顕徳中，遣使均田，遂抑編戸，至是特免”，“哲宗皇帝元祐元年，因四十六代孫朝議大夫試鴻臚卿宗翰奏請，及臣僚上言，儒廟闕典，奉聖旨令礼部，太常寺同共詳定典礼下項。一．賜監書一本，置教授官一員。於挙行学官人内差，或委本路監司保挙有行義人充，令教諭本家子弟，内挙人，依本州学正例，優与供給，如隣近郷人願従学者聴”。

(23) 孔克煥。歙人。本宣聖五十五世孫。在宋八世祖端朝始家歙。有司以克煥才行不群，安貧志学，挙為官。洪武間遷居績渓八都。唐宋以来顕宦祖像及誥勅倶存。

(24) 克煥乃宣聖之後。其八世祖端朝（常）［嘗］為黟県尹。遂家於歙。後遷邑之八都。克煥有司以才行挙為儒官。家蔵端朝誥勅猶存。
　　聞説君家好山水，至今猶是魯儒風。春時練帯魚初上，霜後花屛葉更紅。不是新安来孔氏，如何闕里有文公。聖賢道統相伝妙，自北而南意已通。

(25)『元史』巻四〇「順帝本紀三」“［後至元六年冬十一月］辛未，以孔克堅襲封衍聖公”。

(26)『宋学士文集』巻六八，京都大学人文科学研究所所蔵拓本 XVIII No. 52「元故［襲封衍聖公］国子祭酒孔公神道碑」“文粛公薨，襲封衍聖公階嘉議大夫……至正六年，中書謂公爵與階不称，奏陞之，制授中奉大夫，易銅章以銀”，『石頭上的儒家文献』pp. 318-319，「至正七

246 第 II 部　大元ウルスの宗教政策

年張如石賀衍聖公加官爵詩碣」"至正七年秋，朝廷加陞衍聖公官爵，加左丞，命欽送宣命・酒醴，至於曲阜，襲封公既已領受訖"，『元史』巻四一「順帝本紀四」"[至正八年夏四月] 乙亥，帝幸国子学，賜衍聖公銀印，升秩従二品"，『孔顔孟三氏志』（中国国家図書館蔵明成化刊本）巻三 89，『闕里誌』巻十三 17 危素撰「故襲封衍聖公贈中奉大夫河南江北等処行中書省参知政事護軍追封魯郡公謚文粛孔公神道碑」（以下「孔思晦神道碑」と略す。台湾中央研究院歴史言語研究所に拓本が蔵される）"子男一人，克堅，爵嘉議大夫襲封衍聖公，至正八年，陞二品銀章，進中奉大夫"。

(27)『元史』巻四四「順帝本紀七」"[至正十五年冬十月] 庚午，以襲封衍聖公孔克堅同知太常礼儀院事，以克堅子希学為襲封衍聖公"，『宋学士文集』巻六八，京大人文研拓本 XVIII No. 52「元故 [襲封衍聖公] 国子祭酒孔公神道碑」"十五年，平章政事達世帖木児薦公明習礼学，徴為同知太常礼儀院事，以子希学襲公爵"。たとえば，『石頭上的儒家文献』p. 334，「至正十七年復手植檜銘碑」によれば，至正丁酉三月癸未の時点で孔希学の肩書きは中奉大夫襲封衍聖公である。

(28) 皇帝聖旨：

　　呉王令旨：興安府歙県，承奉

　　　　興安府指揮：「為孔舜夫等差役事，仰更為従実照勘，別無詐冒，依上優免施行。奉此」。

　　　　照得：先准本府儒学関該：「拠儒人孔舜夫・明夫・和夫連名状呈：『係

　　　　先聖五十五代嫡孫，寓居歙県西南隅南門内，建立

　　　　先聖孔子家廟，住籍為因兵戈廃毀，前項基地，見蓋築砌城牆，起蓋城楼及墳山，税産

　　　　毎歳依例輸納税糧外，拠雑泛差役，有本隅里甲不行優免，將各戸一槩排充小甲等項。

　　　　呈乞施行。得此』。関請優免施行。准此」。照得：孔舜夫等，委係

　　　　先聖後裔，貧寠孤寒，家道消乏，除各戸毎歳依例輸納官賦外，雑泛差役，理宜優免。

　　　　已経行下本隅，依上優免，及申覆

　　　　興安府，照験施行。去後，今奉前因，合下仰照験，依奉

　　　　興安府指揮内事理，依上優免施行。須至指揮。

　　　　右下西南隅里甲。准此。

(29)『闕里文献考』巻七六「子孫著聞者考第十五之四」に見える明天順八年に三氏学学録に任じられた孔克旻の字も舜夫だが，もとより別人である。その家系は孔思楷（父），孔淶（祖父），孔元謹（曽祖父）と遡ることができ，洪武初めより，五十六代衍聖公の口添えで孔淶が曲阜孔庭の族長となった。なお，孔克旻の長兄の名は孔克曄，次兄は孔克晏（字は堯夫）である。

(30)『潜研堂文集』巻三一「跋陶学士集」"明太祖初興奉龍鳳正朔，『枝山野記』載太祖伐張士誠，榜文云「龍鳳十二年，皇帝聖旨，呉王令旨」。王元美「詔令攷」載太祖与魏国公徐達書，龍鳳十年至十二年凡十有七道，前二道称「皇帝聖旨，呉王令旨」，其余但称「呉王令旨」。『実録』与正史俱隠而不書。茲読『陶主敬集』，首載龍鳳四年十月江南行中書省箚付一通，至正之十八年也。又載龍鳳十年二月及十二月呉王令旨各一通。其文皆云「皇帝聖旨，呉王令旨」，此則至正之二十四年也。太祖之称呉王，蓋林児命之，故書皇帝頂格，書呉王空一格。史称諸将奉為王，亦非其実也。及林児既亡，始有呉元年之称，亦可見太祖之不忍顕背偽宋矣"。

(31)『弘治徽州府志』巻一「建置沿革」"国初改興安府，呉元年，改徽州府，属浙江，後改直隷京師"。

（32）『事林広記』（内閣文庫蔵至順刊本）別集巻一「官制類・随朝職品」，『元史』巻八五「百官志三」“集賢院，秩従二品。掌提調学校，徴求隠逸，召集賢良，凡国子監・玄門道教・引用祭祀・占卜祭遁之事，悉隷焉”。

（33）全文は，『両浙金石志』巻十四「元崇奉孔聖諭旨碑」，『江蘇金石志』巻十九「崇奉孔子詔書碑在蘇州府学」等に載る。宮紀子「大徳十一年『加封孔子制誥』をめぐる諸問題」（『中国――社会と文化』14　1999年6月　pp. 144-145　のち『モンゴル時代の出版文化』pp. 271-301 に収録）参照。

（34）たとえば，『民国江都県続志』巻十五「金石考・元仁宗諭旨皇慶元年」，『北京図書館蔵中国歴代石刻拓本匯編』（以下『北拓』と略す）（元二）第49冊「兗国公廟礼部禁約碑」（中州古籍出版社　1990年　p. 23），『江寧金石記』巻七「元聖旨碑」等参照。

（35）『国朝文類』巻四一「学校」“視儒学而加重，自時厥後，書院精舎，月益歳増”，『僑呉集』巻九「潁昌書院記」“国家右文崇儒，路府州県，莫不有学，猶以為未也。故所在有書院，即其地其賢者而祀之。江南帰職方，書院之建，幾十倍於昔”。

（36）『民国忠州直隷州志』巻五賈元「重修文廟絵像置田記」“宋州県皆賜学田。迨我皇元，学皆置田。江南等郡，其数倍万，蓋又超前古而過之矣”。

（37）『北拓』（元二）第49冊 p. 197 の欧陽玄「大元勅脩曲阜宣聖廟碑」に“文宗皇帝，紺熙聖学，加号宣聖皇考為啓聖王，皇姚為啓聖王夫人，改鋳衍聖公三品印章，賜山東塩転運司歳課・及江西・江浙両省学田歳入中統楮幣三十一万四千四百緡，界済寧路俾修曲阜廟庭。文宗賓天，太皇太后有旨，董其成功。今上皇帝，入續丕図，儒学之詔方頒，闕里之役鼎盛”とある。

（38）明の陸容の『儀山外集』巻八「金台紀聞下」は“勝国時，郡県倶有学田，其所入謂之学糧，以供師生廩餼，余則刻書，以足一方之用。工大者，則糾数処為之，以互易成帙。故黌校刻画，頗有精者，初非図鬻也”という。

（39）『四書集註』（台湾国家図書館蔵元刊本）趙鳳儀跋

（40）『武林石刻記』巻二「西湖書院置田碑」，『元西湖書院書目碑』，『夷白斎稿』巻二一「西湖書院書目序」，『至正四明続志』巻七・八「学校」

（41）『僑呉集』巻九「潁昌書院記」に“[許昌馮君] 夢周，昔為温州路経歴，嘗梓鏤『六経図』諸書。及為平江路推官，得『庸』『学』『語』『孟』善本并『小学書』。夢周更為『孝経』下註，其為書版凡若干巻，悉以帰之書院，而不以私於其家。其平日捐金，以購買之書籍，自『六経』伝註・子史別集，以至稗官雑説，其為書凡若干万巻，亦悉帰之書院。師生有欲借之者，則具姓名，列書目，而以時謹其出納，且慮書版所在民間得印者什無二三，強有力脅之使印者什則六七，是書板為学校累又買某郷桑棗地若干畝，計一歳之所入，畢一歳紙墨装褙工食之費，則止矣”とあるのも，江南の書院のノウハウが河南許州に伝えられた例といえるだろう。

（42）江南での書籍購入については，『国朝文類』巻三一宋本「滋溪書堂記」，『養吾斎集』巻三「送五羊区善叔買書」，『至正集』巻十四「送馬明初教授南帰詩并序」，『傅与礪詩集』巻四「送羅克一為李太守之金陵市書」等参照。なお，『乾隆諸城県志』巻十五「密州重修廟学碑」碑陰に見える，益都路高密県の士大夫たちが至正十年に購入した書籍のリストの中にも，建安や廬陵で購入したと考えられるテキストが多数含まれる。

（43）『道園類稿』巻八「送秘書也速答児大監載書帰成都」，『句曲外史貞居先生文集』巻五「贈紐怜大監」，『貢礼部玩斎集』巻四「送内官棄職買書帰立三賢祠」，『申斎劉先生文集』巻六「西蜀石室書院記」，『伊浜集』巻十八「石室書院記」，『雲陽李先生文集』巻一〇「草堂書院

248　第 II 部　大元ウルスの宗教政策

蔵書銘」。なお，『申斎劉先生文集』巻六「雲南中慶路儒学新製礼器記」にも，泰定年間頃，『孝経』を版刻して民間に販売した売り上げ一万一千両を以て江西行省吉安路で祭器（5670両），書籍（5330 両）を購入したことが見えている。

(44)『孔顔孟三氏志』巻三 89，『闕里誌』巻十三 17「孔思晦神道碑」

(45)『永楽大典』巻二六〇九「台・御史台四」『憲台通紀続集』【添行台官禄米】，『丹墀独対策科大成』巻四「職田」

(46) 杉村勇造「元公牘零拾」（『服部先生古稀祝賀記念論文集』富山房　1936 年　pp. 571-583）

(47)『廟学典礼』巻五「行省坐下監察御史申明学校規式」“建康儒学并上元江寧県学及明道・南軒両書院，除学官外，名儒耆宿月支学糧養贍不一，有毎名一石者，有五斗者，有一名両処支糧者，有一家数口共食行供飲饌者，有不係貧寒之士冒濫支請者”。

(48)『歴代名臣奏議』巻六七鄭介夫「上奏一綱二十目・養士」“今之隷名儒籍者，不知壮行本於幼学。而謂借径可以得官，皆曰何必読書然後富貴。既仕路非出於儒，不須虚費日力，但厚賂翰林集賢院，求一保文，或称茂異，或称故官，或称先賢子孫，自身人即保教授。才入州選，便求陞路，才歴一任，便幹提挙，但求陞遷之速，何問教養之事！　因此，学校遂成廃弛”，“近朝廷挙擢二三孔氏，謂尊崇聖道不出於此。比年派譜不明，但姓孔者，倶称聖裔，蠢然無学，即充路教。甫陛初階，即陞八品”。なお，鄭介夫「上奏一綱二十目」については，宮紀子「『対策』の対策——大元ウルス治下における科挙と出版」（木田章義編『古典学の現在』5　2003 年　p. 60.『モンゴル時代の出版文化』p. 428）参照。

(49)『元史』巻二八「英宗本紀二」に“[二年春正月] 戊寅，敕有司，存卹孔氏子孫貧乏者”とあるように，無位無官の貧窮にあえぐ孔氏の末裔に対しても極力，留意はされていた。

(50)『元典章』巻十五「戸部一・禄廩」巻頭の二葉の図表，および『事林広記』別集巻二「官員禄秩俸給」は，廉訪使が八十両と一錠三十五両，宣慰司の経歴が四十二両と四十両など，異同がしばしば見られるが，その多くは刻版の際の校正ミスである。それらによると，路の教授の月俸は十二両，江淮迤南の学糧の有る処は支給しない，という。『廟学典礼』巻二「学官職俸」，『江浙須知』（『永楽大典』巻七八九二「汀州府」【衙門】）によれば，至元二十四年六月に定めた給与表では，路の教授は学糧五石，至元鈔五両，学正が学糧三石，鈔三両，『至順鎮江志』の編纂段階では，教授が禄米五石，俸銭二十五両，学正が三石，十五両。『元典章』巻十五「戸部一・禄廩」『俸鈔』，『秘書監志』巻二「禄秩」，『南台備要』の該当記事，『経世大典』を踏まえる『元史』巻九六「食貨志四」《俸秩》を見ても，大徳七年以後，至正年間まで，物価の変動にともない，元来の俸給の三分の二を至元鈔で払う（たとえば中統鈔三十両ならば中統鈔十両＋至元鈔二十両），俸米の支給の加減，廃止などの調整が行われているが，『元典章』，『事林広記』の表（中統鈔十両＝銀一両）を基本に銀で計算されていることは間違いない。

(51)『新安名族志』（明嘉靖刻本）後巻下「孔・績渓」《八都》“在邑西南市里。先聖孔子之四十八世孫曰端朝，宋建炎間為黟県令，遂家歙之城南。伝八世，克煥為学正，偕弟克煒・克新・克文，依産因遷于此。子孫以主祀例，世襲衣巾，春秋助祭文廟，使観礼焉”。

(52)『燕石集』巻十四「国子生杜倹墓誌銘」“児嘗質衣於人，得鈔若干，市書数巻”。

(53)『正徳松江府志』巻十二「学校上」貝闕撰《蔵書閣記》，『清江貝先生文集』巻四「松江府儒学蔵書記」“松江夫子廟僅全，於焚蕩之余，所儲経史子集散佚，無一存者。至正二十三年冬，西蜀王公立中来守是邦，汲汲以興学校為首務。時則会稽馮君恕・銭唐陶君植，相継掌教，延『五経』師，迪子弟員，月試季攷，士習一新。復以学廩若干碩，購求『十三経注疏』等書

於中呉巨姓家，檻列収庋，書閣之書粗備。毎帙印識其上，戒司籍慎於所守，勿為鼠仇而蟫蠹。有欲假者，許就観焉。以其得之不易，命闕列叙目録総若干巻，志其歳月于石，庶明其用心之勤，則實之於後，非特一時而已。其能継而益之，以至万巻”。

(54) 2009 年 5 月から一ヶ月間，北京大学歴史学系の招聘により，同大図書館の貴重な典籍・拓本を調査する機会を得た。問題の至正十年九月立石の「涿州儒学蔵書記」（国子司業臨川呉當撰，奉訓大夫兼経筵訳文官貢師泰書，崇文少監亜中大夫検校書籍事兼経筵参賛官周伯琦題蓋）には，“『孝経』貳冊，『論語』陸冊，『孟子』拾冊，『詩古註疏』貳拾冊，『書古註疏』拾冊，『周易』柒冊，『儀礼』拾貳冊，『春秋左氏伝』參拾壹冊，『礼記』參拾參冊，『周礼』貳拾壹冊，『爾雅』參冊，『春秋公羊伝』拾肆冊，『春秋穀梁伝』柒冊，『全本資治通鑑』壹伯壹拾伍冊”と刻まれていた。なお，『成化河南総志』巻十四胡祇通「彰徳路府廟学儲書記」によれば，“彰徳総管胡公下車，以興学養士為務，嘗与秘監侯公議儲書以待学者。達魯花赤案賫謹公，聞而説之，首出百表，不数月，収書万二千巻，檻之府学，且懼歳久散失，特以書籍総目・助書人姓字，俾刻諸石”といい，同碑の発見も期待される。

(55) 『至正四明続志』巻六「土産・賦役」《暦日銭》

(56) 孔鏞（字は韶文）については，『弇州四部稿・続稿』巻一四七，『重編瓊台藁』巻二〇「孔侍郎伝」に伝がある。宣聖五十八代孫であるからには，名の一字目に“公”の字を，あざなの二字目に“文”の字をもつのが通例であり，ほんらい“孔公鏞”が正式な名前のはずである。現に『聖門志』巻三下「歴朝科目・郷科題名」においては，“孔公鏞”と記される。第五十八代衍聖公の孔公鑑も，孔鑑と呼ばれている例がいくつかある。曲阜孔林の五十八代孫処士孔鐇（字は斉文）の墓碑（京大人文研拓本 XVIII No. 66）に，“兄鑑五十八代襲封衍聖公”とみえる。宣徳元年二月十二日発令の制誥碑（京大人文研拓本 XVIII No. 80）でも“故襲封衍聖公孔鑑”と呼ぶが，『孔顔孟三氏志』巻二 61，『闕里誌』巻七「制勅一」31 では“故襲封衍聖公孔公鑑”に訂正されている。

(57) 『匏翁家蔵集』巻五十「跋孔氏所蔵先代文移”“孔顔孟三氏子孫游学于外，所至儒学・書院人，給米石，蓋前元所省令。此則宣聖五十五世孫克剛・克信，至正間，游江南時，平江・嘉興二属邑文移也。其間有「行供宿頓」，「優加礼待」等語。于以見当時遇三氏者之厚，何其盛哉。克剛既北還。独克信留居平江，已而兵阻。遂占籍長洲，生希安。希安生双流知県友諒。友諒生広東副使公鏞。再世甲科，為時名宦。保守故紙，不敢遺失。蓋此雖残墨数行，足以信。呉中百年，有闕里一派。其為孔氏子孫左験，而與譜牒相参考者，庶其在此。予獲與副使公同邑里，知其賢能，無系家世，所以友之事之。何異宓子賤之在魯也。嘗竊自幸。他日其弟公鐸持此見示。三歎之餘，敬書其後”。

(58) 『闕里誌』巻二「聞達子孫」《五十五代》“克信字善夫，泗水県学教諭。克剛字徳夫，晉寧路学教授”，『聖門志』巻三中「尼山書院世職学録一人」“元文宗至順三年，五十四代封衍聖公孔思晦請復尼山廟。礼部尚書康里公孌白於中書。順宗至元二年，左丞王公懋徳議設尼山書院，以彭瑶為山長。至（正）［元］四年，重建聖廟，賜額尼山書院，立学舎祭田，未及大完，彭瑶卒。以益都路馬猶子為山長。後以五十四代孔思本為山長，陞般陽路学教授。五十五代孔克信，由泗水県儒学教諭陞尼山書院山長。孔克綱，由北直豊県儒学教諭陞尼山書院山長”。なお，京大人文研拓本 XVIII No. 36「有元五十四世係故承務郎汝寧府推官墓」によって，かれが孔思友（字は益道）の三男であること，長兄の克忠が福建宣慰司照磨，次兄の克常が泗水県儒学教諭，弟の克綱は洙泗書院山長，本人は尼山書院山長として記されており，『闕里誌』巻二「聞達子孫」のデータは至正年間のある時点での職務一覧表を転載したもの

であり，最終的な職を記録したものではないことがわかる。孔林，顔子林等の墓石，神道碑は，裏面に系図が刻まれているものもあり，滅びた石もあるとはいえ，悉皆調査がなされれば，より正確な『志』の編纂が期待でき，また，大元時代の孔顔孟三氏の就職状況も克明に分析できるだろう。

(59)『曲阜孔府档案史料選編　第二編　明代档案史料　全一冊』pp. 335-339,「呉県孔氏北宗分支譜牒所載孔鏞事略」[鈐印雍正朝代蘇州府呉県孔氏北宗分派支冊（一〇五一）]

(60)『孔顔孟三氏志』巻三 89,『闕里誌』巻十三 17「孔思晦神道碑」,『元史』巻一八〇「孔思晦伝」。

(61)『孔顔孟三氏志』巻二「成宗大徳四年孔廟石刻」

(62) この年，御史中丞の趙世延が南北の儒学の祭礼を統一するよう，建言している。『説学斎稿』巻五「尼山大成殿四公配享記」

(63)『国朝文類』巻十一楊庸「楊庸教授三氏子孫制」,『臨川呉文正公集』巻三七「故文林郎東平路儒学教授張君墓碣銘」

(64)『始豊稿』巻十三「故元松江府儒学教授孔君墓誌銘」"元制，凡孔氏後，得従其族長推挙，移衍聖公府，送所連類選注学校官，出身視庶姓優一等。至正初，族長元祐，挙孔氏子孫之在江南者，以君為首選。衍聖公府移江浙行省注，充慶元之翁洲書院山長"。また，『林登州遺集』巻八「送孔善夫序」には，"聖人之道，与天地同大。故其世沢亦与天地相為悠久。文献之盛，代有可徴，而崇徳象賢，靡間北南。歴世以来，未有若我朝之盛者也。衍聖襲封上公，曲阜裔孫布衣，得授郡教，一考即入流品。江南諸裔，加歴省註，陞教于郡，恩数優異，著于令甲，吁亦盛矣"とある。

(65)『雲陽李先生文集』巻八「故将仕郎江浙財賦府照磨賀君墓誌銘」,『蘇平仲文集』巻十三「故元温州路同知平陽州事孔公墓誌銘」

(66)『金華黄先生文集』巻三四「承直郎潮州路総管府知事孔君墓誌銘」

(67)『永楽大典』巻一三九九三 6-7 孔濤「闕里譜系序」,『三衢孔氏家廟志』（中国国家図書館蔵明嘉靖刻本）孔淑「闕里世系図題辞」,周伯琦「跋孔氏宗譜後」

(68)『掲文安公集』巻八「孔氏譜序」

(69)『千頃堂書目』巻三 "孔元祚『孔氏続録』五冊。元祚孔子五十一代孫，編于延祐間"。なお，『中庵先生劉文簡公文集』巻十六「書孔昭祖孔氏南北通譜後」は，皇慶二年から延祐五年の間に書かれたものであり，『闕里世系図』，『孔氏続録』と関係がありそうである。

(70) 註 10 および『曲阜孔府档案史料選編　第三編　清代档案史料　第一冊』pp. 349-350.「南宮県孔子世家譜記孔氏正嫡与外院之辨」[続修直隷保定府冀州南宮県孔子世家譜（一〇〇〇）] 参照。

(71) 京大人文研拓本 XVIII No. 3, XVIII No. 7, XVIII No. 8, XVIII No. 9, XVIII No. 14, XVIII No. 24, XVIII No. 48, XVIII No. 49.

(72)『滋渓文稿』巻二九「書黄提学贈孔世川序後」"昔者国家初定中国，而孔子五十一世孫金奉常襲封衍聖公抱礼楽之器来帰，文治由是興焉。奉常既老，有冒孔氏以承其祀者，族人訟之有司，誣被刑苦，乃復訴之于朝，始正其事。是則世川之曾大父・大父也。邇年復有謬欲奪襲封者，天爵適居中台幕府，帥諸御史力言其事。未幾，忝貳春官，具事始末白于廟堂，丞相以聞，制可其請，孔氏宗法卒帰于正焉"。

(73) 曲阜顔子廟，鄒県孟子廟それぞれに，摩滅がひどいが「世系図」碑が確認される。また，『孟氏祖庭図記』十巻が孔思晦の時代に編纂されており，宋金代の家譜もふまえた系図，族

譜を収録していた。当該書は，洪武八年に一部増改訂のうえ十一巻本として重刊された。さらに，巻一の絵図と目次計二十四葉を一碑の両面に刻してモンゴル時代と同様，いつでも拓本をとり製本できるようにしたのである。劉培桂『孟子林廟歴代石刻集』（斉魯書社　2005年　pp. 94-100，図版二）参照。

(74)『孔顔孟三氏志』巻六 19 には，至正十八年に総兵官金紫光禄大夫知枢密院事であったブラルキが，紅巾の乱の鎮圧にあたり，いちはやく河北，山東，両淮の勲旧名臣，并びに孔顔孟三氏及び一品より七品に至る文武の官の子孫を蒙古・回回・漢人の国学にて保護することを皇帝の聖旨のもとに宣言した箚付が収録されている。

(75) 戦乱の様子を生々しく伝える資料として『済美録』巻四「行枢密院保鄭希貢尹歓咨呈浙江行中書状」がある。この訳註を含め，至正十二年から洪武初年にかけての徽州については，稿を改めて論じる。

(76) むろん，程敏政が孔克煥の後裔から直接に文書を借りうけて収録したのではなく，洪武十年（1377）に朱同が編纂した『重編新安志』十巻から転載した可能性も否定はできないが，もしのちにそれなりの官位を得た者がいたならば，程敏政があらためて言及したはずである。

(77)『臨川呉文正公集』巻十四「送孔教授帰拝廟序」，『始豊稿』巻十三「故元松江府儒学教授孔君墓誌銘」，『蘇平仲文集』巻十二「故元呉江州儒学教授孔公墓誌銘」，『陶学士文集』巻十「送宗文山長孔子充秩満等」参照。なお，『民国平陽県志』は，平陽の孔氏に関する資料を同時代の文集，石刻，後世の家譜から網羅的に集めており便利である。

(78)『松雪斎文集』巻六「闕里譜系序」

(79)『至正金陵新志』巻九「州県学校」，『金華黄先生文集』巻三四「承直郎潮州路総管府知事孔君墓誌銘」

(80)『歴代名臣奏議』巻六七鄭介夫「上奏一綱二十目・選法」“如<u>孔文昇</u>係<u>浙西</u>廉訪司書吏，巡按<u>常州</u>，改作<u>文声</u>，挙称歴任学正満考，自行体覆捏合，入府州選，又以<u>宣聖</u>子孫，即陞<u>太平</u>路教授，除命已下，猶在憲司勾当。如此詐偽，而省部更不究問，実為<u>孔門</u>之玷，風憲之羞”。

(81)『鉄琴銅剣楼宋金元本書影』「史部元本書影二・太平路新刊漢書」“<u>江東</u>建康道粛政廉訪司，以『十七史書』艱得善本，従<u>太平</u>路学官之請，遍牒九路，令本路以『西漢書』率先，俾諸路咸取而式之。置局于<u>尊経閣</u>，致工於<u>武林</u>。三復対読者，耆儒<u>姚和中</u>輩十有五人。重校修補者，学正<u>蔡泰亨</u>。版用二千七百七十五面。工費具載学計。茲不重出。始<u>大徳乙巳</u>仲夏六日。終是歳十有二月廿四日。<u>太平</u>路儒学教授曲阜<u>孔文声</u>謹書”。

(82)『安徽通志金石古物考稿』巻五「石刻・碑誌四・元」によると，宜城県に立つ「大元江東建康道粛政廉訪司題名記」碑は，廉訪使以下題名の部分が剥落してしまっているため，孔文昇の名の有無を調べることができない。『北拓』（元三）第 50 冊 pp. 99-100 参照。なお，伯父の孔涓孫は，ちょうどこのとき池州路の博士をしており，『三国志』の刊行に携わった。

(83)『至正直記』の作者は宣聖五十五代孫の孔克斉（字は肅夫）であり，『続文献通考』，『四庫全書総目提要』等が“孔斉”とするのは誤りである。『佩玉斎類藁』巻二「静斎記」，『開有益斎読書志』巻四「至正直記」，丁国範《静斎至正直記》三議（『元史及北方民族史研究集刊』11　1987 年 12 月　pp. 64-67）参照。

(84)『至正直記』巻三「先賢之後」

(85)『至正直記』巻二「別業蓄書」，「収貯古刻」

(86)『弘治溧陽県志』巻四「孔克斉伝」によると，杭州路黄岡書院の山長，のち翰林国史院の編修官に昇進したとあるが，『成化杭州府志』巻二六「書院」にも述べられるように黄岡書

院が義塾から書院に昇格したのは張士誠の勢力下にあった至正末年のことで洪武年間には廃止になる。

第7章

地方神の加封と祭祀
── 『新安忠烈廟神紀実』より ──

1　はじめに

　現在，明清時代の研究者を中心に研究が進められている徽州文書は，なにより
も当時そのままの姿をとどめる現物であり，書かれた時点の作為はともかく，少
なくとも後世の事情による改竄は受けていないという強みをもつ。しかしその内
容は土地関係の契約文書や帳簿が大部分を占め，地域性，周辺性がきわめて強く，
中央から発令されたものは，あまりない。具体的な，詳細な事例，数字を提供し
てくれはするものの，個々の文書どうしの関係はあいまいである。また致命的な
欠点は，宋および大元時期のものが極端に少なく，通史的な俯瞰が不可能なこと
である[1]。最近では档案も公開されつつあるが，やはり宋，大元時期のものは，
まず残っていない。

　いっぽう，書物の中に残された徽州の文書は，テーマ別に，ある意図をもって
まとまって配列されていることが多く，背後にある事情をくみ取りやすい。唐か
ら大元時代の文書もそれなりにある。文書を収録する典籍がいつ，誰によって編
纂されたのか，中国史，時代史全体の中で，それがいかほどの意味をもつのか，
そこにしるされた事実が特殊なことなのかどうか，同時代資料と比較して見定め
ることも可能である。徽州には，まず羅願の『新安志』があり，洪焱祖『延祐新
安後続志』十巻，朱同『洪武重編新安志』十巻，景泰年間の孫遇，成化年間の周
正の増訂本を全て踏まえた，明の地方志としてはきわめて出来のよい『弘治徽州
府志』，『嘉靖徽州府志』という地方志が残っている。また宋から明にかけて多く
の政治家，文人を輩出したので，かれらの手になる文集，筆記にも恵まれている。
徽州の人々は，とりわけ書物の編纂，刊行に熱心であった[2]。

　そもそも典籍や碑石に見える文書は，由来がはっきりしているうえ，ある個人，

集団にとって特に重要なものを選りすぐり，後世に遺そうという意志のもとに刻
されているのだから，偶然に発掘，発見される断片的な——当地の諸官庁に保
管されていた文書群全体からすれば九牛の一毛に過ぎない——後世では文字通
り塵紙にしか過ぎなくなってしまった文書とは，歴史的な意味合いにおいて最初
から比較にならない。ある地方のある文書の断片から，即，当時の王朝全体の制
度や文化を語ることが，ナンセンスなのはいうまでもない。まとまった典籍，碑
刻資料があるならば，それをまず主軸に研究し，断片は断片としてあくまで参考
資料として使用するべきだろう[3]。たとえ，典籍，碑刻を解析することが編纂者，
立石者の敷いたレールの上を走ることにほかならなくとも[4]，いったん，そこを
走ってみることは，必要な作業にちがいない。いかなる風景を見せたかったのか
を知らなければ，見せたくないものが何だったのかも理解できない。視界を完全
に遮ることができずに，余計なものをうっかり見せたり，いらぬアナウンスなど
を流してボロを出してくれることもあるのだから。そうして，おぼろげに見えて
くるその地域の歴史事情，人間関係の中で，現物の各徽州文書を見直せば，また
違った様相を呈してくることだろう。その試みとして，唐から明初にかけての徽
州の歴史，中央政府との関わり，人々の生態をあえて典籍中の文書を中心に概観
する作業を継続して行い，資料としての優位性を確認し，もうひとつの徽州文書
研究の可能性を提示してみたい[5]。

　明朝廷の大物官僚であった程敏政は，『新安文献志』，『弘治休寧志』，『新安程
氏統総世譜』『程氏貽範集』などを編纂し，自身の故郷である新安を顕彰するこ
とにとりわけ熱心だった人物だが，次のようなことばをのこしている。

　　新安は万山の中に在り，兵燹少なく，経旱多し。旧族は程，汪の両姓尤も著
　　しきを為す。程は陳の将軍忠壮公を祖とし，汪は唐の総管越国公を祖とす[6]。

と。また，

　　［我が高皇帝の］即位の初め，大いに祀典を正し，淫昏の祠は，一切報罷す。
　　徽の存する所は，惟だ越公及び吾が遠祖忠壮程公の二廟のみ[7]。

ともいう。歴代の中央政権によって祖廟を保護され，また，官僚，儒者など，そ
れなりの人材を提供しつづけたこのふたつの名族のうち，程氏については，すで
に別稿で簡単ながら紹介した[8]。いっぽうの汪氏は"十姓九汪"を号するいきお

いであったといい[9]，じじつ，大元ウルス治下において編集された家譜だけでも，汪松寿『汪氏淵源録』十巻（明正徳十三年重修本）[10]をはじめ，汪炤『新安旌城汪氏家録』七巻（泰定刻本）[11]，汪垚『新安汪氏慶源宗譜』（明増補抄本）[12]，汪雲龍『新安汪氏族譜』（元刻本）[13]等が，こんにちまで残っており，その繁栄ぶりを示している[14]。袁桷によれば，汪氏は皆，新安を祖とし，"玉山，番陽，宣城，新安は皆自る所を同じくす"るが，"独り新安の宗のみ其の別，三と為し，貴賤貧富，角立して相通ぜざる"状態になっていた，という[15]。

　かれらの祖とされる唐の汪氏越国公については，『新安文献志』巻六一「行実神蹟」および金徳玹『新安文粋』（明天順刊本）巻八に収録される胡伸の「唐越国汪公行状」に『五代史平話』まがいの発跡変泰の出生伝説が語られるほか[16]，『文苑英華』巻八一五，『新安文粋』巻一の汪台符「重建越国公廟記」，宋の羅願が編纂した『新安志』巻一「祠廟附汪王廟考実」などに詳しい記事が載る。

　汪華（586-649. 字は国輔）は，曽祖以来，陳に仕えた家柄の出で，母は歙西の鄭氏。幼くして孤児となり母の実家に引き取られたが，武芸を磨き，若くしてその土地では名の知れたヤクザになった。まず，婺源の叛乱鎮圧の募集に手勢を率いて応じ，これを殲滅，頭角を現した。さらに隋末の兵乱の機に乗じ，歙のほか宣，杭，睦，婺，饒の五州を瞬く間に抑え，呉国の王と称し，10余年間この地を治めた。そのご，唐の高祖が太原より起ち，隋の禅譲を受け，秦王が江左に出軍するという状況の中で，敵わずとみて，武徳四年（621）九月，表を奉じて唐に投降した。高祖はこれを嘉して所領を安堵し，使持節総管歙宣杭睦婺饒等六州諸軍事，歙州刺史に任じたほか，越国公に封じ，食邑として三千戸を賜った[17]。汪華は，杜伏威，王雄誕，輔公祐等の侵攻を撃退し[18]，貞観二年（628）には左衛白渠府統軍を授けられ，十七年には忠武将軍右衛，積福府折衝都尉に改められた。太宗の遼東征伐のさいには，九成宮留守を任された。二十三年（649）に長安で亡くなったが，永徽四年（653）に故郷の歙県の北の雲郎山（雲嵐山）に葬られた。正妻は銭九隴の娘[19]。息子は八人。積渓県登源にあるかれの故宅の西に忠烈廟が建てられ，その周辺に子孫が群居し，汪村と呼ばれるようになった。大水，日照りに霊験あらたかな神として，他県にもあちこち廟，行祠，汪華の息子を祭る忠助八侯廟，忠護侯廟が建てられた[20]。とくに，大歴年間に登源から遷され，本山ともいうべき存在となった烏聊山（一名を富山という）の忠烈廟は，薛邕，范伝正等の手によって相次いで増葺され，香火も盛んであった。そして毎

年，正月十八日より 10 日間，迎神賽社の行事が行われた[21]。

　ちなみに，徽州より遠く離れた貴州省安順市の農村一帯でこんにち演じられている儺戯（仮面劇）も，ほかならぬ汪華の神輿を担ぐ儀式と深いかかわりをもち，汪華の誕生日とされる正月十七日夜半から十八日の両日にわたって開催される。洪武十四年（1381）九月，征南将軍傅友徳，藍玉等の雲南征伐に従軍した徽州の汪軻一族が，普定衛すなわち現在の安順に入屯して伝えたものといわれている。演目のうち，「薛仁貴征東」や「楊家将」，「花関索」等は，おそらく大元時代の説唱詞話をもとにしており[22]，本家本元の忠烈廟の信仰，祭祀の有様，それを取り巻く人々の実態が明らかになれば，詞話，儺戯の研究の手がかりとなる可能性もある。汪華の末裔，婺源の汪沢民は，国子司業として『宋史』の編纂に携わるいっぽうで，雑劇「糊突包待制」をものしていた。

　そもそも，大元ウルス治下の祠廟の研究は，華北，江南を問わず，石刻，典籍資料に見える個別事例の検証，体系的な整理ともに，これまで全くといっていいほど手つかずの状態であった。天暦二年に李好文が編纂した『大元太常集礼稿』五十一巻は『永楽大典』に逸文がわずかながら見えるが，肝心の「諸神祀」三巻はのこっておらず，脱脱木児等の『至正続集礼』，任杖『太常沿革』も現存しない。『経世大典』の礼典下編八「諸神祀典」には，『唐会要』，『宋会要』を真似て大モンゴル勃興から至順二年（1331）以前のデータが整理されていた筈だが，こんにち伝わらず[23]，『元史』巻七六「祭祀志」は，なにも語っていないに等しい。

　本章では，まず徽州文書研究の手始めとして，この忠烈廟と汪華の後裔をとりあげ，『新安忠烈廟神紀実』なる書物に載る大元時代の文書数通を紹介する。管見の限りでは，この書は，程敏政が故郷の烏聊山忠烈廟を参拝したさいに入手したと述べ[24]，『晁氏宝文堂書目』下に"忠烈紀実"の書名が記録され，『歙県金石志』巻九「重修汪王廟碑記」が乾隆三十六年（1771）の段階で"紀実の文は，民間に尚其の書有り"と証言するほかは，明清の書目題跋，清人の手になる数種の『元史芸文志』には見えず，また現在にいたるまで内容紹介もなされていない。

2　『新安忠烈廟神紀実』簡介

　『新安忠烈廟神紀実』十五巻（以下，『忠烈紀実』と略す）は，現在，中国国家図

書館に二種のテキストが，浙江図書館に残本が一種，蔵される。本章では，筆者が1999年6月，および2000年9月の二度にわたって，ちょくせつに閲覧，調査しえた国家図書館所蔵のテキストによって話をすすめる。

二種のテキストのうち，「明天順庚辰（四年／1460）歙西槐塘／汪氏南軒重輯鋟行」の牌記のある刻本一冊は，巻四上の途中からあと全てを欠くが，刷りは非常に鮮明である。ただし，天順七年（1463）の方勉[25]の序，成化元年（1465）の江伯深の序をもおさめることからすると，正確には成化元年の重刊本というべきである（以下，成化本と称す）。いっぽう，表紙の題箋に「塌田汪樹彩堂敬蔵」とある明成化元年汪公玉刻正徳重修本（以下正徳本と称す）四冊は，全十五巻そろっているが，印刷は不鮮明な部分が少なからずあり，また箇所によっては版木の破損がひどく判読できない。巻三上，巻四上の数葉は，別の刊本（ことによると成化本）から抄補している。いずれのテキストも半葉11行×20字，黒口四周双辺。成化本では明代の序文二通の後に，大元後至元五年（1339）徽州路総管府ダルガ（チ）兼管内勧農事必剌＜Ar. Bilāl（＝mu'aẓẓin 唱拝者）——ムスリムであろう——の序文，同年八月付けの郡人鄭弘祖の序文を配するが[26]，正徳本では，まずビラールの序，そして明代の二通の序文の順になっている。鄭弘祖の序はない。

見事な筆跡で書かれたビラールの序文は，出版のいきさつをおおよそ次のように語る。

わたくしは，数年前大都に居たさいに，新安の忠烈王神が加封の栄誉を受けたことを耳にしていた……後至元三年（1337）に，ちょうどこの地に赴任することになって，いの一番に汪廟にお参りしたものだ。ある日，廟の僧侶慧心がこの『忠烈紀実』を持参していうことには，「汪華について，正史の『唐書』では専伝が立てられませんでしたが，民へほどこされた功徳は，どうして記録がなくてすまされましょう。宋の乾道年間に郟升卿[27]がはじめて汪華の勲功事績をたたえ書をものしました。咸淳七年（1271）には，王応麟が郡の学録であった胡立忠に命じて増輯，刊行させましたが，元貞元年（1295）に版木が焼失してしまいました。いご陸続として現れた著述はおおむね記載するには及ばぬレヴェルで，読む者は，すべてを網羅した著述がないことを遺憾としました。そこで遺帙，新たな伝聞を収集，編輯し，族系，出処，源流，封爵，陵廟，本末，碑記，祝文，歌詠および籤籌，霊感，昭著，

258　第Ⅱ部　大元ウルスの宗教政策

事蹟を配列し，十五巻といたしました。出版をもちかけましたところ，士庶
ともども賛成，協力してくれまして，このたび上梓のはこびとなったので，
序文をおねがいしたいのです」と，云々[28]。

　鄭弘祖の序文もほぼ同じことをのべるが，序文の依頼にきたのは，廟の監院を
つとめる僧紹初で，編輯にあたっては，郊升卿の遺編を中心に，郡乗，汪氏の家
乗が参照され，名公卿の手になる碑碣，賦詠，長老の口伝の信用できるものは皆
掲載したという。また，ビラールと同様，この書が官民共同によって出版された
と述べ，ちょくせつ業務にあたった人物として，王元善，沈徳寿，余廷鳳，忠烈
廟の住持である僧慧心の名をあげる[29]――かれらはほぼ同時期，富山忠烈廟の
聖妃殿，祈門の忠烈廟の重修事業を，祈門県の尹であった趙士元，および同県ダ
ルガの脱因
 (トイン)
とともに進めてもいる[30]――。後至元二年から四年には，府判の馬
槙が雲嵐山（雲郎山）の汪華の墓廟を重修しており[31]，この時期，徽州路下では，
出版とあわせて，汪華の顕彰事業が盛んに進められていた。

　そして，天順七年（1463）に方勉のしるした「重編新安忠烈廟神紀実序」によ
れば，後至元五年の刊行ののち 120 余年，版木はまた灰燼に帰してしまう。汪華
の末裔，汪儀鳳は，父永茂の遺志を受け継ぎ，家蔵の旧本（後至元五年刊本に至
正五年以降，数葉増補を加えた元刊本か）に，博捜して得た文墨などを付け加え
（増訂，省略した部分についてはその旨，注を施すほか，版木の版心におおむね「補」
と刻す），同地出身の官僚汪回顕，程文実，忠烈廟に住持する僧善定，善恵等の
協力を得て刊行する。この汪儀鳳家蔵の旧本は，前年，直隷徽州府知府の孫
遇[32]が，富山の忠烈廟に唐，宋，大元の襃封誥勅および明の禁約榜文を碑に刻
したさいにも，その闕を補うに役立ったという[33]。現在，われわれが見ている
テキストは，後至元五年のそれからさほど隔たりは無いはずである。

　現行のテキストは，展巻に，まず序文と天順，成化年間作成の「重編新安忠烈
廟神紀実目録」（本章末の【附1】）を置き，つぎに「新安忠烈廟世系畧図」「汪旭
上譜表」「新安汪氏族譜序」「新安忠烈廟神武図」「垂裕録」「新安忠烈廟神封爵」
「富山三廟図」「富山忠烈廟図」「雲嵐汪墓図」「登源墓廟図」「槐塘赤坎行祠図」
の諸図説を掲げる。巻一は，胡伸の「行状」をはじめ，宋松年の「本伝」，汪襄
の「家伝」など汪華の詳細な資料，巻二は『新唐書』，『通鑑』，『輿地紀勝』等に
見える汪華の関連記事の抜粋と羅願の「汪王廟考実」，巻三は上下に分かれ，唐

から明初までの，汪王神およびその一族への褒封を願う申請書，その結果発令された誥勅の類が一括して収録される（上編が汪華，下編が汪華の夫人，四弟九子等に関する文書）。以上が「乾集」に属し，巻四以降が「坤集」に分けられる。『北京図書館古籍善本書目』，『中国古籍善本書目』などが"乾集一巻"と記述するのは誤りである。

「新安忠烈廟神武図」（「王像文武図賛説」）は，南宋最末期から至元二十年代までに許月卿も実見した貞観十八年（644）の肖像画にもとづく[34]。汪華が息子たちを訓戒した「垂裕録」の自筆本も，大元末期の兵乱までは伝来していたといい，その全文は，「汪旭上譜表」とともに『新安汪氏重修八公譜』などにも収録されている。

また，巻三上におさめられる武徳四年九月二十二日付けの「唐封越国公告」および貞観二年四月五日付けの「左衛白渠府統軍告」の誥圭は，はやくは北宋大中祥符二年（1009），最初に汪華への追封を申請した知歙州軍州兼管内勧農事の方演，そして大元時代には徽州路儒学教授の汪夢斗が廟に保管されているのを実見しており[35]，宝祐六年（1258）正月十一日付けの「十封王告」，徳祐元年（1275）四月十五日付けの「十一封王告」についても，天順年間に，先述の汪儀鳳が真軸を目睹している。かれは，これによって，元刊本の『忠烈紀実』では省略されていた文書末尾の中央官僚の名，令史の名にいたるまで移録しなおし（判読しがたい字は○の記号を以って代えたという[36]），圭の"拓影"も載せたのであった。紹定三年（1230）年に徽州の司法参軍の趙崇徴がこれら歴代の誥勅を碑に刻んだことがある[37]。また，孫遇も，真蹟四誥と二圭を実見し，儒者の鮑寧らに模写させ，南宋末期に徽州を治めた范鍾に倣い，廟の左側に碑として立てた。真蹟が伝わらず『忠烈紀実』や范鍾の碑の拓本によってのみ知り得るのこりの宋元褒封誥勅十通（宋大中祥符二年，政和七年，宣和四年，隆興二年，乾道四年，嘉定四年，淳祐八年，十二年，宝祐二年，元至正元年）は，廟の右側に立碑した[38]。

なお，大中祥符二年の一通を除くこれらの誥勅は，『武林石刻記』巻五によれば，のち万暦年間の進士で婺源出身の汪道亨によって，武徳四年九月「奉籍帰唐表」，洪武四年七月十六日「国朝頒給昭忠広仁武神英聖王祠榜文」とあわせて，高さ四尺二寸幅二尺四寸の碑石に六截に分けて刻され，「汪王像碑」（宣和二年御賛）とともに杭州の呉山三茅観汪王廟にも立てられた。ただし汪儀鳳の増補部分は，刻されていない。

260　第Ⅱ部　大元ウルスの宗教政策

　したがって，巻三上下は，汪華とほとんど常にセットで加封されてきた程霊洗の誥勅，程敏政が収集した徽州ゆかりの人々の誥勅とともに(39)，唐から明初における褒封誥勅の申請，発令のシステム，文書体式の変遷等について分析・考察したり，年代別の官職・官僚表を作成して正史の欠を補ったり，石刻資料とともに『宋会要』の不足を補ったりするうえで，唯一無二のきわめて貴重な資料となる（そのうち唐の二誥二圭は，汪華にかかわる最も古い，かつとうじの姿をほぼそのままに伝えるとくに貴重な資料である。武徳四年といえば，四月に秦王李世民が少林寺に宛てた教書が有名だが(40)，その半年後に出された告身ということになる。従来知られていた貞観十五年（641），永徽元年（650）の臨川郡公主の告身よりも早い(41)。スタッフの中に顔師古や房玄齢が見えているのも注目に値する。参考までに移録しておく【附2】【附3】。詳細は，別稿にて宋代の文書とともに検討する）。

　巻四上下および巻五は各代の烏龍山忠烈廟および各地の行祠に建てられた碑文の移録である。これらは，ほとんど現存せず，僅かに数碑が個人の文集に収録されているのみであった(42)。内容はもとより，そこに付された撰者，書丹，篆額を担当した官僚たちの肩書きと名，文中の人名は，巻七上下の「祈謝文・祝文」，巻八「楽府紀頌」，巻九「上梁文」，巻十一「題詠」，巻十二「跋文・賛」の撰者，関係官僚の名とともに，『弘治徽州府志』巻四「郡邑官属」の補正に役立つほか，各時代の新安における官僚，在地の文人たちの交流，各地の名だたる文人と新安のえにしを確認するまたとない具体的な資料である。巻六の「霊蹟・感応事実」，巻七上下の「祈謝文・祝文」は，汪王神に何が期待されていたのか，信仰，祭祀の実態を知る手がかりとなる。廟内のさまざまな建築物の着工，完成の式典はもとより，平寇や雨乞い，蝗や疫病の消滅等を祈禱し，また正月，重陽の節句等，定期的に賑々しい大掛かりな祭祀を主催するのは，徽州路総管府のダルガ以下の官僚たちであり，山西や河北の祠廟に今も残る大元時代の舞台や石刻の記述から類推すれば，迎神，送神等の際に奏でる音楽から汪王神を娯ませるための百戯の手配までをも行っていたと考えられる。巻十は忠烈廟の捨田，税糧に関する榜文，文書で，巻三と同様，もとの文書の体式をできるだけ忠実に移録しようとしていることが見てとれる。のこる巻十三は鄭弘祖以前に編纂された旧版の『忠烈紀実』の序文三篇，巻十四は勅告碑の跋文一篇と霊感誌，巻十五は籤文序二篇を収める。

3　至元二十五年の道仏闘争

1）楊璉真珈の発給文書二件

　まず，巻一〇に収録される至元二十五年（1288）に江淮諸路釈教都総統所が発給した二通の文書を紹介する。全文を，改行，抬頭に注意しながらできるだけ忠実に移録し，翻訳を試みる（原文の版式は，半葉 11 行×20 字）。天順，成化年間に作成された『忠烈紀実』巻頭の「目録」からすれば，「元箚付税糧事」がこの文書二通の標題ということになるが，じっさいの内容は，忠烈廟の住持を新たに任命する箚付である。そのつぎの延祐二年（1315）の文書も，「目録」では「宋勅免徵廟基税」に誤る。巻一〇のほかの文書がすべて税糧に関するものであったために，内容をろくに読まずに機械的に誤った標題をつけたと見られ，元刊本の文書二通が重刊のさいに差し替えられた可能性は少ないだろう。

【原文】

（A）

　　皇帝聖旨裏：江淮諸路釈教都総統所，拠徽州路僧録司申該：【拠道士張逢魁
　　　　状告：「住持神応観忠烈廟，昨於至元十七年十月内，有本県道士儲日隆，
　　　　呉逢聖商議，身為道士，恐住持廟宇不久，此上虚指神応二字改作観名。所
　　　　有廟内石碑上有主奉僧人祖囷等名字分曉，続後置立法器，屋宇，即係仏智
　　　　大師法忠起立根脚，有殿上鉄鍾名字可考。近於至元二十五年六月承奉使所
　　　　発下榜文抄運
　　　聖旨節該：『蛮子田地裏和尚毎有的田土亡宋根脚，富戸，秀才，先生毎，不
　　　　揀是誰，占着的有呵，回与者。不回与的人毎，断按答奚罪過者』。又欽奉
　　　聖旨節該：『先生毎有心做和尚的做和尚着。没心做和尚的娶妻為民者』。欽此。
　　　　逢魁曽対衆説願行披剃為僧出首，本廟元係僧人根脚，改名為寺，乞差僧人
　　　　住持。当有道士儲日隆理会的前項語句，又有道士汪逢午与儲日隆，呉逢聖
　　　　説道『官交我来，与你説廟内応元有僧人名字去処都打毀了，莫留蹤踪』。
　　　　是儲日隆，呉逢聖依応，於至元二十五年六月十四日夜，令伊兄儲千一男二
　　　　人，用土築実鉄鍾，鑿去鍾上仏智大師法忠名字。至十五日，有儲日隆，呉
　　　　逢聖将石碑上僧祖囷等名字打鑿去，用黄蠟并墨塡補无缺，尚有痕跡可証。

逢魁与言：『你毎不合鏨去』。儲日隆，呉逢聖不応，却於至元二十五年六月
二十二日，嗔恨前因，慮恐忠烈廟已後事発，与道録司官典通，同捏合虚詞，
将逢魁陥害。今来逢魁照得；本廟的係僧人祖因住持根脚。但逢魁自願披剃
為僧。就将元披載為道士度牒，公據三道，告乞備申使所，倒換文憑，改名
披剃為僧，給榜改寺，崇奉香火。得此」。卑司申乞照詳事。使所得此】。除
已令永畈住持本寺外，合行出給文榜省諭。諸色人等毋得搔擾本寺不安。如
有違反之人，捉挐赴官，欽依

聖旨事意施行。所有■［文］榜，須議出給者。

　　　　　右　榜　付　万　寿　寺。■［張］
　　　　　掛　省　諭，各　人　通　知。

　　蒙古字訳

　　榜

　　印　　印　　　　印　　印
　　至元二十五年八月　日　押

（B）

　　「蒙古字箚付」

　　皇帝聖旨裏：江淮諸路釈教都総統所，今擬僧張永畈［充］徽州路万寿寺甲乙
　　住持勾当。凡事奉公，毋得慢易。所有箚付，須議出給者。

　　　　　右　箚　付　僧　張　永　畈。准　此。

　　　　張永畈住持

　　　　至元二十五年八月　印　日　押

【語註】

仏智大師法忠：『桐江続集』巻一「寄題仏智忠禅師実庵併序」"仏智大師法忠，俗
姓徐。江西隆興人。本号收庵，端平間，習庵陳塤和仲為改曰実庵，自呉抵歙，説
法四十余年，至元癸未年七十二矣"。**根脚**：根源。原籍。モンゴル語の huja'ur に
あたる訳語。**榜文**：『史学指南』巻二「牓拠」"鏤牓，謂刻文遍示也。板牓，謂昭
示於木也。手牓，謂片著示人也"。榜，牓がじっさいにどのように掲示されたの
か意外に知られていない。参考までに，時代はくだるが，永楽十年に武当山の玄
天玉虚宮の門前に立てられた屋根つきの黄榜掲示板の挿絵を掲げる。宮観の人は

もとより，大通りを通過してゆく官員，軍民たちもみな勅諭を伏し拝まざるを得ないようになっていた（図1）。なかでもとくに重要な榜は忠実に模して碑に刻まれ，後世に遺される。また，訴訟，申請等で参考資料として過去に発令された文書を提出・列挙するさいに，しばしば"榜文壹道縫印全"ということばが見られるが，長文の榜文の場合，紙を何枚も張り合わせてあるので，のちに自分たちに都合のよいように一部分差し替えた偽の文書が作成されないよう，綴じ目と重要な数字等改竄されてはならない部分に官印を押すのが通例。文書Aにおいても，江淮諸路釈教都総統所の官印は，年月日

図1　榜文を伏し拝む人々――『武当嘉慶図』
　　（『蔵外道書』所収　宣徳七年重刊）より

の上の四箇所にとどまらなかったはずである。**至元二十五年六月承奉使所発下榜文抄連聖旨節該**：『元典章』巻二九「礼部二」《服色》【僧人服色】の例からすれば，江淮釈教総摂所宛ての聖旨は，江淮等処行尚書省にて朝廷が遣わした使者によって開読された。**按答奚**：『黒韃事略』"有過則殺之，謂之按打奚。不殺則充八都魯軍。或三次，然後免。其罪之至軽者没其貲之半"，『吏学指南』巻四「雑刑」"断按打奚罪過，謂断没罪過也"。パクパ字モンゴル語で記された黄金のパイザには"aldaqu ük'ugu とある。**依応**：『吏学指南』（中国国家図書館蔵元刊本）巻二「状詞」に"謂諾所業也"とある。**捏合**：『吏学指南』巻七「詐妄」"謂撰造異端，頗同真似者"。**照得**：『吏学指南』巻二「発端」"謂明述元因者"。**照詳**：『吏学指南』巻二「結句」"謂義明於前，乞加裁決也"，『吏文輯覧』巻二"謂照察而詳審也。凡文移結語，例称乞照詳云云"。**■掛**：たとえば『済美録』巻二「建立鄭令君廟榜」に"張掛出榜，依上施行"，「新疆且末県出土元代文書初探」図12に"右榜在城，張掛省諭"，「泰定二年禁伐軒轅廟樹木榜文碑」に"省府令給榜文，常川張掛禁約"[43]とあることから"張"の字を補うべきことは明らかである。**省諭**：

『吏文輯覧』巻三“以言教戒也”。**蒙古字訳**：至元三十一年十月に宣政院から栢林寺に出された榜文，大徳十一年十月に中書省から曲阜の顔子廟に頒降された榜文[44]からすれば，パクパ字モンゴル語で“deleme haran〜bang bičig”と書かれていたと推測される。『廬山復教集』巻上の至大四年「宣政院榜」では“蒙古字一行”とある。**蒙古字箚付**：パクパ字で漢字を音写したものだろう。行中書省が至元十三年八月に，徽州の県尉（従九品），知県（正八品）に発給した箚付とほぼ同じ体式をもつ[45]。**甲乙住持**：「十方住持」と対照的に，ある寺院の住持が空席になったとき，師弟関係にもとづいて，所司の介入なく同じ門派の中から順次後継を選んでゆく制度[46]。

【日本語訳】

（A）

　　皇帝ノ聖旨ノ裏ニ：江淮諸路釈教都総統所が拠けた徽州路僧録司の申の節略に：【拠けた道士張逢魁の状告に「神応観忠烈廟の住持につきましては，以前，至元十七年十月に，本県の道士の儲日隆，呉逢聖なる者が商議し，道士の身であって，廟宇に長く住持できなくなるのを恐れ，このため，神応の二字をでたらめに選んで，改めて観の名にいたしましたものです。（しかしながら）あらゆる廟内の石碑の上には，主奉の僧人祖囙等の名がはっきり示されており，そのごすぐ設置されました法器，屋宇は，すなわち仏智大師法忠建立の根脚に係り，殿上の鉄鍾に刻まれた名があって考証することができます。先頃，至元二十五年六月に承奉した使所（江淮諸路釈教都総統所）発給の榜文に添付された聖旨の節該には『蛮子の田地の裏，和尚毎が有的田土の亡宋の根脚は，富戸，秀才，先生毎は，不揀是誰，占め着的が有呵，回し与え者。不回与的人毎は，按答奚の罪過に断ぜ者』とございました。また欽しんで奉じた聖旨の節該に：『先生毎の和尚と做る心有る的は和尚と做着，和尚と做る心沒き的は妻を娶りて民と為者』此ヲ欽シメ，とございました。逢魁は，みなの衆に，剃髪して僧侶となり訴え出て，本廟は，元来は僧人の根脚に係るのだから，名を改めて寺となし，僧侶を差し向け住持させられるようお願い申し上げるつもりだと申しました。そのときは，道士の儲日隆は以上

のことばをわかってくれたのですが，そこへまた道士の汪逢午が儲日隆，呉逢聖に『官が私を遣わし你［ら］に廟内のあらゆるもともと僧人の名がある箇所はみな毀って，あとかたをとどめるな，と言いにこさせた』と申しまして，ここに儲日隆，呉逢聖は実行を承諾いたし，至元二十五年六月十四日の夜，伊の兄の儲千一の息子二人に，土を用いて鉄鍾を搗き固めて平らにし，鍾の上に鋳られた僧人仏智大師法忠の字を鑿ち，十五日になると，儲日隆，呉逢聖は，石碑の上の僧祖囚らの名を鑿ち，黄蠟と墨でもって充塡補修して欠けたところがないようにいたしましたが，それでもやはり痕跡がのこっており証明することができます。逢魁は『你毎，鑿ってはいかん』と申し聞かせたのでございますが，儲日隆，呉逢聖は応じないで，却って至元二十五年六月二十二日に，先のいきさつをいかり恨み，忠烈廟の事の始末がのちに発覚することを恐れ心配し，道録司の下級官吏とつるんで，いっしょにでたらめの告訴状を捏造し，逢魁を陥れようとしたのです。いま，逢魁が照会いたしましたところ，本廟は，まことは僧人の祖囚住持の根脚に係り，ひとり逢魁のみ自発的に剃髪して僧侶となりたく思いました。つきましては，もとの，はじめて羽衣を纏い，星冠をかぶり道士となりました際の度牒，公拠三通を添えて申告しますので，使所にあらせられては証明書をお取り換えになって，法名をあらため，剃髪して僧侶となされますよう，榜文を発給して寺に改め，香火を崇奉させられますよう，お願い申し上げる次第です。此ヲ得ラレヨ」（とあった）。卑司（僧録司）は上記，申告いたしますので，詳しくお調べのことお願い申し上げます。使所にあらせられては，此ヲ得ラレヨ】（とあった）。すでに永皈をして本寺に住持させた外，下さねばならない掲示用の文書を発給し教戒するものである。いかなる人々も本寺を搔擾し，落ち着かない状態にさせてはならない。もし違反する者が有れば，ひっとらえて役所につれていき，つつしんでジャルリクの御心に依拠して施行するように。あらゆる掲示用の文書は，必要なればこそ議し出給するものである。

　　　　　　右，万寿寺に榜文を箚付する。掲示板
　　　　　　に貼り出して教戒し，各人に通知せよ。

パクパ字モンゴル語訳

榜

266　第Ⅱ部　大元ウルスの宗教政策

　　　　印　　印　　　　印　　印
　　　至元二十五年八月　日　押

（B）

　　　　「パクパ字の箚付」
　　　皇帝ノ聖旨ノ裏ニ：江淮諸路釈教都総統所は，今，擬して僧張永皈を徽州路
　　　　万寿寺の甲乙住持の勾当に充てる。すべての事において私心なく公事をお
　　　　こない，怠慢粗忽のないように。あらゆる箚付は，必要なればこそ議し出
　　　　給するものである。
　　　　　右，僧張永皈に箚付す。此ヲ准ケヨ。
　　　　僧張永皈住持
　　　至元二十五年八月　印　日　押

2）解　説

　まず，事件のあらましを簡単に整理しておこう。

　至元二十五年夏，忠烈廟の道士のひとり張逢魁なる人物が，徽州路僧録司を通
じて江淮諸路釈教都総統所に，自身を僧侶として認定し，道観である忠烈廟も寺
にあらため僧侶に住持させるべきだと願い出た。かれの主張はこうである。

　　①本来忠烈廟は，仏智大師法忠が建立したにもかかわらず，同僚の儲日隆，
　　呉逢聖等が至元十七年十月にもとから道教の宮観であったように見せかける
　　ために「神応観」の名をでっちあげたものである。②自分は，クビライの仰
　　せにしたがって，僧侶となることを願うのであり，忠烈廟も道士に乗っ取ら
　　れていたのだから，やはりクビライの仰せどおり本来の寺院に戻すべきであ
　　る。③ところが，儲日隆，呉逢聖，汪逢午等は自分の意見を聞かずに，至元
　　二十五年六月十四，十五日に忠烈廟がもともと寺院であった証拠を隠滅しよ
　　うとしたうえ，同月二十二日には道録司に自分を告訴したので，対抗措置を
　　とらざるを得ず僧録司に訴えた。

　それに対して，江淮諸路釈教都総統所は，八月，すぐさま張逢魁の上申を聞き届
け，神応観から万寿寺に改め（文書A），僧張永皈を住持とする証明書を出し，
以後この寺院をかれの弟子が受け継いでゆくことを承認した（文書B）。六月二

第7章　地方神の加封と祭祀　267

十二日の道録司における訴訟から数えても，僅か二ヶ月足らずのスピード判決である。

　じつは，この事件の鍵のひとつは，至元十七年（1280）四月，燕京大長春宮で起きた全真教の放火事件にあった[47]。

　モンケ・カアンの時代の有名な「道仏論争」の結果，全真教が華北において占拠していた 237 箇所の寺院の返還命令が，モンケの八年（1258），クビライの中統二年（1261）に続けて出されていた。ところが，全真教が一向に返還に応じなかったため，クビライは，南宋接収後の処理が一段落した至元十七年の二月二十五日，あらためて以前の裁定に従わず寺院を返還しない道士を処罰すると言明し，同時に以前偽経と認定された道教の経典を焼くように命ずる聖旨を発令した。237 の寺院のひとつ吉祥院を占拠していた全真教の提点甘志泉は，仏教を貶めてその決定を覆すべく，馬戒顕なる人物に大都の全真教の拠点である長春宮にわざと放火させ，逮捕後は「僧録司の長で，奉福寺の住持をつとめる広淵の差し金で放火した」と偽証するよう命じていた。さらに全真教教徒五百余名は報復と称して棍棒片手に僧侶たちを襲撃，長春宮の知宮であった王志真は，事件が狂言と知りながら中書省に広淵を告発し，放火によって三千九百余石の米糧，油麺，塩粉が被害に遭ったと申請した。だが，中書省が取り調べた結果，すぐにその告訴状がまったくの虚偽であり，しかも被害を口実にあちこちから見舞いの金品を受け取っていたことが判明したのである。報告を受けたクビライは，激怒を通り越して呆れかえり，六月二十二日，王志真以下関係者を死罪，耳そぎ鼻そぎ，流罪等の厳罰に処した。さらに，各道教の代表者を招聘し，中書省，翰林院，仏教の代表者たちと今後について協議させ，モンケ時代の「道仏闘争」の主要な原因のひとつであった『八十一化図』[48]をはじめ道蔵中の偽経の再検討を行わせた。そして翌至元十八年十月二十日には，聖旨を発令し，百官を大都憫忠寺に集め，大々的に道蔵の偽経を焼却せしめた（聖旨には，偽経の焼却を道士，信者たちに納得させるため，クビライの思いつきで，各道教教団が火に入っても火傷せず，水に入っても溺れないと謳うお札を実際に全真教，正一教，大道教等のトップに試させたところ，全員，出鱈目だと命乞いをする醜態をさらした話も漏らさず述べられていた）。かくして上都路宣徳府蔚州の玉泉寺[49]，大都路薊州遵化県般若院[50]，山東泰安の冥福寺[51]などが返還されはじめた。クビライは，おそらく総制院使兼領都功徳使司事であったサンガの要請を受けてのことと思われるが，至元二十一年三月，この

268 第 II 部　大元ウルスの宗教政策

一連の騒動を未来永劫に伝えるべく，翰林院の主要なメンバーに「聖旨焚燬諸路偽道蔵経之碑」の撰文を命じた（釈教総統のキタイサリの筆録がもとになっているという）。この放火事件の打撃は，全真教にとどまらず，正一教，大道教などほかの道教教団にも波及した。

張伯淳は，成宗テムル時代の初期に刊行された『大元至元弁偽録』（『影印宋磧砂蔵経』所収）の序文において次のようにいう。

> 是に由り至元十八年冬，欽しんで玉音を奉じ天下に頒降するに，『道徳経』は除するの外，其の余の謊を説く経文は，尽く焼毀を行う。道士の仏経を愛する者は僧と為し，僧道に為らざる者は妻を娶って民と為すは，當に是の時也。江南釈教都総統永福楊大師璉真佳は，聖化を大いに弘め，至元二十二春より二十四春に至ること凡そ三載，仏寺三十余所を恢復す。四聖観の如き者は，昔者孤山寺也。道士の胡提点等，邪を（舍）［捨］て正に帰し，道を罷めて僧と為る者，奚ぞ啻七八百人のみならんや。

『大元至元弁偽録』巻二には，至元十八年十月二十日付けの聖旨の全文が抄録されているが，その一節に"今後先生毎は老子の『道徳経』裏依っ著行者。如し仏経を愛する底有らば，和尚と做って去者。若し僧道を為さざれば妻を娶って民と為者。"とあった。張逢魁が，道士をやめて和尚となる理由として引用した聖旨のひとつも，まさにこれであり，原文と比較してみると，自分に都合のよい部分のみに編集していることがよくわかる。

　南宋接収よりはるか前に起こった「道仏闘争」とはまったく無縁のはずの江南の道観が，本来は寺院だったとして，次々と仏教側に奪還され，道士から仏僧に宗旨替えする者は八百人を超えた。勢力拡大の手立てとして至元十八年の聖旨を利用したのが，江淮諸路釈教都総統所の総摂であったタングート族の楊璉真珈。張伯淳は，この事態を仏教側に立って「邪を捨て正に帰す」と評し，例として四聖観を挙げた。しかし，至元二十八年四月に江淮等処行尚書省が出給した榜文に，まったく正反対のことが書かれているのは，よく知られたところである。

> 楊総摂等は権勢に倚恃し，肆行豪横，各処の宮観，廟宇，学舎，書院，民戸の房屋，田土，山林，池蕩及び係官の業産を将って，十余年の間に尽く僧人等の争奪占拠に為す。略挙すれば，杭州は太一宮，四聖観，林処士の祠堂，

龍翔宮，伍子胥廟，紹興の鴻禧観，及び湖州の安定書堂，鎮江の淮海書院等の処，皆亡宋以前の先賢名迹，江山形勝の地にして，遠き者は百有余年なるも，一旦にして皆，僧人の強行抵頼を被り，或いは先は寺基に係ると称し，或いは僧人の置到せると云い，官府の陳理を経ず，一旦，力を使い業主を逐出すれば，応有財賦，銭糧等を将って拠り己有と為す。既に之を得る後は，修理愛護を為さず，聖像を拆毀し，頭疋を喂養し，猪羊を宰殺し，恣行蹂践，これに加えて男女嘈雑し，緇素を分かたず，行省，行台を蔑視し，官民の良善たるを欺虐し，致すに業主を使て告訴する所無からしむ……。⁽⁵²⁾

榜文の"十余年の間"ということばを信じるならば，至元二十二年どころか，放火事件の直後から楊璉真迦一党の「奪還」は始まっていたことになる。

『元史』の「本紀」によれば楊璉真珈は，南宋接収まもない至元十四年二月にクビライの命によって亢吉祥，加瓦八とともに江南諸路釈教所（≒江淮諸路釈教所）の総摂に任じられた⁽⁵³⁾。そして，かれが再び「本紀」にその名を見せるのは，至元二十一年九月丙申。

江南総摂楊璉真加が宋の陵冢を発して収むる所の金銀宝器を以って天衣寺を修す。

という。翌至元二十二年の春正月庚辰には，

宋の郊天台を毀つ。桑哥の言に：「楊輦真加云えらく；会稽に泰寧寺有り。宋は之を毀ち以って寧宗等の攢宮を建つ。銭唐に龍華寺有り。宋は之を毀ち以って南郊と為す。皆，勝地也。宜しく復して寺と為し，以って皇上，東宮の為に祈寿せしむべし」。時に寧宗等の攢宮は已に毀ち寺を建つ。勅して郊天台を毀ち，亦，寺を建つ焉。

と見える。『癸辛雑識』続集上「楊髠発陵」，『癸辛雑識』別集上「楊髠発陵」は，泰寧寺の僧と楊璉真珈等による宋の陵墓の発掘を，至元二十二年八月から十一月のこととするが，ことは，やはり至元二十一年以前から始まっていたのである（ちなみに『南村輟耕録』巻四「発宋陵寝」は，皇慶二年五月の題のある羅有開『唐義士伝』なる書を紹介し，至元十五年の出来事とする）。楊璉真珈は，クビライの許可のもとに，掘り出した南宋皇帝の遺骨を杭州の故宮跡に埋め，その上にティベッ

270　第Ⅱ部　大元ウルスの宗教政策

ト仏教の白塔と五つの仏寺を建て，南宋の亡霊を調伏しようとした[54]。この五つの寺には，極彩色のティベットの仏像が祭られ，石材には南宋時代の科挙合格者の名を記した碑や宮殿に用いられていたさまざまな彫刻の石が転用された[55]。この事業は至元二十五年までかかった[56]。故宮跡を見下ろす飛来峰霊隠禅寺周辺の岩肌のあちこちに，クビライ，ココジン・カトン，皇太孫のカマラ，テムルのために祝寿するティベットの仏像が刻まれた[57]。

　以上は，クビライからすれば，あくまでティベット仏教による大元ウルスの護国事業にほかならなかった（西太乙宮，理宗の潜邸であった龍翔宮などの仏寺への改宗も，あるいは宋の陵墓と同じ論理ですすめられたのだろう[58]）。しかし，不肖の輩からすれば，これは領地，勢力を拡大するに格好の前例，絶好の機会となった。

　たとえば，既述の江淮等処行尚書省の榜文にも挙げられる湖州路の安定書院は，至元十三年の帰附直後に丞相バヤンの鈞旨を得ていたが，張伯淳が述べるまさに至元二十二年，隣接する何山寺の僧によって，強奪された。楊璉真珈の威光を笠に着て，儒者の懦弱なのをよいことに，徒党を組んで，胡瑗の墳墓の垣根を取り壊し，内側の樹木を切り倒し，墳墓を盗掘，碑文を粉砕し，孔子像を取り払うなど，狼藉の限りを尽くした[59]。

　そこへさらに，至元二十三年の正月七日，クビライは“江南の廃寺土田の人の占拠するところと為る者を以って，悉く総統楊璉真加に付し寺を修せしめ”たのである。『元典章』巻三三「礼部六・釈教」《寺院裏休安下》には，二月三日に江淮釈教総摂所に届いた聖旨の節該として，“這的毎の寺院の裏に，他毎底房舎の裏に，使臣は休安下者。鋪馬・祇応は休拿者。税糧は休与者。不揀是誰，体例に没いことは，休倚気力者。不揀甚麼←他毎底　休断捜奪要者。寺院の裏にて休断人者。官糧は休頓放者”とあるが，これは本来，亡宋の根脚をもつ寺をことごとく楊璉真珈に返還させるという一文のあとにつづいていたものだろう[60]。張逢魁が引用する，至元二十五年六月の江淮諸路釈教都総統所の榜文に添付されていたという聖旨も，至元二十三年発令のそれを再度引用したものではないか。語註にあげた『元典章』巻二九「礼部二」《服色》【僧人服色】の聖旨も至元二十三年の発令で，楊璉真珈の奏上にしたがって，江南の僧侶に戒を授けるため賞葺八哈赤を筆頭とする僧が派遣され，講主に紅の袈裟，衣服が，長老に黄色の袈裟，衣服が，僧人に茶褐色の袈裟，衣服が与えられた。華北と同様のティベット仏教による江南の寺院の統括，整理が旧ピッチで進められていた。

同時期には，第二のアフマドともいうべきサンガ，マングタイを中心に江南の官田・投下領の見直しがはじまり，営田総管府も設立された。息子チンキムの死の直後であり，また至元二十四年のナヤンの叛乱の動きに気をとられていたクビライが，楊璉真珈の計画をすべて見通せていたかどうかは知る由もないが(61)，この至元二十三年の聖旨は，既に始まっていた無法行為に文字通りお墨付きを与えてしまったのであった(62)。

至元二十八年の江淮等処行尚書省の榜文にやはり挙げられていた宮観のひとつ，千秋鴻禧観は，唐の賀知章が郷里に帰って道士となり自宅を道観にしたことから始まり，のち，史越王が南宋の乾道四年に奏上して移築，「天長観」の額を拝領，鑑湖亭，一曲亭等を増設した歴史をもつ(63)。ところが，

> 近者，鑑湖の天長観に道士の僧と為る有りて，楊の総攝所に献じて云えらく：「照らし得たるに；賀知章なる者は，本は是れ小人にして，史越王の声勢に倚托し，寺を将って改めて道観と為す。今欲するに，乞うらくは元の寺に復して施行せられんことを」。楊髡の遂に其の請に従えば，真に笑を発す可き也(64)。

と，記録した周密も呆れ返るとおり，むちゃくちゃな話を捏造した。おそらく，この天長観の道士は，住持ではなく，次の住持の座も狙える位置にはいなかったか，あるいは順番が待ちきれなかったのだろう。道観を乗っ取るためには，楊璉真珈に道観を献上し，ひきかえに仏僧となる度牒をもらい，その新しい寺院の住持に任命してもらえばよい。そのさい再び別の周派の僧侶に乗っ取られないように，自分に後継者を選べる権限のある甲乙住持の寺院に指定しておいてもらうことも肝要である。住持になれるならば，道士だろうが，仏僧だろうが，どっちでもかまわないのである（かれらにとって，宗教とは，しょせんはその程度のものにすぎなかった。道仏間で繰り広げられた闘争の多くは極めて低レヴェルの，物欲にまみれた争いであった。純粋で高尚な学問上の争いなどと，こんにちのものの見方で大真面目に捉えようとすると，虚構の世界に飛翔してしまうことになる）。たとえば，四明は昌国州の道隆観でも，至元二十六年，住持争いの中で，陳可与がこの手段をとった(65)。

「下克上」の可能性に気づいた各地の道士たちは，次々に僧録司に出頭し，江淮諸路釈教都総統所へ自身のいた道観をもとは寺院であったとして，差し出した。

名だたる道観が何の苦労もなく，「合法的に」ティベット仏教の管轄に吸収されていった。わずか二年の間に八百余りの道観を「奪還」できた所以であった。楊璉真珈は，あきらかにこうなることを見越していた。あるいは，最初に目をつけたいくつかの道観の道士に，こっそり囁いたのかもしれなかった。さきのチャンギ・バクシ等の江南への派遣要請は，そのためでもあった。

　張逢魁も実は，こうした裏切り者の道士のひとりであったのである。江淮諸路釈教都総統所が万寿寺の住持として任命した張永皈とは，ようするに張逢魁の新たな法名にほかならなかった。張逢魁，汪逢午，呉逢聖は兄弟弟子に違いなく，告訴状では必ず儲日隆を呉逢聖の前に挙げるので，あるいは，かれがほんらいの神応観の住持で，後継者には呉逢聖が擬せられていたのかもしれない。

　そして，ふたたび張逢魁の主張を読み直すならば，『忠烈紀実』には，至元十七年以前から「神応観」の名称をもっていたという証拠もないかわりに，本書に収録される宋代の碑記に，"主奉の僧人"であったという祖囦の名も，仏智大師法忠の名も見えないことに気づく。儲日隆等が毀ったという欠字も見られない。そもそも，汪華の行状の末尾に語られる廟の起源には，僧侶はひとりもみえないのである。元貞元年までは確実に廟内に版木が保管されていたはずの胡立忠『忠烈紀実』を証拠物件として言及，提出していないのもきわめて怪しい。のちの泰定三年の時点での記録ではあるが，廟に田地を寄進した名簿の中に程道録，張道録なる人物がみえ，本廟が道教とのかかわりを深くもっていたことがうかがえる【附4・(H)】。いっぽう僧録の名はない。

　至元十七年十月という日時をもちだすのは，あきらかに全真教の放火事件を連想させ，十八年のクビライの聖旨を引用するための話しのマクラである。真相は，張逢魁が，各地の乗っ取り事件を真似して，廟内の少しでも僧に関係する遺物を探し回ったものだろう。その結果，石碑のひとつの碑陰になんらかの理由で祖囦（おそらくは汪氏一族）の名が掲載されていたのを発見した。いっぽう，仏智大師は端平年間（1234-36）に徽州に来て庵を結び，一帯で説法をして40年余，至元二十年（1283）に七十二歳であったという，まさに同時代のひとであった。よしんば鐘にかれの名が刻まれていたにしても，かれが廟の住持であったわけではなく，また創建者でもなかった。単に忠烈廟に寄進をしたか，讚をもとめられたかに過ぎなかった。うがって考えれば，至元二十五年六月十四，十五日の事件自体，張逢魁の陰謀で，張逢魁が全部の碑に，さも祖囦の名があったかのようにところ

どころ碑文中の人名の部分を削り，鐘の仏智大師の字を完全には消さないように気をつけて，蠟を充塡したのではないか。

　ともかく，儲日隆，呉逢聖等は，張逢魁の意図を察知し早急に手をうつべく，道録司に訴え出た。このとき江南の道教のトップは，第三十六代天師で管領江南諸路道教の張宗演と商議集賢院道教事，総摂江淮荊襄等路道教都提点の張留孫。しかし，その二人でさえ，江淮諸路釈教都総統の楊璉真珈の前には為す術もなかったのである。

　楊璉真珈は，寺院の田地を耕作する佃戸についても自分たちで管理する権利を獲得し，管民官の立ち入りを許さぬ聖旨も得ていた(66)。くわえて，至元二十六年二月一日に出された江南の戸口調査開始の詔（いわゆる至元二十七年の戸計）(67)は，僧侶に駆け込み申請をねらわせ，強奪をより一層エスカレートさせることとなった(68)。例の至元二十八年の江淮等処行尚書省の榜文中に見える鎮江の淮海書院も明らかにその被害者であった(69)。

　ところで，『忠烈紀実』巻一〇の黄宣子「富山廟捨田記」（泰定三年五月二十一日）は，この至元二十五年の事件を振り返って次のようにいう。

　　至元二十五年の秋，江淮諸路釈教都総統楊■［公？］俺普の陞して万寿寺と為す。而れども忠烈の名は自若なり。

　漢文資料において，俺普（＝暗普，安普）について現時点で確認できるもっとも早い記事は，陳高華が既に指摘したように(70)，『永楽大典』巻一九四一八に収録される『経世大典』「站赤」の至元二十五年十一月十九日になされたサンガの上奏である。この「捨田記」の記事の秋とは八月を指すが，このとき俺普はすでにカラコルムの宣慰副使に任じられていた。江南においてかれの名を最初に確認できるのは，既述の飛来峰の題記によってであり，至元二十九年七月の段階で資政大夫行宣政院使であった(71)。そして，父の楊璉真珈は，この時点でもまだ宣授江淮諸路釈教都総統永福大師の肩書きを名乗っていた。

　　至元二十九年の内，欽奉せる聖旨の節該に：【（宣政院の奏に：）「行宣政院の官の奏に：『蛮子の田地の裏に有的但そ寺院の裏に属す的田地・水土・■■の，亡宋の根脚で，先生・秀才・富戸毎が隠し■［着］いた的が■［有る？］。官人毎が分■［付］して回し付与し了的田地，水土を如今再び争っ

ているので有る』這般に奏し将て来たので有る」。那般に奏して来た。「在先
■［但］そ寺院の裏に属する田地，水土は，回し付与し■■■。如今那般な
的であるな呵，不揀是誰，休争者」道来，這般に宣諭し了のだか呵，争的人
は不怕那】此ヲ欽シメ[72]。

　俺普は，かつて父が奏上して得た至元二十三年の聖旨——すなわち張逢魁が
悪用した——がいまもなお有効であると保証する聖旨を，クビライから再び手
にいれた。そのご道観，書院の返還訴訟が難航する理由のひとつは，ここにある。
至元二十八年正月，楊璉真珈の後ろ盾であった尚書省のサンガ等一党を罷免，
そのごの調査によってそれぞれに厳正な処分がくだされてからも，クビライは，楊
璉真珈に対しては終始寛大であり[73]，開府儀同三司太師寧国公慧辯永福の称号
まで贈った[74]。

　しかしながら，悪名高い楊璉真珈によって万寿寺としての歴史がはじまったと
記すことは，のちの碑記の依頼者からすれば，はなはだ都合の悪いことであった。
それにひきかえ俺普のほうは，至元三十年，江南の人々の父への怨恨のふかさの
あまり，江浙行省左丞の職務をわずか三ヶ月で解かれるという一件はあったもの
の[75]，そのごは，平章政事，宣政院使，会福院使を兼任し，延祐初年には，パ
クパを孔子廟と同様に祀ることについて会議を主宰するなど，ティベット仏教の
中心人物として活躍を続ける[76]。あきらかに黄宣子の「配慮」であった。

　同様に，『忠烈紀実』巻四上に収録される天暦元（1328）十二月の「重建寝
殿神光楼記」では，撰者の松江府判劉秉懿は

　　宋季の乙亥（至元十二年）兵革の後，衆の有司に請いて，之を総摂所に上り，
　　廟を以て寺に附くを得さ俾む。楊総摂は其の徒僧永皈に命じて之を主らしめ，
　　其の伝を甲乙にして以って永久に相く。

と述べる。張逢魁の独断ではなく，あたかも民意，汪氏一族の意思によって万寿
寺に改められたかのようである。いつ，総摂所に申請したのかも，ことさらに曖
昧にしている。永皈が忠烈廟をのっとったことなどおくびにも出さない。

　しかし，そうした配慮にもかかわらず，最終的には，すなわち『忠烈紀実』の
編纂の段階では，この，ふつうならば隠して出さない江淮諸路釈教都総統所が発
給した世にも珍しい至元二十五年の二通の文書をぜったいに収録せねばならなか

った。というよりも，この二十五年の事件こそがそもそも『忠烈紀実』の編纂の直接的な動機であった。張永皈が住持となって30年，甲乙住持制度によってあとを継いだのは，ほかでもない著者の僧慧心であったからである[77]。しかも慧心の徒弟で，当時廟の監院であった紹初は次の住持の座を約束されていた[78]。祈門県では，『忠烈紀実』の出版にも一役買った沈徳寿らの運動で忠烈廟を重建したさい，富山の祖廟の故事にもとづいて，崇法院の僧溥に住持させ，民田を購入して廟の収入源となしたのであった[79]。手段はどうであれ，僧侶による住持を評価していた。のち明天順三年の時点でも，烏聊山忠烈廟の住持はあいかわらず善定，善恵といった僧侶であった。かれらにも，とくにこの書をえらんで重刊してほしい理由があったのである。その執念は，展巻に「新安忠烈廟世系畧図」を掲げ，汪華の系譜に祖困にはじまる系譜をつなげ，みずからの正統性をうたうところに，強烈にあらわれている。

　じつは，慧心の『忠烈紀実』の編集よりほんの少し前，やはり郡人の張仲文が以前の著作に飽き足らず，「紀績」「紀封」「紀世」「紀霊」「紀刻」「紀禱」「紀頌」「紀文」「紀史」「紀卜」の十則よりなる『忠烈類紀』を著したという。序文を書いたのは，徽州の朱子学者たちと交流のあった前翰林待制の楊剛中，泰定年間には江浙儒学提挙をつとめ，さまざまな出版事業や江南文人の保挙に携わった人物であった[80]。にもかかわらず，あらたな『忠烈紀実』が出版されなければならなかった。徽州の最高の権力者であるダルガのビラールをまきこんで。

　ちなみに，至正八年（1348）十月一日付けの，忠烈王神の末裔汪沢民の序を冠した『汪氏家乗』や，あるいはのちの明の汪永安『汪氏家乗』十巻も，越国公の制誥，像賛，碑誌等を編集した書物であったというが，汪公の世孫の立場から書かれたそれは，『忠烈紀実』とはまた違った趣を呈していたことだろう[81]。

　楊璉真珈の失脚後，各地で道教，儒教側によって，長期にわたる返還訴訟が開始される[82]。いちどは勝ち取った万寿寺甲乙住持の地位も，いつ時流に乗って放逐された儲日隆，呉逢聖等，道教側に訴訟を起こされるかわかったものではない（おそらく最初の危機は胡立忠の『忠烈紀実』の版木が燃えたという元貞元年[83]。そしてじじつ，最大の危機は，延祐元年十一月，仁宗アユルバルワダが江南に発令した経理田糧の聖旨によって訪れる[84]）。かくて，張逢魁こと張永皈の次なる目標は，地元の官民を抱き込んで，汪廟神への加封申請運動にむけられることになる。

276 第II部 大元ウルスの宗教政策

4　加封申請への道

1）徽州路総管府の保管文書四件

『忠烈紀実』巻三上には，至大二年（1309）から至正元年（1341）まで，じつに30年間の長きにわたって繰り広げられた汪華への加封申請運動に関する文書が計四通（目録の「元申請追封表」「元追封王誥一通」にあたる）収録されている。いずれも徽州路総管府に保管されていた文書と考えられ，『忠烈紀実』が忠烈廟の住持と総管府の協力によって成立していることをうかがわせる。大元ウルス治下における地方神の加封の手続きは，じゅうらいまったく研究されておらず，また，有益な個別の事例を提供する石刻にも，関係する文書をそのまま一括して載せるものはないので，この四通は非常に貴重な資料となり得る。

【原文】

（C）

　　　　　至大二年申請改封

　　徽州路総管府，至大二年二月准池州路総管府判官汪承直牒呈：「竊見；徽州路土神昭忠広仁武神英聖王汪氏諱華，生有神霊，長而驍勇，属季隋之世，群雄並興，撫六州之民，安堵如故。在唐納上，而職遷留守。入宋封王，而血食新安。雨暘饗応於須臾，痕癘潜消於萌蘖。廟名忠烈，人仰英風，前朝之誥命猶存，

　聖代之褒崇尚欠。願追旧典，嘉錫新封，神心庶益於洪庥，吏治咸躋於善俗。牒請考録事蹟，備申上司照詳」。并拠歙県耆老王応和等告：「徽州忠烈廟神，姓汪氏，諱華，古歙郡人。生有霊異，偶儻不群，隋大業末，率義衆，保衛郷并民，頼以安業十余年。唐高祖興，王知天命，有属尽籍土地兵民，奉表于朝。高祖嘉其忠，武徳四年九月，詔持節総管宣杭睦婺饒等六州諸軍事，歙州刺史，上柱国，封越国公，食邑三千戸。又授左衛白渠府統軍忠武将軍，行右衛積福府折衝都尉。太宗征遼東，詔王為九宮留守，尤称其勤。薨于長安，朝廷傷之，恩礼殊等。郡人懐其功徳，立祠于烏聊山，殁而祈禱感応。本州備父老之請，申朝積封，至昭忠広仁武神英聖王，廟号忠烈，自王曽祖至子孫，王弟，従神，累朝皆有追封。唐封告命猶存，公卿大夫之紀頌，刻

在金石，可考。比年旱暘，路官祈禱，尅期饗応。蒙申改封美号，必能福民」。又儒学申：「竊聞；山川出雲，皆曰有神，忠烈之霊，以人而顕。昔在岳瀆，例応褒表之恩。今此富山，未拝追崇之典。如蒙申上，褒徳旌忠，特加封謚，不惟一時山川之栄，実為千載忠臣之勧。乞照詳行」。拠歙県照勘：「拠本廟主奉香火僧張永飯賷出汪王神見存生前受到唐告及歿後追封名号并印本紀実，廟存碑記，逐一参対，歴歴可考。得此」。参詳；忠烈廟汪王神，忠義顕著，累代褒崇，血食新安，七百余年。雨暘時若，災患潜消，允為正神，福茲一郡，委実霊顕，府司官，首領官吏保結是実。将事蹟，各各告命，文憑，抄連申覆。

【語註】

比年旱暘，路官祈禱，尅期饗応：『忠烈紀実』巻七「祈謝雨文」からすると，路のダルガが拝降，総管が郝思義であった大徳年間のことか。大徳十一年（1307）には，蝗が大発生し，積渓県県尹の張毅が忠烈廟で斎戒・祈禱を行ったところ，風雨が起こり，蝗が全滅した，という記事も『弘治徽州府志』巻四にあり，このときたしかに徽州路のダルガの万奴，総管の李賢翼も駆除を祈禱しており「駆蝗祈謝文」がのこっている。**印本紀実**：乾道年間（1165-73）の郝升卿本，咸淳七年（1271）の胡立忠の増輯本を指す。ただし後者は元貞元年に版木が焼失したことになっている。都合の悪い頁は"落丁"していたかもしれない。**参詳**：『吏学指南』巻二「発端」"謂子細尋究也"。**保結**：『吏文輯覧』巻二"上司有公事，其承行者，日不敢符同，以虚為実，如渉虚甘受重罪云云。結成文状回報，使上司保其不虚，日保結"。**申覆**：『吏文輯覧』巻二"申，即申文也。覆，詳審之意"。

【日本語訳】

(C)

　　　　（徽州路総管府が江浙行省に宛てた）至大二年の改封の申請

徽州路の総管府が至大二年二月に准けた池州路総管府判官（正六品）の汪承直郎の牒呈に「ひそかに思いますには；徽州路の地方神，昭忠広仁武神英聖王すなわち汪氏，諱は華，は，誕生のさいには凡人とはことなる不思議な現象があり，成長しては傑出した勇猛ぶりを示し，隋末の世に，群雄が一斉に立ち上がると，六州の人民をいつくしみしずめ，以前と同様に落

ち着いた暮らしを送らせました。唐代になると朝廷に（土地，人民を）奉還し，官職は九宮留守にまでなりました。宋朝になって王に封じられ，新安に子孫の祭りを受けてまいりました。長雨，日照りの時には寸刻の間にお供えを享けたしるしをいただき，疫病の流行は兆しが見えた段階で跡かたなく消えます。廟名を忠烈ともうし，人々はすぐれた徳風を仰ぎ慕っております。前朝の誥命は今もなお伝わりますが，

聖なる大元ウルスの御世の褒揚崇敬の証はまだ欠けております。願わくば，いにしえの典礼制度を踏襲され，新たな封号を愛で賜りましたならば，神の御心は数多にわたって甚大な庇護を加えられ，役人の治績は，みな風俗の改良において鰻登りになるでしょう。牒シテ請ウ，事蹟を調べて書き写しましたので，上司に申を備して，照詳アレ」とあった。併せて拠けとった歙県の耆老王応和等の上告にも「徽州の忠烈廟神は，姓は汪氏，諱は華，古の歙郡の人です。誕生のおりには神秘的な不思議な現象が見られ，その才気は衆人とかけ離れ群を抜いてすぐれておりました。隋の大業年間の末に，地元の志願兵を率いて，郷里の土地と人々を安んじ守り，おかげでほんらいの生業のうちに10余年を過ごすことができました。唐の高祖が頭角を現すと，王は天命を知り，所属の土地，兵民をすべて帳簿に記し，朝廷に表を奉ったのでした。高祖は其の忠誠を愛でられ，武徳四年九月に，詔によって持節総管宣杭睦婺饒等六州諸軍事，歙州刺史，上柱国とし，越国公に封じ，三千戸の所領地を与えました。さらに左衛白渠府統軍，忠武将軍，行右衛積福府折衝都尉を授けられました。太宗が遼東征伐に赴いたさいには，詔をくだして王を九宮留守に任じられ，その勤めぶりをとりわけほめたたえました。長安にて身罷りますと，朝廷は哀悼し，臣下への礼遇のなかでは格別なものでした。郡の人々は，かれの功徳を懐い，烏聊山に祠を建て，御隠れになられてのちも祈禱をいたしますと霊験をお示しくださいます。本州は父老の請願を備して朝廷に申請し封号を積み重ね，昭忠広仁武神英聖王，廟号は忠烈と申すまでに至りました。王の曽祖から子孫，王弟，従神にいたるまで，歴代，みな追封がなされております。唐朝が封じた告命は今もなお伝わり，公卿，大夫が著わした紀頌は，鐘や祭器，石碑に刻されており考証することができます。先年の旱魃の折には，路の官が祈禱しますと，期日内にお供えを享けたしるしをお示しくださいまし

た。上申していただき美号に改封されましたならば，きっと民に福を齎し
てくれるにちがいありません」とありました。さらに儒学が「竊かにうか
がっておりますのに；山川に雲がたなびいていると，皆，神様がいるとい
うけれども，忠烈の霊は，人によってはじめて顕彰される，とか申します。
昔，五岳四瀆にあっては，たいがい表彰の恩恵に応えてきましたが，今，
この富山は，死後に封号を追加するしきたりをまだ拝領しておりません。
もし上申していただき，徳を褒めたたえ忠を表彰し，特別に謚を加封いた
だけましたならば，単にいっときの山川の栄誉となるのみならず，まこと
千載にわたって忠臣の勧奨となりましょう。裁決して施行されますよう，
お願い申し上げます」と上申してきました。歙県の詳細な調査報告書を拠
けとったところ「本廟の香火を主奉する僧張永畈が提出した現存の汪王神
が生前に受け取った唐代の告身及び歿後に追封された名号，並びに刊本の
『忠烈紀実』，廟にある碑記の拓本につきましては，逐一，並べつきあわせ
て調べましたところ，歴然たる考証が可能です。此ヲ得ラレヨ」とありま
した。参詳しましたところ；忠烈廟の汪王神は忠義が顕著であり，歴代，
褒揚崇敬を受け，新安に子孫の祭祀を享けて七百余年になります。雨季乾
季は時期どおりに，災患は跡かたなく消えて，まことに正神として，この
一郡に幸いを授けていただき，正真正銘霊験あらたかであります。府司の
官，首領の官吏が真実であることを保証，署名いたします。事蹟，それぞ
れの告命，証明書をまとめ附して申文をお送りしますので，仔細に審査の
ほどお願い申し上げます。

【原文】

(D)

　　　江浙等処行中書省照詳泰定三年八月回奉箚付全文

　　皇帝聖旨裏：江浙等処行中書省准

　　　中書省咨：泰定二年四月二十三日撒児蛮怯薛第三日

　　慈仁殿後鹿頂殿裏有時分，火児赤答失蛮，速古児赤阿児思蘭出，宝児赤阿
　　　撒，禿忽魯，殿中桑哥失里，給事中八里歹等有来。倒剌沙左丞相，瀏皮
　　　右丞，楊参政，搭剌海参議，岳実术郎中，脱脱員外郎，忙兀歹都事，直
　　　省舎人捏迭干等奏過下項事理，和旭邁傑右丞相等衆人商量了奏上有。一

280　第 II 部　大元ウルスの宗教政策

件：湖広，江西，江浙，陝西等処行省官人毎，山東宣慰司，河東，陝西
等転運使司官人毎，各備着他毎所轄路府州県文書，俺根底与将文書来。
「他毎所轄的地面裏，洞庭廟，蒙山神，塩池土神，彭蠡龍王，汪王神，
広恵廟神，鳳州土神名字的神祇，於官民勾当裏，有済限護佑霊験有。他
毎根底封名号」麼道，与将文書来的上頭，教礼部，太常礼儀院官人毎定
擬呵，他毎依着典故，合加封的加封，合改封的改封，合靷封的靷封，各
另明白定擬了有。俺商量来：

『世祖皇帝以来，封名号的不曽題。如今説済民有霊験有。依着他毎定擬来，
交封呵，怎生？』奏呵，奉

聖旨：『那般者』。欽此。送拠礼部呈：『議得；洞庭神，加封既已奏准。除幸
龍王加封再行太常礼儀院定擬外，拠蒙山神祠等，合准本院定擬褒封，宜
従都省，移咨本省，賜以廟額相応。具呈照詳。得此』。准擬都省，咨請
依上施行。准此」。省府除外，今開前去，合下仰照験，依上施行。須議
箚付者。

徽州路申汪王神加封：「本姓王氏，名華。於隋開皇年間，習武事，以
勇侠聞。後為唐臣，授左衛白渠府統軍，薨于長安。郡人懐其功徳，
立廟以時享祭。凡有水旱疾疫，随禱輒応。宋封昭忠広仁武神英聖
王」。太常礼儀院議得：「渉宋以来，屡加封号，八字王爵，已極尊崇。
今江浙行省請改錫嘉名。若准所請，改封昭忠　広仁武烈霊顕王」。
右箚付徽州路総管府。准此。

　　回回字訳書

　　蒙古字訳書

　　諸神加封　　印

泰定三年七月二十一日　　　押

　　　段天祐

　背批　回回字訳

　　　蒙古字訳

聖旨：改封昭忠広仁武烈霊顕王

【語註】

火児赤答失蛮～直省舎人捏迭干等，旭邁傑右丞相等：『水利集』（『浙西水利議答

録』）巻一「泰定元年十月中書省箚付」，「泰定元年十一月江浙行省箚付開挑呉松江」により，泰定元年十月十九日，二十五日のケシク，中書省のメンバーを復元するならば，火児赤：答失蛮，速古児赤：阿散火者，哈只火者，阿児思蘭出，月魯帖木児，伯要兀歹，怯烈該，鎖禿，宝児赤：兀奴忽，阿散，禿忽魯／旭邁傑右丞相，倒剌沙左丞相，禿満迭児平章，兀伯都剌平章，張［珪］平章，乃馬歹平章，善僧右丞，瀮皮左丞，枀枀参政，楊［庭玉］参政，章吉帖木児尚書，脱亦納参議，塔剌海参議，馬驢郎中，李家奴郎中，脱脱員外郎，忙兀歹都事，客省使欽察歹，直省舎人捏迭干，蒙古必闍赤脱脱木児となる。ケシクの殿中桑哥失里，給事中八里歹，中書省の岳実朮郎中が新たに見えるメンバーである。**洞庭廟**：『宋会要輯稿』第二十冊「礼二十」《洞庭湖神祠》“在岳州巴陵県唐天祐二年，封利渉侯。晋天福二年，封霊済公。宋真宗大中祥符八年三月，詔入高班王承信重修廟宇。承信言合用土已移文本州掘取。帝慮其擾人，詔並以係省銭充用。哲宗元祐二年，賜廟額「安済」”，『弘治岳州府志』「祠廟志」《湖山神祠》“洞庭湖君山神之祠也。在府治南白鶴寺前山旧過松亭址下。二神原各有廟，在君山暨金沙堆之上。歴代襃封洞庭曰利渉侯，曰霊済公，曰忠恵龍王，賜廟額曰「安済」。君山曰淵徳侯，賜廟額曰「順済」。我国朝洪武初節奉詔革去前代封号……”。なお，巻二「紀述志」《知府唐庸請復湖山神祭状》にも歴代の加封について詳細な記事が載る。『嘉靖常徳府志』巻一〇「祠祀志・廟宇」《洪沾水神廟》に“県東一百八十里，洞庭湖西洪沾州上。里人相伝云祀漢柳毅。廟側亦有柳毅井。凡舟楫往来過湖者，輒乞霊焉”というように，「柳毅伝書」の伝承ともむすびつけられている。**蒙山神**：『斉乗』巻一「山川・益都山」《龜蒙二山》“龜山下有古顓臾城，山前玉虚宮，唐仙人賈神翁所建，有英烈昭済恵民王祠，即顓臾也”，巻四「古跡・亭館上」《昭済王廟》“費県蒙山。神宗熙寧八年，賜額霊顕廟，封潜応侯。元祐七年，進封公。大観二年，封昭済王。政和五年，封昭済恵民王”。『光緒費県志』巻五下「祀典神祇廟宇」《古蒙神祠》，《顓臾王廟》，同巻十四下「金石下」《熙寧残牒石刻》参照。**塩池土神**：『宋会要輯稿』第二十冊「礼二十」《山川祠》“真宗景徳二年九月，解州上言：両地左右祠廟請易題榜，詔取図経所載者賜額。遂改解県池龍廟額曰「豊宝」，安邑曰「資宝」……”，《塩池神祠》“在解県。旧号霊慶廟。徽宗崇寧四年閏二月，賜額顕慶。大観元年正月，封博利侯。閏十月，加封広恵公。二年，封宝源王。一，河東解州安吉県定戍塞塩池神祠。徽宗崇寧四年十二月賜額宝既”。『成化山西通志』巻五「祠廟」“塩池神廟在安邑県西南二十里路村塩池北岸。唐大暦創

建，元至元，皇慶，延祐間累脩，勅学士王緯撰記。歴代累賜封号。大徳三年加封
池神，東為永沢資宝王，西為広済恵康王"。彭蠡龍王：『事林広記』前集巻六「仙
境類」《五湖大神》"彭蠡湖水神廟在南康軍湖周回四百五十里"，『事実類苑』巻四
九「彭蠡湖神」"張泊嘗渉彭蠡湖，一夕夢古衣冠侯之礼甚恭，且言居止在側，他
日願為整葺。泊既寤，訪於舟人云，湖畔有左蠡里祠，至則神像如夢中所見。泊帰
中朝参大政，至道中里民将葺廟。廟側有人，夢神云：自有人治之，汝不當。因遣
人崇飾，呉儆為記"。広恵廟神：祠山広恵廟，すなわち正祐聖烈昭徳昌福崇仁輔
順真君の祠を指す。『新編連相捜神広記』（元刊本）後集「祠山張大帝」"祠山聖
烈真君，姓張，諱渤。字伯奇。武陵龍陽人也……"。周秉秀纂・梅応発続輯『祠
山事要指掌集』（中国国家図書館蔵宣徳八年閩藩胡広重刊本），『祠山志』（京都大学
人文科学研究所蔵光緒十二年刊本）の専志がある[85]。鳳州土神：『隴右金石録』「宣
霊王廟碑在徽縣鳳山。今存。」"徽州古河池也。旧為鳳州属邑。大元混一区宇，更
置郡県，陞為徽州，距州之西，層巒之上，有古神廟，鳥革翬飛，規模壮観，前郡
守陳侯之所重建也。郡人以為州主，歳時祭祀尽礼，水旱疾癘，必於是禱焉。廟有
古碑，記神威霊……神之事跡見於図経。黄巣之乱，僖宗西幸，至白石鎮。有叟進
醪醴。上問其来。曰父子谷。因賜金帛，送至其谷。父子谷今在鳳州梁泉，東北有
廟在焉。蓋彼乃本廟，此則行祠也。宋宣和中，初賜侯爵，曰中護侯，曰中嗣侯。
自時厥後，凡有禱祈，應如影響。敕賜霊威廟額，屢荐加封，至於王爵，曰昭顕孚
佑忠応宣霊王，曰頗恵協済衍慶嗣利王。父子並列祀典"。幸龍王：『大明一統志』
巻五七「瑞州府」"幸龍王潭，在府治西五里。世伝唐幸南容為祭酒，托跡汴都，
嘗致書於郷人曰「城北門数里有潭，傍有古木，即吾家也。叩之必応」。持書者如
所戒，果有二童子出，俄一丈夫継之，宛如汴都所見。邑人異之，為立廟歳旱，禱
雨輒応"。『正徳瑞州府志』巻一「山川」《幸龍王潭》"在龍王祠下。深不可測。謁
者毎以詩及楮幣投之。遇旱禱雨，其応如響"，巻四「祠廟」《龍王廟》"在県西北
五里。祀龍王幸潭也。廟曰顕済。潭本州人。按唐允功記，載幸潭事。極霊異。歳
旱禱輒応。後加封為福応公"。照験：『史学指南』巻二「結句」"謂証明其事也"。
回回字訳書・蒙古字訳書：「范文正公義荘義学蠲免科役省拠」碑，「兗国公廟中書
省禁約」碑すなわち至元二十七年の江淮等処行尚書省の出給文，大徳十一年十月
中書省の榜文[86]，カラ・ホト出土のM1・0297［F116：W566］（甘粛等処行中書省
のエチナ路総管府への箚付）[87]等からすると，アラビア文字ペルシア語とパクパ字
モンゴル語の添え書きで「諸神加封」と書かれていたのだろう。ただし，中書省，

甘粛等処行中書省のイズィナ路総管府への劄付の中には，F116：W544，M1・0213［F116：W556/1730］，M1・0298［F116：W565］，M1・0215［84H・F116：W582/1756］，M1・0924，M1・0925のように，ペルシア語，ウイグル文字モンゴル語による添え書きの場合もある[88]。もとより中書省，行省等の官僚，路のダルガがムスリムである場合を考慮した書式だが，とうじペルシア語は，モンゴル語と同様国際的な公用語であった。**段天祐**：字は吉甫。汴梁蘭陵の人。泰定元年の進士。宋褧の『燕石集』巻九「江浙省照磨段吉甫，於予為同年友。至順癸酉会于呉門。今春書来寄近詩十余首……」とあるまさにその人。のち至正年間に江浙儒学提挙となる。**背批**：『永楽大典』巻一九四二五に引く『大元通制』には，"皇慶二年十二月<u>嶺北省</u>咨；「往来使臣官員，通政院，兵部凡給別<u>里哥</u>文字，倶於沿路<u>脱脱禾孫</u>処納訖。致使往来和寧，本省無憑可照正従鋪馬分例。今後通政院，兵部応給別里哥明白標写，直至<u>和寧</u>繳納，庶革情弊」。兵部議得；宜准行省所擬。今後通政院，兵部，応給別［里］哥，■和寧路繳納，沿路経過脱脱禾孫弁験無偽，背批相同，庶革詐冒"とある。文書を内側に折りたたんだ状態で（つまり文書の背面に），その文書の内容がわかるように，標題を，ここでは「聖旨：改封昭忠広仁武烈霊顕王」と，ペルシア語，パクパ字モンゴル語，漢文の三通りに書きつけ，官印を押したものと考えられる。『元典章』巻十四「吏部八・公規」《案牘》【用蒙古字標写事目】参照。背批の実例は，管見の限り報告されていない。

【日本語訳】

(D)

　　　　江浙行省が中書省に裁決を仰ぎ，泰定三年八月に回答を奉り（徽州路総
　　　　管府に）発令した劄付の全文
　　　皇帝の聖旨の裏<ruby>裏<rt>うち</rt></ruby>に：江浙等処行中書省が准けた
　　　　　中書省の咨文に：「泰定二年四月二十三日，撒児蛮怯薛<ruby>撒児蛮怯薛<rt>サルバンケシク</rt></ruby>の第三日，
　　　　慈仁殿の後ろの鹿頂殿の裏に有る時分に，火児赤<ruby>火児赤<rt>コルチ</rt></ruby>の答失蛮<ruby>答失蛮<rt>ダシュマン</rt></ruby>，速古児赤<ruby>速古児赤<rt>シュクルチ</rt></ruby>の阿<ruby>阿<rt>ア</rt></ruby>
　　　児思蘭出<ruby>児思蘭出<rt>ルスランチュ</rt></ruby>，宝児赤<ruby>宝児赤<rt>バウルチ</rt></ruby>の阿撒<ruby>阿撒<rt>ハサン</rt></ruby>，禿忽魯<ruby>禿忽魯<rt>トゥグルク</rt></ruby>，殿中の桑哥失里<ruby>桑哥失里<rt>サンガシリ</rt></ruby>，給事中の八里<ruby>八里<rt>バ</rt></ruby>ヲ<ruby>ヲ<rt>アリダイ</rt></ruby>等
　　　が有っ来。倒刺沙左丞相，潑皮右丞，楊参政，搭剌海<ruby>搭剌海<rt>ダラカイ</rt></ruby>参議，岳実尤郎<ruby>尤郎<rt>ダウラトシャー</rt></ruby>
　　　中，脱脱<ruby>脱脱<rt>トクト</rt></ruby>員外郎，忙兀<ruby>忙兀<rt>マングタイ</rt></ruby>ヲ都事，直省舎人捏迭干<ruby>捏迭干<rt>ネテケン</rt></ruby>等が奏過せる下項の事理
　　　は，旭邁傑<ruby>旭邁傑<rt>フメケイ</rt></ruby>右丞相等衆人和商量<ruby>商量<rt>とそうだん</rt></ruby>し了<ruby>了<rt>て</rt></ruby>奏上したので有る。一件に：湖広，
　　　江西，江浙，陝西等処行省の官人毎<ruby>毎<rt>ノヤンたち</rt></ruby>，山東宣慰司，河東，陝西等転運使

司の官人毎は、各 他毎の所轄の路・府・州・県の文書を備し着，
俺 根 底 文書を与え将って来た。『他毎の所轄的地面の裏の洞庭廟 [神]，
蒙山神，塩池の土神，彭蠡 [湖] の龍王，汪王神，広恵廟の神，鳳州の
土神の名字的神祇は官民の勾当の裏に於いて，済限に護佑霊験が有るの
で有る。他毎根底名号を封ぜられよ』慶道，文書を与え将って来的上頭，
礼部，太常礼儀院の官人毎を教て定擬させた呵，他毎は典故に依っ着，
合に加封すべき的は加封し，合に改封すべき的は改封し，合に剝封すべ
き的は剝封し，各 另に明白に定擬し了ので有る。俺は商量し来。

『世祖皇帝以来，名号を封ずる的は曽て題せず。如今民を済うのに霊験が有
ると説うので有る。他毎が定擬して来たのに依っ着，封じさ交た呵，
怎生か？』と奏した呵，奉じたる

聖 旨に『那般者』。此ヲ欽シメ，（とあった）。送って拠けた礼部の呈に
『討議しましたところ，洞庭神は，加封をすでに上奏して許されており
ます。幸龍王の加封を再度太常礼儀院に文書を下して定擬させるのはも
とより，蒙山神祠等につきましては，本院が案を擬しました襃封をご承
認いただき，都省のほうから本省に咨文を移し，廟額を賜るのが適当か
と存じます。具呈ス照詳アレ。此ヲ得ラレヨ』（とあった）。擬を准けて
都省は咨文を送って請う。上記のとおり施行されるように。此ヲ准ケラ
レヨ』（とあった）。省府はもとよりながら，今，（中書省の咨文を）開読
しに行かせるので，ただちに仰ぎ確認し，上記のとおり施行するように。
以上の文書は必要なればこそ箚付するものである。

徽州路が汪王神の加封を上申していうことには，「本姓は汪氏，名は
華，隋の開皇年間に武芸を習い，勇俠をもって名をとどろかせまし
た。後に唐王朝の臣下となって，左衛白渠府統軍を授けられ，長安
にて逝去いたしました。郡の人々がかれの功徳を懐って，廟を立て
て定期的にお祭りを奉じて参りました。およそ水害，日照り，流行
やまいのときには，祭祀祈禱を行えばただちに霊験をもって応えら
れました。宋朝は，昭忠広仁武神英聖王に封じました」と。太常礼
儀院が討議して，「宋代以降，しばしば加封しており，八字の王爵
は，すでに尊崇の限りを極めております。今，江浙行省が嘉名を改
めて賜わりますようにと，申請してきています。若し請願をお認め

になられるならば，昭忠広仁武烈霊顕王に改封されるがよろしいか
と存じます」（といってきた）

　　右，徽州路総管府に箚付する。此ヲ准ケヨ。

　　ペルシア語の添え書き

　　モンゴル語の添え書き

　　諸神の加封　　印

　泰定三年七月二十一日　　　押

　　　　　　段天祐

　　背批　ペルシア語による標題

　　　　　モンゴル語による標題

聖旨：「昭忠広仁武烈霊顕王に改封す」

【原文】

(E)

　　　　申請〇

徽州路元統二年拠耆老汪宗宝等状告：「竊照；本路土神，亡宋錫封忠烈廟
昭忠広仁武英聖王汪氏諱華，歙州人，生有神霊，長而驍勇，因隋末所在人
不聊生，王護境内以安。武徳四年尽籍土地兵民納款于唐。高祖嘉之，詔授
持節総管宣杭睦婺饒六州諸軍事，歙州刺史，上柱国，封越国公，食邑三千
戸。次年朝于京，授左衛白渠府統軍忠武将軍，行右衛，積福府折衝都尉。
太宗征遼東，詔為九宮留守。比還称其忠勤。王娶銭氏，唐功臣之女。諸子
皆仕於朝，名載史冊，告命倶存。薨于長安，唐朝優礼，迎葬歙北七里雲郎
山。按祀法；『法施於民則祀之，以労定国則祀之，能禦大菑則祀之，能捍
大患則祀之』。郡人懐其功徳，立祀於烏聊山，歳時祭祀，随禱輒応。帰附
聖朝，陰相官軍，削平寇盗，霊異昭著，血食此邦七百余載。凡有水旱，疾疫，
蟲蝗，禳除消弭，官民得安，委実有功於民，有益於国。節次以事実申聞，
乞賜敷奏特賜褒封。泰定三年八月二十日申奉到

江浙等処行中書省箚付該：〔准中書省咨：【奏奉

聖旨：『改封昭忠広仁武烈霊顕王』】〕。切照；江東道信州路自鳴山神，広徳路
　張真君倶奉

聖朝嘉封，賜以

聖旨。今本路昭忠広仁武烈霊顕王，如蒙一体頒降
宣命，庶彰神霊下慰民望」。申奉
　省府箚付：「移准
　中書省咨該：［古昔聖帝明王，忠臣烈士，果有功徳於民，載在祀典，若応
　致祭加封者，従文資官覈実功烈，廉訪自体察無異，就連的本・牒文，方許
　申請］。仰依上施行。奉此」。移准本路達魯花赤郡釈鑑亜中関：「竊謂；敬
　神以安民，乃古今通典，詢於士庶，考之典籍，咸以土神汪王，姓汪氏，名
　華，篤生於隋，顕跡於唐，生有異功，歿有盛徳，慕化款忠，佑民錫福。武
　徳四年九月二十二日封越国公。貞観二年四月初五日授左衛白渠府統軍，宋
　追封霊恵公，廟号忠顕，後累封至八字王。宝祐六年正月十一日更封昭忠広
　仁顕聖英烈王。徳祐元年四月二十三日特封昭忠広仁武神英聖王，改賜忠烈
　廟額。見有歴代誥命可考。泰定三年八月二十日欽奉
聖旨：『改封昭忠広仁武烈霊顕王』。旌賞褒封，歴代有之。況今歳時有禱必応，
　郡庶頼以康寧，斯神之霊，益民之務，當職忝居牧守，奚惜於言。所覈是実
　保結。関請照験。准此」。当年十月蒙
　江東建康道粛政廉訪司徽・広等処分司僉事朶児只班中議，書吏伯也（忽）
　［忽］台，巡按到路府司，備坐牒呈廉訪分司照詳。元統三年三月十一日回
　承牒文該：「照得；本路土神汪華，既已備申上司，於泰定三年八月奏奉
聖旨：『改封昭忠広仁武烈顕王』。爵体実相同，牒可照験。所拠頒降
宣命一節，就申合干上司，依例施行。承此」。将廉訪分司体覆的本，牒文，
　繳連備申
　江浙等処分中書省照詳。至正二年三月二十五日回奉省府箚付：「准
　中書省咨該：［送礼部呈：『議得；江浙省咨：《徽州路汪王神，載在祀典》，太
　常礼儀院改封昭忠広仁武烈霊顕王，已蒙都省奏准，移咨本省，欽依去訖。
　今次比例所索詞頭，
宣命，翰林院選到草稿，粘連在前，擬合
　頒降相応。如蒙准呈，宜従都省，移咨本省，照会本部，依上施行。具呈照
　詳。得此』。
　除已
　頒降
宣命外，都省合行回咨請照験，依上施行。准此］。省府

合下仰照験，依上施行」。

【語註】

祀法：『礼記註疏』巻四六「祭法」"夫聖王之制祭祀也，法施於民則祀之，以死勤事則祀之，以勞定國則祀之，能禦大菑則祀之，能捍大患則祀之"。**帰附聖朝**：『新安文献志』巻八五方回「饒州路治中汪公元圭墓誌銘」"至元十三年丙子正月十九日，杭旧大臣納国土于大元，二十五日徽州帰附"。『済美録』巻一「建立鄭令君廟榜」"郷先生故歙県尹鄭公諱安，方国家平定江南之初，至元十三年宋亡。当年二月，寧国万戸張公［杲］帥師入徽。都統李銓以城降，尽易置吏守之。五月，行中書省遣忽都䚟総管，調李銓副将李世達，往戍瓜洲，道経績渓，殺死忽都䚟総管，還拠城守，尽殺所置吏王同知等。六月，唐鄧招討使孛朮魯公［敬］帥衆来攻李世達，以千戸潘興兵，拒戦境上，世達敗而走。招討駐兵昱嶺関，以観逆順，且将屠城。令以城民危急，纓冠杖策，伏謁軍門力言；為乱者李世達，既敗走，民争具金帛牛酒以迎。将軍殺之不祥。招討許之，按兵而入，民由是得免於死。遂署令知歙県事。招諭百姓復業，歙邑又承喪乱之後，一以静理之居，三年邑大治。民争詣府，請留府上，其事祇受勅牒従仕郎歙県尹，以老不復仕"（ちなみに李銓とともに，大元ウルスに投降した節制徽州軍馬の王積翁こそ，のち至元二十一年，クビライの命によって慶元から日本へ向かう途中殺された使者である），劉舒俠「元代姚天福神道碑校点注釈」（『文物季刊』1993-2 pp. 84-96），『山西碑碣』（山西省考古研究所　山西人民出版社　1997年 pp. 294-303）「姚天福碑」"十六年，除淮西按察使。江南方内附，民未安，蘄，黄，宣，饒，徽，婺等路，或相挺為盗，輒起兵誅之，而大掠其傍郡。淮西之地，故宋宿将家多在焉。而守将毎造事称警，輒屠略之，或使人奪良家子女，託為俘獲……"。**江東道信州路自鳴山神**：『弘治徽州府志』巻五「祠廟」《孚恵廟》"在城東門外，本出信州，相伝謂神為石敬純，乃東晋時，前趙之従子，為父報仇，山為鳴震，故信人祠之。宋時封至八字王。元至大三年改封明仁広孝翊化真君"。詳細は『清容居士集』巻二〇「信州自鳴山加封記」参照。**巡按到路府司**：江南各道の粛政廉訪司では，大徳三年以降，農繁期を避けた九月初頭から四月初頭までの八ヶ月間[89]（往復の旅程にそれぞれ一ヶ月を見込む），粛政廉訪司の上路の官庁に正使二員が常駐，のこりの副使以下のメンバーは所轄の中路，下路の分司に出向し管轄区域を巡回視察，さまざまな陳情を受け付ける。官庁に帰還後，四ヶ月のうちに上奏すべき案件をまとめ，正官一員が江南行台に赴く。『元

典章』巻六「台綱二」《按治》【察司巡按事理】，【廉訪司巡安月日】。江東建康道粛政廉訪司の官庁は寧国路にあり，江南行台は建康路（のちの集慶路）にある。徽州路の分司の建物は，のち明の徽州府経歴司が使用した。**徽州路汪王神，載在祀典**：『宋会要輯稿』第十九冊「礼二十」《汪越国公祠》"在<u>寧国府徽州歙県烏聊山</u>。<u>唐宣歙</u>等州総管<u>越国公汪華</u>。真宗大中祥符（二）［三］年三月，本州以<u>唐越国公汪華</u>誥二通来上，詔加公封<u>霊恵公</u>廟額。即<u>華神</u>。郡人立祠<u>烏聊山</u>上。<u>徽宗政和四年二月賜額</u><u>忠顕</u>"。

【日本語訳】

(E)

　　　　申請○

　　徽州路が元統二年に拠けた耆老の汪宗宝等の状告に「竊かに照らしあわせてみましたところ；本路の土着の神様で，さきに亡んだ宋朝が忠烈廟，昭忠広仁武英聖王の封号を賜いました汪氏，諱は華，は，歙州の人で，誕生のさいには凡人とはことなる不思議な現象があり，成長しては傑出した勇猛ぶりを示しました。隋末の世にここかしこの人々が生活のすべをなくしたので，王は境域内を護り鎮めました。武徳四年に，土地，兵民をすべて帳簿に記し，唐朝に服属を申しいれると，高祖はこれを嘉して，詔によって持節総管宣杭睦婺饒六州諸軍事，歙州刺史，上柱国を授け，越国公に封じ，三千戸の所領地を与えたのでした。翌年，みやこに参内し，左衛白渠府統軍忠武将軍，行右衛，積福府折衝都尉を授けられました。太宗が遼東を征伐したさいには，詔によって九宮留守となし，帰還されると，その忠勤をお称えになりました。王は銭氏——唐の功臣のむすめを娶り，諸子はみな朝廷に仕えました。王の名は史書に記載があり，告命はいずれも現存しております。長安にて身罷ると，唐朝は特に手厚く礼を施され，歙県の北七里の雲郎山に霊柩を迎え埋葬いたしました。『礼記』の「祭法」には，『法ヲ民ニ於イテ施セバ則チ之ヲ祀リ，労ヲ以テ国ヲ定メレバ則チ之ヲ祀リ，能ク大菑ヲ禦ゲバ則チ之ヲ祀リ，能ク大患ヲ捍ゲバ則チ之ヲ祀ル』とあります。郡の人々は王の功徳を懐い，烏聊山に祠を建て，四季折々に祭祀を行い，祈禱いたしますたびに直ぐに霊験をお示しいただきました。

聖なるモンゴル朝に帰附すると，官軍を陰から支え，外敵，盗賊の勢いをそ
ぎ平らげ，霊異は明らかに照り輝き，この邦に子孫の祭祀を享けること七
百余年になります。およそ水害，旱魃，えやみ，蝗の幼虫は，駆除の御祓
いをすると潰え止んで，官民ともに安穏としていられます。まことに人々
のために功績があり，国のために益をもたらしております。逐次，事実を
申し上げ，お取次ぎ上奏あそばされまして，褒封を特賜いただけますよ
う，お願い申し上げました。泰定三年八月二十日に，上申の結果，奉った江
浙等処行中書省の箚付の節略には［准けた中書省の咨に：【奏上して奉じ
た
聖旨に『昭忠広仁武烈霊顕王に改封す』】］とありました。切かに照らしあ
わせてみたところ；江東道信州路の自鳴山の神，広徳路の張真君はともに
聖なるモンゴル朝の嘉封を奉り，
聖旨を賜っております。今，本路の昭忠広仁武烈霊顕王が，もし，同様に
宣命を頒降していただくことができましたならば，神の御霊を顕彰し，人々
の願いをいたわり安心させることになりましょう」（とあった）。上申して
奉じた
省府の箚付には，「移して准けた
中書省の咨の節略に『古代，いにしえの聖帝，明王，忠臣，烈士のうち，
たしかに人々に功徳があり，祀典に載っているもので，もし，祭祀を行い
加封したほうがよいものについては，資品をもつ正式な文官が，てがらが
本当かどうか調べ，廉訪司が自ら相違ないかを検証し，原本，牒文一式を
添えてはじめて申請を許す』とあった。拝領して上記のとおり施行するよ
うに。此ヲ奉ゼヨ」とあった。移して准けた本路のダルガ郊釈鑑亜中大夫
の関には「竊かにおもうに；神を敬い人々に安らかな生活をおくらせるの
は，古今を通じてのならわしなので，士や庶人に意見を聞き，典籍を調べ
てみると，いずれも地方神汪王について『姓は汪氏，名は華，は，隋の世
に生まれて天の手厚き恵みを一身に受け，唐の世に輝かしい足跡をのこし
た。生前は際立った功績があり，没後はりっぱな徳をたたえられた。唐の
徳を慕って帰化し心から忠臣となり，人々を助けて幸いを齎した。武徳四
年九月二十二日に越国公に封じられ，貞観二年四月初五日に左衛白渠府統
軍を授かった。宋朝は霊恵公を追封し，廟号を忠顕とし，のち封号を重ね

て八字の王号にいたった。宝祐六年正月十一日には昭忠広仁顕聖英烈王に更封となり，徳祐元年四月二十三日には，昭忠広仁武神英聖王を特封され，忠烈廟の額を改めて賜わった』とのこと。歴代の誥命が現存しており考証することができる。泰定三年八月二十日に欽しんで奉った

聖旨に『昭忠広仁武烈霊顕王に改封す』とあった。旌賞，褒封が歴代なされてきたし，ましてや今，四季折々に祈禱をいたすと必ず霊験をお示しになり，郡の人々はお陰で安寧な暮らしを送っている。この神の御霊の，人々のために果たされる働きは，當職（郊釈鑑）は忝けなくもこの地の長官を務めさせていただいているが，どうして言葉を惜しもうか。調べた内容が真実であることを保証，署する。関シテ請ウ照験アレ。此ヲ准ケラレヨ」とあった。当年十月，

江東建康道粛政廉訪司の徽・広等処分司の僉事である朶児只班中議，書吏の伯也忽台が巡回按察して徽州路の総管府の官庁に来到したので，牒呈を悉く並べ附して廉訪司の分司に審査を依頼した。元統三年三月十一日に返答として承けた牒文の節略に「照らしあわせて調べたところ；本路の土着の神様汪華は，すでに上司に備申し，泰定三年八月に，上奏して『改封昭忠広仁武烈顕王』との

聖旨を奉っております。爵位と実体は正真正銘合致しており，牒は事実であると証明することができます。

宣命を頒降されたい，という一節については，ただちに関係の上司に申請し，きまりどおりに施行されますよう。此ヲ承ケラレヨ」とあった。この廉訪司の分司が再検証した調書の原本，牒文一切を附して

江浙等処行中書省に裁決を備申した。至正二年三月二十五日に返答として奉った

省府の箚付に：「准けた

中書省の咨の節略に：［送って（拠けた）礼部の呈に『討議しましたところ；江浙行省の咨に《徽州路の汪王神は，祀典に載っております》といい，太常礼儀院が昭忠広仁武烈霊顕王に改封する案を出し，すでに都省が奏上して許可をいただき，本省に咨文を移し，欽しんで依拠して通知し終わっております。このたびならわしどおり求められました詔勅の撰文用の摘要，宣命は，翰林院が選ぶにいたりました草稿を前に貼り付けて提出いたします

ので，この案どおり頒降されるのが適当かと存じます。もし呈文をお認め
いただけますならば，都省のほうから本省に咨文をお移しになって，本部
に照会し，上述のとおり施行せられるがよろしいかと存じます。具呈ス照
詳アレ。此ヲ得ラレヨ』（といってきた）。すでに
宣命を頒降したのはもちろんのことながら，都省は必要な手続きとして返答
の咨文を送るので，確認したうえで，上記のとおり施行するように。此ヲ
准ケヨ」と。省府はただちに拝領して確認した。上記のとおり施行するよ
うに」（とあった）。

【原文】

(F)

　　　　　欽録全文

上天眷命

皇帝聖旨。礼不忘其初，祀典蓋明於報施，爵以馭其貴，国恩何間於顕幽。況
　神於六州之民，其功宜百世之祀。徽州路忠烈廟昭忠広仁武神英聖王，生而
　先幾之知，没而及物之仁，有感遂通，無遠弗届，箕風畢雨，陰陽聴其翕張，
　黟水歙山，春秋安其耕鑿，蓋聡明正直而一者，故水旱疾疫必禱焉。爰易顕
　称，庸光休烈，尚其体茲敬共明神之意，庶無忘夫陰隲下民之功。式克顧歆，
　以承茂渥，可改封昭忠広仁武烈霊顕王。主者施行。

　　　　　至正元年閏五月　　　日

　　　　　　　　宝

【語註】

欽録全文：五岳や孔子，孟子の加封の詔の碑刻をみればあきらかなように，正本
はパクパ字で漢語を音写したものだから，副本からの移録である[90]。**礼不忘其
初**：『礼記註疏』巻七「檀弓上」"大公封於営丘，比及五世，皆反葬於周。君子曰
「楽楽其所自生。礼不忘其本」。古之人有言曰「狐死正丘首，仁也」。**報施**：『礼
記註疏』巻三八「楽記」"楽也者，施也。礼也者，報也。楽楽其所自生，而礼反
其所自始。楽章徳，礼報情，反始也"。**爵以馭其貴**：『周礼注疏』巻二「大宰」
"以八柄詔王馭群臣。一曰爵以馭其貴。二曰禄以馭其富。三曰予以馭其幸。四曰
置以馭其行。五曰生以馭其福。六曰奪以馭其貧。七曰廃以馭其罪。八曰誅以馭其

過”。**先幾之知**：『周易註疏』巻十二「繋辞下」“子曰「知幾其神乎，君子上交不諂，下交不瀆，其知幾乎」”。**孔穎達疏**：“知幾之人，既知其始，又知其末，是合於神道。故為万夫所瞻望也。万夫挙大略而言。若知幾合神，則為天下之主，何直只云万夫而已。此「知幾其神乎」者也”。**箕風畢雨**：『尚書注疏』巻十一「洪範」“庶民惟星，星有好風，星有好雨”**孔伝**：“箕星好風，畢星好雨，亦民所好……月経於箕則多風，離於畢則多雨”。『事林広記』（和刻本）甲集巻一「箕畢風雨図」。
陰陽：『史記』巻二七「天官書」“行南北河，以陰陽言，旱水兵喪”**張守節正義**：“南河三星，北河三星，若月行北河以陰，則水，兵，南河以陽，則旱，喪也”。

【日本語訳】

(F)

　　　　　　欽しんで抄録した詔の全文

　　上天から目をかけ命をくだされた

　　皇帝の聖旨（カアン　ジャルリク）：礼はその根源を忘れないことを旨とするので，祭祀儀礼の規範書はおそらく神の恵みに報い表彰を施すことに明るいのだろう。爵はその高貴な群臣を統治する手段であり，天子の恩寵は幽隠の人を高官に取りたてることをどうしてなおざりにしようか。ましてや六州の人々に霊妙なはたらきを施しているとなれば，その功績はのち百代までの祭祀を享けてよいものだろう。徽州路の忠烈廟，昭忠広仁武神英聖王は，生前は物事の兆しだけで誰よりも先に将来をそれと察知し，没後は万物に仁愛の御心をもって恩沢を恵みたまい，霊験は広く満ちゆきわたり，遠くとも届かないことはない。箕，畢の二星が掌る大風，多雨は，北河星，南河星がその収斂，弛緩を定めるが，黟県の河，歙県の山にあっては，春も秋もその耕作，井戸掘りを恙無く行ってきた。おそらくはかの神の耳目がさとく正しくて真っ直ぐ且つ一途な者だからで，それだからこそ水害，旱魃，えやみのときには必ず祈禱をしてきたのである。ここに今までの輝かしい称号を改め，りっぱな手柄をよりひろく照らして，このあらたかな神を恭しく敬うこころをその身で体感したいとねがい，かの神の人知れず善行を施す功徳を忘れることがないよう望むのである。ああ，じゅうぶんに神が気にかけ供え物をお受けになり，厚い恩沢を授けてくださるよう，昭忠広仁武烈霊顕王に改封するのがよかろう。責任者は施行せよ。

至正元年閏五月　　　日
　　　　　　宝

2）解　説

　至大二年（1309），徽州路総管府は，池州路総管府の判官汪某（十中八九，新安の汪氏一族だろう），歙県の耆老の王応和等の一団，歙県の儒学の陳情を受けた。徽州路総管府の構成員は，『忠烈紀実』巻七下「駆蝗祈謝文」からすれば，おそらく郡侯（ダルガ）嘉議大夫万_{ヴァンド}奴，総管太中大夫李賢翼，同知奉政大夫木八剌⁽⁹¹⁾，治中奉議大夫八札_{バジャ}，判官忠顕校尉百寿，推官承務郎于鵬，経歴承務郎穎械，知事将仕佐郎陳槃等。かれらは念のために歙県の尹に照会し，陳情書の内容に相違がないか調べさせた。歙県の役所は，忠烈廟の住持の張永皈が参考資料として提出した唐代の告身，歴代の誥命，碑記の拓本，郯升卿・胡立忠の『忠烈紀実』を逐一チェックした。

　ちなみに，広徳路の総管府が至元十八年（1281）閏八月，民戸許文彬等326人による祠山広恵廟張大帝への加封の陳情書を受け取ったさいには，そのまま江東道宣慰司（大徳三年に廃止された）に上申したところ，廟の伝記の有無を確かめ，併せて関連の文書によって累朝の加封の真偽を調べ，保証書を書くようにと，いったんつき返された。総管府は，県司に命じて広恵廟の住持等が提出した参考資料すなわち竹冊文一道，誥命二十九道，御書一軸，省箚一道，碑記九本，事実文集三冊（『祠山事要指掌集』二冊三山周秉秀編集，『広恵顕応集』一冊皇甫誕記）を審査させ，あらためて住持の状呈文と資料一式の副本を添えて，至元二十一年閏五月江東道宣慰司に再送付し，そこから江淮等処行中書省に"抄連具呈"してもらった。行省は杭州路の儒学に再度審査させたあと，至元二十二年に中書省へ咨文をおくった⁽⁹²⁾。

　これからすると，忠烈廟の張永皈も状呈文を書いているにちがいない。どうせ『翰墨全書』の類のマニュアルを使用して書いたことだろうから，ここに「広恵廟住持羊読等取勘累朝詔勅文憑状」を参照して復元してみるならば，

　　歙県忠烈廟　王
　　　今呈：承奉　歙県行下依奉　総管府指揮：「奉到上司箚付該：照勘忠烈事
　　　実，歴代伝記，累朝加封，合照文憑，保結申来事」。奉此。永皈等照得；

本廟旧有累朝誥勅文憑数多，（因経大勢散漫，）今将見存誥勅，冊文，省箚，碑記，事実文集呈解，見到併開具今廟神聖元受歴代国家封号於後。永飯等保結是実，伏乞照験，乞賜転申

上司照詳施行。須至呈者。

　一．今呈

　　　　　唐封越国公告二道　　誥勅五十三道

　　　　　碑記■■本　　　　　事実文集■冊

　　　　唐封越国公告

　　　　　告身一道

　　　　　　武徳四年封為越国公

　　　　　告身一道

　　　　　　貞観二年授為左衛白渠府統軍

　　　　　［中略］

　　　　事実文集■冊

　　　　　新安忠烈廟神紀実■冊郯升卿編集

　　　　　新安忠烈廟神紀実■冊胡立忠続修

　　　　本廟神聖元受　　　国家封号

　　　　　［中略］

　　　右謹具

　　呈

　　　　至大二年　　月　　日呈

といった状呈文になろうか。

　歙県の報告を受けたうえで，徽州路総管府は，江浙行省に汪王神の改封の申請書類一式をスタッフの保証書を付けて送った。あるいは浙東建康道粛政廉訪司にもいったん書類を送付した可能性もある。文書Cには，末尾にずらりと並んでいたはずの総管府の官員の名とその署名，申請の年月日，宛先の部分が移録されていない。ために，「至大二年申請改封」なる標題はつけられているものの，じっさいのところ，はたしてそれがいつ送付されたかは不明とせざるを得ない。なお，江浙行省は，中書省に咨文を送る前に広恵廟と同様，江浙儒学提挙司やその管轄下の杭州路学等に審査をさせたと推測される。

しかし，このときの申請は，通らなかった。遅くとも皇慶年間には，中書省に達しているはずだが[93]，改封はなされなかった。ほんらい，至大三年十一月二十三日に発令されることになっていたが，事情により至大四年正月五日（公式記録では，武宗カイシャン崩御の三日前にあたるが，おそらくカイシャンは前年冬に既に暗殺され，アユルバルワダ，ダギ一党のクー・デタがすすめられているさなか）に出された「禋祀南郊詔」[94]の條画において，

一．岳鎮海瀆は已に加封を議し，使を遣わして祭を致す。其れ路，府，州，県の名山大川，聖帝明王，忠臣烈士の凡そ祀典に在る者は，各 事蹟を具して申聞すれば，次第に加封す。常祀は除するの外，主者施行し，厳として致祭を加えよ。廟宇の損壊は，官が修葺を為せ。

一．開国以来の，効節功臣は，封ずる所の分邑に，有司は祠を立て，以て時に祭を致すべし[95]。

と，はじめて地方神への加封について言及されており，チャンスが到来したはずではあった。祭祀については，歴代カアンの即位や改元の詔に付される條画の末尾のほうで必ず言及されてきたが，加封について明言したものはなかったのである[96]。大掛かりな事業を好んだカイシャンは，即位早々の孔子への加封をかわきりとして[97]，現在の北京の天壇，地壇のもとになる南郊，北郊の祭祀はもとより，曽巽申を大楽署丞に任命し，鹵簿の大典の整備にもとりかかっていた。

仁宗アユルバルワダ，英宗シディバラは，自身の詔の條画では，路，府，州，県の名山大川，聖帝明王，忠臣烈士の加封について謳わなかった[98]。成宗テムル以来の儒学の尊重は踏襲していたが，少なくとも『元史』によるかぎり，延祐五年七月に楚の三閭大夫屈原に忠節清烈公を，至治二年閏五月に諸葛亮に威烈忠武顕霊仁済王を加封しただけであった[99]。汪華の改封申請はこの間なんの進展もみせなかった。

カイシャン時代の路線をうけついだのは，じつは泰定帝イスン・テムルであった。『刑統賦疏』に引用される『通例』《保功》に，"至治四年正月に欽奉せる詔書の節該"として，"開国以来の，効節功臣は，封ずる所の分邑に，有司は祠を立て，以て時に祭を致すべし"と，カイシャンの「禋祀南郊詔」の條画とまったく同文が見えており，そのひとつ前の條画もおそらく同文であったことが推測されるからである。前年九月四日にケルレン河のチンギス・カンの大オルドにて即

位したイスン・テムルは，十一月一日にカイシャンの建設した中都に入り，仏事を執り行ったあと，同月十三日に大都へ到着し，諸王，百官の朝賀を受けた。二十五日には，さっそく曲阜に使者を派遣し孔子を祭り，同日遁甲五福神も祭った。十二月には海神天妃の祭祀を執り行わせるべく使者を派遣した。至治四年（1324）正月の詔とは，至治三年十二月の末に発令された改元の詔で，江南には至治四年すなわち泰定元年の正月に届いたものだろう。この聖旨の條画がとうじ汪王神の加封申請の根拠としてとりあげられたにちがいないことは，『忠烈紀実』巻十に収録される，のち至正五年に歙県の司が忠烈廟に与えた執照の中，住民の汪斎諭等の陳情書が加封の経緯について述べる部分において，同文を引用していることからも疑いない[(100)]【附4・(I)】。

　文書Dによれば，徽州路の陳情が，中書省の面々によってカアンに上奏されたのは，泰定二年（1325）四月二十三日のことであった。湖広行省は洞庭廟神の，江西行省は彭蠡湖の龍王の，江浙行省は汪王神，広恵廟神の，山東宣慰司は蒙山神の，河東，陝西等転運使司は塩池神の，陝西等処行中書省は鳳州神の加封，改封をそれぞれ申請してきていた。中書省は，いったん“神人封謚の法”を任務の一とする礼部[(101)]と“山川鬼神の祀典”を扱い封贈謚号を掌る太常礼儀院[(102)]に，各々の来歴を確認，適当な名号の案を提出させた。『宋会要』，『続宋会要』，『大金儀礼』等が参照されたものと思われる[(103)]。

　気になるのは，中書左丞相のダウラト・シャー等が“世祖皇帝以来，封名号的不曽題”ということである。厳密にいえば，至元十四年（1274）に回水窩の淵聖広源王，常山霊済昭応王，安丘霓泉霊霈侯に対して追封し[(104)]，翌至元十五年に，磁州の神で金朝のときに南岳のかわりに亜岳として封じられた崔府君を斉聖広佑王に封じている[(105)]。至元十八年十月には，山東東西道提刑按察司知事の張思誠が益都路を介して上申した結果，伯夷，叔斉にそれぞれ昭義清恵公，崇譲仁恵公が追封され[(106)]，至元二十一年，二十二年に衛輝路の小清河神，桑乾河神に加封している[(107)]。とくに，至元二十五年の南海明著天妃への加封は，『元史』巻七六「祭祀志」《名山大川忠臣義士之祠》にも取り上げられ，よく知られている[(108)]。成宗テムルにしても，元貞元年に崔府君の斉聖広佑王の称号へさらに「霊恵」の二字を加封し，その夫人にも褒号を与えたほか[(109)]，大徳三年二月，解州の塩池の二神，泉州の海神（南海明著天妃），浙西塩官州の海神，呉大夫伍員に加封しているのであり[(110)]，現に山西運城の塩池神廟には，大徳三年八月付けの勅封二碑

が今もなお立っている[111]。

　ただ，この文書Dでも言及され，既に例としてあげた祠山広恵廟は，至元二十二年に張大帝への加封申請が中書省に提出されていながら（江東道宣慰使朱清の上言をうけて至元三十年四月二十八日にオルジェイがクビライの聖旨を奉じて御香を捧げに詣でた以外には），そのご全く音沙汰なしだったのであった。現行の明刊本の『祠山事要指掌集』は，『顕応集』，『世家編年』，南宋嘉煕三年（1239）に周秉秀が編纂した『祠山事要指掌集』の三書（至元十二年に兵火で版木が焼失）をもとに，梅応発が元貞元年（1295）増輯，重刊したテキストがまずあり，それがまた大徳六年の廟の火災で焼失，延祐三年（1316），広徳路の総管府知事の沈天祐等が度々の霊異を顕彰するために再び重刊したテキストをほぼそのまま使用したもので，明初のデータが少し付け加えられている。延祐三年から大元最末期までのデータは全く追加されていない。『祠山志』は，趙孟頫の疏文が新たに付されているものの，単純にこの『祠山事要指掌集』に明清のデータを加えたものといってよく，したがってやはり延祐三年以降の大元時代の記録は欠けている。いずれにしても，少なくとも至元二十二年から延祐三年までの間に加封が為されなかったことは，確かである[112]。そもそも元貞元年，延祐三年の刊行自体，加封申請のための資料集づくりという目的，思惑が根底にあっただろう。

　また，文書Dによれば，泰定二年四月二十三日の時点では，洞庭湖の神への加封が既に決定していただけで，それ以外の蒙山神祠をはじめとする神々には，褒封の案は太常礼儀院から提出されていたが，まだ詔はくだされていなかった。あらたに申請がなされた幸龍王の名号にいたっては，案すら提出されていなかった。

　ところが，『元史』の本紀は，解州の塩池神の勅封を泰定元年の正月[113]，広徳路の祠山神張真君への加封を泰定元年二月のこと[114]，とする。

　後者については，『至順鎮江志』巻八「祀廟」《張王別廟，旧謂之広徳王廟》をみると，

　　開禧後，累封正佑聖烈昭徳昌福崇仁輔順真君……泰定二年，易封正佑聖烈普済昌福崇仁輔順真君。詰曰：「能禦大災，能捍大患，礼則祠之，日粛時雨，日又時暘，民之福也。雖神化之機莫測，而顕幽之理不殊。広徳路祠山広恵宮，正佑聖烈昭徳昌福崇仁輔順真君，列職仙班，著霊江右。夙司水衡之職，誕昭海漕之霊。廟食於茲者，千五百年。

民禱而応者，万無一失。若稽彝典，庸易徽称。於戲，道本強名，宣服如綸之命；神無不在，尚宏体物之功。其祇汝封，以庇兹土，可易封正佑聖烈普済昌福崇仁輔順真君，主者施行」

とあるので，じっさいには，泰定二年の発令，しかも「加封」ではなくて，"昭徳"を"普済"に改めた「易封」であることが判明する。前者についても，『元史』の「泰定帝本紀」を順にみてゆくと泰定三年六月に解州の塩池廟に祭祀のための使者を派遣しており[115]，そのご致和元年（1328）四月に，蒙山神，洞庭廟神，唐の柳宗元を祭った羅池廟とともに，改封され霊富公となったことが見えているので，泰定元年の記事は，『元史』の編纂の段階での誤りと考えられる[116]。

審議にかけられたのが最も遅い幸龍王については，致和元年六月に加封された[117]。そのほか，文書Dにはあげられていなかったが，泰定三年十一月に盧陵江神の加封，泰定四年に建徳路の烏龍山神の改封がなされている[118]。これらもおそらくは泰定二年四月の上奏による結果，であろう。泰定二年十二月に武当山の真武神に仕える水神，火神にそれぞれ霊済将軍，霊耀将軍の封号を授与しているのも，あるいは関係があるのかもしれない[119]。

とにかく，クビライ以来，棚上げにされてきた加封，改封の案件がこのとき一気にかたづけられたわけである。じゅうらい，泰定帝の大元ウルス治下における文化政策に対する評価は極めて低かっただけに，注目すべき事実であろう。

ただ，不思議なことに，塩池神廟には現在もなお，多くの大元時代の碑文がのこっているにもかかわらず，この泰定年間の塩池神の改封に言及する碑文，聖旨そのものの碑刻はのこっていない。『成化山西通志』の金石の移録にもみえない。山東費県の蒙山神祠にも泰定時代の改封を知り得る碑文，記録は一切ない[120]。洞庭廟，羅池廟，盧陵江神，烏龍山神についても同じである。そして祠山の広恵廟も『祠山志』が沈黙している以上，明初においてもこの改封は知られていなかったことになる。つまり，文宗トク・テムル，トゴン・テムルの時代の間に忘れさられてしまった，もしくは意図的に消しさられてしまった可能性が高い。広恵廟には，江浙行省から，確実にこの文書Dの一字さげて記される"徽州路申汪王神（加）［改］封～右箚付徽州路総管府。准此"の部分が"広徳路申広恵廟神改封～右箚付広徳路総管府。准此"となっているだけの同文の箚付が送付されていたはずである。くわえて，広恵廟のみならず，著名な廟があり加封，改封をとりついできた各路に相当数，同様の箚付が送付されている可能性が高い。江浙行

省の印の上に書かれた"諸神加封"の標題がそれをものがたる。しかし、ひとつとしてのこっていない。

いっぽう、彭蠡龍王、鳳州土神については、『元史』には言及がない。この文書Dがなければ知りえなかった加封、改封である。そして、じつは、肝心の汪王神についても、泰定三年七月二十一日に江浙行省から徽州路総管府にむけて忠烈廟汪王神の改封をみとめる文書が作成され、徽州路はそれを八月二十日に受け取ったのだが、『元史』の該当箇所、および「泰定帝本紀」全体のどこにもみえない。それは、一体なぜなのか。

ちなみに、ほぼ同じころ徽州路歙県の程霊先を祭る世忠廟もまた、二通の文書をつづけて受け取っていた[121]。

(1)
　上天眷命
　皇帝聖旨：徽州路歙県世忠廟神忠烈顕恵霊順善応公程霊先，可特封忠烈顕恵
　　　　　霊順善応王。宜令准此。
　　　　　泰定三年正月　日
(2)
　皇帝聖旨裏：中書省牒：徽州路世忠廟神忠烈顕恵霊順善応公程霊先，
　　　　　牒奉
　勅可追封忠烈王。牒至准
　勅，故牒。
　泰定四年正月二十四日
　　　　　　中奉大夫中書参知政事史惟良
　　　　　　通奉大夫中書参知政事領中政使馮不花
　　　　　　資善大夫中書左丞朶朶
　　　　　　資徳大夫中書右丞許師敬
　　　　　栄禄大夫中書平章政事伯顔察児
　　　　　光禄大夫中書平章政事烏（都伯）［伯都］剌
　　　　　銀青栄禄大夫中書平章政事察乃
　　　　　金紫光禄大夫中書平章政事領宣徽使禿満迭児
　　　　開府儀同三司録軍国重事中書左丞相倒剌沙

開府儀同三司上柱国録軍国重事中書右丞相薊国公塔失帖木児 <ruby>塔失帖木児<rt>タシュテムル</rt></ruby>

『忠烈紀実』には，これらに相当する命令文が収録されていない。

ことの真相は，文書Eの元統二年（1334）――江浙行省の箚付から八年が経過していた――に為された汪宗宝等の陳情によって，判明する。すなわち江浙行省から泰定三年八月二十日に「昭忠広仁武烈霊顕王」に改封する聖旨が下りたことを記す箚付が徽州路総管府にとどいたにもかかわらず，そのご宣命すなわち“上天眷命，皇帝聖旨～主者施行”式の雅文聖旨は，ついに忠烈廟に発令されなかったのである。カイシャン時代の至大三年（1310）に加封された近隣の信州路の白鳴山神は，ちゃんと雅文聖旨を得ている。泰定二年四月，忠烈廟と同時に俎上にあげられ改封が決まった祠山広恵廟も，『至順鎮江志』に全文が移録されるように，その年の内に雅文聖旨を得ていた。おそらく，同時に大量の加封，改封が為された結果，宣命の作成に翰林院のスタッフが追いつけなかったのだろう。泰定帝の即位の詔がいわゆるモンゴル語の直訳体で書かれ，次の文宗トク・テムルのときの実録の編纂のときにも，雅文聖旨が作成されていなかったことは，有名な話だが，もたもたしているうちに，天暦の内乱になってしまったというのが真相だろう。各地の廟に加封，改封の箚付が送られたにもかかわらず，じっさいに宣命が降された廟はごくわずかだった（広恵廟の例からすれば，『元史』の「泰定帝本紀」に記されている廟にはいちおう宣命が送られた，とみるべきか）。そのために，明初にすでにその新たな褒号の記憶が消えていたのである。

トク・テムルの時代にも，天暦の内乱の際，ダウラト・シャーの迎撃にあたってイスン・テムルに憑依し加護したという関羽[122]をはじめ，大都の城隍神，李冰とその子の二郎神等に加封がなされたが[123]，至順三年（1332）五月，太常礼儀院博士の王瓚が，この時期，各地からさまざまな神廟の加封，改封の申請を受けたことから，褒号を乱発しないよう上奏した[124]。その各地の申請者のなかには，おそらく泰定年間のツケをはらってもらおうとした廟も含まれていただろう[125]。そうしたわけで事態は一向に進展しなかった。

しびれをきらした汪宗宝等の陳情を受けた徽州路総管府は，ただちに江浙行省に申告したところ，文資の官と粛政廉訪司の保証書が必要であるとして，いったんつき返された。書物の出版，文人の保挙とほぼ同じ手続きが要求されたのである[126]。そこで，文資の官として，とうじ徽州路総管府のダルガで，公務として

改元や正月，重陽の節句等の折に部下を率いて汪王廟で祭祀を執り行う機会の多かった郄釈鑑自らが保証書をしたため，さらに元統二年（1334）十月，徽州路にある江東建康道粛政廉訪司の分司のドルジバルに保証書を依頼し，翌元統三年／後至元元年三月にそれを受け取り，関連の申請書一式をまとめてあらためて江浙行省に送付した。

ところが，そのごもなかなか返事はこなかった。後至元三年（1337），ダルガは郄釈鑑からビラールに代わった。ビラールは，『忠烈紀実』の序文において，泰定三年（1326）の汪王廟の改封を大都で耳にしていたというが，じっさいに徽州にきてみると，いまだに改封の宣命の申請の真っ只中であったわけである。後至元五年（1339）まで，忠烈廟の住持慧心等が『忠烈紀実』の編纂，刊行に走りまわっていたのも，ひとつには宣命の獲得のためなのであった。そして，至正二年（1342）三月二十五日，徽州路総管府はようやくながい運動の終わりを告げる江浙行省の箚付を手にした。ダルガは，さらにビラールから明都古思に代わっていた[127]。

なお，文書Eは「申請」という標題がつけられているが，じっさいには徽州路総管府が忠烈廟に送付した文書であり，適当ではないだろう。

宣命すなわちFは，撰文用の摘要をもとに，翰林院内でコンペが行われた結果，選ばれたものである。撰者は不明。管見の限り，こんにち残る元人の文集には載っていない。この宣命の日付は，至正元年閏五月某日。『元史』巻四十「順帝本紀」に

　　[至正元年] 閏五月丁丑，改封徽州土神汪華，為昭忠広仁武烈霊顕王。

とあるのは，まさにこれである[128]。同じ月，九江府瑞昌県の白龍泉のほとりにある顕済廟の改封も行われた[129]。しかし，こちらは『元史』の本紀には掲載されなかった。

『元史』の編纂にあたって，徽州の地からは汪克寛，趙汸等が参加した[130]。汪克寛は，「黟県横岡忠烈廟碑」，「越国公論」をものするなど，忠烈廟に深い関心を寄せていた[131]。趙汸にも「祭婺源汪王廟文」の撰文があった[132]。そのかれらが，「泰定本紀」の三年八月の箇所には，敢えて汪華の改封を記さなかった。『元史』の「順帝本紀」は，周知のごとく拠るべき実録が存在しなかったために，各地に儒者を派遣し資料を収集せねばならなかった。各郡県にも資料を献上させた。

汪克寛は，洪武三年の編纂には加わらなかったが，至正元年閏五月の汪華の改封を記すよう，申し送りをしてあったのだろうか。それとも，徽州から献上された資料に拠ったのだろうか。いずれにしても，寥々たる順帝の記事の中に，汪華の名が留められたのだから，張永皈をはじめとする徽州の人々の長期にわたる運動は，決して無駄ではなかったのである。

5　おわりに

　至正元年の汪王神の改封ののち，忠烈廟の住持と汪氏一族にとって，次なる目標となったのは，忠烈廟の修繕費の確保を名目とした捨田の税糧の優免であった。至正五年，住民の汪斎諭等は，歙県の役所に陳情書を提出し，執照を手にいれる【附4・(I)】。いわゆるじゅうらいの徽州文書の概念，研究からいえば，本章末に【附4・(G)(H)(I)】としてあげた三通の文書[133]が一番それに近いだろうが，今回はあえて扱わず，まずその前史をたどってみた。三通の文書については，その具体性，重要性に鑑みて（じつは江南の経理に関してこれほどまでに具体的な事例は，ほとんどのこっておらず，根本資料となるものである），ほかの税糧資料とあわせて別の機会に詳細に分析することとしたい。

註

（1）中国社会科学院歴史研究所収蔵整理『徽州千年契約文書　宋・元・明編』第一巻（花山文芸出版社　1991年），劉和恵「元代徽州地契」（『元史及北方民族史研究集刊』8　1984年5月　pp. 28-34），劉和恵「元代文書二種引証」（『徽州学叢刊』1985年　pp. 82-85），劉和恵「元延祐二年契」（『文物』1987-2　pp. 90-91），周紹泉「徽州元代前后至元文書年代考析」（『江淮論壇』1994-4　pp. 80-84）

（2）大元ウルス治下の例をあげれば，大徳年間に徽州路の総管兼管内勧農事をつとめた郝思義は，『朱子語類』，『農桑輯要』を刊行して頒布し，至順元年にダルガであったマスウードは鄭鎮孫の『歴代蒙求纂註』を郡学から刊行させた。

（3）李逸友『黒城出土文書　漢文文書巻』（科学出版社　1991年）や『俄蔵黒水城文献　漢文部分』（上海古籍出版社　1997年）において公開されたイズィナ路カラ・ホトの文書群が重要視されるのは，当該地がモンゴル諸王，王子たちが駐屯，通過した東西交通の要のひとつであること，にもかかわらず比較検討に用いるべきまともな地方志，当地の政治にかかわっ

た人々の文集が残っておらず，ふつうの漢語文献では知りえないデータが多く含まれていること，以上の理由による。カラ・ホト文書群だけでは，とうじのイズィナ路の年代史，社会史すら記述できないのが，現実である。なお，大元時代の漢語文書の紹介としては，ほかに杉村勇造「元公牘零拾」（『服部先生古稀祝賀記念論文集』1936年　pp. 571-583），張平「新疆若羌出土両件元代文書」（『文物』1987-5　pp. 91-92），何徳修「新疆且末県出土元代文書初探」（『文物』1994-10　pp. 64-86），隆化県博物館「隆化県鴿子洞元代窖蔵」（『文物』2004-5　pp. 4-25）などがある。

（4）本書第5章参照。

（5）趙華富は，明刊本『婺源茶院朱氏家譜』に収録される朱文公廟にかかわる「批田入祠契」と「契尾」を紹介した。かえりみて，施一揆が紹介した大元時代にかかる福建泉州地区の土地文書八件も，陳埭の丁族を名乗るムスリムの家譜から抄出されたものだった。趙華富「元代契尾翻印件的発現」（『安徽大学学報』哲社版　2003年5月　pp. 27-29），施一揆「元代地契」（『歴史研究』1957-9　pp. 79-81）参照。

（6）『篁墩程先生文集』（京都大学附属図書館蔵明正徳二年徽州刊本）巻三八「書兖山汪氏族譜後」

（7）『篁墩程先生文集』巻十三「休寧烏龍山汪越公廟田記」

（8）宮紀子「程復心『四書章図』出版始末攷──大元ウルス治下における江南文人の保挙」（『内陸アジア言語の研究』XVI　2001年9月　pp. 71-122　のち『モンゴル時代の出版文化』名古屋大学出版会　2006年に収録）

（9）『師山先生遺文』（静嘉堂文庫蔵明刻本）巻四「外家汪氏遺事」“新安汪氏，自越国公華以六州帰唐，其後始著以大六邑之間，号十姓九汪，衣冠相望，代有顕者”，『芳谷集』巻下「汪県令墓誌銘」“歙為大州，汪氏占十九，簪組林立，為聞家”，『篁墩程先生文集』巻二七「城北汪氏譜序」“徽郡惟汪氏，姓最著，族最多。故昔人有十姓九汪之諺”。

（10）汪松寿は四川紹慶路儒学教授を務めたことがある。なお，この書に付せられた泰定三年十一月十五日付けの集賢大学士栄禄大夫廉希貢の序文は，『新安汪氏重修八公譜』（東京大学東洋文化研究所蔵明刊本）に再録されている。『雲陽李先生文集』（静嘉堂文庫蔵明弘治刊本）巻四「汪氏族譜序」も『汪氏淵源録』のために書かれた序文であり，巻七「汪氏永思堂記」にいう“汪氏世系譜録”も『汪氏淵源録』を指す。

（11）汪慶元「『新安旌城汪氏家録』初探」（『文献』2003-4　pp. 28-35, p. 47）

（12）『北京図書館古籍善本書目』は元抄本とするが，書中に“宣徳五年七月朔日郷貢進士歙県知県文林郎栝蒼葉思謙書”とあり，それ以降の成立でしかありえない。

（13）姜尋『中国古籍文献拍売図録』四（北京図書館出版社　2003年　p. 1186）には，『汪氏宗譜』不分巻の「新安汪氏族譜序」の書影が載り，後至元三年刊本とされる。

（14）趙華富「宋元時期徽州族譜」（『元史論叢』第七輯　江西教育出版社　1999年4月　pp. 79-86）参照。

（15）『清容居士集』巻四六「題汪龍渓与従子書後」

（16）王姓汪氏，諱華，新安人。其先汪芒氏之後，或曰魯成公支子，食采於汪，因氏焉。哀公時，童𨁝其孫也。漢建安中，龍驤将軍文和為会稽令，避地始家新安。王曽祖泰，祖勲，父僧瑩，皆仕於陳。母歙西鄭氏，夢黄衣年少長丈餘，擁五雲自天而下，因與之遇，覚而有娠。至徳四年正月十七日夜半乃生，香霧覆室三日始散。王幼穎慧，所居上常有奇気，蚤孤家貧，母挈帰外氏。母亦尋卒。九歳為舅牧牛。毎出常踞坐磐石，気使群児，如将帥指揮状。有張土損者，

常以失期不至。王撃踣之，群児各駭散，張氏欲執之。公曰「此易爾。吾能使之死，独不能使
之生乎」。因撫視之，良久復甦。嘗令群児曰「処山沢間」。卒遇風雨，無所庇盍，相与刈茅簷
屋。既又令曰「室成，吾且椎牛以犒若等」。卒取舅牛分食之，牛尾挿地，既帰。舅問牛所在。
対已入地矣。舅視牛尾入地中不可抜，既素異之，不深詰。及長，身長九尺，広顙方頤，龐眉
隆準，美髭髯。不事田業，独喜昼臥。舅母苦之，伺間抽去其簀，王復寝如初，怪而視之，有
青龍蹲負。由是郷里驚嘆，舅家改容，王因落魄放縦。聞睦州有演公者習武事，往従之游。時
年十八矣。還以勇俠聞。属婺源冦起，州遣押衙董平討之，戦不利，郡将張公募士豪有膽気者
禦之。王走応募，即日部兵上道，直擣賊営，遠望山林草木，皆為甲兵。冦驚相謂曰「郡兵盛
如此。天亡我也」。稍稍引退。公進撃滅之。張公郊労，賜補有差。隋大業間，王政不綱，豪
傑並起，各建号郡邑。王慨然曰「世变如此。吾死兵革無憾，如百姓何時」。杜伏威起江淮，
張公欲與相応，心嫉忌王，乃遣如箸嶺鑿山開道，欲因事誅之。王與裨将汪天瑤領兵開拓，不
日而畢。比還不加礼，更劾以差役不均，稍侵之。王怒，将士突入府闥，欲兵之。張公懼遁去。
人人譟請於王曰「張公貪而酷，賞罰不公。方時擾攘。何特一守。今幸已逐，而境内無所統壹。
天子南幸江都，盗賊擁隔，詔令不至。欲求摂刺史以鎮一方，非公不可。公宜従衆賊平，請命
於朝，未晩也。王不得已従焉。宣州守聞之，将遣兵来問。王分部諸屯，自以精兵八百人，先
既稍入宣境，至溪方半渡，馬躍鞭墜，遣卒取之。不時得，王怒，抜剣斬之，尸立水中不仆。
土人因異之，目為東霊神。進至塵嶺，駐軍其上，時大暑，士馬渇甚，王仰天祝曰「事若済地，
當湧水」。乃以戈鐏鑱石得泉脈，因加鑿治，至今行旅便之。未至宣城三十里，城中遣将陳羅
明来戦。羅明敗走。王疾撃斬之。宣守面縛請降，王釈不問，因撫定其民，選其精鋭以帰。既
而杭・睦・婺・饒等四州相継并下。王奄有六州，帯甲十万，威令益隆，諸将謂王曰「今中原
分乱，大衆已集，若但以刺史統軍之号臨之，復恐瓦解。天與不取，古人所戒。公宜建王号」。
王辞再三，乃斎戒択日，建呉国，称王，以天瑤為右相，鉄仏為左相，皆王族也。其他郷佐，
並有常員，択賢且才者処之。然稟隋正朔不廃，為政厳粛，賞罰明信，遠近莫不愛慕，雖四方
大擾，部内頼以平安者十余年。唐高祖起太原，已受隋禅，而秦王出師江左。王謂群下曰「日
月出矣。爝火不息。可乎。頃吾夜見天象，熒惑正侵太白，太白西方，於音為商。吾姓商音也。
災異既形，吾計決矣」。武徳四年九月甲子，乃籍土地兵民，遣宣城長史鉄仏奉表于唐，高祖
嘉之，是月二十二日詔曰「具官某，往因離乱，保拠州郷，鎮静一隅，以待寧晏，識機慕化，
遠送欵誠，宜従褒寵，授以方牧。可使持節総管歙・宣・杭・睦・婺・饒等六州諸軍事，歙州
刺史」。封越国公，食邑三千戸。時杜伏威拠丹陽，自称行台。十一月，命王雄誕以饒洪兵万
余人来侵。王遣天瑤等撃之。天瑤作鉄盾重百二十斤，左執之以衝敵。伏威大敗，死者過半。
天瑤與八十人迫之。賊還，軍合戦，天瑤勢斃，因奮勢越巨石，所践成跡。賊軍驚異乃退。郡
境以寧。及伏威入朝，其長史輔公祐奪王雄誕兵以叛，偽建位号。王引兵討之。旗幟蔽江而下。
公祐懼退，保武康・丹陽，遂平。王振旅還，令兵民各復其業。明年，遂朝于京師。貞観二年，
授左衛白渠府統軍。十七年，改忠武将軍右衝積福府折衝都尉。太宗伐遼東，詔為九成宮留守。
王夙夜尽瘁，事無所乏。駕還尤称其勤。二十三年三月三日薨于長安。享年六十有四。王初疾，
上常労問，賜医薬，及薨賜襚綵井十床，黄金百両，東園秘器，恩礼如功臣。永徽二年，諸子以
王喪還。四年十月二十六日，葬歙縣北七里雲郎山。王娶銭氏右衛大将軍巣国公九隴之女。男
八人。建，朗州都督府法曹，娶黄氏。璨，費州涪川令，娶朱氏。達，以征賀魯・亀茲・高昌，
功贈上桂国越国公，娶葛氏。広，娶陸氏。逖，娶金氏。皆左衛府飛騎尉。逵，薛王府曹參，
娶王氏。爽，岐王府法曹，娶閔氏。俊，鄭王府參軍，娶羅氏。諸孫皆事朝，率以忠勤，世其
家。先是王名世華，後避太宗諱，去上字。王初起兵，未獲立城之所，乃引弓遠射，矢所墜，

第7章　地方神の加封と祭祀　　305

適當形勝，遂城之。今績溪登源是也。後人因以立廟，溝塹営壘存焉。故宅距廟纔一水，郷人不忍藪鋤其処，子孫環居之，因以汪村。而郡人自王入朝，即生為立祠，沒益厳奉。水旱必禱。今烏聊山廟是也。自唐刺史薛邕・范伝正・呉圓・陶雅之属，皆有増葺。及享聖東封，始載国朝祀典。其後褒爵詔崇。事具有司，独取王所起始末，伝後世。婺源胡伸謹状。

(17) この直後の武徳四年十一月十一日，程霊洗の後裔の程富は，歓宣杭睦婺饒等六州総管府行軍司馬，休寧県開国侯に除せられている。『弘治休寧志』巻三一「労新除六州総管府行軍司馬休寧県侯程富璽書」。

(18) 『新唐書』巻九二「杜伏威伝」，「王雄誕伝」は，かれらがたてた軍功によって，汪華が唐へ帰順したといい，ぎゃくに九月甲子以降の汪華との戦闘にまったく触れない。

(19) 『新唐書』巻八八「銭九隴伝」

(20) たとえば『弘治休寧志』巻四「祠廟」に“忠烈行祠，祀唐越国汪公華，正廟在歓烏聊山。宋賜額忠烈，其後遠者不便香火，各邑倶立行祠。在休寧凡四。一在東山，宋紹興中建，尚書金安節記。一在古城，淳熙中建，県令鄒補之記。一在汪渓，元至大中建，前進士曹涇記。一在汉口烏龍山”という。

(21) 『瀛奎律髄』巻二八汪藻「霊恵公廟」の方回の註には“王姓汪，諱華以六郡帰唐廟。今号忠烈，封八字。王主嶺廟在績溪，而墓在歙県北七里雲嵐橋，又廟在郡城烏龍山，香火特盛，毎以歳正月十八日賽祀踰旬。凡此都汪姓皆其後”とある。この書は，至元二十年（1283）には成立しており，正月十八日の祭祀がそれ以前から行われていたことを裏付ける。

(22) 王秋桂・沈福馨『貴州安順地戯調査報告集』（民俗曲芸叢書　施合鄭民俗文化基金会1993年），万明「明代徽州汪公入黔考——兼論貴州屯堡移民社会的建構」（『中国史研究』2005-1　pp. 135-148），宮紀子「花関索と楊文広」（『汲古』46　2004年12月　のち『モンゴル時代の出版文化』に収録）参照。

(23) 『国朝文類』巻三六李好文「太常集礼藁」，『内閣蔵書目録』巻一「大元太常集礼稿」，「太常続集礼」，『四庫全書総目』巻八〇「職官類存目」『太常沿革』，『国朝文類』巻四一「雑著・礼典総序」，『元史』巻七二「祭祀志一」“凡祭祀之事，其書為太常集礼，而経世大典之礼典篇尤備”。

(24) 『篁墩程先生文集』巻十三「休寧烏龍山汪越公廟田記」“予時方謁告南帰，嘗伏拝烏聊之祠，得『忠烈紀実』与前代之記読之，竊病其叙隋・唐之際与越公之事，挙有弗當於心者，思有所紀述而未能也”。

(25) 序文の肩書きには，“賜永楽乙未進士出身，忠憲大夫湖広等処承宣布政使司右参議，致仕奉詔進階，亜中大夫前翰林庶吉士，授太常博士，改監察御史，出僉湖広提刑按察司事，歙西方勉”とある。

(26) 『北京図書館古籍善本書目』，『中国古籍善本書目』が方勉の序にしたがって本書の編者を鄭弘祖とするのは誤りである。

(27) 『新安志』巻九「叙牧守」“郯升卿左朝議郎。［乾道］三年十月三十日到任。任内転左丞議郎。五年十二月九日受代”。ただし，『忠烈紀実』巻三下「本州申転運司状」によれば，乾道四年六月の時点の肩書きは“左奉議郎改差権発遣徽州軍州主管学事兼管内勧農営田事”である。そして，かれこそ羅願に『新安志』を編纂させた人物であり，『四声韻類』二巻，『声韻類例』一巻の撰者でもある。『双渓類稿』巻二五「二堂先生文集序」“近年郯升卿師古為守，属羅愿端良修『新安志』”，『玉海』巻四五「景徳新定韻略」参照。

(28) “予頃蔵居京師，聞新安忠烈王神栄受国恩，加封徽号……歳在丁丑，余適守是邦，耳熟■

霊，首告至而奠焉。一日廟僧<u>慧心</u>持是編，来謁謂：王在『唐史』，雖歉於専伝，而功徳在民者，何可無紀，<u>宋乾道間郟矦升卿</u>，始裒王勲蹟，筆之方册。咸淳辛未，<u>王侯応麟</u>復命郡学録<u>胡立忠</u>増緝刊定。元貞乙未，板燬不存，而述作之続出者，率未登載。覧者病莫覩其全。茲撫遺帙新聞，編次之，凡族系・出処・源流・封爵・陵廟・本末・碑礁・祝文・歌詠・及籤籌・霊感・昭著・事蹟，列為十五巻。議繡諸梓，士庶咸叶而克成。俾序其概于巻端"。『弘治徽州府志』巻四「郡邑官属」《<u>本路達魯花赤</u>》には「<u>必剌</u>　嘉議大夫。<u>後至元</u>」としか書かれていなかったが，この序文によって後至元三年に着任したことが判明する。なお『忠烈紀実』巻七下によれば，このとき総管をつとめたのは忽先（必剌等は口先だけでなく，後至元四年，五年の重陽の節句，至正元年の改元の正月一日等に祭祀を行っている）。『弘治徽州府志』には記されていないが，遅くとも至正二年にはダルガは必剌から明都古思に代わっている。さらに，『鄭師山先生文集』巻六「徽州路達魯花赤合剌不花公去思碑」によれば，至正四年にはカラ・ブカが新たなダルガとして着任する。

(29) 隋之季世，一鼎沸煎。王以英特之姿，保有六郡，<u>大唐</u>受命，奉欸于朝，民頼以安，王之功也。惜乎，『唐史』不為専書，而恩徳之在民者，可無紀乎。宋乾道間，郡守<u>郟矦</u>刊『王事実』，版逸于火。爾後屢有作者，紀録無法，識者病之。一日廟僧<u>紹初</u>携『王紀実』書示余。因<u>郟矦</u>之遺編，稽之郡乗，参之『汪氏家乗』，名公卿所為碑碣・賦詠，與長老口耳相伝之所可信，咸登載之，以見王之族系・封爵・陵廟之源委，及其神異尤昭著，在人耳目者，粲然可観，不可誣己，固請為序，辞不獲……官民叶賛，以成是編，誠可称也。於是乎書宣力董事，則<u>王元善・沈徳寿・余廷鳳</u>泊住持僧<u>慧心</u>。

(30)『忠烈紀実』巻四上「重修忠烈聖妃殿記」（饒州路祈庵書院山長呉静観撰，承事郎池州路総管府経歴呉遠翔書丹，承務郎徽州路祈門県尹兼勧農事趙士元篆額）"<u>真定趙</u>公<u>土元</u>以至元之後元，宰斥門，涖事未幾，旱魃為虐，公乃潔精竭誠，致禱于<u>祈山</u>之<u>忠烈</u>行祠，輒応。因出■帑，新廟像，巍巍焕然，神説人頌。越五年，因公詣府城，一日登<u>山廟</u>，謁霊貺，見後殿圯損，惻然起繕葺者。郡人<u>沈徳寿・王元善・江漢傑・余廷鳳・汪琛</u>，請之彌篤，繇是捐己俸，募衆縁，以落成之。本県達魯花赤<u>脱因</u>曁諸僚佐，■力賛襄，克成厥志。住持<u>釈慧心</u>，監院僧<u>紹初</u>，爰董■事。明年畢工，詣書其事于石"，巻四下「祈門県重建廟記」（儒林郎徽州路総管府経歴張純仁撰，奉直大夫寧国等路榷茶提挙阿思蘭海牙書，奉政大夫徽州路総管府治中李栄祖篆蓋，徽州路祈門県尹兼勧農事趙士元立石）"初県之東麓旧有<u>忠烈</u>廟，歳久漸圮。<u>後至元</u>三年<u>真定土元趙</u>君寔来為邑，属精于政，甫閲両考，凡有益於民者，無不盡力……俄而大風，抜廟旁木，覆壓廊廡，■栱盡折。邦人驚告尹……乃與邑之好事者<u>沈徳寿・汪景龍</u>占遷基之兆于神，獲殊勝于西山之陽……顧景龍曰吾雖経畫已定，然指付必堪其任，乃克有成。汝其奔走先後，以成吾志"。

(31)『忠烈紀実』巻四上「重修忠烈陵廟記師山先生文集載」，『鄭師山先生文集』巻四「重脩忠烈陵墓廟記」，『弘治徽州府志』巻二「丘墓・越国汪公墓」"<u>宋紹定</u>六年郡守<u>謝采伯</u>修整，端平改元，郡守<u>劉炳</u>重葺之。嘉熙四年，郡守<u>鄭崇</u>率僚属謁墓，廼植松翼之以亭，又購墓田，命僧守之。<u>葉大</u>有作記。<u>元至元</u>十四年総管<u>甘徳勝</u>新作墓廟。太原王応之記。後至元二年府判<u>馬槙</u>重修。鄭師山玉記。至正中，裔孫行枢密院判官<u>婺源汪同</u>重建，并置田以其租供祭掃之費"。

(32) 孫遇は，天順四年の『新安文粋』の刊行にも序文をよせ，少しまえの景泰年間には，洪焱祖『延祐新安後続志』十巻，朱同『洪武重編新安志』十巻の続編を編纂刊行している。

(33)『忠烈紀実』巻三下「立忠烈廟唐宋元誥勅碑跋」"右<u>越国</u>公誥勅，今富山忠烈廟所蔵也。按『紀実』，公<u>新安登源</u>人，英特有武略，当<u>隋</u>季，保障歙・宣・杭・睦・婺・饒六州，民頼以安。

唐興，公知天命，有帰納款帰附。高祖嘉之，武徳四年授誥与圭。太宗貞観二年又授誥与圭。二十三年薨於長安，帰葬歙北雲郎山，邦人追慕功徳，立祠祀之。自是護国庇民，威霊烜赫，有司以聞。宋真宗大中祥符二年・徽宗政和七年・宣和四年・孝宗隆興二年・乾道四年・寧宗嘉定四年・理宗淳祐八年・十二年・宝祐二年・六年・恭帝徳祐元年・元順帝至正元年褒封誥勅共一十二通，夫人銭氏・稽氏・龐氏・張氏，上自三代，下及四弟九子并婦長孫十従神共誥勅四十二通，国朝初定，江右神兵助順，蒙頒牓以厳祠事洪武四年封越国汪公之神，命春秋祭祀，其歴代誥勅俱載『紀実』。独唐二誥二圭・宋宝祐・徳祐二誥真軸尚存，計自武徳四年抵今凡八百三十九年，幾経兵燹而不毀者，豈非神霊守護也歟。遇以凡庸叨守斯土，嘗以災旱禱祠下，因覩誥圭真蹟。遂憶宋范公鍾守徽，曽刻是誥于碑。惜乎，湮没不存。廼謀諸同寅同知陳斌・通判宋敏・推官蒙正，命儒士鮑寧・張逵・郷貢進士帥慶，依四誥二圭形制模写鐫碑，立于廟左，字有漫滅者以圏代之。其余十通依『紀実』謄写鐫碑，立于廟右。庶使後之観者，知神之褒封有自，又有以見唐・宋誥勅之体云。時天順三年歳在己卯仲秋月吉日，賜進士第食正三品俸直隷徽州府知府福山孫遇謹跋"。

(34)『先天集』巻一〇「唐越国公追封英烈汪王像賛」"天下鼎沸，六州太平，大明既昇，版図效靈，生為忠臣，死為名神。此貞観十八年之画，可以見唐衣冠之旧・王容貌之真"。

(35)『忠烈紀実』巻三上「郡守方演奏乞追封表」"武徳・貞観中告秩二通至今猶存……其官告二通，今録白，謹具状繳連奏呈，伏候勅旨"，巻四上「忠烈廟顕霊記」(将仕郎徽州路儒学教授汪夢斗撰，朝列大夫徽州路総管府治中汪元龍書丹，嘉議大夫徽州路総管趙与檟篆額）"名氏見於『唐新書』與『通鑑』，掌在太史。官閥見於武徳・貞観所賜賛書，今猶蔵於廟。事蹟世系見於州志・家乗，尤備。至於時主之褒表・公卿大夫之記頌，刻在金石"。のちに程敏政もこれらの現物を目睹して詩を詠んでいる。『篁墩程先生文集』巻七〇「越国汪公廟観唐誥」"烏聊山上越公祠，香火分明百世思。留得兩函唐誥在，紀年猶是太宗時"，巻六七「汪王廟王諱華，隋末保抛歙・宣・杭・睦・饒・婺六州，称呉王。唐初内附，封越国公。土人徳其全郡之功，廟食至今子孫最盛。」"聞説真人起晋陽，六州図籍便帰唐。干戈竟免群生難，簪笏宜伝百世芳，封誥尚存題越国，史書全失紀呉王。叢祠香火年年盛，知是英魂恋故郷"。ただし，『弘治徽州府志』巻五「祠廟」《積渓県・忠烈廟》によれば，誥命，玉圭は，烏聊山ではなく，登源の忠烈廟の勧忠楼の石匣に保管されていたが，方臘の乱のとき周という名字の者が汪王神のお告げを夢にみて一時疎開して難を逃れ，勧忠楼が無くなってしまったため，周が私財を投じて小殿をつくり，少なくとも至正十二年まで，そこに保管されていたということになっている。

(36) こうした録文方法は，たとえば金朝正大四年（1227）に孔元措が編纂・刊行し，のち1242 年に増補，重刊された『孔氏祖庭広記』にも認められる。

(37)『忠烈紀実』巻三下趙崇徵誌

(38) 孫遇が立てた当該二碑は，『歙県金石志』巻九「重修汪王廟碑記」によれば，乾隆三十六年の段階ですでに滅び，明太祖洪武四年の榜文碑のみが残っていたという。

(39)『弘治休寧志』巻三一「附文十三　人物・制命」，『程氏貽範集』甲集

(40) 礪波護「嵩岳少林寺碑考」(『中国貴族制社会の研究』京都大学人文科学研究所　1987 年 pp. 717-755)

(41) 陝西文管会・昭陵文管所「唐臨川公主出土的墓志和詔書」(『文物』1977-10)。宋の張守は，『毘陵集』巻一〇「跋唐誥」において"唐太宗収右軍蹟至三千六百紙。当時士庶家藏固亦不少。故唐人多能書，雖小夫賤隷，下筆皆有可観……武徳告身，殆非近世士大夫所能跂"という。また，『漫塘集』巻三〇「李氏墓誌銘」，『西巖集』巻十八「跋金壇李氏唐誥後」，『道園

308 第 II 部 大元ウルスの宗教政策

学古録』巻十一「金壇李氏唐誥跋」等に見える唐の大鄭王の後裔，金壇の李氏にも，武徳以来十八世誥の勅百余巻があったという。

(42) 当地にのこる汪華関連の石刻は，『金石彙目分編』，『安徽金石略』，『歙県金石志』によると，宋の鄒補之の撰に係る「広恵王廟記」を除けば，嘉靖二十一年「忠烈王墓廟記」，嘉靖三十八年「唐越国汪公宗祠碑銘」，万暦十九年「雲嵐山重新越国汪公墓道碑記」，康熙四年「重修烏聊山汪王廟路亭碑記」，康熙三十四年「重修汪墓祖廟碑記」，乾隆三十六年「重修汪王廟碑記」，同治二年「重建汪王廟記」，光緒二十三年「重修雲嵐山王祖祠墓碑銘」と，明清以降のものばかりである。

(43) 陝西省公祭黄帝陵工作委員会辦公室『黄帝陵碑刻』(陝西人民出版社 2014 年 p. 9)

(44) 『趙州石刻全録』「元聖旨碑陰」，照那斯図・哈斯額尔敦「元朝宣政院栢林寺的八思巴字禁約榜」(『内蒙古社会科学 漢文版』1999-6 pp. 44-45)，照那斯図『八思巴字和蒙古語文献 II 文献匯集』(東京外国語大学アジア・アフリカ言語研究所 1991 年 pp. 147-150)

(45) 『程氏貽範集』甲集巻五，『弘治休寧志』巻三一「承制授程隆休寧県尉箚付」，『篁墩程先生文集』巻三七「書先県尉公所受至元勅牒後」

> 皇帝聖旨裏：行中書省，今擬隆充徽州休寧県西尉勾当。所有箚付，須議出給者。
> 　　　右箚付程隆。准此。
> 至元十三年八月　　　日
> 『済美録』巻一「授鄭安尹歙県（牒）[箚付]」
> 皇帝聖旨裏：行中書省，今擬鄭安充徽州路歙県知県勾当。所有箚付，須議出給者。
> 　　　右箚付鄭安。准此。
> 至元十三年八月　　　日　　　押　　　押

(46) 高橋文治「張留孫の登場前後──発給文書から見たモンゴル時代の道教」(『東洋史研究』56-1 1997 年 6 月 pp. 67-70 のち『モンゴル時代道教文書の研究』汲古書院 2011 年に収録)

(47) この事件の詳細については，高橋文治「至元十七年の放火事件」(『東洋文化学科年報』第12 号 1997 年 11 月 pp. 62-76 のち『モンゴル時代道教文書の研究』に収録)，劉建華「河北蔚県玉泉寺至元十七年聖旨碑考略」(『考古』1988-4)

(48) 沈未「浮山老君洞与太上八十一顕化図」(『文物天地』1993-7)

(49) 「馬児年諭旨碑【碑陽】【碑陰】」(鄧慶平編録『蔚県碑銘輯録』広西師範大学出版社 2009 年 pp. 76-77)

(50) 『北京図書館蔵歴代石刻拓本匯編 48 元一』「崇国寺札子」(中州古籍出版社 1990 年 pp. 88-89)

(51) 『潜研堂金石文跋尾』巻十八「焚燬諸路偽道蔵経碑」，嘉慶十五年『泰山志』巻十八「金石」《聖旨焚偽道蔵碑》，『攈古録』巻十七「冥福寺聖旨焚燬諸路偽道蔵経碑」，宣統二年『山東省保存古蹟事項統計表』十五「泰安県三」"元焚燬諸路偽道蔵経碑，至元二十二年，冥福寺"等。

(52) 『廟学典礼』巻三「郭簽省咨復楊総摂元占学院産業」

(53) 『元史』巻九「世祖本紀六」"[至元十四年二月丁亥]詔以僧亢吉祥，怜真加，加瓦 [八] 並為江南総摂，掌釈教，除僧租税，禁擾寺宇者"。なお，江南の道教が至元二十五年以降，張天師の管領江南諸路道教所と，張留孫，呉全節等の総摂江淮荊襄等路道教所のふたつによ

って管轄されていたように，釈教も管領江南諸路，総摂江淮諸路を使い分けている可能性がある。『至正金陵新志』巻六「大元統属官制」には"行宣政院，従一品衙門。管領江南諸省地面僧寺功徳詞訟等事……至元二十八年於建康水西門賞心亭上開設衙門。係脱脱大卿為頭院使。三十年遷院杭州"とある。1940年に泉州通淮城門から出土した皇慶二年の碑文に"管領江南諸路明教・秦教等也里可温，馬里失里門阿必思古八・馬里哈赤牙"とあるのも注目される。呉文良原著・呉幼雄増訂『泉州宗教石刻（増訂本）』（科学出版社　2005年　pp. 395-403）

(54) 陳高華「略論楊璉真加和楊暗普父子」（『西北民族研究』1986-1　のち『元史研究論稿』中華書局　1991年　pp. 385-400に収録）参照。

(55) 『郭天錫手書日記』（上海図書館蔵稿本）「至大元年九月二十七日」"晩晴。登呉山下視杭城煙，瓦鱗鱗無弁処所，左顧西湖，右俯浙江，望故宮蒼莽，独見白塔屹立耳」，「至大元年十月十八日」"是日遊大般若寺。寺在鳳凰山之左，即旧宮地也。地勢高下，不可弁其処也。次観楊総統所建西畨仏塔，突兀二十丈余，下以碑石甃之，有先朝進士題名并故宮諸様花石，亦有鐫刻龍鳳座，皆乱砌在地，山峻風寒，不欲細看，而次遊万寿尊勝塔寺，亦揚・其姪者所建，殿仏皆西畨形像，赤体侍立，雖用金装，無自然意……次遊新建報国寺，行至殿後有塊石，僅留二十余字。僧本別立一木牌云：「五十年前，理宗夢二老僧曰『後二十年乞一住足地』。恍然夢覚。今築地得此石，却無年代可攷。昔梵刹為王宮。今茲復為梵刹，如波入海」。以余観之，亦好事者為之也。且朝代之廃興皆天也。二僧入君王夢中，孰記而伝之耶。浮屠之説妄矣。傍有二客，相与一笑而回」。なお，郭天錫がみた報国寺の木牌の伝承は，『湖海新聞夷堅続志』（中国国家図書館蔵元刊本）前集巻一「符讖門」《胡僧取殿》にも取り上げられており，"宋理宗一夜夢二胡僧曰「二十年後当以此殿還小僧」夢覚，宜問馬廷鸞，馬回奏云「胡僧乃夷狄之類，二十年後必主夷狄於殿下称藩」。上云「卿誌之」。馬遂立碑，以紀其事。至元年間帰附大元，有僧官楊総摂以宋殿基元係仏寺，因高宗南渡都杭，遂以為殿，至是復以殿為寺，屈指理皇之夢恰二十年，異哉"という。この書の作者は知られていないが，巻一「人倫門」《大元昌運》が，釈熙仲の『歴代釈氏資鑑』（東洋文庫蔵元刊本）巻十二「大元昌運」と酷似していることからみても，大元時代の僧侶の手になると考えられる。

(56) 『元史』巻十五「世祖本紀十二」"〔至元二十五年二月丙寅〕江淮総摂楊璉真加言以宋宮室為塔一，為寺五，已成，詔以水陸地百五十頃養之"。

(57) 高念華主編『飛来峰造像』（文物出版社　2002年　pp. 116-220）。とくに，「第89龕《大元国杭州仏国山石像賛》」p. 121，「第99龕造像題記」p. 125，「第98龕造像題記」p. 140，「第75龕題記」p. 213。『武林石刻記』巻四「大元国杭州仏国山仏像賛」，「飛来峰鑿仏題名六通」

(58) 『遂昌山人雑録』"銭塘湖上旧多行楽処，西太乙宮・四聖観，皆在孤山。宋雖遷僧寺建宮観於其上，而六一泉寺・喜鵲寺皆遷北山，亦各擅山水之勝……楊璉真加奪為僧寮。今皆無一存，荒榛満目，可勝嘆哉"，"和靖先生豈有含珠者，楊璉真珈亦発其墓焉。聞棺中一無所有，独有端硯一枚」，『東維子文集』巻二三「杭州龍翔宮重建碑」"我朝崇重玄教，璽書護持。今公執以奉修祀典。不幸胡僧璉陵轢教門改宮為寺，公力于匡復，有詞于上，獲帰土田者半。殿宇不可復，則有私贅置宋楊和王府基。在今城西北隅」，『始豊稿』巻十一「重修龍翔宮碑有序」"杭之龍翔宮，初建於後市街西，蓋宋理宗潜邸也。理宗既斥其地為宮，以奉感生帝，而命左右街都道録胡瑩微為開山住持，以重其地。元至元中，西僧楊輦真珈総統江淮釈教事，崇釈而抑老，以龍翔宮為寿寧仏寺。住持胡原洪購地於城西北隅，改建之。其地与宋和義郡王楊氏第

密邇，而今宮基則<u>楊</u>氏所奉神祠処也。<u>延祐</u>中，朝廷降印書，命天師<u>張留公</u>主領宮事，且世襲之，而住持則<u>黃石翁</u>也”，『<u>松郷先生文集</u>』巻二「四聖延祥観碑銘」“<u>至元十三年</u>，玄教大宗師真人張君<u>留孫</u>，出際風雲，入観道行眷隆，築崇真万寿宮於<u>京師</u>，留侍闈庭。十八年有旨命主延祥。凡観之役一以旧褐祗事。二十有二年，有以慧力掩真人者主之，観之徒雲萍東西，無所於寄事，聞於朝，<u>大德元年</u>，有旨，<u>江浙行省撥杭天宗河之北官地若干，俾興四聖延祥観</u>。凡田地山蕩旧隷観者，復籍入”。

(59)『呉興金石記』巻十四「湖州路安定書院田土銭糧碑記」は，至元二十二年から泰定四年までの長期に亘る安定書院と何山寺の訴訟の一部始終を記録する湖州路ダルガチ総管府発給の文書，および将来同様の訴訟が繰り返されないように証拠として宋代以来の数通の文書を合刻したもので，ひじょうにおもしろい資料である。詳細は，別の機会に紹介したい。

(60)『廟学典礼』巻四「学田地銭糧分付与秀才毎為主」“議し得たるに；<u>至元二十三年</u>，中書省の奏して奉じたる聖旨に，秀才に与え了当。江南の僧・道・秀才は，自来，各置き到る養贍の田畝・産業有り。其の僧道の産業は，旧に依り寺観に隷属し，秀才の田土は已に有る，欽奉せる聖旨に，秀才に与え了，即ち合に僧道与一般に，秀才に従い文廟脩葺し，生徒を養贍するを聴す。官司は理問を必とせず，是れ相応為り”もあるいは関係する可能性がある。『元史』巻十四「世祖本紀」にも，至元二十三年二月“江南諸路の学田の昔，官に隷くは，詔して復た本学に給し，以って教養に便ず”という。至元二十五年十月の儒戸の雑徭の免除の詔，江南の学田の収入の一部を集賢院の財源とする政策はこれを踏まえたものである。

(61)『元史』巻一二○「亦力撒合伝」によれば，至元二十一年の段階で，ナヤンの叛乱の動きは密奏されていた。

(62)『元史』の本紀によれば，至元十六年十月以降，皇太子のチンキムが国政を預かり，中書省，枢密院，御史台ほか百司の案件については，まずチンキムに啓上したあとでクビライに上奏することになった。至元十八年正月からは「授時暦」も頒行，開始されており，この時点で政権移譲がいったん公にされたと見てよいのだろう。ただしアフマド率いる尚書省については，クビライが掌握しつづけた。至元十九年のアフマド暗殺事件の背景にはチンキムとクビライの確執があり，至元十八年から二十二年にかけての『元史』の本紀をはじめとする漢文資料のクビライ親子の関係についての記述は極めて曖昧である。ノムガンとアントンのカラ・コルム方面からの帰還時期についての齟齬，チンキムを皇太子とした二年後の至元十二年に百官がクビライに奉った尊号が，至元二十一年にあらためて受け入れられ，天下に大赦の詔が発令されること，『聖元名賢播芳続集』巻六「諭中書省以下大小官吏諸色人等詔赦至元二十一年」の異様な内容等，不審点を数え上げればきりがない。『世祖実録』，『宗室伝』，『功臣伝』等の編纂段階で相当書き直され，関連の碑石なども打ち壊された可能性が高い。杉山正明の教示によれば，ラシードゥッディーンの『集史』「クビライ・カアン紀」をはじめとするペルシア語資料の記述では，クビライ，ノムガンとチンキムの間に継承争いがあり，チンキムが死ぬ前の三年間，なんと実際に王位についていたという（漢文資料のいう“皇太子位”の意味であれば，“三年”の筈がない。日本でいえば，上皇と天皇のような関係，ということだろう）。クビライが，至元二十三年以後も，財務とティベット仏教管轄下の江南寺院の田地の収益を掌握するサンガ等の要求に唯々諾々と従い，なかば足元を見透かされている感があるのも，アフマドの死後におけるかれらの功績が極めて大きなものであったと認めていたからだろう。Rashīd al-Dīn Fazl-Allāh Hamadānī, *Jāmiʻ al-Tavārīkh*, MS : Istanbul,

第 7 章　地方神の加封と祭祀　　311

Topkapı Sarayı Müzesi, Kütüphanesi, Revan 1518, f. 211a.

(63)『嘉泰会稽志』巻十三「賀季真宅」“<u>唐賀秘監宅</u>。在会稽県東北三里八十歩。<u>知章</u>晩自号<u>四明狂客</u>。天宝初，請為道士，還郷里。詔許之。以宅為<u>千秋観</u>。又求周宮湖剡川一曲宅，今<u>天長観</u>，是也”，『会稽続志』巻三“千秋鴻禧観，初<u>賀知章</u>入道以其所居宅為観，始曰「千秋」，尋改<u>天長</u>。乾道四年，郡守丞相<u>史</u>忠定公奏移天長観額，建于県東南五里。嘉定十三年，賜名「千秋鴻禧」，仍為祠官典領之地。前有亭曰「鑑湖一曲」。又一亭曰「懐<u>賀</u>」。皆<u>史</u>丞相建。新額頒降，守<u>汪</u>綱以観褊小無以掲虔，即更新之，為屋六十余間。又増建<u>真武殿</u>，先賢列仙祠并<u>賀秘監</u>祠・<u>爽気堂</u>”。

(64)『癸辛雑識』別集上「賀知章倚史勢」

(65)『延祐四明志』巻十八「釈道攷下」《昌国州道観》「貫雲石作道隆観記」

(66)『通制條格』巻三「戸令」《寺院佃戸》

(67)『元典章』巻十七「戸部三」《戸計》【抄数戸計事産】

(68)『至順鎮江志』巻九「寺院」《丹徒県》【報親庵】“<u>皇元</u>崇尚釈氏教，<u>至元</u>庚寅［二十七年］，令民占籍，凡土田之隷於僧者，咸鬻其租入，是庵之業亦與焉”，『成化処州府誌』巻二柳貫「処州路儒学帰田記」“<u>至元二十七年</u>僧官<u>楊</u>総統，倚法始横。<u>延慶寺</u>僧師晟，因構諷詞，陳之統所……”，『成化処州府誌』巻四劉基「麗水県儒学帰田記」“入国朝<u>至元</u>二十七年鈔数之籍，有<u>婺</u>州僧<u>顕忠</u>者，妄以田為已廃聖寿寺故物，訴于僧司，僧司左僧，弗顧官籍，有司莫較，而因遂入于僧牒。……”など枚挙に暇がない。

(69)『至順鎮江志』巻十一「書院」《金壇県》【淮海書院】“<u>宋淳祐</u>中，太常少卿<u>高郵龔基</u>先首議創立。帰附後，<u>至元</u>二十七年，為<u>甘露寺</u>僧所奪，山長<u>郭景星</u>力訴於有司，弗勝，儼民居以肄諸生”。

(70) 前掲陳高華「略論楊璉真加和楊暗普父子」p. 395.

(71)『至正金陵新志』巻六「統統官制」《行宣政院》によれば，江南諸省地面の僧寺の功徳，詞訟等の事を管領する従一品の衙門で，至元二十八年に建康路に開設，トクトが初代の長官となった。その二年後に杭州に移設された。

(72)『越中金石記』巻七「開元寺首楞厳咒呪」。なお『続修玉泉寺志』巻一「公拠」《田土公拠》に引用されるクビライの聖旨“至元二十九年，欽奉せる世祖皇帝の聖旨の節該に；「江北道^{ジャウリク}の江に沿う一帯に有る的 荒閒の地土は，_{ところの}気力の有る富戸毎の余剰・占め著 田地を要め_{おわったら}了 呵，無田毎・百姓毎根底与え者」此レヲ欽シメ。又欽奉せる聖旨に；「如今那の去っ来_{いまや}的 人毎が，文書を與え将て来て有る。『和尚・先生』が，多く占めて了 田地は，合に_{いかが}怎生すべきか？』と説い将て来て有る。奏した呵，『甚の疑惑が有る？ 根脚の裏に（＝もともと）是れ寺院家の的呵，他毎に属し，後頭に占めて了 的呵，那の体例に依り，写き将て来者_{こい}麼道。」此レヲ欽シメ”においても，やはり仏教側の強奪に強い姿勢で臨む姿勢はみられない。

(73)『元史』巻十六「世祖本紀十三」［至元二十八年五月］“［戊戌］，遣<u>脱脱</u>，<u>塔刺海</u>，<u>忽辛</u>三人追究僧官<u>江淮総摂楊璉真伽</u>等盗用官物”，“［辛亥］罷<u>脱脱</u>，<u>塔刺海</u>，<u>忽辛</u>等理算僧官銭穀”，『元史』巻十七「世祖本紀」［至元二十九年三月］“壬戌，給還<u>楊璉真加</u>田・人口之隷僧坊者。初，<u>楊璉真珈</u>重賂桑哥，擅発<u>宋</u>諸陵，取宝玉，凡発冢一百有一所，戕人命四，攘盗詐掠諸贓為鈔十一萬六千二百錠，田二万三千歃，金銀珠玉宝器称是。省台諸臣乞正典刑以示天下，帝猶貸之死，而給還其人口・土田”。

(74)『析津志輯佚』「寺観・普安寺」

312　第 II 部　大元ウルスの宗教政策

(75)『元史』巻十七「世祖本紀」"[至元三十年]二月己丑，従<u>阿老瓦丁</u>・<u>燕公楠</u>之請，以<u>楊璉</u><u>真珈</u>子宣政院使<u>暗普</u>為<u>江浙行省左丞</u>"，"[五月丙寅]以<u>江南</u>民怨<u>楊璉真珈</u>，罷其子<u>江浙行省</u><u>左丞暗普</u>"。（アラーワッディーン）

(76)『定襄金石攷』巻三「宣授五台等処釈教都総摂妙厳大師善行之碑」，『関王事蹟』巻三（中国国家図書館蔵成化七年張寧刻本）「亭侯印図」，『楚国文憲雪楼程先生文集』巻九「大護国仁王寺恒産之碑」，『益斎乱稾』巻一「楊安普国公宴大尉瀋王于王淵堂」，『益斎乱稾』巻九上「忠憲王世家」

(77)『忠烈金石攷』巻四上劉秉懿「重建寝殿神光楼記」"又三十年，僧<u>慧心</u>嗣席，辛勤克紹，益加荘厳，<u>泰定</u>三年丙寅夏六月……"，巻六「種樹妥霊」"復<u>至元</u>丁丑，同知路事<u>要児只不花</u>中憲，（ヨルチブカ）捐己帑，命住持僧<u>慧心</u>，雑樹木竹，護以藩籬，禁其樵採"。

(78)『忠烈紀実』巻一〇黄宣子「富山廟捨田記」（泰定三年五月）【付 4・(H)】"住持僧　(恵)[<u>慧</u>]<u>心</u>・嗣僧<u>紹初</u>"，"<u>飯院主</u>"，巻四上劉秉懿「重建寝殿神光楼記」"明年（<u>天暦</u>元年）七月，独神光楼・<u>福恵殿</u>未備。<u>慧心</u>同徒弟<u>紹初</u>竭私■創<u>福恵殿</u>，成神光楼，工夫費重，衆翕然楽助有差"，呉静観「重修忠烈聖妃殿記」（至正元年立石）"住持釈<u>慧心</u>・監院僧<u>紹初</u>"。

(79)『忠烈紀実』巻四下「祈門県重建廟記」（儒林郎徽州路総管府経歴張純仁撰，奉直大夫寧国等路権茶提挙阿思蘭海牙書，奉政大夫徽州路総管府治中李栄祖篆蓋，至正二年五月十五日承（アルスランカヤ）徳郎徽州路祈門県尹兼観農事張士元立石）

(80)『忠烈紀実』巻十三「旧事実序」"然流伝於閭巷者，毎譌籠之相承，紀載於栄書者，又序次之無法。故雖有離群紀類之遺思，迹掩後而超前者亦未見。其可伝信於邈久，此<u>忠烈</u>顕紀之所由作也。<u>忠烈</u>之績偉矣。其見於紀載者，有伝，有行状，有事実，有紀実，有拾遺。然皆著■■倫，條貫糜摂，或此得而彼遺，或細存而鉅佚，又或■之以煩浮，鼓之以誣誕，使人撫巻欲然，恒有所不懐。郡人<u>張仲文</u>，乃集諸編，而覈是非，而著之事，芟其蕘錯，而類従之。且復精加銓叙，而訂為一書，而分為十紀，一日紀績，載其奪初而顕終也。二日紀封，載其畳褒而累諡也。三日紀世，載其譜前而系後也。四日紀霊，載其功神而烈盛也。五日紀刻，載具碑豊而誌広也。六日紀禱，載其祝厳而請懇也。七日紀頌，載其声功而詠徳也。八日紀文，載其沓題而泛述也。九日紀史，載其明書而信著也。十日紀卜，載其昭従而験違也。合而名之，日『忠烈類紀』。然後可以追原其既往，然後可以重耀於将来。然後記著秩而疏，神之実始倫，去存審然後■，神之意始恭。<u>仲文</u>之於此書，可謂無遺恨矣。山川不朽，固忠烈与之不朽，廟食長存，即此書与之倶存。豈不亦燁乎。其相輝比也哉。前翰林待制<u>楊剛</u>中序"。

(81)『休寧西門汪氏族譜』（国会図書館蔵嘉靖刻本），『新安文粋』巻二汪永安「重修家乗序」。なお，汪永安は，『新安文粋』の助刊者のリストにも名をつらねている。

(82)『廟学典礼』巻三「郭簽省耆復楊総摂元占学院産業」"<u>江淮</u>等処行尚書省，<u>至元二十八年四月榜文該</u>：准本省簽省嘉議大夫簽<u>江淮</u>等処行尚書省事咨該：欽覩詔書開列條例，務在更張旧弊，恵済生民，除已欽依奉行外……擬合将前僧人強行佔拠諸人房屋・田土・山林・池蕩，并宮観・廟宇・学舎，書院，照依帰附時為主，尽行給還元主，実副<u>江淮</u>民望。拠此除外，合行出榜暁諭者"。

(83)この年，休寧県では，県尹の張発が千六百余頃の田の灌漑事業を行い，その頌徳碑が，臨渓の汪王祠に碑として立石されたという。『弘治徽州府志』巻三「水利」《休寧》，巻四「名宦」《陳発》

(84)じゅうらい指摘されていないが，延祐元年十一月に発令された江南の検地は，アユルバルワダの本来の意図であったかどうかは別として，歴代の地契，公文書，四至の彩色絵図など

の提出を必要としたため，道観，儒学が，寺院に強奪されていた田地の返還を申請，裁判に持ち込む絶好の機会となった。既述の湖州路安定書院や四明の道隆観も，これをきっかけにもとの敷地を取り戻すことができた。『程氏貽範集』乙集巻二に収録される泰定四年六月に徽州路総管府が発給した「世忠廟禁約榜」も，延祐二年の計理がポイントであったことを伝える。詳細は，別稿にて扱う。『忠烈紀実』もこの至元二十五年の二通の文書のあとに，延祐二年正月に伝達された経理田糧の聖旨とその調査報告書を掲載する【付4・(G)】。張永畈は，この危機をなんとかやり過ごしたようである。

(85) この二書の詳細は，別稿にて紹介する。

(86) 『北京図書館蔵中国歴代石刻拓本匯編　元一　48』(北京図書館金石組編　中州古籍出版社　1990年　p. 133, p. 193)

(87) 『黒城出土文書　漢文文書巻』p. 138,『中国蔵黒水城漢文文献②銭糧文書巻』(国家図書館出版社　2008年　p. 407)

(88) 『黒城出土文書　漢文文書巻』p. 176, p. 119, p. 139,『中国蔵黒水城漢文文献②銭糧文書巻』p. 309, p. 408. p. 311,『中国蔵黒水城漢文文献⑤軍政与站赤巻』pp. 1138-1139, p. 1142.

(89) 『救荒活民類要』(中国国家図書館蔵明刊本)「検旱」"大德元年五月，中書省，江浙行省咨：江南天気風土与腹裏倶不同。稲田三月布種，四・五月間挿秧，九月十月才収成"。

(90) 羅常培・蔡美彪『八思巴字与元代漢語　増訂本』(中国社会科学出版社　2004年)，胡海帆「北京大学図書館蔵八思巴字碑拓目録并序」(『国学研究』第九巻　2002年6月　pp. 373-412)

(91) 『弘治徽州府志』巻四「郡邑官属」を信ずるならば，ムバーラクは皇慶年間の任であり，前任の武議大夫の撤里蛮が該当する。

(92) 『祠山事要指掌集』巻一「修造廟宇　至元広徳路民戸告乞加祠山封号」，「至元行中書省咨中書省」。以上の全文は，『祠山志』巻二「請封」にも収録されている。

(93) 宮紀子「『四書章図』出版始末攷」に挙げた諸例を参照。

(94) 『至正金陵新志』巻三下「至大四年正月五日，以上年郊祀大赦"，『元史』巻二三「武宗本紀」[至大三年十月朔]，[十一月]"丙申，有事於南郊，尊太祖皇帝配享昊天上帝"，『永楽大典』巻五四五五"『太常集礼』；至大三年十月三日大傅左丞相田司徒・醜閭司徒・紐隣参議奏；去年十二月初一日尚書省奏；南郊配位，従従北郊方丘，及朝日夕月，奉聖旨「教行者」。臣等議南郊不先祭，北郊難祭。今年十一月冬至日，祭南郊，以成吉思皇帝配，明年春朝日，夏祭北郊，以世祖皇帝配，秋夕月。制可，仍勅有司，合用物品，速為供具祗備"，『元典章』巻三「聖政二」《霈恩宥》"至大三年冬十一月二十三日，禋祀南郊詔書節文：可自至大四年正月初五日昧爽以前，已発覚・未発覚・已結正・未結正・罪無軽重，咸赦除之。敢以赦前事相告言者，以其罪罪之"。孫玉鉉に『親祀南郊儀注』の著録があったらしいが現存しない。

(95) 『元典章』巻三「聖政二」《崇祭祀》"至大四年正月初五日，欽奉禋祀南郊詔書内一款：「岳鎮海瀆，已議加封，遣使致祭，其路府州県名山大川・聖帝明王・忠臣烈士，凡在祀典者，各具事蹟申聞，次第加封。除常祀外，主者施行，厳加致祭，廟宇損壊，官為修葺」。又一款：「開国以来，効節功臣，所封分邑，有司立祠，以時致祭」"。

(96) これより先，至大二年七月，正一教の大立者呉全節が集賢院を通じて，饒州の柳侯廟の顕神霊忠烈恵沢王すなわち唐の進士柳敬徳への加封を願い出て，すぐに宣命を得ている。『清容居士集』巻二五「饒州安仁県柳侯廟碑」

(97) 宮紀子「大德十一年『加封孔子制誥』をめぐる諸問題」(『中国——社会と文化』14

314 第II部 大元ウルスの宗教政策

1999 年 6 月　のち『モンゴル時代の出版文化』に収録）
(98)『元典章』巻三「聖政二」《崇祭祀》,『元典章新集至治条例』「国典」参照。
(99)『元史』巻二六「仁宗本紀」“[延祐五年七月戊子] 加封<u>楚</u>三閭大夫<u>屈原</u>為<u>忠節清烈公</u>”,
　　『元史』巻二八「英宗本紀」“[至治二年閏五月] 戊戌, 封<u>諸葛忠武侯為威烈忠武顕霊仁済王</u>”。
(100) ただし, 汪斎諭等の申請は至正元年以降のことであるから, 直接にはトゴン・テムルの詔
　　の條画を引用したものかもしれない。トゴン・テムルはカイシャンの子である。
(101)『元史』巻八五「百官志一」礼部, 尚書三員正三品, 侍郎二員正四品, 郎中二員従五品,
　　員外郎二員従六品。掌天下礼楽・祭祀・朝会・燕享・貢挙之政令。凡儀制損益之文, 符印簡
　　冊之信, 神人封諡之法, 忠孝貞義之褒, 送迎聘好之節, 文学僧道之事, 婚姻継続之辨, 音芸
　　膳供之物, 悉以任之。
(102)『元史』巻八八「百官志四」“太常礼儀院, 秩正二品。掌大礼楽・祭享宗廟社稷・封贈諡号
　　等事”,『道園学古録』巻三六「袁州路分宜県新建三皇廟記」“国家置太常礼儀院, 以奉天地
　　祖宗之祭, 外則山川鬼神之祀典咸秩焉。其長貳参佐十数人通領之。典故議論, 属諸博士, 而
　　郊社宗廟, 執礼治楽, 器服幣, 各有攸司, 而審時日庀物数, 治文書以達上下, 中外分隷職事
　　者, 則存乎府史矣。是故干羽舞蹈之容, 律呂始終之奏, 玉帛品物之節, 膠醴牲殺之儀, 籩豆
　　鼎俎之実, 升降進退之宜, 鬼神享格之義, 凡従事於斯者, 莫不通習而具知焉。故其出為外有
　　司, 以其見聞施諸行事, 則有非他官所能及者」。
(103)『栝蒼金石志』巻十一「麗陽廟加封神号碑」“移准太常礼儀院関：検照得：『宋会要』元豊
　　三年・大観二年・紹興二十九年累嘗加封, 即係載在祀典, 合依既擬加封相応……”。
(104)『元史』巻九「世祖本紀」“[至元十四年七月丁巳], 回水窩淵聖広源王加封<u>善佑</u>, 常山霊済
　　<u>昭応王加封広恵</u>, 安丘電泉霊霈侯追封<u>霊霈公</u>”。
(105)『元史』巻一〇「世祖本紀」“[至元十五年正月己亥], 封磁州神<u>崔府君</u>為<u>斉聖広佑王</u>”,『紫
　　山大全集』巻十七「斉聖広佑王廟碑」,『道家金石略』「重修護国西斉王廟記」(陳垣・陳智
　　超・曽慶瑛　文物出版社　1988 年　pp. 775-776)。
(106)『山右石刻叢編』巻二六「封二賢詔」, 巻二八「二賢祠加封記」, 巻二九「詔封二賢碑陰記」,
　　『馬石田文集』巻八「聖清廟記」。至元十八年十月の発令であるが,『元史』の「世祖本紀」
　　はこれを至元十五年十二月戊申三十日に載せる。あるいは, チンキムとの確執による処理か。
　　『国朝文類』巻十一「追封伯夷叔斉制」から, この詔が閻復の撰であることが判明するが,
　　発令の年月日は載せていない。
(107)『元史』巻十三「世祖本紀」[至元二十一年閏五月] “辛巳, 加封衛輝路小清河神曰<u>洪済威
　　恵王</u>”, [至元二十二年二月丙午] “加封桑乾河神<u>洪済公</u>為<u>顕応洪済公</u>”。
(108)『元史』巻十五 [至元二十五年六月] “癸酉, 詔加封<u>南海明著天妃</u>為<u>広祐明著天妃</u>”。
(109)『山右石刻叢編』巻二八「加封崔府君詔」,『常山貞石志』巻二四「加封広佑王聖旨碑」。
　　『嘉靖磁州志』巻三王徳淵「崔府君廟記」によれば, 平章政事の安祐が加封をテムルに願い
　　出たもので, 翌元貞二年には,“有司欽承以牲牢備物, 宣読詔, 聞制誥於廟, 三献礼終, 韜
　　置神室, 尋奉御宝聖旨, 護持禁約, 冊或侵褻。廟主提点<u>熙貞</u>大師<u>趙宗貴</u>・提領<u>純和</u>大師<u>梁岳
　　正</u>, 因議摸勒貞石金像, <u>蒙古</u>本字於上, 漢訳隷字於中, 記文於下, 植諸殿前, 昭神威而侈国
　　賜礼也”という。ただしこのときの褒号は, カイシャン時代以降無視されているようである。
(110)『元史』巻二〇「成宗本紀」“[大徳三年二月] 壬申 [二十日], 加解州塩池神<u>恵康王</u>曰<u>広済</u>,
　　<u>資宝王</u>曰<u>永沢</u>, 泉州海神曰<u>護国庇民明著天妃</u>, 浙西塩官州海神曰<u>霊感弘祐公</u>, 昊大夫<u>伍員</u>曰
　　<u>忠孝威恵顕聖王</u>”。『呉山伍公廟志』巻一に収録される制誥は, 加封の年を大徳四年といい,

さらに賜号を順祐忠孝威恵顕聖王とする。

(111)『山右石刻叢編』巻二八「封永沢王勅」,「封広済王勅」,『河東塩池碑匯』(南風化工集団股份有限公司編　山西古籍出版社　2000年　pp. 37-39)

(112)『巴西集』巻下「重建広恵廟記」も延祐三年の撰だが,加封には言及しない。

(113)『元史』巻二九「泰定帝本紀」"[泰定元年春正月丙辰],敕封解州塩池神曰霊富公"。

(114)『元史』巻二九「泰定帝本紀」"[泰定元年二月丁丑二七日]加封広徳路祠山神張真君曰普済,寧国路広恵王曰福祐"。

(115)『元史』巻三〇「泰定帝本紀」"[泰定三年六月]戊戌,遣使祀解州塩池神"。

(116)『元史』巻三〇「泰定帝本紀」"[致和元年四月]甲寅,改封蒙山神曰嘉恵昭応王,塩池神曰霊富公,洞庭廟神曰忠恵順利霊済昭佑王,唐柳州刺史柳宗元曰文恵昭霊公"。

(117)『元史』巻三〇「泰定帝本紀」"[致和元年六月甲申]加封幸淵龍神福応昭恵公"。

(118)『元史』巻三〇「泰定帝本紀」"[三年十一月辛酉]加封盧陵江神曰顕応","[泰定四年十月]甲辰,改封建徳路烏龍山神曰忠顕霊沢普佑孚恵王"。

(119)『玄天上帝啓聖霊異録』,『大岳太和山志』巻一「誥副墨第一」《元詔誥》

(120)『攈古録』巻十九「蒙山聖旨碑」によれば"蒙古書訳文正書。山東費県。一. 至順元年馬児年七月二十三日。一. 至順四年正月上旬"なる大元時代の直訳体の碑文もあったようだが,現存しない。

(121)『程氏貽範集』甲集巻一「忠烈顕恵霊順善王宣命」,『弘治休寧志』巻三一「忠烈王程霊洗勅牒」。程敏政は,勅牒を『琴川壺渓譜』から抄写した。同書では,パクパ字と漢字に行を分けて記されていたという。『篁墩程先生文集』巻三六「書先忠壮公封王宣命後」参照。

(122)『益都県図志』巻二八「重修武安王廟碑並碑陰」"国朝天曆倒刺叛。王使也先帖木率衆撃之。宣言関王附身及平。故我朝亦有顕霊英済之贈,載於史冊"。

(123)『元史』巻三二「文宗本紀」"[天曆元年九月庚辰],加封漢前将軍関侯為顕霊義勇武安英済王,遣使祠其廟",巻三三「文宗本紀」"[天曆二年八月甲寅]加封大都城隍神為護国保寧王,夫人為護国保寧王妃",巻三四「文宗本紀」"[至順元年正月辛巳]加封秦蜀郡太守李氷為聖徳広裕英恵王,其子二郎神為英烈昭恵霊顕仁祐王",『梨岳詩集』(北京大学図書館蔵抄本)「有光重封梨岳廟碑」"天曆戊辰,郡修祀,己巳,議号,命太常酌礼定典,謂神著霊南土,福庇一方,爵王八字,蔑以加擬応信為恵孚,封曰「溥澤福恵忠顕孚順王」,一札天頒,風飛雷動,有光山岳,微顕闡幽盛矣。謹按;先志,王諱頔,字徳新,睦州寿昌人,少秀悟博学,善属詞,尤長於詩。宣宗大中八年擢進士……"。なお,『江寧金石記』巻七「重建清源廟碑銘」によると,二郎神は,延祐年間に加号,天曆年間に改封され,トゴン・テムルの即位後にさらに「護国」の褒号を加えたことになっている。民国二十三年『鄒県新志』(『歴代鄒県志十種』中国工人出版社　1995年　pp. 689-690)「文録」の王思誠「重修護国聖烈昭恵霊顕仁祐王廟記」に見える号がそれであろう。同様の事例は,秦代の石固を祀った贛雷崗の神いわゆる江東王廟神の場合にも見られ,延祐五年より後,至正年間までに三度易封されているが,『元史』には記載がない。『不繋舟漁集』巻十二「江東王廟碑記」,『傅與礪文集』巻三「江東神廟記」,『申斎劉先生文集』巻五「龍泉江東廟記」

(124)『元史』巻三六「文宗本紀」"[至順三年五月]壬辰,太常博士王瓚言:各処請加封神廟,濫及淫祠。按『礼経』;以労定国,以死勤事,能禦大災,能捍大患則祀之。其非祀典之神,今後不許加封。制可"。

(125)あるいは『道園学古録』巻四八「勅封顕祐廟碑」にみえる至順二年夏,江西行省が申請し

316 第 II 部　大元ウルスの宗教政策

たという吉安の顕祐廟の加封，『栝蒼金石志』巻十一「麗陽廟加封神号碑」にみえる至順三年九月の処州路の麗陽廟の改封——同書巻十二「麗陽祖廟之碑」によれば，申請運動自体は延祐二年に開始されている——等もそのひとつではなかったか。『元史』巻三九「順帝本紀」［至元三年三月］癸亥，加封晋周処為英義武惠正応王”，巻四〇「順帝本紀」“［後至元五年四月］乙未，加封孝女曹娥為慧感霊孝昭順純懿夫人”，“［五月］丙戌，加封瀏陽州道吾山龍神崇惠昭応霊顕広済侯”，“［至元六年七月］甲寅，詔加封微子為仁靖公，箕子為仁献公，比干加封為仁顕忠烈公”，“［八月］癸丑，加封漢張飛武義忠顕英烈霊惠助順王”，“［至正元年十二月］加封真定路滹沱河神為昭佑霊源侯”，“［至正二年十二月己巳］加封真定路滹沱河神為昭佑霊源侯”，“［至正十一年四月乙酉］詔加封河瀆神為霊源神祐弘済王，仍重建河瀆及西海神廟”，後至元六年に中書省礼部から晋寧路総管府に下された符文（「大元加謚晋世子申生恭愍碑」『三晋石刻大全・臨汾市曲沃県巻』山西出版集団・三晋出版社　2011 年　pp. 35-38）などに見える諸神の加封，改封も泰定帝の時代にいったん許可されていた可能性がある。

(126) 宮紀子「『四書章図』出版始末攷」参照。

(127)『忠烈紀実』巻七下「至正壬午上元告廟文」によれば，徽州路総管府のスタッフは次のとおり。正議大夫達魯花赤 明 都古思，朝列大夫同知撒都失里，奉政大夫治中李栄祖，奉議大夫判官塔失帖木児，承務郎推官張翼，儒林郎経歴張純仁，従仕郎知事張宗元，照磨丁柏。

(128)『新安汪氏慶年総譜』には，“至正元年閏五月二十九日。先泰定元年改封王号，今至正賜宣命”とある。泰定元年とするのはあきらかに誤りである。

(129)『金石分編彙目』巻六「九江府・瑞昌県」“宋封顕済廟孚沢侯勅　■書。慶元六年十月十七日県北八里白龍泉側洞内。元改封孚沢福裕仁烈英顕王聖旨　正書。至正元年閏五月　同上処”。

(130)「進元史表」“於是命翰林学士臣宋濂・待制臣王禕・儒士臣汪克寛・臣胡翰・臣宋禧・臣陶凱・臣陳基・臣趙壎・臣曽魯・臣趙汸・臣張文海・臣徐尊生・臣黄箎・臣傅恕・臣王錡・臣傅著・臣謝徽・臣高啓分科脩纂。上自太祖下迄寧宗，拠『十三朝実録』之文，成百余巻粗完之史。若自元統以後，則其載籍麕存。已遣使求求，俟続編而上送”，「宋濂目録後記」“至若順帝之時，史官職廃，皆無実録可徴，因未得為完書。上復詔儀曹遣使行天下，其渉於史事者，令郡県上之。又明年（洪武三年）春二月乙丑開局，至秋七月丁亥書成……凡前書有所未備，頗補完之。其時与編摩者，則臣趙壎・臣朱右・臣貝瓊・臣朱世濂・臣王廉・臣王琼・臣張孟兼・臣髙遜志・臣李懋・臣李汶・臣張宣・臣張簡・臣杜寅・臣兪寅・臣殷弼，而総其事者，仍臣濂与臣禕焉”。

なお，程敏政が刊行にかかわった汪克寛『経礼補逸』（台湾国家図書館蔵　明弘治間祁門汪氏原刊本）の附録に「修史還郷関文」と題する文書が掲載されている。

寧国府，［准太平府関該：【承准

応天府牒文：「承奉

尚書礼部符文：『欽奉

聖旨：《置局編修『元史』》，已行纂成。洪武二年八月十一日

左丞相宣国公上

表進呈

御覧過，欽奉

第7章　地方神の加封と祭祀　　317

聖旨：《編史儒士一十六名，各与両表裏・銀三十二両。除存留外，老病的送還郷里》。欽
　　此。欽遵外，数内儒士<u>汪克寛</u>等六名，元係<u>徽州</u>・<u>紹興</u>等府請到儒士。擬合欽依送還
　　郷里。為此』。省部除将各人元関・号色繳回兵部外，仰欽依
聖旨事意，即便応付船隻遞送還郷，仍行移前路官司一体応付，遇陸路応付脚力接送，無
得失悞遅滞。奉此』。当府除已応付外，牒可依上応付，順便船隻遞送還郷，仍行移前路
官司一体応付，如遇陸路一体応付，接送施行，毋得違慢』。蒙此，当府除已応付外，関
請依上施行。准此』。当府除已応付外，合行移関請照験，煩為依上応付，順便船隻，接
送施行。如遇陸路，応付脚力接送，勿遅滞。須至関者。
　　　右関
　　　<u>徽州府</u>

(131)『環谷集』巻三，巻八
(132)『東山存稿』巻五「祭婺源汪王廟文」代総制王克恭奉使汪広洋作
(133)それぞれ，目録の巻一〇「(宋)〔元〕勅免徴廟基税」，「元各郷士庶捨田姓名附畝数」，「元
　　申包納税糧状」にあたる。なお，忠烈廟および総管府には，ほんらい『台州金石録』巻十三
　　「元光遠庵瞻塋田畝歩図形条目」に見られるような，各田土の四至，形状を示す土地台帳，
　　魚鱗冊も保管されていたと推測されるが，『忠烈紀実』には収録されていない。

【附記】最近，阿風・張国旺「明隆慶本休寧《休寧瑠渓金氏族譜》所収宋元明公文書考析」(『中
　　国社会科学院歴史研究所学刊』第九集　2015年　pp. 417-470)が発表された。全26件もの
　　発給文書を見出し，そのうち数件は，元統から至正年間の大元ウルス朝廷および徽州の政
　　治・軍事情況について補足してくれる。

【附 1】「重編新安忠烈廟神紀実目録」

乾集

譜系略図説　附汪旭上譜表已見家語

王像文武図賛説　垂裕録公自述

世系封爵図説　富山廟図説附烏聊山銘

王陵図説　登源墓廟図説

歳請王図説　槐塘行祠図説

第一巻

行状胡伸司業　本伝宋承議松年

家伝汪襄□中大夫　汪氏譜跋二篇

銭氏夫人父九龍伝

第二巻

唐高祖紀歐陽脩　杜伏威伝宋祈

王雄誕伝　通鑑紀載司馬光

輿地紀勝王象之　考実之文十一事　羅顧　鄂守

第三巻上

奉籍帰唐表　唐封越国公誥圭

唐勅白渠府統軍誥圭

申請状　奏乞追封表六

宋勅賜忠顕廟　宋追封霊恵誥一通

宋勅改忠烈廟　宋追封王誥共十通

宋降御香省箚

元申請追封表　元追封王誥一通

国朝封越国汪公之神

巻下

宋申請状　宋封王妃誥七通

王曽祖考妣告四通　王祖父母告五通

王父母告七通　王弟告一通

王子所生母告四通　勅賜王第八子忠助廟

勅賜王第九個忠護廟　王諸子誥八通

王子婦告二通　王孫告一通

従神告勅三通

国朝禁約榜文一道　立唐宋元誥勅碑跋

第四巻上

坤集

重建越国公廟記　富山重建廟記

忠烈原廟記　重建寝殿記

重修忠烈妃殿記　重建寝楼記

王墓記　王墓廟記

重修忠烈陵廟記　封爵制誥記

加封記　歓令感神記

忠烈廟顕霊記　霊異記

巻下

登源越国公廟記　登源重修廟記二

第八侯廟記　髦田再造廟記

髦田廟化田記　槐塘赤坎廟記

第五巻

六邑忠烈行祠碑記　并附外郡

休寧忠顕廟記　休寧汪渓廟記

婺源霊恵廟記　祈門西山廟記

黟県横岡廟記　蕲州羅田廟記

第六巻

霊蹟八事　感応事実三十二事

第七巻上

謁廟文三篇　祈謝雨文二十七篇

祈謝晴文十四篇　禳火文二篇

焚黄祭墓文　告祭等文二十四篇

謝過自劾文　王祖等誥焚黄文

捕獲虎文二篇

巻下

慶誕晨文二篇　謁謝等文四篇

立顕霊碑告成文　春秋致祭文十篇

弭寇祝文　謝平寇文

駆蝗祈謝文二篇　祈謝雨文十篇

焚黄祭墓文　春秋祈報文二篇新増

第八巻

楽府紀頌九首

第九巻

建廟上梁文七篇

第十巻

捨田板榜宋　元箚付税粮事

宋勅免徴廟基税　富山捨田記

元各郷土庶捨田姓名附畝数

元申包納税粮状

第十一巻

題詠百四十二首

第十二巻

跋文五篇　像賛四篇

第十三巻

旧事実序三篇

第十四巻

跋勅告碑一篇　霊応誌五篇

第十五巻

籤文序二

【附2】唐封越国公誥圭

門下：汪華，往因離乱，保拠州郷，鎮静一隅，以待寧晏，識機慕化，遠送欵誠，宜従襃寵，授以方牧，可使持節総管歙・宣・杭・睦・婺・饒等六州諸軍事，歙州刺史，上柱国，封越国公，食邑三千戸。主者施行。

　　武徳四年九月二十二日
　　中書令上柱国宋国公臣瑀宣
　　中書侍郎上柱国清源県開国公
　　中書舎人開府臣顔師古奉行
　尚中上大将軍僕東郡開国公臣
　黄門侍郎事上儀臣君粛
　尚書中臣莱等
制書如右。請奉
制付外施行。謹言。
　　武徳四年九月二十二日
制可。
　　九月二十四日未時，都事田毗受。
　　右承善為付選部。
尚　書　左　僕　射　公
尚書右僕射上柱国魏国公寂
○部尚書上柱国陳郡開国公開山
○部郎中判吏部事上柱国　　餕
○書左承　直散騎常侍上柱国公善
告使持節総管歙・宣・杭・睦・婺・饒等六州諸軍事，
　歙州刺史汪華
　　奉被
制書如右。符到奉行。
　　　主事　唐世宗
　　宣部郎中上議同孝孫
　　　　令史　孫祖称
　　　　　書令史劉顕達
　　武徳四年九月二十二日下

勘同凡

【附3】白渠府統軍誥圭

　前歙州摠管汪華
　右可左衛白渠府統軍
門下：前歙州都督汪華等，或久経任使，或夙著欵誠，並宜参掌禁兵，委之戎旅。可依
前授。主者施行。
　　貞観二年四月五日
　　　中書令郎○国公臣房玄齢宣
　　　中書侍郎西河郡男臣葉
　　　中書舎人安平男臣李百薬奉行
　　　尚書検校○○蔡国公善和
　　　黄門侍郎永寧○臣　奉　給事中臣等言
制書如右。請奉
制付外施行。謹言。
　　貞観二年四月五日
制可。
　　　四月　日都事受。
　　　中司郎中懐道付。
　　尚　書　令
　　尚書左僕射
　　尚書右僕射
　　御史大夫権検校吏部尚書安吉郡公
　　尚書左丞武昌男
　　吏部侍郎楽中昌林甫
告左衛白渠府統軍汪華
　　奉被
制書如右。符到奉行。
　　　主事　文善
　　　令史陳士松
　　　書令史孫廓
　　　貞観二年四月七日下

勘同凡

第 7 章　地方神の加封と祭祀　**321**

【附 4】 申包納税糧状・各郷士庶捨田姓名・箇付税糧事

【原文】

(G)

　　　　「経理田糧」

　　　　延祐二年正月欽奉

　　聖旨：「経理田糧」。自実供報忠烈廟万寿寺田地山数目于后。

　　　　総計民田地山：参拾柒畝貳拾捌歩

　　　　免糧民田：貳拾参畝貳角玖歩

　　　　　田：壹拾玖畝貳角玖歩

　　　　　　孝悌郷二十都

　　　　　　　□田：共玖畝壹角九十一歩

　　　　　　　忠田：貳畝参拾歩

　　　　　　徳政郷九都

　　　　　　　夏田：陸畝三角柒歩

　　　　　地山

　　　　　　登盈郷在城東南隅一段寺廟墓地

　　　　　　　　貳畝，荒石山貳畝

　　　　　　　　　東至忠順営廨舎

　　　　　　　　　西至路直下至山脚

　　　　　　　　　南至落星石

　　　　　　　　　北至五雷真祠殿

　　　　納税糧民田：壹拾参畝貳角□□□□

　　　　　　登盈郷一都

　　　　　　　忠田：壹畝参拾伍歩

　　　　　　　夏田：共貳畝二角七十七歩

　　　　　　　七都，夏田：三角二十三歩

　　　　　　徳政郷九都

　　　　　　　忠田：共壹畝参角五十一歩

　　　　　　　夏田：壹畝参拾歩

　　　　　　哀繡郷二十二都

夏田：壹畝貳角伍拾参歩

寧仁郷三十七都

夏田：共貳畝伍歩

沙漲田：壹畝参角三拾玖歩

（H）

黄宣子「富山廟捨田記（泰定三年五月甲子記）」碑陰

住持僧恵心，嗣僧紹初，棄己衣鉢，置到捨入本廟，充常住修造，田園山
地：壹拾

捌畝壹拾捌歩

孝女郷

諸字等号田山：捌畝参角貳拾伍歩^{寄口茲}_{不復列}

寧仁郷

猶字分字田地：共玖畝伍拾参歩

士庶捨助田地：陸拾壹畝貳角参拾捌歩

旧本有各郷逐一字号，茲不復述

明徳郷田：壹拾貳畝壹角参拾壹歩

王乙提領捨田：壹畝貳角参拾歩

余拱之捨田：壹畝拾玖歩

呉氏妙徳捨田：壹畝貳拾陸歩

呉氏妙仙捨田：肆畝貳角貳拾歩

邵遇甫捨田：壹畝参角伍拾捌歩

朱文広捨田：壹畝参角伍拾捌歩

徳政郷田：壹拾玖畝肆拾壹歩半

江壬進士捨田：壹畝参角伍拾伍歩

趙提幹捨田：壹畝参拾歩

江琇甫捨田：貳畝

呉誠之捨田：貳畝肆拾捌歩

汪卯英捨田：壹畝参角

周竹埜捨田：壹畝参角

張仲文捨田：壹畝参角参拾歩

周進宝捨田：貳畝

　　　王文進捨田：壹畝伍歩

　　　周仁仲捨田：壹畝壹拾参歩

　　　方成之捨田：壹畝貳角

　　　呂淳甫捨田：参角貳拾歩半，水堀廿歩

　登盈郷田：肆畝参角壹拾柒歩

　　　江提領捨田：貳畝参角伍拾貳歩

　　　皈院主捨田：参角貳拾伍歩

　孝悌郷田塘：肆畝

　　　汪提挙捨田：参畝参角，又塘：壹角

　哀繡郷田塘：壹拾参畝伍拾肆歩半

　　　汪岩寿捨田：参畝貳角肆拾捌歩

　　　鮑得朝奉捨田：貳畝伍拾肆歩半

　　　鄒氏妙寧捨田：貳角

　　　余儀甫捨田：壹畝

　　　姚秀甫捨田：壹畝

　　　汪継祖捨田：壹畝貳拾歩

　　　周二提領捨田：貳畝壹角参拾柒歩

　　　　　　　塘：壹角拾伍歩

　　　鮑景文捨田：壹畝

　寧仁郷田：捌畝壹拾肆歩

　　　徐元六進士捨田：参畝参角肆拾肆歩

　　　呉寧之捨田：壹畝貳角

　　　汪七四評事捨田：参角貳拾歩

　　　程道録捨田：壹角壹拾歩

　　　張道録捨田：壹畝貳角

(I)

　皇帝聖旨裏：<u>徽州路歙県</u>，拠概管住民<u>汪斎諭</u>等連名状告：「欽奉
　詔書内一款節該：『路府州県名山大川，聖帝明王，忠臣烈士，凡在祀典者，各
　　具事蹟，申聞，次第加封。廟宇損壊，官為修葺』。欽此。伏覩

土神忠烈廟汪王，自唐迄今七百余禩，累朝追封，八字王爵，徽称極矣。帰附大元，陰相官軍，削平盗寇，祈禳昭着，官民極之以安。本路委官，覈実事蹟，廉訪分司体察申聞。奏奉

聖旨，頒降詞頭

宣命，改封昭忠広仁武烈霊顕王。神廟奠居，山嶺風雨，損朽不免。今居民捨助田地捌拾余畝，歳収租利，修造僅該田税捌貫余文。以汪忠烈輸解差税，似為勿論。若念土神感格，理宜優免。居民願；於衆戸内，包科税糧納官，欣然以答神庥。如蒙准告，実慰民情。告乞施行。得此」。行拠東南隅里正朱文広等壮申：「照勘；忠烈廟実有諸人捨到田畝條段，税銭並無影射。保結乞施行。得此」。参詳；敬神以安民，乃古今通典，詢考忠烈廟神典籍，王生於隋，功著於唐，生有盛徳，歿顕威霊，祈禳遂通，官民得安，今士庶捨助田地，歳収租利，修葺廟宇，概管居民，自願入於衆戸内，包納税糧，誠不易得，非難税糧，官不失額。抑且敬神，有慰民望。依准所告，自至正五年為始改正，忠烈廟税糧，於衆戸内，包科納官外，今開田畝條段税糧，合行出給執照者。

総該田地山塘：柒拾玖畝貳角伍拾陸歩，計税銭捌貫伍伯柒拾柒文伍分参厘。

　　條段字号，載於碑記。

明徳郷田：壹拾貳畝壹角参拾壹歩，税銭壹貫伍伯参拾参文陸厘。

徳政郷田：壹拾玖畝肆拾壹歩半，税銭壹貫捌伯伍拾伍文壹分参厘。

登盈郷田：肆畝参角壹拾柒歩，税銭肆伯捌拾壹又柒分貳厘。

孝悌郷田塘：肆畝，税銭伍伯壹拾玖文玖分柒厘伍毫。

哀綈郷田塘：壹拾参畝伍拾肆歩半，税銭壹貫伍伯肆拾貳文壹分貳厘肆毫。

孝女郷田山：捌畝参角貳拾伍歩，税銭壹貫貳伯玖拾柒文伍厘壹毫。

呼仁郷田地：壹拾柒畝壹角柒歩，税銭壹貫参伯肆拾捌文肆分柒厘。

　　　　右執照付忠烈廟住持僧。准此。

　　　印　　　　　印

　　忠烈廟税糧

　　　　　　　　　押　　押

至正五年七月　　日

　　　　　印　　　　　　　　押

　　司吏高時中等承。

第 III 部

ケシクからみた大元ウルス史

第8章

バウルチたちの勧農政策

——『農桑輯要』の出版をめぐって——

1　はじめに

　モンゴル時代の東西——大元ウルスやフレグ・ウルス治下では，農業振興策，それに関連して水利・救荒事業が政府の主導によって未曾有の規模でおしすすめられ，各種の技術書が編纂された[1]。

　じっさい，『元史』巻九三「食貨志」《農桑》は，その冒頭において

> 世祖即位の初め，首ず天下に詔するに「国は民を以て本と為し，民は衣食を以て本と為し，衣食は農桑を以て本と為す」[2]と。是に於いて，『農桑輯要』の書を民に頒し，民を俾て本を崇め末を抑えしむ。其の審見，英識たるや古先の帝王と異なる無し。豈に遼，金の能く比すべけん哉。

と讃え，そのあと世祖クビライから文宗トク・テムルまでの政策を列挙する。

　ただし，周知のように，『元史』の志のほとんどは，至順二年（1331）にトク・テムルの命令で編纂，当時の政治事情が濃厚に反映される『経世大典』の記事を，さらに明洪武年間の編纂官たちが不十分な知識，理解のもとに，適当に省略，改竄しながら引き写したものである。「食貨志」《農桑》はもとより，統括機関たる大司農司について解説する巻八七「百官志」は，きわめて大雑把な記述であり，またすべて真実を語っているわけではない。ときには意図して書かれていないこともある。さまざまな形で勧農に携わったその他の行政機関についても同様である（『実録』をもととする「本紀」も，クビライとその子チンキムの確執をはじめさまざまなタブーがあり，事情は似たり寄ったりである）。「芸文志」に至っては，作製すらなされなかったので，とうじ果たしてどれだけの技術書があったのかさえわからない[3]。

現存する三種の農書——大司農司『農桑輯要』，そしてその成果を踏まえた王禎『農書』，魯明善『農桑衣食撮要』は，科学技術史からの研究・分析がそれなりになされている。しかし，書物成立の背景やとうじそれらが現場でどのように用いられたのかについては，あまり注意が払われていない。

大司農司がいかなる経緯のもとに設立され発展した機関なのか，整理・把握していなければ，大元時代の農桑・水利・義倉をはじめとする救荒事業を理解することは不可能である。ぎゃくに農桑・水利・救荒事業の実態を知らなければ，大司農司の真の理解には繋がらない。くわえて，この大司農司は，"社学"の振興も職掌としており，じつは，この時代の文化史を研究する上で，避けて通ることができない機関のひとつでもある[4]。

したがって，本章では，作業の手始めとして，まず『農桑輯要』のいくつかの版本を軸に「食貨志」《農桑》および「百官志」を読み直し，その文脈の中で同時代の勧農政策と技術書をいまいちど眺めてみたい。

2　クビライ時代の勧農政策

1）ヴェールを脱いだ高麗版『農桑輯要』

『農桑輯要』は，後世の農書に多大な影響を与えたにもかかわらず，ながらく『永楽大典』巻六三八～六三九（のち散逸）から採録した『四庫全書』，『武英殿聚珍版』の粗悪なテキスト，明の胡文煥の『格知叢書』本を使用するしか術がなかった[5]。

ところが，大元ウルスの駙馬国であった高麗では，明の洪武五年すなわち恭愍王の二十一年（1372）に，『元朝正本重刊農桑輯要』を慶尚南道江陽（現在の陝川）で開板していた。巻首に至治壬戌（二年／1322）秋九月蔡文淵の序，至元癸酉（十年／1273）九月の王磐の序，巻尾に至元十年八月の孟祺の後序，後至元二年（1336）の辰州路総管府（湖広等処行中書省，江南湖北道粛政廉訪司の管轄）の重刊後序，高麗の文官である李穡，偰長寿の後序二通が付される。韓国にのこる数本のテキストは，書誌情報のみが知られ，実物はいずれも非公開であった。三木栄，天野元之助によってはやくからその重要性が推測されていながらも，1990年に現物を調査した金容燮の報告が出るまで，いわば幻のテキストであった[6]。

蔡文淵，王磐，李穡の序は，それぞれ『国朝文類』巻三六「農桑輯要序」，『四庫全書』本『農桑輯要』の巻頭，『牧隠文藁』巻九「農桑輯要後序」によって，容易にその全文を見ることが可能である。しかし，孟祺，辰州路総管府の序は，どこにも移録がなく，金容燮もそれが故に報告の末尾にわざわざ書影を掲げたのであった。ちなみに，もうひとり，李穡とともに高麗版に序を書いた偰長寿（字は天民）は，高昌ウイグルの名門貴族の末裔。至正十九年（1359），紅巾の乱を避け，父の偰百遼孫に随い一家で高麗に身を寄せた（偰百遼孫は，モンゴル朝廷の怯薛で恭愍王と親しく交際していた）。大元ウルスの政治，文化のシステム，ノウハウに詳しく，また多言語能力を買われて外務官僚として活躍し（『農桑輯要』刊行時の肩書きは“正議大夫晋州牧使兵馬幹兼管内勧農使”），つぎの朝鮮王朝でも重用された[7]。かれの序については，金容燮の研究から10年後，魏恩淑によって，全文の移録が供された[8]。

なお，この高麗版の底本として使用された辰州路総管府重刊本は，恭愍王の寵臣李崑の手を経て知陝州事の姜蓍に伝わったものである（辰州路は桂陽路とともに高麗王家の投下領があった可能性が高い）[9]。偰長寿によると，恭愍王十年／至正二十一年（1361）末の紅巾の侵攻で王都の典籍は壊滅状態になっていたらしいので，その意味でも開版・頒布は歓迎すべきことであった。李穡が「字があまりに大きく帙が重いのを嫌い，あらためて版木に小さい楷書で書かせて刻した（半葉の板框は24.5cm×16.0cm，12行×25字）」ということからすれば，辰州路総管府が重刊のさいに底本として用いたのは，大元ウルス朝廷刊行のいわゆる大字本に違いない。高麗版の版木は，そのご朝鮮王朝でも使用されつづけた[10]。したがって，日本にもその一，二が伝来している可能性がある。

2) 大司農司の設立

さて，至元十年（1273），とうじ翰林学士だった王磐は，次のように述べた。

聖天子の天下に臨御するに，斯民の生業を使て富み楽しましめ而して永えに飢寒の憂い無からしめんことを欲し，詔して大司農司を立て，他事を治めず，而して専ら勧課農桑を以って務めと為さしむ。之を行うこと五，六年にして，功効大いに著しく，民間の墾闢，種芸の業，増すること前の数倍なり。農司の諸公は，また夫れ田里の人の能く勤身従事すると雖も，しかるに播殖の宜，

蚕繰の節，或いは未だ其の術を得ざれば，則ち力労して功寡なく，約たるを獲て豊かならざるを慮れり。是に於いて古今の所有農家の書を徧く求め，披閲参考し，其の繁重を删り，其の切を撮い，纂して一書と成し，目して『農桑輯要』と曰う。凡そ七巻。**鏤して版本と為し，進呈し畢り，将に以って天下に頒布せんとするに，予に属して其の巻首に題せしむ。**

　この記述にしたがえば，大司農司の設立は，至元十年より少なくとも六年以上前に遡らなければならない。だが，『元史』の「本紀」，「百官志」をはじめ，『燕石集』巻十二「司農司題名記」等，いずれも正式な成立は至元七年（1270）とする。ために，『四庫全書総目提要』，『新元史』をはじめ，その矛盾の解決に苦慮してきた。

　世祖クビライは，カアンの座についてわずか二ヶ月あまり，中統元年（1260）五月十九日の「中統建元の詔」に付された条画の中で，はやくも各路の宣撫司に命じて農事に通暁する人員を選ばせ随処の勧農官に充て，田畑の開墾，桑麻の生産量の増大を目指すことをうたった[11]。二十八日には，十路宣撫司の設立とそのメンバーが公表された[12]。

　また，秋に弟アリク・ブケ一派のアラムダール，クンドゥカイとの会戦に勝利するや[13]，「大幹魯朶（イェケ オルド）の人が来た也。其の余の軍人与（と）民戸毎（たち）も亦，多く投拝し了（た）也。省諭して軍民は業に安んじ農に務め者（よ）」という聖旨（ジャルリク）を発令，カアンの仁民愛物の心を確認させるべく，榜文を出した。軍馬が穀物，桑，果樹を食い荒らしたり，踏みしだかないよう，農民から酒，食糧，物を奪わないよう，旅客の通行の邪魔をしないよう，厳しく禁治したのだった[14]（いご，農耕地の保護，牧地との区別──ときには柵をたてて分割する一種のエンクロージャーは，モンゴル朝廷がとくに気をつかう事項でありつづける）。

　翌年の中統二年五月には，翰林国史院の王惲の手になる歴代の水利，営屯田，漕運，貨幣，租庸調等の法，漢唐以来の宮殿制度等を纏めた報告書が完成した。これは，都堂の鈞旨を奉じて編纂されたもので，そのご出版にいたったという[15]。

　八月には，それぞれ十路宣撫司のうち燕京路，真定路，東平路の宣撫使であったムスリムのサイイド・アジャッル・シャムスッディーン，ウイグル貴族のブルト・カヤ／ブルク・カヤ（京兆等路宣撫使廉希憲の父）と姚枢（関中で屯田経営，

330　第 III 部　ケシクからみた大元ウルス史

桑の栽培等に敏腕を発揮，実績があった）に大司農の職名を授けたうえで――同年
十月に廃止される十路宣撫司は，勧農桑や保挙・弾劾など，のちの御史台系統の
職務をも帯びており，ブルト・カヤはこのとき御史大夫の肩書きも授けられ
る(16)――勧農司を設立した(17)。陳邃，崔斌，成仲寛，粘合従中，李士勉，陳天
錫，陳膺武，忙古帯の八名がそれぞれ濱棣・平陽・済南・河東・邢洺・河南・東
平・涿州に勧農使として派遣された(18)。姚枢は，こんにち全真教の祖庭永楽宮
においてひときわ高く聳え立ちとびきりの美しさを見せる「大朝重建大純陽万寿
宮之碑」（中統三年九月立石）の篆額・書丹を担当しているが，自らの名に冠する
肩書きはまさに"大司農"の三文字である(19)。かれは，劉秉忠，史天沢ととも
にクビライのブレインとして，大元ウルスという新国家づくりの企画・立案に携
わり，曲阜の孔・顔・孟三氏の儒学教育，礼楽の整備，官の俸給制，条格の講定
等も行っている。先述の王惲もかれがとりたてた。

　おそらく王磐は，この姚枢が大司農となり勧農司が設置された中統二年から起
算しているのであり，至元四年（1267）頃になると，その成果が顕著に窺えるよ
うになっていたということだろう。かれ自身，かつて益都済南等路宣撫副使であ
ったうえ，中統二年から三年にかけての李璮の反乱の際には，いちはやく脱出し，
姚枢，クビライに報告・献策している。したがって，十路宣撫司――メンバー
のほとんどが『国朝名臣事略』に取り上げられ，かれらの勧農の行跡が記されて
いることは注目されてよいだろう――から勧農司への移行の事情，意味は，非
常によく理解していたにちがいない。

　クビライは，勧農司の設立後まもない中統三年四月十九日に，中書省，宣慰司，
諸路のダルガ，管民官に対し命令文を発令，人々に田土の開墾，桑棗の栽培に当
たらせるよう勧誘し，むやみに不急の労役に借り出して農作業を妨げないように
念を押した(20)。この時期，河南では，おもに対南宋戦のための屯田で使用する
目的であったが，農器をなんと二十万件も鋳造している(21)。

　そのご，アリク・ブケが投降し，名実ともに唯一のカアンとなると，中統五年，
クビライは元号を『周易』の"至哉坤元"からとった"至元"に改め，姚枢の講
定した官制の条格(22)を発布する。同年，『周礼』の「考工記」のノルムに則した
新しい国都，"大都"の建設を宣言，いっけん中華風の装いをした国家づくりが
はじまる。のち至元八年に宣言される"大元"大蒙古国という国号も，元号と
対になる『周易』の"大哉乾元"からとられていることからすれば，この時点で

第8章　バウルチたちの勧農政策　331

すでに劉秉忠，姚枢の頭の中には完成プランができあがっており，地ならしをしながら順々に実施されていったとみるべきだろう。

　まず，至元二年，姚枢が李璮の乱をきっかけに史天沢とともに強制的に進めていた東平の厳忠済，順天の張柔をはじめとする漢人軍閥の解体，転封と戸籍の再編成が終了，投下領を前提とした行政区画がほぼ確定した[23]。各路のダルガ（チ）にモンゴル，総管に漢人，同知にムスリムを任命するシステムや遷転の法も整備，翌年から施行された[24]。それにともない，黄河の南北，西川，山東，四川等で屯田が本格的にはじまった[25]。

　至元五年七月には，中書省，枢密院，制国用使司（のちの尚書省）をはじめとする内外の官庁のチェック機関として御史台が，翌至元六年はじめには，その附属機関たる提刑按察司が四道に分けて設置された。提刑按察司の職責には，各地の長官たちの（解由状に記載が義務付けられてもいる）勧課農桑の実績調査も含まれていた[26]。さらに八月，諸路に「勧課農桑」の詔を下し，中書省・尚書省に命じて，農桑に関する注意事項を収集，箇条書きにさせ，提刑按察司と各州・県の官とともに，各地の風土を斟酌しながら取捨選択して，別に頒行した[27]。この年，飢饉の年の対応策として穀物の値段を調整して売買する，あるいは貯蔵しておく常平倉・義倉の法も立てられた[28]。

　そして，至元七年，アフマド率いる尚書省設立と連動して，一ヶ月後の二月，司農司を特設する詔が出され，参知政事の張文謙が司農卿に任じられたのである[29]。張文謙は，かつて十路宣撫司の一つ大名・彰徳・邢・洺・衛輝・懐孟等六路の宣撫使をつとめ，また至元元年から二年にかけて，西夏中興の行中書省にて部下の郭守敬，董文用とともに唐来・漢延の二渠の整備を行い，十万頃の田の灌漑という成果をあげていた[30]。司農少卿にはモンケ時代，クビライの分封地であった懐孟地区を中心に河南・陝西一帯の経営に尽力してきた譚澄が任じられた[31]。司農司の下には，附設機関として中都山北東西道，河北河南道，河東陝西道，山東東西道の四道巡行勧農司を置き，それぞれ正使と副使を貼り付けた。正使には金牌，副使には銀牌が授けられた。これは，明らかに御史台と四道提刑按察司の構造を模したものであり，また勧農と按察を対にした派遣は，つとに姚枢が東平路宣撫使をつとめたときに試みてもいた[32]。もっとも重要な山東道巡行勧農使には，張文謙の右腕であった董文用が任じられ，六年間まったく異動しなかった[33]。副使は，『農桑輯要』の序文を書いた孟祺がつとめた。

332　第Ⅲ部　ケシクからみた大元ウルス史

　なお，司農司の設立は，一説に中書省のボロト／ボラドと張文謙に高天錫が進言した結果，ともいわれる。高天錫はクビライのビチクチ，かつ（父高宣の軍功によって認められた世襲の）鷹坊都総管で，燕京諸路奥魯（アウルク）総管，ついで提刑按察副使も兼任していた。この進言によって，かれは中都山北道巡行勧農使兼司農丞，ついで巡行勧農使兼司農少卿となった(34)。

　この詔と呼応して，張文謙等が整理した「農桑之制」十四条も発令された。『通制条格』巻十六「田令」《農桑》，『元典章』巻二三「戸部九・農桑」《立社》【勧農業立事理】に見えている。近隣の村の五十家を一社として一種の互助会制を敷き，社長に風紀を取り締まり，儒学の初等教育・義倉・戸計等を徹底管理させるほか，時宜に照らした各種農作物の栽培，楡・柳の植樹，灌漑用水の整備，池の掘削と魚や鴨の養殖，蓮根等の栽培，蝗害の防止，早期駆除などの指導にあたらせた。とくに桑・棗の株の植え付けが推奨され，毎年，社ごとに植えた合計数を所在の役所に報告することが義務づけられた。また，それとは別に，各路で「区田の法（マニュアル）」も版木に刻し，一枚刷り，あるいは小冊子にして，各社にいきわたるよう大量に配布した。『救荒活民類要』「元制・農桑」に載る【伊尹区田之図】，【区田之法】，カラ・ホトから出土したF116：W534，F116：W115がおそらくそれであろう(35)。

　ところが，この司農司は，設立からわずか九ヶ月余りの十二月一日，大司農司に改められる。大司農，卿，小卿，丞，農正の五名，その下に都事，知事が置かれた(36)。そして，トップの大司農（正二品）には，張文謙ではなく，クビライたっての指名を受け，ドルベン族の出身で，この年の八月に御史中丞（従三品）となったばかりのボロトが任じられた。ボロトの祖父ユルキは，チンギス・カンのケシクの一員――bawurči宝児赤（バウルチ）（＝厨子）を務め，ボルテのオルドにいた御家人で，ボロト自身もまた，クビライのバウルチであった(37)。クビライの命をうけ，十路宣撫使のひとり張徳輝のもとで学んだこともある(38)。この抜擢に，ジャライル国王家のアントン中書右丞相が，御史台との掛け持ちは前例がないとして難色を示したが（じっさいには，名目だけとはいえ，ブルト・カヤの前例がある），司農の業務は細事ではないとして，退けられた(39)。ありとあらゆる農産物の生産高・租税を把握するだけに，御史台，提刑按察使と連携し，中書省戸部，尚書省のチェック機関となることが当初から想定されていたのだろう。

　ボロトは，至元六年以来，劉秉忠・王磐等とともに朝儀の制定にも与っており，

第8章 バウルチたちの勧農政策 **333**

至元八年の侍儀司の設立にともなって，領侍儀司事も兼ねることになる[40]。御史台（従二品）の設立当初に中書右丞相タガチャル（父はモンケのときの千夫長）が，江南諸道行御史台の設立当初にジャライル家のセンウがそれぞれ長官として据えられたように，大司農司の設立にも，相当気合がはいっている[41]。ただし，設立から三年の試行期間が設定されており，結果次第で継続が認められることになっていた[42]。十二月二十六日には，都水監も大司農司の所轄に帰せられた。

大司農司の附属機関としてはさらに籍田署があり，ここでは，設立当初から春秋それぞれ仲月の戊の日に社稷を，立春後の丑の日に風師，立夏後の申の日に雨師，雷師を祭る儀礼を担当した[43]。至元九年二月からは，先農，先蚕の祭祀も開始され，各路でもそれに準じて小型の祭祀を執り行うべく通達が出された[44]。張文謙が音頭をとったとされるが[45]，領侍儀司事であったボロトも大きく与ったにちがいない（なんといっても，翌至元十年に，孔子を祭る釈奠の服色についてみずから意見書を提出しているくらいなのだから）[46]。

また，大司農司の指導によって，大都から，各路，州，県まで，城郭の周辺，河川，運河の両岸，駅伝用の舗道の両側，旅籠，本陣の周囲には，楡や柳，槐の木が植えられ，大々的かつ組織的な緑地化が進められた。*Il Milione*『百万の書』の情報提供者（インフォーマント）が目の当たりにし，感激した公道沿いの並木である[47]。それらの樹木は，交通の目印としてだけでなく，堤防や橋の補修，建設の資材としても使用が当て込まれていたが，人々が自発的に植えた分については各自が焚きつけ等に用いることもみとめられていた[48]。

組織的といえば，農地開発の前提となる水利事業もそうである。巡行勧農官は，開発が必要な地域について，現地の調査報告，絵図・地図および人件費をはじめとする見積書を大司農司に提出し，枢密院をも掌握するボロト，張文謙等が中書省と審査・合議する。その結果，申請の許可がおりると，巡行勧農官は，農閑期に各路の正官とともに工事の監督にあたった[49]。

なお，あえてつけくわえておくならば，少なくとも成宗テムルの大徳八年（1304）まで，籍田署はともかく大司農司なる建物は存在しない。一般に官庁の設立といえば，まずハコモノが用意されてそこに人が入るように錯覚しがちである。大元ウルスの各主要官庁は，表面上は，中華風の官僚機構にみえる。しかし実際は，トップには，すべてカアンのケシクから，自前の軍事力をもつモンゴルの名門貴族がかけもちで出向しており，重要事項はかれらがカアンに報告し，モ

ンゴル伝統の御前会議で決定されていた（その様子の一端は，モンゴル語直訳体の資料のなかに窺うことができる）。モンゴルのシステムにおいては，極論すれば，事務室と文書庫さえあればよいので，じじつ大司農司も吏部に間借りしていた。とくにそれで不便があったわけではなく，のちの建設の理由も"主要官庁なのに格好悪い"というだけのことだった[50]。

3）『農桑輯要』の編纂

　至元十年（1273）八月，とうじ承事郎（正七品）で，太常博士応奉翰林文字と山東東西道巡行勧農副使を兼官していた孟祺[51]は，『農桑輯要』の編纂の経緯を次のように述べる。

　　主上の龍飛したるに，民事に精を励まし，大司農司は寔に古の九扈氏の職に居り。越すこと至元九年の冬，具奏したるに「以為；農蚕は生民の日用なるに，苟しくも事の古を師とせず，民の簡惰に習えば，将に以て其の生業を厚くすること無からんとす」と。旨有り「耕蚕種蒔の説の方冊に載る在る者は，其れ択びて以て民に授けよ」と。是に於いて，諸書を裒集し，歴して鈴次を加う。遠くは神農，后稷の言を惟うに，年を歴ること既に久しく，粋にして完文の考うる可き無く，独り後魏の賈思勰の撰する所の『斉民要術』の一書のみ，前代諸家の善を備え集め，農書に即きて之を論ずれば，"翠毛を採り而して象歯の戻を抜く"と謂う可し矣。遂に之を鈴次の首に列す。間に未だ備わらざるところ有るは，近代の有る所の書を取り以て之を補う，曰く『図経』，曰く『四時類要』，曰く『博聞録』，曰く『歳時広記』，曰く『蚕経』。夫れ今代の書の若きは則ち東平の脩氏の『務本新書』，左轄たる姚公の『種蒔直説』，『士農必用』，農正たる韓公の『韓氏直説』，『桑蚕直説』有り。其の次第の先後は，各，年代歳月を以て差と為す。是乎り外るる者，布衣郷里の士の『農桑要旨』，『斉魯野語』，陳道弘の録する所の若きは，片言隻説と雖も事に於いて補い有る者は，亦，之を分注の下に附し，之を終うるに大司の続添の法を以てし，合わせて一書と為し，目して『農桑輯要』と曰う。其の「輯要」云と曰う者，繁を芟り簡に就き，区して以て別と為し，覧る者の検閲に於いて易きを庶う尓。必ず其の全文を考えんと欲すれば則ち本書に具載有り。

第8章　バウルチたちの勧農政策　　335

　大司農司がクビライに農書の編纂の許可をもとめたのは至元九年の冬。まもな
く終了する三年間の試行期間の成果が問われているときであった。ほぼ同じ頃，
十一月には，大司農ボロトが太保劉秉忠とともに，秘書監（従三品）創設の許し
も得て，至元十年正月十三日に正式に設立のはこびとなった（ほぼ同時期，ネス
トリウス派キリスト教徒でケレメチのイーサーが設立した京師の医薬院も，広恵司に改
められた）。秘書監の職責は，"図史を儲し，儀度を正し，経籍を頒す"ことにあ
る。至元十年閏六月以降，陰陽学や農耕と深くかかわる天文，暦を扱う回回と
漢児の司天台もここに所属した[52]。いわば科学技術庁のような機関で，東西の
膨大な書籍を収蔵する図書館ももっていた（三年後の南宋接収のさい，バヤンに臨
安宮中の図書・祭器・楽器を確保，大都の秘書監に輸送を命じられるのが，ほかならぬ
孟祺である）。大司農司の継続は，三月に正式に認められ，ついでに探馬（赤）軍
も現地の社にそれぞれ編入され，水利事業の労役や義倉への協力が義務付けられ
た[53]。『農桑輯要』はその記念出版物となった[54]。

　そもそも，クビライは，この至元九年の冬の頭の十月に，三男のマンガラを安
西王として京兆に分封，六盤山に軍を駐屯させ，そのうえで翌十年三月，大都広
寒殿にてチャブイを皇后，次男の燕王チンキムを皇太子として冊立する中国風の
式典を執り行ったのであった[55]。政体整備の総仕上げといってよかった。また，
フレグ・ウルスのイスマーイール達がつくったマンジャニーク（回回砲）の投入
により，樊城，襄陽が至元十年正月から二月にかけて降伏し，南宋接収の見通し
もたっていた。金と南宋の一二〇年間に亘る抗争によって荒野となっていた淮河
の南北両側の広大な地域の復興のためにも，『農桑輯要』の編纂は役立つはずで
あった[56]。

　さて，『農桑輯要』は，わずか半年ほどの間に編纂されたわけだが，編修にあ
たっては，拓跋政権たる北魏の時代（532-550）に賈思勰が著した『斉民要術』
十巻九十二篇を土台として，当該書の記述の不足を他書で補う方式がとられた。
書籍の引用にあたっては，成立年代順に厳密に配列された。

　『図経』は，ただ一箇所，巻二「苧麻」に引かれているが，これは『本草図経』
の「苧根」の記述から採ったものである。『本草図経』は，唐の顕慶年間
（656-660）の稀少な抄本に依拠して，北宋の嘉祐三〜六年（1058-61）に林億，蘇
頌等が校訂し，国家出版された。政和六年（1116）には，これを増補した唐慎微
『証類本草』も頒行された。『証類本草』は，『本草衍義』のデータを加えて，貞

祐二年（1214）嵩州福昌県の書籍舗の夏氏が刊行したテキスト（杏雨書屋蔵），オグル・ガイミシュ（モンゴル第三代皇帝定宗グユクのカトン）称制の一年目（1249），平陽の張存恵によって刊行されたテキスト（劉祁，麻革が序文を書いている）等があったから，大司農司のメンバーが閲覧することは，決して困難ではなかっただろう。

　『農桑輯要』において『四時類要』として引用されている文章は，いずれも唐の韓諤の『四時纂要』とほぼ一致する[57]。北周の世宗の顕徳年間（954-959），実行はされなかったが，竇儼がすでに『斉民要術』，『四時纂要』，韋行規『保生月録』の必要部分を抜粋して一巻とし，諸州に配布することを願い出ている。また北宋は真宗の天禧四年（1020）八月に，利州転運の李昉がこの二書の頒行を皇帝に願い出て，崇文院で校勘，上梓のはこびとなり，諸路の勧農司に頒布された[58]。『金史』を信ずるならば，大（女真）金国は，モンゴルの侵攻の激しくなった宣宗の興定六年／元光元年（1222）にいたってようやく司農司を設立するのだが（それ以前は勧農使司），このときやはり『斉民要術』が参照されている[59]。大司農司の選書は，華北を版図とした歴代王朝の伝統を承けたものといえる。

　いっぽう，『博聞録』は，南宋末期，建陽の陳元靚がものした類書（一種の百科事典）で，大元ウルス治下さかんに最新版が出された『事林広記』の前身である。『農桑輯要』に引用される『博聞録』の記事のほとんどは，『事林広記』の中で最も古いかたちをとどめる和刻本の庚集巻四「農桑門」，辛集「獣医集験」と一致する[60]。

　『歳時広記』も陳元靚の著作で，朱鑑，劉純の序文から『博聞録』より少し後——1220年代の成立であることが知られるが，宋・元刊本は現存せず，『十万巻楼叢書』の四十二巻のテキストが伝わる。書中に『博聞録』を引用するなど，後世にかなり改訂が施された可能性があるが，少なくとも『農桑輯要』巻四「浴連」の記事は，巻十一「上元中・変蚕種」，巻三九「臘日・浴蚕種」とほぼ一致する。巻五「諸果」も，現行のテキストでは欠落している巻六「元旦中」に含まれていた可能性がある。

　至元十三年（1276）正月の正式な南宋接収より前に，大司農司は，すでにこの二書を入手していたのである（通念とはことなって，遼金以来，華北と江南は，国境線を越え，ときには海，河川ルート，高麗，四川，雲南を経由して人，モノ，情報が

そうとう自由に流通していた）。

　なお，『蚕経』の成立は，陳元靚の著作よりおそいはずなので，とうぜん『旧唐書』巻四七にみえる『蚕経』一巻でもなければ，至道元年（995）に李元真が献上したという『養蚕経』でもない。王禎の『農書』（国立公文書館蔵嘉靖九年山東布政使司重刊本）が引用する『淮南王蚕経』三巻でもない。金末の著作ではなかろうか。王惲が『秋澗先生大全文集』巻六二「勧農文」において言及する『蚕書』の可能性もある[61]。

　以上の書は“近代”という区分で一括りにされていたが，それらと対比される“今代”の書とは，大モンゴル国（イェケ）（ウルス）の太宗オゴデイが1234年に金を滅ぼして以降，至元十年までの書物ということである。じっさいに『農桑輯要』の引用順をチェックしてみると，孟祺が述べるとおり『務本新書』→『種蒔直説』→『士農必用』→『韓氏直説』→『桑蚕直説』となる。

　『務本新書』の著者，東平の脩氏とは，モンゴル治下，沅州路の判をつとめた脩謙の父，山東益都の儒学教授だった脩思善の祖父――おそらくは『秋澗先生大全文集』巻一〇〇「玉堂嘉話八」および『国朝文類』巻四五に収録される「辯遼宋金正統」の撰者であるかの脩端だろう。『農桑輯要』巻二「播種」《区田》に引く『務本新書』には，“壬辰，戊戌之際，但能区種三五畝者，皆免飢殍”とあり，『務本新書』がオゴデイの十年（1238）以降の成立であることは間違いない。そして「辯遼宋金正統」は，1234年の東平における諸公の議論という設定である。至正二十一年（1361），モンゴル朝廷の文官として順調にキャリアを積んでいた貢師泰は，江南行台から福建に派遣されてきた令史の脩徳（字は敬宗）に，氏名と籍貫を聞いて即座に“もしや，あの金末の進士の脩君の子孫のひとりか”と聞いている[62]。『国朝文類』が科挙の必読本として読まれていたとうじにあっては，金末の進士であった東平の脩氏といえば自明のことであり，ただ一人，厳実のところにいた脩端しか指さない。

　さらに，『千頃堂書目』巻十二には，“脩廷益の『務本直言』三巻”が記録されている。この書は，王禎『農書』の「農桑通訣五」【種植篇】，「穀譜一」「大小麥」，「豌豆」，「農器図譜十六」【蚕繰門】に引用されている。そのうち「豌豆」の引用部分は『農桑輯要』巻二「豌豆」の，「大小麥」の引用部分は『農桑輯要』巻三「栽桑・種椹」の『務本新書』として引用されている部分とほぼ一致――むしろ詳しい。にもかかわらず王禎が『務本新書』と『務本直言』を別個の書と

338 第Ⅲ部 ケシクからみた大元ウルス史

して扱っていること，延益は脩謙の字としてこそふさわしいという点を考えれば，後者は前者の増改訂本ではあるまいか[63]。

　ちなみに，『農書』は，完成後まもない大徳八年（1304），江西儒学提挙司および江西湖東道粛政廉訪司の指揮のもと，龍興路の儒学において刊行された。とうじ江西等処儒学副提挙であった祝静得（静得は号，名と字は不明）の牒呈によれば，"坊肆の刊する所に，旧くは『斉民要術』，『務本輯要』等の書有り"という。『務本新書』は，『斉民要術』についで引用される回数が多く，引用箇所をみると巻一から巻六まで，つまり穀物，野菜，果樹，薬草，栽桑など広範な内容をもっていたことがわかるが，なかでも養蚕の記述が詳しかった。

　『種蒔直説』，『士農必用』の著者としてあげられる左轄姚公は，いうまでもなく姚枢のことである。姚枢は，オゴデイの五年（1233）に開始された国学で，楊惟中とともにモンゴルの子弟の教育に携わり，七年の対南宋戦の際には，特命をうけて儒，道，釈，医，卜の人材発掘のためにクチュ（オゴデイの息子）の軍に扈従した。このとき，趙復を燕京に連れ帰り，程子，朱子の書による経学教育が開始されたことはよく知られている。十三年（1241）には，オゴデイから金符を賜った。河南の輝州に家を構え，雲門の地区に糞田数百畝を開墾，灌漑用に水車を二つ作ったという。『種蒔直説』は，『農桑輯要』巻二「耕地」，「種穀」にそれぞれ一箇所引用され，最新式の鋤が紹介されている。この時期の経験にもとづく著作かもしれない。

　また，とうじ入手が困難だった朱子の『小学』，『論語或問』，『孟子或問』，『家礼』をいちはやく自ら出版したほか，楊惟中等に『四書集註』，『詩集伝』，『易程伝』，『書蔡伝』，『春秋胡伝』を刊行させ，さらに弟子の楊古に沈括の活字印刷術を教えて小学書，『近思録』，『東莱経史論説』などの書を印刷，頒布した。許衡もその恩恵にあずかって，朱子学の普及に邁進しはじめるのである。

　そうした評判を耳にしたクビライは，姚枢を自身のブレインとして迎え，政治，経済，文化など多岐にわたるさまざまな献策を実行させてゆく。憲宗モンケの元年（1251），対南宋戦に備え，汴梁路の西にはじめて屯田経略司を置いたのもかれの発案である[64]。そして三年後には，関中の勧農使に任じられ，桑の栽培に乗りだす[65]（『百万の書』も河中・京兆の生糸の生産を特筆する）[66]。

　『士農必用』は，もっぱら巻三「栽桑」，巻四「養蚕」に引用され，唯一の例外に見える巻二「大小麥」の引用もほんらいは蚕について述べたものだった。した

がって，まさにこの前後に編纂されたとみてよい。二書ともに，経学のテキスト
と同様，版木に刻して，四方に配布したものと見られる。『士農必用』は，引用
回数では『務本新書』の後塵を拝するが，字数では『斉民要術』に次ぐ。姚枢が
徹底した実学主義であったことは，のちの南宋接収のさい，王磐とともに，使え
る学生だけ選んで大都に留め，あとは全部家に帰したというエピソードからも窺
えるが(67)，じっさいにこうした実用の著作があったことは，甥の姚燧の手にな
る神道碑をはじめ，まったく言及しておらず，じゅうらい知られていなかった。
『農桑輯要』が姚枢の著作を中心に編集されたとなれば，至元七年の大司農司の
設立自体がちがった様相を呈してくる。ボロトが名目上トップではあったが，姚
枢がいまだ隠然たる力をもちつづけており，かれのプランどおりに華北経営は進
んでいたのである。

　そして『韓氏直説』，『桑蚕直説』もまた現役の大司農司の農正の著作であった。
この韓公とは，東平は盧龍の韓文献の可能性が高い。元好問の友人でかれの文集
に何箇所か名を留めるほか，『還山遺稿』巻上「東遊記」，「闕里題名」をみると，
モンケの二年（1254）三月には，東平行台の厳忠済の庇護下に楊奐，劉詡ととも
に曲阜孔子廟を訪れている。そのご中統元年（1260）六月に，劉郁，胡祇遹等華
北各地の名士とクビライのもとへ招聘された。『牆東類稿』十三「杜夫人墓誌銘」
によれば，女真族の孫沢の継室である杜氏の母韓氏が大司農某の子という。おそ
らくこの孫澤の義理の祖父が，著者であろう。もっとも，高天錫のように大司農
の設立当初，巡行勧農の職を兼官した事例もあるので，至元九年から十一年にか
けて大司農司の箚付を奉じて陝西涇水の使水法を研究した巡行勧農副使の韓某も
同一人物の可能性がある(68)。『桑蚕直説』はもちろん，『農桑輯要』の引用箇所
を見れば，『韓氏直説』も「栽桑」「養蚕」に重点を置いた書であったことが推察
されるが，耕地，種まきの用具，牛の飼育についても言及がある。

　なお，"直説"とは平易に解説することで，じっさいいずれの書物もきわめて
簡潔な漢文で書かれている。ただし，同時期に編纂された許衡の『直説大学要
略』が，口語の語彙をもって書かれていることからすれば，『種蒔直説』，『韓氏
直説』，『桑蚕直説』もほんらい同様の文体で書かれており，『農桑輯要』への収
録の段階で『斉民要術』にあわせて統一された可能性がある（ほかに，王禎が
『農書』「農器図譜十六」【蚕繰門】でしばしば引用する『農桑直説』――この書が華北
で成立したことは間違いない――もある）。少なくとも姚枢の著作については，モ

ンゴル語のヴァージョンもあっただろう。

　ともあれ，大司農司の諸公は，古今のさまざまな農書から慎重に記事を選定し，各条項の記述がいずれも要を得て重複，無駄がないように，かつ詳細，豊富な内容を提供すべく編纂したのであった。技術者にありがちな，惜しむということは，かけらもなかった。実用に徹し，迷信的なものは極力採用を避けた。読者がふたたび各原書にあたる必要はない，と豪語するほどの出来栄えであった。『務本新書』以下の書籍がこんにち単行本では伝わらない原因のひとつであろう。

　また，『農桑輯要』全体の三分の一を占め，こんにちもっとも高い評価を受けている巻三，四に関しては，より念をいれて現地の見聞にもとづく『農桑要旨』，『斉魯野語』，陳道弘（勧農官のひとりだろうが，書中，陳志弘と記す箇所もあり全真教の道士との推測もある）の記録，大司農司のメンバーの知識を割註として附し，詳細な記述を心がけた[69]。『農桑要旨』は，大徳六年（1302）の段階でも，山東の高唐州の知事であった吉士安が栽桑，養蚕のテキストとして使用している[70]。とうじ山東では，絹糸の生産が極めて盛んに奨励されていた[71]。たとえば，李璮の乱のあと濱州の知事となった姜彧は，中書省に上申して断事官に投下の牧地と民田を厳密に区分してもらったうえで，農民を指導して見渡すかぎりに桑を植えさせた。その桑田はのち「太守桑」と呼ばれたという[72]。益都楽安県の豪農の家に生まれた綦公直は，至元五年，益都の勧農官として，栽桑，養蚕のマニュアルを作製して指導にあたり，数年で倍の利益を得ることができるようになった（ちなみに，かれはそのご数々の軍功をたて，ビシュバリクの都元帥にまで上りつめる）[73]。また，長清県の尹となった高伯温は，桑を十七万余株も植えさせた[74]。そもそも，脩端，姚枢，韓文献，孟祺，王磐は，みな東平と深い関わりをもち，みずからの目で山東の栽桑，養蚕の実態を確かめた人々であった。

　ところで，『農桑輯要』巻二のあとには，附録として孟祺の「論九穀風土時月及苧麻木綿」があり，その記述から巻二「苧麻」，「木綿」の項に【新添】として収録される記事もかれの撰であったことがわかる。ほかに，【新添】の記事としては，巻五「西瓜」，「（蘿蔔）」，「（菠薐）」，「萵苣」，「同蒿」，「人莧」，「若薤」，「（銀杏）」，「橙」，「橘」，「櫨子」，巻六「（松）」，「漆」，「（皂莢）」，「楝」，「椿」，「葦」，「蒲」，「梔子」，「（枸杞）」，「甘蔗」，「薏苡」，「藤花」，「薄荷」，巻七「蜜蜂」がある。（　）を附したもの以外はすべて，『斉民要術』をはじめほかの農書からの引用がない，大司農司のメンバーが新たに補った項目で，まったく独自の

記述である。これら【新添】の記事こそ，孟祺が序文にいうところの"大司の続添の法"にほかならない。

　じゅうらい，至元十年はあくまで初稿完成の年であって刊行はなされず，南宋接収後の至元二十三年に新しいデータを加えて暢師文が改訂したのだと，考えられていた。『元史』巻十四「世祖本紀」が至元二十三年に『農桑輯要』が頒行されたことを伝えており，それと呼応するかのように，『元史』巻一七〇「暢師文伝」が"二十三年，監察御史に拝せられ，糾劾するに権貴を避けず。所纂する所の『農桑輯要』の書を上す。二十四年，陝西漢中道巡行勧農副使に遷され，義倉を置き，民に種芸の法を教う"と述べていたからである。しかし，じっさいには至元十年の時点で，すでに『農桑輯要』はこんにち見られる状態に完成していたのである。そこで，ふりかえって「暢師文伝」がもとづいたと考えられる許有壬の『至正集』巻四九「暢公神道碑銘」を見てみると，"遂に監察御史に拝せられ，権貴を糾劾し，憲綱は粛然とす。纂する所の農書を上し，陝西漢中道巡行勧農副使に遷され，義倉を置き，栽植を教え，荒田を闢き，農事以て興る"としか述べていないのであった(75)。『元史』の編纂官が勝手に解釈を加えて辻褄を合わせていたのである。

　王磐が序文ではっきり述べているように，『農桑輯要』は，至元十年のうちに，おそらくとうじボロトがおさえる大司農司，侍儀司の管轄下にあった秘書監の興文署において版木に刻され(76)，勧農の職務を負う提刑按察司等の官庁に頒布された。翌至元十一年三月には，高麗国王の王禃に「勧課農桑の詔」を出しているから，あるいは，できたばかりの『農桑輯要』も賜与されたかもしれない(77)。普及版もさほど時をおかずして平陽などで陸続と作製されただろう。

　『元典章』巻二三「戸部九・農桑」《勧課》【種治農桑法度】によれば，南宋接収から三年たった至元十六年三月，江南行台は，じゅうらいどおりの農業に加え，とくに栽桑を奨励するために，遍く命令書を発布した。命令書の後ろには，"社の長を督勒して農民を勧諭し，時に趁じて栽種する"よう，淮西江北道提刑按察司が"諸書の内於り採択し到った樹桑の良法"がそのまま書き連ねられていた。【種桑】【地桑】【移栽】について，『斉民要術』，『務本新書』，『士農必用』の記事が抜粋されていたが，これらは，あきらかに『農桑輯要』巻三の「種椹」，「地桑」・「圧条」，「移栽」から適当に抄録したものであった（『氾勝之書』は『斉民要術』からの孫引き，「地桑」の『斉民要術』の引用は『士農必用』の間違い，『仕民必

用』は『士農必用』の誤刻）。

4）大司農司の浮沈

　至元十二年（1275）四月，大司農，領侍儀司事ボロトは，兼官する御史台にお
いて御史中丞（従三品）からトップの御史大夫（従二品）に昇進し，スライド式
に張文謙も司農卿兼御史中丞になった。それと同時に，巡行勧農司が吸収され，
そのメンバーを，管轄面積の広大さに比して官員数の不足が叫ばれていた七道の
提刑按察司に移行して，巡行のさい按察と勧農の職責を両方負わせたのである。
これによって按察司の官のじゅうらいの肩書きの下には名実ともに"兼勧農事"
がつくことになった[78]。提刑按察司の職務にはもともと勧農が含まれており，
ふたつの官庁の職責は重複していたから，無駄を省き，管轄地を満遍なく巡行で
きるようにしたわけである[79]。ただし，各官庁の書類の監査，弾劾はもちろん
御史台に報告するが，農桑，水利，義倉等に関連すること，一切の数字はこれま
でどおり大司農司に報告することになっていた。この処置は，中書省がおりから
進めつつあった官庁の合併政策の一環であった。

　ところが，九月にアルラト部族ボオルチュの後裔で同じバウルチのウルルク・
ノヤンことウズ・テムルも御史大夫となり[80]，翌至元十三年（1276）十二月には，
中書省と御史台の折衝の中で提刑按察司そのものがいったん廃止に追い込まれ
る[81]。張文謙等の強固な反対によって一ヶ月後の至元十四年正月に再び設置さ
れたが，張文謙は，姚枢のあとをうけ昭文館大学士および領太史院事となり，
『授時暦』編纂プロジェクトの統括にあたることになる[82]。ボロトは，とうじ濃
厚になりつつあったシリギの反乱の動きに対する策として，そして御史台に二名
の大夫は不要という姚天福の内部告発もあって，枢密副使，兼宣徽使，領侍儀司
事へと――侍儀司も太常寺に合併されたが――異動する[83]。ここでも軍官，軍
人に関する諸制度は，とりあえず，かれによって整備される。しかし，抜擢をう
けたとはいえ，結果的に御史台からはじきだされた形となった二人にとって，御
史台よりランクは上だが[84]，下部機関の勧農司を吸い取られ抜け殻同然の大司
農司の肩書きに，もはや魅力はあろうはずもなかった。

　トップの二人を失った大司農司は，至元十四年八月の時点ではやくも司農司に
格下げになっており[85]，そのご衰退の途をたどる。『元史』の「百官志」は，司
農司がこの年に廃止され，籍田署は侍儀司と同じ太常寺の所轄になった，とい

う[86]。南宋接収後，御史台は，至元十四年七月に江南行台を設置，提刑按察司の附設も認められたが，それとは対照的に，至元十五年三月，アフマドの息子で参知政事のミール・フサイン，張守智が行省の職務と兼官のかたちで，とりあえず江淮行大司農司事となった。旧南宋以来の営田司は冗官とみなされ，宣慰司に吸収された。江南行台のトップのセンウの建策であったという[87]。

至元十七年には，後ろ盾であった姚枢が三年間の闘病生活の末に身罷り，クビライ，チンキム父子の確執に揺れる至元十八年の十月二十日，農政院なる機関が登場する。同日，翰林国史院，領会同館，集賢院を合体（トップはサルバン），秘書監，太史院，司天台を合体（トップは張易）し，蒙古翰林院（トップはトルチャガン）とあわせて三つの官庁を司徒府なる新官庁の統括下に置き，その一番上に翰林学士承旨兼修起居注のコルカスン／コルコスンが座った。根本資料たる『秘書監志』巻一「設司徒府」を見ると，『元史』の編纂官が『実録』をまったく理解せずに「世祖本紀」を編集していることがわかり，農政院の記述も甚だ怪しいが，わずかにのこる断片的な資料をもとに言えば，秩は正二品，官員は六名，少なくとも大都・南陽・真定等処屯田孛蘭奚総管府，枢密院の管轄に属す涿州・霸州・保定・定興等処の屯田，広備・万益等六屯を領したらしい[88]。枢密院の関与からすれば，トップにはボロトが座った可能性が高い。

司徒府，農政院という，このふたつの組織は，至元十九年三月に起こったアフマド暗殺事件のあと，わずか三ヶ月余りの六月二十五日，中書右丞相となり事件の鎮圧，処理にあたったコルカスン自らの申し出で廃止される（至元七年に罷免され名誉職に甘んじていた耶律鋳がいきなり中書左丞相に復活するなど，隠微な趣を呈することは否定できない）[89]。ところが，事件のさい，コルカスンとともに軍を率いて大都に駆けつけたもうひとりの人物が，なんとボロトその人なのであった[90]。

5）東西文化の交流

ボロトは，至元二十年（1283）夏四月，クビライの使節として，イェケ・ケシクのケレメチで広恵司の長でもあったイーサーとともに，フレグ・ウルスに赴いた。だが，ひとり帰国せず，そのままアルグン・カンに仕えることとなった[91]。そして，かれこそが，のちアルグンの息子，ガザン，オルジェイトゥの代に編纂されたラシードゥッディーンの *Jāmi'al-Tavārīkh* 『集史』の中国に関わる部分の

344 第 III 部　ケシクからみた大元ウルス史

インフォーマントとなったプーラード・チンサン（ボロト／ボラド丞相）にほか
ならない。ラシードゥッディーンの著作集の中には，*Āsār va Ahyā'*『踪跡と生物』
というタイトルの，気象学・水利・灌漑・園芸・農業・牧畜等，多岐の分野にわ
たる著述がある[92]。

　じゅうらい，『農桑輯要』の最終的な完成，国家出版，諸路への頒布は，至元
二十三年六月十日以降のことだと考えられていた。しかし，じっさいには，ボロ
トは，自らも深くかかわった至元十年刊行の『農桑輯要』の知識——ことによ
ると現物そのものと姚枢たちの勧農政策のノウハウをひっさげて，フレグ・ウル
スに赴いていたのである。

　Tanksūq nāmah-i Īlkhān dar funūn-i ʻulūm-i Khitāʼī『漢児の諸の学問技術に関する
イル・カンの珍貴の書』[93]には，ラシードゥッディーンの指揮のもと，イル・カ
ンに捧げるためにペルシア語に翻訳された中国の典籍——『王叔和脈訣』，『銅
人』，『本草』，『泰和律令』が含まれていた[94]。

　そのうち『王叔和脈訣』は，近年，羽田亨一によって，李駉（字は子埜）の
『晞范子脈訣集解』十二巻に比定された[95]。この書の三年後の咸淳五年／至元六
年（1269）に編纂された李駉『新刊晞范句解八十一難経』八巻（静嘉堂文庫蔵元刊
本）[96]の巻頭図の多くが，*Tanksūq nāmah* のそれと一致しており，まちがいない
だろう[97]。

　王惟一『銅人腧穴針灸図経』三巻は，北宋天聖四年（1026）に仁宗の命を受け
て編纂，頒行されたもので，翌年にはそれとセットとなる銅を鋳てつくった人体
模型および，随時拓本を採れるよう図経を刻んだ碑が開封の医官院と大相国寺仁
済殿に置かれた[98]。こんにち金の大定二十六年（1186）に平陽の陳氏が刻した増
補本を重刊した『新刊補註銅人腧穴鍼灸図経』五巻（台湾国家図書館蔵元刊本）が
知られている。碑と模型はのちオゴデイ時代に王檝によって燕京に運ばれたが傷
みが激しかったため，至元二年（1265），クビライがネパール出身の技師アニガ
に命じて新調させたという[99]。

　『本草』と題するテキストは膨大にあり，原書を特定することは困難だが，『図
経本草』については，既に紹介したとおりである（クビライの聖旨を受けて，至元
二十一年に，翰林集賢院のサルバン，許国槙をリーダーとして諸路の医学教授たちが
『本草』を増修し，二十五年にいちおうの完成をみたという。和刻本『事林広記』辛集
巻六「薬忌門・灸艾附」【薬忌総論】の下に"許氏の本草新纂に係る"とあるのがそれ

か)[100]。

『泰和律令』二十巻は，『新定勅条』三巻，『六部格式』三十巻，そして『唐律疏義』を踏襲した『泰和律義』三十巻とともに，金の泰和元年（1201）十二月に制定，翌年五月に頒行された[101]。現在，この書は伝わらないが，『文淵閣書目』巻十四「宿字号第一厨書目・刑書」には，"『泰和律令』，『格式』一部九冊闕"，"『泰和新定律義』一部十六冊闕"と記録されている。趙州寧晋県の荊祐が貞祐年間（1213-16）前後に『泰和律義篇』の版木を作製，河朔方面に広く流通していたこともわかっている[102]。至元八年十一月十五日に「泰和律令は不用着。休依着して行い者」という聖旨が出され，姚枢，史天沢等が『大元新律』の制定を委ねられた[103]。

ラシードゥッディーンが選定したこれらの書物のほとんどが至元初期に華北で刊行されていることは，タブリーズのラシード区に居住した中国人学者，情報提供の時期を考えるさい，注意されてよいだろう[104]。

6）ボロトが去って

ひるがえって，ボロトのフレグ・ウルス出立直前の至元二十年（1283）正月。農政院にかわって，務農司が設立されたが，ランクは一気に三等分下がり従三品となった。官員も二名減らされ，ダルガ一名，務農使一名，同知二名の陣容である。しかし，同年の十一月には，司農寺に改められ，ダルガ一名，司農卿二名，司丞一名が置かれた。その職責は，官田の邸舎，人民を掌ることであったという[105]。この司農寺のダルガとなったのが，テケ――モンケのとき国師として天下の仏教を統括したティベット仏教僧，カシミールのラマ（ナマ）の甥，斡脱赤（Tur./Mon. otoči 太医）の子で，クビライの目にとまり，若年よりバウルチのボロトに預けられ，クトゥダル・ケシクのシャルバチ[106]となった人物であった（許国槙の息子で礼部尚書提点太医院事となる許扆――別名コルコスンとは，クビライによって結びあわされた義兄弟である）[107]。ラシードゥッディーンが『集史』に名を書きとどめるテケ・フィンジャンその人でもあり，総制院，尚書省を押さえるサンガと同じくウイグル部族の出身とされる（母と正妻は漢人）[108]。至元十五年二月，籍田署で先農の祭祀を執行したと『元史』に特筆されるモンゴルの子弟とは，おそらくはかれを指す[109]。

テケは，至元二十一年の冬，クビライの命をうけ，まず漣海一帯の宣徽院所轄

346 第III部 ケシクからみた大元ウルス史

の荒地，襄陽から東海にかけての江淮一帯の荒田開発の対策として，部下とともに屯田のマニュアルをつくった。開墾の募集に応じた者は，六年間，租税と一切の雑役が免除された[110]。ちょうどコルカスンが罷免され，アントンが中書右丞相に任じられて新体制（参政のブルミシュカヤ，サルドミシュ，右丞の盧世栄，左丞の史枢，参議のバイシンはみなサンガの推薦）が発足した時期[111]，「諭中書省以下大小官吏諸色人等詔赦」（至元二十一年），「清冗職詔」（至元二十二年七月李謙撰）が出された時期のことである（公式記録ではチンキムは二十二年暮れに死亡。年月日，ケシク名，場所，その場にいたケシクのメンバー，上奏者をすべて記す形式のモンゴル語直訳体の資料は，至元二十三年以降しか確認できない。それ以前のものは，『元典章』をはじめ意図的に編纂官によってケシクのメンバーが削除，編集されている。このことからも『実録』の史料としての限界がうかがえる）[112]。テケは，二十二年，中奉大夫（従二品下）から正奉大夫（従二品上）に位階を進めるや，司農寺を以前のごとく正二品の大司農司にひきあげ，天下に大元ウルスの重農政策の姿勢を知らしめるよう，さらに附設機関として供膳司を設立するよう，奏上した。その結果，翌二十三年二月に，農桑を掌る機関として再び大司農司の設立が決定され，かれは資善大夫（正二品下），大司農に昇進，名実ともにボロトの後釜となったのである。同時にかれが兼任する宣徽院も正二品に引き上げられた[113]。

　テケの同僚のうち，司農卿のクトゥダルは，至元十七年前後，ブラルク（＝闌遺。遺失物）として収容されていた人々，牛等を使って屯田開発にあたっている（闌遺は宣徽院ともかかわりが深い）[114]。上述の農政院の傘下に入る直前のことである。至元二十五年からクビライ末年まで，朝列大夫（従四品下）司農少卿，中議大夫（正四品上）司農卿，資善大夫（正二品下）司農卿へと猛スピードで昇進したコルギスは，モンゴルのアルチダイ氏の出身――曾祖父のバルス・ブカは，ナイマン，キプチャク，ルース，イラン遠征などの前線にて奮迅した武将――でやはりクビライのバウルチであった。かれの父は，至元十二年頃，ボロト，ムバーラクの推薦によってクビライに取り立てられたから，テケとはきわめて近しい間柄だったに相違ない[115]。さらに，大司農丞には，かの張文謙の子，張晏が任じられる（かれの妻は董文用の姪）[116]。至元七年の再現の雰囲気が，濃厚にただよう人事であった。

　そして，六月十日，正式に大司農司の設立を天下にしらしめす聖旨が発され，同日，『農桑輯要』をふたたび刊行して各路に頒布する聖旨もくだされた[117]。あ

きらかに大司農司の復活を記念した出版であった（興文署は至元二十七年正月に復興するから[118]，この時点ではおそらく機能していない。むろんかつての版木そのものは利用できたが，国家出版センターとなってゆく杭州の西湖書院で新たに刊行しなおした可能性がたかいだろう）。さらに，二日後，中書省によって文書化された「大司農司設立の聖旨」の末尾に，至元七年二月の司農司設立のさい張文謙等が定めた条画「農桑之制」十四条をそのまま附して頒布させたのである[119]。「区田法」も，かつてと同様，各路において版木に刻され，広くばら撒かれたのはいうまでもない。

　ちなみにこの時期，『本草』の増修をはじめ，大司農司の設立が決定された至元二十三年二月，太史院では，李謙がチンキムの命を受けて三年前から取り組んでいた『暦経』，『暦式』，『暦議』等全二十一巻をアルグンサリと献上[120]，至元二十四年，勧農ともふかくかかわる『春牛経式』を頒行[121]するなど，各官庁では編纂事業が活性化していた。地理書『大元大一統志』の編纂も，至元二十二年六月頃に企画がもちあがり，二十四年頃から本格的に開始される[122]。南宋接収から数えてちょうど十年ということもあるが，至元十九年秋に断行した遷転制——江南の官員の位階の相当激しい引き下げをともなった[123]——が定着し，またこの時期，江南の投下領，路分がほぼ確定したのであった[124]。大司農司復活の聖旨がくだされて一ヶ月後には，江南の官田管理のためにまず営田総監府が設立されている（前年から盧世栄等の上奏にしたがって南宋接収の混乱の中で占拠された官田の買い戻しもはじまっていた）。

　ひるがえって，至元二十三年八月末から，腹裏（コルン・ウルス）の各路，府，州，県のダルガと総管，各長官について管勧農事を兼ねることが義務付けられ，各叙任状に朱筆で追記された[125]。十二月二十六日には，提刑按察司に吸収されていた巡行勧農司も復活，“漢児（キタイ）の地面”つまり華北を六道に分けて設置することが決まった[126]。前年の二月，中書省の盧世栄は，サンガ，江淮行省のマングタイ等の意向をうけ，江南行台の廃止，提刑按察司を提刑転運司に改め——弾劾ではなく銭穀を扱う機関にする案を上奏しており，その長期討議の結果，であった（江南行台は，廃止は免れたが，ムスリム官僚を増員し，至元二十二年から二十九年の間に杭州，江州，杭州，建康，揚州，建康と移転を繰り返すことになる）[127]。

　いっぽう，江南については，至元二十四年二月三日，かつてミール・フサイン，張守智が暫定的につとめた江淮行大司農事を二品に一挙にひきあげ，鎮江路に正

348 第 III 部 ケシクからみた大元ウルス史

式に行大司農司を開いた。さらに行大司農司の附属機関として，勧農営田司（四品）を六道に分けて設置，正使，副使をそれぞれ一名ずつ置いた[128]。初代行大司農にはモンゴル人のトクト，司農卿，司農少卿にはサンガの腹心王虎臣，ウマルが着任した[129]。ふくれあがる官吏の俸米，ケシクの口糧，軍馬の糧料，工匠の役糧の支給を支えるために，江南の開発は急務であった[130]。遅々として進まぬ占拠された旧南宋の官田の返還，納税，差役をのがれるためになされた不動産，家族数の虚偽申告のチェックのため，聖旨に付した条画の中で，百日の期限をきって自首を促し，従わない者に罰則を定めた[131]。

　江南経営の本格化と呼応して，閏二月には，アフマド時代への回帰がうたわれ，中書省から尚書省が独立し，サンガが平章政事となった[132]。ナヤンをいただく東方三王家の反乱をはさんで（大司農のテケはクビライにつきしたがって征伐に向かい軍功をたてた），至元二十五年正月，クビライはマングタイを江淮行省の左丞相とし，あらためて行大司農司と各道勧農営田司に対して詔を出し，府，州，県の勧農官の勤務評定，路の経歴官，県尹の処分権を確認した。また江淮行省の上奏にしたがって，淮東，淮西の二道に勧農営田司の増設を許可した[133]。そして，とうじ僉江淮行尚書省事で発案者でもあった燕公楠（サイン・ナンキャダイ　"よき南人"の意）を行大司農に，南宋時代，市舶司の職にあり，留夢炎等と親交のあった李晞顔を行司農丞に任命したのである[134]。のちに任仁発，潘応武が回想したように，江南の水利は帰附以来，マングタイ，燕公楠をトップに整備された[135]。

　ところが，じゅうらい指摘されていないことだが，そのご至元二十六年の三月から六月二十八日の間に行大司農司は行司農司に格下げになった[136]。ほぼ同じ頃，燕公楠は江淮行中書省参知政事に異動する。サンガ，マングタイ体制の崩壊をいちはやく予見したためだろう。みずから弾劾にまわるいっぽうで，バヤンや大司農司のボスであるテケ，董文用，コルギス，そしてのちに水利事業に大きな役割を果たすチェリク等との関係を強めておくことも忘れなかった[137]。

　行司農司への格下げの後まもなく，至元二十七年三月十七日，中書省，尚書省，御史台，大司農司の合議の結果，至元十三年のボロト，張文謙のときの前例に依拠し，行司農司所属の勧農司をいちおう結果は出たとして廃止した。そして，按察司と合併，各按察司に二人の僉事を増員し，農桑関連の事項は大司農司に，書類のチェックや弾劾等は御史台に申告することになった[138]。さらに翌二十八年

正月，サンガとその一党が罷免され[139]，二月，提刑按察司が粛政廉訪司に改組
されると，江南と同様，腹裏の勧農司も廃止，各道の粛政廉訪司が吸収するとこ
ろとなり，それぞれ僉事二，経歴一，知事一，照磨一が増員された（至元二十九
年閏六月の聖旨によれば，粛政廉訪司の巡行官は，各路が勧農に実績のあった官員を保
挙する場合，もしくは社の長が村人の有能な者を推薦する場合に，その推薦書類の再審
査を行い，文書を滞らせる司吏についてはその上司を取り調べ，いずれも大司農司に報
告書を提出して処分を仰ぎ，上司——路，府，州の提点官が文書を滞らせる元凶であ
れば，大司農司が直接取り調べる）[140]。三月には詔が出され，その条画によれば，
一年のうち三月の初めから九月の終わりまで，凡そ労民不急の役は，一切停止す
ること，義倉の最初の精神を忘れず，余ったからといって河倉に転送したりせず，
飢饉の年に備えることなどがうたわれていた[141]。さらに，至元七年，二十三年
の「農桑之制」十四条をふたたび頒布した。いずれが『元史』巻九三「食貨志」
《農桑》のいう「農桑雑令」なのかは不明である[142]。五月には『至元新格』も版
行，各官庁に配布されている[143]。十二月十五日には，江南の各路の官が現地を
勧課農桑のために巡行するシステムは，接待が大変でかえって人々が迷惑するこ
とから，廃止が決定され，そのつど指導の文書を下すことになった[144]。なお，
この月にかつて大司農司の廃止とともに消滅していた都水監が復活する。

　そうしたなかで，テケは，至元二十九年三月，大司農，同宣徽院事兼領尚膳監
事の職のうえに，さらに中書平章政事を命ぜられる（尚書省は前年五月に廃止，中
書省に吸収）[145]。資品も資善大夫（正二品下）から栄禄大夫（従一品下）にあがっ
た。かれは，翌年の三月十三日，燕公楠の上奏をクビライに取り次ぎ，官吏，僧
道，権豪の家が隠匿する田地を摘発し課税するために，江南に行大司農司を設置
することを請い，聖旨——行中書省，行枢密院，行御史台，行宣政院，行泉府
司，宣慰司，廉訪司以下あらゆる人々に示す命令文を得た。こんかいは，鎮江路
ではなく“蘇湖熟せば天下足る”[146]といわれる浙西は蘇州（平江路）に官庁を設
置，大司農司ではなく都省に直属することとし，クルトガを行大司農司事に，燕
公楠を再び行大司農に任命，鎮江時代と同様，受宣官七名，受勅官僚四名，計十
一名をこの行大司農司に貼り付けた。ところが，ちょうど一ヶ月後には，やはり
燕公楠の案で，淮東，淮西も管轄することを考えて揚州に官庁を置くことになっ
た[147]。いま，まさに任仁発や土地の故老等の協力のもとに，本格的な江南の水
利事業がはじまろうとしていた[148]。

大司農司は，路府州のダルガ，総管たちの解由状に書かれた農事，学校，樹株，義糧などの項目の数字と各官庁の帳簿が一致しない場合の罰俸を定め，粛政廉訪司にも過去の書類の審査をさせて，毎年の成果を正確に掌握しようとつとめた[149]。そして，一年の末に，各路から送られてくる実績報告書――開墾した田畑の面積，新たに建てられた学校数，蓄えた義倉の糧食の総量，植樹した桑，棗，雑果の本数を合計し，カアンに知らせた。

ところが，こんにち『元史』の「世祖本紀」には，腹裏に大司農司が再び設置され『農桑輯要』，「農桑之制」十四条が頒布された至元二十三年，江南の大司農司が機能しはじめた二十五年，再度「農桑之制」十四条を頒布した二十八年の数字しかのこっていない[150]。そして，じつは歴代カアンの本紀を通じて，後にも先にもこの三年のみ，なのである。これは，果たしていったい何を意味するのだろうか。

3　成宗テムル以降の勧農政策

1）江南開発の中で

至元三十一年（1294）正月，クビライが八十歳で崩御，四月十四日，孫の成宗テムル（裕宗チンキムの子）が即位した。その詔の条格の中で，クビライ時代と同様，ひきつづき農桑の奨励，保護政策をとることが宣言された[151]。年の暮れ十二月二十三日にも，農桑を擾すことを禁じる詔が出されている[152]。

また，この年の八月十八日には，テケが江浙行省の咨文を受けて，太湖，澱山湖の逆流，氾濫を防ぐため，河道，溝港の掘削，護岸工事を職掌とする都水防田使司の設立をテムルに上奏した。中書省のトップのオルジェイではなくテケが上奏にあたったのは，かれが中書省の平章であると同時に大司農を兼ねていたからである。クビライ時代から，江浙行尚書省のマングタイ等によって幾度もテケを通じて建議されていた案件だが，そのごのマングタイ自身の失脚などで対処が遅れていた。至元二十四年，二十七年，二十九年と三度にわたって大雨で田禾が水没し，現実に甚大な被害を蒙っていたため，もはや先送りにはできなかった。"蘇湖熟せば天下足る"といわれるだけに，慎重に議論がなされた。テケ，バヤンの弟バヤンチャルと二人の枢密院のノヤン，旧南宋時代の有職故実を知り，漕

運——江南からの物資の輸送を一手に担っていた范文虎殿帥，朱清，張瑄の二人の宣慰使等が合議した結果，海賊を取り締まり，河渠，囲田の修繕，管理を職掌とする都水巡防万戸府が設置されることになった(153)。

また，翌元貞元年（1295）三月には，大司農司は，江西等処榷茶都運司から，モンゴル朝廷の重要な収入源のひとつである茶園の保護，栽種の奨励についても，ほかの農作物と同様，各地の管民官に指導の通知を出してほしいとの要請を直接に受けており，さらに権限を広めつつあった(154)。現場の勧農官たちの仕事ぶりのチェック，弾劾は，依然として御史台の粛政廉訪司，監察御史に任されていたが。

ところが，このとしの五月八日，中書省が直轄する行大司農司の廃止が決定された。江南の富豪の家，道観，寺廟が隠匿する官田を摘発するという仕事の成果が当初の予想ほどではなく，はかばかしくなかったこと，とうじ官庁の統合化が進行中であったことが理由にあげられていた。行大司農（正二品）の燕公楠は，河南行省の右丞（正二品）に配置換えとなった(155)。既述の都水巡防万戸府もけっきょく設置されないままだった(156)。しかし，そのいっぽうで同じ月に"農桑，水利を以って中外に諭す"詔が発令されている(157)。朝廷の勧農の意欲が減じたわけではない。

じつは，この時期，大元ウルス朝廷は，サンガ以来の一大汚職事件に揺れていたのである。『元史』の本紀をはじめ漢文資料は言及しないが，ラシードゥッディーンの『集史』「テムル・カアン紀」によれば，カアンに売られた宝飾品の価格をめぐって，中書省のダシュマン（ダーニシュマンド）丞相，トイナク，サルマン，イグミシュ，テケ平章，ケレメチのイーサー，バヤン平章の弟バヤンチャル，シャムスッディーン・クンドゥズィーとほか四名の平章が贈賄容疑で逮捕，中書省に監禁された。かれらの妻子と成宗テムルの母ココジン皇太后（カトン）が助命を願い出たが聞き入れられず，ティベット仏教の膽巴師父（タンパバクシ）のとりなしによって釈放された。タンパは，このとき数日間にわたって出現していた彗星を理由に祈禱，重罪犯の恩赦を願い出ることによって，かれらを救った(158)。

彗星の出現から，この事件が大徳元年（1297）二月二十七日以前に発生したのは，間違いない(159)。そのごも，タンパは，マハーカーラ仏への祈禱によってカイドゥの侵攻に対し勝利を呼び，またテムルの病を癒したとして，テムルから絶大な信頼を寄せられた(160)。

352　第Ⅲ部　ケシクからみた大元ウルス史

　ともあれ，赦されたラマ（ナマ）国師の甥テケは，同年九月までの間に，テムルから埋め合わせのように，栄禄大夫（従一品下）から光禄大夫（従一品上）へ，中書平章政事，領大司農司，同知宣徽院事に，つまり大司農から領大司農事に任じられた[161]。名ばかりの昇進といえなくもないが，『元史』巻八七「百官志」が“大徳元年，領大司農事一員を増す”というのはこれを指す。

　なお，長官のテケ以外に，元貞二年頃の大司農司のメンバーとして確認できるのは，中奉大夫（従二品下）司農卿の賈也相忽都魯〔イスンクトゥルク〕。曽祖父の賈シラは，大興の出身だが，チンギス・カンの料理人としてケシクに入り，モンゴルとして扱われた。父のクルムシもクビライのバウルチで，尚膳使，いつごろからかはわからないが司農の長を兼ね，さらに簽宣徽院事でもあったという。一族はほとんどみな，クビライとその子孫のバウルチとして仕え，尚食局，尚薬局，宣徽院，尚膳監，典善署，大司農司といった口に入れるものを扱う官職についた。すぐ上の兄のドゥゲル・ブカは宣徽院につとめていたから，やはりテケの部下である[162]。イスン・クトゥルクの下には，奉訓大夫（従五品下）大司農少卿の王謙がいた。かれは泉州路総管の王道の息子で，幼少からチンキムに仕えていた[163]。

　さて，大徳元年閏十二月には，両淮屯田軍が二万人に増員され[164]，翌大徳二年二月八日には，水利事業のみをもっぱら担当する浙西都水庸田使司の設立が決定される。江浙行省からわざわざサイドが出向いてきて，江南の富豪が隠匿していた四万頃の土地とそこで生産される四十万石の穀物，絲綿，布鈔を摘発，没収したこと，これを管理し，種田・水利の事業を進めてゆくのに，ふたたび行司農司を設立したい，と願い出たのである。わるびれる様子は，まったくなかった。さすがに，中書省の面々のほうが，テムルの手前，廃止になったばかりの行司農司をすぐに復活させるのは，まずかろうと気兼ねして，職掌を限定し，一ランク下の三品官庁すなわち都水庸田使司を立て，六名の官員，二名の僉事計八名を貼りつけ，長官は江浙行省から選出することにしたのである。官庁統合の動きに反するという批判もあり，とりあえず一年間試行した結果，継続するかどうかを判断することになった。官庁は，万水所会の地，平江路に置いた[165]。初代長官には嘉議大夫（正三品下）のムハンマドが任命された[166]。なお，二十七日には，粛政廉訪司に，諸郡の人民の農作業に不真面目な者，勧農の正官たちの職務をじゅうぶんに果たしていない者を取り締まるよう，あらためて詔が下されている[167]。浙西都水庸田使司は，堤防，排水をスムーズにするための河道の掘削（堆積土砂

を浚える）工事，囲田の保護・修理の成果を認められ，大徳四年さらに浙東，江東等処における水利事業も担当することになった[168]。なお，クビライの至元二十三年以来，開墾から三年間免税という特別措置によって奨励してきた荒田開発も著しい効果が現れ，免税を一年に限ることができるようになった[169]。

テケは，大徳三年に職務を解かれた。墓誌銘は，かれ自身が引退を上章し，その結果，平章政事預中書省事となったという。この年，まず最終的には不問に処されはしたが江浙行省の平章教化（ジアファル）と的里不花（デルブカ），江南行台の張閭（チャンルー）が贈賄，横領で弾劾される事件が発生した。ティベット仏教の江南の牙城であった楊璉真迦の江南諸路釈教総統所も廃止になった。さらにテケ等の庇護者で実権を握っていた皇太后のココジン・カトンが病に倒れ，ブルガンが皇后（カトン）の位についた[170]。あらたな平章政事として，守司徒，集賢院使，領太史院事のアルグンサリが任命された。

大司農司では，このころテケといれかわりで，カルルクのダシュマン（ダーニシュマンド）が司農丞となった。かれの父ハージジはオゴデイのバウルチ，ダシュマン自身もクビライのバウルチで，テケと同様，ナヤンの乱のときに軍功をたてていた。ダシュマンは，アフマド，サンガの体制に批判的であったとされ，テムルが即位すると，奉議大夫（正五品下）領供膳司事に任じられていたが，テムル自らがカイドゥ征伐に出かけたさい扈従し，凱旋後その功績をみとめられて司農丞，ついで司農卿に抜擢されたという[171]。

テケが政局の変動のなかで辞職したことは，墓誌銘に

> 大徳七年，朝政更新し，復た中書平章政事，宣徽使，領大司農司事を拝するも，疾を以って辞す。

ということからもうかがえる（ちなみに，史天沢の一族史燿もこのとき招聘，大司農に任じられた）[172]。

大徳七年正月から三月にかけて，朱清，張瑄の財産の差し押さえを皮切りに，御史台によって江浙行省平章アリー以下の面々が弾劾され，江南財賦総管府，提挙司，行通政院，致用院，そして都水庸田司がつぎつぎと廃止になった。中書省でも，朱清，張瑄の賄賂を受けたかどで，中書省のバヤン，アルグンサリなどが一斉に罷免された[173]。同じ中書省のオルジェイ，江浙行省のアリーは，鶴の一声で不問に処された（ただし，数ヶ月後，ハルガスン・ダラガンが中書右丞相，知枢密院，アクタイが左丞相となった。大徳八年九月には罷免された中書省の面々の多くが

354　第 III 部　ケシクからみた大元ウルス史

復活し，アリーもまた中書平章となる）。それほどにも，江南の富は莫大になって
いた。三月二日には，全国に奉使宣撫を派遣して，政治刷新の姿勢を示す詔が発
令された（『元典章』もこのときの産物である）。汚職官僚の大々的な摘発，横領さ
れた公金の没収が主たる目的であった。その条画の中で，勧農を担う官庁の弛緩
を正すこともうたわれた(174)。じつはこのとき，オゴデイ家のカイドゥの勃興以
来，つねに火種となっていた中央アジアから，チャガタイ・ウルスのドゥア，オ
ゴデイ家のチャパル，アリク・ブケ家のメリク・テムル等が停戦の申し出をして
きており，モンゴル世界はふたたび一つになりつつあったのだった。大元ウルス
としても余裕のある時期だったのである。

　だが，都水庸田司の唐突な廃止(175)で水利工事が打ち切られた平江，松江，湖
州一帯は，この年の大雨で深刻な水害にみまわれる。そのため，翌年五月二十一
日には，江浙行省の申請を受け，やはり水利を専掌とするが中書省の直轄官庁で
ある行都水監（従三品）の設立が決定，平江路に官庁が置かれた。江浙行省平章
闊里が総責任者となり，江南行台，粛政廉訪司も協力することになった。こんか
いは，冠水の原因すなわち各投下の官員，寺観，豪農等が河口の堆積土砂の上で
展開している稲作，土地の囲い込み等を厳しく取り締まりながら行う予定であっ
た。結局，猛烈な反対にあい，企画者の任仁発には充分に満足できるものとはな
らなかったが，それでも一年間の工事の成果は如実に現れ，大徳十年の台風，大
雨のさいの被害は前回の三分の一で済んだという(176)。

　テケは，大徳十年閏正月，再び詔を得て朝廷にもどる。チェリクも江浙行省か
ら呼び寄せられ中書省平章政事となった（一ヶ月後，行都水監は正三品にあがっ
た)(177)。行宣政院使となっていたチャンルーも参知政事としてもどってくる。し
かしテケは，ほどなく病気を理由に退いた(178)。

　「成宗本紀」には，『農桑輯要』を刊行した記録はない。うちつづく深刻な天災
の中で，勧農，水利，救荒にかかわる詔を頻繁に出し(179)，放牧地，モンゴル諸
王の巻き狩りから農作物，果樹を保護し，各地の屯田経営，農具供給に力をいれ
たにもかかわらず。しかし，それは成宗テムルの後半——かれは大徳四年十月
をはじめ，何度か危篤状態に陥り，じっさいはブルガン・カトンが垂簾聴政して
いた——の記事がスカスカにされていることが大きいだろう（テケの動向とほぼ
重なるのも面白い事実である）。『元典章』をはじめとするその他の編纂物において
も，何年何月何日にカアンがどこにいて誰がケシクに侍っていたのかわかる命令

書は，ほとんど遺されていない。編集が加えられてしまっているからである。『元史』の編纂時ではなく，『成宗実録』の編纂の時点で，よほど都合の悪いことが書いてあったのだろう[180]。この『実録』は，順宗ダルマバラ，武宗カイシャンの実録とともに，皇慶元年（1312），仁宗アユルバルワダの聖旨により，作成されたのであった[181]。

2）王禎と『農書』

　さて，この大徳年間に編纂されたのが，王禎の『農書』である。元刊本は伝来しないが，既述のように，国立公文書館が所蔵する嘉靖九年山東等処宣布政使司刊本（11行×22字）が巻頭に大徳八年（1304）九月付けの江西儒学提挙司の命令文をとうじの改行，抬頭どおりに掲げており，テキスト全体についても，龍興路儒学刻本の原形を大凡はのこしていると考えられる。

【原文】

　　皇帝聖旨裏：江西等処儒学提挙司准本司副提挙祝将仕牒該：嘗謂；養生之本，莫重於農桑，著書之伝，必有益於教化。切見；承事郎信州路永豊県尹王禎，東魯名儒，年高学博，南北游宦，渉歴有年。嘗著農桑通訣，農器図譜及穀譜等書，考究精詳，訓釈明白，備古今聖経賢伝之所載，合南北地利人事之所宜，下可以為田里之法程，上可以賛官府之勧課。雖坊肆所刊旧有斉民要術，務本輯要等書，皆不若此書之集大成也。若不鋟梓流布，恐失其伝。若将前項文書発下学院銭糧優羨去処，依例刊刻流布，誠為有益。牒請施行。准此。議得；前項農書委是該載詳備，考索的当，其於世教，良非小補。若於学院銭糧優羨去処，刊刻流布，相応。申奉到

　　江西湖東道粛政廉訪司書吏張齢承行旨揮該：憲司看詳；提挙祝将仕所言，誠為農桑重事，於民有益，依准所擬，合行下，仰照験，就便施行。仍毋得冒濫違錯。奉此。今将農書三部随此発去，合下仰照験，為喚匠依上刊刻完備，印刷様本，申司。仍将用過梨板，工食価鈔，一就開申，毋得因而濫破違錯。須致旨揮。

　　　　右下龍興路儒学教授司。准此。

　　大徳八年九月　　　　　日

【日本語訳】

　皇帝の聖旨の裏に；江西等処儒学提挙司が准けた本司の副提挙で将仕郎（正八品下）の祝静得（静得は号，名と字は不明）の牒呈文の概略に：「『養生ノ本ハ，農桑ヨリ重キハ莫ク，著書ノ伝ハ，必ズ教化ニ益有リ』とは常々実感されるところ。さて，承事郎（正七品下）で信州路永豊県の県尹である王禎は，東魯の名儒であり，高齢で博学，華北，江南の官職をあちこち勤め，長年にわたっていろいろな経験を積んでまいりました。以前，『農桑通訣』，『農器図譜』，『穀譜』等の書物を著しましたが，考証は精緻をきわめ，解説はわかりやすく，古今の聖賢の経伝が載せるところの要旨をおさえ，南北の土地の生産物，風俗，道具の長所を総合しており，下に対しては田畑の規範となすことができ，上に対しては政府の勧農事業に力を添えることができるというものでございます。書肆が刊行したものとして古くは『斉民要術』，『務本輯要』等の書籍があるにはありますが，いずれもこの書の集大成ぶりには及びません。もし版木に刻して上梓し流布させなければ，おそらく失われて後世に伝わらないのではないかと存じます。もし前項の文書を儒学，書院の中で学田の収益がふんだんに有り余っているところに発令して，体例どおりに刊刻，流布させましたら，まことに有益かと存じます。牒シテ請ウラクハ施行セラレンコトヲ。此ヲ准ケラレヨ」とあった。論議したところ；前項の『農書』は，じつに幅広い範囲をカヴァーしているうえ詳細を尽くしており，考察は適切，的を得ており，世間の教化において，じっさい補うところが少なくない。もし，儒学，書院の学田の収益がふんだんに有り余っているところで，刊刻，流布するならば，よろしいようだ。そこで，江西湖東道粛政廉訪司にその擬案を申告したところ，（審査がなされ）その書吏である張齢が受けとって文面の最終チェックをして送ってきた旨揮の概略に：「われらが粛政廉訪司において詳細に調べたところ，儒学副提挙の祝どのが言われることは，まことに農桑にかかわる重要なことがらであり，人々にも有益なことである。擬案どおりに，この旨揮を下すべくして下すので，仰ぎこれを調べ，そちらの都合がつき次第，施行するように。なお，職権の乱用や違反のないように。此ヲ奉ゼヨ」とあった。今，『農書』三部作をここから発送するので，ただちに仰ぎこ

れを調べて，工匠を召喚し，上記のとおりに刊刻作業が終了したら，刷りあがり見本を添えて，われらが儒学提挙司に申告してくるように。なお，用いた版木用の梨の木，刻工たちの日当などの費用は，逐一，書き連ねて申告し，好き勝手に乱用，無駄遣いしたり，違反したりしてはならない。必要なればこそ旨揮を発給するものである。

　　右，龍興路の儒学教授司に下す。此ヲ准ケヨ。

大徳八年九月　　　　日

　元刊本には，とうじ信州路の儒学教授であった戴表元の序文がついていたらしく，『剡源戴先生文集』巻七に「王伯善農書序」として掲載される。国家出版の申請を提出する前に王禎が依頼したものである。この序文によって，かれの字（あざな）が伯善であること，おおよその履歴が知られる。元貞二年（1296）の段階で徽州路旌徳県の尹をつとめており，じっさい，人々に桑や苧麻などの栽培，収穫方法を指導し，農具や雑用の器具を絵に描いて見せて人々に作成させていた。大徳六年（1302）に信州路永豊県（山東般陽路と同様カサル王家の投下領）(182)の尹に転任した。戴表元によれば，この時点ですでに『農器図譜』二十巻，『農桑通訣』六巻の二書は，完成をみていた。儒学提挙司の文書中では三部作となっているので，『穀譜』十一巻は，大徳六年から八年の間に完成したものと考えられる。『農器図譜』の末尾に附された雑録「造活字印書法」において

　前に宣州旌徳県の尹に任じられし時，方（まさ）に『農書』を撰す。字数の甚だ多きに因り，刊印するに難し。故に己の意を尚びて，匠に命じて活字を創らしむ。二年にして工畢る。試みに本県の志書を印するに，約計六万余字，一月ならずして百部斉しく成り，一に刊板の如くして，其の用う可きを知ら使む。後（のち）二年，予は信州永豊県に遷任せられ，挈（ひっ）げて官に之（ゆ）く。是（ここ）に『農書』方に成れば，活字を以って嵌印せんと欲っするに，今，江西の（見）［現］に行して工に命じ板に刊（きざ）するを知る。故に且し収貯して以って別用を待つ。然れども古今此の法，未だ伝う所有らず。故に此れに編録して以って世の好事なる者の印書省便の法を為し，永久に伝うるを待たん。本（もと）は『農書』の為（ため）にして作れば，因って後に附す。

と王禎みずからが語るとおりである。ほんらいならば信州路が属する江浙儒学提

挙司に出版申請するところだが，杭州路までわざわざ出向くよりは，龍興路にある江西儒学提挙司のほうが近いと判断したのだろう。江西儒学提挙司，江西湖東道粛政廉訪司が刊行を決定しなければ，活字本の『農書』が作成されていたわけだが，その場合，挿絵は版木半葉分もしくは一枚をまるまる使用することになったはずで，現行本のところどころに見られる上図下文式などはありえなかった。それに，自前で刻工を調達してくるとなれば，全三十七巻の大量の挿絵の出来上がりがはたしてどうであったか，わからない。チンキム家の投下領である龍興路はふんだんに資金があり，国家出版を請け負う当地の儒学は，版刻技術のノウハウをもっていた。

ところで，祝静得および王禎自身が序文の中でいうように，かれが東魯すなわち山東の出身であることは，じゅうらいから知られていた。しかし，じつはより厳密に地域を特定することができる。

いまもなお泰山には，至元二年（1265）二月づけの「東平府路宣慰張公登泰山記」という元曲作家の杜仁傑が撰した有名な碑が立っているが，その碑身と篆額の字を書いたのがほかならぬ王禎なのである。しかもかれ自らが記す肩書きは“奉高晩生”(183)。泰山近郊の出身（般陽路と境を接する東平路泰安州は，湖広，江西行省の境界にある桂陽州とともに，マングト族のクイルダル・セチェン家の投下領）(184)であること，若年であったことがわかる。なお，宣慰張公とは，クビライ初期に姚枢等とともに十路宣撫使のひとりであった張徳輝である。この碑だけでは，同姓同名の人物の可能性も否定できないが，至元四年五月に立てられた「洞真観主者王氏葬親碑」が，杜仁傑撰文，王伯善題額，張志偉書丹であることから，確定できる(185)。

おそらく王禎は杜仁傑とともに東平厳氏の庇護下にあり，この時点では府学の学生であった可能性がある。つまり，『務本新書』の脩端や『農桑輯要』の王磐，孟祺そして姚枢等と接点があった。著作の中で『農桑輯要』のみならず，『務本直言』，『農桑直説』にもじかに目をとおしているのは，こうした環境に生きていたからである。なお，洞真観は全真教の道観で，住持の王志深は，やはり全真教の道士である張志偉とともに，杜仁傑と親しかった。

そのご，王禎は，至元十三年（1276）十月の時点で，泰安州の儒学教授となっていた。それは，かれが撰文，書丹，題額すべてを担当した「泰安重修霊派侯廟記」によってわかる(186)。祝静得が“名儒”という所以もこのあたりにあろう。

また，至元二年の段階でかりに二十歳であったとしても，大徳八年には五十九歳になっている計算だから，たしかに"年高"といってかまわない。

至元十四年から元貞元年までの"南北游宦，渉歴有年"という約二十年間の職歴は残念ながら不明である。ただし，いくつか手がかりはある。

まず，『農器図譜』巻一「田制門」《沙田》に

今，国家は江南を平定し，江淮の旧くは用兵の地為るを以って，最も優恤を加え，租税甚だ軽し。沙田に至りては，民の耕墾して自ら便ずるを聴し，今，楽土と為す。**愚は嘗て江淮に客居し，その事を目撃す。**

という。『農桑通訣』巻五「種植篇第十三」に，『士民必用』が引用されるが，これは『農桑輯要』巻三「移栽」により『士農必用』の誤りであることがわかる。ところが，既に紹介したように，至元十六年，淮西江北道按察司も『農桑輯要』を抜粋，箇条書きにした文書を各地に掲示したさい，巻三「圧条」に引く『士農必用』を『士民必用』と間違ったのである[187]。この二つの引用箇所は隣接しており，両者は同じテキスト——至元十年刊本——をみていたと考えられる。なぜなら当該箇所は，至元二十三年以降の刊本ではきちんと訂正されているからである。そもそも，王禎自身がこのとき淮西江北道按察司の下っ端として働いていた可能性すらあるだろう。

書中，たしかに"江淮では"という語が続出し，高郵府海陵において人々が泥中を行き来するのに橇（スキー板のようなもの）を履くこと，淮水のほとりでは，初夏になると划船を用いることなど[188]が紹介されている。

また，『農器図譜』巻二〇「麻苧門」《布機》に

行台の監察御史詹雲卿は，「造布の法」を印行す。今抄して此れに附す。

という。詹士龍（字は雲卿）は，実父は南宋の武将で鄂州の役のさいに戦死，三歳であったかれは，クビライとともに従軍していた董文炳に義子として引き取られ，山東，淮西にて成長した。既述のように，董文炳は中統年間，山東東路宣撫使であったし，叔父の董文用は至元七年の大司農司設立のさいに山東道勧農使に任じられた。至元十四年に董文炳が亡くなると，もうひとりの叔父董文忠の推薦で高郵府興化県の尹となり，水利事業に実績をあげたという。そのご，両淮都転運塩使司の判官，淮安路総管府の推官をつとめたあと，大徳四年に江南行台の監

察御史となった[189]。この履歴からすれば，旧くからの知り合いだったのかもしれない。

　そのほか，"嘗て往年 腹 裏 （コルン・ウルス）の諸郡の居る所（住居）を見れば"，"北方山後の諸郡は多く種す"などのことばが見える[190]。具体的には"営州之東，燕薊以北"であり，"秦晋之地"，懐孟路等であろう[191]。また，"今，湖湘間では禾を収めるに，並びに筅を用いて之を架懸す"とあるので，湖広行省にも赴いていることがわかる[192]。クイルダル・セチェン家の投下領と関係がありそうである[193]。江浙行省については，旌徳県，信州路での勤務以外に，平江路の虎邱寺剣池の灌漑設備を見学している（平江路には，東平翼，淄萊翼，済南旧軍翼，済南新軍翼などの万戸府があった）[194]。さらには，どうやら福建にも足をのばしている。大粒で甘い早稲として優れたチャンパ米を福建で入手できるので，高地で植えればよい，北方の水源の少ないところでは多少湿り気のある地を選んで植えればよい，木綿軒床という機械は八倍能率があがるので，福建から各地に広めよう，など具体的な建言をしているからである[195]。また，『農器図譜』巻十四「利用門」《水転》において"嘗て江西等処に至るに"といっており，国家出版の申請前にも，いちど江西行省下をめぐったことがあったのだろう。

　王禎は，そうした華北，江南の各地の農業をみてまわった豊富な経験をもとに，それぞれの長所，優れた器具を別の地に伝え，応用し生産の能率をあげていこうとした[196]。その姿勢を如実に示すのが，『農桑通訣』巻一「地理篇第二」に掲げられた地図である。解説によれば，伝統的な中華の十二州十二分野の区分は，気候，地勢の違いを考えるうえで，それなりに合理的なものである。したがって，とうじ『歴代地理指掌図』や拓本のかたちで流通して知られていた「十二次分野之図」の白地図に，気候，地勢の特色，地名，各地で植えるべき農作物の名前，解説を細かく書き込んで，一目瞭然の「天下農種総要之図」を作成したのだという。しかし残念なことに，明刊本は官刻ですら，とくに嘉靖，万暦ともなると刻工の技術が悲惨なほど低かったので，地図のアウトラインだけ刻し，解説，文字はまったく写されていない。おそらく王禎が手元にもっていた地図の下絵は，相当に大きかっただろうし，とうじの習慣からすれば，県庁の執務室の壁に掛けられていたかもしれない。

　王禎は次のような憤りを口にする。

今，長官は皆，「勧農」を署に衘うるも，農作の事，己のなお未だ知らざるがごときに，安んぞ人に勧むること能わんや。「勧農」と曰うを借りて，駕を命じて郊を出づるに及ぶ比，先に文移を為し，各社，各郷を使て預め相告報せしめ，会齎敛祗を期して煩を為す耳[197]。

勧農の正官たるもの，自ら農桑の実態，技術を知らなくて，なにができるというのだ，農繁期に視察の名を借りて人々に迷惑をかけているだけではないか[198]。わたくしは今まで現地調査を重ね，自分の足で，自分の目で，自分の手で農家，灌漑施設，そこで使用されている器具を確かめ，データを収集してきた。みな，この本を見て少しは勉強し，実行したらどうだ……。

『農書』は，大元ウルス朝廷がそれまで積み重ねてきた勧農政策に対する熱心な姿勢に，勧農の正官である王禎が自分なりに応えようとして，産み出されたものだった[199]。そしてその努力と想いは，官刻，全国の関連機関への頒布というかたちで，政府にきちんと受け止められた。

じっさい，王禎が南北の農桑器具や灌漑設備をヴィジュアルなかたちで紹介した功績は多大なものがあった。ただ，『説文解字』や先人の詩を引用するなどやや文人趣味に奔って実用書，指導書に徹しきれず，カタログになってしまったきらいがあった。『農桑輯要』が意図して切捨てたものを拾ってしまったのである。そのあたりが出世できなかった理由かもしれない。大徳八年以降の王禎の職歴は，現在のところ不明である。皇慶二年（1313）の短い自序を載せるテキストもあるから，それまでは確かに存命していたのだろう。

3) 元刊大字本『農桑輯要』とその各文

1979年，上海図書館は，それまでまったく存在を知られていなかった天下の孤本，元刊大字本『農桑輯要』七巻四冊（毎半板框25.5cm×21.2cm　9行×15字）を現物そのままに複製，刊行した（「結一盧蔵書印」が押してあるので，かつて朱学勤（1823-75）が所蔵していたことが知れる。もとは怡親王府から出たものか）。最古最良のテキストの提示，古農書の研究をふまえた現代農業科学の振興が目的であった。とはいえ，本そのものの大きさ，美しい趙孟頫体，みごとな版刻技術もまた，『長春大宗師玄風慶会図説文』（天理大学附属図書館蔵），『四書集義精要』（台湾故宮博物院蔵）等とともに，モンゴル時代の出版文化の到達点を示すものであ

り，モンゴルが漢文化を破壊したという既成概念を打ち破るに充分な迫力をもっていた。そして何よりも，『元史』および現存の元人文集から関連記事を拾いあつめて推測するしかなかった官刻『農桑輯要』の出版の詳細，全貌が，巻頭に掲げられた中書省の咨文によって，明らかになったのである（ただし，巻頭，巻末の数葉は破損しやすいためか，序文・跋文が一切のこっていない。後至元二年の辰州路総管府の『農桑輯要』の例はもとより，『農桑輯要』の枢要を抜粋，収録する至順・後至元刊本の『事林広記』「農桑類」【農桑本務】は，王磐の序を引用，踏まえているので，ほんらい序文が付されていたことはまちがいない。ちなみに目録の二葉，巻二の二葉はのちの補刻，陰文の書名の一部は埋め木して刻しなおしている）。

　この咨文については，すでに胡道静と繆啓愉が検討を加えている[200]。しかし，各機関における文書のやりとり，吏牘，いわゆるモンゴル語直訳体白話風漢文，発行部数等の解釈について，いくつか誤りが見られるので，ここにあらためて紹介することとする[201]。なお，文書全体の構造は，図1のように，関連の文書の写しがペタペタ添付されている入子状態と考えればよい。

【原文】

　　　皇帝聖旨裏；江浙等処行中書省准中書省咨：礼部呈：奉判；大司農司拠承発架閣庫呈：照得；本庫収掌農桑輯要参阡部，栽桑図参伯部。本庫収貯，節次蒙各処官員并各道廉訪司関支，将欲盡絶。若不具呈，預為印造，誠恐闕悮支持。呈乞照詳。得此。照得；始自延祐元年奏奉

　　　聖旨，江浙行省開板印造農桑輯要，給散随朝并各道廉訪司，勧農正官，天暦二年，江浙行省又行印造到農桑輯要参阡部，栽桑図参伯部。既是節次給散，将欲盡絶。具呈照詳。得此。批奉都堂鈞旨：送礼部，照擬呈省。奉此。施行間，又拠大司農司経歴司呈：奉大司農司箚付：照得；近拠承発架閣庫呈：本庫収掌農桑輯要節次給散，将欲盡絶。已於至元五年正月二十二日具呈中書省，照詳去訖。為此，大司議得；農桑輯要，先於天暦二年，差委本司管勾周元亨前赴江浙省印造，到今一十余年，節次給散，将欲盡絶。若已不預為印造，恐闕各官支付。除已選差到本司提控掾史周文郁前去江浙省監督印造外，大司合下仰照験，就呈合干部分，照験施行。承此。具呈照詳。得此。行拠左右部架閣庫呈：依上於送架卷内検尋到上項文卷一宗，随呈前去。具呈照詳。得此。照得；承奉中

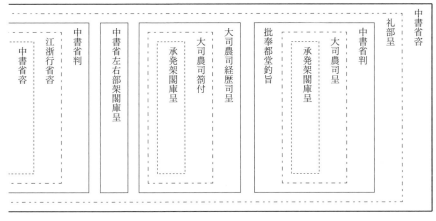

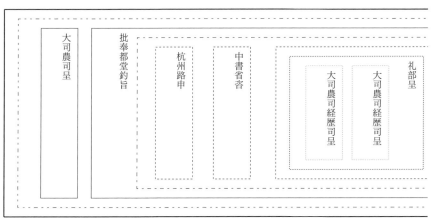

図1　江浙行省が受け取った書類

　　　　書省判送江浙行省咨：准中書省礼部呈：大司農司経歴司呈：天暦二年二月十三日
　　奏過事内一件；在先欽奉
普顔篤皇帝聖旨，
英宗皇帝聖旨，教江浙省両遍印了農桑輯要三千部，栽桑図三百部有来。這幾年各道廉訪司家，有司家節続都散了。俺商量来。如今呈与省家文書，依先例，交江浙省印造農桑輯要，栽桑図呵，怎生？奏呵，奉
聖旨：這文書是百姓有益的勾当。教省家印造了将来。各道廉訪司，有司関了

364　第 III 部　ケシクからみた大元ウルス史

的農桑輯要着交割，麼道，

聖旨了也。欽此。照得；延祐三年八月二十八日

奏過事内一件；為散与多人農書不敷的上頭，交江浙省印造将来的。大司農
　司奏了与了俺文書裏，照呵，従至元二十三年，逐旋印了八千五百部，
　給散了来。如今斡一万冊交印造，与他毎一千五百部，怎生？奏呵，那
　般者，麼道，

聖旨了也。欽此。除欽遵外，今拠見呈，本部議得；大司農司経歴司呈：印造
　農桑輯要，即係奏奉

聖旨事理，宜咨江浙行省。欽依印造施行。具呈照詳。得此。咨請欽依施行。
　准此。照得；先於延祐三年十月二十八日，准中書省咨該：

奏過事内一件，印造農書一千五百部。行拠杭州路申：印造装褙打角完備。
　差宣使布伯管押赴中書省，交割去訖。今准前因，本省箚付杭州路，欽
　依印造農桑輯要三千部，栽桑図三百部，装褙完備，起解外，咨請照験。
　批奉都堂鈞旨：送礼部，依例施行。奉此。於至順三年三月二十一日行
　下大司農司経歴司，依例施行。今拠見呈，本部議得；大司農司呈：元
　印農桑輯要即目鎖用，将欲盡絶，誠恐缺悮支付。参詳；即係奏奉

聖旨事理，宜従都省移咨江浙行省，欽依印造。拠差去提控掾史周文郁合騎鋪
　馬箚付，合干部分，依例応付相応。具呈照詳。得此。除外，都省咨請
　依上施行。准此。

　　承事郎杭州西北隅録事臣陳也速答児
　　　至元五年　　月
　中議大夫杭州路総管兼管内勧農事：臣太不花
　差来，監印造官，大司農司提控：臣周文郁

【日本語訳】
　　　カアン　　ジャルリク
　　皇帝の聖旨の裏に；江浙等処行中書省が准けた中書省の咨に［礼部の呈に
　　　　　　　　　　　　　　　　　う
　　　｛奉じた（中書省が）"判"と書きつけて回答を委ねてきた書類に〔（大
　　　司農司の呈に）［大司農司の拠けた承発架閣庫の呈に「調べましたとこ
　　　ろ，われらが大司農司の架閣庫では，『農桑輯要』三千部，『栽桑図』
　　　三百部を保管，管理いたしてまいりました。当架閣庫の備蓄は，逐次，

各官庁の官員ならびに各道の粛政廉訪司の領収を蒙り，まもなく底を
つこうとしております。もし呈文をさし上げて予め印刷しておきませ
んと，支給に差障りが生じないか，まことに危惧されるところでござ
います。呈シテ乞ウラクハ照詳セラレンコトヲ。此ヲ得ラレヨ」とあ
った。（大司農司が）調べたところ，さいしょ延祐元年に上奏して奉じ
た
聖旨によって江浙行省が『農桑輯要』を開板，印刷し，中央官庁の官員并
びに各道の粛政廉訪司，勧農の正官に支給頒布してから，天暦二年に，
江浙行省が文書をくだしてふたたび『農桑輯要』三千部，『栽桑図』
三百部を刊行しました。逐次，支給頒布して，まもなく底をつこうと
しています。具呈ス照詳アレ。此ヲ得ラレヨ］とあった。（中書省が）
批して奉じた都堂（中書右丞相バヤン）の釣旨に「礼部に送って，調
査させ最終案を擬して中書省に呈するように。此ヲ奉ゼヨ」とあっ
た］。（礼部において）施行している最中に，さらに拠けとった大司農
司の経歴司の呈に［奉じた大司農司の箚付に「調べたところ，さきご
ろ拠けとった承発架閣庫の呈に『当架閣庫が保管，管理しております
『農桑輯要』は，逐次，支給頒布して，まもなく底をつこうとしてお
ります』とあった。すでに後至元五年正月二十二日に中書省に対して
つぶさに呈文を送り，裁決を仰ぎに行かせてある。このため，われら
が大司農司で討議したところ，『農桑輯要』は，先の天暦二年に，本
司の管勾である周元亨を江浙行省に派遣し，印刷させてから，現在十
数年になり，逐次，支給，頒布し，まもなく底をつこうとしている。
もし予め印刷しておかなければ，各官庁の官員への支給に差し障りが
生じる恐れがある。すでに本司の提控掾史の周文郁を選び，江浙行省
に遣わして印刷を監督させているのはもとより，さらにわれらが大司
農司は，ただちに仰せて照験し，呈に就きて，関係の機関は，照験シ
テ施行セヨ。此ヲ承ケヨ」とありました。具呈シタレバ照詳セラレン
コトヲ。此ヲ得ラレヨ］とあった。（礼部が）文書をくだして拠けと
った中書省左右部の架閣庫の呈に「上記，照会の件につきまして，架
閣庫送りになりました文書ファイルの内より探しあてました上項に関
連する文巻一式を，呈文に添えてそちらにもっていかせます。具呈シ

タレバ照詳セラレンコトヲ。此ヲ得ラレヨ」とあった。それらの文巻
一式を調べたところ，（礼部がかつて）承奉した中書省が"判"と書き
付けて送ってきた書類に〔江浙行省の咨に〔（准けとった中書省の咨
に）「准けとった中書省礼部の呈に『大司農司経歴司の呈に【天暦二
年二月十三日に

　　奏過した事の内の一件に＜《在先，欽しんで奉じた
普顔篤皇帝の聖旨，
英宗皇帝の聖旨に，江浙省を教て両遍印させ了『農桑輯要』三千部，『栽桑
　　図』三百部が有っ来。這の幾年，各道の廉訪司家，有司家に，節続と
　　して都散じ了。俺は商量し来。如今省家（中書省）に文書を呈し与え，
　　先例に依って，江浙省を交て『農桑輯要』，『栽桑図』を印造させた呵，
　　怎生？》と奏した呵，奉じた
聖旨に《這の文書は是れ百姓に有益的勾当。省家を教て印造させ了将て来
　　て，各道の廉訪司，有司の関し了的は，『農桑輯要』を着けて交割す》
　　麼道，
聖旨が了れた也＞此ヲ欽シメ，とありました。調べたところ，延祐三年八
　　月二十八日に

　　奏過した事の内の一件に＜《多くの人に散じ与えて『農書』が不敷的
　　上頭，江浙省を交て印造し将て来た的。大司農司が奏し了俺に与え
　　了文書の裏に照らした呵，至元二十三年従り，逐旋に印し了，八千五
　　百部を給散し了来た。如今輳めて一万冊を印造交しめ，他毎に一千五
　　百部を与えたら，怎生？》と奏した呵，《那般者》麼道，
聖旨が了れた也＞此ヲ欽シメ，とありました】とありました。欽しんで遵
　　守するのは当然のことながら，いま現呈を拠けて，礼部で討議しまし
　　たところ，大司農司経歴司の呈に『『農桑輯要』の印刷は，即ち奏じ
　　て奉じた
聖旨の事理に係り，江浙行省に咨文を送って，欽しんで依拠して印刷を施
　　行せられるのがよろしいかと存じます。具呈シタレバ照詳セラレンコ
　　トヲ。此ヲ得ラレヨ』とあります。（礼部も同じ判断です）」と回答が
　　あった。（中書省は江浙行省に）咨シテ請ウ欽シミ依リテ施行セラレヨ。
　　此ヲ准ケラレヨ〕とありました。（江浙行省が）調べたところ，先の延

祐三年十月二十八日に准けとった中書省の咨の節略に「

奏過した事の内の一件に，『農書』一千五百部を印造す」とありました。

文書をくだして拠けとった杭州路の申に「印刷，装丁，梱包[(202)]は完

備いたしました」とあったので，宣使[(203)]の布伯を責任者として中書

省に派遣し，交割しに行かせたのでした。いま，以上の経緯を准け，

われらが江浙行省は杭州路に箚付をくだし，欽しんで依拠して『農桑

輯要』三千部，『栽桑図』三百部を印刷し，装丁完備して，中書省へ

護送いたしますほか，咨シテ請ウ照験セラレンコトヲ］とあった。

（中書省が）批して奉じた都堂（中書右丞相エル・テムル）の鈞旨に

「礼部に送って，体例に依拠して施行せよ。此ヲ奉ゼヨ」］とあり，

「至順三年三月二十一日に，大司農司経歴司に（現物を）下し与え，

先例に依拠して施行した」と（礼部のとうじの担当者が文巻の末尾に）

書き付けてありました。いま現呈を拠け，礼部にて討論しましたとこ

ろ，大司農司の呈に「もともと印刷してありました『農桑輯要』は，

現在，使用に供され，まもなく底をつこうとしており，支給に差し障

りが生じないか，まことに危惧いたすところ」とあります。参詳いた

しますに，以上のことは，奏して奉じた

聖旨の事理に係り，よろしく，都省のほうより江浙行省に咨文をお移しい

ただき，欽しんで

聖旨に依拠して印刷し，遣わし行かしめる（大司農司の）提控掾史の周文郁

がまさに乗るべき駅伝の鋪馬の箚付については，関係の機関が，体例

に依って給付するが相応かと存じます。具呈シタレバ照詳セラレンコ

トヲ。此ヲ得ラレヨ｝と回答があった。それらのことは当然のことと

して，都省ハ咨シテ請ウ，上に依リテ施行セヨ。此ヲ准ケヨ］といっ

てきたぞ。

　　承事郎（正七品下）杭州西北隅録事（正八品）臣陳也速答児（に与える）

　　　後至元五年　月

中議大夫（正四品上）杭州路総管兼管内勧農事（正三品）臣太不花

派遣官，印刷の監督官，大司農司の胥吏である臣周文郁

368　第 III 部　ケシクからみた大元ウルス史

　この文書は，中書省から江浙行省が受け取り，そのまま杭州路総管府に送られ，さらに録事司の陳イェスデルが受け取って，『農桑輯要』の刊刻，印刷，製本，運搬に関わる人々に提示された。杭州の西北隅，かつての旧岳飛邸跡には，南宋国子監旧蔵の版木を引継ぎつつ，大元ウルス朝廷の新たな国家出版センターとなった西湖書院があった。しかも，『農桑輯要』，『栽桑図』の頒布先のひとつでもあり，また国家出版物の審査も担当していた江南浙西道粛政廉訪司と軒を連ねていた[204]。泰定元年（1324）立石の「西湖書院重整書目碑」には，たしかに，この『農桑輯要』の名も刻される[205]。

　まず，この文書から，既述の至元二十三年（1286）の出版がやはり江浙行省においてなされていたことが確認される。しかも，『元史』の本紀，「食貨志」はまったく言及しないが，延祐三年（1316）までの 30 年間——クビライ，テムル，カイシャンの時代に，正式な国家出版として八千五百部が刷られ，頒布されていたのである。

　このテキストのひとつと推測されるのが，清末に劉岳雲が内閣大庫から入手したという元刊本の残巻（巻二，三，六）三冊（毎半板框 23.5 cm × 17.5 cm　9 行 × 18 字）である。残念ながら日中戦争の折に焼失してしまい，こんにちわずかに巻二の最初の半葉の写真しかのこっていない。顔真卿の書体で書かれているが[206]，この書体は至大，延祐以降，趙孟頫体に席捲される[207]。延祐元年（1314），ブヤントゥ・カアンすなわち仁宗アユルバルワダによって「這の農桑の冊子は字様が不好（よくない）」とけなされたテキストだろう[208]（この下手くそな字とは，『農桑輯要』の編纂に大きく関わった姚枢自身の筆という可能性もあるのだが）[209]。なお，『四庫全書』本との文字の異同については，さいわい現物を目睹した盧文弨，劉岳雲，傅増湘等が校勘作業を施しており，石声漢によって最終的な整理がなされている[210]。至元二十三年以降，大徳，至大年間のテキストであったと考えられる[211]。

　また，延祐元年のアユルバルワダの聖旨を受け，延祐三年八月二十八日に，それ以前の八千五百部に，今回ちょうど一万部になるように千五百部を印刷してはどうかという上奏をし，また二ヶ月後の十月二十八日に“『農書』一千五百部を印造す”（もちろんこれは王禎の著作ではなく『農桑輯要』を指す。じっさい現行の後至元五年の啓文をもつ元刊本の版心にも“農書”とある）といっていることからすれば，『元史』巻二五「仁宗本紀二」の延祐二年八月壬寅の条が，

江浙行省に詔して『農桑輯要』万部を印し，有司に頒降して遵守，勧課せしむ。

としるすのは，適切ではなく，誤解を招く記述といわざるをえない。のちに刊行された『農桑輯要』のテキストの序文の中で蔡文淵も

我が仁宗皇帝に逮び，祖武を縄ぐに充り，民事を軫念し，旧き板本の称わざるを以って，江浙省の臣に詔して，端しき楷もて大書せしめ，更ためて梓に諸を鍥し，仍って千五百帙を印し，朝臣及び諸の牧，守令に頒賜して，稼穡の艱難を知らしめ，以って民に勧め諭す。

といっている[212]。このアユルバルワダのテキストの巻頭には，延祐元年の"皇帝の聖旨の裏に「這の農桑の冊子は字様が不好。真謹に大字もて書写し開板教しめ者」"という一文を含む中書省の江浙行省あての咨文，もしくは江浙行省から儒学提挙司，杭州路総管府，儒学に宛てた箚付が附され，当該文書の末尾には江浙行省の官僚たちの名と押捺が刻まれていたはずである。そして，このとき"大字もて書写"したのは，書画家として名高い銭達の父銭良佑（字は翼之1278-1344）である。墓誌銘によれば，江浙儒学提挙をつとめた趙孟頫や鄧文原，至大三年から江南行台監察御史をつとめていた周馳の保挙もあり，延祐年間，江浙行省の指名をうけて『農桑輯要』，『大学衍義』を書写した[213]。

いっぽう，咨文中にみえるもうひとつの書物『栽桑図』とは，延祐五年（1318）九月，大司農に任じられていたジャライル国王家のバイジュが部下とともにアユルバルワダに献上した『栽桑図説』にほかならない。著者は，とうじ司農丞であった苗好謙。『農桑輯要』巻三，四を補完するこのヴィジュアルな解説書は，千部刊行された[214]。なぜ発行部数が一千部に決められたかといえば，それは，おそらくちょうどこのときまでに『農桑輯要』が一万部，刊行されていたからである。その証拠に，こののちつねに『農桑輯要』と『栽桑図』は10：1の比率で刊行されつづける（なお，『栽桑図説』の刊行と連動して，同年，李邦寧，羅源によって「農桑図」がアユルバルワダに献上されている。楊叔謙が十二ヶ月の大都の農桑のありさまを二十四枚の絵に描き趙孟頫がそれぞれに詩を付したもので，巻頭に趙孟頫の手になる序文を掲げ，アリン・テムルが詩と序のウイグル文字モンゴル語訳を附した。また，おそらくそれと対になるのだろう，皇太后ダギの命令で「耕織図」も作成

され，やはり趙孟頫が二十四首の詩を附している。延祐六年には，張文謙の息子張晏が大司農司の収益金を用いてクビライ時代の功臣三十名——多くは勧農にも貢献した——の肖像画の作成を命じられている)[215]。

　アユルバルワダの子，英宗シディバラは，父の亡くなった延祐七年，ただちにバイジュを領大司農司事にひきあげ，再び『農桑輯要』千五百部を刊行させた（このときのテキストも，後至元五年刊本と同様，朱学勤が所蔵していたらしいが，現在は行方が知れない)[216]。アユルバルワダのときに刊行した分と合わせて三千部と数え，同時に，その10分の1にあたる三百冊の『栽桑図』も刊行した。蔡文淵の序文に

> 聖天子は大いなる歴服を嗣ぎ，祗みて先猷に通い，特に中書左丞相臣拝住に命じて大司農司の事を領せしむ。越すこと至治改元の明年，丞相は大司農の臣と曁に協謀して奏し，旨に「復た千五百帙を印す。凡そ昔の未だ賜に霑わざる者は，制もて悉く之を与えん」と。且つ翰林の臣文淵に勅して巻首に諸を序せしむ。

というように，頒行は至治二年（1323）のことである[217]。ちなみに，この蔡文淵もまた，王磐，孟祺と同様，東平の人で，テケの墓誌銘のほか大司農司にかかわる重要な碑文もものしている[218]。意図した人選であった。

　つぎに『農桑輯要』と『栽桑図』の刊行命令が出されたのは，カイシャンの子，文宗トク・テムルの天暦二年（1329）二月十三日。『元史』巻三三「文宗本紀」が天暦二年二月戊戌に

> 『農桑輯要』及び『栽桑図』を頒行す

と記すのは，明らかにことば足らずで，正しくない。じっさいに頒行されたのは，至順三年（1332）三月二十一日である。『四庫全書総目提要』には

> 『永楽大典』に又載するに至順三年に万部を印行するの官牒有り

とあり，『永楽大典』が底本にした『農桑輯要』は，まさにこのトク・テムルのテキストであることがわかる。ただし，"万部を印行"というのは，文書中に引用された延祐三年八月二十八日の上奏，聖旨を『四庫全書』の編纂官が勘違いしたものだろう。

では，後至元五年の咨文によって刊刻の準備にはいった現行のテキストは，じっさいにはいつ頒行されたのか。『栽桑図』に言及しないものの，おそらくは，『元史』巻四〇「順帝本紀」，至正二年二月壬寅の

　　『農桑輯要』を頒す

がそれを指す[219]。

　咨文と本紀を比べるだけでも，『元史』の編纂官が統一基準をもたずに実録からいいかげんに抜粋していたこと，いかに文書が読めなかったか，よくわかる。そして十中八九，ことは国家出版物の記事における刊行命令，完成年月日の混乱にとどまらない。

　いまいちど，整理しておくならば，以下のようになる。

至元十年（1273）		『農桑輯要』	？部
至元二十三年（1286）			
↓		『農桑輯要』	8500部
延祐元年（1314）→延祐三年（1316）		『農桑輯要』	1500部
（小計）			10000部
延祐五年（1318）			『栽桑図説』1000部
延祐七年（1320）→至治二年（1322）		『農桑輯要』1500部，『栽桑図』300部	
天暦二年（1329）→至順三年（1332）		『農桑輯要』3000部，『栽桑図』300部	
至元五年（1339）→至正二年（1342）		『農桑輯要』3000部，『栽桑図』300部	

至元十年から至正二年までの約70年の間に約二万部刊行されていること，刊行命令が出てから完成，頒布までに二年から三年を要すること，十年前後で三千部の在庫が尽きることが見て取れる。版下には，銭良佑の原稿が使用されつづけた。じっさいに，かれが版下を書写したことが明記されている『范文正公政府奏議』（台湾国家図書館蔵元統二年歳寒堂刊本）二巻[220]と現行の『農桑輯要』をくらべてみると，同一の手であること，まちがいないからである（図2）。銭良佑は，至正四年まで在世していたので，そのつど依頼をうけて書写することも可能ではあったが。

　『農桑輯要』，『栽桑図』は，ともに"中央官庁の官員ならびに各道の粛政廉訪司，勧農の正官に支給頒布"された。大司農司の管轄機関はもとより，中書省，

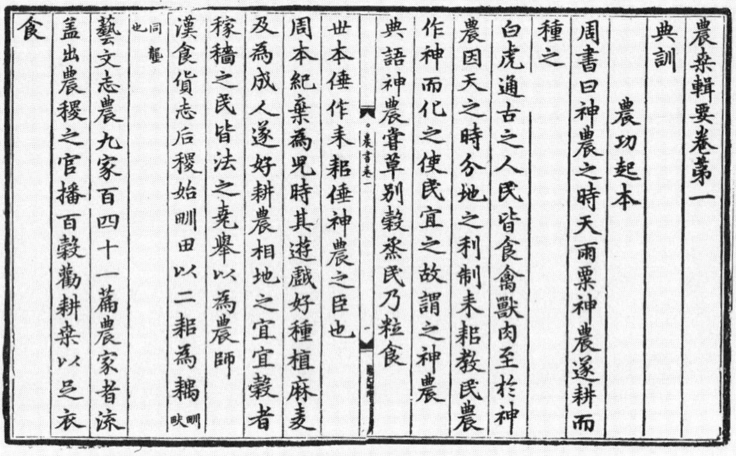

『農桑輯要』

農桑輯要卷第一

典訓

　農功起本

周書曰神農之時天雨粟神農遂耕而種之

白虎通古之人民皆食禽獸肉至於神農因天之時分地之利制耒耜教民農作神而化之使民宜之故謂之神農

典語神農章別穀蒸民乃粒食『農書卷一』

世本倕作耒耜神農之臣也

周本紀棄為兒時遊戲好種樹麻麦及為成人遂好耕農相地之宜宜穀者稼穡之民皆法之堯舉以為農師

漢食貨志后稷始畊田以二耜為耦

藝文志農九家百四十一篇農家者流

蓋出農稷之官播百穀勸耕桑以足衣食

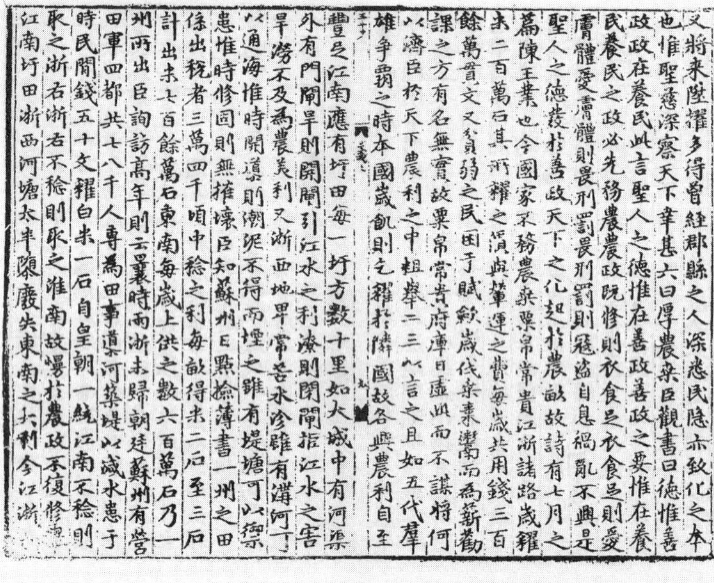

図2 『農桑輯要』（上）と『范文正公政府奏議』（下）

北宋の名臣で勧農・水利事業にも力をいれた范仲淹は，モンゴル時代，とくに西夏のタングートたちに人気が高く，各地に祠が建てられて子孫も優遇された。掲示箇所は巻上「治体・答手詔条陳十事」の一節。

行省，宣慰司等の官庁が約 55，御史台と 2 つの行台，粛政廉訪司が 22 道，路は約 170，府が約 30 あるから，300 部は最低印刷しておく必要があったわけである。粛政廉訪司の分司まで考えるならば，172，州と県のトップも持つとすればそれぞれ約 375，約 1145 部必要になる。三千部が一度の印刷の限界ということもあったが[221]，この数字はいちおう計算の上ではじき出されたものとみてよい。

　頻繁に閲覧していれば自然，書籍はボロボロになってゆく。虫や鼠，雨漏り等による破損，火災による焼失もある。ときには転任してゆく官員がネコババしてしまうこともある。絶えず補給せねばならない。毎年，中和節や花朝の日には，勧農の儀式がある[222]。

　さらに，各地の学校，社に配布，指導を行うとなると，各地の長官が国家出版のテキストをもとに重刊せざるを得ない。原型にできるだけ忠実に模刻したテキストもあれば，携帯に便利な小字本も刊行される。大徳年間には，福建の建安において県丞の張某[223]，徽州路の総管郝思義が重刊，普及につとめた[224]。至治年間，陝西の興元路城固県ではダルガの黒閭(ヘイルー)が部下と語らって俸給を出し合って一ヶ月ほどで刊行に及んだ[225]。元統二年（1334）から後至元三年（1337）にかけて，河南は陳平県の県尹であった劉益謙も『農書』を刻布して民社に耕植を理解させ，養蚕，百穀，果実，野菜の生産拡大に尽力した[226]。同じく至元三年に河南は帰徳府宿州に着任したウイグルの大黒奴（字は彬卿）は，水利事業や桑の栽培に熱心に取り組み，自らの俸給から『農桑輯要』を刊行し，数十箇所に常義倉を立てた[227]。また，山東は密州の廟学のために，ダルガのハサン，判官の李タシュ・テムル等が購入した 110 種の書籍の中にも，建安小字本とみられる『農桑輯要』が含まれる[228]。明洪武年間に成立した『学範』「読範第二・雑書」の中でも，儒者の必読文献として『四時纂要』，『氾勝之書』，『沈存中十畝法』とともに挙げられている。

4) 苗好謙と『栽桑図説』

　ところで，『農桑輯要』とセットで刊行された『栽桑図』は，『古今書刻』上編によれば明代になって南京の国子監に版木が移管されたはずだが，こんにち伝わらない（発行部数が少なかったことも現存しない原因のひとつだろう）。そのためか，著者の苗好謙についても，じゅうらいまともに考証がされたことがなかった。

　じつは，宣統二年（1910）の段階では，山東曹州の城武県の北，胡村に，苗好

謙の墓とかれが皇慶元年（1312）十月に立てたという先塋碑がまだのこってい
た[229]。『康熙城武県志』巻十「古蹟志・碑碣」に"苗好謙墓碑　元御史馬敬之撰。
在胡村"とあり，同書巻四下「人物志・郷賢伝」《元　苗好謙》は，この墓碑を
踏まえた記述とみられる[230]。先塋碑のほうは，劉泰の撰，書丹をやはり馬敬之
が担当しているらしいが，管見の限り録文されていない[231]。

　苗好謙は，城武県焦村の出身で，父苗全の長男として生まれた。さいしょ御史
台察院の掾となり，そのご工部，枢密院の令史を歴任，『元典章』巻三四「兵部
一・軍役」《軍官》【禁起軍官搔擾】は，至元三十一年六月，かれがまさに枢密院
にあったときの呈文を載せる。大徳元年（1297）——おそらく銓調選法が大幅に
改定される三月七日以前——には大宗正府の都事（正七品）に抜擢された（六
部の令史，訳史，通事はふつう三考で従七品となる）[232]。大宗正府は，四つのケシク，
および諸王，駙馬，モンゴル，さまざまな人種にかかわる公事を断ずる官庁であ
る[233]。苗好謙もおそらくモンゴル語の読み書きはできたのだろう[234]。一考を経
た大徳四年，承務郎（従六品上）大都路都総管府の推官（従六品）に昇進したが，
ほどなく御史台の監察御史（正七品）に選出された。墓碑銘には記されないが，
『永楽大典』巻一九四一九「站赤四」，巻一九四二四「站赤九」の記事によれば，
大徳五年四月の段階で，苗好謙はジャムチの官として建言を行っており，この間
は兼官していたものと考えられる。大徳六年に江南行台の都事に異動になり[235]，
大徳十一年には，奉訓大夫（従五品下）簽淮西江北道粛政廉訪司事（正五品）に
昇進した。そして，至大二年，武宗カイシャンに「種蒔の法」を献じたのである。
苗好謙は機をみるに敏な男であった。

　カイシャンは，テムル時代から頻繁に発生しはじめていた世界規模の自然災害
に対処すべく，大徳十一年五月の即位の詔，十二月の至大改元の詔などの条画の
中で，路・府・州・県のダルガ，総管，粛政廉訪司，大司農司に弛緩した勧農政
策のみなおしを宣言，放牧，巻き狩りによる農作物，樹木の損壊を固く禁じ，上
都・大同・隆興の三路，大都周辺五百里内の禁地，江浙行省下の御止め場の山河
開禁など救荒にも努力を尽くす姿勢をみせていた[236]。テケをひきつづき宣徽使
と領大司農司事とし，金紫光禄大夫（正一品上）の資品を与え，中書右丞相を遥
授した。さらに翌至大元年には文官としては最高位の資品である開府儀同三司を
加えることによって優遇の意を示したのである[237]。同時に領大司農の李邦寧に
は中書左丞相を遥授した[238]。張文謙の腹心の部下でかつて大司農司の都事，丞

第8章　バウルチたちの勧農政策　　375

をつとめた老齢の尚文（字は周卿　1235-1327）にも——じっさいのところは名誉
職といったほうがよいだろうが，栄禄大夫（従一品下）預司農司事，中書右丞が
授けられた⁽²³⁹⁾。そのうえで，かれらの下にあらたにクビライのバウルチでテム
ル時代には枢密院のジャルグチであったモンゴルのダカイを置いた。まず枢密院
の副使にとりたて，ついで大司農，同知宣徽院事に任じたのである（皇太弟アユ
ルバルワダの側近のクチュは行大司農である）。かつてのボロト，そしてテケを意識
した人事であった。ダカイの父クチンもクビライのバウルチで，テケ，ダシュマ
ンと同様，ナヤンの乱において軍功をたて，ハンガイまで出征，カイシャンの即
位後は鎮国上将軍（従二品下）淮東・淮西道宣慰使に任じられていた⁽²⁴⁰⁾。苗好謙
と見える機会もあったかもしれない。

　苗好謙が提出した「種蒔の法」とは，農民を上戸，中戸，下戸の三等に分け，
それぞれ十畝，五畝，二畝（もしくは一畝）の土地を与え垣墻，土塀で囲い込ま
せて，その中で『斉民要術』等から抽出したマニュアルどおりに桑の栽培を行わ
せるものである⁽²⁴¹⁾。『農桑輯要』，『農書』を産み出した山東出身，しかも勧農を
職務とし『農桑輯要』が配布される粛政廉訪司に勤務するかれらすれば，栽桑
の情報の集積，編輯は決してむずかしいことではなかった。至元年間，曹州の定
陶県では知事の王璠が区蚕法によって県境に桑林をつくらせている⁽²⁴²⁾。

　カイシャンは，この「種蒔の法」を全国的に実施する命令を出した。至大二年
九月，名目上中書省のトップのアユルバルワダ派への対抗措置として，そして徹
底的な財政のたてなおしをはかって，クビライ時代と同様，尚書省がふたたび設
立された（毎年の諸王への定例賜与や飢饉のさいの食糧供給，これこそがカアンの求
心力であったから，新たな財源の確保，世界レヴェルでの流通経済の促進は至上の命題
であった）⁽²⁴³⁾。銀本位の通貨体制の維持，管理のために至大銀鈔と銅銭を発行し
たことが特筆されるが，その尚書省を主導として，至大三年二月，九月，大司農
司の職務の確認と勧農に対するいっそうの努力を高らかにうたった聖旨，条画が
矢継ぎ早に発令されたのである。苗好謙の建策もとりいれ，さらには蝗害対策に
董煟の『救荒活民書』などから必要箇所を抜粋して周知せしめるべく全国に掲示
を出すことも行われた⁽²⁴⁴⁾。また，この間の四月には，大司農の願いによって，
籍田署内に先農，先蚕の二壇が設けられ，社稷と同規模の儀礼が整えられていた。
このときの栽桑に対する熱のいれかたが伝わってくる⁽²⁴⁵⁾。

　ところが，その直後，カイシャンはアユルバルワダ派のクー・デタによって暗

殺され，尚書省は廃止，そのメンバーはほとんど全て誅殺されてしまう。これまで順調に出世街道を走ってきた苗好謙が，ここで一旦休止を余儀なくされた。

　大司農司そのものは，安泰であった。テケは，カイシャン時代から皇太后ダギの寵愛を受け，大司農司，宣徽院の仕事のほかに，至大二年（1309）に設立されたばかりの度支院——"宿衛の廩給，衣糧""馬駝の粟料"の支給を職責とするböke'ül ブカウル集団のトップにも座っており，至大四年から皇慶元年にかけて，太傅，録軍国重事を特授され，太医院の統括も委ねられたのである。クチュも太保，録軍国重事を特授され，集賢院大学士，大司農に任じられた。そして，おそらく皇慶二年四月辛未にテケが六十六年の生涯を終えてからのことだろうが[246]，太医院を領し，さらに崇祥院，翰林国史院，典瑞監，回回漢人司天台のトップとなり，アユルバルワダ時代の文化，科学技術面の多くを委ねられる。かれは，ダシュマンと同じくカルルクだが，わかいときからダギのオルドに仕え，息子のベク・テムルとともに，アユルバルワダを誕生後七日目から傅育したという側近中の側近である[247]。皇慶元年四月に都水監を大司農司の直轄に戻し[248]，七月に大司農司が従一品に昇格するのは，あきらかにこの二人の人事と連動する（『農書』の王禎の序文が皇慶二年三月に書かれていることもおそらく偶然ではあるまい）[249]。ちなみに，テケの死の直後，クビライ時代の勧農政策の踏襲を確認する命令文が出されているが[250]，そのときの大司農司の主なメンバーは，以下のとおりである[251]。

　　　皇慶二年七月二十一日也可怯薛（イェケケシク）の第二日，大安閣の後ろの香殿の内に有（い）る時分（とき）に，特に速古児赤（シュクルチ）の野訥院使（イナク），光兀児不花（コンコルブカ）等が有っ来。本司の曲朮大保（クチュ），買住国公（バイジュ），三閭司農（サンルー），明里童阿大卿（メングリクトン　ア），王大卿，（析）［忻］都少卿（ヒン　ドゥ），喜哥少卿，具験司丞（ギュルゲン），暗（明）（アブ）［都］（ドゥッ）刺滅里都事（ラーメリク）等が奏過せる事内の一件[252]

バイジュ国公は，アントンの孫，既述のジャライル国王家のバイジュその人である。王大卿は，テムル時代に少卿だった王謙——かれは，史燿の婿で資善大夫（正二品）司農卿王師聖と同一人物かもしれない——だろう[253]。ヒンドゥは，かのカルルクのダシュマンの次男である[254]。ダカイの名はみえない。なお，二年後の延祐二年四月の時点では，張文謙の子張晏（字は彦清）の名も確認できる[255]。こうしたメンバーによって，大字本『農桑輯要』千五百部の刊刻が決められた。延祐元年十月には，張驢（チャンルー）によって江南，河南の田糧の経理が開始され，各地で

土地を計測，整理し，魚鱗冊，租税台帳を作成した。このデータは，勧農にも役立つはずであった。

　このころ，アユルバルワダのケシクの一員で華北の順徳路総管に出向していた王結は，三十三箇条からなる『善俗要義』を編み管轄下の各正官，教官，社長，社師人に頒布し，人民教化の道具とした。その第一箇条から十一箇条が「勧農桑」の内容をもち，その中で"今後社長に仰せて社衆を勧し，常に農桑の書を観よ"，"蚕桑の事は，収種，浴川，生蛾，餵飼自り以って成繭，繰絲に至るまで，皆，当に農書の載せる所の遺法を詳し，遵して之を行え"，"栽桑の法は，其の種椹，移栽，圧条，接換の効験は已に著さ。苟しくも能く其の成法を按じ，多く広く栽種すれば，則ち数年の間に絲絹の繁盛は亦た斉魯の如し矣"というように，『農桑輯要』がじっさいに金科玉条のごとく用いられていたことがうかがえる⁽²⁵⁶⁾。

　そして，苗好謙の名が『元史』の本紀にふたたび現れるのは，『農桑輯要』の刊行準備の真っ最中であった延祐三年四月二十七日のことである。

　　淮東廉訪司僉事苗好謙の善く民に農桑を課すを以って，衣一襲を賜う⁽²⁵⁷⁾

「食貨志」が

　　延祐三年，好謙の至る所，植桑の皆成効有るを以って，是に於いて諸道に風
　　示し，命じて以て式と為す。是の年十一月，各社を令て地を出さしめ，共に
　　桑苗を蒔くに，社長を以って之を領し，各社に分給せしむ。

というのは，まさにこのときのことを指し，カラ・ホトのM1・0098［F116：W551］，M1・0098［F116：W46］文書は，"諸道に風示"したもののダイジェストであろう⁽²⁵⁸⁾。淮西江北道粛政廉訪司の簽事であったかれは，九年の歳月の間に江北淮東道の簽事に移動していた。この間，みずからの「種蒔の法」を任地で実践し，その報告書を毎年作成していたのだろう（皇慶元年に大司農司が従一品になったとき，アユルバルワダは"汝等，農事を諳知する者を挙して之を用いよ"という聖旨を出したというが，あるいはそれに呼応するものであったかもしれない。延祐二年の最初の科挙の会試では「農桑」が出題された。延祐三年に農書を編輯しているほかの例もある）⁽²⁵⁹⁾。墓碑銘は，この功績の結果，大司農司の丞（従三品）に抜擢され，そこで『栽桑図説』を著したという。ただし，『康熙東陽県新志』巻十四「尚志列伝」《李声補遺》は次のような話を載せる。

（李声は東陽県の）東北の隅の人。字は鳴遠。幼くして読書し，志操有り。父の珪の元に仕えざるを以って，遂に隠居して書を著わす。陳樵，許謙と与に游び，互いに相勤勉す。其の著わす所の農桑図説は，司農の苗好（禮）［謙］が採録して集を成し，朝に於いて進め，旨有りて民間に刊布す。承旨の李孟は因りて之を薦し，命じて取り京に来たらしめ録用せんとするも，辞す。呉学士澄も復た之を招くに書を以ってするも，卒に就かず。今按ずるに；陳・許の諸束及び裁答する所は，皆観る可き有り，諒，偽本に非ず。

いまは失われた『至治東陽続志』，『至順重修東陽県誌』を下敷きにしており，あながち後世のでっちあげともいえない。この話が成り立つには，苗好謙がいったん江南の婺州路に来ていなければならない。つまり江北淮東道の簽事になる前は，浙東海右道粛政廉訪司の簽事であり，そこで李声の著作『農桑図説』を入手，それに多少の編集を加え一字ちがいの『裁桑図説』として献上，大司農司入りを果たし，延祐五年に国家出版の栄誉をえたことになる。真実ならば，はなはだ芳しくない話である。しかも，苗好謙が提案した社桑の分給は，不便であるとして翌年すぐにとりやめになった（同年に群県の各社に義倉を復活させる聖旨が出されているにもかかわらず）[260]。さらに，苗好謙への皮肉も込められているのか，大司農司自体が

　　廉訪司の具する所の栽植の数，冊に書する者は，多く実ならざるに類す。

と上奏する始末であった。

　そのごの苗好謙はといえば，至治元年（1321）の時点で江西湖東道の粛政廉訪使（正三品），上に弱く下に強い厭な性格をうかがわせるエピソードをのこしている[261]。泰定二年（1325）には，御史台の治書侍御史（正三品）となっていたが，中書参知政事の楊庭玉，御史大夫トクトの弾劾，罷免[262]にからんで，いったん逮捕，自宅軟禁の身となった。さいわい許され侍御史（従二品）に昇進した[263]。『救荒活民類要』「農桑」に"泰定三年，中書省准御史台咨：侍御史苗中奉（従二品下）言：……"として区田法の解説，図とともに採録される呈文は，まさにこの時期に出された。かつての赴任先，淮東全椒県の水利灌漑事業の実例とともに，桑乾河沿岸にある奉聖州永興県の区田の成功例が記されるのは，かれが中央の御史台にいたからである。もちろん，泰定二年十月〜十二月に，かつて御史台系統

の官を歴任していた江浙行省右丞の趙簡が 腹 裏 （コルン・ウルス）において区田法の実施と，『救荒活民書』の州，県への頒布を泰定帝イスン・テムルに願い出ているのも，泰定五年正月にふたたびクビライ時代の「農桑之制」十四条が発令されているのも（以前の例からすれば，同時に「区田法」の小冊子も刊刻，頒行されたはずである），同じ文脈の中でとらえねばならない(264)。

　墓碑銘によれば，苗好謙は御史中丞（正二品）まで昇進して亡くなった。王禎とは比較にならない出世ぶりであった。卒年はわからない。訓粛という諡が贈られたという。

　ところで，至治年間から泰定二年の間に大名路濬州の知事劉友諒が栽桑に関する図説を刊行している。地域，時期からみて，苗好謙の著作の可能性がある(265)。

　じつは苗好謙の『栽桑図説』の構成，内容をうかがわせる資料が，『正徳松江府志』巻五「土産・木之属十八」《桑》【栽桑図序并目】に移録されている。『正徳松江府志』は，至正十七年（1357）に編纂された銭全袞の『続松江志』十六巻を下敷きにしており，この【栽桑図序并目】も銭全袞自らが『栽桑図』のテキストを実見して採録したものと考えられる。

　至正六年（1346）二月付けの王至和の序文によると(266)，とうじ江浙行省下の松江府の沿岸一帯は，日本の技法を取り入れた藍の型染が一世を風靡したように，木綿の生産が極めて盛んであった（木綿栽培は，宋末に広東，福建から伝えられ烏泥涇鎮で始まったとされるが，当初は踏車，推弓もなく，労多くして利少なしの感が否めなかった。ところが元貞年間に，厓州からきた黄道婆が捍弾，紡織の道具の製作法を教授して以来，爆発的な展開を遂げたのである)(267)。しかし，前年十月，知事に着任してさっそく現地を視察してみると，桑の栽培に適した地形，土壌であるにもかかわらず，養蚕事業はなおざりにされていた。そこで，栽培の手順，注意事項を事細かに絵入りで解説する『栽桑図』を刊行頒布し，奨励，指導にあたったというのである(268)。この地では，陳椿『熬波図』，任仁発『水利集』，陸泳『田家五行』といった技術書も編纂，刊行されている(269)。

　王至和もまた山東は益都路楽安の出身で（済南路棣州ともいう），"学校を興し農事を重んじて，『釈奠礼』を校訂，執事者の冠服を製し，『栽桑図』を刻して以て民を教えた"ほか，救荒にも実績をのこしている(270)。ほぼ同時期に王逸菴の『正俗篇』も刊行しており(271)，『栽桑図』が王至和自身の著作ではないことをうかがわせる。

380　第 III 部　ケシクからみた大元ウルス史

さて,『栽桑図』の目次は,次のとおりである。なお,『千頃堂書目』巻十二を信ずるならば,五巻仕立てになっていた。

一.　【収椹】四月採椹,淘浄陰乾。

二.　【播種】四月治畦,入糞播種。

三.　【置棚】約一尺五寸。用箔覆,昼舒夜捲。

四.　【灑焼】苗出後稍旱,隔箔灑焼。

五.　【薅耘】五,六月衆手薅耘,須潔浄。

六.　【割桑】十月割秧,撒草葉焼過。

七.　【移栽】次年春首畦栽五寸一株。

八.　【薅鋤】夏月鋤壙,不計徧数,高二尺許,割去近根小枝。

九.　【科栽】十二月間,削去狂枝,下年成行,移栽,不致風揺。

十.　【再移】陸地八歩,作隔毎行三歩一株。

十一.【鋤壙】成行栽畢,自正月澆灌鋤埂,至八月間,其桑長茂。

十二.【科桑】次年十二月斟酌,科去小條。

十三.【菜圃】牆周囲并畦埂上,皆三歩,栽桑一株。

十四.【池塘】三歩一株。

十五.【稲埂】三歩一株。

十六.【圩岸】三歩一株。

十七.【山坡】三歩一株。

　三年間分の栽培方法が順序だてて具体的に解説され,しかもそれを挿絵によって補完する指導書であったこと,「種蒔の法」はともかく少なくとも「区田法」とはまったく別物であったこと,したがって,たしかに『農桑輯要』,「区田法」とともに併用されるべき書物であったことがわかる。

　いっぽう,海に近く湿り気を帯びた空気,平坦な草原がどこまでも広がる遼東の錦州でも,後至元年間(1335-40)に,知事の胡秉彝がみずから伊尹,武侯の区田の遺制を編み,苗好謙の『栽桑図説』とセットにして刊行したのであった。そして,じっさいに"済民園"なるものをつくって,桑,野菜,果実の栽培の指導にあたったという[272](ちなみに,かれもまた苗好謙と同様,その実績をかわれ,

やがては司農丞となり，大都の屯田開発に尽力することとなる。そして，至正二十一年，そこで収穫された四十万石の糧食が，紅巾の乱により江南からの輸送が途絶え飢饉に苦しむ人々を助けたのである）[273]。この例からも，王至和の刊行した『栽桑図』は苗好謙の『栽桑図説』であったこと，政府刊行の「区田法」を当地の気候，地形に照らして臨機応変に改訂していたこと，苗好謙の泰定三年の呈文，カラ・ホト文書の彩色図本もそうした例のひとつであることがわかる。

　なお，"済民園"は，区田法にもとづき土壁で方形に囲った中で桑，野菜，果樹を育てる園（バーグ）のことだが，ふつうは"務本園"と呼ばれる。おそらくは『務本新書』がこれを重点的にあつかった書物であることに由来する。『農桑輯要』の刊行いごも，山東では『務本書』（『務本直言』，『務本輯要』の可能性もある）が粛政廉訪司によって刊行，各州，県に頒布されている。後至元四年（1338）には，済寧路泗水県の長官となった孔子の五十二代孫孔之厳が，灌漑用水を確保し，桑を植え務本園を作った[274]。さらにほぼ同時期，河南汝寧府の新蔡県（汝水と㶏水の交わるあたりに位置する）では，守令たる劉忽里罕（クル・カン）が，やはり務本園を作って桑を栽培させていた[275]。

　至正年間，真定路新楽県のダルガ，ムハンマドは農民を勧諭してマニュアルどおりに桑を碁盤の目状に栽培させ[276]，保定路滑州ダルガのダウラト・シャーは，"命じて垣を築き囲となし，栽植の法を図して，鍬梓し均しく俵え（あた）え"た[277]。この囲もやはり務本園とよぶべきもの，頒布されたのは，おそらく苗好謙の『栽桑図説』であったろう。

5）魯明善と『農桑撮要』の出版

　さて，ここに苗好謙とほぼ同時期，よく似た行動をとった男がいる。かの『農桑（衣食）撮要』の著者，魯明善。通行の「明善」は名前ではなく字（あざな），鉄柱（テジュ）がかれの本名で，じつは，クビライ，テムルの寵を受けたティベット仏教僧伽魯納答恩（カルナダ）の子であった。つまり，テケと同じカシミール出身のウイグルの名族ということになる。

　カルナダスは，サンスクリット，ティベット，モンゴル，漢語はもとより，東南アジアや西域の諸言語にも通じていた。カアン直々に委託されたティベットの仏典のウイグル語による翻訳は，即時国家出版され，モンゴルの諸王，大臣たちに頒布された。クビライ時代に東南アジア，インド洋海域の港湾都市に派遣され

た有名な大使節団，そしておそらくはカイシャン時代のそれも，かれの発案といわれている[278]。アユルバルワダの即位時，俎上に載せられた冗官のリストラ問題においても，カルナダスは特別扱いであった。すでに余命が短かったこともあろうが，大司徒の地位を剥奪されることもなく，それどころか文官としては最高位の開府儀同三司の資品まで加えられ，直々に白玉の鞍も賜った（同年に死亡）。

テジュは，その偉大な父の名声を常に思い出してもらうべく，自らの姓を魯とした[279]。父と同様，ながらくケシクでビチクチのひとりとして仕えていたが，やがて奉議大夫（正五品）江西行省理問所相副官（従五品）に任じられる。虞集の撰した神道碑[280]には明記されないが，おそらく成宗テムルの末期から武宗カイシャンの治世にかけてのことだろう。父の死の知らせを受けて帰郷したかれは，アユルバルワダにお目見えし，カルナダスの嗣子として白玉の鞍をあらためて拝受，さらには御服も下賜された。皇慶元年（1312），はやくから女真戸などにより開墾が進められていた淮南の寿陽すなわち安豊路のダルガに任じられる[281]。資品も中順大夫（正四品）に繰り上がった。延祐元年（1314）には，アユルバルワダの『農桑輯要』の重刊の聖旨に呼応するかのように，『農桑輯要』の必要部分を月ごとの農作業スケジュールに即して平易な漢文で整理，配列しなおす『農桑撮要』を編み鏤梓，広く民家に頒布した——こんにちのこる張栗の序文はこのとき書かれたものである。また，官舎や路学，蒙古学，陰陽学，医学の校舎の改修，ジャムチ，橋等の土木工事にも尽力したとされる。

任期満了になると，ふたたびアユルバルワダのもとに参じ，自らの実績をこまかに報告した。おそらく『農桑撮要』も持っていったのだろう。その結果，延祐二年，亜中大夫（従三品）に昇進，江南行台のある建康路（いまの南京）にほどちかい太平路の総管に改授される。ただし，ウイグルのダルガから総管への人事異動は，それ以前には，ほとんど例のないことであった（かつてやはり高昌ウイグルの偰氏トルミシュが，安豊路，太平路のダルガをつとめており，出向先としては既定のコースであった。のちには散曲作家として有名なセチウルが太平路の総管を皮切りに，テジュの赴任先，キャリアを追いかけることになる。なお，テジュの前任の太平路総管は，至元年間，クビライに農書を献上したかの暢師文である）[282]。アユルバルワダも少々辟易させられていたのかもしれない。テジュが着任したとき，太平路のダルガは“嘗て東朝（＝東宮）に仕え，政府に恃む所有り，以て其の政を撹め”ていた，という。おそらくそれは，テケの次男平安奴のことで[283]，アユ

ルバルワダ，シディバラ父子の治世に権勢を振るったテムデルとの関係を指していったものだろう。ライバル意識むき出しのかれは，ここでも『農桑撮要』を頒布し，勧農につとめた。大司農の張晏，翰林承旨クトゥルクトルミシュ等によるモンゴル語訳『大学衍義』の国家出版に呼応して，みずからも『大学』を刊行している[284]。

延祐六年に池州路のダルガに転任，多発する火災の消防用に大掛かりな貯水工事を行った。任期満了が近づいてくると，安豊路，太平路のときと同様，解由状とともに拓本を提出すべく徳政碑を建てさせて，地方官としての有能さをアピールした。このあと，いったん，江浙行省の指名で福建に派遣され，それなりの成果を出し，朝廷に保挙されたらしいが，中央での採用は叶わなかった。

泰定四年（1327）になって，ようやく嘉議大夫（正三品）に昇進，衢州のダルガに任じられた[285]。そのご，至順元年（1330）――『農桑撮要』の序文をものしたまさにその年，湖広行省下の桂陽路のダルガとなる。蛮獠，猺獠などとよばれる少数民族が山岳地帯に雑居し，極めて治めにくいこの路のランクは，上中下の三段階の一番下，事実上の左遷といってよかった。虞集が撰したテジュの神道碑は，この人事異動について，"三年して転じて桂陽に監す。前に治する所の四郡は皆，大郡なれども，桂陽は最も遠く小さく，公を煩わずに足らず。命下るに，公曰く「亦，天子の民也。何ぞ敢えて忽せにせん乎」"とあたかも役不足のように語る。しかし，実態はそんな美しい話どころではなかった。

なんとテジュは，衢州のダルガとなって一年経つかたたないかの天暦元年（1328）五月，中統鈔六十錠の収賄が発覚し，杖刑八十七という上から二番目に重い実刑判決を受け，中途解任されていたのである。そして，それは中書省の掌握する官員の履歴簿に消えない汚点として記された[286]。大徳七年に定められた「取受十二章」によれば，"法を枉げた"収賄・横領の場合は"除名して叙せず"，"法を枉げていない"斟酌の余地のある場合は，"須らく三年，殿（＝停職）し，再犯は叙せず"[287]とある。テジュに対しては後者が適用され，復職のさいには，散官三等級分の降格がなされたはずであった。神道碑がこれ以降，かれの資品を記さない所以である。そもそも湖広行省がバヤンとともに南宋接収の最大の功労者にあげられるウイグルのアリク・カヤ（セヴィンチュ・カヤの祖父）一族の牛耳った地であったこと，泰定年間に甘粛の諸軍を率いていたウイグル王家のテムル・ブカが襄陽に赴き湖広行省平章政事になっていること，かのテケ一族自体，

384　第 III 部　ケシクからみた大元ウルス史

桂陽路に何らかの権益を有していたらしいことを考えれば[288]，とうじテジュを取り巻く現実は，ほかに受け入れ先，やりなおすチャンスが望めないという極めて苛烈な状況だったのかもしれない。後述する「天暦の内乱」のどさくさにまぎれての任官であった可能性さえある。

　そういうわけで，テジュは，何としてでも目にみえるかたちで実績をあげねばならなかった。しかも，この至順元年，同じ桂陽路の大中大夫（従三品）総管オルジェイトゥも張光大に命じて『救荒活民類要』を刊行しているのだ。テジュは，またもや『農桑撮要』を重刊した。大旱魃に見舞われ，鬻爵（＝売官）まで行っていた大元ウルス朝廷にアピールするには，最適の事業のように思われた[289]。

　じじつ，テジュはそれらの成果と，手勢をもって道州路に侵入した広西の蛮獠の叛乱平定に一役かったという功績を携えて，はるばるカアン，順帝トゴン・テムルのもとへと上京する。ときの丞相バヤンは，六部の郎官のポストを提示したらしいが，不満だったのか辞退，けっきょく，桂陽と同じランクに位置づけられ，やはり湖広行省下にある靖州路のダルガとなった[290]。着任するや，この地を将来に禍根をのこさずゆるぎなく統治するためと称して，山岳地帯に割拠する“洞蛮”をターゲットにした軍事地図を作成し，過去の文書を参照しながら調査報告書を纏め，湖広行省に提出した。しかし，三ヶ月たっても音沙汰なし，ついにあきらめて辞職した。かつて治めた太平路に隠居し，そこで 67 歳の生涯を終えたという。

　こんにち伝わる『農桑撮要』のテキストは，いずれも至順元年のテジュの自序を掲げている。『至正金陵新志』巻九「学校志・路学」によれば，集慶路学が保管していた版木は 58 枚で，至正四年までに刊行されたことは間違いない。おそらく張元済が見たという「青宮之宝」，「項子京図書記」の印が捺される元刊本（10 行×22 字）がそれだろう[291]。なお，張枲の序文の“皇元”が削り取られて“皇宋”に改竄されているのは，この版木を入手，頒布した明の国子監の所業による（『永楽大典』に収録されたのもこのテキスト）[292]。台湾国家図書館の蔵する影抄元刊本（8 行× 15 字）は上下二巻全 78 葉[293]，これが桂陽路下での印刷か，帰郷後，太平路に保管してあった版木の序文を差し替えたものに相当するのだろう。『元史』の本紀にも伝にも，その書名が採りあげられることはなかったが，『古今書刻』によれば，明代には，南京の国子監以外に，河南の汝寧府，淮南府，楊州府，瑞州府，建寧の書坊に版木が保管されていた（汝寧府，淮南府のそれこそが，

おそらく安豊路の初版の姿を伝えるテキストではあるまいか）。テジュの執念が実ったともいえるが，やはり現場での使い勝手がよかったのだろう。『養民月宜』や『農桑四時撮要』と名を変え，後人に剽窃されて伝わったテキストさえあった。

　苗好謙と同様，テジュもまたしっかり見て取っていた。14世紀にはいってから目に見えて深刻になってゆくユーラシア全域を蓋う大天災，大元ウルスの勧農への異様なまでの力の入れようを。つまり『農桑輯要』を補う技術書の編纂と実践によって成果をたたき出すことが，即，高評価につながり，出世の近道となるのだと。

6）見直されるべき泰定帝イスン・テムルの治世

　ところで，『元史』の「食貨志」《農桑》は，英宗シディバラ以降の勧農政策について，まったく言及しない。延祐四年（1317）のクチュの死をうけ大司農司，太常礼儀院などのトップとなっていたジャライル国王家の若きリーダー，バイジュ[294]は，アユルバルワダの崩御ののちもひきつづきシディバラの右腕として，より大っぴら，あからさまに，皇太后ダギの寵愛を盾に中書省右丞相に返り咲いたテムデルとの「綱引き」，「陣取り合戦」に乗り出す（アユルバルワダは延祐五年頃にはすでに廃人同然であり，正式に皇太子位に就いていたシディバラは，テムデル，ダギを気にしながら，アントンの孫バイジュと水面下で手を結びつつあった。ただし，延祐六年十二月には，やはりクビライ時代の御史台を支えたタガチャルの孫テムル・ブカ，アルラト家ウズ・テムルの息子トクトガも御史台のトップとなっている）。じつは，「英宗本紀」の延祐七年にずらずらと並ぶ中書省・行中書省の目まぐるしい人事異動，各官庁の存廃と激しいランクの上下，都水監の取り合い，司農卿オルジェイ・ブカの更迭，粛政廉訪司に対し『農桑文冊』を大司農司に毎年報告させにくるという慣例を踏襲させたこと（その数値の信憑性はかねてから疑問視されていた。あきらかにテムデルの影響が強い御史台への牽制である）[295]，『元典章』によって知りうる詹事院の屯田軍官への口出しなどはみな，その文脈の中にあった。テムデルの父祖の勅建碑が立てられたかと思うと[296]，バイジュの祖父アントンの碑を保定新城に，ムカリの祠堂と碑を東平に建設してたてつづけに顕彰する[297]。さらにバイジュの妹の嫁ぎ先（僉枢密院事サンガシリは枢密副使ナンキヤタイの子。アントン以来の姻戚）の祖，クビライ時代の名将バヤンの碑をも立てる。ほぼ同時期，政局の鍵を握っていたテクシにも父祖の碑を賜った。

峻烈さと老獪さ，酷薄さを併せもつシディバラは，バイジュを平章政事，つい
で左丞相に任じることで，中書省内部から突き崩しをはかった。さらに，かれに
平江路の田一万畝を下賜，左右キプチャク衛親軍と宗仁モンゴル侍衛親軍（五投
下のイキレス部への介入を意味する）の統括を委ねて「力」を与え，じりじりとテ
ムデル一派の退却を迫ったのだった。バイジュは，かつてのクビライにおけるボ
ロトのように，『農桑輯要』，『栽桑図説』，モンゴル語訳『大学衍義』などの重版
はもとより，太廟の儀制の増広，鹵簿の整備(298)など，軍事，文化行政を一手に
担った。じっさいにはカイシャン時代からの既定の路線ではあったが，内外にそ
の実行力を誇示するかのごとく，目に見える派手なかたちでつぎつぎと完成させ
てゆく。

そして，至治二年（1322）八月，九月にテムデル，ダギがたてつづけに身罷る。
まるでそれをまっていたかのように，『農桑輯要』1500 部，『栽桑図説』300 部が
頒布され，勅命によって鹿頂殿の壁には「蚕麥図」が描かれた(299)。枢密院も弛
緩しつつあった屯田の管理を強化した(300)。十一月には，カイシャン時代と同様，
民間の一切の差役，造作等は，商賈末技，富実有力の家から課し，管民官が農繁
期の妨げにならぬよう差配するよう通達が出されている(301)。

シディバラは，テムデルの後釜としてバイジュを中書右丞相に任命(302)，さら
にバイジュの部下で中書省平章政事マルを，大司農司においてもすぐ下の大司農
のポストにつけ，かれを輔佐させる(303)。いっぽうで，テムデル関連の碑を全て
打ち倒し，かつて与えた爵位，制誥なども剥奪，没収，宣政院使バルギス（テム
デルの息子）以下，その派閥を徹底的に粛清しはじめる。すべてがこれからのは
ずであった。

ところが，かれらの新政は，あえなく頓挫する。至治三年，上都から大都へむ
かう道中，南坡店に宿泊した八月癸亥四日，すなわちアルラト家ボオルチュの裔
シクドゥルのケシク（第二ケシク）の初日，ことは起こった。シクドゥルがフウ
シン族ボログルの末裔すなわち第四ケシクの長で知枢密院のイスン・テムル(304)，
御史台，宣徽院，太医院，アス衛等を束ねてきたテクシ(305)等と謀り，かれらを
移動中のオルドに引き込み，シディバラ，バイジュの暗殺を決行したのであ
る(306)。大徳十一年以来，安西王家の再興をねがってきたアーナンダの子オル
ク・テムルなどの協力もとりつけ，約五ヶ月前から周到に準備された計画であっ
た。そして，この暗殺の舞台を用意したシクドゥルこそ，大司農司の No. 2，バ

イジュの配下にほかならなかった[307]。

　テクシ等は，かねてからの手筈どおり，晋王イスン・テムルをつぎのカアンとして担ぎ出し，もくろみどおり以前と変わらぬ，あるいはより高い地位を得た[308]。しかし，それはつかの間におわった。行賞は油断をさせるためにすぎなかった。イスン・テムルはともかく，その下で兎にも角にも長らくモンゴリアの一切のきりもりをしてきた内史府を甘く見すぎていた[309]。ダウラト・シャー率いる内史府は，ケルレン河のほとり，チンギス・カンの大オルドでの即位式が終了したあともあえてそこに留まり，さきに手のものを大都に送り込んだ。そして，もはや用済みとばかりに，シクドゥルたちに全ての汚名を押し付け，纏めて一瞬のうちに成敗，誅殺したのである。後世の史書に永久に書きつがれること確実，前代未聞の大っぴらなカアン暗殺について一切関与していないというポーズをとってみせる必要もあったが[310]，何よりも傀儡イスン・テムルを操ってきた自分たちの立場を脅かす新たなライバルたちは，要らなかった。大体おもなところを片付けてしまってから，新カアンと側近たちは粛々と大都にはいった。その動きを逐一克明に知っているかのごとく，ほとんど同時にチャガタイ・ウルスのカン，ケベクの使節団も，やや遅れてジョチ・ウルスのカン，ウズベクの使節団も大都に参上した（カイシャンの子コシラを保護するチャガタイ家の使節団は，至治元年末頃からチーターやソンコルの献上を名目に頻繁に来貢しており，とうじシディバラは，警戒のために居庸関北口と盧溝橋の軍備を固めている）。

　泰定年間には，これらの二大ウルスに加え，フレグ・ウルスのカン，アブー・サイードとも頻繁な交流が見られ（コシラ本人との間でさえも何度か使者が往来している），大元ウルスは，カイシャン以来の活気を取り戻す[311]。じゅうらい，イスン・テムルの治世の評価は高くないが（「即位の詔」がモンゴル語直訳体で，翰林院によって雅文につくりなおされていないこと，『国朝文類』に泰定帝の治世の詔赦，制誥が採用されていないことなどが影響していよう），すでに朝廷の経筵講義，出版，地方神の加封，祭祀といった文化事業においては，アユルバルワダ，シディバラ時代と同様，あるいはむしろより熱心に取り組んでいたこと，徐々にあきらかになりつつある[312]。

　そして，じつは，勧農・救荒政策についても同様であった。『大元通制』の続編，すなわち泰定年間以降の制詔，条格，断例を集積する『至正条格』は，第一部分を形成する150の「制詔」を版木に刻さなかった。それゆえ，具体的な聖旨

の内容や詔赦の条画——付帯条項から各政権の骨格たる政策をたどってゆくことができない。『元史』の本紀も，おそらく担当の編纂官が『実録』，『経世大典』等の公牘をきちんと読まず，抽出すべきところ，日時の把握，要約が適当でなかったため，重複する記事が多い（全体的な傾向だが，とくにこの泰定帝の本紀がひどい）。そもそも大司農司という機関自体，泰定元年六月，五年正月という時点において確かに機能し，先農の祭祀も行われていること，メンバーも，都事のひとりに郭毅（奉議大夫／正五品下）なる人物がいたこと[313]，丞をつとめていたのが劉徳温であったこと[314]くらいしかわからなかった。しかし，近年利用が可能になったいくつかの同時代資料によって，新たな事実が浮かび上がってくる。

イスン・テムルは即位すると，財政の見直しのために，ただちに，国の予算による建設事業すべてをいったん休止させた[315]。そして，工部に各地から提出された申請書をもとに継続の必要なもの，緊急性の高いものを迅速かつ慎重に検討，選別させたのである（中書省のスタッフは，その出先機関たる行省も含めてきわめて有能，財政手腕に長けていた）。そのさいにも，学校，農桑の重視という歴代カアンの基本方針はぶれることはなかった[316]。

大元ウルスの米倉，食物輸送の要すなわち鎮江路にほどちかい練湖とそこから水を引き込む漕渠水，平江路から松江府一帯の河道は，大徳末年の工事以降ふたたび泥が溜まってきていた。しかも，これ幸いとそのまま水田にして占有してしまう輩も多く，ますます排水機能が衰え，ひどい場合には海水が逆流する原因となっていた。そこで，土砂の除去作業や当該地の堤防，石造りの水門の修繕などに，多くの軍戸，作業船を駆り出し，短期集中で効率よく作業が進められた。練湖，漕渠水の工事は，人夫の数一万三千五百，日当は米三升と中統鈔一貫（ジャムチの支給額よりはるかに多い），泰定元年からわずか三ヶ月足らずで終了している。松江，平江の工事には，二万人が投入され，同じく日当米三升，中統鈔一両，さらに塩茶銭が支給されたという[317]。

どちらの場合も現場で指揮をとったのは，江浙行省左丞のドルジバル，そして水利事業のプロ中のプロ，蘇湖一帯を知り尽くすかの任仁発——大徳年間に都水監丞をつとめたあと，至大元年（1308）に嘉興路の同知に任じられたが，翌年には中尚院の判官として大都に赴き，通恵河，会通河の水門の修復にあたった。その功績により都水少監に昇進，黄河が決壊した汴梁，帰徳府一帯にて堤防設置に尽力するなど華北でも活躍した——であった[318]。完成時には，イスン・テム

ルより銀一錠，表裏の緞子製（ナシジ）上衣二着を賜っている[319]。

　そして，いごも常時，湖と河道の管理，修繕をさせるべく，江浙行省左丞相の
トゴン・ダラガンの熱心な嘆願によって，泰定二年（1325）閏正月二十一日，ふ
たたび都水庸田使司の設置が決まる（じつは，カイシャン時代にすでに中書右丞の
ボロト・テムルが再設置を上奏していたが，アユルバルワダのクー・デタによって頓挫
したのである）。大司農司ではなく中書省が統括し，官庁は以前の平江路からあえ
て松江府に替え，水利事業に専念させるため，松江府の管轄下にあった貿易港上
海と華亭の両県は，嘉興路の所属に移した。庸田使司の正使には密蘭，張友
諒[320]が任じられ，齢七十にもかかわらず副使には特例で任仁発がなった。その
下の僉事には李居仁が任じられた[321]。2002 年，任仁発がその情熱を注いだ水門
跡が発掘され，とうじの高度な技術の一端があきらかとなり，大きな話題をよん
だ[322]。この庸田使司は，泰定四年に廃止の意見も出されているが，同年，杭州
にほどちかい塩官州の海岸で二ヶ月に亘って発生した高波により防波堤が破損し
たさいには，トゴン・ダラガン等とともに迅速に大改修をはじめている[323]。

　いっぽう，華北においても，泰定二年，黄河のたびたびの決壊に対処すべく，
河南行省左丞の姚煒の申請によって，それまで都水監の支所——分監というか
たちを改め，河南行都水監が特設される[324]。この姚煒こそ，誰あろう大司農司
の設立，『農桑輯要』の編纂に大きく関わった姚枢その人のただひとりのこされ
た嫡子なのであった（ちなみにかれは，許衡の子，許師敬が編纂した経筵の教材，
『皇図大訓』にはり合うかのように，クビライの嘉言善行を編集した書籍をカアンの座
右に置くことを願いでている[325]）。

　ほかにも，都水監，工部，粛政廉訪司が中心となって，迤北は清河と寇河が合
流する咸平府付近の河堰の修復，大都の積水潭の護岸工事，通恵河上流の堤防の
修繕が行われた。また，大興県一帯の桑・棗の田園に浸水した渾河や白河，大名
路一帯を流れる御河，永平路の屯田の田植えを台無しにした灤河，河間路・真定
路一帯を流れる滹沱河，山東の会通河など各水の堤防の修復，江南からの輸送を
中断させかねない水門の工事など，耐久性も十分考慮しながら，急ピッチで進め
られた（かのクビライ初期の大司農ブルト・カヤの孫，廉恵山海牙も当時，都水監に
属し，会通河の修復にあたっている）[326]。かくして，カイシャンの死後，中断，先
送りになっていた必要不可欠の工事が次々と再開され，着実に完成していった。

　さらに，ひっきりなしに全国各地から報告されてくる水害，旱魃などの天災，

とどめに本貫の地たるモンゴリアでの大地震の知らせをうけ，イスン・テムルは泰定二年閏正月一日，大赦の詔を発令する[327]。被災地への一年間の差税の免除などの手当てはもちろん，その列挙される条画のなかで，延祐二年，アユルバルワダによって江浙，江西，河南の三省で行われた田土の経理——有名な「延祐の経理」政策への批判をはっきりと言明し，その害を取り除くことを宣言したのである[328]。また，同月十四日には屯田の，九月一日には義倉の整備を命じ[329]，鬻爵の規定も定めるなど，つぎつぎ救荒への対策を講じてゆく[330]。なお，このころ，かのカルルクのダシュマン（成宗テムル，武宗カイシャン時代の司農卿）の長子，ヒンドゥ（仁宗アユルバルワダ時代の司農少卿）の兄，買奴（買奴も家族と同様，クビライ時代からずっとバウルチであった）を司農少卿に任じている[331]。

　既述の御史台の侍御史苗好謙が提出した排水法と区田法，江浙行省左丞の趙簡（経筵にも熱心であった）[332]が泰定二年十月に提出した区田法の案も，さらにいえば至治三年八月から泰定三年五月まで浙東道宣慰使司の都元帥であった馬鋳の「救荒事実」（林萬里編）[333]も，そうした施策に応えようとしたものであった。『救荒活民類要』に見える苗好謙の言によれば，大司農司もいち早くクビライ時代以来数回にわたり頒行されてきた区田図本の小冊子を取り出して，周知徹底させるべく全国に配布していたらしい。なお，趙簡の提案は，『至正条格』条格二五「田令」【種区田法】に，箇条書きで収録されている。その内容は，苗好謙や『救荒活民類要』の「区田法」と，みな『農桑輯要』を参照することもあって，きわめてよく似たものである。兵部で検討されているので，軍戸による屯田で用いられたこと，容易に推測がつく。ほぼ同時期，中書省の発案で，海寇に苦しむ山東益都，しばしば少数民族が叛乱を起こしていた湖広に，モンゴル諸王のなかから宣靖王マイヌと威順王コンチェク・ブカ（クビライの孫，鎮南王トゴンの子）が選ばれ，駐屯することになる。それにともない現地の官田を払い下げ，一人あたま三頃の田地と牛，農具を支給，開墾を進めさせている[334]。

　区田法は乾燥地域に有効な農法だが，河南，陝西方面ではもはやそうした状況を通り越していた。泰定二年いご，ほとんど雨が降ることなく，大干ばつがつづく。泰定四年の科挙の会試では，当地の灌漑，救荒の法が出題されたほどであった[335]。

　泰定五年正月，イスン・テムルは宮殿に「蚕麥図」を描かせ[336]，三日後には，全国にクビライ時代の「農桑旧制十四条」を頒布[337]，勧農への意気込みを示し

た。ところが，やはり「蚕麥図」を描かせたシディバラと同様，かれもまた，大都郊外の柳林での巻き狩りの最中，まことに突然の「病」を得て，快方に向かうことなく，公式発表によれば，その年の秋七月十日，上都にて崩御したのであった。

7）度重なる政変の中で

　泰定帝イスン・テムルの崩御と同時に，腹心ダウラト・シャーは，梁王王禅^{オン}，遼王トクト等とともに，ただちにかれの子アリギバを次のカアンに立てた。いっぽう，大都にのこりクー・デタを画策していた旧カイシャン派，キプチャク集団の頭領エル・テムルは，アス，カンクリなどの親衛軍，チャガタイ家の傍流アラトナシリ王の協力も得て，ウバイドゥッラー，バヤンチャル以下，旧政権の中枢部を拘束，宮廷内を鎮圧した。そして湖広行省下の江陵に流されていたカイシャンの次男トク・テムルを擁立するべく（長男コシラは既述のごとく，はるかアルタイ方面にチャガタイ家とともにあった），前の河南行省参知政事メングリク・トンアを迎えにやった⁽³³⁸⁾。かれに便宜上与えられた肩書きは"大司農"であった⁽³³⁹⁾。

　同日，前の湖広行省の左丞相ベク・ブカ，右丞のウイグル速速^{シュグシュ}をそれぞれ中書省の左丞相，左丞に，太子詹事タシュ・ブカを平章政事とするお手盛りの人事を行っていること（メングリク・トンアにも帰還後，大都留守のココダイとともに平章政事の地位が用意される），現湖広行省平章政事であるウイグル王家のテムル・ブカ，泰定年間に当地に派遣されていた彼^かの威順王コンチェク・ブカ等がトク・テムルにすばやく呼応していること，同様に益都の宣靖王マイヌを自軍に招聘していること，遼東からの攻撃を警戒し迅速に益都・般陽の海港，直沽の防備を固めていること，からすれば，この計画が相当長い準備期間を経たものだと，容易に推測される。上都側の動きをみてきたエル・テムルの弟サドゥン，息子のタングキシュも帰還，合流した。そして，ついにダウラト・シャーとエル・テムルの両軍は，居庸関一帯で相見え，大規模な戦闘が開始された。

　当初は大都側が劣勢であったが，エル・テムルは，コシラ率いる援軍が南下しているという偽の使者まで仕立て，味方を鼓舞すると同時に，いずれに就くか様子見の諸軍勢を自軍側に引き寄せようとしたのであった。さらに，戦闘の真っ最中の九月八日より，大都側に与したモンゴル諸王，大臣たちの集う大聚会^{イェケ・クリルタ}が開

催され，十三日，トク・テムルが「コシラが到着するまで」と聖旨において言明しつつ，カアンの玉座に座る。これもまた作戦であった（ちなみに同日，都水庸田使司の廃止を決めている[340]）。案の定，続々とモンゴル諸王が来朝，居庸関で防戦いっぽうであった大都軍は上都軍をつぎつぎに撃破しはじめ，結局，カサル王家のオルク・テムルによる上都急襲が決定打となって全面的勝利を収めた。楡林一帯，潼関以西での抵抗は続いていたが，それもやがては下火となってゆく。

　文宗トク・テムルは，十月，タシュ・カヤを大司農に任じた（かれの家世は不明だが，翰林学士承旨として『経世大典』の編纂にもかかわっている）。メングリク・トンアはもちろんのこと，アユルバルワダ，シディバラ時代に中書平章政事にまでなりながらテムデルに追い落とされた王毅——おそらく皇慶年間に司農大卿だった王謙の兄[341]やもうひとりのバイジュもほぼ同時期，この肩書きを得た[342]。バイジュはトク・テムルの第三皇子の扶育も命じられているから，相当信用されていたのだろう。ちなみに，アユルバルワダ時代の高官たちの名が見えるのは，トク・テムルの正妻がコンギラト家のブダシリ（カイシャン，アユルバルワダと同腹の姉妹である魯国大長公主サンガラギの娘）であることも影響しているだろう。トク・テムルの治世を通じて，姑，叔母にあたるサンガラギへの気の遣いよう，大盤振る舞いは，異様ですらある。

　さらに，その下の大司農卿には，当初キプチャク軍を掌握するチョングルの子オトチ・ブカが就いた。なんとかれは，ほかならぬエル・テムル，宣徽院使サドゥン等の同腹の兄なのであった。かれらの父チョングルは，トクトガの子，すなわちクビライのカラチ（黒クミス——馬乳酒の醸造者）[343]であった班都察の孫で，カイシャンに付き従い，アルタイ，中央アジア方面での戦役に数々の軍功を立て，中書平章政事を務めるとともに，キプチャク衛を統括した。チョングルの兄のタイ・ブカは御位下のバウルチ，弟のユル・テムルは武衛親軍を統括するとともに大都屯田事も兼任した[344]。もうひとりの司農卿は，司農少卿から昇進したカルルクのマイヌである[345]。

　大司農丞には，アス族の出身で，仁宗のシュクルチ，シディバラの進酒バウルチ，トク・テムルのユルドゥチと，仕えるカアンが代わるごとにケシク内の役職を転々とした異色のひと，ジャヤン・ブカがなった（祖父，父ともにシュクルチ）。かれは，エル・テムルとともに上都軍を破るのに軍功があったという[346]。

　さて，カサル家のオルク・テムル等からアリギバのもっていたカアンの玉璽を

受け取り，あらためて即位のセレモニーを行い，ダウラト・シャー，王禅等の処刑，アラトナシリ，オルク・テムル，エル・テムル等への賜与と，事後処理に怠りないトク・テムルであったが，もうひとつ，避けて通れない大問題を抱えていた。アルタイ方面から実兄コシラがチャガタイ家，カイシャンの旧臣たちとともに，モンゴリア高原の有力者を吸収しながら，ゆっくりとクビライ，カイシャンがかつて即位式をあげた上都めざして動きはじめていたのである。全てをお膳立てしてきたエル・テムルはもちろん，トク・テムル自身も，即位時のことばとはうらはらに，カアンの座を譲る気は，さらさらなかった。そうでなければ，コシラを迎える使節団を何度も送るいっぽうで，わざわざことさらにブダシリを皇后に立てる大々的な儀式を行い，天下に詔赦を発令する必要などどこにもなかった。天暦二年正月，カラ・コルムの北でコシラがとりあえずの即位式を執行したこと，および統一クリルタを開催する予定を聞きながら，またエル・テムルを当地に派遣しながらも，自分がかつて配流されていた潭州，瓊州，江陵，建康をそれぞれ「天臨」「乾寧」「中興」「集慶」といった美名に改めるなど，あきらかにカアンでありつづけるつもりでいた。

　『農桑輯要』と『栽桑図』の重版命令も，まさにそうした時期に出されたのである。

　トク・テムルは，五月二十一日，大都を出立，ゆっくりと約一ヶ月をかけて六月二十四日，上都の六十里店へ至り，七月二日に三十里店に到着した（「文宗本紀」はほかの本紀に比べ，ほぼ毎日の記事がそろう詳しさだが，この二ヶ月の行程の間は削除がめだつ）。いっぽう，コシラの一行は，八月一日，上都に近いオングチャドゥの地（カイシャンが建設をすすめていた中都）に到着，翌二日，トク・テムルとの対面を果たす。そこで，恒例どおり連日宴会が開かれたが，六日の深夜，コシラは突然身罷った。エル・テムル等による毒殺，カラチの本領発揮であった。完全に油断していたコシラ側は大混乱に陥った[347]。エル・テムルは，その日のうちに玉璽を取り返し，トク・テムルとともにさっさと上都へむかって引き上げた。そして，約一週間後の十五日には，二度目の即位式をあげ，最終的な勝者が誰か，天下に知らしめたのである。この一連の顛末を，俗に「天暦の内乱」という。

　泰定年間以来の全国各地の旱魃，蝗の大発生，局地的な豪雨による水害が相変わらずつづいていたが，さらにこの天暦・至順年間は，河北，河南，山東各地で

桑・蚕の全滅が目立つ。しかし，国庫を開いて飢民に穀物，現金を分け与える，売官を承認するなど，受身の政策ばかりが記され，積極的な勧農，屯田開発，水利事業等の記事は不思議なほど，ない[348]。湖広桂陽の長官たちによる『農桑撮要』『救荒活民類要』が出版された天暦三年／至順元年（1330）三月に，中書省からの申し出で，「通恵河や会通河，広済渠で各投下や寺観，権勢が勝手に堰を壊して水田や畑の灌漑に使ったり，水車を回したりすると，水深が運送に適さなくなるので，大司農司，都水監に厳しく取り締まらせる」聖旨が出ていること，陝西は奉元路付近の洪口渠，山東曹州の魏家堂口の堤防の破損に対して応急処置をおこなっていることくらいである[349]（ぎゃくに大法会の開催，仏寺への寄進，寺観の建設ばかりが目立つ。もはや祈るしかなかったのか。のち至順三年正月になってようやく，城郭，河渠，橋道，倉庫の建設作業を優先する聖旨が出されるが，舌の根も乾かぬうちにモンゴル諸王，高官たちの大邸宅の建設命令をつぎつぎ出している）。

　ところで，ちょうどこの時期，大司農卿にカラ・バトゥ[350]の名を確認することができる。天暦二年五月の段階で礼部尚書，奎章閣捧案官に任じられたカラ・バアトルと同一人物なら，カイシャン時代の右丞相，ウイグル出身のサンバオヌ（三宝奴サムボドゥ SNBLW chīngsāng）の息子で，トク・テムルのユルドゥチである[351]。また，大司農には，あらたに張金界奴が加わっている。裕宗チンキムの腹心で，成宗テムル時代は中書省平章政事をつとめた張九思と唐氏（タングートの翰林学士承旨トインの姉）の間に生まれた。金界奴は，ほかに奎章閣都主管工事，大都留守，内宰隆祥総管府総管，提調織染雑造人匠都総管府事，兼領中興武功庫事[352]の肩書きをもつ。アユルバルワダ時代からカアンの薬膳料理を担当する忽思慧，常ブラルキ等の編纂にかかる『飲膳正要』の校正を担当したことで知られる。同書巻二「鄒店水」では，至大の初め，ブラルキとともにカイシャン，ダギに茶を煎じた逸話が掲載されており，金界奴自身がバウルチもしくはシャルバチであった可能性はきわめて高い。なお，司農丞は，後至元二年五月までダカイなる人物がつとめていたようである[353]。

　『農桑輯要』，『栽桑図説』の頒布から数ヶ月後の至順三年八月，文宗トク・テムルは，上都で亡くなった。ブダシリ皇后はすでに夫の在世中から母サンガラギとともに権勢をふるっていたが，ここで確実に，かつての祖母ダギと同様，垂簾聴政を狙った[354]。権臣バヤン（メルキト族）と手を組み，ささやかな内輪のクリルタを開催，エル・テムル等の反対を押し切り，夫の「遺言」としてコシラの二

第8章　バウルチたちの勧農政策　　395

人の息子のうち，わずか七歳の幼児イリンジバルを擁立する。ところが玉座に就けて一ヶ月余りで急逝（おそらく自然死ではない），こんどこそ，とエル・テムルはトク・テムルの子エル・テクズを推す。コシラのちょくせつの下手人であるエル・テムルにしてみれば，遅かれ早かれ，おのれに復讐する可能性の高いトゴン・テムルを認めるわけにはいかなかった。双方相退かず，月日ばかりが経った。だが，ついに至順四年六月，広西の静江路に流されていた十三歳のトゴン・テムルが次のカアンとなり[355]，エル・テムルはまことに都合よく急逝した。その即位の聖旨では，「今，皇太后（ブダシリ）は大臣エル・テムル，バヤン等を召し」云々と，あたかも二大巨頭の同意を得ての推戴であるかのような一言が入れられた。もとより，トゴン・テムルのことばではない。

　バヤンは，右丞相として，サドゥン，タングキシュを抑える位置に立ち，そのごまもなくエル・テムルの娘でトゴン・テムルのカトンとなっていたバヤウト氏を幽閉，ついで，タンキシュ，ダラカイ兄弟も謀反を企てたとして，エル・テムルの血脈を一気に葬り去った。そして，左丞相を補充することなく文字どおり専制政治をはじめる。トゴン・テムルがあいかわらずブダシリとバヤンの傀儡なのは，元統三年／後至元元年（1335）の七月に出された“旧エル・テムル派の一掃を寿ぎ，バヤンにダラガン号を与える”聖旨，前後に何度も出された皇太后に尊号を奉る聖旨，文章をみればよくわかる[356]。ちなみにこのとき，附帯条項のひとつとして，飢饉に備え大司農司の管轄のもとに，大元ウルス全域の“社”はみな義倉をひとつずつ設けておくよう，指令が出た[357]。また，同年十一月，クビライ時代への回帰をうたい再び“至元”への「改元の詔」が出されたさいには，常平倉の設立が命じられた[358]。

　こうした政変，激しい人事異動のさなかにあって，ブダシリ皇后のスタッフで，トク・テムル時代とかわらず大司農の職にあったタシュ・カヤは，大尉の肩書きをもらい中書省の顧問に加えられてさえいる[359]。さらには，都水監，屯田でつくられた飼葉・秣等の支給や鞍など皮革製品の出納を担当する度支監の統括も任されたのであった[360]。

　ところで，『元史』の「順帝本紀」は，それ以前の本紀とことなり『実録』が存在せず，洪武帝の命を受けた編纂官たちが各地で採録，収集した拓本，文書，筆記等，さまざまなレヴェルの資料に依拠するため，きわめてラフで断片的なものにとどまる。そこに記される記事と記事の間に何らかの脈絡を求めるというこ

396　第 III 部　ケシクからみた大元ウルス史

とは，ほとんど不可能に近い。

　たとえば，元統三年／至元元年の正月には，

　　　廉訪司に申命して郡県の勧農官の勤惰を察せしめ，大司農司に達して以て憑
　　　りて黜陟せしむ⁽³⁶¹⁾。

とある。じつは，この条，大司農司の上奏により，いご農事を担当する官員の任
期満了時に作成される解由状（業績報告書・勤務評定書）は，粛政廉訪司の官がチ
ェックしたうえで，正本を作成，纏めて中書省の吏部に送付申告し，そこから関
連書類一式を大司農司にまわし，人事異動を決めるという手続きに変えるよう，
聖旨で確認されたことを意味する。これは，『至正条格』の関連記事をみてはじ
めて理解が可能となる⁽³⁶²⁾。

　ちなみに，このあらたな方法は，つぎの遷転時期（三年一期が原則である）の
直前になると，欠陥が露わになり猛反発をよぶ。さきに粛政廉訪司を経由すると
解由状の発給までに時間がかかり事務処理がスムーズに動かないというのである。
行省は「とりあえず行省で解由状を作成，吏部に送ったあと，各道の粛政廉訪司
がチェックする」従来の方式に戻すようせまった。いっぽう粛政廉訪司の上部機
関である御史台も，「吏部から大司農司に解由状をまわし，大司農司が各道の粛
政廉訪司がもともと送付・報告してある『農桑冊』と照らし合わせて人事異動を
決める」――ようするに最終チェックを大司農司に丸投げする方式を提案した。
おもしろいのは，この討議にあたって，兵部が主催者となり，吏部，刑部，大司
農司を召集していることである。それらの案では大司農司の事務負担があまりに
も過重であること，各地の風土はみな異なるうえ，じゅうらい『農桑冊』が提出
されていない地域もあることに鑑み，最終的には『農桑冊』の改良，充実で落ち
着いた。すなわち，廉訪司の派遣員が地方巡察のさいに郷村にいたるまで綿密な
現地調査を行い，田疇・水利・学校・農桑などの状態を一々点検，報告書まとめ
て提出し，各地の廉訪司がそれらを参照しやすいように整理，要約しなおして製
本したものを大司農司に提出することになったのである（この少しあと後至元五
年の正月に，『農桑輯要』『栽桑図』の重刊が決定される）。

　前節でも述べたが，『元史』の編纂官の抜粋の仕方は，最悪である。もうひと
つ例をあげておこう。『元史』の本紀は，後至元二年の正月に，トク・テムルの
即位時に廃止されてしまっていた都水庸田使司が成宗テムル時代と同じく平江路

に置かれた，という⁽³⁶³⁾。ところが，そのあとの後至元五年の十二月の条にいきなり"復た都水庸田使司を平江に立つ"ともいう。この間，当該機関が廃止されたという記事はない⁽³⁶⁴⁾。そして言い訳がましくそのあとに"先に是れ嘗て置き而して罷む。是に至りて復た立つ"と述べる。『元史』巻九二「百官志八」《都水庸田使司》も「本紀」の二つの記事を単純につなぎ合わせ，"至元二年正月，置都水庸田使司于平江，既而罷之。至五年，復立"と解決する。しかし，『東維子文集』巻十二「新建都水庸田使司記」⁽³⁶⁵⁾，『呉中水利全書』巻十八に収録される孫鼎の『松郡水利志』，『洪武蘇州府志』巻三「水利」などをみると次のような疑念がわきあがる。すなわち後至元二年には，都水庸田使司の復活が要請されただけのことであり，江浙行省左丞相キプチャクタイ，監察御史等の再三の上申の結果，後至元五年に裁可の聖旨が下され，ことがじっさいに動き出したのは，じつは至正元年にはいってからではないか，と。

8）二世，三世の大司農司

　というのも，後至元五年（1339）十二月から至元六年二月にかけて，ふたたび朝廷をゆるがす大事件がおきていた。なんと今度は，トゴン・テムル自らが御史大夫のマジャルタイ等と手をくみ，バヤンを失脚させたのである。そして，そこには，また大司農のタシュ・カヤがからみ，うまくたちまわっていた（このころ大司農として愛牙赤の名も確認される⁽³⁶⁶⁾）。さらに，トゴン・テムルは，聖旨において「バヤンがブダシリとエル・テクズを軽視した」ことを罪科のひとつにあげていたにもかかわらず，その舌の根もかわかぬ六月には，「オルク・ブカ，メングリク・トンア等が父コシラを暗殺した」ことをいい，つづけて「ブダシリが最初イリンジバルを擁立，バヤンと組んで自分をないがしろにし，太皇太后の号を借称した」ことを非難した。そして，父コシラを殺した文宗トク・テムルの位牌を壊し撤収，ブダシリとエル・テクズに対し，それぞれ東安州，高麗へ流刑処分をくだしたのである。聖旨にエル・テムルの名前があえてのぼされなかったこと，一月たたぬ間にエル・テグズを殺害させたこと，マジャルタイではなくトクトが中書右丞相となったことなどは，トゴン・テムルの一筋縄ではいかないしたたかさをうかがわせる。十月には，父コシラに「順天立道睿文智武大聖孝皇帝」の尊号を追贈し，いご，みずからが傀儡などではなく，真のカアンとして立つことを天下に知らしめたのである。さらに正月，あらたな門出を祝って"至正"と改元

した[367]。

　そして，翌年二月，『農桑輯要』『栽桑図』ができあがり，各官庁に頒布される。トゴン・テムルの溢れる自信をあらわすかのように，『至正条格』，『六条政類』など，つぎつぎと国家出版物の編纂，頒布が進められ，黄河の治水事業などにも目をむけはじめる。

　遼，金，宋三史の編纂，出版が進められていた至正四年（1344）には，枢密知院の厳住を大司農に任命，翌年には，おそらくかれの希望を容れてのことだろう，僉枢密院事から中書参知政事になったばかりの韓元善が補佐役の大司農卿に抜擢されている[368]。ふたりのほかに，至正六年閏十月二十五日の段階で確認される陣容は，

　　大司農納哈朮，桑哥失里，大卿海答児，図剌帖木児，少卿密邇謨蘇麼，司丞
　　拝住，王恪，経歴曲出帖木児，都事脱因[369]

であった。明年二月二十一日の段階でもこのメンバーに変化はなく，さらに大司農として呉秉道が確認される。サンガシリは，延祐六年に司農だったサンガシリとおそらく同一人物[370]。ミール・ムハンマドは，元統元年十二月に回回司天監から異動して嘉議大夫秘書太監（従三品）をつとめていた人物[371]，バイジュも十中八九，泰定四年から秘書監丞（従五品）であったその人だろう。というのも呉秉道は泰定二年から秘書卿（正三品）を経験しており，さらにトップのヤウジュと同じ名前が，延祐七年に着任した秘書太監に見出されるからである。ヤウジュは，アユルバルワダ時代の大司農クチュの孫だろう[372]。クチュ・テムルの名も『秘書監志』の題名に見えるが，それによれば，かれはウイグル出身，十数年後の至正二十二年（1362）の段階でも大司農司丞にとどまっている[373]。先刻のダカイといい，大司農司と秘書監の密接な関係がうかがえる。

　ひるがえって，この至正六年には，失脚したバヤンの大邸宅を大司農司の官庁として使用することが決定されている。じつは，大司農司は，モンゴル諸王，貴族から没収した土地，邸宅の管理もまかされていた。天暦年間以降の激しい政局の動きにともない頻繁に行われた邸宅の没収，賜与を考えれば，大司農司は，きわめて大きな権限をもったことになる。それはともかくとして，翌年の二月，無事移転が終了すると，聖旨によって大司農司のために，柿落とし，許有壬が文を撰した碑の除幕式が行われた。すでに用意されていた宋褧の題名記もこのとき碑

第8章　バウルチたちの勧農政策　399

にされたものと思われる。題名記の下段もしくは碑陰には，歴代の司農司官のリストが刻まれていたはずだが，残念ながら現存しない。至正八年にはヤウジュが，みずからと同じカルルクの出で，代々大司農司において尽力してきたダシュマン一家の顕彰のために勅建碑を二件，トゴン・テムルに願い出た。

　また，大司農司が装いをあらたにしてゆくこの時期，さらにふたりの大司農が確認される。ひとりは，タシュ・テムル。カイシャンの即位に大きな役割を果たしたカンクリ族トクトの子である。至正六年まで大司農をつとめており，そのご江浙行省平章政事，大司農，湖広行省平章政事，大司農と，一年ずつ忙しなく動いた。湖広行省への派遣は，沅州路，靖州路，郴州路，桂陽路などの地でしばしば叛乱を起こす少数民族の鎮圧が目的であった(374)。まさに，かのテジュ——魯明善が赴いた地である（ちなみに，至正九年，司農少卿として，江浙行省参知政事であったウイグル貴族の偰哲篤が呼び戻されている(375)）。かの地ではもともと屯田が盛んに行われていたが，元統二年（1334）には，湖広黎兵屯田万戸府を設立，十三箇所の千戸集団（それぞれ別に現地人の屯戸五百を有する）を統括，現地人に田土，牛，種，農器を支給，農業指導を行い，徭役を免除するなど，地域の安定化を狙いとする政策もとられており，そうした意味でもタシュ・テムルは適任であった。後至元二年（1336）に辰州路総管府が官ではなく民にも『農桑輯要』を頒布すべく重刊していることも思い合わされる。

　ひるがえって，もうひとりの大司農は，文官としては最高位の開府儀同三司の肩書きをもつトゥレル・テムル。トゴン・テムルの第三ケシクの責任者であることからもわかるように，ジャライル国王家，それもかのバイジュの息子である(376)。トゥレル・テムルという名は文宗トク・テムルが与えたもので，もとの名はヤナシリ。父，バイジュの神道碑もまさにこの至正八年の正月，トゴン・テムルの聖旨のもとに立てられた。ここにきてとつじょ大司農司がクローズアップされるのは，ひとつにはトップにトゥレル・テムルを迎えるがゆえだったのだろう。

　ちなみに，山東は曲阜の顔子廟にいまもなお立つ美碑には次のように刻まれている。

　元統二年（1334）正月二十六日，篤怜帖木児怯薛の第二日，延春（閣）［閣］の後ろの咸寧殿裏有る時分に，速古児赤の馬扎児台大夫，羅鍋，汪家奴，宝

児赤の怯薛官篤怜帖木児，云都赤の別不花，殿中の喃忽里等が有っ来。伯顔
太師秦王右丞相，撒敦答剌罕栄王太傅左丞相が一処に商量し了……[377]

トゥレル・テムルは，ブダシリ皇后のもとへつれてこられたばかりのトゴン・テ
ムルのバウルチとなった。状況からして，トク・テムル時代のケシクからそのま
ま横滑りしたとみていい[378]（ムカリ以来の名門，ジャライル国王家の血は，それほ
どまでに尊重されていた[379]）。だからこそ大司農の前に宣徽使もつとめていたわけ
だろう。であれば，父のバイジュもほぼまちがいなくアユルバルワダ，シディバ
ラのバウルチだったのだ（ジャライル国王家は，歴代，バウルチとコルチの担当が多
い）。大司農司の長には，カアンのバウルチもしくはシャルバチが就くという原
則は，ボロト以来，守られつづけていたことになる（バイジュがボロトと同様，宮
廷儀式の整備に熱心だったのも，このバウルチという職掌ゆえであった）。そうしたシ
ステムは，虞集がかつて

> 国家の制は，おしなべて禁近の臣が，服御・弓矢・食飲・文史・車馬・廬
> 帳・府庫・医薬・卜祝の事に分け，皆，これを世襲で守ってきた。才能を見
> 出されて任務を授けられ政治に参画しても，ひじょうな高位高官であっても，
> 一日公務から帰ってオルドにもどれば，もとどおりケシクの仕事をするので
> ある。子々孫々に至るまで改められることはない。きわめて親密で信頼の厚
> い者でなければ，ケシクの仕事には与ることができないのだ。チンギス・カ
> ン以来，旧金朝，南宋の官吏の家は，モンゴルの伝統を習っているが，お側
> に出入りするようになっても，「モンゴル」の一員に擬せられるまでになる
> のは，ひじょうに少ないと思われる。

と簡潔に述べたとおりであった[380]。逆にいえば，ケシク制を理解し，血縁，姻
戚関係をきちんと押さえていかないかぎり，たとえ中国歴代王朝の伝統的な官職
名を掲げていようと，この時代の各機関の実態，統廃合，各人の履歴等のほんと
うの意味はあきらかにならない，ということである。冒頭に述べたように，「百
官志」は表面上の姿，それも一部分しか写していない。たとえばフレグ・ウルス
での各官庁のありかたと比較・検討しながら，一つ一つ再構築してゆくよりほか
はないのである。

第8章 バウルチたちの勧農政策　401

4　むすびにかえて——『事林広記』が語ること

　苦難のすえに名実ともにカアンとなったトゴン・テムルではあったが，その意欲はながつづきしなかった。大司農司のありかたも，至正十年（1350）頃から大元ウルスのゆらぎとともに大きく変化していった。『農桑輯要』の頒布の記録は，いまのところ至正二年以降には見出されない。したがって，ここでは，別の視点からこの時代の農書の歴史を眺めることで小結，としたい。

　後至元二年（1336），湖広行省下の辰州路総管府で重刊された『農桑輯要』の後序は次のように述べている。

　　累朝，已に中外に頒降すると雖も，而るに有司は家諭・戸暁すること能わず，往々にして高閣に之を束ね，致すに有用の書を使て置き而無用の書と為さしむは，甚だ導民・厚生の意に非ず。今，刊板印書して農民に給付し，務本を知ら使め以てその伝を広めん。若し農は其の功を尽くし地はその利を尽くすこと能わば，家に獲ま俾め人に給し，是れ漸く礼儀の道に資し，聖朝の黎元を敬愛するの美意に負かざらん。覧る者は勉め焉。

粛政廉訪司や各路の官庁に送付された『農桑輯要』の大字本のテキストは，指導用であり，いっぱんに閲覧は容易ではなかった。各地で覆刻，重刊本，携帯に便利な小字本などが刊行されたが，とうじ，その書名と内容をもっとも広く知らしめたのは，絵入りの百科事典，『事林広記』だろう（この書物は，商人や僧侶の手によって果ては日本にまでもたらされ，南北朝，室町時代の貴族，五山僧たちに愛好された）。

　『農桑輯要』が江南の情報を仕入れるのに使用した陳元靚の『博聞録』は，もともと十巻仕立ての地味な書物であったが，大元ウルスの南北混一後，最新の情報をふんだんに加え，至元二十三年（1286）頃までに，まず『新編分門纂図博聞録』という挿絵入り，甲～癸の十集構成のテキストに仕立て直される。大徳年間（1297-1307）頃から『事林広記』という名でも売り出されるようになり，頻繁に増補，改訂版が出された。ただし，「農桑」の記事は，みな『博聞録』時代のままであった。『事林広記』の中でもっとも古いかたちをとどめるとされてきた江戸時代の重刊本——泰定二年（1325）刊行のテキストにもとづく——の庚集巻四

402　第III部　ケシクからみた大元ウルス史

「農桑門」，辛集「獣医集験」がそれを証明していた。さらに，2007年，対馬の宗家と比叡山延暦寺の恵心院の旧蔵書から，大徳年間〜延祐年間（1314-20）頃の状態を示す『事林広記』の元刊本と写本がそれぞれ再発見されたが，そこでも「農桑類」は，『博聞録』のままだった[381]。同時に，それらの発見によって，まさにこの大徳年間，王楨が参照した『事類全書』なる書物も，『博聞録』が姿を変えたものであったことが，確認されたのである。『事類全書』という書名から連想されるように，おそらくそれは『居家必用事類全集』（現存の元刊本は，『吏学指南』を引用するので大徳五年以降の編纂）とも無関係ではなかった。

　至順年間（1330-33），福建は建安の西園精舎，椿荘書院が刊行した二種類の『事林広記』にいたって，記事が全面的に差し替えられ，"新増"記事として『農桑輯要』の抜粋が収録される。巻頭には，王磐の撰した序文が掲げられ，あらたに「耕穫図」（"平糶倉"の文字も見える）一葉，「蚕織図」一葉が挿入される。

　その二枚の絵図の登場は，延祐年間，趙孟頫がかかわった「農桑図」，「耕織図」絵巻，苗好謙の『栽桑図説』の刊行，シディバラ，泰定帝イスン・テムルがそれぞれ鹿頂殿の壁面に描かせたという「蚕麦図」と軌を一にするものであった。

　また，やはり『事林広記』とかかわりの深い類書，『翰墨全書』のいくつかのテキストでも，「人品門・農」《文類》に，熊禾の「農桑輯要序」を収録する。つまりちょくせつには建安の県丞の張某が重刊したテキストが参照されたのだ。『翰墨全書』は，まず大徳十一年頃に編纂され，泰定年間に再編集，一部増訂されたことがわかっている。

　以上は，『農桑輯要』が類書の世界に登場し，人口に膾炙するようになった時期がいつごろなのか，示唆するものといえよう。

　では，至順年間以降に刊行された『事林広記』では，農桑の情報はどうなったのか。

　洪武二十五年（1392）に梅渓書院から刊行されたテキストをみてみよう。「農桑類」にはまったく変化はみられず，『農桑輯要』の抜粋が麗々しく挙げられている（その状況は明代を通じて同じである。これにかわる農書はついに現れなかったのである）。そのいっぽう，「花卉類」「果実類」「竹木類」には新しい情報が加わっている。しかし，この「花卉類」の【栽種花法】【接花法】【澆花法】【催花法】【養花法】【染花法】【花木宜忌】，「果実類」の【種果木法】【接果木法】【脱果木法】【治木法】【果木雑忌】，「竹木類」の【種竹法】は，じつは，『永楽大典』巻

一三一九四にまとまって佚文がのこる呉懌『種芸必用』および張福『種芸必用補遺』とほぼ一致する。じゅうらい，この二書は『農桑輯要』を補う農書として評価が高く，『種芸必用』は宋代の農書として扱われ，補遺の著者は太宗オゴデイからモンケ時代に済南鎮撫鈴轄であった人物に批定されてきた。その当否も含め，こんご再考の余地があるだろう。

註

（1）杉山正明『大モンゴルの世界――陸と海の巨大帝国』（角川書店　1992年　p. 121）

（2）張光大『救荒活民類要』「元制」《農桑》によって，至元六年八月の詔の一節を引用したものと知れる。この書については，宮紀子「『対策』の対策――大元ウルス治下の科挙と出版」（木田章義編『古典学の現在』5　2003年　のち『モンゴル時代の出版文化』名古屋大学出版会　2006年　pp. 380-484に再録）参照。そのご，崔允精「元代救荒書与救荒政策――以《救荒活民類要》為依拠」（『元史論叢』9　2004年7月　pp. 207-219），井黒忍「『救荒活民類要』に見るモンゴル時代の区田法――カラホト文書解読の参考資料として」（『オアシス地域研究会報』5-1　2005年3月　pp. 24-52　のち『分水と支配――金・モンゴル時代華北の水利と農業』早稲田大学出版部　2013年に修正・加筆のうえ収録），古松崇志「元代カラホト文書解読（2）」（『オアシス地域研究会報』5-1　2005年3月　pp. 53-97）が出た。

（3）銭大昕をはじめとするいくにんかの考証学者が真摯にとりくみ補った『元史芸文志』も，数百年を経てわずかに伝来した典籍（それも自らが閲覧できたものは限られていた）とさまざまなかたちの文献から採集した記事によって構築せざるをえなかったため，ときには誤りも見受けられる。

（4）『北京図書館蔵歴代石刻拓本匯編（元二）』第49冊（中州古籍出版社　1990年　p. 197）「大元勅修曲阜宣聖碑」“［世祖皇帝］命御史台以勉励校官，国子監学以訓誨冑子，大司農以興挙社学，興文署以板行海内書籍，提挙教授以主領外路儒生，宿衛子弟咸遣入学”。

（5）もっとも，国会図書館には，明の嘉靖十六年（1537），湖北の郿陽府において知府の許詞が刊行したテキスト（白口有界　10行×21字）があった。『万暦郿陽府志』（名古屋市蓬左文庫蔵）巻二四「宦蹟・許詞」において“『農桑節要』一篇を配布した”と特筆されるまさにそのテキストである。『格知叢書』と同様，モンゴル時代の序跋は一切附されておらず，とうじ郿陽府の　同知であった章釗の後序しか載っていない。しかもその序文を見ると許詞自らが編纂した書物ということになっている（米国国会図書館所蔵旧北平図書館マイクロフィルムの明刊本『養民月宜』も，じつは魯明善の『農桑衣食撮要』の書名をつけ換えて出版しただけで，とうじ剽窃行為は日常茶飯事であった）。嘉靖本にしては，めずらしく端正な書体で刻されており，ところどころに見える欠字からは，底本の版木が相当摩滅していたことが窺え，じつは，元刊本の重刊である可能性がきわめて高いのだが，こんにちに至るまでまったく注目されなかったのである。

（6）三木栄『朝鮮医書誌』（1956年　自家出版　pp. 304-305），天野元之助『中国農業史研究』（御茶の水書房　1962年　pp. 473-482），同「元，司農司撰『農桑輯要』について」（『東方

学』30 1965年7月 pp. 50-67)，同『中国古農書考』（龍渓書舎 1975年 pp. 130-140)，
金容燮「高麗刻本《元朝正本農桑輯要》를통해서본《農桑輯要》어撰者와資料」（『東方学
志』65 1990年3月 pp. 53-76)

（7）『高麗史』巻一一二「偰遜長寿伝」。詳しくは，宮紀子「『混一疆理歴代国都之図』への道
―― 14世紀四明地方の『知』の行方」（藤井譲治・杉山正明・金田章裕編『絵図・地図から
みた世界像』京都大学大学院文学研究科 2004年 のち『モンゴル時代の出版文化』pp.
487-651に再録)，同「モンゴルが遺した『翻訳』言語――旧本『老乞大』の発見によせて
（下)」（『内陸アジア言語の研究』19 2004年7月 のち『モンゴル時代の出版文化』 pp.
177-268に再録）参照。

（8）魏恩淑「『元朝正本農桑輯要』어 농업관과 간행주체어 성격」（『韓国中世史研究』8
2000年6月 pp. 117-149)。後半部の移録は，つとに金容燮の研究の翌年，李宗峯によって
報告されていた。李宗峯「高麗刻本『元朝正本農桑輯要』어 韓国農学史上에서어位置」
（『釜山史学』21 1991年12月 pp. 1-38)

（9）『高麗史』巻三七「忠穆王世家」"丁巳，元流忠恵王嬖人崔井尚于靖州路，林信于彬州路，
朴良衍于沅州路，閔渙于辰州路，金添寿于永州路，林以道于桂陽路，承信于帰州路，南宮信
于道州路，王碩于金州路"とあり，『救荒活民類要』に序文を寄せ校正を担当した高麗のオ
ルジェイトゥは，桂陽路の総管であった。

（10）『攷事撮要』下「八道程途別号，冊板并附」《慶尚道・八日程・陝川》，『太宗康献大王実
録』巻三一［十六年（1416）五月戊戌］，『世宗荘憲大王実録』巻十七［四年（1422）八月丙
午］，同巻七七［十九年（1434）六月辛未］，同巻八六［二十一年七月壬戌］等参照。また，
『太宗康献大王実録』巻三三［十七年（1417）五月］には"己酉，京畿採訪判官権審，進黄
真絲与繭。初芸文館大提学李行，於『農桑輯要』内，抽出養蚕，方自為経験，所収倍常，遂
板刊行于世。国家慮民間未解華語，命議政府舍人郭存中，将本国俚語，逐節夾註，又板刊広
布。然非我国素習，皆不楽為之。至是，命択各道閑曠有桑之地，分遣採訪，属典農寺奴婢，
免其雑役，使之養蚕，以示民間。又令後宮，親自養焉。多有所得"という実に興味深い記事
もある。やはり巻三，巻四が重視されたのである。諺解，ハングルは世宗のときに開発され
たことになっているから，このときの朝鮮語の注釈は吏読であろうか。

（11）『救荒活民類要』「元制」《農桑》

（12）『元史』巻四「世祖本紀」［中統元年五月乙未］

（13）『永楽大典』巻一〇八八九元明善「雍古公神道碑銘」，『国朝名臣事略』巻七「平章廉文正
王」，『道園類稿』巻三八「曹南王勲徳碑」，『危太樸文続集』巻二「故翰林学士承旨資善大夫
知制誥兼修国史贈推忠輔義守正功臣集賢学士上護軍追封淶水郡公諡忠嘉耶律公神道碑」等参
照。

（14）『秋澗先生大全文集』巻八〇「中堂事記上」［中統二年正月壬子］。なお，至元二十四年成
立の『中堂事記』と『元史』の「世祖本紀」，華北碑刻の間の暦と事件のズレについては，
別の機会に論じることとする。

（15）『秋澗先生大全文集』巻八一「中堂事記中」［中統二年五月八日］

（16）『元史』巻四「世祖本紀」［中統二年四月乙卯］

（17）『秋澗先生大全文集』巻八一「中堂事記中」［中統二年五月廿六日］，『国朝文類』巻六〇姚
燧「中書左丞姚文献公神道碑」，『国朝名臣事略』巻八「左丞姚文献公」，『天下同文集』前甲
集巻一「翰林学士承旨中奉大夫詳定礼儀事姚枢贈栄禄大夫少師諡文献公制」

（18）『元史』巻四「世祖本紀」［中統二年八月丁未］

（19）『永楽宮志』（山西人民出版社　2006年　pp. 154-155）第二章「古代文献」

（20）『元史』巻五「世祖本紀」［中統三年夏四月甲辰］

（21）『元史』巻五「世祖本紀」［中統四年五月戊戌］，巻六「世祖本紀」［至元二年正月乙酉］，巻一三四「月合乃伝」。『紫山大全集』巻九「西冶記」に"我朝右武重農，田畝日闢，疆土歳拡，鼓冶鋳錬，明不可廃。某年立銅冶総管府，鈞束諸道冶。三年而上計戸曹"というように，いご，朝廷の主導によって農器の作製・支給が継続されてゆくことに注意すべきである。

（22）『事林広記』（北京大学図書館蔵元刊本）戊集巻上「官制類」【官職新制】

（23）『斉乗』巻三「郡邑」，『元史』巻六「世祖本紀」［至元二年閏五月丁卯］，［至元二年冬十月癸未］

（24）『元史』巻六「世祖本紀」［至元二年二月甲子］，『国朝名臣事略』巻一〇「平章宋公」"至元二年，罷世襲官，初行遷転法"。

（25）『元史』巻六「世祖本紀」［至元二年正月乙酉］，［至元二年五月甲寅］，［至元二年閏五月丙寅］

（26）『元典章』巻六「台綱」《内台》【設立憲台格例】，《体察》【察司体察等例】，巻十一「吏部五・職制」《給由》【解由体式】"一．本官任内，提点過農桑実績，依已行備細開款申報。如不係提点官員，亦云並不曽提点農事"，『大元官制雑記』（『永楽大典』巻一一一八）「按察司官」

（27）『元史』巻六「世祖本紀」［至元六年八月丙申］。詔の全文は，『救荒活民類要』「元制」《農桑》参照。

（28）『国朝文類』巻四〇「経世大典序録」《常平義倉》

（29）『元典章』巻二「聖政一」《勧農桑》，『元史』巻七「世祖本紀」［至元七年二月壬辰］。『通制条格』巻十六「田令」《立社巷長》，『至正条格』巻二五「条格」《田令》【立社】，『元典章』巻二二「戸部八・課程」《免税》【倒死牛肉不須税】などは，当該機関が尚書省の指令下にあったことをうかがわせる。

（30）『成化順徳府志』巻三王磐「張氏先徳之碑」，『国朝文類』巻五八李謙「中書左丞張公神道碑」，『元史』巻一五七「張文謙伝」，『国朝文類』巻五〇斉履謙「知太史院事郭公行状」，『元史』巻五「世祖本紀」［至元元年五月乙亥］，『道園学古録』巻二〇「翰林学士承旨董公行状」

（31）『牧庵集』巻二四「譚公神道碑」

（32）『大元官制雑記』「巡行勧農司」，「初立巡行勧農司条画」，『永楽大典』巻一九四一七「站赤二」"至元七年十月二十六日司農司言四道巡行勧農官，乗駅勧課，所過無之処合無従按察司巡歴体例，乗坐馬匹，請区処事"，『国朝文類』巻六〇姚燧「中書左丞姚文献公神道碑」

（33）『国朝文類』巻四九虞集「翰林学士承旨董公行状」，『民国藁城県志』巻十二王磐「趙国忠穆公神道碑」，『臨川呉文正公集』巻三四「趙国董忠穆公墓表」，『国朝名臣事略』巻十四「内翰董忠穆公」

（34）『元史』巻一五三「高天錫伝」"天錫語丞相孛羅，左丞張文謙曰「農桑者衣食之本，不務本則民衣食不足，教化不可興，古之王政，莫先於此。願留意焉」。丞相以聞，帝悦命立司農司，以天錫為中都山北道巡行勧農使兼司農丞，尋遷司農少卿，巡行勧農使"。

（35）李逸友『黒城出土文書（漢文文書巻）』（科学出版社　1991年　pp. 101-106）

（36）『燕石集』巻十二「司農司題名記」，『国朝文類』巻六八「平章政事致仕尚公神道碑」

（37）Rashīd al-Dīn Fazl-Allāh Hamadānī, *Jāmi' al-Tavārīkh*, MS : Istanbul, Topkapı Sarayı Müzesi,

406　第 III 部　ケシクからみた大元ウルス史

Kütüphanesi, Revan 1518, f. 40b, MS : Tehrān, Majlis 2294, f. 39a. 厨子としてのバウルチの職掌をもっとも具体的に述べるのは，イブン・バットゥータであろう。

> 続いて，黄金製と銀製の食膳に盛った料理が供された。その各食膳は四人もしくはそれ以上の男たちによって運ばれる。彼らの料理は，馬と羊の肉を煮たものでありその食膳は各々のアミールの前に置かれる。次に bāwurchī，つまり肉切り人が現れる。彼は絹製の衣服を羽織り，その上に絹の腰巻を縛り，腰帯に包丁一式を鞘に入れて持っている。アミールには各自の bāwurchī がいて，食膳が出されると，bāwurchī は自分の所属するアミールの前に跪いて座る。そして黄金製もしくは銀製の小皿が運ばれて来るが，そこには水で溶いた塩が入っている。Bāwurchī は，肉を小さい塊に切り分けるが，その際には必ず骨と肉とが一緒にくっ付いているように切る。というのは，彼らは骨の一緒についているもの（肉）以外には決して食べない［のが習わしである］からである。

　イブン・バットゥータ著・イブン・ジュザイイ編・家島彦一訳注『大旅行記4』（平凡社東洋文庫　1999 年　p. 52），C. Defrémery & B. R. Sanguinetti（ed/tr），*Voyages d' Ibn Batoutah*, tome second, Paris, 1875, p. 407 ; H. A. R. Gibb（tr）, *The Travels of Ibn Baṭṭūṭa*, vol. 2, The Hakluyt Society, 1993, p. 495.

(38)『国朝名臣事略』巻一〇「宣慰張公」

(39)『元史』巻七「世祖本紀」［至元七年十二月丙申朔］

(40)『元典章』巻二八「礼部一・礼制」《迎送》【迎接合行礼数】，『通制条格』巻八「儀制」《賀謝迎送》，『元史』巻六「世祖本紀」［至元六年冬十月己卯］，巻七「世祖本紀」［至元七年二月丙子］，［至元八年三月甲戌］，［至元八年十一月乙亥］，巻六七「礼楽志」《制朝儀始末》。なお，このときのメンバーである尚文は，大司農司の都事をつとめたあと右直侍儀使となり，そのごふたたび旧職にもどっているし，周鐸の子の周之翰は，やはり大司農司の掾，照磨をつとめたあと侍儀通事舎人となっており，かれの妻は太常博士の敬伯仁の長女である。『秋澗先生大全文集』巻四三「朝儀備録叙」，『滋渓文稿』巻十七「元故奉訓大夫冠州知州周府君墓碑銘」，『国朝文類』巻六八「平章政事敬仕尚公神道碑」，杜志勇「《元故太常博士敬君墓碣銘并序》的価値」（『河北師範大学学報（哲学社会科学版）』2014-5　pp. 43-46）参照。

(41)『秋澗先生大全文集』巻三七「絳州正平県新開溥潤渠記」"至元改号之六載，詔立大司農司，其品秩僚属，特与両府埒，蓋以農桑大本，滋殖元元，莫重為重。故崇職掌籍田，以率先天下。外建行司日使，日副。歳時巡視，責郡県長吏，条綱甚悉，考其成績，而明殿最"。

(42)『元典章』巻二三「戸部九・農桑」《立司》【復立大司農司】。このクビライの聖旨を収める一葉は，「聖旨」「奏」といった聖なる語の改行・抬頭が行われておらず，本来あるべき状態より 7 行ほど少なくなっている。その前の【立司農司】も"見「聖政」「勧農桑」類"として省略されてしまい，指定された『元典章』巻二「聖政一」《勧農桑》をみても，聖旨本文のみで付帯条項たる勧農条画がまったく収録されていないので，【復立大司農司】にいう"已降聖旨条画"が参照できない。

(43)『元典章』巻三〇「礼部三・礼制」《祭祀》【祭社稷風雨例】，『元史』巻七六「祭祀志」《風雨雷師》。『析津志輯佚』「風俗・立春」も参照。

(44)『元史』巻七「世祖本紀」［至元九年二月戊申］，巻七六「祭祀志」《先農》，『元典章』巻三〇「礼部三・礼制」《祭祀》【祭郊社風雨例】

第 8 章　バウルチたちの勧農政策　　407

(45)『国朝文類』巻五八李謙「中書左丞張公神道碑」

(46)『廟学典礼』巻一「釈奠服色」

(47)『楚国文憲雪楼程先生文集』巻九「昌平県新治記」"又夾道列，植楡柳，北至関，南達于都門，綿亙九十余里"，Marco Polo : prima Edizione Integrale a cura di Luigi Foscolo Benedetto ; L. S. Olschki（ed），*Il Milione*, Firenze, 1928, cap. 101, p. 98 ; Giovanni Battista Ramusio（ed），*I Viaggi di Messer Marco Polo ; Gentiluomo Veneziano, Delle Navigationi et Viaggi*, Venezia, 1559, Libro Secondo, cap. 22, f. 30b.

(48)『元典章』巻二三「戸部九・農桑」《栽種》【道路栽植楡柳槐樹】，『通制条格』巻十六「田令」《農桑》，『至正条格』巻二六「条格」《田令》【禁擾農民】

(49)『元典章』巻二三「戸部九・農桑」《水利》【興挙水利】

(50)『大元官制雑記』（『広倉学宭叢書』甲類第二集）「大司農司」"大徳八年十二月四日，本司官集議為無公廨，止於旧吏部内署事。本司所領天下農桑及供給内府，不為不重，未備廨宇，誠失観瞻，移文左警巡院，置買蓬莱坊王同知宅一区，作公廨……"。

(51)『元史』巻一六〇「孟祺伝」，『甘水仙源録』巻四「応縁扶教崇道張尊師道行碑」

(52)『秘書監志』（中国国家図書館蔵影元鈔本）巻一「職制」《立監》，《設監》，巻七「司属」《司天監》

(53)『元典章』巻二三「戸部九・農桑」《立司》【復立大司農司】，『元史』巻八「世祖本紀」［至元十年三月甲寅朔］

(54) 翌至元十一年には，ボロト等が編纂した『立社稷壇壝儀式』も諸路に頒行されている。『元史』巻八「世祖本紀」［至元十一年八月甲辰朔］

(55)『元典章』巻一「詔令」【立后建儲詔】

(56)『秋澗先生大全文集』巻九一「開種両淮地土事状」

(57)『四時纂要――中国古農書・古蔵時記の新資料』（守屋美都夫解題　山本書店　1962 年 pp. 30-345）

(58)『玉海』（建仁寺両足院蔵元刊本）巻一七八「買思勰斉民要術」"後周竇儼，請於『斉民要術』及『四時纂要』・『韋氏月録』中，采其関田蚕園圃之事，集為一巻，頒下諸州。宋朝天禧四年八月二十六日，利州転運李昉請頒行『四時纂要』・『斉民要術』二書"。『宋史』巻二六三「竇儼伝」，『宋会要輯稿』「食貨・農田雑録」

(59)『金史』巻四七「食貨志二」

(60)『博聞録』については，宮紀子「『混一疆理歴代国都之図』への道――14 世紀四明地方の『知』の行方」，本書第 2 章附論 1 参照。

(61) 一．蚕利最博，養育寔難，如浴連生蟻，初飼成眠，以至上簇，必須遵依『蚕書』，一切如法，可収倍利。嘗聞山東農家因之致富者，皆自絲蚕。旬月之労，可勿勉励。

(62)『貢礼部玩斎集』巻六「送脩敬宗序」"予始至京師時，東平諸公能言金進士脩君為郡幕府，有文学政事。後又聞；其子謙，挙進士，判沅州。孫思善，教授益都儒学，皆克世其業……"。

(63)『明太学経籍志』の「堪印書版数目」に"『務本直言』一十一塊"が記録される。

(64)『通鑑続編』（台湾国家図書館蔵元刊本）巻二二「辛亥十一年冬十一月」

(65)『圭斎文集』巻九「元中書左丞集賢大学士国子祭酒贈正学垂憲佐理功臣大傅開府儀同三司上柱国追封魏国公諡文正許先生神道碑」に"廉希憲宣撫陝右，伝教令授以京兆提学，卜居鴈塔之東，**与同志講井田之制，買園為義桑**"とあり，廉希憲，許衡とのかかわりも見逃せない。『滋渓文稿』巻二九「書寇隠君伝後」は姚枢の栽桑技術，許衡の朱子学の普及が同時に行わ

408 第 III 部　ケシクからみた大元ウルス史

れたことを明確に述べる。また，馬紹庭「大元故奉議大夫耀州知州馮公墓誌銘」によれば，馮時泰が姚枢と同じく 1254 年に京兆路の勧農官に任じられており，そのご灌漑に関わる三白渠副使に転任している。杜文「元耀州知州〈馮時泰墓誌銘〉考釈」（『碑林集刊』11　陝西人民美術出版社　2005 年）参照。

(66) Benedetto & L. S. Olschki (ed), *Il Milione*, cap. 110-111, pp. 106-107 ; A. Barbieri (ed), *Marco Polo Milione : Redazione Latina del Manoscritto Z*, Parma, 1998, cap. 49-50, pp. 120-123 ; Ramusio (ed), *I Viaggi di Messer Marco Polo*, Libro Secondo, cap. 33-34, f. 33a-33b 参照。

(67) 『元史』巻九「世祖本紀」［至元十三年九月庚子］

(68) 『元史』巻一五三「高天錫伝」，『長安志図』巻下楊景道「論涇水之善」

(69) 雲南王フゲチのもとで大理の勧農官兼領屯田事をつとめ農桑・水利に実績を示していた張立道は，至元十年，ボロト，張文謙等の指名をうけて大理等処巡行勧農使となった。東平とならんで栽桑，養蚕の盛んな河北大名の出身であったかれ（父の張善は金の進士であったという）は，雲南で熱心にその技術指導にあたり，十倍以上の収益を挙げるようになったという。『元史』巻一六七「張立道伝」参照。

(70) 『康熙高唐州志』巻四〇閣復「吉公士安去思碑」"斉右蠒絲沃壌，視他郡為最。君謂歳入豊倹，係人力之勤惰，勧課弗厳，長吏之責也。乃遵『農桑要旨』，勗民耕耨，懇切至到。良農之訓誨子弟，不啻過焉"。

(71) 『百万の書』は，栽桑，養蚕，絹布の生産地として涿州，太原，河間，河中，京兆などとともに東平府を挙げる。

(72) 『松雪斎文集』巻八「大元故嘉議大夫燕南河北道提刑按察使姜公墓誌銘」

(73) 『山左金石志』巻二一王磐「綦公元帥先塋之碑」"至元五年，路委之勧課農桑。公為立芸桑育蚕之法，数年民獲利増倍"，『元史』巻一六五「綦公直伝」。

(74) 『嘉靖山東通志』巻二五「名宦上・高伯温」

(75) 『元史』の伝では，皇慶二年に燕南河北道粛政廉訪使に除せられたというが，『山右石刻叢編』巻三〇「中條孫氏先瑩碑銘」によれば，至大三年にすでにその肩書きをもっていた。なお，河南は安陽の出身で福建路転運副使となった梁琮も，暢師文とほぼ同時期に『農圃纂要』四巻をものしている（『嘉靖彰徳府志』巻六「人物志」）。

(76) 『秘書監志』巻七"至元十年十一月初七日，太保，大司農奏過事内一件；「興文署掌雕印文書，交属秘書監呵，怎生 ？」，奉聖旨「那般者」。欽此"。『欽定天禄琳琅書目』巻五「資治通鑑」。王磐の『資治通鑑』の序文によれば，興文署の最初の刊行物のひとつは，『資治通鑑』であった。かれの肩書きは，翰林学士となっており，至元十七年以前に書かれたとみて間違いないだろう。

(77) 『元史』巻八「世祖本紀」［至元十一年三月己卯］，『高麗史』巻二七「元宗三」［十五年五月庚子］

(78) 『元史』巻八「世祖本紀」［至元十二年夏四月丁卯］，巻九「世祖本紀」［至元十四年五月癸卯］，巻一〇「世祖本紀」［至元十六年五月辛亥］，『大元官制雑記』「巡行勧農司」，「初立巡行勧農司条画」。なお，『大元官制雑記』の二箇所の"至元二十二年"は"至元一十二年"の誤りである。

(79) 『秋澗先生大全文集』巻六二「勧農文」は，至元十四年から十七年にかけて王惲が河南北道，燕南河北道の提刑按察副使をつとめていたときの成果である。かれは，姚枢の東平宣撫使時代に従行したこともあり，農桑についてかなり詳しかった。

第 8 章　バウルチたちの勧農政策　409

(80)『国朝文類』巻二三閻復「太師広平貞憲王碑」"弱歳襲爵，統按台部衆。世祖皇帝聞其賢，
駅召赴闕，見其風骨彪厚，解御服銀貂以貺。国朝重天官内膳之選，特命領其事。侍宴内殿，
公起行酒，詔諸王妃皆執婦道。未幾拝御史大夫"。

(81)『大元官制雑記』「粛政廉訪司」

(82)『国朝文類』巻十七楊桓「太史院銘」

(83)『元史』巻九「世祖本紀」[至元十四年二月丁亥]，『元典章』巻八「吏部二・官制」《承襲》
【軍官降等承襲】，『国朝文類』巻六八字朮魯狦「大都路都総管姚公神道碑」，『山右石刻叢編』
巻三四劉致「姚天福諡議碑」，虞集「姚天福墓表」，劉舒俠「元代姚天福神道碑校点注釈」
(『文物季刊』1993-2　pp. 84-96)

(84) 御史台が大司農司と同じ正二品となるのは，至元二十一年，後述する中書右丞相のコルコ
スンがカアンに願い出て以後のことである。その結果，御史大夫のウルルク・ノヤンことウ
ズ・テムルは従二品から従一品となる。『永楽大典』巻二六〇七「経世大典」，巻二六〇八
「憲台通紀」【御史台陞正二品】

(85)『元典章』巻八「吏部二・官制」《選格》【循行選法体例】

(86) 至元十六年，太常寺によって提出された『至元州県社稷通礼』も，至元十一年の段階で諸
路に頒行されていたボロト等編纂の『立社稷壇壝儀式』を踏まえているはずである。『元史』
巻八「世祖本紀」[至元十一年八月甲辰朔]，巻一〇「世祖本紀」[至元十六年三月甲戌]

(87)『元史』巻一〇「世祖本紀」[至元十五年三月乙巳]，[六月甲戌]，巻一二八「相威伝」

(88)『元史』巻十一「世祖本紀」[至元十八年十月壬子]，巻八七「百官志・大司農司」，『燕石
集』巻十二「司農司題名記」，『元史』巻一〇〇「兵志三・屯田」《枢密院所轄》"武衛屯田：
世祖至元十八年，発遣南軍人三千名，於涿州，霸州，保定，定興等処置立屯田，分設広備，
万益等六屯，別立農政院以領之"。『滋渓文稿』巻十六「元故贈亜中大夫東平路総管李府君神
道碑」に"至元十年，裕皇始授冊宝，而左右之人多以年労得官。久之，大司農臣請於京畿之
南新城・定興之境，建立屯田，分命中原及江淮軍士，樹立五穀，以実軍儲。制可。於是置総
管府，以涖之，分立諸署，以治其事。比及三年，墾田若千万頃，而倉庾委積，如坻如京矣。
府君由宿衛為万盈署令，在官数年，治効居多。会留守段貞奏立虎賁衛，以掌屯田，而総管府
諸署皆罷"とあるのは，おそらくこれに関連するだろう。

(89)『元史』巻十二「世祖本紀」[至元十九年六月癸丑]，『秘書監志』巻一「為革罷司徒府事」

(90)『元史』巻二〇五「姦臣伝」。ちなみに，『大元至元弁偽録』巻五によれば，司徒府，農政
院の設立直後の至元十八年九月，全真教の放火事件，偽道蔵経の審議にあたったのも枢密副
使のボロトと守司徒のコルコスンである。

(91)『楚国文憲雪楼程先生文集』巻五「払林忠献王神道碑」"癸未夏四月，択可使西北諸王所者，
以公嘗数使絶域，介丞相孛羅以行。還遇乱，使介相失，公冒矢石出死地，両歳，始達京師，
以阿魯渾王所贈宝装束帯進見，令陳往復状，上大悦，顧廷臣嘆曰「孛羅生吾土食吾禄，而安
於彼，愛薛生於彼，家於彼，而忠於我，相去何遠耶」。拝平章政事，固辞……公起家為定宗
近侍，中統間，掌西域星暦・医薬二司事，至元戊辰，兼広恵司"，Jāmi' al-Tavārīkh, MS：
Istanbul, f. 263a, 余大鈞「蒙古朵児辺氏孛羅事輯」(『元史論叢』1　中華書局　1982 年　pp.
179-196) も参照。なお，至元二十年十月，後任の枢密副使には，平章政事のジャサンが命
じられる。

(92) Rashīd al-Dīn Faẓl Allāh Ḥamadānī, M. Sutūdah & I. Afshar (ed), Āsār va Aḥyā', Tehran, 1989.

(93) Mīnuvī, Mujtabá, Tanksūq-nāmeh : Collected Works of Rashīd-al-dīn Fadlallh, Vol. 2, Tehran,

410 第 III 部　ケシクからみた大元ウルス史

1972.

（94）本書第 20 章参照。

（95）羽田亨一「ペルシア語訳『王叔和脈訣』の中国語原本について」（『アジア・アフリカ言語
文化研究』48-49　1995 年 1 月　pp. 719-726）

（96）『難経古注集成 1』（東洋医学研究会　1982 年）に全書の影印が収録される。

（97）本書第 19 章参照。

（98）『永楽大典』巻一三八二二「相国寺」

（99）『玉海』巻六三「天聖鍼経」，『曝書亭集』巻四六「太医院銅人腧穴図拓本跋」。なお，北京
において，『新鋳銅人腧穴鍼灸図経』を刻した碑石の一部が，次々と発掘されている。明清
の間に城壁の資材として転用されたらしい。『欽定日下旧聞考』巻七一“原三皇廟内有『鍼
灸経』石刻。元祐貞初製。其碑之題篆則宋仁宗御書。至元間，自汴移至此者『燕都遊覧志』（以
上五条），原在城市門。今移改。臣等謹案：『鍼灸図』石刻，今尚存。乃明時，重摹上石者。観後
英宗序略可証”。

（100）『元史』巻十三「世祖本紀」［至元二十一年十二月癸酉］，巻十五「世祖本紀」［至元二十五
年九月庚戌］，『永楽大典』巻一九四一八 7a-7b「站赤三・経世大典」“［至元二十四年四月］
二十五日，尚書省定擬廪給司久館使臣分例，令通政院・兵部一同分揀起数，行移合属，移例
支給……【太醫院二起】一．編修『本草』劉仲思正従各一名。一．編修『本草』潘巌・杜
章・王彬等三人”，『秘書監志』巻四「纂修」《節次奏文》，『牧庵集』巻二九「南京路医学教
授李君墓誌銘」，『至正集』巻三一「大元本草序」，『滋渓文稿』巻二二「資善大夫太医院使韓
公行状」

（101）『金史』巻四五「刑志」

（102）『秋澗先生大全文集』巻六〇「故趙州寧晋県善士荊君墓碣銘并序」

（103）『青崖集』（『四庫全書』所収）巻四「奏議」は，至元八年十二月二十五日のこととするが，
『元史』巻七「世祖本紀」にしたがっておく。

（104）宮紀子「モンゴルが遺した『翻訳』言語——旧本『老乞大』の発見によせて（下）」（『モ
ンゴル時代の出版文化』pp. 242-243）において，朝鮮王朝の司訳院で使用されたモンゴル語
の教科書『巨里羅』（とうじの朝鮮漢字音では kəlira）をモンゴル語の kerel, gerel に比定し
た。しかし，音価はもとより，『経国大典註解』後集下「礼典・取才条」が記す“狐名也。
設為狐与獅・牛問答之語”という内容からしても，原書はペルシア語の寓話集 Kalīlah va
Dimnah と見るのが正しい。ここに謹んで訂正したい。1320～30 年代に大元ウルスの文官で，
ネストリウス派キリスト教徒のヤークートがモンゴル語に翻訳したものだが，Tārīkh-i Guzī-
dah『選史』によれば，それとは別に，はやくはオゴデイ時代，モンケ，クビライたち兄弟
が師事したイフティハールッディーン・ムハンマド・カズヴィーニーによるモンゴル語訳
があったという（Hamd-Allāh Mustawfī Qazvīnī, 'Abd al-Husayn Navā'ī (ed), Tārīkh-i Guzīdah,
Tehran, 1339/1960, p. 799）。本書第 12 章附論註 16 参照。ペルシア語文献もぎゃくにモンゴ
ル語を介して中国・高麗へと流入していたことがわかる。

（105）『元史』巻十二「世祖本紀」［至元二十年正月乙丑］，［至元二十年十一月戊辰］，『燕石集』
巻十二「司農司題名記」，『元史』巻一〇〇「兵志三・屯田」《枢密院所轄》

（106）『至順鎮江志』（『宛委別蔵』所収）巻九「寺院」《大興国寺》“舎里八，煎諸香果，泉調蜜
和而成。舎里八赤，職名也”。

（107）喩震・黄秀純「元鉄可父子墓和張弘綱墓」（『考古学報』1986-1），同「北京出土的元鉄可

第 8 章　バウルチたちの勧農政策　411

墓誌銘」（『首都博物館文集』燕山出版社　1990 年），侯堮「元《鉄可墓誌》考釈」（『北京文物与考古』二輯　1991 年），『元史』巻一二五「鉄哥伝」，『臨川呉文正公集』巻三一「題秦国忠穆公行状墓銘神道碑後」，『永楽大典』巻一九四二三「站赤八・六条政類」“至元二十九年正月初七日，忽都答児怯薜の第二日，紫檀殿裏有る時分に，火児赤の忽魯，速古児赤の伯顔参政・察罕不花，必闍赤の明里帖木児，兀賚，昔宝赤の木八剌沙，折吉児，月児干，舍児伯赤の帖歌等，這の的毎に対し，完澤丞相・不忽木平章・咱喜魯丁平章・暗都剌参議・狗児参議が奏過したる事内の一件”，『元史』巻一六八「許国禎・許扆伝」

(108)　喬達「薊州平谷県大興隆禅寺創建経蔵記」碑陰「平章門下見字一代」（『平谷文物志』民族出版社　2005 年　pp. 116-118）

(109)　『元史』巻十「世祖本紀」［至元十五年二月戊午］，巻七六「祭祀志五」《先農》

(110)　『元史』巻十三「世祖本紀」［至元二十一年冬十月壬子］，［至元二十一年十一月癸卯］，巻一〇〇「兵志三・屯田」《宣徽院所轄》

(111)　『永楽大典』巻一九四一八「站赤三」によれば，至元二十一年十二月の段階では，中書省の右丞相はブルミシュカヤ，参政はバイカン，サルドミシュである。

(112)　ケシク制については，別稿にて詳しく述べる。

(113)　『元史』巻十四「世祖本紀」［至元二十三年二月乙巳］

(114)　『元史』巻十一「世祖本紀」［至元十七年六月一日］，［至元十八年閏八月壬戌］，『永楽大典』一九四一八 2b「站赤三・経世大典」“［至元二十一年二月］十日，参議中書省事 明里不花・学士阿南答等奏准事理：一．司嗀司掌随路断没財産・人口・孳畜・屯田・供儲事。甚繁重”。その職掌については，本田實信「モンゴルの遊牧的官制——ユルトチとブラルグチ」（『小野数年博士頌寿記念東方学論集』龍谷大学　1982 年　のち『モンゴル時代史研究』pp. 69-82 に再録）に詳細な解説がある。

(115)　『元史』巻一三四「闊里吉思伝」

(116)　『国朝文類』巻五八李謙「中書左丞張公神道碑」“長曰晏，初侍裕宗於東宮，為府正司丞，世祖思功臣子孫，選充刑部郎中，遷吏部郎中，大司農丞”，『国朝文類』巻六一姚燧「僉書枢密院事董公神道碑」，『常山貞石志』巻二〇張晏「趙国正献公董文忠墓碑」

(117)　『元史』巻十四「世祖本紀」［至元二十三年六月乙巳］

(118)　『元史』巻十六「世祖本紀」［至元二十七年正月癸酉］。至元二十一年に「玉清観碑」を撰した王之綱の肩書きが，“翰林集賢修撰承務郎兼興文署令”であることからすると，興文署の廃止はチンキムの死後まもなく行われたものと推察される。李源河主編『翰墨石影』巻六「玉清観碑」（広陵書社　2003 年　p. 35）参照。

(119)　『通制条格』巻十六「田令」《農桑》，『至正条格』巻二五「条格」《田令》【農桑事宜】，『元典章』巻二三「戸部九・農桑」《立社》【勧農業立事理】，『救荒活民類要』「元制・条格」《至元二十三年六月中書省奏准立大司農司定到条画》，「救荒一綱・立義倉」《至元二十三年六月中書省奏立大司農司条画内一款》。なお，『救荒活民類要』には，乱丁がある。

(120)　『国朝文類』巻十七「太史院銘」，『元史』巻十四「世祖本紀」［至元二十三年二月癸亥］

(121)　『元典章』巻三二「礼部五・学校」《陰陽学》【春牛経式】，『類編暦法通書大全』（遼寧省図書館蔵明刊本）巻一「前朝公規」

(122)　『秘書監志』巻四「纂修」

(123)　『元典章』巻八「吏部二・官制」《選格》【官員遷転制】

(124)　『元史』巻九五「食貨志三」

412　第III部　ケシクからみた大元ウルス史

(125)『元典章』巻十一「吏部五・職制」《職守》【兼勧農事署銜】

(126)『大元官制雑記』「巡行勧農司」,「初立巡行勧農司条画」,『元史』巻十四［至元二十三年十二月戊午］

(127)『元史』巻十三「世祖本紀」［至元二十二年二月辛酉, 戊辰］,［十一月己巳朔］,『永楽大典』巻二六一〇「南台備要」【行台移江州】,【行台復移杭州】,『至正金陵新志』巻三下「年表」, 巻六「大元統属官制」

(128)『元史』巻十四［至元二十四年二月甲辰］,『江蘇省通志稿』金石二〇「鎮江路儒学復田記」,『至順鎮江志』巻十三「治所類」

(129)『至順鎮江志』巻十七「寓治」《行大司農司》,『元典章』巻十九「戸部五・田宅」《種佃》【開種公田】

(130)『水利集』巻三「水利問答」

(131)『元典章』巻十九「戸部五・田宅」《官田》【影占係官田土】,《民田》【漏報自己田土】,【田多詭名避差】

(132)『元史』巻十四「世祖本紀」［至元二十四年閏二月乙丑, 辛未］

(133)『元史』巻十五［至元二十五年正月辛卯, 癸丑］,『元典章』巻十三「吏部七・公規」《署押》【官暫事故詣宅円押】

(134)『楚国文憲雪楼程先生文集』巻二一「資徳大夫湖広等処行中書省右丞燕公神道碑銘」,『元典章』巻二二「戸部八・課程」《市舶》【市舶則法二十三条】

(135)『水利集』巻二「水利問答」, 巻三「至元二十八年潘応武決放湖水」

(136)『元典章』巻十九「戸部五・田宅」《官田》【影占係官田土】,《民田》【漏報自己田土】,【田多詭名避差】によれば, 至元二十六年三月の時点で行大司農司であることはまちがいないが,『龍虎山志』巻中「大宗師」《総摂道教》に記録されるクビライの命令文では, 冒頭の宛先が"行尚書省の官人毎根底, 行御史台の官人毎根底, **行司農司**の官人毎根底, 宣慰司の官人毎根底, 城子裏達魯花赤官人毎根底, 来往行踏す的使臣毎根底, 管軍的官人毎根底, 軍人毎根底, 百姓毎根底宣諭す的聖旨"となっている。

(137)『楚国文憲雪楼程先生文集』巻二一「資徳大夫湖広等処行中書省右丞燕公神道碑銘」,『道園学古録』巻二〇「翰林学士承旨董公行状」によれば, 至元二十五年から二十七年の間に董文用が大司農となったとあるが, この時期テケが大司農である。その下の"大司農卿"の誤りではないか。なお, 同じ『道園学古録』の巻四二——大司農司, 宣徽院, 経歴院, 提刑按察司の職をわたりあるいた趙思恭の一生を述べる「趙公神道碑」も, この時期, 董文用がたしかに大司農司にいたこと, サンガの弾劾を行ったことをつたえる。

(138)『永楽大典』巻二六〇八「憲台通紀」【勧農司復併入按察司】。そこでは, "行司農司の裏の勧農司の衙門を将って罷め了", としかいっていないが,『大元官制雑記』「巡行勧農司」,「初立巡行勧農司条画」,『元史』巻十六「世祖本紀」［至元二十七年三月庚申］は, 雅文漢文に直すさい, いずれも, 行司農司及び各道の勧農営田司をともにやめさせたと解釈している。

(139)『元史』巻十六「世祖本紀」［至元二十八年正月壬戌］,『牧菴脞語』巻十四「誅大奸頌」

(140)『燕石集』巻十二「司農司題名記」,『道園学古録』巻二二「御史台記」,『大元官制雑記』「粛政廉訪司」,『元典章』巻二三「戸部九・農桑」《水利》【提点農桑水利】,『通制条格』巻十六「田令」《農桑》,『元史』巻十七「世祖本紀」［至元二十九年閏六月］。なお,『元史』巻九三「百官志」は, 勧農司の粛政廉訪司への合併を至元二十九年に誤る。

(141)『救荒活民類要』「元制」《農桑》,「救荒一綱」《義倉》,『元典章』巻三「聖政二」《息傜役》,

第8章　バウルチたちの勧農政策　　**413**

《救荒》

(142)『元典章』巻二三「戸部九・農桑」《立社》【勧農業立事理】

(143)『通制条格』巻十六「田令」《理民》，『至正条格』巻二五「条格」《田令》【理民】

(144)『元典章』巻二三「戸部九・農桑」《勧課》【革罷下郷勧農】，『通制条格』巻十六「田令」《農桑》，『至正条格』巻二五「条格」《田令》【農桑事宜】

(145)『元史』巻十七「世祖本紀」[至元二十八年三月己酉]

(146)『水利集』趙孟頫「浙西水利序」，巻二「水利問答」

(147)『元史』巻十七「世祖本紀」[至元三十年三月己巳]，[至元三十年四月己亥]，『大元官制雑記』「行大司農司」，「初立行大司農司条画」

(148)詳細は，別稿にて論ずる。

(149)『通制条格』巻十六「田令」《農桑》《司農事例》，『至正条格』巻二五「条格」《田令》【農桑事宜】【勧農勤惰】

(150)『元史』巻十四「世祖本紀」[至元二十三年]"大司農司上諸路学校凡二万一百六十六，所儲義糧九万五百三十五石，植桑棗雑菓諸樹二千三百九万四千六百七十二株"，巻十五「世祖本紀」[至元二十五年]"大司農言：耕曠地三千五百七十頃，立学校二万四千四百余，所積義糧三十一万五千五百余石"，巻十六「世祖本紀」[至元二十八年]"[大]司農司上諸路所設学校二万一千三百余，墾地千九百八十三頃有奇，植桑棗諸樹二千二百五十二万七千七百余株，義糧九万九千九百六十石"。

(151)『元典章』巻二「聖政一」《勧農桑》，『救荒活民類要』「農桑」，『大元馬政記』「成宗皇帝元貞元年十月中書省拠大司農司呈」

(152)『元史』巻十八「成宗本紀一」[至元三十一年十二月戊戌]

(153)『元史』巻十八「成宗本紀一」[至元三十一年八月己丑]，『元史』巻六五「河渠志二」《澱山湖》，『水利集』巻八「至元三十一年江浙行省為已開河道合設刮除河道人夫事」

(154)『元典章』巻二三「戸部九・農桑」《栽種》【勧諭茶戸栽茶】

(155)『元史』巻十八「成宗本紀一」[元貞元年五月辛巳]，『大元官制雑記』「行大司農司」，『楚国文憲雪楼程先生文集』巻二一「資徳大夫湖広等処行中書省右丞燕公神道碑銘」。なお，『元典章』巻十「吏部六・吏制」《訳史通事》【訳史宣使未満不替】では，元貞元年十二月に江南行台が受け取った監察御史の呈文のなかで"行司農司"に言及しており，五月にすぐ廃止になったわけではないかもしれない。

(156)『水利集』巻八「潘応武於行省講究撩清軍事」

(157)『元史』巻十八「成宗本紀一」[元貞元年五月丙申]

(158)*Jāmi' al-Tavārīkh*, MS : Istanbul, f. 217b-218a, MS : Taškent, f. 187a-187b.

(159)『癸辛雑識』別集巻上「彗星改元」，『元典章』巻一「詔令一」《成宗欽明広孝皇帝》【大徳改元】

(160)『元史』巻二〇二「釈老伝」

(161)『秋澗先生大全文集』巻四〇「大都宛平県京西郷剏建太一集仙観記」"有司上議；禱祀重事，供給所需，不可闕也。全祐謙撝之請，亦不可違也。良田菓植，隷大司農者，量宜頒賜，置為恒産，遂賜順之坎上故営屯地四千余畝。復慮未臻豊贍，元貞改号歳七月載生明之二日，上御神徳殿，**平章政事領大司農臣帖哥**等言：宛平県京西郷馮家里隷農田籍，栗林叢茂，川谷間以株而計者約五千数，若尽畀全祐，庶幾資広道蔭，永昭祀事。制可……**大徳元年九月望日記**"。

414　第 III 部　ケシクからみた大元ウルス史

(162)『秋澗先生大全文集』巻五一「大元嘉議大夫簽書宣徽院事賈氏世徳之碑」,『道園学古録』
　　　巻十七「宣徽院使賈公神道碑」
(163)『秋澗先生大全文集』巻五五「大元故中順大夫徽州路総管兼管内勧農事王公神道碑銘并序」
(164)『元史』巻十九「成宗本紀」[大徳元年閏十二月甲申]
(165)『元史』巻十九「成宗本紀二」[大徳二年二月乙丑],『水利集』巻一「大徳二年立都水庸田
　　　司」,「大徳二年都水庸田司条画」,「江浙行省添力提調」, 巻八「大徳九年五月行都水監呈中
　　　書省乞陞三品」,『大元官制雑記』「都水庸田使司」【初立都水庸田使司条画】,『洪武蘇州府
　　　志』巻一「元平江路境図」, 巻八「官宇・都水庸田使司」
(166)『水利集』巻八「大徳二年十二月庸田司講究設置撩清軍夫事」
(167)『元史』巻十九「成宗本紀二」[大徳二年二月乙酉]
(168)『水利集』巻一「庸田司通管江東両浙」, 巻八「大徳九年五月行都水監呈中書省乞陞正三
　　　品」
(169)『元史』巻二〇「成宗本紀」[大徳四年十一月壬寅朔],『元史』巻十九「戸部五・田宅」
　　　《荒田》
(170)『元史』巻二〇「成宗本紀三」[大徳三年三月乙巳, 冬十月壬子], [大徳四年二月丙辰]
(171)『金華黄先生文集』巻二四「宣徽使太保定国忠亮公神道碑」,「宣徽使太保定国忠亮公神道
　　　第二碑」
(172)『牧庵』巻十六「栄禄大夫福建等処行中書省平章政事大司農史公神道碑」,『柳待制文集』
　　　巻一〇「元故大司農史義襄公墓誌銘（并序）」
(173) 大徳七年『元史』巻二一「成宗本紀四」[大徳七年春正月, 二月],『大元官制雑記』「都水
　　　庸田使司」
(174)『元典章』巻二「聖政二」《勧農桑》,『救荒活民類要』「農桑」参照。
(175)『水利集』巻八「大徳九年五月行都水監呈中書省乞陞正三品」"五年之間, 修囲浚河, 非無
　　　成功, 祗縁於公斂怨, 以致騰謗"。
(176)『元史』巻二一「成宗本紀四」[大徳八年五月壬申],『水利集』任仁発自序, 巻一「大徳八
　　　年五月中書省照会設立行都水監」,「立行都水監整治水利」, 巻五「大徳十一年任監丞言呉松
　　　江等処合脩河置閘前後文移」, 巻八「大徳九年五月行都水監呈中書省乞陞正三品」,『国朝名
　　　臣事略』巻四「平章武寧正憲王」
(177)『元史』巻二一「成宗本紀四」[大徳十年二月壬寅]。ただし,『国朝文類』巻五九姚燧「平
　　　章政事徐国公神道碑」は, 招聘を大徳九年のこととし, 翌十月八日にみまかった, と伝える。
(178)『元史』巻二一「成宗本紀四」[大徳十年閏正月甲午], 蔡文淵「大元故太傅録軍国重事宣
　　　徽使領大司農司太医院事鉄可公墓誌銘」
(179)『救荒活民類要』「水旱虫蝗災傷」「農桑」,『元典章』巻二「聖政一」《勧農桑》,《安黎庶》,
　　　巻三「聖政二」《賑飢貧》,『牆東類稿』巻五「瑞麥図序」
(180) たとえば,『元史』巻十五「成宗本紀二」「元貞二年十一月己巳」に "兀都帯等進所訳『太
　　　宗・憲宗・世祖実録』, 帝曰 忽都魯迷失非昭睿順聖太后所生, 何為亦曰公主？ 順聖太后
　　　崩時, 裕宗派已還自軍中, 所紀月日先後差錯。又別馬里思 丹 炮手 亦思馬 因, 泉府司, 皆小
　　　事, 何足書耶"というように, 記事が不正確である場合はもとより, さまざまなタブー,
　　　思惑などにより, 内容にケチがつけられて削除されることもあった。
(181)『国朝文類』巻十六程鉅夫「進三朝実録表皇慶元年十月進」"臣等以所編成『順宗皇帝実
　　　録』一巻,『成宗皇帝実録』五十六巻,『事目』十巻,『制詔録』七巻,『武宗皇帝実録』五十

第8章　バウルチたちの勧農政策　　415

巻，「事目」七巻，「制詔録」三巻，総計一百三十四巻，繕写已畢，謹具進呈”，『元史』巻二
四「仁宗本紀一」「皇慶元年冬十月戊子」

(182) 杉山正明「八不沙大王の令旨碑より」（『東洋史研究』52-3　1993 年 12 月　のち『モンゴ
ル帝国と大元ウルス』京都大学学術出版会　2004 年　pp. 187-240 に収録）。なお，カサル家
についての資料として，『柳待制文集』巻十二「武徳将軍劉公墓表」“自其父諱福，始以親王
移相哥管駆戸官来居淄川，故今為淄川人”，『民国重修新城県志』巻二二「金石志」に収録さ
れる「元大徳十年重修大洪福寺碑記」“至元二十三年，有功徳主李総管奏奉勢都児□八不沙
大王金宝令旨”，『元史』巻一三八「康里脱脱伝」“［至大三年］宗王牙忽禿微其旧民於斉王八
不沙部中，隣境諸王欲奉斉王攻牙忽禿，斉王懼奔牙忽禿以避之，遂告斉王反。脱脱薄問得実，
乃釈斉王而徙諸王于嶺南”も追加しうる。

(183) 『嘉慶泰山志』巻十八「金石記」【張宜慰登泰山記】，京都大学人文科学研究所蔵中国金石
拓本第 35 函

(184) 『山左金石志』巻二三姚燧「大元太師泰安武穆王神道之碑銘」，『国朝文類』巻五九「平章
政事忙兀公神道碑」大徳七年の段階で，クイルダルの曾孫ボロカンの息子のうち，クンドゥ
は山東宣慰使，バイドゥは江東建康道粛政廉訪副使で，大徳九路本正史の刊行に関わり，イ
スン・テムルは河南行省参知政事であった。

(185) 『山左金石志』巻二一「洞真観主者王氏葬親碑」“正書。額八分書。碑高四尺四寸。広二尺
四寸五分。在長清県五峰山洞真観。右碑，額題：王氏／葬親／之銘，三行，字径三寸。文十
八行，字径一寸四分。杜仁傑撰文。王伯善題額。張志偉書丹。末行題大朝至元四年重五日。
以文証之，当是世祖至元四年。其時未定国号。故猶称大朝也”。

(186) 『嘉慶泰山志』巻十八「金石記」【重修霊派侯廟碑】

(187) 『元典章』巻二三「戸部九・農桑」《勧課》【種治農桑法度】

(188) 『農器図譜』巻七「蓑笠門」《橇》，巻十二「舟車門」《划舟》

(189) 『至正金陵新志』巻六「題名・監察御史」，『宋学士文集』巻四八「詹士龍小伝」

(190) 『農器図譜』雑録「法製長生屋」，『穀譜』巻二「穀属」《蕎麥》

(191) 『農器図譜』巻四「銭鎛門」《鎧鋤》，巻二〇「麻苧門」《耕索》，巻十三「灌漑門」《浚渠》

(192) 『農器図譜』巻六「杷朳門」《笂》

(193) 各投下，アイマクにおいては，ダルガはもとより令史にいたるまで，その任命権は，実質
的には当主に帰属し，モンゴル本土・華北・江南にもつ所領内を移動させている。『元典章』
巻九「吏部三・官制」《投下》【投下設首領官】はその好例である。

(194) 『洪武蘇州府志』巻十四「兵衛・元鎮守平江十字路万戸府翼」。大徳九年，平江路で刊行さ
れた『風俗通議』，『白虎通徳論』は，まさに厳度・張楷等，東平の人脈によるものである。
太中大夫（従三品上）行都水監の李果も序文を書いている。

(195) 『農器図譜』巻十三「灌漑門」《高転筒車》，巻十九「績絮門」《木綿軒床》，『穀譜』巻一
「穀属」《旱稲》，巻七「果属」《茘枝》“今閩中茘枝初著花時，承認計林断以立券，一歳之出，
不知幾千万億，水浮陸転，販鬻南北，外而西夏，新羅，日本，流求，大食之属，莫不愛好，
重利以酬之”。

(196) あたりまえのことだが，『救荒活民類要』「検旱」，『元典章』巻二三「戸部九・農桑」《災
傷》【江南申災限次】に“大徳元年五月中書省江浙行省咨：江南天気風土与腹裏倶各不同。
稲田三月布種，四五月間挿秧，九月十月才方収成。若依腹裏期限九月内，人戸被災，不准申
告，百姓無従所出，致使逼迫流移，合無量展限期，秋田不過九月，非時災傷，依旧一月為限，

416　第 III 部　ケシクからみた大元ウルス史

限外申告，並不准理。庶望官民両便。都省准擬"とあるように，南北の違いは，大元ウルス朝廷もきちんと認識している。

(197)『農桑通訣』巻四「勧助篇第十」

(198) 同時期，これとほぼ同じことを王結が都堂に建白している。『文忠集』巻四「上中諸宰相八事書」に"六曰：革冗官以正職制……今既建立省部矣。有戸部，又有大司農司"，"八曰：務農桑以厚民生……州県官有勧農之名，無勧農之実，文移体複，上下相蒙。今宜慎選良吏，準酌農書，歳課種樹，責有成効，不為虚文，行之久遠，庶幾有益"とある。そして，それらをうけた形で，大元ウルス朝廷は，既述のように大徳七年三月に奉使宣撫を派遣する詔の条画の中で，"比聞勧農官率多廃弛，依已降条画，常加勧課，期於有成"といったのであり，大徳十年五月十八日の「整治恤民」の詔の中でも繰り返し言及している。

(199) 華北では，同じ大徳年間，陝西興元路総管をつとめた王利用の友人，任元善も官職にはつかなかったが，『蠶桑輯要』を編纂している。『閑居叢稿』巻二六「訥庵処士任君行状"常云：農桑者衣食之本，風化之原。乃力農桑以率游惰，又漢中風土之宜，寒暄之節，与古法有異者，別集為一書，名『蠶桑輯要』。取為法者，頼給足焉"，巻二四「嬬人鄧氏墓誌銘」。

(200) 胡道静「述上海図書館所蔵元刊大字本《農桑輯要》」（『農書・農史論集』農業出版社 1985 年　pp. 57-68)，繆啓愉「元刻本《農桑輯要》咨文試釈」（『中国農史』1986-4　pp. 102-106)，同『元刻農桑輯要校釈』（農業出版社　1988 年)

(201) 筆者は，南京大学留学中の 1998 年秋に上海図書館でこの元刊大字本『農桑輯要』を目睹し，衝撃を受けた。翌 1999 年秋から 2001 年春にかけ，京都大学大学院文学研究科において実施された『元典章』の講読（杉山正明主催），日中韓版本研究会（文部科学省科学研究費補助金特定領域研究「古典学の再構築」木田章義・杉山正明主催）等の複数の機会において，当該書の紹介・咨文の解読を行い，書物そのものの意義とモンゴル時代の勧農事業の展開と関連資料について口頭で発表した。その参加者に，註 2 の古松崇志・井黒忍ならびに井上充幸・承志がおり，2002 年以降，総合地球環境学研究所のオアシス・プロジェクト（中尾正義主催）で中心資料として扱われた。

(202)『蘆浦筆記』巻三「打字」に"包裹謂之打角"とある。『秘書監志』巻三「分監"延祐二年四月十六日，照得；年例，分監上都以備御覧，『通鑑』等書籍，及装載站車，打角柳箱，蓆索等物行移，依例応付。奉此。【書籍】：『通鑑』一部，『播芳』一部，『太平御覧』一部，『春秋』一部，『周礼』一部，『礼記』一部，『通典』一部，『尚書』一部。【打角物件】：柳箱子四個，葦蓆四領，単三索四條，連辺紙。装載站車一輛，全掛頭疋，并差去人飯食分例。【管押人】：王鑑，朱仲寶，睦八剌沙，師賢"。

(203)『元典章』巻八「吏部二・官制」《選格》○吏員宣使奏差遷転に"行省令史，宣使，各部請俸内選者，同台院。若蹿逐者，与六部同"とある。十五ヶ月から二十ヶ月勤務して従九品，九年勤務してようやく正八品もしくは従七品になれる。

(204)『金石萃編未刻稿』巻中陳泌「西湖書院三賢祠記」，『安雅堂集』巻十二「陳如心墓志銘」，『貢礼部玩斎集』巻七「重修西湖書院記」，『夷白斎稿』巻二一「西湖書院書目序」

(205)『両浙金石志』巻十五「元西湖書院重整書目碑」

(206) 前掲胡道静「述上海図書館所蔵元刊大字本《農桑輯要》」，傅増湘『蔵園群書経眼録』（中華書局　1983 年　p. 575)巻七「子部一・農家類」《農桑輯要七巻　元司農司撰　存巻二，十一葉，巻三，全二十三葉，巻六，十七葉　共三冊"元刊本，九行十八字，注双行同，白口，左右双闌，版心上方記字数，下方間記刊工人名一字，引用各書以陰文別之。字撫顔体，

第8章　バウルチたちの勧農政策　**417**

刻印倶精。(<u>劉翰臣</u>蔵書。庚申)"。

(207)　ただし，金朝泰和年間には，趙秉文が版下を作成した陸淳『春秋纂例』十巻が山西平陽府で刊行された例もあり，顔真卿一辺倒であったともいいきれない。『呉淵穎先生文集』巻十二「春秋纂例弁疑後題」，『柳待制文集』巻十八「記旧本春秋纂例後」参照。

(208)　『銭遵王読書敏求記校証』巻三中「農桑輯要七巻」"<u>延祐</u>元年，皇帝聖旨裏：「這農桑冊子字様不好。教真謹大字写開板［者］。蓋<u>元朝</u>此書為勧民要務，故鄭重不苟如此。序後資行結銜皆<u>江浙</u>等処行中書省事官，則知是板於<u>江南</u>，当日流布必広，今所行唯小字本而此刻絶不多見，何耶"。

(209)　『北京図書館蔵中国歴代石刻拓本匯編（元一）第四八冊』至元八年「賛皇復県之記」（中州古籍出版社　1990年　p. 50）。もっとも，『秘書監志』巻七「興文署」にいう，至元十年当時，楷書を担当していた呂最の字である可能性も否定はできない。

(210)　石声漢『農桑輯要校注』（農業出版社　1982年）

(211)　至大元年（1308）に江浙行省下の西湖書院で刻され「重整書目碑」にも名のあがる『註唐詩鼓吹』と比べてみると，字体は似ているが，いささか鋭さに欠けるので，あるいは元刊大字本を明の官庁で覆刻したものかもしれない。

(212)　『国朝文類』巻三六蔡文淵「農桑輯要序」

(213)　『金華黄先生文集』巻三三「銭翼之墓誌銘」"<u>至大</u>中，行中書省署翼之呉県儒学教諭。翼之欣然就職，已代去，輒不復出。閑居三十年，安貧守約，未始有求於人，一室蕭然，坐客常満，詠歌酬，嬉無虚日。里中子弟来就学，亦弗拒也。御史聊城周公挙翼之，宜在館閣，未報，而中書連奏上旨，択工於書者，俾書『農桑輯要』，『大学衍義』，有司悉起翼之以応令"。『洪武蘇州府志』巻三八「人物・文芸」《銭良佑》，『道園遺稿』巻三「次韻銭翼之写大学衍義局中詩巻」も参照。『大学衍義』の書写には郭界も参加した（国家出版物の版下作成ののちは入流，儒学教授に就職できること，日当，謝礼金が多額であることから，希望者が殺到するのが常であった。至順元年の『四書集義精要』三六巻は買天祐等四名が繕写し，大部の著作である『大一統志』，『経世大典』，『宋史』の書写には，それぞれ25人，30人，21人があたった）。延祐五年九月，アユルバルワダは江浙行省で印刷された『大学衍義』五十部を朝臣に下賜した。後述する『栽桑図説』一千部の頒布命令を出した直後のことである。また，延祐四年，大司農張晏，翰林学士承旨のクトルグトルミシュ，アリン・テムル等に命じて『大学衍義』のパクパ字モンゴル語訳も作成させている。『農桑輯要』のモンゴル語訳もまずまちがいなく作成されている。『元史』巻二六「仁宗本紀三」，『滋渓文稿』巻十二「冀国董忠粛公墓誌銘」，『国朝文類』巻三〇虞集「西山書院記」，『歴代名臣奏議』巻六七鄭介夫「太平策一綱二十目・奔競」，『郭氏詩翰巻』兪希魯「郭天錫文集序」，『危太樸文集』巻八「送劉子鉉序」，『秘書監志』巻四「纂集」【書写食銭】等参照。

(214)　『元史』巻二六「仁宗本紀三」"［延祐五年］九月癸亥，大司農<u>買住</u>等，進司農丞<u>苗好謙</u>所撰『栽桑図説』。帝曰「農桑衣食之本，此図甚善」。命刊印千帙，散之民間"。

(215)　『松雪斎文集』巻二「題耕織図二十四首奉懿旨撰」，『松雪斎詩文外集』「農桑図序奉勅撰」，『秘書監志』巻五「秘書庫」【名臣像】

(216)　『結一廬宋元本書目』「元版」"『農桑輯要』七巻。<u>元</u>至元中，官撰。<u>元</u>延祐七年刊。四冊"。

(217)　『国朝文類』巻三六蔡文淵「農桑輯要序」

(218)　詳細は別稿で論じる。

(219)　至正九年に刁元古が撰した「県尹常公興水利記」（『三晋石刻大全・晋城市沁水県巻』山西

出版伝媒集団・三晋出版社　2012 年　pp. 21-22）に“<u>世祖</u>皇帝，龍飛九五，詔天下学校，
　　農桑・水利之於民，列聖相承，已嘗詔旨。**我今上皇帝，飛龍在天，頒降図本，諄諄勉厲**”と
　　ある。

(220)『范文正公政府奏議』范文英跋“先『文正公奏議』十七巻，<u>韓魏公</u>為序，在昔板行於世。
　　雖不復存，其『政府奏議』二帙，巻中不載，茲得旧本，惜多漫滅，将繕写鏤梓。而郷士<u>銭翼</u>
　　<u>之</u>見焉。楽為之書。於是命工刊成，置於家塾，期世伝之。<u>元統</u>二年甲戌九月，八世孫<u>文英</u>謹
　　識”。

(221)『牆東類稿』巻十二「中大夫江東粛政廉訪使孫墓誌銘」に“又患愚民無知，獄訟煩多，印
　　模『格例』三千余本，犯某事者抵某罪名，曰『社長須知』，月集老幼以聴之，倣『周礼』月
　　吉読法之意，於是人知自重，犯刑者寡”とある。また，アユルバルワダが皇慶元年に白塔大
　　寺で版刻させたチョイジオドセルの『入菩提行疏』は一千部，トク・テムルの時に翻訳，刊
　　行された『北斗七星経』は二千部刊行されている。『至正直記』巻四「乙酉取士」によれば，
　　至正四年の江浙行省の郷試の不正を謗った榜文は五千部印刷されている。『秋澗先生大全文
　　集』巻八七「烏台日事」【請挙行科挙事状】は“謂如目今随路・府・州・司・県，**見設正官
　　一千五百余人**”という。

(222)『新編事文類要啓箚青銭』後集巻一「節序門」《古今故事》【中和】“進『農書』：中和節日，
　　百官進『農書』以示務本”，【花朝】“勧農：国朝諸州守令此日出郊，召阜者飲酒勧農耕”，
　　『類編暦法通書大全』巻一「前朝公規」“二月十五日花朝，路・府・州・県勧農長官出郊勧
　　農”。

(223)『熊勿軒先生文集』巻一「農桑輯要序」“右『農桑輯要』一編，達大司農頒行之書也。前建
　　<u>安郡丞張侯</u>某刻而伝之。将以広朝廷務農重本之意於天下。誠使家置一本，奉行惟謹，則人人
　　衣食以足，而風俗可厚，教化可興矣……老癃遺氓，欽覩詔書蠲農租十分之二，永為定式，不
　　覚挙手欣賀曰：此王政之始也。何也。南北風気雖殊，大抵農戸之食，主戸己居其力之半，主
　　戸奉公上之余，誠能復損其二以益之，則所得佃租，視采地之禄，亦略相当矣……”。租税の
　　十分の二が減税され永久の定例とされたのは，『元典章』巻三「聖政二・減私租」によれば，
　　大徳八年の詔書の一款においてである。

(224)『弘治徽州府志』巻四「名宦」《郝思義》“字<u>宜之</u>。号<u>恒斎</u>。真定府人。嘉議大夫徽州路総
　　管。以宰相子自裹扉糧来郡，清風凛然，視学事如家事，躬奠謁，升堂講課，左廟右学，易弊
　　構新。又刊『朱文公語類』於学，及『農桑輯要』書頒布之社長，俾専勧課，修葺社壇，以至
　　伝舎馬疋，船隻皆備，革去泛役，蠲除酒課，県囚至府，罪軽即決，不留獄也。民感其徳政，
　　立碑以記之”。

(225)『閑居叢稿』巻二〇「農桑輯要序」“聖上欽明無逸，尤知稼穡之艱，以農桑委大司農，丁寧
　　勉劭，猶恐行之未至。爰命宰執択能吏楷正『農書』，博覃率土，教以種養之方，期於家給人
　　足，与<u>尭舜</u>命<u>后稷</u>以播植其揆一也。主者頒於郡県。<u>城固達魯花赤黒閭</u>公，時領農事，謂同署
　　曰「此聖天子恵養元元之善政。天日煥然，使民家有是書，則耕者尽地利，蚕者富繭絲，不待
　　春秋巡督，而勧課之効已具於目前矣。豈非事簡而功著者乎」。県尹<u>康</u>公，簿尉<u>文賓</u>二宰，共
　　成其志，資以俸金，鳩工鏤梓，不踰月而告畢。僕忝聞議論之余，輒序於後。作牧之良，有司
　　皆以誕敷帝徳，左右斯民為念，則於万世太平之治，未為無小補云”。なお，既に紹介したよ
　　うに同地では『蚕桑輯要』も編まれている。

(226)『成化河南総志』巻十六圷朮魯獅「陳平県尹劉侯遺愛之銘」“<u>至元</u>三年歳次丁丑冬，<u>陳平</u>県
　　尹<u>劉</u>侯代去。校官<u>朱秉誠</u>・耆旧<u>楊仲賢</u>・<u>梁帰英</u>・儒<u>李昌祖</u>等来曰：「侯以<u>元統</u>二年冬涖県，

審荒蕪，課耕墾，税丁戸，均差徭，察事情，靖囂関，奨士類，隆風化，集流散，遂生養，厳法令，弭偸剽。始至，決訟百余皆当，懇日稀。簿甲不紊，里社耕学日修。捕遁日謹，穴剽日戢。三皇宣聖廟廠敝圮，俎豆，諸生廃弛者，日修挙，遂暇無事。他所赴懇憲部府廷者，用侯推決，剖析無滞。『農書』刻布，民社曉耕植。繭穀果蓏歳日増，常平義倉之儲歳日裕，墾田歳日広，貫戸歳日衆……」侯名益謙，字恭甫，潁州太和人"。

(227) 『弘治直隷鳳陽府宿州志』巻下「著作」黄徳善【宿州監郡公大黒奴遺愛碑】

(228) 『乾隆諸城県志』巻十五「金石考下」【密州重修廟学碑】

(229) 『山東省保存古蹟事項統計表』三五「曹州府三・城武県」

(230) 苗為賁皇之裔，公之先世，居単父之留饋里，後徙城武之焦村。公之考諱全，生五丈夫，子長邦公。公稟賦，寡黙剛毅，諳練事体，洞暁物情，由都察院掾，歴工部，枢密院吏曹，廉公正直，夷険一致，時事有弊，条陳釐革者甚多。大徳改元，擢為大宗正府都事，忠直賛政，革吏弊，底獄平。宗室，或逸馳載槖于道周，小民解捆探貨而去。宗室欲置之極典。公日「是不当死，抵其値」，釈之。大徳四年，陞丞務郎大都路都総管府推官，未幾，擢御史台監察御史，執憲縄違，名重豸府，姦贓為之膽落。大徳六年，遷江南諸道御史台都事，婉画論劾，多所裨補。大徳十一年，加奉訓大夫簽淮西江北道粛政廉訪使，弾劾不法，威声凛凛，汙濫之徒，聞風股栗。入為司丞，著『栽桑図説』，大司農買住奏進之。仁宗日「農桑衣食之本，此図甚善人」。命刊千帙，散之民間。進御史中丞。卒。贈中書省参知政事。謚訓粛。

(231) 『山左金石志』巻二二「廉訪苗公先塋碑銘」"皇慶元年十月立。正書。碑高七尺一寸。広三尺一寸五分。在城武県北胡村苗公墓上。右碑篆額未拓。文二十五行。字径一寸。劉泰撰。馬徼之書。冀徳方篆額"。

(232) 『元典章』巻八「吏部二・官制二」《選格》【循行選法体例】〇吏員宣使奏差遷転

(233) 『元史』巻八七「百官志三」"大宗正府，秩従一品。国初未有官制，首置断事官，日札魯古赤，会決庶務。凡諸王駙馬投下蒙古，色目人等，応犯一切公事，及漢人姦盗詐偽，蠱毒厭魅，誘掠逃駆，軽重罪囚，及辺遠出征官吏，毎歳従蒙分司上都存留住冬諸事，悉掌之。至元二年，置十員。三年，置八員，九年降従一品銀印。止理蒙古公事。以諸王為府長，余悉御位下及諸王之有国封者。又有怯薛人員，奉旨署事，別無頒受宣命"，『元史』巻十一「世祖本紀八」［至元十七年六月丁丑］"阿合馬請立大宗正府"。

(234) 『安雅堂集』巻十二「賈治安墓志銘」"貴人見治安負雅器，善為歌詩，又通国字語言，大嗟賞之，大宗正府籍姓名，以為従事"。

(235) これは，『至正金陵新志』巻六"苗好謙承務。大徳六年上"によって確認できる。

(236) 『元典章』巻二「聖政一・勧農桑」，巻六「台綱二・体察」【整治廉訪司詔】，巻二二「戸部八・課程」《河泊》【山場河泊開禁詔】，『救荒活民類要』「水旱虫蝗災傷」「農桑」

(237) 蔡文淵「大元故太傅録軍国重事宣徽使領大司農司太医院事鉄可公墓誌銘」

(238) 『元史』巻二二「武宗本紀一」［至大元年六月己丑，戊戌］

(239) 『国朝文類』巻六八孛朮魯翀「平章政事致仕尚公神道碑」

(240) 『楚国文憲雪楼程先生文集』巻八「秦国昭宣公神道碑」

(241) 『元史』巻九三「食貨志一」《農桑》"武宗至大二年，淮西廉訪僉事苗好謙献『種蒔之法』。其説分庶民為三等上戸地一十畝，中戸五畝，下戸二畝或一畝，皆築垣墻囲之，以時収採桑椹，依法種植。武宗善而行之。其法出『斉民要術』等書。茲不備録"。なお，庶人を上中下の三等の戸に分類するやり方は，たとえば『元典章』巻十八「戸部四・婚姻《婚礼》の至元八年二月の【至婚姻聘財体例】にも見えている。

（242）『民国定陶県志』巻四「職官」《王璠》"王璠，字叔輿，交河県人……至元年間任……県圮蚕桑久絶，乃出区蚕法，課人採樆，隣境而種之，遂成桑林"とある。なお，淮西江北道粛政廉訪司に『農桑輯要』が配布されていたことは，『元典章』巻二三「戸部九・農桑」《勧課》【種治農桑法度】によってあきらかである。

（243）『永楽大典』巻七五〇七「常平倉」に引く『慮州府志』に"至大二年十一月二十八日欽奉詔書内一款節該：「路府州県，設立常平倉，以権物價，豊年収糴粟麥米穀，値青黄不接之時，比附特估，減價出糶，以遏沸湧，各処便宜，標撥官倉。如無倉敖去処，官為起蓋。欽此。又一款節該：「常平倉，設官二員」。欽此"とあるが，これは『元史』巻二三「至大二年九月庚辰朔」の尚書省設立の条画にほかならない。

（244）『元典章』巻二三「戸部九・農桑」《勧課》【農桑】"一．農民栽植桑棗，今行已久。而有司勧課不至，曠野尚多。是知年例考較，総為虚数。自今除已栽樹株，以各家空閑地土十分為率，於二分地内，毎丁歳栽桑棗二十株，其地不宜桑棗，各随風土所宜，願栽榆柳・雑果，若多栽者聴。皆以生成為数，若有死損，験数補栽。本年已栽桑果等則，次年不得朦朧，抵数重報，親民官，時加点検勧課，依期造冊申覆，本管路府体覆，是実，保結牒呈，廉訪司，通行体究，若有虚冒，厳加究治。年終比附殿最類申，大司農司，以憑黜陟"，『救荒活民類要』「農」，『元典章』巻二「聖政一・勧農桑」，巻二三「戸部九・農桑」《災傷》【捕除虫蝗遺子】，『元史』巻九三「食貨志一」《農桑》

（245）『元史』巻七六「祭祀志五」《先農》，『国朝文類』巻五八李謙「中書左丞張公神道碑」。歴代の先蚕の壇については，『農器図譜』巻十六「蚕繅門」参照。北斉・後周・隋・唐と拓跋政権がきわめて熱心に取り組んだことがわかる。カイシャンは，この時期，大駕鹵簿の儀や南郊の祭祀をはじめ大掛かりで派手な儀式を意図して行った。

（246）『臨川呉文正公草盧先生集』巻三一「題秦国忠穆公行状墓銘神道碑後」によれば，のちにテケの五男イマが，父が生前に受け取った聖旨，制命と行状，墓誌銘，神道碑を併せて資料集となし，刊行したという。伝来しないのが残念である。

（247）『元史』巻二四「仁宗本紀一」"［至大四年三月丁酉］宣徽使鉄哥為太傅，集賢大学士曲出為太保"，蔡文淵「大元故太傅將軍国重事宣徽領大司農司太医院事鉄可公墓誌銘」，『金華黄先生文集』巻四三「太傅文安忠憲王家伝」。

（248）『元史』巻二四「仁宗本紀一」［皇慶元年夏四月丁卯］"以都水監隷大司農寺"。

（249）『元史』巻二四「仁宗本紀一」［皇慶元年秋七月］"丙午，陞大司農司秩従一品。帝諭司農曰「農桑衣食之本，汝等挙譜知農事者用之」"。ただし，『元史』巻八七「百官志三」は"皇慶二年，陞従一品"という。

（250）『元史』巻二四「仁宗本紀一」［皇慶二年秋七月己酉］"勅守令勧課農桑，勤者陞遷，怠者黜降，著為令"，『通制条格』巻十六「田令」《農桑》，『元典章』巻二一「戸部七・義倉」【義倉験口数留粟】。じっさいには，カイシャン時代の条文の踏襲も目につくが，あえて"クビライ"と言い張るのである。アユルバルワダとシディバラ時代に編纂された現行の『大元通制』，『元典章』は，カイシャン時代の勧農・救荒政策をあまり採録しない。ぎゃくに，カイシャンの子，文宗トク・テムルのときに編纂された『救荒活民類要』は，わずか四年間のカイシャン時代の政策をきちんと押さえている。

（251）『燕石集』巻十二「司農題名記」"迨仁宗朝，承平日久，家給人足，国用富饒，天子益重其事，陞秩従一，以褒崇之。定為大司農五人，卿二人，少卿二人，丞二人，幕寮経歴一人，都事二人，照磨一人，管勾一人"，『元史』巻八七「百官志三」"大徳元年，増領大司農事一

員。皇慶二年，陞従一品，増大司農一員。定置大司農四員，従一品；大司農卿二員，正二品，少卿二員，従二品；大司農丞二員，従三品；経歴一員，従五品；都事二員，従七品；架閣庫管勾一員，照磨一員，並正八品；掾史十二人，蒙古必闍赤二人，回回掾史一人，知印二人，通事一人，宣使八人，典史五人"。

(252)『元典章』巻五九「工部二・造作」《橋道》【道傍等処栽樹】

(253)『柳待制文集』巻一〇「元故大司農史義襄公墓誌銘并序」

(254)『金華黄先生文集』巻二四「宣徽使太保定国忠亮公神道碑」，「宣徽使太保定国忠亮公神道第二碑」

(255)『秘書監志』巻五「秘書庫」【裕廟硯】

(256)『文忠集』巻六「善俗要義」

(257)『元史』巻二五「仁宗本紀二」［延祐三年夏四月己亥］

(258)『黒城出土文書（漢文文書巻）』pp. 102-106，『中国蔵黒水城文献①農政文書巻』（中国国家図書館出版社　2008 年　pp. 161-167）

(259)『新刊類編歴挙三場文選』壬集「対策」巻一《中書堂会試》，『滋渓文稿』巻七「大元贈中順大夫兵部侍郎靳公神道碑銘」"公以延祐丙辰遷承事郎雪都県尹，思欲作新其俗，首捐已資，大修学宮，士民胥勧，又建三皇祠宇，命郷社皆立義塾，択士之高年有聞者，為之師教以孝弟。又輯『農書』，導民稼穡"。

(260)『元史』巻二六「仁宗本紀三」［延祐四年二月］。ただし，各社に義倉を設置する事業は実際のところクビライ以来ずっと継続されており，『元典章』の当該箇所にもこの聖旨は記録されていない。

(261)『元史』巻一八二「許有壬伝」"至江西，会廉訪使苗好謙監焚昏鈔，検視鈔者，日至百余人，好謙恐其有弊，痛鞭之，人畏罪，率剔真為偽，以迎其意。笵庫吏而下，榜掠無全膚，迄莫能償。有壬覆視之，率真物也。遂釈之"。

(262)『憲台通紀』は，汚点となるこの事件を意図して載せない。『元史』巻一四三「自当伝」

(263)『燕石集』巻十四「大中大夫陝西諸道行御史台治書侍御史仇公墓誌銘有序」，『圭斎文集』巻一〇「元故中奉大夫江南諸道行御史台侍御史劉公墓碑銘」

(264)『元史』巻二九「泰定帝本紀一」［泰定二年十二月壬寅］，巻三〇「泰定帝本紀二」［致和元年春正月丁丑］

(265)『正統大名府誌』巻八字虬魯狦「劉澄州去思碑」"(大)［泰］定二年冬十有一月，知澄州事劉侯既代，澄人士介河南行中書都事邵信卿謁曰「澄，小州也。北庭・西域・南詔・河南・江表朝覲貢賦，舟車皆出其境……至治元年冬十有二月，侯始下車，訪察利疾，得顕為州自行之，所不得顕，必抗章上達，不允不遂不已，由是謀決事従，弊蠲害息。帥官属以修政令，刊『図桑』以蓄繭絲，課生殖以警惰游，縄保伍以弭推剽，稽夫丁以等強弱，考戸甲以差貧富，恪朝夕以厳玄黝，清操履以絶私謁，慎文法以正胥史，持条約以戢徒隷……」"。

(266)『孟子』曰「五畝之宅，樹牆下以桑五十者，可以衣帛矣」。『『史記』曰「斉魯千畝桑，其人与千戸侯等」。蠶桑之功，同於稼穡。皆民生之本，所当王政之先。比者，伏覩明詔，以農桑有効，為六事之一，責成守令，黜陟行焉。内有司農，統其政，外有憲司，覈其実，顧不重歟。予忝荷朝命，来守是邦，宅生之寄，懼弗克称。乃者，正月之吉，行視原野，平衍広袤，土宜於桑。頗聞；比年以来，徒事虚文，富者被服執綺，罔識勤労，貧者不免号寒，類皆游惰。勧課之初，採掘欲潔，立根欲疏，養耨苗，如護嬰児，去狂枝，以固根柢，灌漑有節，蕀耘有方。一覧茲図，粲然可法。於是命工鏝梓，以広其伝，布之閭巷，使皆取則。雖五袴之歌，非

422　第Ⅲ部　ケシクからみた大元ウルス史

敢自擬於昔人，而祁寒怨咨，九重軫念，固予之所当惓惓也。謀之僚佐，皆以為然。若曰繭絲，則吾豈敢，昔柳子厚作「種樹伝」，謂可移之官理。茲因栽桑之法，而又知養民之道焉。枯者膏之，弱者扶之。噢煦培植，毋或傷之。其事有相類者。嗟乎。栽桑之法，既使爾民知之矣。養民之道，予曷敢不自勉。至正丙戌二月庚戌朔，亜中大夫松江府知府楽安王至和序。

(267)『穀譜』巻一〇「雑類」『木綿』，『至正直記』巻一「松江花布」，『正徳松江府志』巻五「土産・雑植八」《木綿》《藍》，「土産・布之属十五」《番布》，『南村輟耕録』巻二四「黄道婆」

(268) その結果，明の正徳年間にいたっても，松江府の西南の嘉興に近い地域では，盛んに桑の栽培が行われていたという。王至和も先賢祠に従祀されたというくらいだから，その貢献が認められていたのだろう。

(269)『千頃堂書目』巻十二 "陸泳『田家五行拾遺』一巻。字伯翔。銭惟善序"，『正徳松江府志』巻四「風俗」【銭惟善田家五行序】

(270)『正徳松江府志』巻二三「宦蹟上」，巻十四「倉廩」【附元知府王至和賑貸饑民記】，巻十一「官署上」【重建譙楼記】，「官署中」【推庁記】

(271)『正俗篇』は現在，ハングルによる諺解本と和刻本しかのこっていない。「孝父母」「友兄弟」「和室家」「訓子孫」「睦宗族」「厚親誼」「恤隣里」「慎交友」「待幹僕」「謹葬祭」「重墳墓」「遠淫祀」「務本業」「収田租」「崇倹朴」「懲忿怒」「賑飢荒」「積陰徳」の十八項目からなる教化の書である。

(272)『嘉靖遼東志』巻五「名宦・元」"胡秉彝：霸州人。由会福院掾，累官錦州知州。識恢宏，不事苛細。先是州民，不業耕織。秉彝乃自編『伊尹武侯区田遺制』，暨苗門農『栽桑図』梓行。都部復於城東，築「済民園」，種桑百餘畦，聴民移植。雖蔬菜果蔬，栽植有方，小民効法，衣食饒足。至元中，省部馳檄東方，和糴奉行者，因而科擾。秉彝令有蓄積者，聴自輸官民，輦運赴倉。侵漁遂息。及去任，民為立遺愛碑"，『危太樸文集』巻四「寧都州儒学新作礼殿記」"至正八年，知州益津胡侯秉彝与学政豫章鄭君大同始謀改作焉。明年春，達魯華赤高昌侯伯不華至，首帥僚属出俸銭，以倡好義者，卜以七月□□建，而胡侯与鄭君俱以秩満去官"。

(273)『元史』巻四六「順帝本紀九」[至正二十一年] "是歳，京師大饑，屯田成，収糧四十萬石。賜司農丞胡秉彝尚尊，金幣，以旌其功"。なお，時期はかなりさかのぼるが，『元史』巻二一「成宗本紀四」[大徳七年冬十月戊子] に "以江浙年穀不登，減海運糧四十萬石" とあり，この四十万石の収穫がモンゴル朝廷にとって，そうとうな助けとなったことがうかがえる。

(274)『康熙増修泗水県誌』巻八元孔顔孟三氏儒学教授趙本「務本園記」"遍年，山東憲司刊梓『務本書』，行下諸郡邑。時守令往往束之高閣。所以然者，蓋不知興利除害，恵而能政，有独見之明故也。敢望其進此而有為邪。予游東魯，聞大成至聖文宣王五十二代孫，従仕郎済寧路泗水県尹孔公雍甫，名之厳，来涖是邑，条教（班）[頒] 乎民者，有綱有紀，甚切而明。其奉公招誘之効，則逃戸復業，其転移動盪之機，則奸獪興善。以勧農言之，又有務本園焉。詢其本末，在至元戊寅穀雨中，公下車甫爾，即以学校，農桑為先務，爰相是邑地形，沙土磽薄，雖有種桑之家，井水澆灌不前，又民之竆惰者，并不知栽芸者，虚報其数，以紓目前之急。公以風土所宜，於郭西里，許儆民田七畝，画為一区，建立垣囿，兼得北垣堨三井，便播甚為八百余畦。今適渉夏逓秋，芽葉稠捗，苗苗然成桑，栽無万数，将俟于闔境之民。民之厚其生也，可翹足而待，故属其門掲曰「務本園」。茲予詣其所，獲縦囲護搭盖灌漑，咸有其術。攅郷聚戸，力役均牌，桌明而人無惄，夙行劬労，敦抑詳勧懲必而田野不能不闢，挙知虚曲免於官，実恵及於民。且較其栽数，分給多寡，得以不下堂而知民之勤惰矣……而為之記。承務郎婺州

路浦江県尹楊徳朴立石。至元五年也"。なお，当該碑の状態については，『山左金石志』巻二一「務本園記」に「至元五年立。并陰倶正書。篆額。碑高五尺七寸。広二尺六寸。在泗水県。右碑額題「務本園記」，二行字径三寸五分。文二十行字径一寸。趙本撰文。楊守義篆額書丹。碑陰刻官吏姓名，凡二列字径八分」と伝える。

(275)『成化河南総志』巻十三李齢「新蔡県創鐘楼記」"善良之民，始遂其生。君日益以安養為事，作「務本園」，植桑以厚農，新廟学広生徒以興化，闢土田，招逋亡，増修公廨・儀仗・裀幃・器皿，罔不一新"。

(276)『民国重脩新楽県志』巻五張楽善「達魯花赤馬合末去思碑」"前値歳凶，人民凍餒，桑棗樹株斫伐不存。自公涖任，毎遇春首秋深，躬率吏卒，自備廩膳，遍詣郷村，勧諭農民如法栽植，随順阡陌，布列成行。百里之地，柔桑翳翳，桃李成陰，民無愁嘆，咸作五袴之歌"。

(277)『滑県金石録』巻八潘廸「至正恤民勧善碑銘」"飢饉，黠民往往於白昼昏夜結党，盗伐桑棗諸樹，鋸截作薪，或近負城郭，或遠售鎮店，交易酒食粟帛，俾桑棗存者鮮。乃首責両邑勧農正官，牓以示懲。□□□□□□□□□□。古今植桑，易成離廃者，莫園桑若。於是命築垣為囷，図栽植法，鍰梓均俵，俾家喩戸暁其図。一班民皆延頸争先覩，効倍。□歳凶，□園桑□則絲蠶之利□［饒］"。

(278)*Jāmi' al-Tavārīkh*, MS : Istanbul, f. 212a, MS : Rampur, Raza Library, p. 146.『元史』巻二三「武宗本紀」［至大二年九月己亥］，巻一三四「迦魯納答思伝」。

(279)散曲作家，『孝経直解』の著者として知られるセヴィンチュ・カヤもほぼ同時期，父，貫只哥（カン チュク）の名をとって貫を苗字とし，貫雲石と名乗った。ちなみにテジュにも音楽の才があり，『琴譜』八巻をものしている。

(280)『道園類稿』巻四三「靖州路達魯花赤魯公神道碑」

(281)『元史』巻一〇〇「兵志三」《河南行省所轄軍民屯田・勺陂屯田万戸府》，『嘉靖寿州志』巻二「泉井潭澗」《白龍潭》【禱雨碑記】によれば，皇慶元年十一月より安豊路の総管には，安石馬歹が着任している。

(282)『至正集』巻四九「暢公神道碑銘」

(283)蔡文淵「大元故太傅録軍国重事宣徽使領大司農司太医院事鉄可公墓誌銘」，「薊州平谷県大興隆禅寺創建経蔵記」碑陰「平章門下晁字一代」

(284)『元史』巻二六「仁宗本紀三」［延祐四年四月乙丑］，『国朝文類』巻三〇虞集「西山書院記」，『光緒太平府志』巻三七成功允「太平路魯総管徳政碑」，『臨川呉文正公文集』巻二四「蛾眉亭重修記」

(285)泰定二年（1325）の段階で，衢州路のダルガは赫斯（ハーッス）である。『民国衢県志稿』巻十八「碑碣志三」【元泰定侍郎鄧文原撰郡城隍廟記】

(286)『至正条格』断例巻六「職制」【受要拝見銭】

(287)『元典章』巻四六「刑部八・諸贓」《取受》【贓罪条例】，【定擬給没贓例】，【五品官犯罪依十二章行】

(288)『国朝文類』巻五九姚燧「湖広行省左丞相神道碑」，『道園学古録』巻二四「高昌王世勲之碑」，「薊州平谷県大興隆禅寺創建経蔵記」

(289)『救荒活民類要』「救荒二十目・糶爵」，『元史』巻三四「文宗本紀三」［至順元年二月丁亥］，［閏七月戊申］，巻九六「食貨志四」《入粟補官之制》

(290)『道園類稿』巻四六「靖州路総管担古台公墓誌銘」によれば，モンゴル族のネグデイ氏のクシダルはカサル王家の投下領である般陽路下の州県，信州路永豊県のダルガをつとめ，そ

の子のシリヤトゥス（一時，江南行台の監察御史をつとめたトレトゥの父）は，テジュと同様，江西行省の理問所相副官をつとめたあと，同知**道州**総管府事，**靖州路**総管府兼管内勧農事となっている。したがって，テジュの赴任先自体，ウイグルのコネクションのほか，カサル王家，あるいはそれと縁故の深いタングート王家との関係によって，そして当地での屯田における貢献を期待されて定まった可能性もある。

(291) 『涵芬楼燼余書録』「子部・農桑撮要不分巻」

(292) 『南甕志経籍考』巻下が集慶路学のテキストを"『農桑撮要』六巻"とするのは，明らかに誤り。"延祐三年刊"も，張裏の序文から導き出した延祐元年を書き誤ったものだろう。なお，58枚あった版木は，嘉靖年間頃には，紛失等により30枚にまで減っていた。

(293) 『鉄琴銅剣楼宋金元本書影』に元刊本とされる一葉（8行×15字）が収録される。

(294) この延祐四年には，クビライ時代に巡行勧農使，司農少卿をつとめた高天錫の子タシュ・ブカも大司農に選任されているほか，延祐六年には，東平学派の曹伯啓や，成宗テムル，カイシャンのカトンに仕えたバウルチ林賢も司農丞に任じられていること，が確認される。延祐六年に確認される鄭司農は，皇慶元年から延祐元年にかけて秘書監丞（正六品）より秘書太監（従三品）に一気に昇進した鄭乞荅台か。『元史』巻一五三「高宣伝」，『滋渓文稿』巻一〇「元故御史中丞曹文貞公祠堂碑銘」，巻二一「元故承徳郎寿福院判官林公墓碑銘」，『秘書監志』巻九「題名」

(295) 『至正集』巻七四「農桑文冊」"延祐七年四月大司農司奏奉聖旨節該：廉訪司為農桑両遍添官，交依旧管行，毎歳攢造文冊，赴大司農司考較"。

(296) 『元史』巻二七「英宗本紀」［至治元年夏四月戊辰］，巻一三六「拝住伝」

(297) 『元史』巻二七「英宗本紀」［至治元年十一月丙申］，巻二八「英宗本紀」［至治二年三月己丑］，『国朝文類』巻一八孛朮魯狇「駐蹕頌」，巻二四元明善「丞相東平忠憲王碑」。『民国新城県志』巻一五「地物篇八・金石一」《東平王安童碑》によれば，元明善の撰に係るこの巨碑は，文革以前には新城県の西北三十里に聳えたっており（高碑店という地名はこれに由来する），碑陰（じっさいには「碑陽」の誤り）にはモンゴル語が刻まれていた（もっとも，銭大昕『潜研堂金石文跋尾』巻十九「東平忠憲王安童碑」によれば，乾隆年間に掘り出されて拓本を数部採ったあと，四片に分断，表面を磨いて当時の直隷総督の命で別の文が刻されたという。文革で壊されたのはそのご拓本をもとに立てられたレプリカだろう）。ただし，とうじの政治情勢が色濃く反映されているのだろうが，大徳七年にすでに立碑の聖旨がくだされていたことになっており，しかもじっさいの立碑は後至元元年十二月とされる。この点については，『金華黄先生文集』巻二四「中書右丞相贈孚道忠志仁清忠一徳功臣太師開府儀同三司上柱国追封鄆王謚文忠神道碑」も参照。そもそも，延祐四年九月四日の段階で，聖旨により『東平王世家』三巻を編纂させ国家出版させていること，しかも銭大昕の『十駕斎養新録』巻十三「東平王世家」「聖武親征録」が指摘するようにとうじのジャライル国王たるドロダイの系統ではなくアユルバルワダのケシク長をつとめるバイジュの血筋をわざわざ顕彰していることの意味は，モンゴル帝国史の脈絡の中でもっと追究されてしかるべきだろう。

(298) 『元史』巻二七「英宗本紀」［延祐七年十月丁未，戊午，丙寅，十一月丁丑，辛巳，甲辰，十二月辛未］，［至治元年春正月丙戌，五月辛丑，秋七月庚辰，十一月庚寅］，巻二八「英宗本紀」［至治二年春正月丁丑］，巻七四「祭祀志・宗廟上」，『楚国文憲雪楼程先生文集』巻二五「古輦図」，『道園学古録』巻十九「曽巽初墓誌銘」，『申斎集』巻一「送曽巽初進郊祀鹵簿図序」『王忠文集』巻十七「跋至治鹵簿詩」。

(299)『元史』巻二八「英宗本紀二」"［至治二年八月］戊寅，詔画「蚕麦図」於鹿頂殿壁，以時観之，可知民事也"。

(300)『至正条格』断例巻七「戸婚」【屯田賞罰】

(301)『至正条格』条格巻二七「賦役」【差役不許妨農】

(302)『元史』巻二八「英宗本紀二」［至治二年十月己丑］，［十一月己亥］，『国朝文類』巻九袁桷「命拝住為右丞相詔至治二年十二月」

(303)『元史』巻二八「英宗本紀二」"［至治二年十二月］丁卯，中書平章政事買驢罷為大司農"。このほか，『永楽大典』巻二〇四二四 20a に引用される『太常集礼』は，至治元年八月の段階で，大司農に買住，三閭の両名がいたことを伝える。なお，『清容居士集』巻十八「封龍山書院増修記」によれば，至治元年の段階で，数学・科学者として名高い李治（通称は李冶）の曾孫，李慎言が大司農司の事務担当に配置換えになっている。

(304)『国朝文類』巻二三元明善「太師淇陽忠武王碑」。カイシャンの腹心であった父のオチチェル，異母兄のアスカン等は，アユルバルワダ，テムデル等に殺されている。この事件および南坡の変，泰定帝イスン・テムルの即位については，杉山正明「大元ウルスの三大王国──カイシャンの奪権とその前後（上）」（『京都大学文学部研究紀要』34　1995 年 3 月）に詳しい考証がある。

(305)『憲台通紀』は，『元典章』や『南台備要』とことなり，至治元年，至治三年正月に，テクシが御史大夫に任じられた記録を意図して収録しない。シディバラたちが，新政，旧テムデル派の徹底的な粛清をはじめる段階であえてなされたこの人事，じつはテクシの多岐にわたる権力をそぎ落としてゆくための計画であった（しかもその聖旨においてシニカルに「振挙台綱」「整治台綱」とうたう）。

(306)『元史』巻一三九「朶児只伝」も"初，朶児只為集賢学士，従其従兄丞相拝住在上都。南坡之変，拝住遇害。賊臣鐵失，赤斤鐵木児等并欲殺朶児只，其従子朶児只班方八歳，走詣怯薛官失都見求免，以故朶児只得脱於難"と証言する。シクドゥル・ケシクのメンバーについては『秘書監志』巻五「秘書庫」《玉宝四顆》参照。シュクルチをテムデルの子の八（思）［里］吉思院使がつとめ，鎮南院使，朶歹承旨，欽察歹知院等がシディバラを取り巻いている。

(307)『元史』巻二八「英宗本紀三」"至治三年八月癸亥，車駕南還，駐蹕南坡，是夕，御史大夫鐵失，知枢密院事也先帖木児，大司農失禿児，前平章政事赤斤鐵木児，前雲南行省平章政事完者，鐵木迭児子前治書侍御史鎮南，鐵失弟宣徽使鎮南，典瑞院使脱火赤，枢密院副使阿散，僉書枢密院事章台，衛士禿満及按梯不花，李羅，月魯鐵木児，曲呂不花，兀魯思不花等謀逆，以失所領阿速衛兵為外応，鐵失，赤斤鐵木児殺丞相拝住，遂弒帝於行幄"，『元史』巻二〇七「逆臣伝」，『道園類稿』巻三一「王貞伝」"至治癸亥八月七日夜半，赤金帖木児，帖木児不華称使者，扣北門，入坐中書，未明，召集百司，奪其印。八日，枢密院掾史王貞見其完顔副使於都堂後西北撫下，告曰「大行晏駕，丞相死。枢密無至者，而二人実来。赤金者，累朝退黜不用，不華者，在散地，誰使之邪？　兵権所在印，豈可以授人？貞職在治文書爾。然臣子之分，則均不敢不言」。副使憮然嘆曰「大夫，帖赤也」。貞因以其説，偏告枢府大臣及其幕府，請「急執二使，与中書同問治之。枢官親与名将急行，統山後単擒賊，不敢有他変，別遣官束，将兵民守関隘，庶幾宥定大臣之事。不然，則国事未可知，而諸君之罪大也」。聞者皆震慄，是其言而不能発也"。

(308)『元史』巻二九「泰定帝本紀一」"［至治三年九月］辛丑（十二日），以馬某沙知枢密院事，

426　第 III 部　ケシクからみた大元ウルス史

失禿児（シクドゥル）為大司農"。

(309) ダウラト・シャーは，はやくからわが子ハサンをバイジュのケシクにもぐりこませ，機密
収集につとめる周到さであった。

(310) バイジュの息子ダルマシリに，宗仁衛親軍都指揮使を継がせてさえいる。

(311) 『元史』巻二七「英宗本紀一」[至治元年十二月甲子]，巻二八「英宗本紀二」[至治二年二
月壬子，戊]，[至治三年二月辛卯]，[六月乙酉]，巻二九「泰定帝本紀一」[至治三年十一
月壬寅，甲寅]，[十二月壬午]，[泰定元年春正月丁未]，[二月甲戌]，[三月癸丑]，[四月甲
子]，[六月己卯]，[十一月癸巳]，[泰定二年春正月壬寅]，[五月辛未]，[十一月戊申，壬
申]，[十二月癸未]，巻三○「泰定帝本紀二」[泰定三年正月壬子]，[五月甲辰朔]，[六月癸
酉朔]，[秋七月戊午]，[八月丁酉]，[九月戊辰]，[冬十月庚子]，[十一月辛亥]，[十二月丁
丑]，[泰定四年三月辛亥，丁卯]，[秋七月乙丑]，[九月壬戌]

(312) 宮紀子『モンゴル時代の出版文化』（名古屋大学出版会　2006年），本書第 7 章参照。

(313) 『元史』巻二九「泰定帝本紀一」"[泰定元年六月己卯（二十五日）]大司農屯田，諸衛屯田，
彰徳・汴梁等路雨傷稼，順徳・大名・河間・東平等二十一郡蝗，晋寧・鞏昌・常徳・龍興等
処饑，皆発粟賑之"，[泰定二年二月]"甲申，祭先農"，巻三○「泰定帝本紀二」[泰定四年
二月辛未]，蔡文淵「孟子廟賛田記」（碑陽／致和元年七月／京都大学人文科学研究所蔵中国
金石拓本第 36 函孟 4），「泰定五年帖文」（碑陰，泰定五年正月／京都大学人文科学研究所蔵
中国金石拓本第 36 函孟 11）。なお，『孔顔孟三氏志』巻六，『三遷志』（台湾国家図書館蔵明
嘉靖三十一年鄒県孟氏刊本）巻四「奏疏」【泰定五年戊辰即致和元年公憑文】，劉培桂『孟子
林廟歴代石刻集』（斉魯書社　2005 年　pp. 57-62）などにも録文がある。

(314) 『元史』巻一七六「劉徳温伝」。かれは，在任中，典礼を考訂し，編集して一書となそうと
したといい，泰定四年十月，監察御史の馮思忠が太常礼儀院に命じて累朝の礼儀を纂集させ
るよう願い出たこと，それをうけ李好文が三年の歳月をかけて『大元太常集礼稿』五十巻を
完成させるのと無関係ではあるまい。

(315) 『水利集』巻一「泰定元年十月中書省箚付；奏准開挑呉松江」"至治三年九月十四日欽奉詔
書内一款節該：「但凡係官工役造作停罷者」欽此"。

(316) 『牆東類稿』巻五「農桑詩序」"泰定改元甲子，制書下郡県，以学校，農桑為急務。官奉行
惟恪，是時秣陵路句曲令程君首勧率十有六郷，課種桑四十余万株布満一県。県治後　有廃園
隙地，荒穢不治，君手摘瓦礫，吏民争趨焉。旬余平坦，植桑八千，森列如矛戟。暇日引県庠
諸生観之，登丘四顧而嘆曰「桑者衣之源，而惰農弗知。今吾先之労之，後人必有享其利者。
夫民難与慮始而可与楽成也。於是諸生争為歌詩，以記其事。君勤於治民，尤留意学校，招師
訓以規矩，士競於教，弦歌之声相聞，莫能以詔書従事者，其治行為江東諸県最云"。『元史』
巻一「泰定帝本紀一」[泰定元年春正月己亥]にいう「逆臣イスン・テムル等を誅する詔」
の条画と思われる。

(317) 『至順鎮江志』巻七「山水」《漕渠水》《練湖》，『水利集』巻一「泰定元年十月中書省箚
付；奏准開挑呉松江」，「中書省箚付；開江立閘」，『元史』巻二九「泰定帝本紀一」[至治三
年十二月壬戌]，[泰定元年冬十月壬申]，巻六五「河渠志二」《練湖》《呉松江》

(318) 『梧渓集』巻六「謁浙東宣慰副使致仕任公及其子台州判官墓有後序」，『水利集』趙孟頫序，
巻一〇「営造法式」《開河窒泉眼法》《築堤導河去沙彊石法》。黄河の決壊と都水分監の設置
については，『元史』巻六五「河渠志二」《黄河》，『治河総考』巻三「元・武宗」も参照。宗
典「元任仁発墓志的発現」（『文物』1959-11），上海博物館・沈令昕・許勇翔「上海市青浦県

第 8 章　バウルチたちの勧農政策　**427**

元代任氏墓葬記述」(『文物』1982-7)，上海博物館編『上海唐宋元墓』(科学出版社　2014
年　pp. 141-191, pp. 210-222, 図版九六〜図版二二一)

(319)『水利集』巻一「泰定元年十一月江浙行省箚付；開挑呉松江」，「泰定二年八月立都水庸田
使司」

(320)『済南金石志』巻三「大元贈中奉大夫行中書省参知政事張公神道之碑」，『道光章丘県志』
巻十四「金石録」【張斯和墓碑】碑陰（張養浩撰，至順二年，張友諒立石）によれば，参議
中書省事，戸部尚書，浙西粛政廉訪使を経て都水庸田使となり，そのごいったん湖北淮東道
廉訪使をつとめたあと，再度，庸田使になったという。ただ，1993 年に発見された張友諒
の墓誌銘（至正十五年，安豊路同知総管府事をつとめていた息子張士貞の撰文に係る）では，
二度目の庸田使について言及しない。韓明祥『済南歴代墓志銘』(黄河出版社　2002 年　pp.
94-95）参照。

(321)『水利集』巻一「泰定二年八月立都水庸田使司」，「泰定三年都水庸田使司添気力」，『大元
官制雑記』「都水庸田使司」，『元史』巻二九「泰定帝本紀一」[泰定二年五月丙子]"浙西諸
郡霖雨，江湖水溢，命江浙行省及都水庸田司興役疏洩之"，[泰定二年六月]"丁未，立都水
庸田使司，浚呉・松二江"，巻三〇「泰定帝本紀二」[泰定三年春正月壬子]"置都水庸田司
於松江，掌江南河渠水利"。以上からすれば，『元史』巻二九「泰定帝本紀一」[閏月壬申]
が"罷松江都水庸田使司，命州県正官領之，仍加兼知河渠堰事"と記すのは，不正確きわまり
ない表現である。

(322)志丹苑考古隊「元代水閘再現上海市区」(『中国文物報』総 1060 号　2002 年 11 月 1 日
1-2 版)，国家文物局「上海普陀志丹苑元代水閘」(『2002 中国重要考古発現』文物出版社
2003 年 6 月　pp. 152-157)，上海博物館編著『志丹苑――上海元代水閘遺址研究文集』(科
学出版社　2015 年)

(323)『元史』巻三〇「泰定帝本紀二」[泰定四年冬十月]"辛亥，監察御史亦怯列台卜答言，都
水庸田使司擾民，請罷之"，巻六五「河渠志二」《塩官州海塘》，『梧渓集』巻六「謁浙東宣慰
副使致仕任公及其子台州判官墓有後序」

(324)『国朝文類』巻三一宋本「都水監事記」"監始以至元二十八年丞相完澤奏置於京師。監・
少監・丞各二員，歳令官一，令史二，奏差二，壕寨官一。分監于汴，理決河。又分監寿張，
領会通河，官属如汴監，皆歳満更易。泰定二年改汴監為行監，設官与内監等。天暦二年罷，
以事帰有司，岸河郡邑守令，結銜知河防事。而寿張監，至今不廃"，『元史』巻二九「泰定帝
本紀一」"[泰定二年二月]庚子，姚煒以河水屢決，請立行都水監於汴梁，倣古法備捍，仍命
瀕河州県正官皆兼知河防事，従之"，"[泰定二年秋七月]辛未，立河南行都水監"。

(325)『元史』巻三〇「泰定帝本紀二」[泰定三年冬十一月庚子]。おそらく，これより四ヶ月前
にモンゴル語への翻訳命令が出されている『世祖聖訓』と無関係ではないだろう。

(326)『元史』巻六四「河渠志一」《海子岸》《白浮，甕山》《渾河》《白河》《御河》《灤河》《河間
河》《灅沱河》《会通河》，巻二九「泰定帝本紀一」[泰定元年夏四月甲子]，[泰定二年閏月己
巳]，[三月癸丑，辛酉]，巻三〇「泰定帝本紀二」[泰定三年四月壬寅]，[泰定四年八月癸酉，
癸巳]，巻一五五「廉恵山海牙伝」

(327)『聖元名賢播芳続集』巻六「詔赦」《泰定二年赦》に雅文聖旨の全文が載る。撰者は不明。
なお，『元史』巻二九「泰定帝本紀一」[泰定二年春正月庚戌]の詔は，モンゴル語の聖旨を
『実録』作成時に編纂官が翰林院作成のものを見ずに，そのまま漢訳したものだろう。

(328)『元史』巻二九「泰定帝本紀」[泰定二年閏月]"壬子朔，詔赦天下，除江淮創科包銀，免

被災地差税一年",『正徳華亭県志』巻四「議免増科田糧案」"及欽奉泰定二年閏正月一日詔
赦一款:「延祐二年三省経理田土, 所差人員徴名生事, 威逼官府, 折逼人戸, 虚増田糧。除
自実頃畝依例科徴, 其無田虚増之数, 仁宗皇帝常論有司, 体覆除豁, 遷延至今, 与民為害。
其在官已有文案, 即仰廉訪司体覆明白, 就便除豁。違者, 従監察御史糾治」。欽此"。

(329)『元史』巻二九「泰定帝本紀一」[泰定二年閏月乙丑]

(330)『元史』巻二九「泰定帝本紀一」[泰定二年九月戊申朔]"以郡県饑, 詔運粟十五万石貯瀬
河諸倉, 以備賑救, 仍勅有司治義倉", "募富民入粟拝官, 二千石従七品, 千石正八品, 五百
石従八品, 三百石正九品, 不願仕者旌其門", 巻三〇「泰定帝本紀二」[泰定三年秋七月戊
午]"勅:「入粟拝官者, 准致仕銓格」"。

(331)『金華黄先生文集』巻二四「宣徽使太保定国忠亮公神道碑」,「宣徽使太保定国忠亮公神道
第二碑」

(332)『道園学古録』巻十一「書趙学士簡経筵奏議後」, 巻四四「故翰林学士資善大夫知制誥同脩
国史臨川先生呉公行状」

(333)『清容居士集』巻五〇「書馬元帥救荒事実後」

(334)『元史』巻三〇「泰定帝本紀二」[泰定三年春正月壬子]

(335)『新刊類編歴挙三場文選』壬集「対策」巻五【中書堂会試】

(336)『元史』巻三〇「泰定帝本紀二」[致和元年春正月甲戌(十日)]

(337)『元史』巻三〇「泰定帝本紀二」[致和元年春正月丁丑]。至元七年の司農司の設立にとも
なって張文謙等が整理したかの「農桑之制」十四箇条である。全文は,『通制条格』巻一六
「田令・農桑」,『元典章』巻二三「戸部九・農桑」『立社』【勧農業立事理】,『救荒活民類要』
条格,『至正条格』巻二五条格「田令」【農桑事宜】にみえる。

(338)『馬石田先生文集』巻十四「太師太平王定策元勲之碑」。このメングリク・トンア, 仁宗ア
ユルバルワダのシュクルチ, 皇慶二年の時点で司農大卿だったメングリク・トンアと同一人
物と思われる。『郝文忠公陵川文集』「延祐五年五月初九日江西等処行中書省箚付」,『元史』
巻一四四「月魯帖木児伝」

(339)『元史』巻三二「文宗本紀一」[天暦元年九月]"戊辰, 大司農明里董阿, 大都留守闊闊台,
並為中書平章政事"

(340)『大元官制雑記』「都水庸田使司」

(341)『清容居士集』巻二七「王氏先塋碑銘」。なお, 王毅は泰定四年四月の段階で, すでに光禄
大夫議中書省事平章である。『光緒順天府志』巻一二九「金石志三」【元応張真人道行碑】

(342)『元史』巻三二「文宗本紀一」[天暦元年冬十月丁未],[天暦元年十一月壬午]"第三皇子
宝寧易名太平訥, 命大司農買住保養於其家", 巻三三「文宗本紀二」[天暦二年春正月辛酉]
"大司農王毅為平章政事"。

(343)『道園学古録』巻二三「句容郡王世績碑」"掌芻牧之事, 奉馬奉潼, 以供玉食。馬潼尚黒
者, 国人謂黒為哈剌, 故別号其人哈剌赤",『元史』巻一〇〇「兵志三」《馬政》。なお,『新
刊類編歴挙三場文選』巻頭の抄白によると, エル・テムル自体, 皇慶二年十月二十三日の時
点で, アユルバルワダのバイジュ怯薛において, カラチをつとめていた。

(344)『道園学古録』巻二三「句容郡王世績碑」。『元史』巻三四「文宗本紀三」[至順元年九月甲
申]によれば, 文宗トク・テムルの命を受けて芸文監が『燕鐵木児世家』を出版している。
ジャライル国王家の『東平王世家』に倣ったものだろうが, 現存しない。なお,『元史』巻
三〇「文宗本紀二」[天暦二年九月壬午]に, 司徒となしたという大司農卿燕赤はオトチ・

ブカのことと思われる。

(345)『金華黄先生文集』巻二四「宣徽使太保定国忠亮公神道第二碑」

(346)『元史』巻一二三「捏古剌伝」。『至正条格』巻二六条格「田令」【豪奪官民田土】に, "至元六年七月初七日, 詔書内一款節該当:「官民田土倶有定籍, 科差賦税, 生民衣食, 皆由此出。比者伯顔・唐乞失・者延不花等, 恃奪占大都・河南・江・腹裏諸処, 及保定・雄・覇等州官民田土・房産, 指称屯衛牧場草地, 割為己業, 発掘丘壟, 折毀宅舍……」"と槍玉に挙げられている者延不花と同一人物だろう。

(347)『牧隠文稿』巻十七「海平君謚忠簡尹公墓誌銘并序」"時晋邸陟遐, 文宗自江南先入宮正位, 迎明宗於朔方, 文宗出労於野, 丞相燕帖木児進毒酒, 明宗中夜崩, 六軍乱", 『庚申外史』(台湾国家図書館蔵明鈔本)巻上"癸酉元統元年。先是歳壬申秋, 文宗車駕出上都, 八月疾大漸, 召皇后及太子燕帖古思・大臣燕帖木児曰「昔者晃忽叉之事, 為朕平生大錯, 朕当中夜, 思之悔之無及。燕帖古思雖為朕子, 朕固愛之, 然今日大位方属明宗大位也。汝輩如愛朕, 願召明宗子妥歓帖木児来, 使登茲大位, 如是朕瞑見明宗於地下, 亦可以有所措辞而塞責耳」。言訖而崩。晃忽叉者, 乃明宗皇帝従北方来飲毒而崩之地。燕帖木児内懼為之躊躇者, 累日自念晃忽差之事, 已実造謀, 恐妥歓帖木児至而治其罪, 姑秘文宗遺詔, 屏而不発"。

(348)『研北雑志』巻上"天暦二年冬, 大雨雪, 太湖冰厚数尺, 人履冰上如平地, 洞庭柑橘凍死幾尽。明年秋水。又明年春, 三呉之人, 餓疫, 死者数十万", 『至順鎮江志』(江蘇古籍出版社 1990 年)巻二〇「雑録」《郡事》【陳策発廩】, 『新刊類編歴挙三場文選』壬集「対策」巻六【天暦己巳・江西郷試】

(349)『元史』巻六四「河渠志一」《通恵河》《会通河》, 巻六五「河渠志二」《黄河》《広済渠》

(350)『道園学古録』巻十七「宣徽院使賈公神道碑」, 『丹邱生集』巻三"至順初, 上嘗御奎章閣, 大禧使明理董阿・中書左丞趙世安・大司農卿哈剌八児侍"。

(351)『元史』巻三二「文宗本紀一」[天暦元年九月戊子]"前尚書左丞相三宝奴以罪誅, 其二子上都, 哈剌八都児近侍, 命以所籍家賚及制命還之", 『道園学古録』巻一〇「皇帝聖旨；特命礼部尚書哈剌抜都児充奎章閣捧案官。宜令哈剌抜都児。准此。天暦二年五月 日"礼部尚書哈剌抜都児之先臣大傅右丞相楚国公事武宗皇帝, 位望隆重, 栄耀赫奕, 所謂不貳心之臣, 足以當不世有之恩者也。当是時, 尚書兄弟尚要, 及其長也, 慨先世之遭遇, 傷事変之不易, 思慎忠鯁以報国家, 未嘗一日忘也", 『道園類稿』巻三二「題哈剌抜都特授奎章閣捧案官御書後」, 『金華黄先生文集』巻二一「恭跋賜名哈剌抜都児御書」, 『秘書監志』巻六「秘書庫」《櫥櫃架子》, Shihāb al-Dīn ʿAbd-Allāh Sharaf Shīrāzī, Tajziyat al-Amṣār va Tazjiyat al-Aʿṣār (Tārīkh-i Vaṣṣāf), MS : Istanbul, Nuruosmaniye Kütüphanesi, 3207, f. 182a, Bombey, p. 502.

(352)『道園類稿』巻四〇「張忠献公神道碑」, 『道園学古録』巻二二「承天仁恵局薬方序」, 巻二五「大承天護聖寺碑」。なお, 張金界奴(章金家納)は至正二年の段階でも少なくとも大都留守であり, 西山にトンネルを掘って渾河の水を大都に引き込む金口水に堆積した土砂の撤去, 新たな河道の掘削作業に駆り出されている。『析津志輯佚』「属県・古蹟」

(353)『秘書監志』巻九「題名」《秘書太監》

(354)『至正直記』巻一「周王妃」は, ブダシリがコシラの妃を羊の調理用竈で焼き殺したこと, 夫のトク・テムルの死後, 堕胎を繰りかえしたことを伝える。ほぼ同時期のフレグ・ウルスでは, アブー・サイードのカトンであるバグダード・カトン, 彼女の姪にあたるディルシャード・カトンが次々と前代未聞の権勢をふるった。大元ウルスとの間で外交使節がさかんに往復しているころであったから, 高官以下,「そっちもずいぶん酷いが, うちの皇后様はも

430　第III部　ケシクからみた大元ウルス史

っとすごいぞ」といった会話・スキャンダラスな情報が密やかに交わされていたのかもしれ
ない。もとよりカトン同士も互いを意識していただろう。

(355)『宣徳桂林郡志』(中国国家図書館蔵明景泰刻本) 巻三「藩邸」"文宗至順元年庚午，順
帝時為太子，被讒徙居高麗，閏一歳，移于広西之静江。壬申春二月至，因居独秀峯下報恩寺，
嘗書「正法眼蔵」四大字及「秋江」二字，錫寺僧師澄，又於峯之巌石上，書「万歳山」「五
福海」「長寿仏」「日月」諸字。及文宗・寧宗相継崩，是年冬十一月，中書右丞闊里吉思，以
文宗后旨，迎帝于静江，入正大統。帝年十三也。後南台御史答里麻・憲使梁遺・都元帥章伯
顔等，於潜邸建万寿殿，命僧守焉。洪武五年，建靖江王府，始撤之"。なお，この書は，後
至元五年に嶺南広西道粛政廉訪司に副使として着任した趙天綱の旧志を踏まえており，巻頭
附録の「旧郡城図」も，帝師殿，順帝潜邸，報恩寺が中央に描かれることから明らかなよう
に，モンゴル時代の地図である。

(356)『元史』巻三八「順帝本紀一」[元統二年冬十月己卯]，[至元元年七月戊申]，[至元元年八
月己卯]，[九月庚寅]，[十二月乙丑]。後至元二年に，ブダシリの発願，バヤン以下徽政院
の官僚たちの協力によって刊刻された大蔵経の関係者リスト(常ブラルキの名もみえる)に
よれば，バヤンの肩書きは，"開府儀同三司秦王答刺罕太師中書右丞相上柱国録軍国重事監
国史兼徽政使侍正昭功万戸都総使虎符威武阿速衛親軍都指揮使司達魯花赤翊侍衛親軍都指
揮使奎章閣大学士領学士院経筵事太史院宣政院事也可千戸哈必陳千戸達魯花赤宣忠斡羅思扈
衛親軍都指揮使司達魯花赤提調回回漢人司天監群牧監広恵司内史府左都威衛使司欽察親軍
都総管府事領太禧院兼都典制神御殿事"というすさまじく長いもので，失脚直前の至元五年
五月には，さらに膨れ上がって"元徳上輔広忠宣義正節振武佐運功臣，太師，開府儀同三司，
秦王，答刺罕，中書右丞相，上柱国，録軍国重事，監修国史，兼徽政院侍正，昭功万戸府都
総使，虎符威武阿速衛親軍都指揮使司達魯花赤，忠翊侍衛親軍都指揮使，奎章閣大学士，領
学士院知経筵事・太史院・宣政院事，也可千戸・哈必陳千戸達魯花赤，宣忠斡羅思扈衛親軍
都指揮使司達魯花赤，提調回回漢人司天監，群牧監，広恵司，内史府，左都威衛使司事，
欽察親軍都指揮使司，宮相都総管府領太禧院禧院，兼都典制神御殿事，中政院事，宣鎮
侍衛親軍都指揮使司達魯花赤，提調宗人蒙古侍衛親軍都指揮使司事，提調哈刺赤也不干察
児・領隆祥使司事"総計246字にものぼっていた。童璋・方広錩・金志良「元代官刻大蔵経
考証」(『世界宗教研究』1986-3　pp. 47-58 + pl. 1)，『山居新語』巻二，『南村輟耕録』巻二
【権臣擅政】参照。

(357)『至正四明続志』巻六「土産」《義倉》"至元元年七月奉省箚欽奉聖旨：「義倉乃民間自蔵之
粟，備凶年欠食之用，豊年則験口而収，荒旱則随人而給。今後毎社立義倉一所，提調官設
法敦勧。欽此」。行下州県，勧率収貯，以備計点"。

(358)『元史』巻四〇「順帝本紀三」[至正三年]にも"是歳，詔立常平倉"とある。

(359)『元史』巻三八「順帝本紀一」[至元元年冬十月丙辰]

(360)『元史』巻三八「順帝本紀一」[至元元年閏十二月乙酉]

(361)『元史』巻三八「順帝本紀一」[至元元年春正月癸巳]

(362)『至正条格』条格巻二五「田令」【勧農勤惰】

(363)『元史』巻三九「順帝本紀二」[至元二年春正月]

(364)『元史』巻四〇「順帝本紀三」[至元五年十二月辛卯]

(365)"大徳初，司置平江，日行都水監。泰定年改庸田遷松江。以置不常，人視為疣舎，故棟其
署寄署于它所。至正元年重置司平江，秩隆三品……"。

第8章　バウルチたちの勧農政策　　431

(366)『元史』巻七七「祭祀志六」《至正親祀太廟》

(367) 本書第 14 章註 347 参照。

(368)『燕石集』巻十三「司農司題名記」,『元史』巻一八四「韓元善伝」

(369)『至正集』巻四四「勅賜大司農司碑」

(370)『秘書監志』巻五「秘書庫」《鹵簿図書》

(371)『秘書監志』巻九「題名」《秘書太監》, 巻三「什物」《公用銀器》

(372)『金華黄先生文集』巻四三「太傅文安忠憲王家伝」,『元史』巻一三七「曲枢伝」

(373)『秘書監志』巻九「題名」《秘書卿》

(374)『元史』巻一四〇「達識帖睦邇伝」,『金華黄先生文集』巻二八「勅賜康里氏先塋碑」

(375)『東山存稿』巻二「送江浙僉政賈公赴司農少卿序」

(376)『金華黄先生文集』巻二四「中書右丞相贈孚道志仁清忠一徳功臣太師開府儀同三司上柱国追封郢王謚文忠神道碑」, 巻四一「栄禄大夫大都大慶寿禅寺住持長老仏心普慧大禅師北渓延公塔銘」

(377)『元代白話碑集録』「(79) 一三三四年加封顔子父母妻懿旨碑」(科学出版社　1955 年　pp. 82-83),『修訂版』(中国社会科学出版社　2017 年　pp. 214-216)

(378)『丹邱集』巻三「宮詞十五首」の第三首註に"天暦元年十二月二十七日篤怜帖木児怯薛第二日"とある。

(379)『元史』巻三九「順帝本紀二」によれば後至元三年六月に, アントンに美号が追贈され, 分封地に祠廟が建設されている。なお, とうじのジャライル国王家の当主はドルジ, 至正二年に大明禅寺が刊行した『四家録』(台湾国家図書館蔵元刊本)の末尾の寄進者リストでは, 太師国王孫銀青栄禄大夫河南江北等処行中書省国王丞相という肩書きを掲げており, 右脇に舎人として名を寄り添わせる朶鸞帖木児, 阿穆哥室利は,『元史』巻一三九「朶児只伝」にいう朶蠻帖木児, 俺木哥失里, すなわちドルジの息子たちにほかならない。『陳竹山先生文集』内篇巻一／『西域番国志』「哈 烈」"(蓋) 鎮魯 檀 者, 猶華言君 [上／主] 之尊号也。国主之妻, 皆 [称之／尊称] 曰阿哈, 其子則称為米児咱 mīrzā (蓋米児咱) 者, 猶華言舎人也"。

(380)『道園学古録』巻十七「宣徽院使賈公神道碑」

(381) 宮紀子『モンゴル帝国が生んだ世界図』(日本経済新聞出版社　2007 年), 本書第 1 章, 第 2 章参照。

第9章

ブラルグチ再考
──カネとちからの闘争史──

1 はじめに

『集史』「チンギス・カン紀」に，次のような一節がある。

> （Qūrīdāī は）道中，ある kūrān（güri'en 圏子すなわち一軍が円形にぐるりと駐屯する）に辿り着いた。圏子の khudāvand 神主は Qūlān bahādur で，Hūyīn 族（Hoy-yin irgen すなわち "林の百姓"，まさしく Tāīchīūt の諸部族のひとつ）出身であった。かの地に行き着いたのは夜だった。Qūrālās 族の Qarā Markītāī という名の人物が，その圏子において自身の naukarān（nökör 伴当毎）とともに jīsāūl（jasa'ul 哨馬，整治官）であった。かれ（Qūrīdāī）を捕らえ識認した。Qarā Markītāī は Chīnggīz khān の側に傾いていたので，かれを助けて AYQRY QALYWN をかれに与えた。出発させて言った。「若し，謀反人より逃げん，と汝願わば，この馬を以って逃ぐること可なり。誰とて汝に及ぶまじ。若し誰か汝より逃げんとすれば，汝はかれに追いつかん。この馬に全幅の信頼をなして乗り行け」[1]。

イスタンブルはトプカプ・サライの所蔵に係る現存最古の写本において，AYQRY QALYWN，パリの国立図書館が蔵する 14 世紀の写本とティムール朝の写本と考えられる所謂テヘラン本では AYĠRY QALYWN とつづられる単語が，ある種の馬を指すことは，直後に見える二箇所の "īn asb この馬" から，すぐわかる[2]。

　後半の QALYWN すなわち Qālīun は，モンゴル語の qali'un，『華夷訳語』（甲種本）「鳥獣門」において，哈里温と音写される獺。のちの『韃靼訳語』（阿波国文庫旧蔵）や『清文鑑』では "海騮馬" と，そのまま音訳されている。毛色を表す

語彙とみていい。

いっぽうの AYQRY もしくは AYĠRY は，つとにスタインガスが "aighir：a stallion 種馬" といい[3]，テュルク，モンゴル語由来のペルシア語を詳細に研究，四冊の巨著にまとめたデルファーも，aiġir という項目を立て，『集史』のいくつかの用例および先行研究を縷々列挙し，モンゴル語の ajirqa すなわち "牡馬"（テュルク語由来）の不定形だと結論づけた[4]。

じっさい，フレグ・ウルスの宰相ラシードゥッディーン，ギヤースゥッディーン父子に仕えたハムドゥッラー・ムスタウフィー・カズヴィーニーが 1339 年から 1341 年にかけて編んだ類書（百科事典）Nuzhat al-Qulūb『心神の娯楽』は，テュルク語の AYĠR に対応するのがモンゴル語の ajirqa だと明言する[5]。1377 年にラスール朝で編纂されたアラビア語の百科事典に収録される六ヶ国語の対訳語彙集もまた，テュルク語で AYQR，ペルシア語で AYĠR とつづり，それをモンゴル語の ajirqa に等しいという。そして，ほぼ同時期のインドで編纂された多言語辞書 Farhang-i Zafāngūya va Jahānpūyā『言語の使い手と世界の探索者のための語彙』はペルシア語の gushn 雄と定義する[6]。また，ホラズム朝時代に原型が出来たといわれ，そのご絶えず増補版が作成された対訳辞書 Muqaddimat al-Adab『教養の基礎』は，チャガタイ語の ĀYĠYR ĀT＞aighir at がモンゴル語の AJYR-QA MŪRYN＞ajirqa morin にあたり，ペルシア語では bi-sabb narr（切り取っていない雄）だと説明する[7]。1343 年に書かれた Kitāb Majmū' Tarjumān Trukī wa-'Ajamī wa Mughalī『テュルク・ペルシア・モンゴルの翻訳集成の書』も，ajirqa をペルシア語で khāya dār（種をもつ）と訳しており[8]，対応する自前の語彙をもっていなかったことがわかる。

大明時代後期から清朝初期にかけて会同館で編まれた『華夷訳語』丙種本（阿波国文庫旧蔵）のうち，『畏兀館訳語』と『回回館訳語』の「鳥獣門」は，『華夷訳語』甲種本（洪武二十二年／1389 刊），乙種本『韃靼館訳語』（大明時代中期）のモンゴル語に

騸馬：阿㆑塔 aqta　児馬：阿只児哈 ajirqa　牝馬：格温 ge'ün

とあるのに倣い，それぞれ新情報として

騸馬：影納阿忒[9]　児馬：**矮跟児**阿忒[10]　騍馬[11]：擺他阿忒[12]

434　第 III 部　ケシクからみた大元ウルス史

騸馬：阿嚸忒　　　児馬：**矮額児**　　　騍馬：馬得洋

を増補した。少なくともこの時点で AYĠR はチャガタイ語と同様 aighir，aiʿr と発音された[13]。

　ところで，1325 年刊行の類書『事林広記』に収録されていたモンゴル語・漢語の対訳辞書「至元訳語」【鞍馬門】には

　　騸馬：阿忽塔 aqta　移剌馬：阿只児海 ajirqa[14]

とある。したがって，児馬と移剌馬は同一ということになる。これについては，南宋からモンゴルに派遣された外交使節団の一員，徐霆が，嘉熙元年（1237）に纏めた『黒韃事略』（中国国家図書館蔵明嘉靖二十一年抄本）のなかで，

> 牡馬（おす）については，十全に壮（さか）ん且つ良（みめよ）いものをのこして**移剌馬**の種（たね）となし，ほかはみな去勢してしまう。それで強壮でないものは無いわけだ。移剌とは公馬[15]のことである。去勢していないものは，もっぱら騍馬の群（むれ）れを統べ，騸馬の隊（くみ）には入れない。騸馬，騍馬はそれぞれに群・隊をなすのである。いっぱんに，四五百疋の馬で群・隊をなすが，たった二人の兀剌赤（ulači 馬夫）だけで統べ，手に（先端が）雞（にわとり）の心臓状の鉄製の樋を執って鞭箠がわりにする。馬はこれを目にするや畏（おそ）まる。早朝，夕方を迎えるたび，ウラチは各自が管理している馬を引き連れ，主人の帳房（オルド）の前にぐるりと取り巻いて立ち，暫らくしてからそれぞれ解散してゆく。馬に水を飲ませる時分は毎度，井戸・洞穴にはただ四，五疋の馬だけならべてよく，それぞれ順番を待って，前後縦に並んで勝手にやってきて，じゅうぶん飲むと去り，次の一団がまた至る。もし順番を抜かすのがいても，ウラチが遠くから鉄製の樋を振り上げると，項（うな）垂れ足をとめ，あえて乱そうとするものはいない。騍馬の群れをもっともよく整然とおさめるには，**移剌馬**一疋ごとに，騍馬を五，六十疋統べさせることだ。騍馬が群れを離れたら，**移剌馬**が必ず噛み付いたり蹴り飛ばしたりして帰らせるし，ほかの群れの**移剌馬**が踏み込んできたら，こちらの群れの**移剌馬**が必ず噛み付いたり蹴り飛ばしたりして追い払う[16]。

といちはやく報告していた。とうじ，モンゴル側の窓口のひとりは，かの移剌楚才（＝耶律[17]楚材　字は晋卿）であり，徐霆はかれに対する悪口を数箇所にわた

って書き留めているくらいだから，キタイ王族の姓が去勢していない牡馬に由来すること，明確に意識して記録にのこしたのである。であれば，現代モンゴル語において，"**üree**：3〜5歳の牡の総称，azraga, **akhlaach**：3歳以上の去勢していない種牡の総称，mori：3歳以上の去勢した牡の総称，agt：3歳以上の去勢した牡馬[18]"と報告されていることとあわせ，少なくともキタイ語およびモンゴル語では語頭をai と発音せず，i(q)ri/i(q)li/i(q)la/i(q)ra と呼んだ可能性は残しておくべきだろう。

　ひるがえって，『集史』「チンギス・カン紀」と同様，金冊（Altan Debter, Tob-čiyan）を資料源とし，成立時期もさして変わらぬ『皇元聖武親征録』（台湾国家図書館蔵　銭大昕批校本）の当該箇所では，

　　（火力台^{コ リ ダイ}）中道遇忽蘭八都^{クランバアトル}・哈剌篾力台^{カ ラ メ ル キタイ}軍囲，為延兵所執，以識得解。因贈**獺色全馬**，謂曰「此馬遁可脱身，追可及人。可乗而去」[19]。

と漢訳されている。前後の文脈から，īqrī（aighirī 全馬）-yi qālīūn 獺色と対応することは間違いない。いわゆる古典漢文において，"全馬"という用例は皆無だが[20]，字義からすれば，"去勢していない完全な馬"，即ち騙馬の対義語だと，推測がつく。じっさい，カラ・ホト出土文書のM1・0104［F209：W47］では

　廿九　何的火者^{カーディホージャ}■紫扇馬臕七分
　世　　昔児答^{シ ル タ}■紫騍馬臕五分
　世一　脱児伯歹^{ド ル ベイデイ}■青全馬臕七分
　　　　如普帖木
　　　　■黄全馬臕六分[21]

との分類がなされており，しかも一行目の"扇"馬は，いったん"全"馬と記録したのを塗りつぶし訂正している。M1・0986［Y1：W201］にも"鋪馬四歳紫全馬"と見える[22]。

　デルファーのような煩瑣な手続きを踏まずとも，漢文資料によって一瞬にしてAYQRY および QALYWN の意味が導きだされた。しかし，ぎゃくにいえば，ペルシア語資料によってはじめて"全馬"の意味が確定・保証され，同時に，モンゴル語に ajirqa とは別の，キタイ語由来の呼称が存在したことも明らかになるわけだ。

ちなみに，ロシア語訳に基づく余大鈞・周建奇訳『史集』の当該箇所では，AYQRY QALYWN は，なんと"一匹快馬"となっている[23]。やはり当たり前のことながら，東西諸言語の原典資料を自前で扱い，それも可能ならば同時代の最良のテキストに依拠すべき点，痛感される。近年，国内外のさまざまな資料，とくに漢籍が陸続と公開され，各所蔵機関での閲覧も容易になった。研究環境の条件は以前にくらべて格段によい。対訳資料（辞書に限らない）ももっと活用すべきだろう[24]。

　ペルシア語で写されたテュルク語，モンゴル語は，ひとつひとつがモンゴル朝廷の国政・軍制を解明するための基本的かつ重要な語彙であり，ひいては資料の少ない一連の鮮卑・拓抜国家，カラ・キタイなどの研究にも役立つはずである[25]。

　そこで，まずは馬つながりで，かつてユール，ペリオ，ミーヌゥヴィー＆ミノルスキ，デルファー，周良霄，本田實信等が検討した bulārghū および bulār-ghūchī なるもの——モンゴル時代の馬政・軍事全体の把握，『元史』の志の再編纂，怯薛制（ケシク）や站赤（ジャムチ）制度の解明，さらにはアフロ・ユーラシア全域の通商，奴隷貿易の手がかりとなりうる——を，いまいちど見直すことからはじめたい[26]。

　そもそも，『元史』巻一〇〇「馬政志」——1331 年，文宗トク・テムルの聖旨により編纂された『経世大典』をほぼそのまま孫引きする——は，その冒頭で

> 　馬の群は，千匹，百匹単位，あるいは三十匹，五十匹単位で，左股に官の印（タムガ）を焼付けて大印子馬（イケタムガモリン）と呼ぶ。その印には「兵古（ビルグ）」，「貶古（ベルク）」，「闊卜川（コプチョル）」，「月思古（ウズク）」，「斡欒（オロン）」などの名がある。牧人を哈赤（カチ），哈剌赤（カラチ）（＝馬乳酒造り）[27]といい，千戸，百戸があって，父子が代々受け継いで仕事にあたる。夏から冬にかけ土地の状態にしたがい，水と草を追って進み行き，十月にそれぞれ本拠地へ辿り着く。朝廷は一年のうち九月，十月に，［太僕］寺[28]の官を站（ジャム）に馳せ遣わし閲視せしめ，その多寡を較べ，産まれた駒（こま）についてはただちに印（タムガ）を焼付けて帳簿と照合し，収録・削除した現在の数・細目について，**モンゴル文字，アラビア文字，漢字の文冊を造って報告する**が，その総数は知りえないだろう[29]。

といっている。モンゴル朝廷では，モンゴル語，ペルシア語，漢語の三つのヴァージョンの馬の台帳が作成されていた。ペルシア語がとうじの国際語だったこと

もあろうが，馬政・軍事にまでムスリムの高官たちが深く関わっていた可能性が示唆される。そして，とうじの状況を正確に捉えようとするならば，少なくともこの三種の言語で書かれた資料を，可能な限りすべて見るのが当たり前なのだ。

2 建前の世界のブラルグチ

　ペルシア語資料において，ブラルグチの職掌をもっとも要領よくかつ詳細に述べるのは，ムハンマド・ブン・ヒンドゥシャー・ナフチヴァーニーの *Dastūr al-Kātib fī Ta'yin al-Marātib*『品官任命における書記規範』（以下，『書記規範』と略す）である。この書は，最終的にジャライル朝のシャイフ・ウヴァイスに献呈されることとなったが，もともとはフレグ・ウルスのカン，アブー・サイードの勅命を受けて編纂された行政文書のマニュアルだった。第二部第一巻は，モンゴルのケシクのなかでもとくに重要な ǰarquči, yasa'ul (ǰasa'ul), böke'ül[30], yurtči, baqši 等の職務と叙任状の範例を紹介するが，その第一拍第十二章が「bulārghūchī の叙任について」である[31]。

　　“bulārghū” とは，モンゴルの慣用語で，僕・婢・四脚等の，持ち主が明らかでない遺失物をいう。また “bulārghūchī” とは，dīvān-i buzurg 大衙門／大尚書省が任命した（以下のような）人物をいう。すなわち，uldū（＜ordo 大駕)[32]の移動の際，かれは自身の伴当毎とともに人々の各営盤[33]の間を往来し，各自，僕や婢，馬・騾・駝・牛・驢といった四脚の，その場にとりのこされているもの，あるいは遺失物を，自身の根底に将来して，保管していることを示す。若し第三者が見つけた場合には，かれのもとに将来して寄託すべし。持ち主たちが見つかるその時まで，かれはかの諸々の遺失物の看守に努力する。そして，その所属がかれらだと証明されたのちに引き渡す。なお，bulārghūchī は，自身の諸房および営盤の門に ʿalamī 旗纛を挿している。人々がその nishān 記号を以ってかれの房と営盤を労せず見つけ出し，かれのもとへ行き，自身の遺失物を取り戻すべく。

　　われわれは，この実例についても，tarākīb 档案より三種，提示しよう。

　第一種　如今，諸宮の bulārghūchī の rāh 道[34]は，Timūr-būqā テムル・ブカ

に委ねられた。（かれが）人々の諸々の遺失物を手に将ち来たりて，それらの持ち主に交付すべく。留意すべきかつ確定している rasmī 体例を取れ。然る事由以て（＝為那般的上頭），この命令は執行された。amīr 官人毎（ノヤンたち），vazīr 大臣（＝ düšmel）毎（たち），大衙門の ṣāḥib 官長毎（たち），諸営盤の屯聚，牧民毎，bāzar 商買毎（オルトクたち）(35)，蒙古（モンゴル）・Turk 畏吾児（ウイグル）・Tājīk 大食（タージーク）（＝ Müsülman sarta'ul 回回（ムスリム））・その他の諸部族はみな，かれを諸宮（オルド）の bulārghūchī と知り，この大勾当（おおこう）の必需品について，かれに任せるように。僕・婢・四脚毎（たち）を遺失している者は誰であれ，かれの営盤——そこは旗纛を常に挿してある——に去（ゆ）き，遺失物をかれに要求し，nishān 詞状(36) を示せ。さすれば，かれは，確認ののち，自身の道を取り遺失物を引き渡すだろう。若し誰かが bulārghū を得ていてかれのもとに持ち来たらず預けぬ場合には，罪過になるぞ。衙門の官長たちは，bulārghūchī の名分以て定められている俸給と，確認した文巻に照らして，一年一年，かれに対して報酬をいう。業務の経費および自身と伴当毎（ノコルたち）の支出に使用してこの大勾当（おおごと）に勤しむべく。かれもまた大駕の移動ののち，伴当毎（ノコルたち）を，官人毎（ノヤンたち），大臣毎（たち），その余の畏吾児（ウイグル）・回回（ムスリム）に属する諸部族の各営盤に遣わさねばならぬ。（伴当毎（ノコルたち）は）人々の諸々の遺失物の探索と捜査に従事してかれのもとに将来し，そしてかれは，持ち主たちの出現の時まで，かの保管と維持に従事し，この件について罪過を犯さぬように。カクテ……ニテ写イ来。

第二種　如今，諸宮（オルド）の bulārghūchī の道（モル）は，'Āshiq-Timūr アシク・テムルに授けられた。すなわち，絶ゆることなく，かれとかれの伴当毎（ノコルたち）は，大駕の各営盤，官人毎（ノヤンたち）・大臣毎（たち）の居所，その他四方八方において巡回せよ。そして奴隷・馬毎（たち）・騾毎（たち）・駝毎（たち）・牛毎（たち）・驢毎（たち）から，人々の諸々の遺失物をば，手に連れ来たりて自身の営盤（ユルト）に将来し，看守するように。各遺失物のかの持ち主たちは，bulārghūchī の営盤の門が挿している旗纛の記号以て，アシク・テムルのもとに行き，かれらの遺失物が何であるかを立証するさい，詞状を示し，かれの道（モル）を与え，それから遺失物を受け取れ。然る事由以て，この命令は執行された。官人毎（ノヤンたち），大臣たち，daulat 政府の lukn 重鎮たちは，這の日付自（よ）り再（ま）た，アシク・テムルを yāīlāq 駐夏と qīshlāq 住冬における諸宮（オルド）の bulārghūchī と知ること。僕・婢・四脚を遺失している蒙古毎（モンゴルたち），回回毎（ムスリムたち），畏吾児毎（ウイグルたち），商買斡脱毎（オルトクたち），諸種族の人々に属する者は誰であっても，宮の旗纛の跟前（もと）にて遺失物を詞状をば与えてかれに要求せよ。かれは，審理をなして遺失物の詞

状を持ち主たちから討尋し，証明されたら自身の道を取れ。そして遺失物を引き渡せ。各関係者たちは，この規定の次第を知り，変更・改変をなすな。第三者がかれと通同・干渉する機会を与えるな。衙門の長官たちは，かれと伴当毎の諸経費に足りる俸給を文巻に照らし確認して，一年一年，かれに対して報酬をいう，自身と伴当毎の業務の経費に支出してこの大勾当の遂行にあらしめられるべく。此レヲ以テ遍ク行シ［信任セラレンコトヲ］。

第三種 Arslānshāh アルスラン・シャーは誠実かつ信頼できる丈夫であり，常に諸宮と各道について bulārghūchī の大勾当に従事し，かの諸情況の案件に関して慎重・忠実に実行してきて，しかもその責務を最善の方式で以って果たしたので，駐夏，住冬および大駕の全経行における諸宮の bulārghūchī の道の更新が，根拠以て決定された。かれとかれの伴当毎は，奴隷毎・四脚毎の各遺失物の探索に従事し手に将ち来たりて自身の旗纛の跟前に連れ帰り保管するように。遺失物の所有者がやって来て詞状を示すさいには，かれのもと，そのひとの所有であると証明・確認し，その遺失物に対する保管期間に支出していて証明に及びうるものは，既定されている体例を以って受け取れ。そして遺失物[37]をばその所有者に引き渡せ。然る事由以て，この命令を実行に付した。官人毎，大臣たち，政府の重鎮たち，大衙門の官長たち，あらゆる蒙古毎・畏吾児毎・回回毎，商賈毎は，アルスラン・シャーを大駕の bulārghūchī と知り，この職務の必需品と追加分についてかれに照会せよ。また，第三者にかれを仲間・敵と認識させるな。諸々の bulārghū の持ち主たちは，各遺失物の捜求のうちにかれの旗纛の跟前に行き，［自身の］遺失物の詞状を示せ。そして，消費していてかれらに通知された経費は，定められた体例を以て，報酬をいう。かくて自身の遺失物を再び受け取る。なお，権勢たちのいかなる不正・保護も縋り求めるな。かれの勲功を阻壊するな。大衙門の官長たちは，bulārghūchī の名分以て衙門の簿冊に確認されている俸給を，かれの名で以って決定して，一年一年，かれへの交付をなし，削減・貧苦のないよう放支せよ。自身および伴当毎の業務の経費について，用途に付款して，この職務の遂行に勤しむべく。かれもまたこの大勾当の案件・必需品について従事し，かつ常に勤勉であらねばならぬ。各遺失物の所有者がすぐにかれを労せず見つけ出し，かれはかれらの大勾当に取り掛かるように。そして，あらゆる案件について，上天への恐懼と畏怖を眼前に見つ

め，丈夫たる諸の勲功に対して背くな，誉を影蔽するな。さもなくば，真理を与えるために，雄弁な bilīgh 聖訓を得るぞ。各関係者タチハ，此レヲ以テ遍ク行シ信任セラレンコトヲ。カクテ……ニテ写イ来。

blārghū, bulārghūchī とは明記しないものの，このシステムそのものは，1245年，定宗グユクのもとに派遣されたプラーノ・カルピニのジョヴァンニが報告していた[38]。また，ナスィールッディーン・トゥースィーがフレグに提出した『財政論』[39]では，bulārghū を毎年一定の臨時収入の見込める項目——引き取り手のない物品としてカウントする。

さらに，『書記規範』の叙任状の通知先のひとつに"商賈毎"が挙げられていたが，ヴェネツィアの商人，マルコ・ポーロが著したとされる *Il Milione*『百万の書』[40]にも，巻き狩り[41]の記述に附するかたちで，ciuici（＜quyuči/quyu'uči 索める者 güyüči 貴赤／跑る者[42]güilgeči 放犬捕牲），toscaor（＜tosqaul/tosqu'ul 堵礮）とともに，『書記規範』の伝える所ときわめてよく対応する bularguci の職掌の解説があり，鷹鶻や馬疋，刀剣等の遺失物全般を保管したこと，営盤の最も高い地点に旗纛を建て設営していたという。遺失物の発見者はすぐ届け出ないと，盗人とみなされて処罰されることも，伝えている[43]。また，「カアンや高官たちが所有する鷹鶻の脚には，持ち主の名が記された銀の牙牌が懸帯されていた」とあるので，この情報は，至元八年（1271）をさかのぼることはなく，おそらくは至元二十一年（1284）以降に係るだろう[44]。

そして，ヴェネツィアが 1320 年 10 月 22 日，フレグ・ウルスの Monsayt[45] すなわち，かのアブー・サイードと締結した通商条約全 29 項目[46]の第八款には

8. Item, se algun cavalo **bolargo** fosse trovado apreso de algun **vostro Veneciano**, o che li l'aveso, ch'aquelo e chotal Veniciano no possa esser molestado ; salvo che se lo sera preso el dicto chavalo da lu, monstrando raxonevelmentre ch'el dicto cavalo fosse **bolargo**.

と定められていた。第一款，第二款において，モンゴル語の tamqa, tamqači を tamoga tamogaci と表記すること，男性名詞単数形 cavalo を形容すること，まさに同時期のフィレンツェはバルディ商会のペゴロッティが著した『商業指南』に Qan-baliq を canbalecco と書くことからすれば[47]，bolargo が表すモンゴル語音は

第9章　ブラルグチ再考　441

bularq に相違ない[48]。

　　若し bularq の馬疋が汝らヴェネツィア人の誰かに拾得されるなり，所有さ
　　れるなりしていることが発覚したにしても，当人およびヴェネツィア人一行
　　は，掻擾され得ない。ただし，当該の馬疋が bularq であることを合理的に
　　証明しつつ，某人が当該の馬疋をかれのところからつれてゆく場合はこの限
　　りにあらず。

ほかの項目では，ほぼ一貫して nostro Veneciano, nostri Vinitiani 我らヴェネツィ
ア人，vostro imperio 汝らの帝国（＝フレグ・ウルス），とある。現時点では文書の
現物未見のため確定しえないが，誤写でないとすれば，この条項については，フ
レグ・ウルス側からとくに提示されたもの，ということになる[49]。通商・外交
の場における bularq の馬の重要性をうかがわせる。

3　ブラルグチの実態

1）不蘭奚と闌遺

　モンゴル時代における現存最古の bularq の用例は，おそらくドレゲネ（オゴデ
イの后，グユクの母）監国時期の 1244 年 4 月 28 日，河南省林県の岣峪宝巌寺に
発令された茶罕官人の言語だろう[50]。

　　　今，彬公長老和尚の岣峪山寺に住持して殿廊を修建するに拠きては，是
　　れ，俺毎が
　　皇帝の与に
　　聖寿を祝延せ交むるに係る者なり。是の何人等なるを以てせず，理に非ず寺
　　　内に於いて安下・侵欺し，掻擾・作踐するを得る無かれ。及び寺僧の騎
　　　坐せる馬匹を将って奪い舖馬に充つることを得ず。如し十方の壇越の
　　　仏法に敬礼する者に遇わば，亦，例に依って接待せよ。**中間に或いは不蘭
　　奚并びに姦細の人等有れば，本処の官司の自ら合に来歴を審問す。
　　因而に僧衆を将って擦頼するを得る無かれ**。如し違反の人有らば，故
　　に

442 第III部 ケシクからみた大元ウルス史

扎撒に違うに照依して治罪施行し，違錯を得る無かれ。此レヲ准ケヨ。

ここにいう不蘭奚が bularq の音写であり，『書記規範』が定義するところの
"僕・婢・四脚等の，持ち主が明らかでない遺失物"を指すことは，いうまでも
ない。カアンによって庇護され，さまざまな特権を与えられている寺観であって
も，「他人の遺失物を私有化している」「スパイ・犯罪者，来歴不明の悪人を匿っ
ている」等の容疑を以って，随時立ち入り検査を行うことが出来た[51]。もとも
と良好な立地を選んで建てられ，広大な荘園・山林を有する寺刹，道観が，私
兵・軍馬を蓄え要塞化する可能性を防ぐと同時に，動産・不動産を問わず隠し財
産を掌握する（それにかかわり収賄も発生しただろう）。伴当毎をもって立ち入り
検査をさせるブラルグチの長は，こんにちの警察庁，国税庁の権力をも有したの
である。しかも，別の資料——大分のちのものだが——によれば，寺観のみな
らずモンゴル諸王，駙馬，公主などの投下であっても立ち入り可能だった[52]。
『書記規範』が，重要な役職としてとりあげただけのことはあったのだ。

つづいて，翌 1245 年から 1247 年にかけて，コデン太子（太宗オゴデイの次男）
が陝西省は西安郊外の草堂寺に向けて発した数通の令旨[53]があげられる。"姚小
底の処の見（＝現）管の不蘭奚の内於り年壮の気力を出すことの可以る男子壹伯
人，不蘭奚の牛貮拾頭を選揀せよ。若し主人の識認し了底が有れば，却って補数
を行う"，"這の不蘭奚の人"，"不蘭奚一百人"，"逃走し了底 不蘭奚の人は，你
毎が却って数を補い与え者"などと，直訳されるほか，第四蔵の令旨末尾にはウ
イグル文字モンゴル語で BWR[A]LQYN-W ʼWKGʼN(A)＞buralqin-u nökgen-e
"buralq の人毎の補填（に）"[54]と添え書きされている。

後述するように"孛蘭奚"と表記する例もしばしば見られるので，bu は bo と
発音した，あるいはそう聞こえる場合もあったのだろう（おもしろいのは江西で
"盃蘭奚"と当て字している例で，"盃"は，『蒙古字韻』によればパクパ字表記で bue,
朝鮮王朝の崔世珍『四声通解』に引用された『蒙古韻略』によれば bui, 現在の広東語
でも bui と読む）[55]。また，ここにはじめてペルシア語表記は r と l が逆転してい
ることが判明する。そして既述のイタリア語の諸資料は，おそらくペルシア語で
書かれたものに依拠したのである。漢訳では ral という音を蘭 lan で代用し，奚
が qu／gu の音価を表す[56]。それは，後述するごとく bulārghūchī＜buralqči を孛
蘭奚赤あるいは卜蘭奚赤と表記することからも明白である[57]。

第 9 章　ブラルグチ再考　　443

　ただし，人名にしばしば見られる孛蘭奚，卜蘭奚，卜蘭禧，普蘭奚，普蘭慶，
普蘭渓については，ペルシア語資料で Būlārghū[58]，Bulārghū[59] と書かれる以外
に，Būlārghī[60]，Bulārghūī[61]，Bulārghī[62]，Būrālghī[63] と表記される例もあり，
Buralqi とも読みうる。じっさい 1335 年の漢蒙対訳碑やカラ・ホト文書 M1・
0490［F116：W62］，M1・0493［F116：W349］でも孛蘭奚をウイグル文字で
BWRALQY と記している[64]。これは，buralq のなかでもとくに人を表す場合で
ある（ヴェネツィアの条約は対象が馬疋だからこそ bolargo）。

　さて，1304 年から 1322 年の間に編纂し，しばしば増改訂がなされた政書『大元
聖政国朝典章』（『元典章』）では，buralq 関連の記事の多くは，巻五六「刑部十
八・闌遺」《孛蘭奚》に収録され，1322 年に頒行された『大元通制』の「条格」
も，巻二八「雑令」に《闌遺》の項目を立てる。『元典章』巻四九「刑部十一・
諸盗一」《雑例》【拾得物難同真盗】に，

> 至元十一年十月，中書兵刑部［の准けたる］大都路の申に「『田晋奴の
> 状招（じょうちょうしょ）に，不合（ふとどき）にも拾得したる白絹一匹を将て官に赴くを行わず。齎把貨
> 売の罪犯を陳首すれば，看詳せられよ」と。田（留）［晋］奴は即ち絹疋を
> 拾得し有司に送らざるに係るも，貨売は真盗と同じく一体に剌・配にし難（がた）し。
> 拠（よ）りては合に情を量りて断決すべし，乞うらくは明降せられん事を」と。省
> 部は相度（はか）るに，既に是れ絹は遺失を生じたれば，即ち“攔遺，官に赴くを行
> わざる”に係る。合に下すべくして仰せて照験し，更に審復を為（な）し，如し已
> 招（こ）の是れ実なれば，准拠し，情を量りて断決，施行せよ。

とあり，攔遺／闌遺なる語が遺失物・拾得物を指すこと明白だが，『吏学指南』
（中国国家図書館蔵元刊本）巻四「贓私」は，この“闌遺”という用語について，

> さしとめることである。道に遺失物があれば，官がさしとめて保管し，持ち
> 主を訊ね問い参上したらこれを与えたまい，来なければみな官庁に没収す
> る[65]。

と説く。これは，『故唐律疏義』に附された『律音義』「賊盗第七」から引いたも
の。“闌遺”なる語は，北斉の王叡が編んだ『斉律』十二篇にすでに見えていた
と考えられるが，じっさいに確認されるのは，今のところ唐律以降である[66]。
金の『泰和律』[67] を踏襲したモンゴルも，これを buralq の漢訳として便宜上用い

た。

　そもそも“闌遺”の“闌”は buralq の ral の音訳で，“遺”は buralq の意訳。訳語を考えた人物は，数ある同音文字の中から“闌”の字をあえて選んで，全体で職務内容を示す「遺失物の差し止め」と洒落た[68]。じじつ，『通典』によれば，北魏，北斉，北周，隋などの一連の鮮卑・拓抜系国家が意図して『周礼』のノルムに遊牧システムを割り振り，唐もそれを引き継いだのだった。資料の残存量，玄宗皇帝の記録統制による限界などから，じゅうらい，それと気づかれていなかっただけで，buralqči は相当早い段階（おそらくは匈奴以来）で存在した。平時は，“輿輦，車乗，郵駅，厩牧を掌り，牛馬驢騾，闌遺の雑畜を司る”兵部の駕部郎中[69]や“門籍，関橋及び道路・過所の闌遺の物事を掌る”刑部の司門郎中[70]と名乗って。そして行軍時は，しんがりをつとめ①諸営の兵の出発後，闌遺の畜生，驢馬，衣服等を回収・管理すること，②発見者への賞罰，③所有者への返却時の立会い，を一任される左虞候[71]の名を借りた（先遣隊の右虞候は jasa'ul, yurtči。ちなみに後哨は čaqdu'ul という）。

　『通典』にのこる李靖の兵法は，匈奴以来の行軍，設営，馬政等，ユーラシア東西の歴代遊牧国家を考えるうえで，きわめて貴重な資料となりうるが，ほとんど利用されてこなかった。なお，『北史』にもわずかながら次のような話がのこっている。

　　北斉の王皓（字は季高。王憲の曾孫）は，軍人の家系の出とはとうてい思えぬひ弱さ，しかも一本抜けていた。かれが文宣帝の北征に扈従したさい，自分の乗用する赤馬が，早朝に立ちこめた濃い霜霧のせいで見えなくなってしまった。すっかり慌てた王皓，「馬をなくした」と騒ぎたてたので，虞候がかれのためにあちこち問い合わせ探し求めてやったが見つからない。しばらくして日が昇ると馬の体の霜が蒸発して，ちゃんと皓の陣幕の前に繋がれているのが顕わになった。そこでようやく「俺の馬は健在じゃ」……[72]。

ここにいう虞候が『書記規範』の buralqči でなくてなんだろう。こんごは，こうした非漢語の音訳，漢語による意訳，双方の観点から，歴代正史はもとより碑刻史料を遡って精査していかねばなるまい。なお，北宋，南宋の律令は“闌遺”についての条項を踏襲したが[73]，buralqči の存在は確認できない——日本でも，養老二年（718）までに，闌遺の馬疋・奴婢等を拾得した場合の届出先，官庁の公

示，所有者への返還等についての規定が輸入かつ実施された。しかし，その職務は左京職，摂津職の大夫，大宰府の帥，大国の守等が請け負った[74]——。虞候や駕部郎中という官名も，使用はされていたものの"お飾り"の感が否めず，果たしてその本質まで理解されていたかどうかは，疑わしい。むしろ，当該時期において注目されるのは，闌遺の馬，人口（＝奴隷）がキタイとの折衝の中で重要案件となったことだろう[75]。モンゴルも，南宋を接収するまで，オゴデイ，モンケ，クビライと歴代カアンは，黄河の各渡口をはじめとする関所，国境線での馬疋の密売に神経を尖らせ何度も禁止する聖旨を発し，騎乗できる者を厳しく制限，印記の焼付けと台帳への登録によって徹底的に馬の数を管理・把握しようとした[76]。

　モンゴルの後を承けた明朝は，"闌遺"という用語を明らかに避けた[77]。大清国の『四庫全書』の編纂官たちは，『元史』等に見える"孛闌奚"，"卜蘭奚"を，前後の文意も考えず，なんと büreči すなわち "海螺を吹く人" と解し，"布呼斉" と改字してしまった。さらには "闌遺" を "拉木伊克" と改め "タングト語で路引（通行証）のことだ" と説く始末であった。ホルチンとの連合政権だったにもかかわらず，『白樺法典』や『ハルハ・ジロム』にも buralqči は見えず，遺失物の処理はきわめて小さな行政単位で行われている。モンゴリアにおける遊牧体制に大きな変容が生じていた可能性が高い（高所に旗纛を立てて宿営[78]，配下とともに昼夜を問わず移動し，軍事行動に直結する職だけにマンジュ側に疎まれたものか）。こんご，ポスト・モンゴル——オスマン朝，ティムール朝，ムガール朝等における buralqči についても確認する必要がある[79]。

2）路・府・州・県における遺失物管理

　碑刻に比し編纂資料における buralq の初出はかなり遅く，世祖クビライの中統二年（1261）までくだってしまう。しかも，『元史』の編纂官は，『世祖実録』からわずか

　　　諸路の孛蘭奚を拘収するを罷む[80]。

という一文を抽出，唐突に挙げるだけで，これがいったい何を意味するのか，理解しにくい。この時期，モンゴル諸王の投下領を下敷きに，路分の確認がなされ，各路・府・州・県における新たな官僚制の運行の準備がなされていたことと無縁

ではあるまいが(81)。カアン位をめぐっての同母弟アリク・ブケとの戦いに必要な馬，軍需品を，各地で和買以外に buralq を名目に，かき集めていた可能性もある(82)。

そして，中統五年（1264）八月，クビライは，アリク・ブケの投降，全世界を騒がせた三ヶ月にわたる彗星の出現のなかで，ふたつの首都となる夏の上都，冬の大都の建設，"中統"から"至元"への年号改元など，国体にかかわる聖旨をつぎつぎと発令する。その条画の一款に

> 諸処のあらゆる不蘭奚の人口・頭定等は，各路・府の官司が収拾し，さらに収得した数目をもって，収置すべき場所にて収置し，十日以内に限って，本来の持ち主に識認させることを許可する。十日以上経っていれば，孛蘭奚とみなして収容し，毎月，［刑］部に申告させる。もし隠匿する者がいれば，究治施行せよ(83)。

とあった。不蘭奚人口・頭定は，それぞれ『書記規範』にいうところの僕婢・四脚に相当する。刑部がかかわっているのは，かつての"司門郎中"の伝統を踏まえているからだろう。末尾の孛蘭奚の隠匿の禁止については，いつの時点での発言かは不明だが，クビライの聖旨がモンゴル語から口語の漢語語彙を以って直訳されてのこっている。

> 孛蘭奚の人口・頭疋・鷹・犬等は，不揀誰，休隠蔵者。明らかに隠蔵を知道的人は，罪過有者(84)。

既述の泰定二年（1325）に刊行された類書『事林広記』（元禄十二年／1699 重刊）は，クビライ時代のデータを多く収録することで知られるが，辛集巻十「詞状新式上」に，buralq にかかわる申請書，訴状の定型書式を二通収録する。"ム"は"某"に等しく，記入用の空欄と考えればよい。

> 【孛攔奚の［人］口・頭［疋］を申するの状】

> ム村の住人のム人

> 右，ムは年壮無病にして，伏し為るに；今月ム日ム時於り已来，ム処の勾当に往くに因り，甚の毛色の牛幾頭の，印記無く(85)，ム地の内に於いて，田苗を作踐し，人の牧放する無き有るを見ゆ。此れが為に，ムは

上件の牛畜を将って，収して本家に至る。今来多日なるも，人の識認する無し。所，ムの不合にも即時官司に申告し人を召し識認せざるに拠きては，合に罪犯を得べくして，状を随え陳首す。伏して乞うらくは；某官の状を詳らかにされ，人を召し識認するを施行せられんことを。是れ実なるを執結すれば，伏して

裁旨を取らん。　　　年　　月　　日告状人　　ム人　　状

【本主の識認】

ム村の住人ム人

右，ムは年壮無病にして，伏し為るに；今月ム日於り，本家は自ら不小心にも甚の毛色の牛幾頭を走失し了に，印記無き有り。ムは即時随処にて根り覚めるも見えず。今来，ムは却ってム村のム人が上件の牛畜を収住せるを知り得たり。本人は

官に申覆し到るに，見に出榜を蒙り，人を召し識認す。具する所の上件の牛畜は，

委に是れム本家の走失なり。今，具して

某官に上告す。伏して乞うらくは；

状を詳らかにし，ムに収管を給付して，告する所を施行せられんことを。是れ実なるを執結すれば，伏して

裁旨を取らん。　　　年　　月　　日告状人　　ム人　　状

これらこそ，まさに『書記規範』のいうところの"詞状"，それも最下層のもの——buralqči長官の任命書とは正反対に位置づけられる。むろん，ペルシア語の類書にも同様の詞状の書き方マニュアルが掲載されている可能性はある——にほかなるまい。

　また，こうした申し出に対処する各路の録事司は，定期的に所属の総管府に，拘収した不蘭奚の人口・頭疋の一覧表を提出することが義務づけられていた。カラ・ホト文書 M1・0544 ［F125：W72］[86] に，つぎのようにある。

　皇帝の聖旨の裏に：甘州路の録事司の照らし得たるに；至順四年（1333）正月より六月終りに至る上半年の不蘭奚の人口・頭疋は已に行して具に総府に申し照験したるの外，七月より十二月終りに至る下半年に拠きては，照勘し得たるに；本司の并びに拘収し到る不蘭奚の人口・頭疋の無

きこと，申の如し。已後，隠漏の拘収し到る不蘭奚^{ブラルク}の人口・頭目有れば，例に依りて罪に当たるに詞^{ことば}無し。卑^{ヨスン} 司の官吏が保結^{わたくしどもろくじし}す。合に行すべくして具^{つぶさ}に申す。伏して乞うらくは

照験せられ者^よ。

　これらの報告は，各路の総管府で保管され，台帳はさらに上の機関，すなわち中央へと報告されていったはずである。そのごの手続きは，一体どうなっていたのだろうか。そして，buralqči はどこの段階から関わってくるのだろう。

3）権力闘争のなかで

　1331 年に編纂された『経世大典』の公式見解では，ちょくせつ“闌遺”にかかわったのは，闌遺監および宣徽院のふたつ，ということになっている。『経世大典』を下敷きにする『元史』巻八七「百官志」は，それぞれ

> 闌遺監。秩は正四品。**不蘭奚の人口・頭疋諸物を掌る**。至元二十年（1283），闌遺所を署立するに，秩は（九）［六］品。二十五年，改めて監と為し，正四品とす。二十八年，正三品に陞す。至大四年（1311），復た正四品とし，尋いで復た正三品とす。延祐七年（1320），復た正四品と為す。定置するは，大監一員（正四品），少監二員（正五品），監丞二員（正六品），知事一員（従八品），提控案牘一員（従九品），令史五人，訳史一人，知印兼領事一人，奏差五人。
> 宣徽院。秩は正三品。玉食を供するを掌る。凡そ，稲梁，牲牢，酒醴，蔬菓，庶品の物，宗戚・賓客を燕もて享するの事，及び諸王の宿衛・怯憐口^{ケシク}(87) の糧食，蒙古万戸，千戸の合に納めるべき差発，係官の抽分，牧養・孳畜^{はんしょく}，歳ごとに支する芻草・粟菽，羊馬の価直^{かかく}，**收受せる闌遺**等の事は，尚食，尚薬，尚醞の三局と与^{とも}に，皆，隷け焉^{つづり}。所轄の内外の司属の，人を用いんとすれば則ち自ら選を為す。

と纏める。しかし，同じ『元史』でも「世祖本紀」は，

> ［至元二十年二月己酉］，闌遺監を陞して秩は正五品とす。
> ［至元二十五年三月庚寅］，闌遺所を改めて闌遺監と為し，正四品に陞す。
> ［至元二十八年二月癸未］，復た闌遺監を以って宣徽院に隷く。

と述べるごとく，これらの記事からは正確な姿は見えてこない。闌遺監がいつからいつまで宣徽院から独立していたのか，その間どこの所属だったのか，あるいは完全な独立機関だったのか否か，いつからいつまで宣徽院に所属していたのかも，伏せられている（太僕寺，尚乗寺，群牧監と宣徽院の関係も同様）。ところが，そうしたなかで，『通制条格』をはじめとする複数の政書に収録された以下の文書は，きわめて重要な事態を浮かび上がらせる[88]。

皇慶元年（1312）五月に中書省［が受け取った］宣徽院が添付して送ってきた闌遺監の（丞である湯淑の）呈文に「本監は不闌奚の人口・頭疋の管理に専念いたしておりますが，仕事・職務で巡行しておりますと，その宜しきを逸してしまっていることが多々あり，解体・組み直しませんと，深刻に都合の悪いことになるかと存じます」とあった。つぶさに箇条書きにして添えてきた各項目の事柄の道理を，刑部が議論して決定案を諮ってきた。（われら）都省は刑部の呈文を（そのまま）准けたので，以下に（闌遺監の原案と刑部の判断を）列挙する。

一．随処の路・府・州・県の達魯花赤が不闌奚の人口・頭疋等の物を統べ管理することになっていますが，なおざりにして気を配ろうとしませぬゆえ，人口・頭疋が逃亡潜伏する，痩せ細り衰弱する，野垂れ死にする，移易——官物にもかかわらず勝手に遷し移動させたり原状を損なったり本来の登録数を改めてしまったり[89]ということに相成り，実際どおりにすべてお上に納めることができておりません。ましてや各官僚たちには鷹・鶻を（取り込んで時季かまわず）放ち飛ばして狩猟をするのが大好きなものが多く，不闌奚の馬疋を倒れ死ぬまで道理なく駆けまわらせた挙句，隠蔽して申告せず，たとえ解文とともに送ってくるものがいたにしても，痩損して（騎乗に）堪えません。こんごは，各処の文の資品をもつ長官に委ねて統べ管理させるよう改めるに越したことはございません。おしなべて不闌奚の人口・頭疋は里正（≒村長）・頭領が養うべく責めを付し，法を定めて防ぎ取り締まり，逃散，隠匿，痩弱，倒死に至らせることのないよう気を配って点検させ，月ごとに申もて報告し，毎年三月，九月の二回，（現物を）送り届け納めさせるようにすれば，まことに便益かと存じます。

前件を討議した結果，路・府・州・県の達魯花赤が不闌奚の人口・頭疋等の物を統べ管理するのは，すでに定められた体例があり，とうぜんのこととして，（闌遺監が）誚ってきた馬疋の乗り回し，鷹・鷂の飛放，移易，人口・頭疋の隠占は，（われらが誚りますに）御史台に箚付して，各道の粛政廉訪司に指示を下させ，厳しく体察を加え禁約せしめるがよろしく，お上に送られてくる現物の数量は，宣徽院に命じて法を設け，隠匿，痩弱，死損に至らせることのないよう防ぎ取り締まらせるが適当かと判断いたします。

一．闌遺監に送り届けられてくる不闌奚の人口は，官給の衣類・食糧が無いため，諸人に分担・寄託して養わせておりますが，かれらの身内でない以上，どうしても飢えや寒さを免れません。少壮で役に立ちうる者でも生きるのがやっとなのに，老弱・傷害者・病人がどうして自分の身を守れましょう。年数が積もり積もってすでに久しく，その苦しみは増え深まるばかり。男は備い使われて筋骨の疲弊に耐え切れず，女は誑かしや凌辱を受けて子を産み育てるはめになります。（諸人のなかには）その労働力を貪り欲して「病没した」と虚偽の申告をする者もいれば，凍え飢えさせた結果，逃亡させてしまった者もおり，道徳風紀は傷つき損なわれ，深刻に不都合な状態だと存じます。こんごは，期限を定めるのが適当かとお誚いいたします。おしなべて闌遺監に送られてきた人口は，一年経過の後，識認する持ち主がいなければ，本監が分撥してめあわせ戸（＝世帯）をなさしめ，有司[90]につかわし与えて，差役の人戸として収容せしめれば，官民双方にとってまことに都合がよろしいかと存じます。

前件を討議した結果，不闌奚の人口でまだ闌遺監に届けられていない場合は，各処で識認する持ち主がいれば，その都度，有司に処理せしめ，すでに闌遺監に送られてきている場合には，手の空いたときに各人の履歴，縁故，住所・本籍地について事情聴取を行い，当該地に文書を移送して，識認する持ち主を召喚し，半年経過の後，識認する持ち主がいなければ，闌遺監の建言どおり准け，分撥してめあわせ戸をなさしめ，有司につかわし与えて，差役の人戸として収容せしめるのがよかろうと存じます。

一．各処が闌遺監に解文を付けて納入してきた不闌奚（ブラルク）の頭疋は，毛色は書いてあるものの歯歳が見えず(91)，そのうえ法を設けて防ぎ取り締まることをしていないので，放牧・飼育の人等がすり替えを行って悪さをなす温床となっております。こんごはお諮りいたしますに，本監に三等級の焼き印――ひとつは「官」の字，ひとつは「主」の字，もうひとつは「支」の字――を造って設置するのがよろしいかと存じます。おしなべて納入されてきた頭疋は，本監の官がみずから直々に立会い，獣医が歯歳，臕分（こえぐあい）を検査するのを監視し，明確に書類を作成し，その都度「官」の字の印（タムガ）を焼き付けます。若し本来の持ち主が認見し，還付しなければならないものには，ただちに「主」の字の印（タムガ）を焼き付け，上司から支撥を蒙ったものであれば，「支」の字の印（タムガ）を焼き付けます。（こうすれば）すり替えの弊害は改まり，皮革になってしまった場合でも真偽を見分けることができるというものです。

　　前件を討議した結果，闌遺監の建言どおり准（う）けられるのがよろしいかと存じます。

一．本監は毎年十月，杤津は厖村に集合し，各愛馬（アイマク）(92)に下し文をして頭疋を広く照会し，その手続きを経たのち数量を確定，度支監に文書を廻して飼育に要する秣料を放支いたしております。扶養している頭疋を，所有者が認見したらホイホイ還付するのでは，官司の秣料を空費することになってしまいます。こんごは，持ち主に還付すべき頭疋は，お諮りしますに，本来の持ち主が時価に照らして，喰ってきた秣料分の代金を返済・納入してからはじめて，還付すれば，官費に穴があくこともないかと存じます。

　　前件を討議した結果，おしなべて収容した不闌奚（ブラルク）の頭疋のうち官費から秣料を支給していた場合は，本来の持ち主の識認の申し立てが真実であれば，飼育してきた月日数の秣料の時価に照らして，鈔でもって代金を返済・納入してお上に返還することとします。放牧していた場合は，この体例に拘わりません。

一．本監は宣徽院の管轄に隷属しておりますが，在前，不闌奚（ブラルク）の頭疋を支撥するさい，口伝えの
　聖旨（ジャルリク）のうちにちょくせつ本監に参って受け取って行かれることが多く，

本監もその都度ただちに宣徽院に申告することをせず，ホイホイ署名して分付しておりましたのは，僭越行為に抵触しますようです。お諮りいたしますに，はっきりと上奏，申し上げ，こんごは，おしなべて頭疋の支給はかならず宣徽院の文書を奉じてはじめて支給を許可するようにいたしますれば，過誤がなくなるかと存じます。

　前件を討議した結果，闌遺監の建言どおりに准けられるのがよろしいかと存じます。

　buralqči とその伴当毎で形成される闌遺監は，名目上は宣徽院の所属だったが[93]，じっさいにはカアンとダイレクトにやりとりする特殊な機関であった。ところが，この時期，宣徽院がその関係に割ってはいろうとした。

　宣徽院のトップは，クビライの šarbači シャルバチで，成宗テムル，武宗カイシャン，仁宗アユルバルワダ政権下でも重用されつづけたウイグル族のテケ平章[94]。おそらく時の buralqči の長の権益を削ぎにかかったのである——漢文資料で各自のケシクにおける職掌が記されることはあまりない。テケ平章と張り合い，なおかつアユルバルワダの側近だったのだから，かつて通政院，宣徽院の重要職をつとめたこともある右丞相テムデルを筆頭に，左丞相のハサン，右丞のウバイドゥッラー，あるいはベク・テムル等が候補となるか。とくに，テムデルはまさにこの案件の頃から延祐元年（1314）にかけていったん“引退”を余儀なくされている[95]——。路・府・州・県の達魯花赤，ひいては投下領の諸王との関係（buralq の人口・頭疋は賄賂にもなりうる）[96]を断ち切り，各地の buralq の管理を文官に委ねようとしたのも，その一環だろう。そもそも，各地のダルガ（チ）のポストに，その職掌を理由として，buralqči の長官が自らの伴当を任じていた可能性がある。であれば，警察庁・国税庁のみならず人事院の権力も有したことになる。

　そして，見逃してならないのは，闌遺監のなかに相当数，テケに呼応するものがいた，という点である。いくつかの役得を捨てているように見えるが，じっさいには，収容した奴婢について扶養の経費をまったく負担していないくせに自在にカップリングし自由裁量で各地の官庁等に送り込むという一種の人材派遣会社経営や，buralq の四脚の保管期間の秣料を（ほんらいは放牧で経費がかかっていなかったにしても言い値で）徴収する権利を求めている——これは『書記規範』に

見える手続きとも呼応する。というより，オルジェイトゥかアブー・サイードが，大元ウルスの新方式を導入したのだろう。

テケの企ては刑部が阻止したが，その討議において中心となったのも，また上位の buralqči だったと考えられる。もし，この背景に buralqči の長の座をめぐる争いがあったとすれば，このあとの都合がよすぎるテケの死と，復権をとげた右丞相テムデルの賀バヤン，楊ドルジ，蕭バイジュ等の粛清事件（アユルバルワダ，皇太后ダギはもとより，フレグ・ウルスから派遣されてきたオルジェイトゥの使節をも巻き込んだ）も見直さねばならなくなってくる。

以上の事情は，テケの死後，延祐元年（1314）五月十七日に中書省が奏上した案件によって，より鮮明となる。

「不闌奚（ブラルク）の人口・頭疋等の物を拘収する為（ため）に，宣徽院の官人毎（ノヤンたち）が，委付し来（のだ）的（たち）人毎（たち）が民を擾（みだ）す為（がため）す的上頭に，元貞元年（1295）に奏して『各路裏達魯花赤（のダルガチ）・総管，州裏達魯花赤（のダルガチ）・知州，県裏達魯花赤（のダルガチ）・県尹の（管民の長官り），一員に科して（本職を妨げず孛蘭奚（ブラク）を）提調，拘収者』麼道（といって），文字（かきもの）を行（くだ）し来た。皇慶元年（1312），宣徽院の官は却って奏して（て）了『今後は，各処の合に委付し将（まさ）て去くべき的（ところの）不闌奚赤毎（ブラルグチたち）は，闌遺監の官人毎（ノヤンたち）を教（し）て定擬せしめ俺（われ）に文書を与えさせた阿（ところの），俺が准（ゆる）し了（たところの）的の文書に依っ（よ）て着，闌遺監の官を交（し）て箚付を出さしめ，委付して将（も）て去（ゆ）かせ者』麼道（といって），奏し了的上頭に，闌遺監の官が人を委付して来た。『済寧路に去く的（ところの）不闌奚を拘収する人毎（たち）が百姓（ひとびと）を搔擾（い）して有る』麼道（といって），刑部の官人毎（ノヤンたち）が路家（われら）の文書を備（そな）し着俺根底文書を与えて有る。旧に依って止（や）だ路・府・州・県の管民官の内を教（し）て提調，収拾せしめた阿（ところの），便当的一般（つごうよくふさわしいよう）で有る（ところ）」と奏した阿，（奉じたる聖旨（ジャルリク）に）「旧例に依って管民官の内を教て提調，拘収せしめ者（よといって）」麼道，聖旨（ジャルリク）が了（なった）也（ぞ）。此レヲ欽シメ(97)。

不闌奚（ブラルク）の人口・頭疋の拘収を各路・府・州・県の管民の長官に委ねたのは，もとはといえば，宣徽院自身だったのに，皇慶元年に，闌遺監が選定，宣徽院が認可した buralqči のみを派遣し，各地の管民官たちを統括させるやり方に変更した。それが，わずか二年後には再びもとの方式に戻される。

ひるがえって，buralq の奴婢のカップリングについては，つとに

454 第III部　ケシクからみた大元ウルス史

　　至元十八年（1281）二月初五日，中書省が奏するに「俺が先前，収拾し
　　下し的不蘭奚の人毎の，配して戸を成した的は，今後，若し主人の識認
　　が着いた呵，官司が斟酌して価銭を与えた呵，怎生？」と奏した呵，奉
　　じた
　　　聖旨に『那般者』麼道，
　　　聖旨が了也」。此レヲ欽シメ(98)。

と前例があった。この上奏を行った中書省の高官が buralqči の長官であったこと
は，間違いない。もとの所有者が名乗り出る前に，さっさと所帯を持たせてしま
ったら，buralqči たちは，奴隷を二束三文で買い取ることができ，さらにそれを
転売して儲けられるわけだ。その美味しい話にお墨付きをもらった。この利殖に
長けた高官とはいったい誰だったのか。その伴当とみられる人物が数人いる。
『元典章』巻五六「刑部十八・闌遺」《孛蘭奚》【拘収孛蘭奚人口】に

　　至元十六年（1279）十一月に欽奉せる
　　皇帝の聖旨の節該に：拠れたる中書省の奏に「以前，『管不蘭奚』の官たる
　　北文秀，阿散，寶先生，小薛，濶濶歹等は，諸路の不蘭奚を収拾する諸
　　色以下の頭目人等が隠蔵してしまうことが多くて，実数どおり漏らさず
　　全部を官庁に送り届けることができなかったため，一人一人の官の旧来
　　の『管不蘭奚』の名分を罷めさせてしまいました。いま，吏部尚書客省
　　使の忽都答児に委ねて諸路不蘭奚総管府の事を兼領させることにいたし
　　ました。仰セテ照験・区処シ定メタル事理ヲ施行セラレンコトヲ」。

とあり，その後に①各州県のダルガチ管民官，各路のダルガチ総管府の長官が
buralq の人口・頭定等の諸物を収拾すること。前者は毎月一回，路に報告かつ現
物を送付し，三ヶ月に一回，クトゥダルに報告する。後者は毎月二十五日から三
日間，buralq の公示を行い，持ち主の確認が取れたものについてはしかるべき手
続きののち返還し，のこりは三ヶ月ごとに大都のクトゥダルに納入する。②いか
なる人であれ，拾得した buralq の人口・頭定は三日以内に役所に届出をするこ
と。隠匿は，近隣の告発をうけつけ，真実であれば被疑者を断罪し，告発者に褒
美を与える。犯人の不正を知りながら届けなかった坊里正，郷頭，社長等も同罪。
など，五つの項目が列挙される。ここに見える濶濶歹は，『元史』巻十「世祖本

紀」［至元十五年春正月］の

> 己亥，闌遺を収括せる官の也先（エセン），闊闊帯等（ココダイ），官馬・闌遺の人畜を易するに坐すも，其の罪を免じ，以て諸路・州・県の管民官に其の事を兼領せしむ。

のココダイと同一人物で，buralq の流用・転売（死んだ牛馬の皮革や角だってお金になるのである）に関わったにもかかわらず免罪となっていること，その時期からすれば，おそらくアフマド一派だろう。いっぽう，あらたに大都で buralq を管理することとなったクトゥダルは，至元十七年（1280）六月一日には，勅命により"闌遺の人民・牛畜を収籍し，荒地を撥し屯田する"ことを任され[99]，やがては宣徽院を掌握するテケ平章とともに大司農司で司農卿をつとめることとなる。なお，中統五年（1264）の規定で，持ち主の識認は十日間以内とされていたのが，このとき，わずか三日に短縮されている。できるだけ buralq を没収しようという企みであること，いうまでもない。

4）ブラルグチたちの横暴

buralqči たちの利殖行為，職権乱用について，さらにいくつか紹介しておこう。

> 元貞元年（1295）六月初九日に中書省が奏するに「『不闌奚（ブラルク）の人毎（たち）を将って，鷹・鶻を採り打ちに去く的（ところの），昔宝赤（šibawuči 鷹匠／鷹人）毎根底（たちに），闊端赤（kötölči 馬牽き）と做し与える者（といって）』麼道，聖旨（ジャルリク）が有った呵，伯帖木児（ベク・テムル）那（のところのものたち）的毎が収拾し来（たところの）的 人毎根底（たちを）『上位の（うえさま）聖旨（ジャルリク）無くば，与えず』麼道，曽て与えなかっ来。這的毎の裏頭（このものたち），例に依って也（また）与えさ交た呵，怎生（いかがか）？」と奏した呵，「那般者（そのようにせよ）。与え者」と聖旨（ジャルリク）が了也（なったぞ）。「又，伯帖木児（ベク・テムル）が委付し来（たところの）的 人毎（たち）は，主人が不闌奚（ブラルク）の人毎（たち）を認め着呵，也（また）与えないので有る。体例に無からざるで莫くて麼（か）？ 哈散（ハサン）等，省の官人毎（ノヤンたち）が人を委付し着，伯帖木児（ベク・テムル）が委付し来（たところの）的 人毎（たち）と，一処に証見を做者（なされよ）。委実（まことに）に主人が認め着いた（て）呵，分付け与えた（ら）呵，怎生（いかがか）？」と奏した呵，「委実（まことに）に認め着いた（ら）呵，分付けて（もうしつ）他の主人に与え者（かれ）」と聖旨（ジャルリク）が了也（なったぞ）。此レヲ欽シメ[100]。

ここに登場する，唯我独尊，我儘し放題のベク・テムルは，鷹・鶻の捕獲と関わ

る地域——海東青の産出地であること，とうじ遼陽行省左丞にハサンなる人物が確認されることから，じゅうらい遼陽方面でナヤン，カダアンの乱の鎮圧に貢献するところ大であったキプチャク族出身の人物に比定されている[101]。ただ，かれは『元史』の伝によれば，哈剌赤（＝牧人）であった[102]。したがって，腹裏にいる高位の buralqči である別のベク・テムルの可能性も残しておくべきだろう。たとえば，前節で言及したカルルクのベク・テムル——このとき若干十四歳だが，チンギス・カン以来の名門の御曹司，成宗テムルの皇太后バイラム・エゲチ（＝裕宗チンキムの正后ココジン・カトン）の子飼いクチュの愛息だった。至大三年（1310），中都刷馬官をつとめ，仁宗アユルバルワダの即位と同時に翰林学士承旨，大都留守，武衛親軍都指揮使を兼任——も候補となる[103]。

なお，大徳七年（1303）の遼東宣慰司のマングダイの証言によれば，カアンの聖旨を奉じて buralq の人口の中央政府への連行のために派遣されてきた buralqči たちは，当地の役所を経由せずに勝手に村々を回り，軍民，投下戸を問わず，躯口がいれば，美味いことをいってかれらを騙し口裏をあわして buralq だと言い張り，連行していってしまうこともあった[104]。

"buralq" ということばは，官僚たちにとって，ひじょうに便利だったのだ。傑作なのは，次の事例だろう。

> 延祐元年（1314）五月，中書省の刑部（が准けたる）尚乗寺の関に「延祐元年四月二十五日に本寺の官が奏したるに『大印字の阿塔思馬（aqtas 騸馬毎）を，毎年這裏住夏する的各衙門の官人毎が，多く不闌奚の馬だと做して騎っ着有る。今後，上位が可憐見たまうな呵，再び大印の馬疋が有った呵，尚乗寺の裏に拘収教しめ了，上都に将得して来た呵，怎生？』と奏した呵，奉じたる聖旨に『那般者』麼道，聖旨が了也。此レヲ欽シメ」[105]。

不闌奚の馬疋を無断で乗り回して鷹狩りに興じるのは，地方官僚たちだけではなかった。地方の農耕馬，駅伝馬どころか，皇室専用の馬でさえも，カアンの膝元で好き放題に乗り回されていたのである。明々白々たるお上の焼印が押されていようが，まったく頓着していなかった。毛並みの美しさがひときわ目立つ黒い大型馬はとくに好まれた。見咎められたら「"所有者不明"だと思ったから」と言

いわけすればよい。アユルバルワダ，ダギ政権が，いかに舐められていたか，よくわかる。

ちなみに，同時期の buralqči たちの横暴ぶりを伝える事例も，しっかりのこっている。

延祐二年（1315）三月二十六日に宣徽院が奏するに「各処の不闌奚赤毎は不闌奚の人口・頭疋を拘収し着人に与えて使用し，輀車に騎坐して有る。不闌奚を拘収するを指して名［分］と為し，那の其の間裏，哏に賊を做し読を説って有る。別箇各枝児毎の不闌奚の人口・頭疋を関支（＝申請・受給）せらるる人毎は，一箇の不闌奚の頭口を関し了的が，不闌奚赤毎和通同（＝結託）し着，両・三箇に騎る的也多いので有る。如今，俺は省の官人毎和一処に商量し来。工部の官人毎根底説了，不闌奚の人口，不闌奚の駱駝，馬，牛，驢，騾，羊口等の身子的様子に比え着，印子を鋳さ交着闌遺監に分け付け与え，不揀那箇不闌奚を収拾した的 不闌奚赤毎，并びに別箇各枝児の不闌奚の人口を使換する的であっても，不闌奚の頭疋・輀車子に騎坐する的 人毎が有た呵，闌遺監を教て勘合の文字を押せしめ，頭疋的毛色，印記を開写（＝項目ごとに列挙・記述）し，就印の上に頭疋的身上の印児を支与せしむ。若し不闌奚を収拾する的 人毎，并びに別箇各枝児の不闌奚の人口を使換する的で，不闌奚の頭疋・輀車子に騎坐する的 人毎が，若し闌遺監の這般な印子的文字が無くて輀車子に騎坐していた呵，賊を做す的の例に依って（＝准じて），罪過を要め了断没した呵，怎生？」麼道，奏した呵，［奉じたる聖旨に］「那般者。商量した的は是しいので有る。工部の官人毎根底説っ了，那般な身子的様子に比え着，印子を鋳て与え，那般提調者」といって麼道，聖旨 が了也。此レヲ欽シメ(106)。

bawurči バウルチで，とうじ宣徽院の長官となっていた名門チャアト・ジャライル家の御曹司パードシャーも，テケと同じく闌遺監の一部を使って，buralqči の長官の力を削ごうとしていた(107)。ただ，その闌遺監にも大きな問題があった。

延祐五年（1318）に，ウマルなる人物に塩引750枚を支給する書類のチェック

458 第Ⅲ部 ケシクからみた大元ウルス史

を行っているさい，中書省の印，箚付文書，左丞相ハサン以下のアラビア文字，ウイグル文字による書類標目およびサインを偽造し，不闌奚の人口・頭疋を拘収するお墨付きをばんばん与えていたことが発覚したが，その詐欺が成立しえたのは，闌遺監がパクパ字官印だけ捺したいわゆる空印の文書用紙を作成していたからである。現場で貼書の任にあった劉沢のみが処分を受け，ペルシア語の添え書き偽造を担当していた愛林はお咎め無しとなっており，結局，塩引の支給そのものは問題となっていないことからすると，ハサンとウマルがつるんでいた，と見るのが普通だろう。そしてなによりも，この事件から，闌遺監と buralqči の中にムスリムが相当数いたこと，中書省の高官ときわめて密接なつながりがあったことがうかがえる(108)。さいごに，もう一例，新出資料で且つきわめて詳細な案件をあげておこう(109)。

　　泰定二年（1325）二月二十四日に宣徽院が奏したるに「在前，不闌奚の頭疋毎は，五月十五日，或いは二十日に寛迭連 Köndelen(110)根底於いて聚っ着，他の各主人毎を教て識認させて有来。如今，各怯薛，各枝児の裏に徧く文書を行し，針鎚の上に(111)，不闌奚の人口・頭疋・銭物等の物は，五月十五日に聚っ着，六月の初五日に至るに限り，各主を教て識認せしめ，不闌奚の頭疋を将って来た的人毎は，這の限次の内は，糧食を備し着来たのを准け教しむ。又，在先，各枝児の裏に歩行する的毎根底，頭疋の内より与えて了的也有る。将て与えて了的頭疋を説道『与えて了也』麼道，不闌奚の頭疋を収聚する時分に将て来て有る。不闌奚赤毎は，好い頭疋を将って隠蔵し着，聚まる処に也将って来ないので有る。為那上頭，走失して了的頭疋毎を他毎の主人毎が尋ね着てられないので有る。今後は，不闌奚の頭疋を聚会する時分に将って来られ者。若し将って来ない的は，人の首告する有りて出て来た呵，他を将って対証教しめ了，元告の人的言語が是れ実な呵，隠蔵する的人を将って重い罪過を要め，首告する的人根底賞賜を与えられかし」那麼道，奏した［呵］，奉じたる

　　聖旨に「恁が商量した的は是しいので有る。与える的賞賜の銭は額数を立定せ者」麼道，又，奏したるに「一箇の頭疋を将って隠蔵した的を首告する的人根底十定（＝錠）を与え，両箇の頭疋を隠蔵し着ていた

的は首告人根底二十定を与え，三箇或いは四箇の頭疋を隠蔵する者は，首告する的 人根底或いは四十定，五十定を賞賜と做し与えた呵，怎生？」と奏した呵，奉じたる

聖旨に「那般者」麼道。又，奏するに「在先，似這般不闌奚の頭疋を聚める時分は，闌遺監の官の内より去くので有っ来。**在先的闌遺監の官人毎は，不闌奚の頭疋を聚会する時分，好い的を将って選揀し着，遠処に背地裏放っ着，他 毎の主人を教て識認せしめず，智量を使って将っ着行って有る**。俺 衆くの人は商量し来。如今，『闌遺監の官并びに不闌奚赤毎等が隠蔵し着，曽て他の主人毎を教て識認せしめず』麼道，人の首告する有りて出て来た呵，他毎を将って対証教しめ了，首告人的言語が是れ実な呵，

上位根底奏し了，重い罪過を要め，他毎の勾当を将って革罷し了，首告的 銭根底賞賜と做し四十定の鈔を与え，這の賞賜を做し与える的 銭は，省の裏に与え教しめる的で，俺が倒 剌 沙丞相和商量し来」と奏した呵，

奉じたる

聖旨に「省の裏に与え教しめ者」。

『百万の書』は「遺失しても見つからずに戻ってこないものはない」と buralqči のシステムを，感嘆をもって伝えた。しかし，現実はそう甘くはなかったのである。

4 おわりに

『集史』「ガザン・カン紀」の第三部は，pādshāh-i Islām を名乗ったガザンの徳行・事蹟を 40 項目にわたって列挙し，過剰なほどに褒め称える。その第 19 則【盗賊毎と追剝毎の撃退および彼奴等（の悪行）に対する諸路の守衛について】は，ガザンの即位以前における盗賊・追剝の実態，およびそれ以上に非道な者が存在すること，詳細に紹介する(112)。

そして，TTĠAWLAN（>todqa' ulsun 脱脱禾孫，街道・渡し場・関所等の警備隊(113)），rāh-dārān 通行税徴収官／抽分官たち(114)は，盗賊毎が気づいて路

上に出現するまでに，欲するものは何でも通行人たちから取り，隊商を「盗賊や bulārghū が你 每の裏に有る」という口実で以て停留させるといったことのほかは追加せず，決して盗賊の後を追わなかった。来往の客旅は，決して盗賊毎に関し，脱脱禾孫，通行税徴収官たちのことほど，悩みはなかった。なぜなら，盗賊毎の害は時折生じるもの，いっぽうそれに対し，（来往の客旅は）宿場ごとに二箇所の地点でかれらの手中に捕らえられることになっていたからだ。悲しいかな，多くの隊商が未知の諸路——きわめて遠くひじょうに難儀なのをもって選択したのは，脱脱禾孫，通行税徴収官（たち）の悪辣な[115]手から逃れるためだった。

この一節，1244 年の茶罕官人の言語 "中間に或いは不蘭奚并びに姦細の人等有れば" とみごとに対応する。buralqči が，各営盤間を結ぶ街道沿いを警備するトトカウルや徴税官／抽分官の集団と密接なかかわりをもちえたこと，商賈の管理と連動していたこと，強盗紛いの蓄財で恨みを買いやすかったことも再確認される。情況は西も東も同じだったのだ。ちなみに，フレグ・ウルスのこの情況を打開すべく，ガザンがトトカウルたちのトップとして任命した人物の名は，amīr Būrālghī 孛蘭奚官人，アルグン・カンの時代にやはりトトカウルたちの amīr-i buzurg 大 官人をつとめた amīr ČNQWR 床 兀児の息子なのであった[116]。"拾君" や "捨丸" といった意味での命名以外に，世襲の職務の可能性もこんご念頭におくべきだろう（buralguči はもちろん，buralq の人口・馬匹の配分に与った güyüči や kötölči の長の家系にも，Buralqi，Buralq の名がしばしば現れる）。

また，「クビライ・カアン紀」は，中書省およびその構成員を解説したのち，次のようにいう。

さて，カアンは大概，城市に駐屯していたので，shīng 省と呼ばれる大衙門の方面に陣営をなして，そこに（ひとつの）衙門を置いた。［その］慣習は以下のごとくである。諸々の 'ādat 関廂を預かる nāyib 従臣／代官がいる。拾得された bulārghū < buralq も，かの従臣のもとにもっていって，かれが尋問する。かの衙門の名は ĹYS > laīs である。なお，尋問がある時分には，情況の概容を記し，かの bulārghū < buralq と一緒に，それよりも上の位階である LWSH > lūsah なる衙門に送付する。さらに，そこから HNLYWN > şankīūan 宣徽院と呼ばれる第三の衙門に送付する。そのご，TWNJYWN > tunchunūan

通政院という名である第四の衙門にもってゆく。ちなみに諸 yām 站および qāṣid 使臣毎の勾当は，かの衙門に帰属している。前述のみっつの衙門は，かの衙門の farmān 鈞旨のもとにある。その後，RWŠYTAY＞zūshītāī 御史台と呼ばれ，軍の勾当を倣す第五の衙門に，それから SYWNŠH＞suanwīshih 宣慰司／泉府司という名であり，あらゆる使臣たち，商賈たち，来往のものたちがいる第六の衙門にゆく。yarlīgh 聖旨と pāīzah 牌子は，かの衙門の管轄である。現在，その職はただひとり［Dāshman/Dānishmand］答失蛮官人に託されている。このむっつの衙門に将来されると，その後，sīng 省とよばれる大衙門に将来，咨られ，詞状のうちにある当事者たちの指紋を再度採取する。指紋の意義は，すなわち，経験を以て判明・確認されていることだが，人の指が異なる点にある。某人が再度複数の紙からなる供述書を提出する場合には常に，（鈴縫／継ぎ目を）かれの諸指のあいだに置き，その供述書の裏に文字の nishān 書き判／花押をかれの指の関節の位置に描く。若し否認する時には，かれの諸指の書き判を以て照合がなされるべく。一致すると，否定できない。このようにあらゆる衙門は，奏上して旨意が当該の案件に関し下賜されるように，心を用いているのだ(117)。

laīs は，これまでの経緯からすれば，明らかに闌遺寺もしくは闌遺所を表すだろう（唐代に闌遺を扱った司門郎中，駕部郎中は，京城四門関をはじめとする天下の関所，駅伝の人馬，モノの出入にも眼を配った）。その直接の上司である lūsah は，カアンの大都，上都の間の季節移動の後を託され，管理する "留守" に相違ない(118)。親王，勲臣が任命されることが多かった重要な職で(119)，この記事によってはじめて，その勲臣は buralqči のトップだった可能性が高いことがわかる(120)。漢文資料で留守司と闌遺の関係を明言するものは存在しなかっただけに，きわめて貴重な一節といえる。HNLYWN は，文書のやりとりのあった翰林院の可能性もあるが，H（ح）をṢ（ص）の，L（ل）をK（ک）の誤写とみて，留守司と密接な関係をもち，前節で確認したように闌遺の収受の事を掌った宣徽院と解しておく。そして，さらにそれらの上に通政院が乗っかる。

　TWNJYWN が示す音価 tunjīūan からすれば，『元典章』巻七「吏部一・官制」《職品》【拾存備照品官雑職】の一覧表に三箇所出現する統制院がピタリと合うが，站赤を管する通政院(121)と解すのが普通だろう。じっさい，通政院が上都周辺お

462　第 III 部　ケシクからみた大元ウルス史

よび各站の牧地にて拾得した不蘭奚の馬・牛・羊等を処理していたことを示す文書ものこっているからだ[(122)]。ちなみに，統制院の三文字は，『元典章』編纂時に廃止になっていた職のリストに収載されるだけあって，ほかの同時代の漢文資料にまったく残っておらず，わずかに『元史』巻二〇五「姦臣伝・桑哥」に一箇所言及されるのみ。それから推測すれば，総制院・宣政院の前身で，少なくとも仏教全般の統括とティベット全域の統治を職掌とした官庁。サンガは，クビライ・チンキム父子の確執の果てに発生した有名なアフマド・ファナーカティーの暗殺事件（1282 年 3 月）ののち，クビライに重用され，一時期，通政院にも何かと指示を出した。もし，統制院で正しければ，ぎゃくに『集史』の解説およびその前後の記事が一体いつのデータなのか，特定する貴重な証拠ということになる。とうじ展開されていた激しい政争は，頻繁な官庁の統廃合，改組を行わせしめた。ふりかえって，闌遺監ではなく闌遺寺となっているのも説明がつく[(123)]。

　ラシードゥッディーンのインフォーマントとなったボロト丞相は，まさにそのさなかの至元二十年（1283）夏四月，さまざまな思惑を背負って，ケレメチのイーサーとともにフレグ・ウルスに遣わされたのだった。

　『集史』は，アフマド暗殺事件の後始末の功労者として amīr Pūlād aqā ボロト・アカと Hantūn nūyān アントン・ノヤンを挙げ，しかも朱筆で記す[(124)]。ボロトの自主申告に基づくからである（ボロトには，大元ウルスに帰国できない事情があった——チンキムに与したとみるべきである）[(125)]。『百万の書』が特記する Cogatai コガタイの名は見えない[(126)]。

　"チンキムの偽令旨"を受けて南城（金の中都）の自邸を出た Achmac/Achmach アフマドは，城門を通過するさい Cogatai と合流し，宮中に参内した。とうじ，Cogatai は，大都に常時，宿衛する一万二千人の隊長であった。宮殿の入り口に侍立し，アフマド暗殺の現場を目撃したかれは，即時，偽チンキムを射殺，千戸の王著等を捕獲，戒厳令を敷き治安維持をはかるいっぽう，クビライに急使を送り，指示を仰いだ。『集史』では，チンキムに扮した首謀者 Kāū Finjān 高平章[(127)]を射殺したのは，アフマドが帯同していたキプチャク族の伴当 amīr TRKAN ＞ Türgen[(128)]。いずれにせよ，叛乱の鎮圧は，当初，アフマドの部下によって行われたのである。

　『元史』巻二〇五「姦臣伝・阿合馬」は，この役回りを大都留守司ダルガの博敦／鉢敦に振る。ところが，このボドン，アフマド暗殺の折には，あくまで"大

都尹"であって，事件発生の一ヶ月後，事後処理にあたったコルカスン／コルコスンが中書右丞相に，オンギラタイ／コンギラタイが大都留守司のトップに任じられ，留守司の改組が断行されたのにともない，はじめて抜擢されたのだった（漢文資料で子孫たちによって声高にアフマド事件での功績を謳いあげられる張九思，高觿といったチンキムの配下も，事件以前は大都における宮殿・寺観等の建築，備品の造作の一部を任されていたに過ぎなかった）。それまで，大都の留守司およびそれに附随する兵権は，アフマドの"家奴"クトゥダル等が押さえていた[129]。このクトゥダル，至元十六年七月の時点で兵部侍郎としてトトカウルたちを率いていた人物だろう[130]。

　そもそも，アフマド自体，尚書省の長官として大元ウルスの財務を一手に掌握するのみならず，クビライ政権の発足時から上都（開平府）の留守を任されており[131]，やがては陸運・水運を通じて世界の物資・富が集中する大都の留守を預かるようになっていた[132]。つまりは，両都経営に必要な物品，人馬の和雇和買も握ったことを意味する。さらに，各行省の要職に一族を配置し，それぞれが相当の兵力をも有した。チンキムと衝突するのはとうぜんのことであった（暗殺事件が，アフマドの庇護者でチンキムの母チャブイ皇后（カトン）の死後まもなく，そして上海から大都への海運開通について丞相バヤンから進言がなされたまさにその年に発していることにも留意すべきだろう。なお，のち成宗テムル時代には，ムバーラク・シャーが留守と平章政事を兼任，仁宗アユルバルワダ時代には，かの太后ダギの寵臣テムデル，そしてベク・テムルも大都に留守した[133]）。『析津志輯佚』「歳紀」は

　　駕の起ちて自り後，都中は止だ商賈の勢力の売買する而已（のみ）に過ぎず，惟だ留守司の官のみ，禁苑の中貴，怯薛（ケシク）を主どる（つかさ）者の職なり。其れ，故典に謂う所は，門を閉づるは留守，門を開くは宣徽。

といい，『集史』も

　　かの歳，カアンは大都の城市（まち）から駐夏の方面へ行く際，アフマドを，Türgenという名でキプチャク族出身のアミールと，宮殿を守衛するようにと，衙門と諸庫の頭（かしら）として遣（のこ）し置いた[134]。

という。かの『百万の書』も，大カアンたるクビライと息子のチンキムのそれぞれが駐夏に出立したのち，bailo＝vicario（代理・代行）[135]たるアフマドが"城市

464　第 III 部　ケシクからみた大元ウルス史

の管理と警護のために残留した"こと，その間，なにか事件が生じると，アフマ
ドが上都方面のカアンのところに使者を送りその意思を伺ったこと，はっきりと
述べている[(136)]。

　そして，留守司の官庁は，まさにアフマドが参内する途路，Cogatai[(137)]と合流
した大都宮城の西南の角楼の南側，すなわち南紅門の外にあった[(138)]。「姦臣伝・
阿合馬」も，留守司の官たちが事件の一部始終を遠巻きに眺めていたことは，記
さざるをえなかった。さらにいえば，至元二十一年（1284），チンキムを幽閉す
るや，留守司はクビライの手にもどり，ふたたび改組のはこびとなる[(139)]。その
二年後，中書省が宣徽院，大司農，大都・上都留守司の人員調整を上奏したとき，
クビライは，かく言い放った。

　　　禁近に在る者は，朕自ら沙汰す。余は卿等に従り之を議せ[(140)]。

　クビライの正后チャブイ（コンギラト氏）の媵臣から身を起こし，その庇護の
もと，絶大な力を有したアフマドは，おそらく buralqči の長でもあったのだ[(141)]。

註

（1）Rashīd al-Dīn Fażl-Allāh Hamadānī, *Jāmiʿ al-Tavārīkh*, MS : Istanbul, Topkapı Sarayı Müzesi,
　　Kütüphanesi, Revan 1518, f. 81a, MS : Paris, BnF, Ancien fonds 68, f. 78a, MS : Tehrān, Majlis 2294,
　　f. 74b.
　　　『集史』において，しばしば唐突に挿入され文法上不自然な句は，原本では小字もしくは
　　別色で附された註であった（漢籍における割註の影響を受けたものか）。地名・人名等の固
　　有名詞あるいは kūrān のような外来語を説明する ki もしくは kī 以下の節は，ラシードゥッ
　　ディーンが主君ガザンの口述と金冊をもとに本文を書き終えたのち，ボロト丞相からの情報，
　　あるいは辞書・地図を参考に補足したもの，と考えられる。
　　　書式，書体，成立時期等，イスタンブル本ときわめて近い関係にあるタシュケント本
　　（MS : Taškent, Abu Rayhon al-Biruni Institute of Oriental Studies 1620）は，端本で，しかもいち
　　ぶ後世の補写を含むものの，文字の正確さという点において，いまのところ最良と考えられ
　　るテキストだが，残念なことに当該のフォリオを欠く。しかし，これとほぼ同じ話を伝える
　　『集史』部族志「Qunkliūt コンギラト族」（MS : Istanbul, f. 33a, MS : Taškent, f. 33b, MS : Paris,
　　f. 37a, MS : Tehrān, f. 32b）では，ともに AYQRY/AYĠRY NYKW QALYWN と明確に示す。
　　同様に，MS : Istanbul, f. 54b. l. 1, f. 80a. l. 9 も AYQR と綴り，f. 57a. l. 2 のみ AYĠRY とする。
　　また，一時期，オスマン朝の宰相をつとめた Hekimoğlu Ali Pasha ハキームオグル・アリー・
　　パシャ（1689-1758）の旧蔵書には，『集史』部族志「チンギス・カン紀」の良質な写本
　　（MS : Istanbul, Süleymaniye Kütüphanesi, Hekimoğlu 703）が含まれる。AYĠRY　NYKW

QALYWN, AYĠRY QALYWN（f. 75b, f. 165a）と表記するように，テヘラン写本と同系統だが，テヘラン本欄外の数箇所の加筆部分——京都大学イラン・アフガニスタン・パキスタン学術調査隊が人文科学研究所に寄贈した写真では，足利惇氏・田村実造・恵谷俊之『イランの歴史と言語』所収のものより欄外が広く焼き付けられている——は取り込まれていない。ポスト・モンゴルのひとつともいえるオスマン朝の宮廷にあって，テュルク・モンゴル諸部族のルーツを知るための重要な参考書であったことが窺える。ちなみにハキームオグル・アリー・パシャは，その呼称からも知れるとおり，ヴェネツィア出身の医者の子だった。

（ 3 ） F. Steingass, *A Comprehensive Persian-English Dictionary*, 1892

（ 4 ） G. Doerfer, *Türkische und Mongolische Elemente im Neupersischen*, vol. 2, Wiesbaden, 1965, pp. 185-187.

（ 5 ） *Nuzhat al-Qulūb,* MS : Paris, BnF, Ancien fonds 139, f. 123b ; J. Stephenson, *The Zoological Section of the Nuzhatu-l-Qulūb of Ḥamdullāh al-Mustaufī al-Qazwīnī*, The Royal Asiatic Society, 1928, p. 8, p. ١٣ ; Paul Pelliot, Les Formes turques et mongoles dans la nomenclature zoologique du "Nuzhatu-'l-Ḳulūb", *Bulletin of the School of Oriental Studies*, vol. 6, no. 3, 1931, pp. 557-558.

（ 6 ） D. Varisco & G. R. Smith (ed), *The Manuscript of al-Malik al-Afḍal*, Gibb Memorial Trust, 1998, p. 199, l. 6 ; P. Golden, *The King's Dictionary : The Rasūlid Hexaglot*, Brill, 2000, p. 216 ; Бадр ад-Дйн Ибрāхйм, С. И. Баевского (ed), *Фарханг-и зафāнгӯйā ва джахāнпӯйā*, Москва, 1974, f. 50a ; R. Dankoff, *The Turkic Vocabulary in the Farhang-i Zafān-gūyā*, Indiana University, 1987, p. 6.

（ 7 ） *The Muqaddimat al-Adab : A Facsimile Reproduction of the Quadrilingual Manuscript* (*Arabic, Persian, Chagatay and Mongol*), The Alisher Navoi State Museum of Literature and the Japan Society for the promotion of Science, Tokyo, 2008, f. 125a, l. 1.

（ 8 ） Yoshio Saitō, *The Mongolian Words in Kitāb Majmū' Turjumān Turkī wa-'Ajamī wa-Mughalī : Text and Index*, Shoukadoh, Kyoto, 2006, f. 66a, l. 13.

（ 9 ） ラスール朝の六ヶ国語対訳語彙集は，モンゴル語，ペルシア語ともに AḤTA（akhta < aqta），テュルク語は AKDYŠ と綴る。今日の知識でいえば，iğdiş ということになろうが，ウイグル文字で考えれば aqtiš だったとも考えられる。乙種本の『高昌館訳語』（東洋文庫蔵）の来文，『華夷訳語』（中国国家図書館蔵）は騸馬を一貫して aqta と呼ぶ。*The Manuscript of al-Malik al-Afdal*, f. 204, l. 21 ; *The King's Dictionary*, p. 275.

(10) 中国国家図書館蔵の『華夷訳語』，旧北平図書館蔵の『高昌訳語』は，乙種本の増補版とみられるが，ウイグル文字で aigir とつづり騸黒児と当て字する。

(11)『南村輟耕録』巻七【課馬】"俗呼牝馬為課馬者，唐六典，凡牝馬五游五課，羊則當年而課之，課，歳課駒犢也"。

(12)『華夷訳語』（中国国家図書館蔵），『高昌訳語』（旧北平図書館蔵）は擺丹 baital と綴る。

(13) つとに，Maḥmūd al-Kāshgharī, *Dīwān Lūghāt al-Turk*, Istanbul, Millet Genel Kütüp-hanesi, Ali Emiri, Arabi, no. 4189, f. 30b は，公馬として azghīr なる単語を記録するほか，f. 248b には aighir の表記も見える。また，ウイグル文字による『オグズの書』（MS : Paris, BnF, suppl. turc 1001, f. 1a4, 8b7. 図書館が整理のさいに頁番号を首尾逆に振り間違えており，正しい配列では 14a7, 21b4）にも，aigir が見える。

(14) 現存する『事林広記』元刊本のうち，台湾故宮博物院蔵至順刊本，北京大学図書館蔵後至元刊本の「蒙古訳語」は，『経世大典』と同様，"曳剌馬"に改める。『事林広記』収録の訳

466 第 III 部　ケシクからみた大元ウルス史

語は『華夷訳語』甲・乙種本より実用的で，【鞍馬門】はもとより【五穀門】，【飲食門】に
も，各站・諸投下における kešig 分例・ši'üsün 祇応等の手続きに必須の単語が並ぶ。

(15) 公牛，公鶏，公蟹などの用例のごとく，雄を指す。ただし，『国語』巻十八「楚語下」に
は“国馬足以行軍国馬，民馬也。十六井為丘，有戎馬一匹，牛三頭，足以行軍也。公馬足以
称賦公馬，公之戎馬也。称挙也。賦，兵賦也”とあり，君主の戦馬の意味で用いられること
もある。

(16) 其牡馬留十分壮好者，作**移剌馬**種外，余者都扇了。所以無不強壮也。**移剌者公馬也**。不曽
扇，専管騍馬群，不入扇馬隊。扇馬，騍馬各自為群隊也。凡馬四五百匹為群隊，只両兀剌赤
管，手執鞭心鐵槌，以當鞭箠。馬望之而畏。毎遇早晚，兀剌赤各領其所管之馬，環立於主人
帳房前，少頃各散去。毎飲馬時，其井竈止可次四五馬，各以資次，先後于而自来，飲足而
去，次者復至。若有越次者，兀剌赤遠揮鐵槌，俯首駐足，無或敢乱。最為整斉其騍馬群，毎
移剌馬一匹，管騍馬五六十匹。騍馬出群，**移剌馬**必咬踢之使帰，或他群**移剌馬**踰越而来，此
群**移剌馬**必咬踢之使去。

　　のちに，イブン・バットゥータもほぼ同じことをジョチ・ウルス治下の状況として紹介し
ている。なお，そこにみえる القشي はウイグル語 ulaqči 馬夫をアラビア文字で表記したがた
めのもの。C. Defrémery & B. R. Sanguinetti (ed/tr), *Voyages d'Ibn Batoutah*, tome second, Paris,
1875, pp. 372-373 ; H. A. R. Gibb (tr), *The Travels of Ibn Baṭṭūṭa*, vol. 2, The Hakluyt Society, 1993,
p. 478.

(17) “耶律”は，契丹小字で✕䫒，㽿䫒と表される。愛新覚羅烏拉熙春は i-jæl-u-t＞jælu-t（-t
複数接尾辞）と読み，劉鳳翥等は ilyukut と読む。“移剌”という漢字表記は，金朝以降に用
いられた。ラシードゥッディーンの『中国史』および『五分枝』（『五族譜』）は，YLY と表
記，すなわち Īlī，アラビア語のアリフ・マクスーラとして読めば Īlā と発音する（写本によ
っては YL＞Īli/Īla）。劉鳳翥・唐彩蘭・青格勒編著『遼上京地区出土的遼代碑刻彙輯』（社
会科学文献出版社　2009 年　p. 40, p. 49, p. 111, p. 172, p. 181, p. 213, p. 229, pp. 256-257, pp.
267-268, p. 271），愛新覚羅烏拉熙春『契丹文墓誌より見た遼史』（松香堂　2006 年　pp.
8-12），*Jāmi' al-Tavārīkh*, MS : Istanbul, Topkapı Sarayı, Hazine 1653, f. 408r-408v (K. Jahn, *Die
Chinageschichte des Rašīd ad-Din*, Wien, 1971, tafel. 34, 35), MS : Paris, BnF, suppl. persan 1364, f.
225a ; *Shu'ab-i Panjgānah*, MS : Istanbul, Topkapı Sarayı Müsesi, Kütüphanesi, Ahmet 2937, f. 223a.

(18) 鯉淵信一「モンゴル語における馬の個体識別語彙——主に毛色名を中心として」（『アジ
ア研究所紀要』14　1987 年　pp. 332-307）

(19) 『元朝秘史』には該当する記事がない。これ自体が既存の資料観を覆す大問題を含む。『集
史』，『元朝秘史』，『皇元聖武親征録』の関係については，池田嘉郎ほか編『名著で読む世界
史 120』（山川出版社　2016 年　pp. 198-200）参照。

(20) 方回の『続古今攷』巻三一は，“古人馬無割勢豁鼻之事。始于大蒙古国。契丹，女直，皆
未也。**不割勢不豁鼻，称為生馬**。牝馬善牡馬，当通淫之時，難駕馭，昼夜号嘶，無故輒蹄齧。
今蒙古人行軍，不用牡馬，用攻馬者，「攻馬者治之」之謂，此攻馬不嘶，夜下寨，万馬寂然，
勢已割気力完，鼻已豁善走，気出不喘，以此取天下，古之聖人，慮不及此，世変豈有極哉”
というが，豁鼻，牡馬の去勢が大モンゴルに始まるというのは誤りである。「番騎馬出猟図」
（李天鳴『中国疆域の変遷』台湾故宮博物院　1997 年　pp. 12-13）

(21) 李逸友『黒城出土文書　漢文文書巻』（科学出版社　1991 年　p. 101），塔拉・杜建録・高
国祥主編『中国蔵黒水城漢文文献①農政文書巻』（中国国家図書館出版社　2008 年　p. 173）。

なお，■で表した未解読部分は，ジャムチ等の帳簿で点検が義務付けられている"馬疋毛色，歯数，膔分"のうち歯数すなわち年齢を割註で"某歳"と記したものと思われるが，読み取れなかった。

(22) 李逸友『黒城出土文書 漢文文書巻』p. 190，『中国蔵黒水城漢文文献⑥票拠，契約，巻宗与書信巻』p. 1255.

(23) 余大鈞・周建奇訳『史集 第一巻 第二分冊』（商務印書館 1983 年 p. 163）。また，同『史集 第一巻 第一分冊』p. 220 が HRQNQRY と読み，"一匹哈児渾忽里，即浅黄色馬"と訳す語は，"ān asb-i qulah bāshad それは黄馬の馬である"と解説されるように，HRQY-QRY＞hirq īqrī/iqrā すなわち hele'e i(q)ri/i(q)ra 鳶色全馬と読むか，あるいは MRQNQRY＞muri-i qunqrī すなわち qongqor mori 甘草黄馬と見るかのどちらかだろう。Jāmi' al-Tavārīkh, MS : Istanbul, f. 25b, MS : Taškent, f. 24a, MS : Paris, f. 25b, MS : Tehrān, f. 24b. なお，qulah はモンゴル語 qula に由来する。Jāmi' al-Tavārīkh, MS : Istanbul, f. 43a, MS : Paris, f. 45b, MS : Taškent, f. 43b, MS : Tehrān, f. 41a の chaghān amān qulah は，『元朝秘史』巻四 49a4, 50b2 にいうところの aman čaqa'an qula 口白黄馬であり，同書巻二 25b2 の aman čaqa'an eremük qulaqčin の傍訳にはまさしく"口白不生駒的甘草黄"とある。栗林均・確精扎布『『元朝秘史』モンゴル語全単語・語尾索引』（東北大学東北アジア研究センター 2001 年）参照。

(24) 数ヶ国語で書かれた文書，それを刻んだ碑石はもとより，モンゴル時代，世界的に流行し，漢語，アラビア語，ペルシア語，イタリア語等，さまざまな言語で書かれた類書（百科事典）の中には，まだまだ学界未知の対訳語彙集が含まれている可能性があり，調査が必要である。また，『集史』「チンギス・カン紀」と『元朝秘史』，『皇元聖武親征録』本書第 19 章の『脈訣集解』とそのペルシア語訳のように原典を等しくする書物どうしは，それ自体が膨大な対訳語彙集となる。

サアディーの『薔薇園』や，モンゴル時代に流行してミニアチュール入りペルシア語写本がいくつものこる『王書』は，それぞれ 14 世紀と 15 世紀のジョチ・ウルス，マムルーク朝下でテュルク語訳が作成されている。

1420 年に，ティムール朝のシャー・ルフが大明に派遣した使節団の一員ギャースゥッディーン・ナッカーシュの旅行記は，テュルク・モンゴル語起源の語彙がしばしば見られるほか，明朝治下の事物を紹介するさいにも，きわめて的確な訳語が選択されている。ほぼ同時期の明朝にて編纂された『回回館訳語（乙種）』，『韃靼館訳語』をみれば，かれが何を説明したいのか一目瞭然である。たとえば，「鳥獣門」"鳳凰：洗木児額 sīmurġ"，"龍：阿日得児 aždar"，「人物門」"鬼：刁 dīv"，"官：阿米児 amīr"，「宮室門」"殿：科石克 kūshk"，「器用門」"笙：母洗噶児 mūsīqār"，「器用門」"筝：牙土罕 yatugan"，"幔：潤石格 küsige"といったように。また，陳誠・李暹『西域番国志』の"管事の人は刁完 dīvān の官を称す。凡そ大小の事は皆，刁完 dīvān の官の計議に由りて処置す"（『回回館訳語（丙種）』「宮室門」"衙門：撲窒音 dīvān"）という証言などとも，ピタリと呼応している。モンゴル時代の外交システム・多言語辞書の遺産により，ティムール朝，明朝双方の訳語にはきちんとした共通認識があったことを物語る。したがって，訳出するさいに，まず『回回館訳語』をはじめとする一連の『華夷訳語』の諸本，近年全貌が明らかになった永楽五年成立の五ヶ国語の絵巻「噶瑪巴為明太祖薦福図」（甲央・王明星編『宝蔵——中国西蔵歴史文物』第三冊 朝華出版社 2005 年）等の同時代の資料を利用するのは，最低限・必須の作業といえるし，現実にもっとも合理的な方法であろう。なお，この旅行記には，ペルシア語原本からの抄訳，さ

468 第Ⅲ部　ケシクからみた大元ウルス史

らにそこから 1494-95 年に翻訳されたテュルク語訳がある。

　ところで，シャー・ルフが派遣した外交使節団は，甘粛，真定を経て Qanbalïq 北京に入ったが，さかのぼって 1414 年頃からハーフィズ・アブルー等が，地理書の編纂事業の一環として，アラビア語の *Masālik al-Mamālik wa Ṣuwar al-Aqālīm*『諸国の道路と各地の様相』をペルシア語に翻訳する作業を開始しており，他の諸資料によって加筆し，まさにかれらの出発直前の 1419 年〜20 年 3 月頃に，シャー・ルフに献呈したという。そして，台湾大学の Huart 文庫には，かつて，北京彰儀門内牛街西大寺――いわずと知れた masjid ムスリム寺院である――旧蔵の同名の書があった。目睹した前嶋信次およびユアールのメモによれば，良質の緞子の表紙で，漢字・モンゴル文字の題箋が添付されており，雲母のように輝く大型の厚紙に，極彩のアラベスク紋様と金銀粉を散らした異様な美本，朱墨の毛筆をもってペルシア語が綴られていた。この写本の作成年代は，ヒジュラ暦 810 年もしくは 820 年とのことであり，後者であれば，ギヤースッディーン・ナッカーシュ等の手を経由して，永楽帝，あるいは通訳を担当したカーディーの所有となった可能性が出てくる。ポスト・モンゴル時代の「知」の東西交流のまたとない証拠現物として，「再発見」の期待が高まる。Aly Mazahéri, *La Route de la soie*, Paris, 1983, 小野浩「ギヤースッディーン・ナッカーシュのティムール朝遣明使節行記録　全訳・註解――ハーフィズィ・アブルー『バイスングルの歴史精華』から」（窪田順平編『ユーラシア中央域の歴史構図』総合地球環境学研究所　2010 年 pp. 273-430），Ildikó Bellér-hann, *A History of Cathay : A Translation and Linguistic Analysis of a Fifteenth-Century Turkic Manuscript*, Indiana University, 1995 ; A. Bodrogligeti (ed), *A Fourteenth Century Turkic Translation of Saʿdī's Gulistān : Sayf-i Sarāyī's Gulistān Bi't-turkī*, Hague, 1970 ; A. Zajączkowski, *Turecka Wersja Šāh-nāme z Egiptu Mameluckiego*, Warszawa, 1965 ; Shihāb al-dīn ʿabdullāh khwāfī, S. Sajjādī (ed), *Jughrafiyā-yi Ḥāfiz Abrū*, 1375-1378, Tehrān, vol. 1, pp. 49-50, 前嶋信次「アラビア地理書の明代写本の存在に就いて」（『回教圏』5-10　1941 年　pp. 904-914），川口琢司「ハーフィズ・アブルーの地理書におけるマー・ワラー・アンナフルの条について」（近藤信彰編『ペルシア語文化圏史研究の最前線』東京外国語大学アジア・アフリカ言語文化研究所　2011 年　pp. 61-85）参照。

(25) ペルシア語資料がいわゆる遼朝（カラ・キタイ）の研究に必須であることは，杉山正明「モンゴル西征への旅立ち――イルティシュの夏営地にて」（『ユーラシア中央域の歴史構図』pp. 23-26）の註 17, 18 が実証している。そこでは，カラ・キタイの王国を簒奪したナイマンのクチュルクの兄弟たちが shāl という称号を持ったこと，それが『遼史』をはじめとする漢文資料でいう「舎利」「沙里」と連動することも指摘される。『圭斎文集』巻十一「高昌偰氏家伝」には，"他偰伽生而敏慧，年十六，襲国相答剌罕。時西契丹方強，威料高昌，命太師僧少監来囲其国，恣睢用権，奢淫自奉。王患之，謀於他偰伽曰「計将安出？」他偰伽対曰「能殺少監，撃吾衆帰大蒙古国，彼且震駭矣」遂率衆囲少監，少監避兵于楼，升楼斬之，擲首楼下。以功加号他偰傑忽底，進授明吉，妻号赫思迭林。子第以暾欲谷之後，世為其国大臣，号之曰設，又曰沙爾，猶漢言咸睕也" ともいう。ウイグル，突厥のシャドとキタイのシャルは同一だと認識されていた。また，オン・カンの子 Ilaqa-Sengüm の Sengüm は，『集史』をはじめとする通説では，"相公" と考えられているが，同時に『国朝名臣事略』巻一「太師魯国忠武王」によれば，それは遼，金時代の "諸官府監治長官"，"辺戍之官" で，部族軍馬の政令を掌った "詳穏" に等しかった。Čaraqai-Lingqu の Lingqum も "令公" → "令穏"（*Jāmiʿ al-Tavārīkh*, MS : Istanbul, f. 38a, f. 49b, f. 77b），『遼史』巻一一六「国語

第9章　ブラルグチ再考　469

解」，『金史』附「金国語解」）。連綿とうけつがれる遊牧民族の各称号を整理・分析すること
は，それぞれの国体を考えるうえで，重要な手掛かりとなりうる。

(26) H. Yule, *The Travels of Ser Marco Polo* (*The Complete Yule-Cordier edition*), vol. 1, London,
1920, pp. 407-408 ; Naṣīr al-Dīn Ṭūsī, M. Raẓavī (ed), *Majmūʿah-yi rasāʾil*, Tehrān, 1957, p. 32 ; M.
Minovi & V. Minorsky, Naṣīr al-Dīn Ṭūsī on Finance, *Bulletin of the School of Oriental and African
Studies*, University of London, 1940, pp. 786-788 ; P. Pelliot, *Notes on Marco Polo I*, Paris, 1959, pp.
112-114 ; *Türkische und Mongolische Elemente im Neupersischen*, vol. 1, pp. 213-215, 周良霄「"闌
遺" 与 "孛蘭奚" 考」（『文史』12　1981 年　pp. 179-184），本田實信「モンゴルの遊牧的官
制──ユルトチとブラルグチ」（『小野勝年博士頌寿記念東方学論集』龍谷大学　1982 年
のち『モンゴル時代史研究』東京大学出版会　1991 年　pp. 69-82 に収録）

(27) 『元史』巻一〇〇「兵志三」《馬政》"車駕行幸上都，太僕卿以下皆従，先駆馬出建徳門外，
取其肥可乳者以行，汰其羸瘦不堪者還于群。自天子以及諸王百官，各以脱羅（= toloq 大
氊）氊置撒帳，為取乳室。車駕還京師，太僕卿先期遣使徵馬五十氊都来京師。氊 都 者，承
乳車之名也。既至俾哈赤・哈剌赤之在朝為卿大夫者，親秣飼之，日釀黒馬乳奉玉食，謂之細
乳"，『道園学古録』巻二三「句容郡王世績碑」"世祖皇帝西征大理，南取宊，其種人（=
欽察）以強勇見信用，掌羉牧之事，奉馬湩，以供玉食，馬湩尚黒者，国人謂黒為哈剌，故
別号其人哈剌赤"。

(28) ここの箇所の寺官が尚乗寺ではなく太僕寺の所属であることは，『国朝文類』巻四〇「経
世大典序録・兵雑録」【馬政】の割註，『経世大典』の一部である『大元馬政記』の冒頭の数
箇条より明らか。

(29) 馬之群，或千百，或三五十，左股烙以官印，号大印子馬。其印，有「兵古」，「貶古」，「闍
卜川」，「月思古」，「幹欒」等名。牧人曰哈赤・哈剌赤，有千戸・百戸，父子相承任事。自夏
及冬，随地之宜，行逐水草，十月各至本地。朝廷歳以九月・十月遣寺官馳駅閲視，較其多寡，
有所産駒，即烙印取勘，収除見在数目，造蒙古・回回・漢字文冊以聞，其総数蓋不可知也。

(30) Būkāūl ＜ böke'ül 孛可温，būkāūlān 孛可孫／卜可孫（ナイマン語に由来する qičat は，歴史の
展開のなかでやがて忌避され，同義のテュルク語が選択された）。戦時中は，後方だて軍へ
の兵糧供給をとりしきり，勝利ののちは分捕り品等の分配を公正に執行する職（軍事演習た
る囲猟での獲物の分配も同じ）。大元ウルス治下にあっては"宿衛の廩給，衣糧""馬䭾の粟
料"の支給を職責とする度支監が böke'ül 集団である。また，かつてチンギス・カンに仕え
たフウシン族のボログル・ノヤンやバヤウト族のオングルが böke'ül 兼 bawurči であったよ
うに，böke'ül の長は，šarbači 舎児伯赤や bawurči 厨子すなわち飲膳の長とともに宣徽院を
統括した。後述するテケ平章はその代表的な人物である。*Türkische und Mongolische Elemente
im Neupersischen*, vol. 2, pp. 301-307, vol. 3, pp. 571-573, 『元史』巻九〇「百官志」《度支監》,
Jāmiʿ al-Tavārīkh, MS : Istanbul, f. 35a, f. 36b, f. 82a, f. 128b, f. 130a, f. 147a, MS : Taškent, f. 35b, f.
37a, f. 53b, f. 100a, f. 101b, f. 119b, 『元朝秘史』巻九 9b～10b, 『通制条格』巻十五「厩牧」
【擅支馬䭾草料】【冒支官銭糧】, 巻二八「雑令」【冒支官物】, 『元典章』巻三八「兵部五」
《飛放》【禁擾百姓】, 『永楽大典』巻一九四二五「駅站一《成憲綱要》[至元二十年十月]，
「元鮮于伯機書張彦亨行状稿」（『蘭千山館書画【書蹟】』二玄社　1978 年　pp. 57-70）"充
卜可孫，領御前軍馬糧料事務"。
　なお，『至正条格』巻二四「厩牧」には，度支監，böke'ül の職務を詳細に伝える記事が多
く見られる。たとえば【喂養馬䭾】には

470 第III部 ケシクからみた大元ウルス史

至元六年（1340）十一月，中書省の奏に「戸部の官が備し着（きた）度支監の文書の裏，
呈に『本監は，専一に発遣して馬駝等并びに各枝児の大小の怯薛丹の馬疋を喂養す。年
例に合に用うべき草料の約該の価は鈔七十万定有余。近年以来，怯薛丹并びに各枝児の
合に発すべき外処の馬疋が有る（のに），孛可孫の人等は，本監の馬に発する文字を将
って領受するも，即ちに発する所の地面に遣趂して喂養せず，故意に遷延して，冬の深
きに至るに直り，告げて説う【馬疋は痩弱し，天気は寒冷，地里は蔦遠，前去すること
能わず】。或いは別に縁故を称し，草料の価銭を要むるを願う……』」。

とある。

　また，『至正条格』断例巻一「衛禁」【分揀怯薛歹】において孛可温と並列される亦里哈温
は，ilqa'ul すなわち ilqaqči 分揀／分例官。そして，『集史』にしばしば見える īdāchī は──
じゅうらい e'üdeči（＝『元朝秘史』巻七 20b：把門 的 毎）に批定されてきたが──idegči
給食官である。「ガザン・カン紀」第三部のいくつかの条よりすれば，その職務は ilqaqči,
böke'ül とも近い。アラビア語の al-sharābī，ペルシア語の sharāb-dār，テュルク語の badırči
に等しいとされるので，より厳密にいえば葡萄酒担当だろう。Jāmi' al-Tavārīkh, MS : Istan-
bul, f. 320a, f. 327b, f. 333b, The Manuscript of al-Malik al-Afḍal, p. 198, l. 3, l. 6 ; The King's
Dictionary, p. 203 ; Türkische und Mongolische Elemente im Neupersischen, vol. 1, pp. 188-189.

(31) Muhammad b. Hindūshāh Nakhchivānī, Dastūr al-Kātib fī Ta'yin al-Marātib, MS : Istanbul,
Süleymaniye Kütüphanesi, Fazl Ahmed Paşa 1241, f. 180b-182a, MS : Paris, BnF, 463, f. 172a-173a,
MS : Leiden, 574, f. 184a-185a ; Али-заде, А. А. (ed), Дастур ал-Катиб фи Та'йин ал-Маратиб,
vol. 2, Москва, 1976, pp. 67-72. なお，かれの父が編んだペルシア語＝テュルク語辞典『非ア
ラブの完美』では，bulārghū を"ホラズムのことばで gurīkhtah 脱走したもの／逃亡者をい
う"と定義する。これはこれで後述の漢文資料が語る実情の一部と対応している。ちなみに，
同書でホラズムのことばとされるのは，āqā, āl, āl-tamghā, aighāq, īnjū, urtāq, ulām, ūrdū, ūr,
bāsqāq, āvurchī, turqāq, turghū, tughār, tūlāj, chakmān, savghāt, sīūrghāmishī, ṭāriqchī, qā' an,
qaranjūr, qūrultāī, kūj, naukar, yādāmishī, yāsā, yālūgh, yānchī, yarghū, yarlīgh といずれも大モンゴ
ルの体制にかかわる重要語彙。"チンギスの国"についてもちゃんと言及するだけに，ガザ
ンの時代になぜ"ホラズム"の語が選ばれたのか──ホラズム王国を指すにせよ，ジョチ・
ウルスを指すにせよ──検討を要する。Hindūshāh b. Sanjar Ṣāḥibī Nakhchivānī, Bīkdilī (ed),
Ṣiḥāḥ al-'ajam, Tehrān, 1366/1987, p. 127, p. 76, pp. 87-90, p. 95, p. 97, pp. 149-150, p. 152, p. 160,
p. 256, p. 284, p. 301, p. 328, p. 330, p. 333, p. 374, p. 449, pp. 475-478, p. 481.

(32)『華夷訳語』（甲種本）や『元朝秘史』で ordo は"宮"と訳されるが，同一文書の中で
urdū と urdūhā 諸宮を明らかに使い分けている。『黒韃事略』"其居，穹廬則氈帳，無城壁棟
宇，遷就水草無常。韃主日徙帳，以従校猟，凡偽官属従行，曰起営。牛馬橐駝以挽其車。車
上室可坐可臥，謂之「帳輿」。輿之四角，或植以杖，或交以板。用表敬天，謂之「飯食」。車
派而五之如蟻陣，縈紆延袤十五里，左右横距，及其直之半。得水則止，謂之「定営」。主帳
南向独居，前列妾婦，次之偽扈衛，及偽官属又次之。凡韃主猟帳所主，皆曰「窩裏陀」，其
金帳柱以金製，故名，凡嬪妃与聚落群起，独曰「大窩裏陀」者，其地巻阿負坡阜，以殺風
勢"，『吏学指南』（中国国家図書館蔵元刊本）巻二「発端」"斡魯朶裏：車駕行在之所，金帳
之内也"とあることを参考に，前者はあえて"大駕"と訳した。

(33) The Muqaddimat al-Adab, f. 44a によれば，チャガタイ語の YWRT＞yurt, モンゴル語の

NTQ＞nutuq，ペルシア語の manzil は同義。『元朝秘史』は nuntuq に営盤の傍訳を施す。『至正条格』断例巻一「衛禁」【侵耕納鉢草地】に"元統二年五月二十二日，経正監の奏に「在前，累朝の皇帝の時分は，**大都より上都に至る等処に有る的** 納鉢・営盤は，奉じたる聖旨に，有司の官を教て提調せしめ着，俺らが火里 孫 qori'ulsun を委付し当闌して有来……奉じたる聖旨に『如今**奴 都 赤**の内より好い人を差わし，中書兵部に文書を与え……』」"とある。『元史』巻一一八「特薛禅伝」にも"歳甲戌，太祖在迭 蔑 可児時，有旨分賜按陳及其弟火忽・冊 等農 土，猶言経界也。若曰「是苦烈児温都児・脱児脳児・迭 蔑 可児等地，汝以与按陳及哈撒児為農 土……」至至元七年，斡羅陳万戸及其妃嚢加真公主請于朝曰「本藩所受農 土，在上都東北三百里答児海子，実本藩駐夏之地，可建城邑以居」。帝従之。遂composed其城為応昌府"という。『周翰林近光集』附「扈従詩前序」"国語曰「納鉢」者，猶漢言宿頓所也"，『元詩選初集』巻五四楊允孚「灤京雑咏」"納宝盤営象輩来，画簾甌暖九重開凡車駕行幸宿頓之所，謂之「納宝」，又名「納鉢」。

(34) *The Manuscript of al-Malik al-Afḍal*, f. 202, l. 1, *The King's Dictionary*, p. 250 に，モンゴル語の mör，テュルク語の yol に等しいという。『元朝秘史』巻九 19b には

忙豁侖	豁侖	脱劣	那顔	抹児	別乞	孛灰	約孫	阿主為	巴阿鄰	阿合因
monqol-un	törö	noyan	mör	beki	bo=qui	yosun	a=j'uui.	Ba'arin	aqa-yin
達達的	(理)［体例］	官	**道子**	官名	做的	理	有来。	種名	長的
兀魯不列埃	別乞	抹児	必答訥	朶脱児剌	迭額児列額徹	別乞	兀孫	額不堅
uruq bü=le'ei.	beki	mör	bidan-u	dotora	de'ere-ece	beki	Üsün	ebügen
子孫有来。	官名	**道子**	咱的	内	自上	官名	人名	老人
孛勒禿孩。								
bol=tuqai.								
做 者。								

とあるように，「道」には「職掌」の意味が含まれる。訳語が用意周到に選択されていることがわかる（というより，rāh の意味に「職掌」が加わったのが果たして何時からなのか，モンゴル時代以降ではないのか，精査すべきだろう。この時代，漢文やペルシア語の語彙にじゅうらいとは異なる意味がもたらされた例がいくつか確認される）。とうじ，文書用語の対訳辞書が作成されていたのは確実だろう。

(35) 『華夷訳語』甲種本「納門駙馬書」は，別積児格斡児脱兀的延（＞bezirget orto'ud-iyan. ともに外来語）の傍訳として"商買"を当てる。栗林均『『華夷訳語』（甲種本）モンゴル語全単語・語尾索引』（東北大学東北アジア研究センター 2003 年 p. 95）。『大元馬政記』にも"拠宣慰司，按察司，転運司，総管府及諸衙門官吏，僧道，答失蛮，也里可温，**斡脱**，不以是何軍民諸色人戸"という一節が見える。

(36) "tamghā 印"なる語を用いていない。同時代のウイグル文書も nishan と tamya を明確に分ける。nishān は，アラビア語の al-'alāma，テュルク語・モンゴル語の belge に相当するという。じゅうらい nishan は，上から下への判物・お墨付きに限定されて考えられがちだが，じつは詞状，文契なども含まれる。ひろく花押入り証明書と解しておけばよいか。belge は『華夷訳語』甲種本の来文で"験"と直訳される場合もあるので，nishān の訳語として，じつは最適である。*The Manuscript of al-Malik al-Afdal*, f. 205, l. 21 ; *The King's Dictionary*, p. 312, 山田信夫「タムガとニシャン」（『足利惇氏博士喜寿記念オリエント学・インド学論集』国書

472 第 III 部　ケシクからみた大元ウルス史

刊行会　1978 年　pp. 345-357　のち『ウイグル文契約文書集成 1』大阪大学出版会　1993
年　pp. 496-484 に収録)

(37) いわゆるパリ本は，gum-shudah を zāyi'-shudah 損壊物に作るが，これでは意味が通らない。
しかし，モンゴル語の bürelge 毀壊と写されていたか，あるいはそう誤読して直訳してしま
ったとすれば，『書記規範』収録の文書は，ほんらいウイグル文字モンゴル語原文があり，
編者のナフチヴァーニーの手によってペルシア語に訳されたという証になる。

(38) Iohannes de Plano Carpini, *Ystoria Mongalorum*, cap. 4 ; P. A. Wyngaert (ed), *Sinica Franciscana*,
vol. 1, Firenze, 1929, p. 45 ; Raymond Beazley (ed), *The Text and Versions of John De Plano Carpini
and William De Rubruquis, as printed for the first time by Hakluyt in 1598*, London, 1903, p. 51, p.
110.

(39) M. Minovi & V. Minorsky, Naṣīr al-Dīn Ṭūsī on Finance, pp. 755-789.

(40) フィレンツェの商人ジョヴァンニ・ヴィッラーニの『年代記』は，アルメニアのヘトゥム
侯の『東方史の華』とヴェネツィアのマルコ・ポーロの *Il libro ditto Milione* をモンゴル関係
の典拠とすること，明確に述べており，少なくとも 1348 年頃までには，『百万の書』がイタ
リアの主要都市において流通していたことがわかる。Giovanni Villani ; edizione critica a cura
di Giuseppe Porta, *Nuova Cronica*, vol. 1, Libro Sesto, XXIX, Parma, 1990-1991, p. 256, vol. 2, Libro
Nono, XXXV, pp. 56-57. なお，1258 年頃には，コンスタンティノープル近辺でフランク王国
およびヴェネツィアの商人たちがジェノヴァの商人と衝突しはじめていたこと，バール・ヘ
ブラエウス (1225-86) の『年代記』に記されている。ちなみに，この書は，宗教誌・各国
史・世界史の性格を有し，フレグ・ウルスのマラーガの王立図書館所蔵の多言語資料――
ペルシア語，アラビア語，シリア語，ヘブライ語，アルメニア語など――を存分に利用し
ながら記述され（『東方史の華』も参照している），『集史』がタブーとして言及しないモン
ゴル史にかかわる事実も少なからず見える。著者自らのシリア語版とアラビア語版がいまに
伝わり，かれの 30 件を超える医学，薬学，哲学等多分野の翻訳，著書は，東西の文化交流
を考えるうえで欠かせない資料となる。ローマ教皇，フランク王国，イベリア半島とビザン
ツ，フレグ・ウルス間の外交使節はもとより，ヴェネツィア商人たちも，バール・ヘブラエ
ウスの著述を見る機会は十分にあっただろう。さらに，ウイグル（オングト？汪昆 onggun
神をもつものたち。吾昆**神**魯部族と訳されることもある）出身でネストリウス派キリスト教
徒のラッバン・サウマーの見聞（大元ウルス，フレグ・ウルスがヨーロッパ諸国へ派遣）の
一部分が『ヤバーラッハー三世伝』としてシリア語で伝来しているが，もともとはペルシ
ア語で書かれていたといわれる。W. Budge (tr), *The Chronograpy of Gregory Abū'l Faraj Bar
Hebraeus*, Vol. 1, Oxford University Press, 1932 ; Abū'l Faraj Jamāl al-Dīn ibn al-'Ibrī, *Tārīkh al-
Zamān*, Beirut, 1986 ; Bar Hebraeus, J. A. Montogomery (tr), *The History of Yaballaha III Nestorian
Patriarch and of His Vicar Bar Sauma*, Columbia University Press, 1927 ; Bar Hebraeus, A. W. Budge
(tr), *The Monks of Kûblâi Khân, Emperor of China*, London, 1928.

(41) モンゴルたちの鷹狩り好きは，とうじの東西世界に知れ渡っていた。台湾故宮博物院が蔵
する劉貫道の「世祖出猟図」（口絵 24～25）は，クビライ以下諸色人の馬，鞍，獲物，武器，
barsči 豹使い等の衣装等を詳細に伝えるきわめて貴重な画像資料だが，そのほかにも同じく
故宮博物院所蔵の元人「射雁図」，「猟騎図」，「寒原猟騎図」，イスタンブルのトプカプ・サ
ライ所蔵の画帳 Hazine 2160 の fol. 88r 狩猟図などが知られている。『爾雅音図』（覆元刻本）
巻中「講武」も，モンゴル時代のさまざまな形態の狩猟の様子を伝えており，参考になる。

また，イスラーム陶器の小鉢の内側にも，躍動感あふれる馬上の鷹匠——右前の衣に長髪——が好まれて描かれる。日本でも足利，徳川将軍家に伝来した「狩猟図彫彩漆盆」（口絵26）は，沈金が施され，そのこと自体が特別な意味をもつが，なにより劉貫道の絵とも連動し，モンゴル貴族たちや鷹，犬が刻まれている。『画馬名品特展図録』（台湾国立故宮博物院1990年 pp. 29-32, pp. 38-39），『故宮書画図録（十八）』（台湾国立故宮博物院 1999年pp. 43-46），『故宮書画図録（五）』（1990年 pp. 189-190, pp. 251-252, pp. 275-276），E. J. Grube & E. Sims, *Between China and Iran : Paintings from Four Istanbul Albums*, University of London, 1986, fig. 46 ; Oya Pancaroğlu, *Perpetual Glory : Medieval Islamic Ceramics from the Harvey B. Plotnick Collection*, Yale University Press, 2007, p. 111 ; Giovanni Curatola, *Persian Ceramics : From the 9th to the 14th Century*, Skira, 2006, pp. 119-120, 『室町将軍家の至宝を探る』（徳川美術館 2008年 p. 138）。

(42) 『山居新語』巻二 "皇朝貴由赤，即急足，快行也。毎歳試其脚力，名之曰放走。監臨者，封記其髪，以一縄攔定，俟斉去縄走之。大都，則自河西務起，上都，自泥河児起，至内中。越三時，行一百八十里，直至御前，称万歳礼而止。頭名者賞銀一錠，第二名賞段子四表裏，第三名賞二表裏，余者各一表裏"。『南村輟耕録』巻一「貴由赤」もほぼ同内容の記事を伝える。また，『張光弼詩集』巻三「輦下曲」にも "放教貴赤一斉行，平地風生有翅身。未鮮刻期争拝下，御前成箇賞金銀" と謳われる。

(43) Marco Polo : prima Edizione Integrale a cura di Luigi Foscolo Benedetto ; L. S. Olschki (ed), *Il Milione*, Firenze, 1928, p. 87.

> Et tous les osians dou grant sire, et encore celz des autres barons, ont une petite table d'arjent as pies, en la quel est ecrit les nom de cui il est et qu'il le tient. Et por ceste mainere est le osians conneu tant tost qu'il est pris et est rendu a celui de cui il est. Et se l'en ne set de cui il est, aporte a un baron que est apellés **bularguci**, que vant a dir le gardiens des couses que ne treuvent seignor. Car je vos di que se l'en trouve un chevaus o une espee ou un osiaus ou autre couse et il ne treuve de cui il soit ［si est porté mantinant］‖a ceste baronz ; et cil la fait prendre et garder. Et celui qui la trove, se il ne la porte tant tost, il est tenu por lairon. Et celz que ont perdue les couses s'en vunt a ceste barons, et ［se］celui le a, le la fait render tout mantinant. Et cestui baron demoire toutes foies eu plus ant leus de tote l'ost con son confanon, por que cele que o［n］t perdues les chouses les voient erament. Et en ceste mainere ne se poent perdre nulle chouse que ne soient trouvee et rendues.

Giovanni Battista Ramusio, *I Viaggi di Messer Marco Polo ; Gentiluomo Veneziano, Delle Navigationi et Viaggi*, Venezia, 1559, Libro Secondo, f. 28a.

(44) 『秋澗先生大全文集』巻八四「烏台筆補」【為春水時預期告諭事状】"近知得；河間路任丘県南史村軍戸劉阿李為残害海青事。将本婦人処断訖。参詳。在先，為鷹隼，海青公事，然省部欽奉聖旨，遍行随路，出榜省諭。而農民愚懇，月日深遠，不無遺忘，兼海青飛挙，動輒千里。切恐；遠方之人，不知係是車駕飛放禽羽。以憚愚慮，今後御前鷹隼・海青，合無懸帯記験如前朝牙牌之制，毎遇春秋放飛之時，更令所司預期飛一切禁忌違犯之事重行，厳切省諭，使農民臨時，又得暁然通知。如此豈惟易避難犯，亦不致悮有損害，似為便當。今後，設或復有違犯之人，乞送有司，照依札撒，断罪施行"，『元典章』巻三八「兵部五」《飛放》【鷹鶻顔色擈皮】"中書省箚付「至元二十一年十一月二十一日，鷹房子的撒的迷失の説い称てるに

474　第 III 部　ケシクからみた大元ウルス史

『俺は上位の為的鷹鶻を失し了，諸人的鷹鶻与分弁し得ず』との上〔頭〕，奏した呵，奉じたる聖旨に『百姓の的・諸人の鷹鶻毎の脚の上の拴繋の攃皮は，黒色の皮子を使用せ者。紅・紫・雑色の皮子を用いるを休め〔者〕。此レヲ欽シメ』"，『析津志輯佚』「物産・翎之品」（北京古籍出版社　1983 年　p. 234）"海東青：爪脚上有金環束之，繋以軟紅皮繋之，弗以紅條，皆革也。若欲縦放，則解而縦之"。

(45) ペゴロッティの『商業指南』では Bonsaet と記される。Francesco Balducci Pegolotti, A. Evans (ed), *La pratica della mercatura*, Massachusetts, 1936, p. 28. なお，*Della Decima e delle altre Gravezze*, tomo terzo, Lisbona, e Lucca, 1766 に収録されるテキストも，フィレンツェのリッカルディアナ図書館蔵本を底本としているが，転写に相当異同が認められるため，併せて参照した。

(46) Louis de Mas-Latrie, Privilège commercial accordé en 1320 à la République de Venise par un roi de Perse, faussement attribué à un roi de Tunis, *Bibliothèque de l'ecole des chartes*, tome 31, 1870, pp. 72-102 ; G. M. Thomas, *Diplomatarium Veneto-Levantinum sive acta et Diplomata res Venetas Graecas atque Levantis Illustrantia, I, a. 1300-1350*, Venezia, 1880, pp. 173-176.

(47) *La pratica della mercatura*, p. 22.

(48) 条約のほかの項目にも charauli／charaulo, Çerchuçi, chalamaçi など，明らかにモンゴル語を写した単語が散見される。ペゴロッティの『商業指南』にも calamanci, tamenga, tamunga などのモンゴル語が見える。*La pratica della mercatura*, p. 15, p. 19, p. 24, p. 28.

(49) 5. Item, che in tute parte del **vostro imperio**, la o le soe charavane possera, e furto o danno alguno li fosse fato, che la segnoria, tatauli, charauli e çente de quello logo o sia de quelle contrade sia tegnude de çerchar lo dito furto o danno, et integramentre trovar, quando ello li fosse denunciadoad li diti **nostri Vinitiani**. E se quello chotal furto o danno no se trovasse, overo che li robadori no mostraseno, si sia tegnudi el dito furto o danno a li **vostri Venetiani** de mendar. 明らかに最後の vostori は nostri の誤りだろう。Louis de Mas-Latrie と G. M. Thomas の転写には少なからぬ異同がある。『百万の書』やイブン・バットゥータの伝えるモンゴルの通例では，誰かのところで盗まれた他人の馬が見つかった場合，当該の人は馬を本来の持ち主のもとに戻し，さらに馬と一緒に同等の馬九頭を賠償せねばならず，それが出来ない場合，自身の子供たちを質に取られる。子供が無い場合は羊を屠ると同様に殺される。Benedetto (ed), *Il Milione*, p. 57 ; Ramusio (ed), *I Viaggi di Messer Marco Polo*, f. 15a ; *Voyages d'Ibn Batoutah*, tome second, p. 364, tome troisième, 1877, p. 83 ; *The Travels of Ibn Baṭṭūṭa*, vol. 2, pp. 473-474, vol. 3, p. 586,『元典章』巻四九「刑部十一・諸盗」《強竊盗》【拯治盗賊新例】【盗賊出軍処所】，《偸頭口》【偸頭口賊依強切盗刺断】【盗猪依例追賠】

(50) 蔡美彪『八思巴字碑刻文物集釈』（中国社会科学出版社　2011 年　p. 167），同『元代白話碑集録』（科学出版社　1955 年　p. 9），同『修訂版』（中国社会科学出版社　2017 年　p. 28）

(51) のち至元十二年（1275）には，諸寺が蓄えていた闌遺すなわち buralq の人口をひっくるめて取り上げたほか，至元二十九年（1292）にも，杭州などの諸山の寺が孛蘭奚，逃駆，避役の軍民，来歴不明の人等について勝手に剃髪させることを禁じている。『元史』巻八「世祖本紀」〔至元十二年夏四月乙卯〕，『元典章』巻三三「礼部六」《釈教》【披剃僧尼給拠】

(52) 『元典章』巻三四「兵部一・軍役」《軍駆》【拘刷在逃軍駆】，巻五六「刑部十八・闌遺」《孛蘭奚》【孛蘭奚逃躯不得隠蔵】

(53) 『北京図書館蔵中国歴代石刻拓本匯編　48　元（一）』p. 13，杉山正明「草堂寺闊端太子令

旨碑の訳注」（『史窓』47 1990 年 のち『モンゴル帝国と大元ウルス』京都大学学術出版
会 2004 年 pp. 425-456 に収録）は，BWR[A]LQYN-W 'WDQ' > buralqin-u udqa すなわち
"ブラルクたちの文"と読み，第一截のウイグル文字モンゴル語の添え書き Süme-yin bičig
"寺の文字"と対応するようにみえる。しかし，第一截は，文書の内容から考えれば，
Süme-yin bosqa(l) "寺の修蓋"の可能性もある。

(54) 『華夷訳語』（中国国家図書館蔵明抄本）「人事門」の "補：那可" に記されたウイグル文
字参照。

(55) 『大元聖政典章新集至治条例』「刑部・詐偽」《偽造》【偽造省印箚付詐関官銭】参照。ちな
みに，『元朝秘史』にしばしば登場する Buyiruq qan は『皇元聖武親征録』において "盃禄可
汗" と音訳される。仁宗アユルバルワダの命をうけ Tobčiyan の漢訳『聖武開天紀』をなし
たチャガンは，湖広，江西にて 20 年余り，地方勤務の任にあった（チャガンの父は，バル
フ出身で，一族をあげてフレグに帰順，投下領の管理を委ねられ，大元ウルスに移住した）。
『元史』巻一三七「察罕伝」参照。

(56) "奚" は『蒙古字韻』，『事林広記』「百家姓蒙古文」のパクパ字では hei，『蒙古韻略』のハ
ングルでは ꭓijəi の発音表記である。しかし，モンゴル時代の黄金のパイザにパクパ字モンゴ
ル語で aldaqu ük'ugu と記される aldaqu は，按打奚と漢字で音訳される。また漢字表記の h，
ꭓ音がときにモンゴル語の q 音を表すことは，『元朝秘史』の漢字表記モンゴル語の部分を
みれば，あきらかである。『黒韃事略』"有過則殺之，謂之按打奚"，『史学指南』巻四「雑
刑」"断按打奚罪過，謂断没罪過也" とあるごとく，死刑および一家の財産・人口の没収を
指す。1240 年に，オゴデイの也可合敦たるボラクチン皇后等が平陽路のダルガ，管民官に
『道蔵』の刊行関連の指示を出した命令文の末尾のウイグル文字モンゴル語の添え書きに，
"ken-e minu üge buši bolqa=qsan kümün qa'-a ere'e aldaq eri=ye bol=tuqai 誰であれ俺 的言語に別
く 的 者は，何処であれ罪過に按打奚を尋めて教做者"（『元代白話碑集録』拓本（二），同
『修訂版』p. 22）とあり，『元朝秘史』巻九 6a のチンギス・カンの聖旨には

斡勒者禿	中忽禿黒禿	者勒篾	也孫	阿勒答	阿答阿速	額舌列兀突舌児	不斡舌羅
ölüjeitü	qutuqtu	jelme	yisün	**aldal**	**alda**=asu	**ere'ü**-tur	bü oro
福 有的	慶 有的	人名	九次	**罰**	**罰** 呵	**罪** 裏	休教入
禿中孩							
=tuqai							
者.							

とある。

(57) 『元史』巻二七「英宗本紀」［延祐七年秋七月戊戌］"枢密院臣言「塔海万戸部不剌兀赤与
北兵戦，抜軍士三百人以還，棄其子於野，卒，請賞之」。賜鈔五千貫" の不剌兀赤も buralq-
či を漢字表記したもの。

(58) Nāṣir al-Din Munshī Kirmānī, *Simṭ al-'Ulā li-l-Ḥaẓrat al-'Ulyā dar Tarīkh-i Qarā-Khitāiyān-i
Kirmān*, MS : Istanbul, Süleymaniye Kütüphanesi, Aya Sofya Cami 3019, f. 97a, l. 8 ; Abū'l-Qāsim
'Abd-Allāh bn. Muḥammad al-Qāshānī, *Tārīkh-i Ūljāitū Sulṭān*, MS : Istanbul, Süleymaniye
Kütüphanesi, Aya Sofya Cami 3019, f. 171a, l. 1-f. 172a, l. 3, MS : Paris, BnF, suppl. persan 1419, f.
54b, l. 12-f. 55b, l. 14.

(59) Shihāb al-Dīn 'Abd-Allāh Sharaf Shīrāzī, *Tajziyat al-Amṣār wa Tazjiyat al-A'ṣār* (*Tārīkh-i Vaṣṣāf*),

476　第 III 部　ケシクからみた大元ウルス史

Bombey, 1853, p. 552, l. 22 ; *Tārīkh-i Ūljāītū Sulṭān*, MS : Istanbul, f. 171b, l. 23, l. 25, MS : Paris, f. 55b, l. 7, l. 10.

（60）*Tārīkh-i Ūljāītū Sulṭān*, MS : Istanbul, f. 170a–f. 171b, MS : Paris, f. 52b–55b.

（61）*Tārīkh-i Ūljāītū Sulṭān*, MS : Istanbul, f. 170a, l. 9, MS : Paris, f. 52b, l. 13.

（62）*Tārīkh-i Ūljāītū Sulṭān*, MS : Istanbul, f. 224a, l. 21, MS : Paris, f. 132a, l. 14, 杉山正明「西暦 1314 年前後大元ウルス西境をめぐる小札記」（『西南アジア史研究』27　1987 年　のち『モンゴル帝国と大元ウルス』pp. 334–370 に収録）。

（63）*Jāmi' al-Tavārīkh*, MS : Istanbul, f. 322b, l. 9, l. 24, MS : London, British Library, Or. Add. 16688, f. 254b, l. 8, f. 255a, l. 5.

（64）F. W. Cleaves, The Sino-Mongolian Inscription of 1335 in Memory of Chang Ying-Jui, *Harvard Journal of Asiatic Studies*, vol. 13, Plate XII, Plate XXXII, 『中国蔵黒水城漢文文献③俸禄与分例文書巻』p. 613, p. 616.

（65）闌遺：闌遮也。路有遺物，官遮止之，伺主至而給与，否則挙没於官。

（66）『故唐律疏義』巻十六「擅興」【私有禁兵器】"諸私有禁兵器者，徒一年半"[疏]"即得闌遺，過三十日不送官者，同私有法"，巻十九「賊盗」【強盗】"諸強盗"[疏]"即得闌遺之物，財主来認，因即毆撃，不肯還物"，巻二七「雑律」【得闌遺物】"諸得闌遺物，満五日不送官者，各以亡失罪論；贓重者，坐贓論。私物，坐贓減二等"，巻三十「断獄」【輸備贖没入物】"諸応輸備，贖，没，入之物，及欠負応徴，違限不送者，一日笞十，五日加一等，罪止杖一百。若除免官当，応追告身，違限不送者，亦如之"[疏]"入者，謂得闌遺之物，限満無人識認者，入官及応入私之類"。

（67）『泰和律』が唐律に則っていることは，『四庫全書総目提要』巻八四「政書類存目」《永徽法経》参照。

（68）卑近な例だが，1997 年から 99 年にかけて南京大学に留学していたおり，近くに古南都飯店というホテルがあった。英語表記では Grand Hotel。南京が昔の江南の首都であったことを示すと同時に，南京っ子の発音では n と l が逆転するので，gulandu とちゃんと音訳になっていたのだ。発想はもちろん，r と l の違いを気にしておらず，ほとんど同じ翻訳法といっていい。

（69）『通典』巻二三「職官五・尚書下」《兵部尚書》【○駕部郎中一人】"『周礼』「夏官」之属有興司馬，又有校人，主馬之官，又有牧師，掌牧放。又有巾車，掌公車之政，及王之五輅，此皆駕部之本也。魏・置尚書有駕部郎。宋時駕部属在民尚書。斉亦有之。後魏与北斉並以駕部郎中。後周有駕部中大夫，属夏官。隋初為駕部侍郎，属兵部。隋辛公義駕部侍郎，勾検馬牧，所獲十余万疋。文帝喜曰「唯我公義，奉国竭忠」。煬帝除「侍」字，武徳三年，加「中」字。龍朔二年，改為司輿大夫。咸亨初復旧，天宝中，改駕部為司駕，至徳初復旧。掌興輦，車乗，郵駅，厩牧，司牛馬驢騾・闌遺雑畜。開元十八年閏六月，勅「比来給使人，為先伝写，事頗労煩。自今以後，応乗伝者，宜給紙券」。二十三年十月勅「新給都督刺史并関三官州上佐，並給駅発遣」。二十八年六月勅「有陸駅処，得置水駅」。自二十年以後，常置館駅使，以他官為之"，『大唐六典』巻五「尚書兵部」《駕部郎中，員外郎，掌邦国之興輦・車乗・及天下之伝駅・厩牧・官私馬牛雑畜之簿籍。弁其出入闌逸之政令，司其命数。凡三十里一駅，天下凡一千六百三十有九所"。

（70）『通典』巻二三「職官五・尚書下」《刑部尚書》【○司門郎中一人】"『周礼』「地官」有司門下大夫，掌授管鍵啓閉，歴代多缺，至後周，依周官，隋初有司門侍郎，煬帝除「侍」字，武

徳三年，加「中」字，龍朔二年，改為司門大夫，咸亨元年，復旧。掌門籍・関橋及道路・過
所闌遺物事」，『大唐六典』巻六「尚書刑部」"司門郎中・員外郎，掌天下諸門及関出入往来
之籍賦，而審其政。凡関二十有六，而為上中下之差，京城四面関，有駅道者為上関，余関有
駅道及四面関無駅道者為中関，他皆為下関焉。所以限中外隔華夷，設険作固，閑邪正暴者也。
凡関呵而不征，司貨賄之出入，其犯禁者，挙其貨，罰其人」，『新唐書』巻四六「百官志」
《尚書省》【刑部】"司門郎中・員外郎，各一人。掌門関出入之籍・及闌遺之物。凡著籍，月
一易之，流内，記官爵姓名，流外，記年歯・貌状，非遷解不除。凡有召者，降墨勅，勘銅
魚・木契，然後入。監門校尉巡参者日送平安。凡奏事，遣官送之，昼題時刻，夜題更籌，命
婦諸親朝参者，内侍監校尉涖索。凡輦輦車，不入宮門。闌遺之物，掲於門外，牓以物色，碁
年没官。天下関二十六，有上・中・下之差，度者，本司給過所；出塞踰月者，給行牒；猟手
所過，給長籍，三月一易，蕃客往来，関其装重，入一関者，余関不譏」。

(71) 『通典』巻一四九「兵二」《雑教令附》[大唐衛公李靖兵法曰] "○諸拾得闌遺物，當日送納
虞候者，五分賞一。如縁軍須者，不在分賞之限。三日内不送納官者，後殿見而不収者，収而
不申軍司者，並重罪。三日外者，斬。○諸有人拾得闌物，隠不送虞候，旁人能糾告者，賞物
二十段。知而不糾告者，杖六十。其隠物人，斬。○諸行軍立営，驢馬各於所管地界放牧，如
営側草悪，便択好処放，仍与虞候会同，不使交雑。各執本営認旗，如須喚唤，見旗即知驢馬
処所。諸軍驢馬牧放，不得連繋，毎軍営令定一官，専検逐水草合群放牧，仍定一虞候果毅，
専巡諸営水草，各令分界牧放，不許参雑。○諸軍馬聚会，其数既衆，応行六畜，並仰明為軍
印，仍須別為営印，防闌失，擬憑理認。○諸営兵発以後，捉得闌遺畜生，亦有兵士失却驢
馬・衣服・駄運不能勝挙，并仰於得後虞候処，取闌遺畜生，駄至前営，其六畜却付虞候，
不得不経 虞候。擅取者・及借不送・并翦破印及毛尾者，斬"，巻一五七「兵十」《下営斥候
并防捍及分布陣附》[大唐衛公李靖兵法曰] "右虞候既先発安営，踏行道路，修理泥溺・橋
津・検行水草，左虞候排窄路・橋津捍後，収拾闌遺，排比隊伍，整斉軍次，使不交雑。○諸
兵馬発引，或逆泥溺，或阻山河，其路有須塡補，有須開拓。左右虞候軍兵，先多於諸軍取充
虞候子。右虞候，先将此兵修理橋梁泥澤，開拓窄路，左虞候，排比隊伍，捍後，収拾闌遺"。

(72) 『北史』巻二四「王憲伝」"晧字季高，少立名行，為士友所称。遭母憂，居喪有至，性儒緩，
亦同諸兄。嘗従文宣北征，乗赤馬，且蒙霜気，遂不復識，自言失馬，虞候為求覓不得。須臾
日出，馬体霜尽，繋在幕前，方云「我馬尚在」"。

(73) 『宋刑統』巻二七「地内得宿蔵物得闌遺物」，『慶元条法事類』巻八十「雑門」《闌遺勅・令・
格》

(74) 『令義解』巻一「職員令第二」"左京職右京職准此。管司一，大夫一人掌左京戸口名籍・字養百姓・
糺察所部・貢挙・孝義・田宅・雑徭・良賤・訴訟・市厘・度量・倉廩・租調・兵士・器仗・道橋・過所・闌遺雑
物・僧尼名籍事"，"摂津職帯津国，大夫一人掌神社・戸口薄帳・字養百姓・勧課農桑・糺察所部・貢挙・
孝義・田宅・良賤・訴訟・市厘・度量軽重・倉廩・租調・雑徭・兵士・器仗・道橋・津済・過所・上下公使・郵
駅・伝馬・闌遺雑物・検校舟具・及寺僧尼名籍之事"，"大宰府帯筑前国，帥一人掌神社・戸口薄帳・字養百
姓・勧課農桑・糺察所部・貢挙・孝義・田宅・良賤・訴訟・租調・倉廩・徭役・兵士・器仗・鼓吹・郵駅・伝
馬・烽候・城牧・過所・公私馬牛・闌遺雑物・及寺僧尼名籍・蕃客帰化・饗讌之事"，"大国守一人掌神社・
戸口薄帳・字養百姓・勧課農桑・糺察所部・貢挙・孝義・田宅・良賤・訴訟・租調・倉廩・徭役・兵士・器仗・
鼓吹・郵駅・伝馬・烽候・城牧・過所・公私馬牛・闌遺雑物・及寺僧尼名籍事。余守准此。其陸奥・出羽・越後
等国，兼知饗給，征討斥候。壱岐・対馬・日向・薩摩・大隅等国，惣知鎮守捍防守・及蕃客帰化。三関国又掌関劃
及関契事"，巻八「厩牧令第廿三」"凡国郡所得闌畜謂：闌与闌同。闌，妄也。言無主繋養。妄以放逸

478　第III部　ケシクからみた大元ウルス史

也*1，皆仰当界内訪主。若経二季，無主識認者，先充伝馬。若有余者出売。得価入官。其在京，経二季，無主識認者，出売。得価送贓贖司。後有主識認者，勘当知実，還其本価”，“凡闌遺之物，五日内申所司。其贓畜，事未分決，在京者，付京職。断定之日，若合没官出売。在外者，准前條”，巻九「捕亡令第廿八」“**凡亡失家人・奴婢・雑畜・貨物**，皆申官司案記。若獲物之日，券証分明，皆還本主”，“**凡得闌遺物者**，皆送隨近官司。在市得者，送市司。其衛府巡行得者，各送本衛。所得之物，皆懸於門外。有主識認者，験記責保，還之。雖未有記案，但証拠灼然可験者，亦准此。其経卅日，無主認者，収掌。仍録物色牓門。経一周無人認者，没官，録帳，申官聴処分。没入之後，物猶見在，主来識認，証拠分明者，還之”。

＊1　淳和天皇に注釈を命ぜられた清原夏野等が，『律音義』「衛禁第二」の“闌入：落千切。無符籍妄入曰闌。後同」，『史記集解』巻一二〇「汲鄭列伝」の“応劭曰：「闌，妄也。律；胡市，吏民不得持兵器出関。雖於京師市買，其法一也」。瓚曰「無符伝出入曰闌」”に拠って附したものだろうが，闌遺の解釈としては牽強付会といわざるを得ない。ただし，「汲黯列伝」の当該箇所は，投降してきた匈奴の渾邪王に長安の商人たちが品物を売ったのに対し，国境地帯で禁制の品物を妄りに輸出した（**闌出**財物于辺関）のに等しいとして罰せられそうになった事件を述べたもので，後述する北宋・キタイ間の闌遺のイメージに重なる。

(75)『続資治通鑑長編』巻七二“〔辛亥〕上以御筆所記送**闌馬**事示宰相曰「**雄州**奏得『**闌馬送契丹**』，又奏『近有盗馬以帰投者，亦止称**闌遺**，牒送』。此詐也。彼豈知耶。宜諭**雄州**，自今有若此者，当閲実還之。無渉欺誕”，巻二八九“乙酉，詔械走投漢界北人**王善**及其妻子，蒙塞耳目，**至代州**牒送**北界**。以上批「縁辺所収西北界**闌遺人口**，当送還者，並蒙塞耳目，勿令有所聞見」故也”，巻二九八“〔戊申〕，閤門祇候知雄州帰信容城県**李沢**遷一官，仍賜絹五十匹。時**北界**巡馬犯辺，**沢**與格闘重傷故也。上批「**府州牧羊峰**，**代州海回寨**，**成徳軍**解子平侵地，**火山軍闌遺馬**，**広信軍**拘留百姓**趙消**，**雄州**巡馬相殺傷，**涿州**修城料夫，**北界**弁理此七事未絶，慮因常使或専遣人来，事之始末及所以応之之辞，亦宜豫為経慮一宗文字，可専委検詳官**范育**主領編録」。

(76)『大元馬政記』「馬政雑例」至元二年六月聖旨，「元鮮于伯機書張彦亨行状稿」“至元二年，朝廷経営**江淮**，以姦人盗馬資敵，詔河南百姓，不得畜馬，官三品，許存五疋，其次各以等降，匿者額外，乗騎者有罪。自**潼関**東至**亳之武津関**沿河，設提挙司，以扼**河北**之馬，其不応渡南者不許済。一司用**蒙古・漢人**各一員，**蒙古人**，上自選択，**漢人**，従中書進名”。

(77)『正徳大明会典』巻一一一「兵部六」《事例》【行軍号令】，巻一三五「刑部十」【得遺失物】

(78) Benedetto (ed), *Il Milione*, p. 87 ; Ramusio (ed), *I Viaggi di Messer Marco Polo*, Libro Secondo, f. 28a.

(79) 17世紀の三種のアルメニア語・キプチャク語辞典の写本を整理したトリヤルスキは，bular- を baguer, errer と，bularyï を confondu, en désordre, embrouillé と，bularyïlïẍ を confusion, désordre, embrouillement, erreur すなわち彷徨，錯綜だと結論づける。E. Tryjarski, *Dictionnaire Arméno-Kiptchak : d'aprés trois manuscrits des collections viennoises*, Tome I, Warszawa, 1968, p. 167.

(80)『元史』巻四「世祖本紀」〔中統二年（1261）六月丙申〕“罷諸路拘収孛蘭奚”。

(81) 本書第2章参照。

(82)『大元馬政記』「和買馬」

(83)『元典章』巻五六「刑部十八・闌遺」《孛蘭奚》【拘収孛蘭奚人口】，『通制条格』巻二八「雑令」《闌遺》

第9章　ブラルグチ再考　479

(84)『元典章』巻三四「兵部一・軍役」《軍駆》【拘刷在逃軍駆】，巻五六「刑部十八・闌遺」
《孛蘭奚》【孛蘭奚逃躯不得隠蔵】。また，クビライを踏襲した成宗テムルは，大徳五年
(1301)，とくに江南のタマ軍から逃亡奴隷——これも buralq の人口に該当——が続出して
いることを重く見て

> 不揀誰，休隠蔵者。隠蔵する的毎は罪過有者。逃走する的 人を拿住た呵，転送して
> 他の本 主に与え者。逃躯を隠蔵し著いた的は断没せ者。和尚，先生，匠人毎（＝匠局
> 院），村坊・道店の各 管する頭目毎，隣家毎の明らかに知道も首告しなかった呵，重く
> 罪過を要め者。那般人毎（＝逃躯）を尋ね著た呵，他毎的万戸，千戸，百戸，牌子頭
> の使長毎的名字を写い著，城子裏官人毎根底 分付け，行省に文書を与えて，好い人を
> 交て転遞させ著 分付け，他の主人に与え者

という聖旨を発令，各地に文書を下して榜や壁・塀への掲示によって通知せしめた。さらに，
大徳十一年（1307），武宗カイシャンは

> 諸王・駙馬・公主毎根底，各枝児の裏に并びに和尚・先生毎根底: 不以是何投下の
> 裏でも，入り去く的 逃躯毎を隠蔵するものが有った呵，立つるに限一百日を与え，
> 限内に出て来，他の根脚 huja'ur の裏的使長根 底去き来たった呵，他毎的罪過を
> 免じて了，這般道っ来のに出来するを肯ぜざる的毎は，後頭，人有りて首告が出て
> 来た呵，奴婢毎根底断ずること（杖罪）八十七を下し転送して他の本 主に与え，
> 不揀是誰隠蔵し着体例に依って 首 して出て来なかった的毎は断ずること七十七を
> 下し， 家 私 の内，三分する中で，一分を断没し首告する的 人に与え，両隣の外，
> 主首・社長の明らかに知道も告するを肯ぜざる的毎は，六十七を下し， 家 私
> の四分の中より一分を断没し，首告する的 人に与え賞に充つ。城子の裏的官人が
> 告発の官に到るも面皮を覷て（＝目こぼしをして）
> 聖旨に依っ着行わなかった呵，断ずること三十七を下し，他毎的勾当を罷めさせ者。

と命じた。

(85)『百万の書』やイブン・バットゥータは，庶民でも誰でも自らが所有する家畜に独自の 印
を焼き付けてあると伝える。つとに，台湾故宮博物院が蔵する後唐の胡瓌「回猟図」や北宋
の李唐「文姫帰漢図」，陳居中の「文姫帰漢図」「出猟図」「観猟図」「蘇李別意図」が描く遊
牧民の馬にはタムガが意識して記されている。モンゴルに接収されてまもない江南ではまだ
徹底していなかった，ということか。Benedetto (ed), *Il Milione*, cap. 20, p. 57 ; Ramusio (ed), *I
Viaggi di Messer Marco Polo*, Libro Primo, cap. 47, f. 15a ; *The Travels of Ibn Baṭṭūṭa*, vol. 3, p. 586 ;
『画馬名品特展図録』pp. 10-13, pp. 18-21，『故宮書画図録　十六』（台湾故宮博物院　1997
年　pp. 307-330）

(86)『黒城出土文書　漢文文書巻』p. 145，図版貳陸 (2)，『中国蔵黒水城漢文文献④律令与詞
訟文書巻』p. 676.

(87)『吏学指南』巻一「戸計」"怯憐戸：謂自家人也"，『高麗史節要』巻十九「忠烈王二」[丁
丑三年／元至元十四年春正月]"怯怜口者，華言私属人也"。

(88)『通制条格』巻二八「雑令」《闌遺》，『至正条格』「条格」巻二四《厩牧》【闌遺】，『元典
章』巻五六「刑部十八・闌遺」《孛蘭奚》【移易隠占孛蘭奚人口等事】

(89)『吏学指南』巻七「銭糧造作」"移易：遷動官物曰移。更改元物曰易"。『居家必用事類』

480　第 III 部　ケシクからみた大元ウルス史

（中国国家図書館蔵朝鮮刊本）辛集は“元物”を“原数”に作る。

(90)『吏学指南』巻一「統属」“有司：謂守土親民之司也。語云，出納之吝謂之有司”。

(91)『通制条格』巻二八「雑令」《闌遺》は

　　　大徳四年（1300）四月に中書省（が准けた）宣徽院の備したる闌遺監の呈に「今後，各
　　　処が拘収した不闌奚（ブラック）の頭疋は，そのうち供応に堪えるものを選択して，歯歳・毛色・
　　　臕分（こえぐあい）を箇条書きにし，水が豊かで草が繁茂する時期をまって，役職・俸給を得ている
　　　人員を遣わして納入するようにし，もし，真実やせ細り供応に堪えない場合には，月ご
　　　との報告書に明白に記載して申し立て，責任をもって放牧，飼育して肥え太らせましょ
　　　う」とあり，刑部が討議した結果は「各路・府・州・県が拘収してきた不闌奚（ブラック）の頭疋は
　　　宣徽院の提案どおりに准け，人を遣って放牧・飼育して，肥え元気になるよう管理し，
　　　もし真実痩せ細り衰弱して供応に堪えない場合は，月ごとの報告書のうちに明白に記載
　　　して申し立てる。まずは，そのうち供応に堪える数の目録を期限ごとに解文もて詳細に
　　　送り届けさせ，毛，歯，臕分（こえぐあい）を箇条書きにして，役職についていて前科のない人を派
　　　遣して，期日どおりに護送し，首都へ納入に赴かせる。もし実地点検して痩せ細り衰弱
　　　しているものがあれば，ただちに人員を遣わして，いったいどういうことか厳しく追及
　　　する」とのことであった。都省は，刑部の提案をそのまま准けた。

　という。中統二年に定められ，以後何度も確認されてきた和買の馬疋の方式に准ずるこの取
　り決めが，皇慶年間には，もはや守られていなかったことになる。

(92)『元朝秘史』巻五 25 は ayimaq に“部落”の傍訳を附す。また，陝西の重陽万寿宮の蒙漢
　　合璧クビライ聖旨碑にパクパ字モンゴル語で“ayimaqud”とあり，それに対応する漢語の直
　　訳は“諸投下”となっている（照那斯図『八思巴字和蒙古語文献 II 文献匯集』東京外国語
　　大学アジア・アフリカ研究所　1991 年　pp. 21-27）。『龍虎山志』（台湾故宮博物院蔵元刊明
　　修補続増本）に収録される各聖旨は，“諸色投下”，“各投下”，“各枝児”と訳されている。
　　『華夷訳語』乙種本「地理門」では“郡”と漢訳する。カラ・キタイ，金朝におけるいわゆ
　　る“郡王”も“ayimaq の王”の意であった可能性もある。

(93)『元史』巻七「世祖本紀」［至元八年十二月辛卯朔］に“宣徽院請以闌遺，漏籍等戸淘金。
　　帝日「姑止。毋重労吾民也」”とあり，遅くとも 1271 年の段階で buralq の人口を使用する
　　権限を有していたことが確認される。

(94) 本書第 8 章参照。

(95)『元史』巻二〇五「姦臣伝・鉄木迭児」

(96)『至正条格』「断例」巻九《厩庫》【闌遺不行起解】

(97)『通制条格』巻二八「雑令」《闌遺》，『至正条格』「条格」巻二四《厩牧》【闌遺】，『元典
　　章』巻五六「刑部十八・闌遺」《孛蘭奚》【孛蘭奚正官拘解】

(98)『通制条格』巻二八「雑令」《闌遺》，『至正条格』「条格」巻二四《厩牧》【闌遺】

(99)『元史』巻十一「世祖本紀」［至元十七年六月辛未朔］，［至元十八年閏八月壬戌］

(100)『通制条格』巻二八「雑令」《闌遺》

(101) 小林高四郎・岡本敬二編著『通制条格の研究訳注　第三冊』（国書刊行会　1976 年　p.
　　163），方齢貴『通制条格校注』（中華書局　2001 年　p. 682）

(102)『元史』巻一三一「伯帖木児伝」

(103)『大元馬政記』「刷馬」，『元史』巻一三七「曲枢伝・伯帖木児」，『金華黄先生文集』巻四二

「太傅文安忠憲王家伝」

(104)『元典章』巻五六「刑部十八・闌遺」《孛蘭奚》【孛蘭奚正官拘解】

(105)『通制条格』巻十五「厩牧」《大印子馬疋》,『至正条格』「条格」巻二四《厩牧》【大印子馬疋】

(106)『通制条格』巻二八「雑令」《闌遺》,『至正条格』「断例」巻九《厩庫》【闌遺頭疋】

(107)『元史』巻一二四「忙哥撒児伝・伯答沙」

(108)『大元聖政典章新集至治条例』「刑部・詐偽」《偽造》【偽造省印箚付詐関官銭】

(109)『至正条格』「条格」巻三十《賞令》【闌遺頭疋】

(110)『永楽大典』巻一九四二一「站赤六」にいう木隣道の寛迭連不剌 Köndelen bulaq に同じ。

(111) 重箱の隅をつつくほど周知徹底させることか。あるいは,『書記規範』,『百万の書』のいうところの buralqči の居場所の目印となる旗纛周辺を指したものか。

(112) *Jāmi' al-Tavārīkh*, MS : Istanbul, f. 321b-322a, MS : London, f. 253a-254a, MS : Paris, BnF, suppl. persan 1561, f. 74a-75a. 引用箇所にいたる前半部は,以下のとおり。

> 陰陽二界において,これより以前,かくも極限にいたるまで追剝毎と盗賊毎の攫取と侵占に覆われたことはなかった。蒙古,Tājīk 回回,Murtadd 背教者,Kurd クルド,Lūr ロル,Shūl ショル,(Shāmī シリア,)ありうる限りの諸色人等とともに,逃亡した奴僕どもも彼奴等と合流し,さらに各城子の放蕩者や狼藉者が彼奴等の根前に参じていた。村子および郊外の住民の一部は,ぐるになって手引きをしていた。諸の城子に間諜をもっていて,各階層の人々の出立について彼奴等に知らせてくる。長期間,追いはぎをしていてその仕事で名声を得ていた盗賊毎の一部がもし交戦するような時には,彼奴等の仲間が援護した。「かくなる勇者をいかで殺しえむ。かれに礼をつくさねばならぬ」というわけである。そうした理由で,ほかの盗賊毎が闊歩し・大胆になっていった。在前の yāsāq 扎撒が「凡そ盗賊が現れた阿,毎次,隊商,使臣,通行人は都一致同盟し,他毎を撃退せよ者」とあったにもかかわらず,この頃は盗賊毎が路上に出来ると,かの集団は互いに援助することをしなかった。おおかたの場合,盗賊毎はそのお仲間たちの情況を詳細に知り,識別しているのであった。かくて「俺毎は,財を持たぬ,あるいはほとんど持たぬ者たちに用はない」と叫び,当該の一団が離れると,盗賊毎は別の一団を打ち,殺したものだった。もし khail 宿営,dīh 村子,shahr 城子の附近において追剝した場合,いかに近くでありその撃退が可能だったとしても,かの地の住民は渦中に立ち入るのではなく,ぎゃくに盗賊毎を遊牧民や村民の各部族の中で友人・仲間だとする始末であった。また,多くの人々はそれについて知りながら申告しなかった。もし,時に露見につながったとしても,(陛下・官人たち/都堂の)御前に意図もて上奏が達しなかった。彼奴等の知己および友人であるところの ra'īs 首領官たちと諸村のいちぶの kad-khudā 社長たちは,一年の季節の折々に,資金にくわえて彼奴等の必需品を用意していた。多くの人々は宴会という方便もてかの一味の家々に行き,恐怖のときには,その一味のもとへと逃げた。諸の城子においても,彼奴等の服地を売る複数の知己を有し,一,二ヶ月の期間,かれらと交際し,盗んだ金銭を互いに飲み食いした。盗賊毎の侵占は,突如,夜に官人の家を圧搾して略奪するほど極限に達していた。

(113) *Türkische und Mongolische Elemente im Neupersischen*, vol. 1, pp. 251-253 ; A. Temir, *Caca Oğlu Nur El-Dın'ın Arapça Moğolca Vakfıyesı*, Ankara, 1989, pp. 168-169. フレグ・ウルスのアバカの

482 第III部 ケシクからみた大元ウルス史

ウイグル文字モンゴル語令旨に "**todqa'ul-a** qara'ul-a jamučin-a ong'ačačin-a" と見えるほか
（A. Mostaert & F. W. Cleaves, Trois documents Mongols des archives secrères vaticanes, *HJAS*,
15-3/4, 1952, pp. 430-445, pl. I），1368 年，ティベットのシャルゥ寺にトゴン・テムルが発令
したパクパ字モンゴル語聖旨に "**t'doqa'ul-da** jamuči-da"（照那斯図『八思巴字和蒙古語文献
II 文献匯集』東京外国語大学アジア・アフリカ研究所 1991 年 pp. 106-112）とある。ま
た，山西に所領を有したオゴデイ家のソセ大王の命令文には，重要な語彙が頻出し，内容自
体も歴史背景を含めて訳註を作成しなおすに値するが，1303 年のパクパ字モンゴル語令旨
に "**t'doqa'ul-a** amasar saqiqun haran-a" とあり（蔡美彪「河東延祚寺碑訳釈」『蒙古史研究』
2 内蒙古人民出版社 1986 年 pp. 45-56），モンゴル語をとうじの口語漢語で直訳した別
の令旨には，"沿路上に有的民戸毎根底，城子裏達魯花赤官人毎根底，**脱脱和孫毎根底**，站
を管する的毎根底，船戸毎根底，和尚を管する頭目毎根底，来往的使臣毎根底，把城門毎
根底"（『元代白話碑集録』p. 74，同『修訂版』pp. 192-194，『金石萃編補正』巻四「鄭州滎
陽県洞林大覚禅寺蔵経記・碑陰第五截」）とある。河川の渡し場で，脱脱禾孫が客旅から強
盗まがいに銭物を要求していたことについては，『元典章』巻五九「工部二」《船隻》【黄河
渡銭例】参照。なお，ペゴロッティの『商業指南』にみえる tantaullo, tantaulaggio, tantaula-
gio, tantaulagi は，تنتاول をتنتاول に読み誤ったがためにほかならぬ表記であり，同書の参考資
料が，『百万の書』と同様ペルシア語で書かれていたことを示唆する。その職務については，
"**Tantaullo in tartaresco, guardia** in più linguaggi, Questi nomi vogliono dire gente che guardano i
luoghi e cammini per gli signori e per gli uomini/comuni タタルにおける **todqa'ul** とは，別の語
で言い換えれば**警備隊員／監視官**。これらの名称は，諸侯および封臣／各行政単位のために
場所・道路を監視／警備する人々を意味する" と説明される。なお，qara'ul は哨望／瞭高，
amasar saqiqun haran は"口子を守る人"の意のテュルク語（モンゴル語にも入るいっぽう，
qaraqči ともいう。複数形は qara'ulsun 哈剌兀孫）。チンギス・カンが，キタイ，テュルキス
ターン地区の街道沿いに qara'ul を配備して商賈たちの安全を確保せしめたことは，平時に
期待される todqa'ul の職務とも通底する。後哨は，čaqdu'ul. *La Pratica della mercatura*, p. 19,
p. 28, p. 29；*Jāmi' al-Tavārīkh*, MS : Istanbul, f. 101a；Juvaynī, M. Qazvīnī (ed), *Ta'rīkh-i-Jahān
Gushā*, vol. 1, Leyden & London, 1937, p. 59.

(114) rāh-dārān は，todqa'ul をペルシア語で言い換えたもので，通行税徴収官——モンゴル語，
ティベット語の直訳命令文における"来往科差的毎"，"収斂過往衆百姓"，"来往収撿和尚俗
人百姓毎"であると同時に街道警備官でもある。todqa'ul が通行税を取ったことは，ほかな
らぬ『集史』「ガザン・カン紀」引用箇所の直後にはっきり記されている。ちなみに，『集
史』「テムル・カアン紀」は，todqa'ul を"漢語では LNKQYŠ (LNKQYS) と呼ぶ"という。
通政院の下で"諸王，諸蕃，各省，四方辺遠の使客の飲食，供張等の事を掌る"稟給司も
todqa'ul が担当したことを示すものか。稟給司がモンゴル帝国の東西の重要情報・物品にい
ちはやく触れえたことは『永楽大典』巻一九四一八「站赤三」《経世大典》の——『百万の
書』に見えるクビライからフレグ・ウルスのアルグン大王のもとへ派遣された大使節団とも
連動する——有名な記事

　　　[至元二十四年（1287）四月] 二十五日，尚書省定擬稟給司久館使臣分例，令通政院，
　　　兵部一同分揀起数，行移合属，移例支給。
　　　【稟給司支八起】

一．拝八千戸子母二人。

一．阿魯渾大王下使臣寄住馬，奉聖旨賜亡宋宮女朱氳氳等三人・及従者一名。

一．回回太医也薛哈欽四人。

一．熬沙糖倒兀等二十七名。

一．海都大王位下小云赤二人。

一．蒙古生員三十名。

一．高麗公主下王俟等四十人，内親属三十四口・駆六口。

一．賽因不花大王遣下唆郎哈真等四人。

からもうかがえる。蔡美彪『元代白話碑集録』p. 48, p. 49, p. 52. 同『修訂版』pp. 127-131, pp. 137-139,『金石萃編補正』巻四「鄭州滎陽県洞林大覚禅寺蔵経記・碑陰第三截」,『常山貞石志』巻十七「祁林院聖旨碑」,「霊巌寺大元国師法旨碑」(『中国石刻拓本展』京都大学文学部博物館　1990 年　p. 25), *Jāmi' al-Tavārīkh*, MS : Istanbul, f. 218a, l. 5, MS : Taškent, f. 187b, l. 5. なお,『書記規範』第二部第一巻第二拍第二二章「tutghāūlī < todqa'ul あるいは rāh-dārī 通行税徴収官について」は，商人たち，隊商が所有する駱駝・騾・荷車用馬・驢・牛より各一匹，羊・子羊・山羊より四匹の抽引を行ったという。*Dastūr al-Kātib fī Ta'yin al-Marātib*, MS : Istanbul, Fazl Ahmed Paşa 1241, f. 198b-199a, MS : Paris, suppl. persan 463, f. 188b-189a ; *Дастӯр ал-Кāтиб фӣ Та'йӣн ал-Марāтиб*, vol. 2, pp. 165-169.

(115) いずれの写本も ŠNAQŞ と綴るが，適当な訳語が見つからず，とりあえず shanā'at と解した。

(116) *Jāmi' al-Tavārīkh*, MS : Istanbul, f. 322b, l. 9, l. 24, MS : London, f. 254b, l. 8, f. 255a, l. 5. MS : Paris, f. 76a, l. 8-9.

(117) *Jāmi' al-Tavārīkh*, MS : Istanbul, f. 207a, MS : Taškent, f. 176b, MS : London, f. 64b, MS : Rampur, Raza Library, 2005, p. 135.

(118) 『大元官制雑記』(『永楽大典』巻一一一八)にも "修内司属大都留守司。初隷宮殿府。置大使一員，副使一員，知事一人。[中統]四年以石局，瑠璃局并孛蘭奚官隷少府外，実領八局。至元中，営造内府宮室御用，諸王位下賜様，精製造作，折畳帳房・大小車輌・寺院・係官廨舍，応弁斎事，工役浩繁" とある。なお,『集史』「チンギス・カン紀」では

さて，Altān khān（＝大金皇帝）は，かの城市（＝中都）から出立する時，二人の amīr 官人——かれらの名は Qāīlū と Qūī——をば，信任かつ qā'im maqām 代理の名目もて，māl 銭糧，khazānah 内帑，milk 采邑の頭に置いたのであった。この官職を漢語で līūsū（līūsau）留守と呼んでいる（*Jāmi' al-Tavārīkh*, MS : Istanbul, f. 97a, MS : Taškent, f. 68b, MS : Paris, f. 95b, MS : Tehrān, 90a)。

阿壇罕	中都答察	合魯侖	中都朶脱剌	合答宜	留守孛罕	土失周
Altan-qan	jungdu-dača	qar=u=run	jungdu dotora	Qada-yi	liušiu bolqa=n	tüši=jü
金　皇帝	北平　行	出時	北平　裏	人名　行	教倣	委付着
斡都罕三	阿主兀 (『元朝秘史続集』巻一 14b)					
od=u=qsan	a=ju'u.					
去　了	有来					

といい，正確に līūsū と綴る。「クビライ・カアン紀」の当該箇所は，あるいはボロト丞相の

484 第III部 ケシクからみた大元ウルス史

口頭での情報か。

(119)『丹墀独対策科大成』（国立公文書館蔵抄本）巻三「留守」"今天子毎歳上都巡守，則留守掌都京之事。自世祖来，有留守司，皆選清望・威重，廉幹官為之，多任親王・勲臣"。『元史』巻九十「百官志」にも"大都留守司，秩正二品，掌守宮闕都城，調度本路供億諸務，兼理営繕内府諸邸，都宮廟廡・尚方車服・殿廡供帳・内苑花木，及行幸湯沐宴游之所，門禁関鑰啓閉之事"とある。そのあとにつづく官職が留守司の統括する部署と見られるが，さまざまな年次のものを含む。至元十八年の時点で，チンキムがアフマドから奪還・掌握しようとしていた留守司の職掌は，『国朝名臣事略』巻十四「枢密董正献公」，『国朝文類』巻六一姚燧「僉書枢密院事董公神道碑」に"始不従躍，留居大都。凡宮籥・城門・直舎・徼道・環衛・営屯・禁兵・太府・少府・軍器・尚乗等監，皆領焉。兵馬司旧隷中書，并付公。将権臣累請奪還中書，不報"とあることから類推できる。『秋澗先生大全文集』巻八「義士姜侯歌併序」に"歳辛亥（1251）秋，燕留守府参謀劉（字文正）坐事就死"とあるので，燕京（＝大都）の留守司はモンゴル初期から置かれていたと見られるが，大元ウルス成立以後，とくに江南接収後と比べると重要度も機能もまったく異なる。

(120) 仁宗アユルバルワダの即位にともない設置された経正監の長官は，nutuqči/nuntuqči が務めたが，その官位は正三品で留守司より低い。なお，留守司は八剌合赤たちも手駒としてもった。『元朝秘史続集』巻二 48a4, 53b1 は，balaqačin に「管城的」の傍訳をあてる。『通制条格』巻十三「禄令」《工糧則例》"皇慶元年九月，中書省の奏に「留守司の管する的 八剌合赤毎は，在前は四口を則と為し糧を与え来。今春，宣徽院の官は，留守司の官の奏し来的に憑っ着……」，『至正条格』「断例」巻一「衛禁」【粛厳宮禁】"御史台の官の奏して奉じたる聖旨に「俺 内苑の裏の勾当は，怯薛に入る的 怯薛官并びに怯薛廷・扎撒孫，各愛馬的頭目毎，留守司の官人毎，八剌哈赤毎等，是れ他毎が合に管すべき的 勾当で有る」，『元史』巻九九「兵志二」《宿衛》"司閽者曰八剌合赤"，巻九「厩庫」【漕運罪賞】"一. 守把倉庫軍官・軍人・八剌哈赤，従枢密院・留守司"，『道園学古録』巻十「題朶来学士所蔵御書後・抄録御書』"皇帝の聖旨に：大都・上都の城門を守把し囲宿する軍官・軍人毎・八剌哈赤毎根底：自今已始，夜遇緊急事情，開門出入，差官将帯夜行象牙円牌・織字聖旨。門囲官員，詳験端実，方許開門出。雖有夜行象牙円牌，如無織字聖旨，不以是何官人員等，並不許輒開城門，縦令出入違之処死"。

(121)『事林広記』（台湾故宮博物院蔵椿荘書院刊）別集巻一「官制類」《随朝職品》，『国朝文類』巻四一「経世大典序録・兵雑録」【駅伝】"国家駅伝之制有府寺通政院・兵部・脱脱禾孫・站官，有符節円牌・聖旨・札子，有次舎・有供頓馬車・牛・驢・狗轎，駅伝之在漢地者，兵部領之。在北地者渉以通政院。郡邑之都会，道路之衝要，則設脱脱禾孫之官以検，使客防姦非"，『丹墀独対策科大成』巻十「站赤」【仏家奴策】"毎十五里為一郵亭，毎六十里為一候館。上有通政，以挈其綱，下有郡県，以賛其力。而又有脱脱禾孫，以験使命之真偽"。

(122)『永楽大典』巻一九四二一「站赤六.『経世大典』"［泰定］四年（1327）五月十五日，通政院使の脱亦納，失龍灰等が奏するには「上都の周辺の草地及び各站の牧馬の地の内，旧例は『（一.）馬牛の外より来る者は之を執り以って駅伝に供す。（一.）三日の後，畜主に回付す。（一.）羊口の禁に入るは，没して館の食と為す』。今，議するに，若し畜主の識認に出でざる者は，合に不蘭奚の数と作し，之を収係すべきや無や」と。旨を奉じたるに「准す」と"。

(123) たとえば，尚牧監はわずか数年の間に太僕院，衛尉院へと改められる。また，大司農司は，

クビライとチンキムの確執のなかで，いったん農政院なるものに改組されたが，アフマド暗殺の直後，ボロトのフレグ・ウルス出立直前の至元二十年（1283）正月に廃止，務農司に，同年の十一月には，司農寺に改められた。本書第8章参照。

(124) *Jāmi' al-Tavārīkh*, MS : Istanbul, f. 209b は HYTWN に誤る。MS : Taškent, f. 179a, MS : Rampur, p. 141 は *Shu'ab-i Panjgānah*, f. 132b と同様，HNTWN と正しく綴る。

(125) 『集史』「クビライ・カアン紀」に

> カアンは，まだ Nūmūghān ノムガンを Qāīdū カイドゥの軍が連行していなかった前の数年間は，かれの valī al-'ahdī 後継者に関して，おことばを述べていたし，かれはその願望を脳裏に置きつづけていた。そのご，Chīmkīm チンキムをきわめて賢明かつ有能と知ったので，ひじょうに愛情を抱いていた。かくて，Tūdā Munkkū トダ・マングがノムガンを送還してきたとき，（カアンは）チンキムが qānī カアン位に座るよう，命じられた。ノムガンは硬化して言った。「他^{かれ}が可汗^{カアン}と倣成来呵^{なったら}，御前様は怎生称^{いかに}したら好いの麼^か？」カアンは立腹しかれを qāqimīsī kardah 叱責して，自身の根前から断ち切り「今従り以後は俺の根前^{もと}に休留者^{とどまるな}」と命じられた。そして，かれはかの何日かの間にいなくなった。（カアンは）チンキムを pādshāhī の位に座らしめ，3年間，パードシャーであった。そして，かれもまた逝去し，かれの王座は封印された（*Jāmi' al-Tavārīkh*, MS : Istanbul, f. 211a, MS : Rampur, p. 144）。

という。末子相続とならず四人兄弟の次男のチンキムが選ばれたのは，クビライ自身がやはり四人兄弟の次男で，トルイの正統な後継者でなかったことと関わるだろう（モンケは長男，アリク・ブケはノムガンと同じく四男で末子）。長男のドルジは早世しており，まさにモンケの急死後の跡目争いの再現であった。アリク・ブケの残党がいまだクビライ政権の火種と成りえる状況下にあって，ノムガンを選ぶことは，全ウルスに対して自らを否定するに等しかった。クビライの即位時の詔に"太祖の嫡孫の中に，先皇の母弟の列に，**賢を以って長を以ってすれば，止だ予一人**^{うち}^{ただ}"とあるが，チンキムを選んだ理由づけとまったく同じである。

『集史』における pādshāh は，khān カンにほぼ等しく，フレグ・ウルスのガザンのほか，ふるくはナイマン，ケレイト等の長にも冠せられている。ジャジーラト族とバアリン族のジャムカ，ヌクタ・ボゴルの一族のスルガイとトグリル，マングト族のタガイ・クラガイ，タタル族のクトゥ・テムルが同盟・商量して「オン・カンへの意図もて夜襲をかけ，**而して自身を以て pādshāh とならん，俺毎**^{われら}」といっている（*Jāmi' al-Tavārīkh*, MS : Istanbul, f. 84b, MS : Taškent, f. 56a）ことからすると，この時点で pādshāh を帝王と訳すのは適切ではなかろう（同時期のヴェネツィア商人が使用したラテン語・ペルシア語・キプチャク語辞典 *Codex Cumanicus*, MS : Biblioteca Nazionale Marciana, f. 45b は，imperator を＝padisa＝can とし，黒海・地中海沿岸に知れ渡っていたカアンの称号には比さない）。『回回館訳語』乙種本「人物門」は"君"と訳し，『高昌訳語』では，君は qan，皇帝は qa'an と明確に分ける。ガザンが名乗った pādshāh-i Islām は，ラシードゥッディーンがのちに伝えるところのチンギス・カンの呼称 pādshāh-i 'alām, pādshāh-i jahāngīr（f. 89b, l. 4, f. 91b, l. 12），モンケ・カアンのかつての称号 pādshāh-i jahān に比すれば，分を弁え現実に即したものだったことがよくわかる。ようするに，クビライとチンキムの関係は，平安時代の院政（上皇と天皇）のような情況となったのである。1342年にトゥグルク朝下で編まれたペルシア語辞書『才子の規範』もカイドゥを pādshāh-i mughul と解説する。それが，ポスト・モンゴル期以降，pādshāh＝Qa'an と

486　第 III 部　ケシクからみた大元ウルス史

なりゆく。Ḥājib Khayrāt Dihlavī, Naẓīr Aḥmad (ed), *Dastūr al-Afāẓil*, Tehrān, 1352, p. 195 ; *The Manuscript of al-Malik al-Afdal*, f. 198, l. 26-27 ; *The King's Dictionary*, p. 203.

　　なお，漢文資料では，ノムガンの帰還は 1283-84 年のこととされるが，ジョチ・ウルスのトダ・マングの即位は 1280 年。『元史』巻十一「世祖本紀」でも至元十七年に皇子ノムガンに対する賜与の記事が見える。「クビライ・カアン紀」の別の箇所では成宗テムルの即位前，ココジン・カトン（チンキムの正后，テムルの母）が発したことばとして，「チンキムの王座が封印されて以来 9 年」（MS : Istanbul, f. 211b）という。『元史』巻十「世祖本紀」［至元十六年冬十月］に"下詔皇太子燕王参決朝政，凡中書省・枢密院・御史台及百司之事，皆先啓後聞"とあるが，チャガン・ノールの行宮の造営開始が至元十七年五月で，高麗の忠烈王が当地でクビライに面会していることなども考え合わせるに，じっさいのチンキムの天下は，『授時暦』の使用が開始された 1281 年／至元十八年から 1283 年／至元二十年の 3 年間とみてよい。

(126)　Benedetto (ed), *Il Milione*, pp. 77-80 ; Ramusio (ed), *I Viaggi di Messer Marco Polo*, Libro Secondo, cap. 8, f. 25a-f. 26a. 『元史』巻十「世祖本紀」［至元十五年春正月］に"己亥，**収括闌遺官也先，闊闊帯等坐易官馬，闌遺人畜，免其罪**，以諸路州県管民官兼領其事"とみえるココダイは，アフマド側の人物と見られるが，一万二千人の部隊を率いていたかどうかははなはだ疑問である。あるいは，『龍虎山志』巻下「大元勅賜大上清正一万寿宮碑」によって，のち延祐元年（1314）に大都留守だったことが確認されるココダイか。

(127)　*Shu'ab-i Panjgāna*, f. 133a にも Kāū Finjān の名が見え，アフマド暗殺について述べる。Khitāī 出身とされ，同時期の翰林に籍を置いた高鳴と同様，女真——粘合，紇石烈，女希烈，孛述魯，渤海——と推測されるが，現状では，河西（タングート）の可能性も捨て去るべきではない。この時期，平章政事をつとめたにもかかわらず詳細がまったく不明で，『五分枝』にも名が見えず，『元史』，『経世大典』「站赤」（『永楽大典』収録），『高麗史』，『高麗史節要』などに散見されるわずかな記事からボロト，コルコスン，姚枢等と親しかったことが推測される合伯（哈伯），至元五年より史天沢とともに対襄陽戦に派遣された故平章合丹（チャガン）（『国朝文類』巻五九姚燧「湖広行省左丞相神道碑」）も Kāū Finjān の候補となる。『勤斎集』（静嘉堂文庫蔵抄本）巻二「故中順大夫山南道廉訪副使王公墓誌銘」に"夫人**粘合氏**……夫人**襄樊九州長官烏延**之女"とあり，あるいは烏延と合丹は同一人物か。チンギス・カン，オゴデイ時代にチンカイ，移剌楚才とともに「中書省」を仕切った粘合重山の子，南合／南哥はモンケの時代から至元年間の初めまで中書平章政事をつとめたから，南合の子息もしくは兄弟と見られる烏延が南合の後を継いで平章に任じられた可能性はある。『元史』をはじめ同時代資料は南合の子孫について，ほとんど言及せず，移剌楚才の息子，耶律鋳もアフマドと対立し，同時期に失脚する。なお，わずかにのこる『至正集』巻八一「故漕運同知粘合妻逸氏墓誌銘」によれば，粘合重山（漢名は鈞）の一家は開国の功臣のひとりタングートの察罕の家と三代に亙って姻戚関係を結んだ。粘合氏が「高」姓を名乗ったことは，『紫山大全集』巻一八「隠士高君墓誌銘」，『道園学古録』巻一七「高魯公神道碑」参照。

(128)　*Shu'ab-i Panjgānah*, f. 133a.

(129)　『元史』巻十二「世祖本紀」［至元十九年夏四月］"勅**和礼霍孫**（コルコスン）集中書省部・御史台・枢密院・翰林院等官，議**阿合馬**（アフマド）所管財賦，先行封籍府庫。丁酉，以**和礼霍孫**為中書右丞相，降右丞相**瓮吉剌帯**為留守，仍同僉枢密院事。戊戌……勅以**大都**巡軍隷留守司。壬寅……以留守司兼行工部……乙巳，以**阿合馬**家奴**忽都答児**（クトゥダル）等久総兵権，令**博敦**代之，仍隷**大都**留守司"，『道

園学古録』巻十七「高魯公神道碑」「徽政院使張忠献公神道碑」，『道園遺稿』巻四〇「張忠献公神道碑応制」「高荘僖公神道碑応制」，『元史』巻一六九「高觿伝」「張九思伝」，『元史』巻一七三「崔彧伝」"明年（＝至元十七年），自江南回，首言忽必帯兒根索亡宋財貨，煩擾百姓，身為使臣，乃挈妻孥以往，所在取索鞍馬芻粟，世祖雖聴其言，然虚実竟不辨決也……二十年，復以刑部尚書上疏，言時政十八事……十四日：大都非如上都，止備巡幸，不応立留守司，此皆阿合馬以此位置私党。今宜置総管府"。なお，大都の警備に関しては，留守司のほかに，『元史』巻九〇「百官志」に"大都路兵馬都指揮使司，凡二，秩正四品，掌京城盗賊姦偽鞫捕之事……至元九年，改千戸所為兵馬司。隷大都路，而刑部尚書一員，提調司事"とある。兵馬司がアフマドの指揮下にあったことは，虞集撰「姚天福神道碑」に明記される（劉舒俠「元代姚天福神道碑校点注釈」『文物季刊』1993-2 pp. 84-96，山西省考古研究所『山西碑碣』山西人民出版社 1997年 pp. 294-303）。また，『国朝文類』巻四〇「経世大典序録・兵雑録」【弓手】によれば，大都の南城・北城それぞれに千人隊を擁した。刑部尚書が長官を兼ねるということは，既述の『通典』等の伝統からすれば，この集団も buralqči と伴当たちだろう。

(130)『元典章』巻三六「兵部三・駅站」《脱脱禾孫》【脱脱禾孫休捜行李】，『永楽大典』巻一九四一七「站赤二」［至元十六年七月五日］

(131)『秋澗先生大全文集』巻八一「中堂事記・中」"十日辛未……遣上都同知阿合馬，計燕京万億庫諸色物貨……十二日癸酉……上都留守同知阿合馬兼太倉使"，『元史』巻六「世祖本紀」［至元三年秋七月］"壬寅，詔上都路総管府，遇巡幸，行留守司事。車駕還，即復旧"，巻一〇「世祖本紀」［至元十六年二月］"甲辰，陞大都兵馬都指揮使司，秩四品"，巻十一「世祖本紀」［至元十七年六月丁丑］"阿荅海等請罷江南税課提挙司，阿合馬力争。詔御史台，選官検覈具実以聞。阿合馬請立大宗正府。罷上都奥魯司，以留守司兼管奥魯事"。なお，至元十七年より，上都留守はクビライの指名により，賀仁傑がつとめ，その死後は，息子の賀バヤン（賀勝）が襲いだ。賀仁傑は，かつてモンケの聖旨を受け大理遠征に向かう六盤山のクビライに，父の賀賁が軍資金として銀2500両を献上したことから，親しくケシクにとりたてられていた。呂域撰「賀公墓誌銘」（余華・張廷皓『陝西碑石精華』三秦出版社 2006年 p. 251），咸陽地区文物管理委員会「陝西戸県賀氏墓出土大量元代俑」（『文物』1979-4 pp. 10-24）

(132)『国朝文類』巻二四元明善「丞相東平忠憲王碑」"十一年，劾奏阿合馬欺国害民数事。又奏「各部及大都路官，阿合馬奏擬非人，乞加黜汰」"。ここの箇所，『国朝名臣事略』巻一「丞相東平忠献王」は『東平王世家』を引いて"十一年，公奏阿合馬蠹国害民数事。又以四部及大都路総管府官皆非材，乞選汰。従之"とする。『元史』巻二〇五「姦臣伝・阿合馬」により，大都路総管府の長官がアフマドの愛息フサインだったことがわかる。フサインは，南宋接収後は，とうじ世界最大の都市だった杭州に配備される。

(133)『元史』巻二〇五「姦臣伝・鉄木迭児」"踰月，仁宗即位，因遂相之。及幸上都，命鉄木迭児留守大都，平章完沢等奏「故事，丞相留治京師者，出入得張蓋。今右丞相鉄木迭児大都居守，時方盛暑，請得張蓋如故事」許之"，『元史』巻一三七「曲枢伝・伯帖木児」，『金華黄先生文集』巻四二「太傅文安忠憲王家伝」"王諱柏鉄木爾，其先出於西域哈児罕魯氏，世居海牙里。高祖諱塔不台，当太祖皇帝龍興之初，首率其族属，従本部主阿爾思蘭可汗来覲于斡艱怯魯憐之地……祖諱質理華台，備宿衛於太祖第二斡耳朶忽蘭皇后位下。世祖皇帝，建都城，立宮闕，以勲臣子孫，俾掌門衛，克称其職。有子二人，長曰禿忽赤，次即王之考諱曲枢，幼

失怙恃，既長，性沈静悃愊而無華。事裕宗未及用，遂為徽仁裕聖皇后宮臣，以謹厚称。仁宗生七日，選入侍于宮中，而左右擁翼之……至元二十二年王甫四歳，従太保（＝曲枢）事仁宗……至大四年二月，仁宗即皇帝位，拝王資徳大夫大都留守兼少府監”。

(134) *Jāmi' al-Tavārīkh*, MS : Istanbul, f. 208b, MS : Taškent, f. 178a, MS : Ramur, p. 139.

(135) ビザンツ，オスマン朝下のトレビゾンド，コンスタンティノープルに駐在し，通商や治安維持等の責務を担ったヴェネツィアの外交官，総督たちも baiulo, bailo とよばれていた。“留守”を翻訳・表現するにふさわしい語といっていい。ちなみに，かのジャライル朝のシャイフ・ウヴァイスも，タブリーズからトレビゾンド駐在の bailo およびヴェネツィア商人に向け，数回にわたって書簡を発している。G. M. Thomas, *Diplomatarium Veneto-Levantinum II, a. 1351-1454*, pp. 158-159, p. 163 ; Charles Diehl, La colonie vénitienne à Constantinople à la fin du XIVe siècle, *Mélanges d'archéologie et d'histoire*, T. 3, 1883, pp. 90-131 ; François Dupuigrenet Desroussilles, Vénitiens et Génois à Constantinople et en mer Noire en 1431, *Cahiers du monde russe et soviétique*, vol. 20, N° 1, 1979, p. 21 ; E. Dursteler, The Bailo in Constantinople : Crisis and Career in Venice's Early Modern Diplomatic Corps, *Mediterranean Historical Review*, 16 (2), 2001, pp. 1-30.

(136) Benedetto (ed), *Il Milione*, p. 79 ; Ramusio (ed), *I Viaggi di Messer Marco Polo*, f. 25b.

(137) Benedetto (ed), *Il Milione*, pp. 77-80 ; Ramusio (ed), *I Viaggi di Messer Marco Polo*, f. 25a-f. 26a. アフマドを Achmac あるいは Achmach と記すことからすれば，ك と د の読み違いで Cogatai がクトゥダルその人を指す可能性すらあろう。

(138)『南村輟耕録』巻一「万歳山」，巻二一「宮闕制度」，『析津志輯佚』「古蹟」“抄紙局：西南近城，原係阿哈馬平章花園”。

(139)『元史』巻十三「世祖本紀」［至元二十一年三月］“丁巳，皇子北平王南木合（ノムガン）至自北辺”，［夏四月乙酉］“立大都留守司兼少府監。立大都路総管府”，［十一月］“辛丑，和礼霍孫（コルコスン）・麦朮丁（マジュドゥッディーン）・張雄飛・温迪罕（ユルディカン）皆罷。前右丞相安童（アントン）復為右丞相，前江西榷茶運使盧世栄為右丞，前御史中丞史枢為左丞，不魯迷失海牙（ボルミシュカヤ）・撒的迷失（サルディミシュ）並参知政事，前戸部尚書拝降（バイシン）参議中書省事。勅中書省整治鈔法，定金銀価，禁私自回易，官吏奉行不虔者罪之。壬寅，安童・盧世栄言「阿合馬（アフマド）専政時所用大小官員，例皆奏罷，其間豈無通才？宜択可用仍用之」。詔依所言汰選，毋徇私情”，［至元二十二年十二月］“丁未，皇太子薨”，『聖元名賢播芳続集』（宮内庁書陵部蔵　洪武六年／高麗恭愍王二十二年 1373 刊）巻六「諭中書省以下大小官吏諸色人等詔赦至元二十一年」

(140)『元史』巻十四「世祖本紀」［至元二十三年冬十月己酉］

(141)『元史』巻十二「世祖本紀」［至元十九年五月己未朔］“籍阿合馬（アフマド）馬駝牛羊驢等三千七百五十八”，“［己巳］籍阿合馬（アフマド）妻子新属所営資産，其奴婢縦之為民”とある家畜・奴婢も buralq の頭疋・人口かもしれない。なお，モンケ・カアンがカラ・コルムの留守を委ねた腹心のコンコル，そして当初ビチクチだったアラムダール（名前自体がペルシア語で‘Alam-dār＝tuqči 旄纛持ち）もブラルグチとなった可能性がある。であれば 1257 年のアラムダールの陝西・河南での会計監査，クビライとの衝突も理解しやすい。ブラルグチがきわめて重要な職掌であるにもかかわらず，『書記規範』とことなり，『集史』，『五分枝』がその歴代の長についてまったく触れないのには，相応の事由があったことになる。

第 10 章
モンゴル・バクシとビチクチたち

1　はるかなる匈奴の記憶

　フレグ・ウルスの宰相ラシードゥッディーンは，『集史』第二部「Chīn と称されている Khitāī，および Māchīn の vilāyat 邦土／田地の pādshāh 君王たちの諸部族の歴史」の劈頭において，次のように述べた[1]。

　　上述の諸部族の国々は，いくつかの大邦の寄り合わせである。それらの邦土
　　の名称は，多種多様な部族それぞれの言語と慣用にしたがう。如今，寄進
　　者[2]たちから，当該地の諸事情について詳細な調査をした結果，以下のこと
　　が明らかになった。すなわち，かれらの国々の中間に尊重を受ける大邦があ
　　る。ほとんど常に君王たちの宝座がそこに在った。かの邦土は，かれらのこ
　　とばで［Khān žū Khūn nūī／Khān žū va Khūn nūī］といわれており，モンゴル
　　人たちはそれを Jāūqūt といい，インド人たちはこれを Chīn と呼んでいる。
　　いっぽう，われらにあっては，Khitāī を以って聞こえている。距離の遠隔お
　　よび調査・聞き取りの無きゆえに，Chīn の邦土は別で，そこから Khitāī は
　　離れているのだと思い込んでいた。が，そのふたつが同一であり，異なる慣
　　用ということが明らかとなった。ところで，上述の邦土の東，やや南よりに
　　別の邦土がある。かれらはそれを Manzī，モンゴル人たちは Nankiyās，イン
　　ド人たちは Mahāchīn すなわち大きな Chīn（＝大秦）といっており——それ
　　以外の人々はヒンディー語の Mahā の意味を識らなかったので Māchīn とい
　　うわけだが——，（じっさい）Chīn の邦土は Māchīn に比して 10 分の 1 の規
　　模である。

明らかに，ラシードゥッディーンは，Chīn 秦／晋が，悠久の歴史のなかで，現

在の陝西省・山西省に限定された区域と華北全域，江南の一部をも含む最大領域の三通りの意味をもったことを，よく呑み込めていなかった。しかし，大元ウルス治下の状況としての把握はきわめて的確であった[3]。

『元朝秘史』巻十二 a2 が"札ᠴ忽ᢐ jaqut"の傍訳に"金人毎"を充てるように，『集史』「チンギス・カン紀」でも，"Jāūqūt<ǰa'ut とは，Khitāī・Qarā-Khitāī 黒契丹・Jūrchah 女真を包括する黄河以北の vilāyat 邦土／田地を指し，Khitāī の住民たちの慣用語では Khān ažī に等しい"，とされる[4]。この Khān ažī と Manzī/Nan-kiyās は，『事林広記』収録の『至元訳語』（『蒙古訳語』）「人事門」に見える"漢児：托ジャウクタイ忽歹"，"蠻子：囊マンジ家歹ナンキャダイ"からも推察されるが[5]，華北と江南（具体的には金と南宋の旧領）を分ける対の概念[6]。Ž は『蒙古字韻』によれば，いわゆる日母 r- 音を示し，上巻 22a には，確かに"児"がパクパ字表記によって ži と記されている[7]。Khān žū khūn nūī の前半部も"漢児"を表記したものにちがいない。そして後半の Khūn nūī は，4 世紀後半に黒海北岸に達したフン族を持ち出すまでもなく，まずまちがいなく"匈奴 hèuŋ nu"だろう[8]。魏晋のころの匈奴五部はもとより，陝西・山西の各地から出土する印に"漢匈奴"の文字がしばしば刻まれていることも思い合わされる。

13・14 世紀の大イェケ モンゴル・ウルス——モンゴル帝国にいたっても，匈奴の記憶は脈々と受け継がれており，"中華"のど真ん中を掌握してきた歴代王朝のほとんどが匈奴の後継，鮮卑・拓跋だったこと，正確に認識されていたのだ。

"漢児匈奴"，"漢児・匈奴／漢児≒匈奴"[9]なる概念は，歴代正史をはじめとする漢籍——四六駢儷体を基調とし，建前として華夷の別を述べたてる編纂物を眺めているだけでは，まず気づき得ない事実である。ひとえに，遊牧国家の継承者たるモンゴル帝国[10]，その一部をなすフレグ・ウルス自らの語りであったこと，同時に「外」からの眼差しをもちながらの，ペルシア語翻訳による「世界史」の解説であったこと，それゆえに，のこりえたといっていい。

ひるがえって，ユーラシアにおけるさまざまな歴代遊牧国家，その政治・軍事体制の縦と横の連続性・共通性を実証してゆくさいに，重要な手がかりとなるのが，モンゴル時代の"kešik 怯薛ケシク：直班／輪班／輪直／宿衛／護衛／扈衛"[11]の職掌であり，称号である。これまで，ティムール朝やアク・コユンル，サファヴィー朝，オスマン朝など，ポスト・モンゴルのいくつかのケシク集団については，多少の言及がなされてきた。だが，さかのぼって契丹，突厥，鮮卑・拓跋，匈奴，

第10章　モンゴル・バクシとビチクチたち　491

各王朝におけるケシクの有無とその詳細はもとより，各職掌・称号の共通性，きまりごと——たとえば，モンゴル時代の東西で確認される todqa'ul/todqasun[12] と突厥の吐屯・吐屯発[13]および匈奴の屯頭王[14]，テュルク諸部族，あるいは『元朝秘史』や『集史』にみえるナイマンやケレイトの王族たちに冠される qur-čaqus[15]，buyiruq, inanč, bilge, tayangu, gür などの美号，Tuquz tuɣluq khan 九纛汗すなわち支配者の帳幕に立てる纛 tuq の数[16]といったような——について論じられることは，ほとんどなかった。

　北魏をはじめとする中国北方の遊牧民の王朝は，中国を支配するさい，みずからの言語による職名・称号とは別に，『周礼』に法った官職名を併用することが多かった[17]。くわえて，漢文による正史編纂のさい，「中華」の伝統を踏襲し，固有名詞を除いて，可能な限り雅語を以って意訳した。そして，そのごの長い歴史の変遷のなかで，華北におけるさまざまな言語の典籍・碑石は，漢文のものしか残らない状況となった[18]。たまさかに発掘・発見されることがあっても，価値を認められなければ，あるいはその時点で都合が悪いものとみなされれば，文字通り抹消されてきた。歴代正史の抱える問題を多少窺わせる内容の漢文墓誌銘がいくつか記録，あるいは発掘されていたものの，ことの重大さがほんとうに認識されたのは，つい近年になってからのことである[19]。

　すなわち，北魏和平二年（461）の「皇帝南巡碑」[20]の全文が公開され，その碑陰に刻された官職名と，『魏書』（北魏の後継たる北斉での編纂）の記述の乖離が明らかとなってようやく，正史と関連資料の読み直しが進展しはじめた。もっとも，巻一一三「官氏志」の

　　建国の二年に，はじめて左右近侍の職を設置した。常時の定員はきまっていないが，百名にのぼることもあり，**禁中に侍り宿直し，宣や詔命を（外に）伝えた。いずれも諸部族の大物，豪族・良家の子弟で，立ち居振る舞いと外見が端正で厳然たる者，機転が利き弁舌爽やか，才気煥発な者を選抜，採用した。また内侍の長を四人配置し，顧問として，不足の点・過失を補わせしめ，応答させた。現在の侍中，散騎常侍みたいなものである[21]。

という記述は，モンゴル時代の四怯薛と質子[22]のシステムを思わせるものであった。

　また，唐の貞観四年（630）に魏徴と温彦博等が戦わせた議論のなかでも，帰

順してきたテュルク諸部族を黄河以南の一帯，長安の近隣に移住させること，各部族の酋長を選んで宿衛にあてることの是非が，漢や晋朝での対匈奴政策を顧みながら問われていた。そして最終的に太宗李世民の判断のもと，各酋長はみな，将軍，中郎将などの職を拝し，五品以上の官位につくものは百人を超えたのである[23]。

　ひるがえって，なにより，『南斉書』巻三七「魏虜伝」が意図して伝える鮮卑語の職掌は，テュルク・モンゴル語でほぼ解読が可能であり，まさにケシクそのものを示していた。

　　北魏の国内では，帳幕内の左右に控える人々を「直真 ičqčin/čikčin」，幕外の左右を「烏矮真 üyčin/uyčin」と呼び[24]，各曹局のうち，文書の吏を「比徳真 bitikčin」[25]，衣を襜ぐ人を「襆大真 boqtayčin」[26]，仗を帯びる人を「胡洛真 qorčin」[27]，通事の人を「乞萬真 kelemečin」[28]，門を守る人を「可薄真 qapučin」[29]，朝廷の駅伝用の車馬を扱う賤民を「拂竹真 yuzuqčin/bolčuqčin/büdüyčin」[30]，諸州の駅站の人を「咸真 yamčin」[31]，人を殺める者を「契害真 kitu'ačin/qudqačin」[32]，主のために辞を宣下・上奏する人を「折潰真 jaryučin」[33]，貴人に食事を提供する人を「附真 bawurčin」[34]という。三公・貴人は，通称「羊真 yančin/jočin」[35]。

　　（拓跋燾）佛狸[36]は，三公，太宰，尚書令，僕射，侍中を置いて，太子と共に国事を決した。殿中尚書は殿中の兵馬・倉庫をつかさどり，楽部尚書は伎楽および角抵戯の芸人五百名をつかさどり，駕部尚書は牛・馬・驢・騾をつかさどり，南部尚書は南辺の州郡をつかさどり，北部尚書は北辺の州郡をつかさどった。

　　そのほか，尚書に相当する「俟勲地何 čiqin- ?」[37]，刺史に相当する「莫堤 baqti」[38]，二千石に相当する「郁若」[39]，諸侯に相当する「受別」[40]なる官がある。

　　諸の曹府には倉庫があるので，悉く「比 bit ＝筆」の官を配置，みな鮮卑語・漢語に通暁せしめることによって，駅站となした。

　　蘭臺には中丞御史を置いて城内の事を治めさせた。くわえて「九豆和 qudqa ＝刀」の官を設置して，宮城三里内の民戸で何処の軍戍にも属さない者たちは，悉くここに所属させた。

第 10 章　モンゴル・バクシとビチクチたち　　493

　モンゴル時代のカアン，諸王，后妃たちをとりまくケシクの構成と大まかな順
位は，モンゴル語を漢語の口語語彙で直訳した一連の命令文書——①日時，②
場所，③居合わせたケシクの面々，④奏上者たちの名，⑤上奏の内容，⑥可否を
伝えるお言葉が記録される——[41]，あるいは『集史』，*Shu'ab-i Panjgānah*『五分
枝』[42]等のペルシア語資料，およびそれらに附されたミニアチュールによって知
ることができる。衣食を担当する速古児赤 sükürči 傘蓋持ち[43]と博児赤 bawurči
厨子，護衛の慍都赤 üldüči 環刀持ちと昔保赤 šibawuči 鷹匠[44]，先払いを担当す
る玉勒赤 yurtči 宿営官[45]と阿児赤 elči 使臣および禿赤 tuqči 纛持ちがとくに重要
である[46]。かれらが裏切れば即，生命の問題に直結する。

　sükürči はカアンの側で傘蓋を差し掛けるのみならず衣服の着せ替えも行うの
で，まさに衣を檐ぐ「檋大真」と対応する。北魏のころは，sükür という単語が
無く，単に“布覆い”と呼ばれていただけのことなのだろう（傘蓋そのものは南
北朝の墓室壁画等にも描かれている[47]）。テュルク語の küšetiri[48]は，『突厥語総覧』
には載っていない。同様に，üldüči については，陶宗儀『南村輟耕録』が“侍衛
のなかでもいちばん親近のもので，肩には**骨朶**を背負い，腰には**環刀** üldü を佩
す。人数は二人から八人”[49]と述べるが，ここでいう“骨朶”こそ，「契害真」
の“契害 kitu'a/qudqa”にほかならない。dargači 達魯花赤と bašlaquči 酋長／bas-
qāq がともに“圧する（押さえる）人”なのと同じ理屈である[50]。ようするに，
その時点での常用語への言い換え，あるいは自国語への直訳にすぎないのだ。ケ
シクのシステムそのものは，ほとんど変わっていない。

　また，モンゴル時代の知識からふりかえってみれば，北魏や唐代における左虞
候，兵部司門郎中，刑部駕部郎中などは，遺失物を捜索・保管する buralqči が，
右虞候は yurtči や jasa'ul が担当していたことも判明する。ちなみに，拓跋佛狸の
長男の名は天真，チンギス・カンの幼名 Temüjin 帖木真／忒没真に近い。四男は
可博真 qapučin，末子は樹洛真 soruγčin 遺失物を探す者——モンゴル語の buralqči
に相当——と伝えられる[51]。

　こうした知識を踏まえて，17 世紀も後半の，はるかヨーロッパに眼を転じて
みると，じゅうらい看過されていた事実が明らかになる。1678 年頃，カルメル
会の修道士が東方伝道の気運のなかで編纂し，ローマ教皇庁やフランスおよびナ
ヴァラの王の認可のもと，ペティ・ドゥ・ラ・クロワ Patis de la Croix やシャル
ダン Chardin といった著名人の賛同もとりつけて刊行したペルシア語・イタリア

494　第 III 部　ケシクからみた大元ウルス史

語・ラテン語・ガリア語の四ヶ国語辞書が存在する（巻頭にはペルシア語文法指南，巻末には索引が附される）[52]。この書は，明らかに各機関が蔵する大モンゴル以来の各種外交文書や意図的・重点的に収集されてきた多言語辞書[53]，コンスタンティノープルに駐在していた外交官やヴェネツィア商人等の知識を踏まえたものだった。そこに，ペルシア語にとりこまれたテュルク・モンゴル語由来のケシク名が散見される[54]。

ilchī＜ilči＝ambasciattore, legato 外交官

tūpchī＜töpči＝bombardiere 砲手

tamghāchī/gumrkchī ＜ tamɣači/gömrükči＝doganiere 徴税官

qūshchī＜qušči＝falconiere 鷹匠

kishikchī＜kešikči＝guardiano, sentinella, soldato 近衛

kalimahchī＜kelemeči＝interprete 通訳

yārghūchī＜yarɣuči＝lite 裁判官

qāpīchī＜qapıči＝portiere, portione 門衛

jārchī＜ǰarči＝precone, publicato 哨馬（みはり），整治（とりしまり）

その的確な訳語に驚くばかりである。そして，これらの単語は，まぎれもなく世界共通語として，使用されていたのだ[55]。

　これとほぼ平行して，1680-87 年には，テュルク語・アラビア語・ペルシア語の東方三大言語にラテン語・ゲルマン語・イタリア語・ガリア語・ポーランド語を対応させた多言語辞書（附録にテュルク語の文法書）も編纂されている。編者の Meniński メニンスキはフランス生まれ，ローマで文理を問わずさまざまな分野の学問を学んだ。とりわけ，外国語習得に抜きん出た能力を示し，ワルシャワ，クリミア，イスタンブル等を転々として，研鑽を積んだ。やがて，ポーランド政府の委託，ハプスブルク家の援助を受け，外交・通訳官養成プロジェクトの一環として，当該書の刊行の指揮を執った。ほぼ百年後には，あらためてマリア・テレジアへの献呈版が作成されている[56]。

　また，オスマン朝はもとより東方への志向を強烈に有したナポレオン率いるフランス"帝国"は，当該地域の外交官・領事，商人・船乗り・探検家等の利用に供するためと称して，2500 頁近い大部のきわめて有益なテュルク語辞典（現実にはペルシア語も含む）を編纂した[57]。件の buralq についても，"1. Réfugié 逃亡

第 10 章　モンゴル・バクシとビチクチたち　　495

者；transfuge 脱走兵；déserteur 脱走兵　　2. Celui chez qui un réfugié ou un transfuge cherche asile. 逃亡者・脱走兵が庇護を求めるところの者" と正確に解する。オスマン朝でも bularqči のシステムが存続しつづけていたことをうかがわせる。じつは，ヒエログリフの解読で知られる Champollion シャンポリオンやかれの師であった Silvestre de Saci サシなどの研究も，帝国主義の脈絡のなかにある。

　上にやや遅れて，ドイツ，オランダ，イギリスなども挙って，辞書の編纂や過去の外交文書の整理を開始し，さらには，ペルシア語，アラビア語のさまざまな分野の書物・類書・文書の翻訳を行った。貴族や外交官，富裕な商人，宣教師たちは，支配者の目線をもって資料を渉猟し，権力・財力・労働力をつぎ込んで，つぎつぎと巨冊をものしていった。史上最大の版図を有したモンゴル帝国とその時代は，当然，かれらの興味の中心・根幹となった。

　こんにちのモンゴル時代，ポスト・モンゴル時代の研究は，好むと好まざるとにかかわらず，第二次世界大戦終了にいたるまでのヨーロッパ列強の東方拡大，植民地政策の恩恵を受けているわけである。

　そして，日本においても，俗に北狄と称される中国北方からユーラシア中央域にまたがる遊牧国家の研究は，きわめて熱心になされたのだった。ただ，こちらは，いずれも漢文典籍とテュルク諸語の碑刻の照合・分析を主体としており，いわゆる「東洋史」という枠組みのなかで，ペルシア語，アラビア語資料を組み込んだ試みはまったくといっていいほどなされなかった。

　そもそも，いかなる言語にしても，"紙" が普及しはじめる 13 世紀以前の資料は，絶対量が限られている。だが，不思議といったん時代を下って比較して見ようという気にはならないらしい。あるいは同時代でもいくつかの異なる言語体系の文献を照合する研究は，極めて稀少である。断代資料の総覧どころか，年年歳歳，特定の地域で発掘された文書断片の解読に重点が移っているきらいさえある。さらにいえば，中国歴代正史や石刻史料等にわずかにのこされた貴重な外来語──漢字で表記された重要語彙の解析において，カールグレンが推測・再構築した上古音，中古音を前提としてきた。果てはそれがほんらいのテュルク・モンゴル語の音価をも規定してしまうという，本末転倒の研究方法がとられることもあった（漢字音をウイグル文字，ソグド文字，アラビア文字などで写した例をできるだけ収集し，それらから逆に，漢字音訳された外来語の解読に利用，復元してゆくべきだろう。なお，じゅうらい『中原音韻』を中心に推定されている 14 世紀の中国語音韻

も，再考の余地がある）。

まずは東西の資料を見渡せるモンゴル時代を起点として，テュルク・モンゴル語，漢語の確実な音価，各職掌の詳細を呈示し，そこからペルシア語，漢文資料ともに過去に遡って同一とみなせる語彙，職掌を音訳・意訳を含めて収集，再度分析してゆく作業が必要だろう。

2　モンゴル命令文の世界

ユーラシアの古今東西を眺め，その連続性・共通性を探るさいに，有効となるもうひとつの手がかりは，歴代遊牧国家の支配者たちの側で，ケシクの Tur. bitikči/Mon. bičikči 必闍赤たちが記録したさまざまな文書である。とくに国書（外交文書）は，世界史のそのときどきの重要な局面をものがたり，現物が伝来する場合も少なくない。当該国以外の客観的な記録，関連資料も多い。

モンゴル時代およびポスト・モンゴル時代の命令文・外交文書の原文・副本は，前節でも言及したように，はやくからヨーロッパが中心となって，個別に翻訳・紹介されてきた。

杉山正明は，これらを総括・統合し，その世界史上における意義について，大まかな見通しを述べたうえで，とくに中国の各地に建てられた命令文の碑石（パクパ字モンゴル語原文・口語語彙で直訳した漢文）を，明確な目的意識を以て選定，論じた。さらに，対訳資料・辞書としての価値はもとより，印璽や文体・書式（「聖なる語」の抬頭，公文書における末尾のモンゴル語・ペルシア語の添え書き，クビライによる文書定型化）などの新たな観点からの分析，歴史資料としての活用法——カアン，王族たちの駐夏・住冬地や投下領の確定，年月日まで明らかとなるかれらの動向，正史や王族の系譜の補塡に有効であること——を，具体例をもって示したのである[58]。つづいて小野浩が，冒頭の定型句を手がかりに，時代と場所を越えて広がったモンゴル命令文の世界について紹介した[59]。

これらの研究を受け，この四半世紀，とくに日本で異様なほどに「モンゴル命令文」の流行が見られた。ただし，それらは概して大元ウルス治下の碑刻の分析に限定して行われ，新たな手法も見られなかった。清代の銭大昕等の調査にはじまり，寺観や当地の学者が実際に移録・調査・保護に関わってきた碑刻を，こと

さらに「新発見した」と称したり，註の一つで言及すれば済む些細な語句の違い（概ね発令の時期，発令者と担当bičikčiに起因する）を延々分析したり，といったことが繰り返されてきた。実のところ，二番煎じの域を超え，安直な業績かせぎという面は否定できない。

　中国各地の研究者たちによる悉皆調査，随時報告される新出の碑刻の録文は，基礎データの集積の面から，ひじょうに有難いことである[60]。しかし，二次的な利用が前提となる日本においては，世祖クビライ以降，極端に定型化された大元ウルスの寺観宛ての聖旨は，それ自体を中心にとりあげ日本語訳を呈示し，注釈を施して歴史的価値・意味がある，といえるものは，まずない。むしろ扱うならば，典籍のなかにのこるさまざまな形式・内容をもつ命令文のほうであろう。

　ひるがえって，モンゴル命令文の冒頭が，突厥から隋に送られた国書の冒頭の漢訳

> 辰（たつ）の年の九月十日，天従（よ）り生れし大突厥の天下賢聖の天子，伊利倶盧莫何（イルグルバガ）
> 始 波羅可汗（イシュバラカアン）が大隋の皇帝に書を致す：使人の開府徐平和が至りて，辱（かたじけな）くも
> 言語を告（つ）げ，具（つぶさ）に聞（もん）する也。皇帝は是れ婦（つま）の父なれば即ち是れ翁（しゅうと），此は是（こちら）
> れ女（むすめ）の夫なれば即ち是れ児（こ）の例なり……[61]

あるいは，匈奴から漢への国書

> 天の立つる所の匈奴大単于，敬しんで皇帝に問う。恙無きや。
> 天地の生む所，日月の置く所の匈奴大単于，敬しんで漢の皇帝に問う。恙無きや[62]。

にまで遡りうることは，容易に推察できることである[63]。しかし，それにつづく文面については，当該言語の原文がまったくのこっていないので，中国歴代正史の編纂官たちによる意訳・抄訳しか手がかりがない。モンゴル時代の国書の体例をきちんと理解しておくことは，ケシクと同様，歴代遊牧国家の研究にも有効なはずである[64]。また，匈奴は意図して，漢の国書より大きな縦一尺二寸の牘および印封を用いた。こんご，モンゴル帝国にいたる歴代遊牧国家が発した外交文書について言及した諸国の記録，あるいはヴァティカン図書館等に蔵される現物そのものを調べ，内容のみならず，一尺二寸（モンゴル期の定規で）等の形式が意識されていたかどうか，見直す必要があろう。

大モンゴル初期に bičikči たちの長すなわち uluγ bitikči[65]であった Činqai 鎮海（チンカイ）は，東は高麗から，西はフランク・ローマまで，漢籍，ペルシア語，ラテン語などさまざまな言語の資料で言及される稀有な存在である（bičikči そのものは，ケシクのなかで地位は高くない。ミニアチュールに描かれることも稀である。だが，ほぼつねに政治の証人・目撃者）[66]。かれは，ケレイト部族のウイグルで，ネストリウス派キリスト教徒であった。また，チンギス・カンがビチクチの長に任じたシラ・オグルもケレイト出身，その息子でトルイ，モンケ，アリク・ブケに仕えたブルガイは中書右丞相に任じられ，孫のエセン・ブカはチンキムのビチクチの長をつとめた[67]。さらに，チンギス・カンのもと"四環衛のビチクチの長"となったウイグルの野里术（イェリジュ）[68]，オゴデイにイラン方面の経営を任されたスニート部のチョルマグン・ノヤンのもとで，千人のウイグルを統べた 'Alī bakhshī 厦里博士（アリー）[69]などもおり，モンゴル命令文の書式が，ケレイトやウイグルの影響を強烈に受けていたことは疑いない[70]（オゴデイ時代に高麗に宛てて出された国書は，チンカイの手になると考えられるが，その直訳体漢文[71]と，モンケの uluγ bitikči だったネストリウス派キリスト教徒のブルガイ亭魯合が作成した，ルイ九世宛の国書のラテン語訳[72]には，同じ言い回しが多数認められる）。翻訳のノウハウも，かれらがまず示したと考えられる。

　漢児匈奴の地についていえば，チンギス・カンの制圧後，燕京（Qan-balïq のちの大都）で，ウイグル文字，モンゴル語を教える私塾が乱立していた[73]。だが，太宗オゴデイ[74]は，金朝を滅ぼす前年の 1233 年 6 月，あえて国子学の開設を決定した。そして，全真教の道士等にモンゴル語・漢語担当の bičikči 育成を委ねる聖旨（ジャルリク）を二通，たてつづけに発令した。これらは 1249 年に至って碑石に合刻されたが，聖旨の左側には，ここから巣立っていった蒙古必闍赤（モンゴルビチクチ）22 名・漢人必闍赤 28 名のリストのほか，通事であった劉某，趙某の 2 名，（1234 年 2 月にオゴデイから正式な任命書を授かり）学校の統括者となった 3 人，すなわち上から順に李志常（御前宣議国子学事・仙孔八合識 baqši（バクシ）[75]），楊惟中（宣授金牌提挙国子学事・中書），馮志亨（宣授蒙古必闍赤四牌子総教）の名も並んでいた。楊惟中は，幼いころよりオゴデイに仕え，西域三十余国に派遣された経歴の持ち主であったから，当然のことながら多言語を操った[76]。そして，丘処機の弟子であった李志常は，かつて中央アジアまで，チンカイとともに旅したのである。この事実は，bičikči 教育がチンカイの発案であったことを示唆する（ちなみに，李志常は，憲宗モンケ

第 10 章　モンゴル・バクシとビチクチたち　　**499**

時代[77]には，華北の各道教教団を統べる代表者となって権勢を振るった。したがって，そのごも，モンケはもとより，華北を預かったクビライ大王，jarγuči/yarγuči 断事官のヤラワチ[78]等の庇護を受け，この bičikči 教育は継続されたとみてよい[79]）。

　教皇インノケンチウス四世に宛てて出された 1246 年のグユクの国書は，モンゴル語原文と翻訳版の作成の経緯の詳細がわかる珍しい例で[80]，やはりチンカイの作成にかかる。ペルシア語直訳の文書現物がヴァティカン図書館に蔵されるほか，プラーノ・カルピニのジョヴァンニたちが逐語訳したラテン語版は，同行したベネディクト修道士の移録によってみることができる[81]。

　ところで，『集史』は，ガザンの時代に，フレグ・ウルス治下の命令文書写のシステムに大きな改変がなされ，各種文書の定型化のために *Qānūn al-Umūr*『諸事典範』なる用例集を編纂したとのべる[82]。そして，「ガザン紀」には，かれが発した命令書が少なからず収録される。だが，そのいっぽうで，『集史』それ自体が，モンゴル語の翻訳においては保守的な志向を具現している

　「チンギス・カン紀」は，『元朝秘史』，『皇元聖武親征録』と同様，モンゴル語で書かれた金冊（Altan Debter, Tobčiyan）を資料源としており，きわめてシンプルなペルシア語を以て逐語訳されている。その中でも，チンギス・カンの発した言葉は，あえてより忠実に，ときにペルシア語の文法としては不自然な構造で，さまざまな単語をあえてモンゴル語のまま音訳する。そのことは，オン・カン等に宛てた詰問状の箇所において，明白である[83]。「フレグ・カン紀」におけるモンケの命令もまた然り[84]。漢籍における直訳体と同様，モンゴル語で話されたことを示すための人造的な文体が，フレグ・ウルスでも，確かに使われていた[85]。大元ウルス治下において編纂された歴代皇帝の『実録』は，『集史』の構成と同じく，「本紀」「事目」「聖訓／制誥録」からなっていたが，金書のウイグル文字モンゴル語による簡訳版も作成され，カアンの御覧に献上されたという[86]。この金書を Altan Debter, Tobčiyan（つとに北魏においても，王族の系譜・史伝を“金冊”“秘録”と呼んでおり，そこには歴代皇帝の遺訓なども収録されていた）[87]と解することもできようが，いっぽうで，ペルシア語古写本において，チンギス・カンの黄金の一族の名が金字で記されたように，金言として文字通り「聖なるおことば」をすべて金字で書き記したともとれる。それほどに，変更の効かない絶対の仰せ，と見なされていたのだろう。だからこその，「直訳」であった。

　テュルク語であれ，ペルシア語であれ，ラテン語であれ，漢語であれ，いずれ

かに限定せず，モンゴル語とともに，全て並べて検証するならば，じつは解読に苦しむ語彙は格段に減る[88]。ヘルマンとデルファーが紹介したモンゴル語・ペルシア語合璧文書[89]や，かつてバルトリドが報告した，アブー・サイードがアニの寺院に発令した命令文の合璧碑[90]（アラビア語・ペルシア語・グルジア語・アルメニア語。残念ながらペルシア語以外の翻字は，今にいたるまで報告されていない）などの現物もまた，発令者側の目線に立ってみることを要求する。そもそも，モンゴル命令文における「大元ウルス」書式を論じるならば，チャガタイ・ウルスやジョチ・ウルス，フレグ・ウルスのそれを視野にいれたうえで進めるのが，とうぜんの手続きであろう。

　そのためには，大元ウルスのみならず，朝廷の bičikči 集団について，一連の資料群を見渡し整理・分析しておく必要がある。ただ，漢文資料で言及される bičikči の世界は，ほとんどが下っ端のものである。uluγ bitikči，蒙古翰林院の職掌の具体的な様子は，わからない。せいぜい，各路府州の蒙古字学の教授・学正や諸衙門の必闍赤の任命にあたって決定権を有したこと[91]，『大元聖政国朝典章』（通称：『元典章』）の巻四「朝綱一」《政紀》の冒頭に掲げられる【奏事経由中書省】（大徳五／1301 年十月二十二日）が象徴するように，クビライ時代から，各枝児（＝王・妃子・公主等の投下）の官人たちが，外処の諸衙門⇒行中書省⇒中書省⇒右丞相の題奏⇒カアンの聖旨という正式手続きを踏まずに，ちょくせつカアンのお側の必闍赤たちを通じて自らの要望を上奏，聖旨・御宝の文字を得てしまう事例，それによってしばしば事態が紛糾していたこと，くらいである。しかし，そのときどきの政治事情・時代背景に左右されていて，斟酌せねばならないことも多い。

　そこで，手始めに，フレグ・ウルスにおいて命令文の作成に携わった mongol baγši＝mongqol baqši 師傅／師父[92]，uluγ bitikči＝yeke bičikči 大必闍赤[93]の根本資料を紹介することにしたい。

3　『書記規範』の任命書

　ムハンマド・ブン・ヒンドゥシャー・ナフチヴァーニーの *Dastūr al-Kātib fī Ta'yin al-Marātib*『品官任命における書記規範』（以下，『書記規範』と略す）。この

第 10 章　モンゴル・バクシとビチクチたち　501

書の最終的な完成, 献呈は, ジャライル朝のシャイフ・ウヴァイス時代までずれ
こんだが, もとは, フレグ・ウルスのカン, アブー・サイードの勅命を受けて編
纂されたもので, 一種の行政マニュアルである (収録される各命令文には, カン暦
が明記されるものもあるが, それ以外の発行年月の批定, 例文に挙がる各人物の特定は,
ほとんどなされておらず, 最古の命令文がどこまで遡るのか, 不明の状態である)。
『シャイフ・ウヴァイス史』の文体・用語と同様に, モンゴル時代のシステムを
ほぼそのままに踏襲する。

　『書記規範』に収録される任命書のいくつかは, J. Hammer-Purgstall プリュグ
シュタル, 本田實信が, それぞれドイツ語, 日本語に翻訳・紹介している[94]。
だが, いまだ全編の分析・訳註は出現していない。その状況は, ちょうど漢文資
料における『元典章』と同じである。『元典章』には, モンゴル語を口語で逐語
訳した, いわゆる"直訳体"の文書が多数収録されるが, 『書記規範』もまた,
私見ではウイグル文字モンゴル語文書からのペルシア語訳であり, モンゴル語を
仲介として, ほぼ完全同時代のペルシア語・漢語辞典となりうる。

　直訳体に限らず, 大元ウルス治下においては, たとえ経書・『文選』などの古
典を踏まえた四六駢儷の漢文の詔であっても, モンゴル原文, 各種体例に照らし
て翰林院で趣旨からはずれぬように作成され, ときにはコンペで最優秀作品が選
ばれていた[95]。それと同じく, ペルシア語の命令書もどんなに美辞麗句を用い,
対句表現・音韻効果に技巧を凝らしていようと, 根底のモンゴル語を常に意識す
べきである。

　じゅうらい, モンゴル時代のペルシア語資料を翻訳するさい, アラビア語・ペ
ルシア語の文学・書記術の伝統に引きずられ, 現地の官員・吏人の上奏文・陳情
書や, 吏牘に相当する下部組織の事務レヴェルの書簡・交渉と, モンゴル王族・
各衙門の高官のあいだの tūsāmīsī 委任[96]や suyūrghāmīsī 恩賜[97]についてのさま
ざまな kinkāj 商量[98]・その結果たる tungqāmīsī 宣諭[99]の文体の別がまったく意
識されていないきらいがあった (あえて, テュルク・モンゴル語由来の単語が導入
されていること自体, これらに関する事項・行為がモンゴル政府にとって重要・特別だ
ったことを物語るにもかかわらず)。訳語の選択において, 現存するさまざまな対
訳資料を利用し, とうじの翻訳官の方法そのままに, 東西の連動を一目瞭然に訳
出しようとする試みは, なされてこなかった。敢えて生硬な翻訳を呈示する所以
である。この方法の提示は, こんごの「モンゴル命令文研究」,「直訳体白話碑研

502 第 III 部 ケシクからみた大元ウルス史

究」，とうじ存在したであろう行政用の辞書の再編纂，さらには『集史』をはじめとするモンゴル時代のペルシア語史料の翻訳・解析のさいにも役立つはずである。

なお，三人称に対する命令形については，『書記規範』全体でみると，動詞語幹の前に bi- を附すものと附さないもの，両方存在する。そこで，もとのペルシア語を類推できるよう，前者は直訳体漢文の"～者"とそのまま命令形を以て訳し，後者は"～すべし"と訳し分けることにした。

第二部第一巻第一拍第六章「baqši 博士たちへの蒙古語諸命令文の書写の委任について」[(100)]

第一種

至高ナル Allāh・至純タル上天，威福アル長生ノ御方ノ恩恵・仁慈ノ全キニ拠リテ[(101)]，Īrān 国土の mamālik 諸道／諸路は所有・占拠下に至り，かくて皆，栄光の不死鳥の大志をば，僕の階層という立場で以て，周囲の各地域・諸都市の隅々に捜し求めた上頭，仁慈・恩恵のさまざまを他毎の ḥaqq 功[(102)]に対して発令した。それらの技芸の一つは，各部族に諸命令文の書写を他毎の言語で以て執行・発布することと，俺毎は識れり。（他毎が）その内容を容易に理解すべく。特に，平安の都 Baghdād 及びそのた ʽIrāq-i ʽArab イラクの諸都市には，諸命令文はアラビア語で以て発令し，aʽjam 非アラブ諸部族，Jibāl 山岳地帯，Fars 平野には，ペルシア語を以て必須に至り，蒙古毎と Türk 毎[(103)]の諸部族にも再た，他毎の語言と文字で以て諸命令文を送付していた。その理解を容易に為すべく。某人とは某人の言語を以て言葉を言わねばならぬ。

Ūrūk bakhshī＜Mon. Örük baqši は，他毎の博士毎，必闍赤毎の最も偉大な先人毎の一人で有り，常に幸有る sulṭān 君主毎・名高い malik 王侯毎の供奉に謹慎して行っていて，他毎の諸衙門において蒙古語諸命令文の書写に従事して，その習慣・細節を然るべく識って，筆に就きて認めて，忠信・誠実，口の正直さ・筆の正確さ，畏神・少欲を自身の年月の旗印・目標と做して来た上頭，這の次第によって，蒙古語の諸命令文の書写の rāh 道子／職掌は，他根底委付を行し来也。常に既定・通行の条画の裏に，這の職務を以て従事すべく。草稿は，官人毎・宰相毎の parvānijāt 勅命／釣旨以て至っ了後，頭自

り用心熟考・推敲熟慮を白帖に連ねるべし。慎重な立場を遵守すべし。umārat i-ūlkā[104]腹裏以外（＝行省／行台／行院）の官人毎，万戸長毎，千戸毎，百戸毎，その他に対して，諸案件の全文を写す所の各 yarlīgh＜ĵarliq の命令文の内容は，その背面に要約した簡潔な句を以て，証明を為すべし。刷巻に至る時分，理想的迅速さで明白たらしむべく。不揀甚麼細節であっても，命令文の内容から完璧さを失するな。若し蒙古毎・圧制者毎の一部が他を指示・強制を以て正義の大道・yāsā＜ĵasa 整治・yāsāq＜ĵasaq 法度から逃れる書写にあたらせる呵，他はそれに与するな。若し（他毎が）聞かない呵，俺毎の殿下に奏文以て致すべし。那の命令文が公正な方法に於いて命じ来るべく。諸々の細節の不揀甚麼一節であっても，這の重大な職分――博士毎の保護・蒙古語の筆写という職務――を失するな。一日一日，照応の恩恵が他について伝聞・追跡をなし，特別の sīūrghāmīshāt 賞賜を以てなされるべく。上天ノ Allāh ノ御望ミナラバ。

然る事由以て（＝為那般的上頭），這の命令は執行された。官人毎，宰相毎，大衙門の官長毎，行省の官人毎，万戸長毎，千戸毎，百戸毎，諸邦の ḥākim 管民官毎・muṭasarrif 管課官毎，（天底）護助の裏の諸道／諸路の軍人毎・遊牧民毎の集団は，這の日付自り再た Örük baqši を蒙古語諸命令文の書記と識って，這の重大な勾当・光輝の仕事に属している所有案件に於いて，他根底全ての照会を為すべし。第三者の，通同・干渉の機を与えるな。kitābat 書写の既定の rasmī 体例は，他に対して報酬をいうべし。tanqīṣ 対立・taqṣīr 怠慢無く届けよ。若し，他が老齢・高齢の征服によって，屢次，衙門の供奉・諸命令文の書写自り退職を表明する呵，不揀是誰，自身の子弟等から，代理を任せる者・自身の後継者となさしめ，他の代理の副官・被選任者・後継者・被指名者を識るべし。諸命令文の書写の照会は，他と必需品について数えるべし。Örük baqši が這の職分の任務を以て，他の選んだ方式に依拠して通例であったかの如く従事する呵，年毎に衙門の銭糧の原簿に依って，総額を文字通り dīnār 金銭で，手当てとして，他に対して報酬をいうべし。（かれが）自身の業務の諸経費の費用のもとに専心すべく。若し，（かれが）這の総額を，敢えて，その量に足りる dīvānī 尚書省の銭糧あるいは tamghāī 商税のほうで望む呵，下して，他の所有に与えるべし。一年一年，（かれが）那児自り履行の要求をなし，衙門に照会する必要の無きように。他の請求を惜しみ

なく与えて，その意図以て給付すべし。尊敬・尊崇の情況自り後，他に対する庇護を義務として識るべし。這ノ jumle 言語ヲ以テ行クベシ。須ラク信ズベシ。

……ニテ写イ来。

第二種

Ṭughāī bakhshī＜Tügei baqši は，在前自り，yām 站を除するの外，亦た俺毎の偉大なる父祖毎・仁慈あふれる āqā＜aqa 阿哥毎の供奉に従事して来ており，他根底委ねられた各の勾當の責務について最良の方法にて終(105)，這のために恩恵・慰撫に欽尊のかつ特別の賞賜があって，他毎自り後，俺毎の尊貴な殿下の供奉に於いて奉仕・献身の美好な条件をその場に将ち来って(106)，真心以て供奉を示して，kūch 気力を与えて(107)，蒙古語諸命令文の細節に完璧に通暁し，忠信・誠実・直筆・少欲を以て名聴を得て周知に到った上頭，這の日付自り再た蒙古語諸命令文の書写の道子／職掌は，他根底委付を行し来ぞ。那の件に拠きて，不揀甚麼情況であっても，節制・警戒を遵守して，蒙古諸部族の各部落の為に，草稿が衙門の官人毎の parvānah 勅命・yāsāmīshī 整治を以て到っていることに依拠し，諸命令文を写くべく。忠信と誠実の道，衙門の羨慕を尊重するべし。

然る事由以て，這の命令は執行された。ウルスの官人毎，宰相毎，大衙門の官長毎，行省の官人毎，万戸長毎，千戸毎，百戸毎，軍人毎・遊牧民毎の裏の蒙古毎・Turk 毎の集団は，他を蒙古語諸命令文の必闍赤と識って，這の職分に属している所有案件に於いて，他根底全ての照会を為すべし。Kitābat 書写(108)の既定・通行たる体例は，他に対して報酬をいうこと。taftīr 無気力・怠慢，tanghīṣ 欺負・対立を以て，搔擾・阻害を做すな(109)。

衙門の官長毎は，蒙古の kātib 書記の名分以て写い来俸禄を，確定されている文巻について，一年一年，他に対して報酬をいうべし。また，放置・排除・粘帯・妨害を防ぎ避けるよう，年毎に他が這の本分を以て謹慎して行うべく。更新の諸命令文は要めるな。這ノ言語ヲ以テ行クベシ。須ラク信ズベシ。

上天ノ命ニヨリ這ノ文字ガ長生ナランコトヲ。……ニテ写イ来。

第10章　モンゴル・バクシとビチクチたち　　505

第三種

Qutlugh būqā bakhshī＜Qutluq-buqa baqši は，在前自り大衛門の供奉に謹慎して行っており，蒙古語（モンゴル）諸命令文の書写に従事して来た博士毎（たち）集団と仲間であって，諸命令文の裏（うち）の這の種の書写の細節に通暁して，忠信と誠実を以て名聴（ひょうばん）を得て周知となっている上頭，這の日付自り再び蒙古語（モンゴル）諸命令文の書写は，他根底委付を行し来也（かれに）。那の件に拠きて，不揀甚麼（いかなる）職務であっても，有るところの用心緻密，熟慮・推敲の十全，忠信と誠実の極致をその場に将（も）ち来るべし。諸命令文の書写について他に照会（かれ）を為すところの万戸，千戸，百戸の官人毎（ノヤンたち），軍人毎（たち），遊牧民毎（たち）の裏（うち），蒙古毎（モンゴルたち）・Turk 毎（たち）の集団の大勾当（おおごと）を，最良の方法において作成すべし。這の職分の細節や任務は，無視・違反を行うな。不揀甚麼（いかなる）細節であっても，別の博士毎（たち）がその熟考を義務とみなしていることについて消失（こ）させるな。

然る事由以て，這の命令は執行された。官人毎（ノヤンたち），宰相毎（たち），大衛門の官長毎（たち），行省の官人毎（ノヤンたち），万戸長毎（たち），千戸毎（たち），百戸毎（たち），軍官毎（たち），遊牧民毎（たち）は，各頭児（かしら）と一同に，凡そ有るところの護助の裏（うち）の諸道諸路に於いて，蒙古語諸命令文の書写の照会（かれ）を，他に為すべく。敬意・尊崇の礼儀を遵守すべし。這の職分が衛門にて在前より定められた俸禄，および文巻原文はその分量に対する比率を包めて，他に対して報酬をいうべし。（かれが）自身の業務の経費（かれ）のもとに支出を示して，這の勾当（こ）の遂行に謹慎して行うべく。
……ニテ写イ（カタ）来。

第二拍第四章「諸道の Uluq bitikči 大必闍赤(110)の委任について」(111)

真主の終りなき恩賜・上天の果てしなき福蔭は，俺毎（われら）について，言語能力が那の口述を以て忠実を示し得るよりも，理解能力が那の解釈を以て謹慎して行い得るよりも，夥多である。長生の御君の天賜の管財人毎（たち），威福光の御方の無限の福蔭の管財人毎（たち）（の誰）自り栄光を持つ者であるという這の天賜への感謝は，大志の債務に於いて必須・不可欠である。将て来た所持品の裏（うち）の一つは，感謝の対象に，才能ある主毎（たち）の養成，能力ある主毎（たち）の強化，執行官の大器量なる的毎（ものたち）・官吏の気高き的毎（ものたち）の任命，那的毎（それらのこと）への従事と識られた。那的毎（それらのこと）の請負に関係する案件は不揀甚麼都（なんであってもみな），最高の位に於いて，降下をなす。那的毎（それらのこと）の担当に参入を引き受ける官吏は不揀甚麼都（なんであってもみな），最大の座に於いて，裁

断を得る。那の委託の対象は後悔の叱責について赤身，那の委任の性格は結末の険悪な恥辱について清浄潔白である。

Khwājah Yamīn al-Dīn は，来到した的毎の頭児の裏，最も尊貴な存在であり，常に真主の恩寵の対象として上天の福蔭の護助を受け入れて，甘美な泉源の裏，最も博学な一人，有識の長老であり，長生無窮を当然と看做して，官吏の壮年の的毎を統括・官品の高位の各職へ昇進して，業務の全ての請負責任について，他の尽力の美が造物主・創世主のもとに，賞賛・満足を落とした所の終結(112)の局面へとなって，他の慣曽上の気高さ・後天性の大器量から成っている諸の大勾当の処理に於ける奮闘の成果は，俺毎の殿下の跟前に，時に風聞・男毎自り，時に観察・女毎自り成って——全テハ造物主ノ上ニ——是認・受諾が来って，官職の栄光の委任の意思は他根底成った上頭，這の次第によって，Misr ミスルの境域自り Āmūyah アムの河岸まで，Hūrmūz ホルムズの海岸自り Bāb al-Abwāb 諸門の門ダルバンドまでの（天底）護助の裏の諸道の大 必闍赤の道子／職掌は，公正の極致，忠信と誠実の十全，勇気と勇敢の内包，担保と才能の豊富を以て，他に委付を行し来也。他の手を，這の asīl 天霊の(113)khatīr 重大な勾当・jalīl 光輝の jasīm 威福の仕事に於いて，強大・絶対に為さしめ来也。他の意見の明示・思考の伝達が定めている方法に於いて，諸の案件・銭糧の記録に，衙門の各方面に対して謹慎して行うべく。百姓の諸問題の事件・大勾当の事柄については，衙門の官長毎と同伴・一致して，銭糧の増加や umanā‘ 首領官毎・‘ummāl 吏人毎の任命については，細節の執行に於いて，節制・警惕を遵守すべし。総合・経費の簿冊を監査下に将て来て，審問の時分に応答の責務に対処できるように為すべし。

然る事由以て，這の命令は執行された。歳の始め自り，（俺毎がフレグ・）ウルスの官人毎，万戸長毎，行省毎，大衙門の官長毎，千戸・百戸の官人毎，諸邦の管民官毎・管課官毎は，Khwājah Yamīn al-Dīn を（天底）護助の裏の諸道の大 必闍赤と識って，衙門の所有案件に於いて，他根底全ての照会を為すべし。称揚・奉献の礼儀を遵守して，他の認可・商量は，諸道の所有大事について，権威を他の下に，信頼を他の上に与うべし。他の了解・承認無しに，不揀甚麼大勾当であっても，介入するな。他の手を這の尊貴な官職の担当に於いて強大・絶対と識認すべし。（您毎）自身の側自り任命する所の

他の副官毎は，各邦土に於いて，他の代理の副官・被選任者・後継者・被指
名者を識るべし。施行の委任・吏人の任命は，（天底）護助の裏の諸道全域
に於いて，他の了解・承認無しに，做すな。這の官職が遵守・規定している，
且つ簿冊に大 必闍赤毎の名分を以て在前に執行・確認された所の銭糧の俸
禄・その他の体例は，まさにその条項に於いて，他と他の被選任者毎に対し
て報酬をいうべし。他に専心有らしめるよう，その場その場で支帖を付与す
べし。這ノ言語ヲ以テ行クベシ。須ラク信ズベシ。
……ニテ写イ来。

この四つの委任状からだけでも，

① baqši, bičikči ともに，ほかのケシクと同様，世襲制である。

② yeke-bičikči と異なり baqši は，いずれもウイグル，もしくはモンゴル人
とみられる（大元ウルスではティベット仏教僧，国師の称号として使われる
ことが多い）。

③ mongqol baqši は，カンの勅命・認可のもとに，その仰せの趣旨に沿って
モンゴル語命令文の草稿を作成する。

④ 行省，投下領の側から任命する bičikči たちは，カンの側の yeke-bičikči お
よびその腹心の部下たちによって統括される。

⑤ yeke-bičikči は，諸の案件・銭糧，衙門の様々な分野の記録や，百姓の諸
問題の事件・大勾当の事柄にも関与，首領官や吏人の任命にも携わる。
jarguči 断事官の職掌と一部重なってみえるのはこのためである。

といった基礎的なことがらが，簡単に読み取れる。なかでも④は既述の『元典
章』等の政書から読み取れる権限と対応し，また紛糾の根本的原因を教えてくれ
る。また，"jarliq の裏面に内容の要約と署名をすること"という規定については，
それを実証する現物が，いくつも報告されている（しかも jarliq のみならず大官人
の üge の場合も同様）[114]。おそらくは翻訳版の文書末尾に記されるウイグル文字モ
ンゴル語も同じ機能をもつのだろう[115]。

　以上を踏まえて，次になされるべきは，モンゴル時代およびポスト・モンゴル
時代のペルシア語古写本の baqši, bičikči に関わる未知の記事を博捜し，より具
体的にかれらの仕事を眺めることだろう。その知識のうえに，漢文資料を見直さ

508　第 III 部　ケシクからみた大元ウルス史

ねばならない。『書記規範』に収録されるそのたのケシクや行政職の任命状の分析を通じて，モンゴルをはじめとする遊牧国家の官制を整理してゆくことも必要である。また，宗教者に対するさまざまな命令文は，ユーラシアの東西に，相当量の資料がのこっており，比較・検討もしやすい。今後の課題としたい。

註

（ 1 ）Rashīd al-Dīn Fażl-Allāh Hamadānī, *Jāmi' al-Tavārīkh : Tārīkh-i aqvām-i pādshāhān-i Khatāī*, MS : Istanbul, Topkapı Sarayı, Hazine 1653, f. 391v（Karl Jahn, *Die Chinageschichte des Rašīd ad-Din*, Wien, 1971, tafel 1, p. 19), MS : Paris, BnF, suppl. persan 1364, f. 186b-187a ; *Shu 'ab-i Panjgānah*, MS : Istanbul, Topkapı Sarayı Müsesi Kütüphanesi, Ahmet 2937, f. 171b. 本田實信「ラシード・アッディーンの『中国史』について」（『東方学』76　1988 年　のち『モンゴル時代史研究』東京大学出版会　1991 年　pp. 387-404 に収録），Wang Yidan (ed), *Tārīkh-i Chīn az Jāmi' al-Tavārīkh-i Khwājah Rashīd al-Dīn Fażl Allah*, Tehrān, 2003, pp. 79-80, 王一丹『波斯拉施特《史集・中国史》研究与文本翻訳』（崑崙出版社　2006 年　pp. 114-116）

（ 2 ）Vāqfān には "事情通たち" の意味もあるが，タブリーズの文化・学術施設たるラシード区の寄進者，*Vaqfnāmah-yi Ra'b-i Rashīdī*『ラシード区寄進文書』や *Mukātabāt-i Rashīdī*『ラシード書簡集』にみえる多国籍の官僚や商人と解した。

（ 3 ）義浄『大唐西域求法高僧伝』（南宋紹興十八年／1148 刊）巻上の「"支那" は即ち広州なり。"莫訶支那" は即ち京師なり」という。この注記がいつ施されたかによって，Mahāchīn は，華北の長安もしくは開封，江南の臨安（杭州）の管轄地と解釈が変わることになる。いっぽう，1077 年頃に編纂されたマフムード・カーシュガリーの『突厥語総覧』は，（Bāra-sāghūn からみて）"Şīn は，ほんらい上手の Tavghāch 拓跋（東方にある），中間の Khiṭāī 契丹，下手の Barkhān（Kāshghar の近く）のみっつの領域から構成されていた。しかし，現在は Tavghāch＝Māṣīn，Khiṭāī＝Şīn と認識されている" という。また，"Māṣīn と Şīn は，異なる言語を話すが，いずれの住民もテュルク語に通暁している" ともいう。以上から判断するに，唐が最大領域を誇ったころから 10 世紀の「南北朝」時代といえなくもない時期にかけての状況の変化を示したものだろう。Maḥmūd al-Kāshgharī, *Dīwān Lūghāt al-Turk*, Istanbul, Millet Genel Kütüphanesi, Ali Emiri, Arabi, no. 4189, f. 114b, f. 12b. モンゴル時代についていえば，『元典章』巻三六「兵部三・給駅」【給降鋪馬箚子】にいう "禿博田地" を，『経世大典』（『永楽大典』巻一九四一七「站赤二」15a）では "**拓跋**之地" と訳している。

（ 4 ）*Jāmi' al-Tavārīkh*, MS : Istanbul, Topkapı Sarayı Müzesi, Kütüphanesi, Revan 1518, f. 94b-95a, MS : Taškent, 1620, f. 66a-66b, MS : Paris, BnF, Ancien fonds 68, f. 92b, MS : Tehrān, Majlis 2294, f. 87b.

　　　Khitāī・Qarā-Khitāī＜Mon. Qara-kitad（黒）契丹＊・Jūrjah＜Mon. jurče 女真の邦土／田地——モンゴル人たちはその邦土を Jāūqūt と呼んでいる。また Khitāī の人の慣用語では **khān aži** 漢児と呼んでいる。その邦土の疆域は Māchīn と，かの Qarā-mūrān＜Mon. Qara-müren 黄河の方面より大海へ，隣接している。ちなみに Khitāī の人々は **Māchīn** を **Man-**

zī 蛮子と呼んでいる。また別の一境界は女真の邦土とともにある。女真という単語はモンゴル人たちの常用語であって，Khitāī の言葉でそれは Nūzī 女直という。また，もうひとつの境界は Qarā-Khitāy の草原の邦土とともにある。かの全ての諸族は遊牧民であり，モンゴルの遊牧民たちと連合していて，かれらの言語・容姿・慣習は互いに（よく）似ている。Khitāī/Qarā-khitāī の言葉で Khitāī の人を **Chīdūn/Chīdān-yār** 契丹人という。

＊『元朝秘史』の Qara-Kitad の傍訳は "契丹"，Kitad の傍訳は "契丹" "金"，『華夷訳語』甲種本の Kitad の傍訳は "漢人" である。

また，少林寺の延祐元年立石の蒙漢合璧碑の第一截，第二截にウイグル文字モンゴル語，パクパ字モンゴル語でともに Y'WXWDWN＞jawqudun とあり，それに対する漢訳は "**漢児**" となっている。中村淳・松川節「新発現の蒙漢合璧少林寺聖旨碑」（『内陸アジア言語の研究』8 1993 年)

（5）『新編群書類要事林広記』（元禄十二年／1699 拠泰定二年／1325 本重刊）庚集巻十（至順年間／1330-32 椿荘書院刊本）続集巻八「文芸類」《蒙古訳語》【人事門】，（後至元六年／1340 鄭氏積誠堂刊本）庚集巻下「文芸類」《蒙古訳語》【人事門】

（6）『高昌訳語』「人物門」"蛮：曩克起呀 Nangkiya"，"漢人：起答起失 Kitad kiši"，『韃靼館訳語』「人物門」"漢人：乞塔惕 Kitad"。

チンギス・カンが，1219 年，全真教の丘処機の招聘に際して劉仲禄に託したという「成吉思皇帝賜神仙手詔」には，"南連**蛮宋**，北接^{ウイグル}回紇，東夏西夷，悉称臣佐。念**我単于国**，千載百世已来，未之有也" とある。陳垣編纂／陳智超・曽慶瑛校補『道家金石略』（文物出版社 1988 年 p. 445)，本書第 11 章註 9 参照。

ちなみに，フレグ大王からフランスのルイ九世へ，1262 年に届けられた国書（MS：Vienna, National-Bibliothek, 339, pp. 339-340）のラテン語訳に "regi Castinnorum, regi Naymanorum, regi Merchitorum, regi Chyrkizorum, **regi Nangyazorum, regi Kytayorum**, regi Tangutorum, regi Teuvetorum, regi Tubetorum, regi Wigucorum, regi Kamulorum, regi Uilperitorum, duci Chorasininorum, soldano Persicorum, ducibus Cumanorum" とある。この時点における Nangkiyas は，おそらく憲宗モンケ時代に進軍・掌握した淮水流域・四川・雲南を指す。なお，『集史』編纂中の 1305 年，フレグ・ウルスのオルジェイトゥ・カンがフィリップ美髯公に送ったウイグル文字モンゴル語の国書の 28 行目にも "**nangqiyas**-un qaǰar" と見える。P. Meyvaert, An Unknown Letter of Hulagu, Il-khan of Persia, to King Louis IX of France, *Viator,* 11, 1980, pp. 245-260 ; A. Mostaert & F. W. Cleaves, *Les Lettres de 1289 et 1305 des ilkhan Aryun et Öljeitü à Philippe le Bel*, Harvard University Press, 1962, Planche X.

また，匈奴に関連して，つとに杉山正明がきわめて重要な指摘を行っている。すなわち烏珠留若鞮単于の本名 "曩知牙斯" が Nangkiyas ときわめて近似するという事実である。杉山正明「西暦 1314 年前後大元ウルス西境をめぐる小札記」（『西南アジア研究』27 1987 年のち『モンゴル帝国と大元ウルス』京都大学学術出版会 2004 年 pp. 345-346 に収録)

（7）*Il Milione*『百万の書』において日本国 Žibungu が Cipang と音写されるのもこれに因る。『集史』「クビライ・カアン紀」でも，鉱物を産出する大きな島 JMNKW＞**Jibangū** として紹介される。ちなみに 1998 年 4 月，山東曲阜を訪れたさい，現地の子供たちは日本を Župpen と発音していた。

（8）『蒙古字韻』巻上 10a, 27a。また，つとに『漢書』巻九四「匈奴伝」に "天鳳二年五月，

510　第 III 部　ケシクからみた大元ウルス史

[王] 莽復遣与五咸，率伏黯・丁業等六人，使送右厨唯姑夕王，因奉帰前所斬侍子登及諸貴人従者喪，皆載以常車，至塞下；単于遣云，当子男大渠奢等至塞迎。咸等至，多遣単于金珍，因諭説改其号，号匈奴曰「恭奴」，単于曰「善于」」とある。

（9）『集史』において，A va B は，"A と B" という並列の場合と，A という難解語・テュルク・モンゴル語のような外来語を，ペルシア語やアラビア語の別の言葉で言い換えて説明する場合の二通りがある。

（10）「八〇〇年の歳月をこえてモンゴル世界帝国時代までつづく匈奴の影」という問題意識とさまざまな具体例は，つとに杉山正明の『遊牧民からみた世界史』（日本経済新聞出版社 1997 年）をはじめとする一連の著作や同「ユーラシア世界史から人類史へ──モンゴル時代から始まるなにか」（紀平英作編『グローバル化時代の人文学──対話と寛容の知を求めて　上　連鎖する地域と文化』京都大学学術出版会　2007 年　pp. 194-220）等において取り上げられている。また，鮮卑・拓跋国家の北魏から唐にいたる都城が，匈奴，オグズ以来の遊牧民の野営方式に由来していること，さらには，日本の藤原京，平城京等もこれを模倣したものであることも指摘されている。杉山正明「草原からみた文明──アフロ・ユーラシア史から世界史へ」（麗澤大学比較文明文化研究センター　第 4 回比文研セミナー　レジュメ　2009 年 12 月 3 日　pp. 1-7；『比文研ニューズレター』16　2010 年　p. 7），同「平城京・平安京の起源──遊牧民から始まる『なにか』」（京都上京一松町文化講座レジュメ 2011 年 12 月 21 日　本篇 7p，解説篇①8p，解説篇②8p，図版篇 8p）参照。

（11）栗林均・確精扎布『『元朝秘史』モンゴル語全単語・語尾索引』（東北大学東北アジア研究センター　2001 年　pp. 331-333）巻七 20a5

巴撒	成吉思中合罕	札児里黑	孛魯舌侖	豁児臣	土舌児中合兀惕	客失兀田
basa	Činggis-qahan	jarliq	bol=u=run	《qorčin	turqa'ut	kešikten
再	太祖 皇帝	聖旨	做	帯弓箭的	散班的毎	護衛の毎

保兀舌児赤	額閦閦赤	阿黑騸赤	兀都舌児	客失兀	斡舌羅周	納闌升格古因
bawurči	e'ütenči	aqtači	üdür	kešik	oro=ju	naran šingge=gu-yin
厨子毎	把門的毎	管馬的毎	日	直班	入着	日 落 的

兀舌里答	客ト帖兀列	札亦剌周	阿黑騸思禿舌里顔	中合兀侖	中豁那禿中孩.
urida	kebte'ül-e	jayila=ju	aqtas-tur-iyan	qar=u=n	qono=tuqai.
前	宿衛 行	挪 着	騸馬毎 自的 行	出	宿 者.

客ト帖兀勒	雪泥格児	豁児臣	客ト帖古你顔	客ト帖兀勒周	額閦閦	突児
kebte'ül	söni ger	horčin	kebte=gün-iyen	kebte'ül=ju	e'üten	-tür
宿衛	夜 房子	周囲	臥的毎 自的 行	教臥 着	門	行

擺亦忽你顔	客失連	擺亦兀禿中孩.	豁児臣	土舌児中合兀惕	馬納中合里
bayyi'qun-iyan	kešikle=n	bayyi'ul=tuwai.	Qorčin	turqa'ut	manawar <i>
立的毎 自的 行	輪直 着	教立 者.	帯弓箭的毎	宿衛的	明早 行

亦訥	必荅泥	暑漣	亦咥額速	客ト帖兀勒	突児	客列列周	豁児臣
in-u	bidan-i	šulen	ide=esü	kebte'ül	ţur	kelele=ju	qorčin
他的	咱 行	湯	喫 呵	宿衛	行	説 着	帯弓箭的毎

土舌児中合兀惕	保兀舌児臣	額閦迭臣	門門	抹舌児都里顔	迓歩禿中孩.	撒兀隣-
turqa'ut	bawurčin	e'üdečin	münmün	mör-dür-iyen	yabu=tuqai.	Sa'urin-
散班的毎	厨子毎	把門的毎	只只	職分 自的 行	教行 者	坐位

都舌里顔 撒兀秃中孩. 中忽舌児班 雪泥 中忽舌児班 兀都舌児 客失克 兀都舌里顔

dur-iyan sa'u=tuqai. Qurban söni qurban üdür kešik üdür-iyen

自的 行　教坐者。　三　夜　三　日　直　日 自的 行

倒兀思抽 門 古 約速阿児 中忽班 雪泥 豁那都周 也兀格勒都周 雪泥

dawus=ču mün gü yosu-ar qurban söni qonoldu=ju ye'ütgeldü=jü söni

盡了着　只　也　道理依着　三　夜　共宿着　替換　着　夜

客卜帖兀勒 阿秃中孩. 豁舌児臣 客卜帖周 中豁那秃中孩.》 客延 札舌里児黒 孛勒罷.

Kebte'ul a=tuqai. Horčin kebte=jü qono=tuqai.》 Ke'e=n jarliq bol=ba.

宿衛　教有者。　周囲　臥着　教宿　者。　應道　聖旨　做　了。

(12) 本書第 9 章参照。

(13)『通典』巻一九七「辺防十三」《北狄四》【突厥上】"土門遂自号「伊利可汗 il-qa'an」, 猶古之「単于」也。号其妻為「賀可敦 qatun」, 亦猶古之「閼氏」也。其子弟謂之「特勒」。別部領兵者, 謂之「設 šad」。其大官,「屈律啜 küli-čor」, 次「阿波 apa」, 次「頡利発」,「**吐屯 tudun**」, 次「俟斤」。其初, 国貴賤官号凡有十等, 或以形体, 或以老小, 或以顔色鬢髪, 或以酒肉, 或以獣名。其勇健者, 謂之「始波羅 īšbara」, 亦呼為「(英)[莫] 賀弗 baγa-vir」。肥臝者, 謂(三)[之]「大羅 taru (qun)」, 大邏便(=大邏便)darabar, 酒器也。似角而甕短, 体貌似之, 故以為号, 此官特貴, 唯其子弟主之。謂老為「哥利 kari」, 故有「哥利達官 tarkhan」。謂馬為「賀蘭 qulan」, 故「賀蘭蘇尼闕 köl」, 蘇尼 suni, 掌兵之官也。謂黒色者為「珂羅 qara」, 復故有「珂羅啜 čor」, 官甚高, 耆年者為之。謂髪為「索葛 sač」, 故有「索葛吐屯」, 如州県官也。謂酒為「匐你 bor 熱汗」,「熱汗」, 掌監察非違, 釐整班次。謂肉為「安禅 et (en)」, 故有「安禅具泥 qoni」, 掌家事, 如国官也。有時置「附隣可汗」,「[附]隣 büri」狼名也, 取其貪殺為称。亦有「可汗」位在「葉護 yabγu」下者, 或有居家大姓相呼為「遺可汗」者, 突厥呼屋為「遺 ev」, 言屋可汗也……其後大官有「葉護」, 次「設」,「特勒」, 次「俟利発」, 次「**吐屯発**」, 余小官凡二十八等, 皆代襲焉",『旧唐書』巻一九四下「突厥伝」"其西域諸国王, 悉授頡利発, 并遣**吐屯一人**, **監統之**, **督其征賦**",『太平広記』巻二五〇「詼諧六」【侍御史】"突厥**号御史為「吐屯」**"。

　現在,「特勒」は「特勤 tegin」の誤り(テュルク語・漢文合璧の「闕特勤碑」と『旧唐書』等の比較による),「俟斤」は irkin,「俟利発」は ilteber と読むのが定説となっている。tegin が"奴隷"の意から転じてカアンの息子の称号となったことは間違いない。ただ,『通典』と系統の異なる典籍が一様に同じ誤記をしたとは考えにくく, この表記については, さらに考察の余地があろう。türk は "Türk の後裔"の意も示す。また,『資治通鑑釈文』巻二〇に"俟利:渠之切。突厥謂大臣曰「俟利発」","俟斤:渠之切。突厥謂大臣曰「俟斤」。其後因以為姓"といい,『新編正誤足註玉篇広韻指南』「奇字指迷」において"万俟"の発音は"木其"(パクパ字では muki)と指定されるように, 俟をそのまま ir もしくは il と読むには無理がある。irkin の表記として,『魏書』や同じ『通典』巻一九九に"乙斤"があり"俟斤"と明確に区別される以上, むしろ後者はキュリ・チョル碑文にみえる称号のひとつ čiqin,『集史』「カブル・カン紀」にみえる称号 chīgīn (Ot-čiqin の čiqin)の可能性がある(俟利芯はおそらく傑物・宰相を意味する čerbi。『事林広記』「蒙古訳語」【人事門】"宰相:閭里必")。"乙斤","俟斤"のふたつの称号は, のち契丹においても, それぞれ「夷離董/夷離巾」(統軍馬大官/刺史),「俟斤」として,「設」(=舍里),「達剌干」(=達官),「夷離畢」(=乙毘。即参知政事, 執政官。掌刑政)等とともに使用された。『隋書』巻十二「礼儀

志」にみえる「意利発」、『旧唐書』や『文苑英華』に見える「頡利吐発」は，たしかに ilte-ber（『集史』部族志「ウイグル部族」では AYL-AYLTBR＞īl-īltabar）と読んでよいのだろう。"発"や"伐"は，ウイグル漢字音では var。『宋書』巻九六「鮮卑吐谷渾伝」によれば"莫賀"は"父"（abaqa 叔父の誤りか）を表す単語だという。"大羅"は，『事林広記』の「至元訳語／蒙古訳語」【身体門】，『韃靼館訳語』【身体門】に"肥：答剌昏／塔魯渾 taruqun"とあり，『集史』「ドゥトン・メネン紀」にも"targhū の意味は farbih 肥"と解説する。蘇尼，俱泥は sun- 展開すること，qon- 宿営すること，の対比に基づく称号なのだろう。ちなみに，『突厥語総覧』を整理すれば，qa'an＞qan＞tegin であり，yuɣruš＞yavɣu＝quvi＞tüksin となる。quvi は，『魏書』巻一〇三「高車伝」にいう"候倍，魏言儲主也"と同一の可能性がある。ほかにも，ソグド語で記されたいわゆるブクト碑文には，šʼδ-p-y-t 設，tr-xw-ʼnt 達官の下にxwr-xʼp-cy-nt 庫合真なる職がみえる。なおこの碑にカンの名前の一部として出現する tʼtpʼrこそ「**吐屯発 tudbar**」「**吐豆発**」「**吐頭発**」ではあるまいか。『十駕斎養新録』巻六「特勤当従石刻」，護雅夫『古代トルコ民族史研究 I』（山川出版社 1967 年），*Dīwān Lūghāt al-Turk*, f. 88b-89a, f. 90a, f. 104b-105a, f. 110a-110b, f. 225b, f. 238b, f. 272b；A. Bodrogligeti (ed), *A Fourteenth Century Turkic Translation of Saʻdī's Gulistān : Sayf-i Sarāyī's Gulistān Bi't-turkī*, Hague, 1970, p. 355, p. 379；*Jāmiʻ al-Tavārīkh*, MS : Istanbul, f. 28b, f. 55a, f. 49a, MS : Taškent, f. 27b, f. 46b, 森安孝夫・オチル編『モンゴル国現存遺蹟・碑文調査研究報告』（中央ユーラシア学研究会 1999 年 p. 123, p. 153），吉田豊「ソグド人と古代のチュルク族との関係に関する三つの覚え書き」（『京都大学文学部研究紀要』50 2011 年 pp. 6-7），『遼史』巻一〇六「国語解」，『直説通略』巻十一「契丹」。なお，本章におけるウイグル漢字音は，庄垣内正弘『ロシア所蔵ウイグル語文献の研究――ウイグル文字表記漢文とウイグル語仏典テキスト』（京都大学大学院文学研究科 2001 年 pp. 126-136）に依拠した。

(14)『史記』巻一一一「衛将軍驃騎列伝」"獲**屯頭王**『集解』：『漢書音義』曰「胡王号也」，**韓** qan/khan **王**等三人『索隠』：**李奇**云「皆匈奴王号」"。

(15) オン・カンの父，中**忽**孓児察中**忽**思―不亦魯黒―罕 Qurčaqus-Buyiruq qan の称号でもある。ちなみに，『宋会要輯稿』「蕃夷門一」"**明記妻蕭氏**今年五十。**蕭氏**二妹，長適斉王，偽称太后，未曽封册，王死，自称斉妃，領兵三万，屯河西部**驢駒児河**，西捍**韃靼**，尽降之，因謀率其衆奔**骨歴札国**，結兵簒**蕭氏**"に見えるモンゴリアの西の国は，qurčaqus の国すなわちケレイトと解することができる。この言い方は，『集史』の"王罕は，父の死後，クルチャクスの争いの故を以て，王国において，自身の幾人かの兄弟と甥を殺さんとした"からも確認される。*Jāmiʻ al-Tavārīkh*, MS : Istanbul, f. 77b.

(16)『突厥語総覧』に「国王あるいは可汗たちは，いかに統治する邦土が広大であり，位階が高かろうと，その旗幟（＝**纛**）は，九本を越え得ない。なんとなれば，数字の九は縁起が良いと見なされているからである云々」というとおり，チンギス・カンの即位時に立てられた白い**纛**もまたその規範に則り，九本であった。唐の天宝年間に設置された八節度使は，六本の**纛**を許されていたという。*Dīwān Lūghāt al-Turk*, f. 249b；*Jāmiʻ al-Tavārīkh*, MS : Istanbul, f. 26b, f. 90b-91a, MS : Taškent, f. 25a, f. 62a-62b，『ユーラシア中央域からみた歴史構図』（総合地球環境学研究所 2010 年 口絵 1, p. XXV），『旧唐書』巻四四「職官志三」

(17)『金石録』巻二二「後周太学生拓拔府君墓誌」"右**後周**太学生**拓拔**府君墓誌，陳使周弘正撰云「君諱**吐度真**，**魏昭成皇帝**之後也」。夷虜以三字為名者甚衆。**拓拔**君為書生尚仍旧俗，何哉。蓋自**魏孝文帝**悪夷虜姓氏，尽易之。至**後周**一切復改従旧，故当時士人名字，亦皆用虜語，

第 10 章　モンゴル・バクシとビチクチたち　　513

無足怪也"。

(18) 一例をあげれば，『隋書』巻三二「経籍志」に記録される以下の書籍は全く伝来しない。

　　　○『国語』十五巻○『国語』十巻○『鮮卑語』五巻○『国語物名』四巻<u>後魏侯伏侯可悉陵</u>
　　　<u>撰</u>，『国語真歌』十巻○『国語雑物名』三巻<u>侯伏侯可悉陵撰</u>，『国語十八伝』一巻○『国語
　　　御歌』十一巻○『鮮卑語』十巻○『国語号令』四巻○『国語雑文』十五巻○『鮮卑号
　　　令』一巻<u>周武帝撰</u>，『雑号令』一巻

(19) 太昌元年の「魏故平州刺史鉅鑲郡開国公于君妻和夫人之墓誌銘」には，"他莫汗真
　　　(tamɣačin "掌印の人たち") 侍中北部吏部二曹尚書"の肩書きをもつものがいたことが記さ
　　　れていた。趙超『漢魏南北朝墓誌彙編』(天津古籍出版社　1992 年　pp. 293-294)

(20) 山西省考古研究所・霊丘県文物局「山西霊丘北魏文成帝南巡碑」(『文物』1997-12　pp.
　　　70-79)

(21) 『魏書』巻一一三「官氏志九第十九」"建国二年，初置左右近侍之職，無常員，或至百数，
　　　侍直禁中，伝宣詔命。皆取諸部大人及豪族良家子弟儀貌端厳・機辯才幹者応選。又置内侍長
　　　四人，主顧問・拾遺応対，若今之侍中，散騎常侍也"。

(22) 『元史』巻八〇「輿服志三・儀衛志」《殿上執事》"質子，国語曰都魯花 turqaq"。

(23) 『旧唐書』巻一九四上「突厥」，『文苑英華』巻七六九「辺防」《与魏徴論突厥議一首》，『冊
　　　府元亀』巻九九一「外臣部」《備禦第四》，『旧唐書』巻八「玄宗本紀上」"[開元十年閏五月]
　　　戊寅，勅遣番充質宿衛子弟，並放還国"，『唐大詔令集』巻一二八「蕃夷」《綏撫》"放諸蕃質
　　　子各還本国勅"今外蕃侍子久在京師，雖威恵之及，自還琴帰，而羇旅之意，重遷斯在。宜
　　　命所司勘会諸蕃充質宿衛子弟等，量放還国。<u>契丹及奚延通質子，并即停追，前令還蕃首領等
　　　幽州且住交替者，即放去</u>"。
　　　　なお，じゅうらい看過されているようだが，『回回館訳語（乙種本）』の来文に収録された
　　　Diyār-i Bākh > Diyār-i Balkh 白勒黒の sulṭān 速壇 Zamān-vāng 宰蠻王から Dāīmīng-khān 大明皇
　　　帝への奏上文は，"唐太宗"をほかの漢語の固有名詞のように Tang-Taizong と音訳すること
　　　はせず，نوشوان nūsh-vān と記す。おそらく正しくは نوشوان nūshirvān, نوشرون nūshīr-
　　　vān すなわちアークエンジェルのガブリエル。であれば，サーサーン朝ペルシアのホスロー
　　　一世と同じ名で呼ばれていたことになる。かれら二人の行跡は，生没年が近いことはもとよ
　　　り，即位をめぐっての兄弟殺し，大掛かりな文化振興策など共通項が多く，明朝の四夷館の
　　　翻訳官が意訳したとも考えられる。しかし，太宗李世民がもともとテュルク語名，ソグド語
　　　名など複数の名を有していた可能性は否定できない。いずれにしても，『華夷訳語』の「来
　　　文」は，いずれの言語を問わず，きわめて史料性が高く活用が望まれる。なお，フレグ・ウ
　　　ルスのアブー・サイードの死後，傀儡として立てられた khān たちのなかにも Nūshirvān
　　　(1344-56) がいる。かれが発行したコインには，ウイグル文字で Nuširwan，アラビア文字
　　　では Nūshirvān, Anūshirvān の二通りに刻される。『モンゴル時代の出版文化』pp. 221-228,
　　　Ömer Diler, *Ilkhans : Coinage of the Persian Mongols*, 2006, Istanbul, pp. 599-608.

(24) ウイグル漢字音ではそれぞれ čigčin と uaičin。『高昌訳語』「方隅門」"内：以尺克力
　　　ičqri"，ラスール朝の六ヶ国語辞書に Tur. ič＝Per. andarūn とあり，ペルシア語資料にみえる
　　　īchkī < ičqi＝ič oɣlan は，まさに近侍の意味で用いられる。「山西霊丘北魏文成帝南巡碑」碑
　　　陰にみえる内行内小，内三郎はまさにそれにあたろう。ただし，ičq の語頭の i が漢字で表
　　　記されていないこと，"外：塔失哈力 tašiqari"であることからすれば，『高昌館訳語』「人事

門」"出：尺黒 čik-"に基づき，čikčin（命令を出す者たち）ととるか，『続増華夷訳語（韃靼館）』（仏国アジア協会蔵）「人事門」に"相親：赤兀剌 čikula-"とあるので，"čikčin 親信の的毎"と解するべきか（モンゴル時代のティベット語史料にみえる phag phyi/chag phyi チャクチなる語も，おそらくはこの鮮卑語の"直真"に由来する）。いっぽう，"烏矮真"は，大代の正始元年（504）の「持節齓州刺史山公寺碑頌」をはじめ，北魏の墓誌や「南巡碑」碑陰に見える"羽真"とおそらく同一。『高昌訳語』『畏兀児館訳語』「宮室門」には"房：傲烏 aw u"，"房屋：威 üy"とある。ようするに ev oɣlan。Ūīghūr の原義は，ラシードゥッディーンによれば"我らに彼を以って有り，援助をなし伴となれり"，"団結・協力すること"である。čikčin（命令を出す者たち）の対と考えるならば uyčin（命令に応える者たち）か。なお，「南巡碑」の吐略渥は turqaq 質子／宿衛を指す。D. Varisco & G. R. Smith (ed), *The Manuscript of al-Malik al-Afḍal*, Gibb Memorial Trust, 1998, p. 206 ; P. Golden, *The King's Dictionary : The Rasūlid Hexaglot*, Brill, 2000, p. 318 ; Muhammad Mahdī Xān, *Sanglākh*, Gibb Memorial, 1960, 96v. l. 24 ; G. Doerfer, *Türkische und Mongolische Elemente im Neupersischen*, vol. 2, Wiesbaden, 1965, pp. 174-175, pp. 166-169 ; *Jāmi' al-Tavārīkh*, MS : Istanbul, f. 11b, f. 28b, MS : Taškent, f. 10a, f. 27b, 山本明志「13・14 世紀モンゴル朝廷に赴いたチベット人をめぐって——チベット語典籍史料から見るモンゴル時代」（『待兼山論叢』史学篇 45　2011 年　p. 44）

(25) ウイグル漢字音で pitïgčin。『元史』巻九九「兵志二・宿衛」"為天子主文史者，日必闍赤"，『韃靼館訳語』「人物門」"吏：必闍赤 bičikči"。*Türkische und Mongolische Elemente im Neupersischen*, vol. 2, pp. 264-269. なお，北魏の墓誌銘に"乞銀曹・比和真曹・匹紇曹・四曹尚書"，"乞銀曹・比和真曹・宿営曹・四曹尚書"とある。『漢魏南北朝墓誌彙編』p. 185, p. 267.

(26) ウイグル漢字音で poɣtaičin。*Dīwān Lūghāt al-Turk*, f. 275b にみえる"包袱"の意の bohtay か。栗林均・呼日勒巴特爾編『『御製満珠蒙古漢字三合切音清文鑑』モンゴル語配列対照語彙』（東北大学東北アジア研究センター　2006 年　p. 62）巻二三 78b1【衣飾部・包裏類】でも，"boɣudal 包袱"とある。

(27) ウイグル漢字音で qulaɣčin。「皇帝南巡碑」碑陰の"斛洛真"に同じ。*Türkische und Mongolische Elemente im Neupersischen*, vol. 1, 1963, pp. 429-432. 『元史』巻八〇「輿服志三・儀衛志」《殿下執事》"殿内将軍一人，凡殿内佩弓矢者・佩刀者・諸司礜者皆属焉如火児赤，温都赤之類，是也"，同巻九九「兵志二・宿衛」"其怯薜執事之名：則主弓矢，鷹隼之事者，日火児赤・赤宝赤・怯憐赤"，同巻一一九「塔察児伝」"火児赤者，佩槖鞬侍左右者也"，『事林広記』続集巻八「文芸類」《蒙古訳語》【君官門】"帯弓箭人：貨魯赤"，『道園学古録』巻二四「曹南王勲徳碑」"火而赤者，服御弓矢常侍左右者也"。

(28) ウイグル漢字音では kivančin。*Türkische und Mongolische Elemente im Neupersischen*, vol. 1, pp. 471-472. 『事林広記』続集巻八「文芸類」「蒙古訳語》【君官門】"通事：乞里覚赤"。

(29) ウイグル漢字音では qabaɣčin。

(30) ウイグル漢字音では virčuɣčin。次の yamčin と対応するはずなので，モンゴル時代の站赤制度に照らし，『高昌訳語』「人物門」"馬夫：兀剌只 ulaqči ととりたいところだが，明らかに音価が異なる。*Dīwān Lūghāt al-Turk*, f. 225a に"賎人"の意で収録される yuzuqčin か。ただ，"拂"は他の例からすれば，b- 音を表す可能性が高く，であれば『『御製満珠蒙古漢字三合切音清文鑑』モンゴル語配列対照語彙』巻十七 36a3【人部・懦弱類】p. 65 の"bolčulki =ju 磽碌庸人"あるいは巻十八 27b3【人部・鈍謬類】p. 81 の"büdügün 粗糙"につらなる語

第 10 章　モンゴル・バクシとビチクチたち　　515

彙とも考えられる。

(31) ウイグル漢字音では χamčin。*Türkische und Mongolische Elemente im Neupersis-chen*, vol. 4, 1975, pp. 110-120.

(32) ウイグル漢字音では kiχaičin。*Türkische und Mongolische Elemente im Neupersis-chen*, vol. 1, pp. 487-488.『続増華夷訳語（韃靼館）』「器用門」“刀：乞都阿 kitu'a”, *The Manuscript of al-Malik al-Afḍal*, p. 205, l. 11 ; *The King's Dictionary*, p. 288.『元朝秘史』巻六 41b3 では，“乞都阿赤　額不堅 kidu'ači ebügen：好殺的老人”とするが，ほんらい kidu'ačin，背中に刀を背負う者たち，侵入者・暗殺者を返り討ちにするボディーガードで，『南斉書』の“殺人者”とは，そのことを指したもの。明朝廷の翻訳官が“人殺し好きの老いぼれ”と漢訳するのは，派生した意味を以て解したからだろう。チンギス・カンが，アンダたるセングムをメルキト部の長トクトガの bö'e 師公・覡扱いしたのと同様に，qan ečige 汗父たるオン・カンを，敢えてブイルク・カンの刀持ち，ケシクの一員だったことを持ち出し貶めたもの，と見ることができる。いっぽう，かくいうチンギス・カンも，その後まもなくナイマンの Tayang-qan に“大金皇帝の qorči 箭筒士”呼ばわりされた。*Jāmi' al-Tavārīkh*, MS : Istanbul, f. 84a, f. 88b.

(33) ウイグル漢字音では čerχoičin。「皇帝南巡碑」碑陰にみえる“折紇真”に同じ。『元史』巻九九「兵志二・宿衛」“書写聖旨，曰扎里赤”。『事林広記』続集巻八「文芸類」《蒙古訳語》【君官門】“断事官：扎魯花赤”，『元史』巻一二四「忙哥撒児伝」“迺以為事官之長，其位在三公之上，猶漢之大将軍也”。

(34) ウイグル漢字音では fučin。だが，附離を büri と読むのであれば，『畏兀館訳語』「人物門」に“厨子：孛兀赤”とあるように bawurčin を指すとみてよい。黄元吉『流星馬』（『孤本元明雑劇』）第二折【酔春風】“俺父親鎮守着雁門関，毎日家馬和人常教演，終朝殺馬做筵席，将愁懐来，遣遣，虎児赤<ruby>吹弾<rt>フルチ</rt></ruby>，**保児赤<ruby>割肉<rt>バウルチ</rt></ruby>**，畢徹亦把体面”。

(35) 側用人，側近，支柱の意。Hindūshāh b. Sanjar Ṣāḥibī Nakhchivānī, Bīkdilī (ed), *Ṣiḥāḥ al-'ajam*, Tehrān, 1366, p. 477 は，“ホラズム語の chūpān 羊飼い”とする。ただし，ウイグル漢字音では yočin，これにもとづけば“賓客たち”の意の jočin。

(36) 附隣，附離は狼の意なので，佛狸も büri かもしれない。同時代の漢字のウイグル音訳で“佛”は vyr, bur である。『周書』巻五〇「異域下」《突厥》“旗纛之上，施金狼頭，侍衛之士，謂之附離，夏言亦狼也。蓋本狼生，志不忘旧”。

(37) 「魏故歩兵校尉千牛備身武衛将軍燕州大中正平北将軍燕州刺史寇君墓誌銘」，「故司空城局参軍陸君墓誌銘」は“俟懃地河”に作る。『漢魏南北朝墓誌彙編』p. 49，『芒洛冢墓遺文続編』巻上

(38) 蘇尼，俱泥と同様，“bat- 貫くこと”が変化したものだろう。『蒙文総彙』巻六 42a9 にも“baγta＝深刺入状，箭中的深状，扎透状”とある。ウイグル漢字音は maγti。栗林均編『『蒙文総彙』──モンゴル語ローマ字転写配列』（東北大学東北アジア研究センター　2010 年 p. 39）

(39) 前半を数字の iki“二”ととれば，後半は“千石”に相当する単語ということになる。“郁若”はウイグル漢字音では yuγžaγ。発音からすれば，『突厥語総覧』，『世界を開くものの歴史』，『集史』等にみえる yazak 前衛／夜間巡察と同一か。

(40) 「魏故歩兵校尉千牛備身武衛将軍燕州大中正平北将軍燕州刺史寇君墓誌銘」に見える“東宮受比延”もおそらく同一の職。ウイグル漢字音は šiuber。

(41) 『元典章』や『秘書監志』などの政書に収録されるほか，カアンの聖<ruby>旨<rt>ジャルリク</rt></ruby>のもとに公費で出

516　第 III 部　ケシクからみた大元ウルス史

版されたさまざまな分野の書物の巻頭・巻末の附録，各地の寺観に立つ碑石あるいはその拓
本のかたちで伝来する。宮紀子「モンゴルが遺した『翻訳』言語——旧本『老乞大』の発
見によせて（上）」（『内陸アジア言語の研究』18　2003 年 8 月　のち『モンゴル時代の出版
文化』名古屋大学出版会　2006 年　pp. 177-268 に収録）参照。

(42)　*Shu'ab-i Panjgānah*, MS : Istanbul, Topkapı Sarayı Müsesi, Kütüphanesi, Ahmet 2937.

(43)　『続増華夷訳語』「器用門」“傘：書庫児 sikur”，『元史』巻八〇「輿服志三・儀衛志」《殿
上執事》“司香二人，掌侍香，以主服御者国語日「速古児赤」摂之”，同巻九九「兵志二」《宿
衛》“掌内府尚供衣服者，日速古児赤”。*Türkische und Mongolische Elemente im Neupersischen*,
vol. 1, pp. 357-358.

(44)　『南村輟耕録』巻一【昔宝赤】“昔宝赤，鷹房之執役者。毎歳以所養海青獲頭鵝者，賞黄金
壹錠”，『国朝文類』巻四一「鷹房捕猟」。

(45)　*The Muqaddimat al-Adab : A Facsimile Reproduction of the Quadrilingual Manuscript*（*Arabic,
Persian, Chagatay and Mongol*），The Alisher Navoi State Museum of Literature and the Japan Society
for the promotion of Science, Tokyo, 008, f. 44a によれば，チャガタイ語の yurt, モンゴル語の
nutuq 営盤，ペルシア語の manzil は同義。*Türkische und Mongolische Elemente im Neupersis-
chen*, vol. 4, p. 216-217. 本田實信「モンゴルの遊牧的官制——ユルトチとブラルグチ」（『小
野勝年博士頌寿記念東方学論集』龍谷大学　1982 年　のち『モンゴル時代史研究』東京大
学出版会　1991 年　pp. 69-82 に収録）

(46)　『歴代名臣奏議』巻六七鄭介夫「上奏一綱二十目・怯薛」“古称侍衛禁直左右前後之人，今
謂之怯薛歹。以今倣古而古者為数甚多，立名甚繁。今之名数，視古頗簡。『周礼』「天官冢
宰」曰「膳夫」，曰「庖人」，曰「内饔」，曰「外饔」，曰「漿人」曰「烹人」，曰「籩人」，今
之博児赤也。曰「幕人」，曰「司服」，曰「司喪」，曰「内宰」，今之速古児赤也……如速古児
赤・博児赤・愠都赤・昔保赤・玉勒赤・阿児赤・禿赤等職員，皆君側必用之人所不可少者”。

(47)　『中国墓室壁画全集　隋唐五代』（河北教育出版社　2011 年　p. 16）。陝西省三原県（唐の
高祖献陵の所在地）李寿墓の墓道西壁に描かれた壁画。白い大型馬の背に懸けられた覆いは
きわめて豪華であり，黒い鬣もきちんと整えられている。同じ西壁に描かれる栗毛と棗色の
馬，東壁の赤，黒，黄，白四色の馬がつける馬具はこれほどではない。したがって，主人の
御成りをまさに待っている場面と知れる。馬を引く人物——モンゴル時代でいえば kötölči
は，高い鼻梁に落ち窪んだ大きな目，濃い眉，頬鬚を生やしており，風貌からすれば，ソグ
ド系ではあるまいか。馬の後方にいる 6 名も kötölči とほぼ同じ服装に身を包んでいる。持
ち物がはっきり見えるのは，奥の三人のうち傘蓋のみで，日光・雨にさらされる表地には白
い布を，差しかけられた人物から直接見える裏地には，赤地に金糸を織り込んだ布を使用し
た瀟洒なものであった。このこりの二人は蠹と鉾をもっているようにみえるが，はっきりとは
確認できない。手前の三人のうちひとりは，モンゴルでいえば üldüči 環刀持ちか。ちなみに，
チンギス・カンの傘蓋は，南宋の使節団のメンバーであった孟珙によれば，表のほうも赤地
に金糸であった。

(48)　『高昌訳語』「器用門」“傘：苦沙的力 küšetiri”。

(49)　『南村輟耕録』巻一【云都赤】“国朝有四怯薛太官。怯薛者，分宿衛供奉之士為四番，番三
昼夜。凡上之起居，飲食，諸辭御之政令，怯薛之長皆総焉。中有雲都赤，乃侍衛之至親近者。
雖官随朝諸司，亦三日一次，輪流入直。負骨朶於肩，佩環刀於（要）[腰]。或二人，四人，
多至八人……然有所奏請，[無] 云都赤在，固不敢進。今中書移咨各省，或有須備録奏文事

者，内必有云都赤某等，以此之故。余又究骨朶字義，嘗記宋景文『筆記』云「関中人以腹大為胍肛上音孤，下音都，俗因謂杖頭大者，（赤）[亦] 曰胍肛，後訛為骨朶，朶平声」。『元典章』巻三五「兵部二・軍器」《拘収》【拘収古朶刀子】【禁遍鋪鉄尺手槍】にみえる"古朶"も同じ。骨朶は『皇明鹵簿図』（名古屋市蓬左文庫蔵　抄本）に挿絵と解説が載り，邵国田主編『敖漢文物精華』（内蒙古文化出版社　2004 年　p. 111）に紹介されるように契丹時代の実物ものこる。『元史』巻七九「輿服志二」は"骨朶，朱漆棒首，貫以金塗銅鎚"という。ぎゃくに，これらの図像から，「狩猟図刻彩漆盆」（『室町将軍家の至宝を探る』徳川美術館 2008 年　p. 138）（口絵 26），『集史』の歴代カアン，各ウルスのカンたちの即位式・宴会を描く細密画（口絵 30）にみえる骨朶を持つ怯薛二名が üldüči であることもわかる。『集史』の細密画にもしばしば描かれている。

(50)『突厥語総覧』は，basruq を鎮圧物とし，『高昌訳語』の「人物門」は"酋長：把失喇古只bašlaquči"，「人事兼通用門」は"引領：把失喇 bašla"と定義する。The Manuscript of al-Malik al-Afḍal, p. 198, l. 30 ; The King's Dictionary, p. 202 は，ペルシア語の shaḥnah とテュルク語の basčāq，モンゴル語の dārūghā を等しいとし，Codex Cumanicus, Biblioteca Nazionale Marciana, f. 23b は，ラテン語の rector，ペルシア語の saana，クマン／キプチャク語の baskac をイコールで結ぶ。Dīwān Lūghāt al-Turk, f. 117b.『国朝文類』巻五八「中書右丞相史公神道碑」"国朝之制，州府司県，各置監臨官，謂之達魯花赤"。

(51)『宋書』巻九五「索虜伝」, Dīwān Lūghāt al-Turk, f. 276b.

(52) P. Angelo à S. Joseph, Gazophylacium Linguæ Persarum ; Triplici linguarum Clavi Italicæ, Latinæ, Gallicæ, Amstelodami, 1684.

(53) たとえば，ボローニャ大学が蔵する多言語辞書，Abū al-Qāsim Maḥmūd b. ʿUmar al-Zamakhsharī の Muqaddimat al-adab, MS : 3014 は，A. H. 663 年（1265），ジョチ・ウルスのkhāqān al-aʿẓam Birka khān すなわちベルケのもとで増補され，おそらくは黒海経由でヴェネツィア商人によって，もたらされた。そしてかれらがあらためて編纂したラテン語・ペルシア語・キプチャク語辞典 Codex Cumanicus は，あまりにも有名である。ヴェネツィアやフィレンツェでは，はやくから Muqaddimat al-adab, Hindūshāh b. Sanjar Ṣāḥibī Nakhchivānī の Ṣiḥāḥ al-ʿajamī などアラビア語，ペルシア語，テュルク語の多言語辞書や Nāṣīr al-Din Ṭūsī の Zīj-i Ilkhānī などの科学書を意図的に収集していた。やはり十四世紀の多言語辞書として知られる Jamāl al-Dīn Ibn al-Muhannā の Kitāb Ḥilyat al-Insān wa Ḥalbat al-Lisān の写本のひとつも，ローマで発見された。Catalogo dei Manoscritti Persiani Conservati nelle Biblioteche D'Italia, Istituto Poligrafico e Zecca dello Stato Libreria dello Stato, Roma, 1989, p. 25, p. 48 ; M. Weiers, Ein arabisch-mongolischer Wörterspiegel aus der Biblioteca Corsini in Rome, Zentralasiatische Studien, vol. 6, 1972, pp. 7-61.

(54) Gazophylacium Linguæ Persarum, p. 19/193, p. 43, p. 100, p. 115, p. 145/385, p. 177, p. 200, p. 297/317.

(55) ほかにも，いにしえより壁画やミニアチュールの超高級顔料として使用され（フランスでは王室の色ともなり），モンゴル時代以降は磁瓶の意味すら有した Lājvardī が āsmānī 天の色であり，イタリア語では azzuro, rang-i Lājvard＝ortra-marino colore に相当したこと，遊牧民の世界できわめて重要な tamghā, nishān-i asb が，しっかり bollo de cavalli と紹介されていること，同じ tamghā でも kharāj の意味で＝dogana と訳される場合，al-tamghā は farmān, khukm に等しく deploma であること，yāsāq が taftīsh-i lashkar すなわち rassegna 閲兵・観閲

の意味に転じていること，冒頭で紹介したごとく **chīn, chīn va Machīn**＝China であり，**qaiṣar, khankār, sulṭān, malik, khāqān, pādshāh, shāh, yaghir** などはいずれも imperatore と見なされていたこと，**vazīr-i aʿzam, nāyib-i pādshāh**＝Ministro di Stato に相当することなどがわかる。また，こんにちイタリアで欠かせない食品が，**rishtah-i khiṭāī, tutmāj**＝lasagna, **līmū**＝limone, **nāranj**＝narancio, **zaitūn**＝liva といずれも東方貿易によって将来されたことが一目瞭然である。*Gazophylacium Linguæ Persarum*, p. 37, p. 259, p. 43, p. 100, p. 92, p. 59, p. 327, p. 153, p. 229, p. 191, p. 199, p. 247.

(56) F. Meninski, *Thesaurus Linguarum Orientalium Turcicæ, Arabicæ, Persicæ*, Wien, 1680 ; *Grammatica Turcia*, Wien, 1683 ; *Complementum Thesauri Linguarum Orientalium, seu Onomasticum Latino-Turcico-Arabico-Persicum, Simul Idem Index Verborum*, Wien, 1687.

(57) T. X. Bianchi & J. D. Kieffer, *Dictionnaire Turc-Français*, Paris, 1801.

(58) 杉山正明「元代蒙漢合璧命令文の研究（一）（二）」（『内陸アジア言語の研究』5・6 1990年・1991年 のち『モンゴル帝国と大元ウルス』pp. 372-424 に収録），同「草堂寺闊端太子令旨碑の訳注」（『史窗』47 1990年 のち『モンゴル帝国と大元ウルス』pp. 425-456 に収録），同「東西文献によるコデン王家の系譜」（『史窗』48 1991年 のち『モンゴル帝国と大元ウルス』pp. 457-489 に収録），同「八不沙大王の令旨碑」（『東洋史研究』52-3 1993年 のち『モンゴル帝国と大元ウルス』pp. 187-240 に収録）

(59) 小野浩「とこしえの天の力のもとに――モンゴル時代発令文の冒頭定型句をめぐって」（『京都橘女子大学研究紀要』20 1993年 pp. 209-187）

(60) 呉均『三晋石刻総目 運城地区巻』（山西古籍出版社 1998年 pp. 138-141）は，未公開のさまざまな直訳体碑が存在することを伝える。これを承けた研究，姚美玲「山西芮城清涼寺現存元代白話碑録釈」（『中国文字研究』15 2011年12月）の紹介する二つの直訳体命令文のうち，戊申年（1248）九月付けのグユク・カン時代のチャガン・ノヤンの言語は，杉山正明が命名したいわゆる「前期直訳体」で記されている。もう一通は，成宗テムルの大徳二年（1298）三月，まだ諸王のひとりに過ぎなかったアユルバルワダが大都にて発令した令旨である。いずれも定型化したクビライ以降の聖旨と比べると，用語・言い回しの点でいくつかの差異が認められる。ちなみに芮城は，黄河が向きを変える要衝の地であり，塩の生産地として名高い解州にもほど近い。

(61) 『隋書』巻八四「北狄・突厥伝」

(62) 『史記』巻一一〇「匈奴列伝」

(63) 南宋からチンギス・カンのもとに派遣された外交使節団のメンバーのひとり孟珙は，その報告書『蒙韃備録』のなかで

> 韃人（モンゴル）は金の虜（えびす）どもの習俗を踏襲し，領録尚書令，左右相，左右平章等の官を置き，さらに大師，元帥等も設置した。ベルトに吊り下げる金牌については，第一等の貴臣の場合は，二頭の虎が向かい合っている「虎闘金牌」という，漢字で「天が賜わりし成吉思皇帝（チンギスカ）の聖旨（ジャルリク）に：当に宜しきに便じて事を行うべし」と書いてあるものを帯び，その下の場合には無地の金牌で「天が賜わりし成吉思皇帝の聖旨に：疾（はや）く」とあるものを帯び，さらに下の場合になってしまうと，銀牌で文は二番目と同じであります。成吉思が頒行する詔勅等の文書のごときもまた，みな金の虜・叛臣等が教えたものです。

と述べるが，あくまで，華北に発令された雅文漢文の聖旨・吏牘のことである。

(64) 『清波雑志』巻六 "外国表章類，不応律令，必先経有司点視，方許進御。宝元間，遣屯田員外郎劉渙奉使咰厮囉番中，不識称朝廷，但言「趙家天子及東君趙家阿舅」，蓋吐蕃与唐通姻，故称阿舅，至今不改。政和間従<u>于闐</u>求大玉，表至，示訳者，方為答詔。其表有云「日出東方，赫赫大光，照見西方五百里国，五百里内<u>條貫主</u> Tavghāch，<u>黒汗王</u>表上『日出東方，赫赫大光，照見四天下，四天下條貫主阿舅大官家。你前時要者玉，自家甚是用心，只為難得似你底尺寸。已令人両河尋訪，繾得似你底，便奉上』』。元豊四年，<u>于闐国</u>上表称"于闐国儸儸，大福力量知文法黒汗王，書与東方日出処大世界田地主漢家阿舅大官家"云云。如此等語，恐藩服自有格式"。前半の表文について，『鉄囲山叢談』巻一は，"太上始意作定命宝也，乃詔于闐国上美玉。一日<u>條</u>赴朝，請在殿閣侍班，<u>王内相安史</u>，因言「近于闐国上表，命訳者釈之，将為答詔。其表大有懼也」。同班諸公喜皆迫詢曰「甚願聞之」。<u>王内相</u>因誦曰「日出東方，赫赫大光，照見西方五百中<u>條貫主</u>阿舅汗，<u>黒王</u>表上『日出東方，赫赫大光，照見四天下，四天下條貫主阿舅大官家。你前時要用玉，自家瞭是用心，只被難得似你那尺寸底。我已令人尋討。如是得似你那尺寸底，我便送去也」」。於是，一坐為哄。吾因曰『『裕陵実録』已載<u>于闐</u>表文，大略同此。特少文勝者，疑経史官手潤色故爾』。衆乃黙然"という。後半の表文については『宋史』巻四九〇「外国伝六」も参照。

(65) V. Minorsky, Pūr-i Bahā's 'Mongol' ode, BSOAS, vol. 18, No. 2, 1956, pp. 261-278.

(66) 時代はくだるが『至正条格』巻二「断例」《職制》【漏泄官事】にも "至治元年十月十三日，中書省の奏に「中書は国家の大勾当を管し着有る。近間，但凡そ合に商量すべき的 勾当有れ呵，事を管する的 必闍赤人等が事情を走泄し，随即に事を為す的 人毎に知道せ教える 有る。在前也『這般に事情を走泄す的 人毎根底好生根捜せ教め者』廐道，普顔篤皇帝より聖 旨が有っ来。今後は事情を走泄す的 人毎を将て 根捜出し来り，好生罪過を要め了，黜退して了呵，怎生？」と奏した呵，奉じたる聖旨に「那般にせよ」"とある。

(67) 『元史』巻一三四「也先不花伝」。なお，エセン・ブカの前にクビライの uluγ bitikči をつとめたのは，ウイグルのシバンである。かれは，かつてカイドゥの父カシダイ（太宗オゴデイの息子）の家庭教師だった。『元史』巻一三四「昔班伝」

(68) 『元史』巻一三五「鉄哥朮伝」

(69) Jāmi' al-Tavārīkh, MS: Istanbul, f. 16a.

(70) Fr. Guillelmus de Rubruc, Itinerarium, cap. 36 ; P. A. Wyngaert (ed), Sinica Franciscana, vol. 1, Firenze, 1929, p. 233.

(71) 『高麗史』巻二三「高宗世家二」

(72) Itinerarium, cap. 36 ; Sinica Franciscana, vol. 1, pp. 307-309.

(73) 『黒韃事略』"燕京市学多教<u>回</u>回字及<u>韃</u>人訳語。繾会訳語，便做通事，便随<u>韃</u>人行，打恖作威福，討得撒花，討得物事"。

(74) 『黒韃事略』に "小名，兀窟觮"と伝えられるオゴデイは，『集史』「オゴデイ・カアン紀」によれば，

Ūktāī Qān の名は最初……だったが，かれは気に入っていなかった。そのご，かれの名を Ūkdār/Ūkdāī に変えた。この単語の意味は，'orūǰ 上昇・昇天である。

という。『突厥語総覧』に AAĠDY＞aγdï，AĠTY＞aγïttï と記される単語は確かに "上昇"を意味し，『元朝秘史』巻一 37a3, 巻五 28b2, 巻七 42a5 に "幹額迭ö'ede：逆着／上／高"とある単語もまた，それに相当する。いっぽうで，『集史』「中国史」は，その緒言において，

大金の完顔阿骨打を Vānyān Ūkdāī と表記し，モンゴル人はかれを Qūdah と呼んだ，という。そして，その直後に Ūktāī Qāan とも記す。以上とチンギス・カンの ja'ut-Quri としての経歴，長男のジョチ（Mon. joči 客）が西方では Tūshī の名——黄河の源の探査に当たった女真蒲察氏の都実と同名——をもって知られていたことからすれば，オゴデイのもとの名も，女真語由来だった可能性がある。『金史』「国語解」《人事》"凡市物已得日「兀帯」，取以名子者，猶言貨取如物然也"，《物類》"訛古乃，犬之有文者"が候補となる。オゴデイの息子（有名なカイドゥの父）が Qašidai 河西觯という名であるいっぽう，『金史』「国語解」《物類》に"合喜，犬子"とあること，美麗なミニアチュールで知られる『集史』パリ本や最近イランで発見されたモンゴル時代の年代記に，Hūktāī と記されること（アルメニア語史料のひとつ，ヘトゥム侯の『東方史の華』においても Octota, Hoctota の二通りの表記），『集史』「チンギス・カン紀」に"阿骨打をモンゴル人は HQWTY > Huqūtai と呼んだ"とあることからすれば，後者ではあるまいか。*Jāmi' al-Tavārīkh*, MS : Istanbul, f. 134a, f. 95b, MS : Taškent, f. 105b, f. 67a, MS : Paris, BnF, suppl. persan 1113, f. 150b-151a ; *Dīwān Lūghāt al-Turk*, f. 48b ; *Jāmi' al-Tavārīkh*, MS : Istanbul, Hazine 1653, f. 391a-391b, 『南村輟耕録』巻二二「黄河源」，『宋史』巻九一「河渠志」，E. Budge, *The Chronography of Gregory Abū'l Faraj*（Bar Hebraeus），vol. 1, London, 1932, p. 353 ; Quṭb al-Dīn Shīrāzī, I. Afshār (ed), *Akhbār-i Mughlān dar anbānah-i Quṭb*, Tehrān, 1389, p. 20 ; Imprimerie Nationale, *Recueil des Historiens des Croisades, Documents Arméniens*, Tome II, Paris, 1906, pp. 155-163, pp. 289-296.

(75) 仙孔で，道士兼儒者を表した意訳であることはもちろん，"孔"の音で"人"を表して洒落ているつもりだろう。『長春真人西遊記』巻上に人々が丘処機を"騰吃利蒙古孔"と読んでいると記し，さらに割註で"訳語謂天人也"ともいう。そして，この書物の筆者こそ，ほかならぬ李志常だからである。ちなみに，同じ箇所には，師父，先生，真人，神仙などの呼称もあがっている。チンギス・カンはいご"神仙"と呼ぶように決めたというが，先生以下はほとんど発音が同じである。『華夷訳語（乙種）』「人物門」"人：口温 kümün"，『続増華夷訳語』「人物門」"道士：先生 sansing"。また，やはり『長春真人西遊記』の同じ箇所に出現する"外使田鎮海，劉仲禄，阿里鮮，内使近侍三人"は，チンカイが，はやい段階でオゴデイのケシクとなっていたことを示唆するとともに，前節で紹介した"直真"，"烏矮真"の区別を思わせる。チンカイは，耶律阿海が丘処機の通訳をつとめて帳内に入ったさいにも，外に控えていた。

(76) 『郝文忠公陵川文集』巻三五「故中書令江淮京湖南北等路宣撫大使楊公（楊惟中）神道碑銘」"金末，公以孤童子事太宗，自知読書，有膽略，太宗器之，弱冠銜命，西域三十余国……廓出太子伐宋，命公於軍前行中書省，克宋裹陽光化等軍・光・隋・郢・復等州，及襄陽徳安府，得名士数十人，収集伊洛諸書，載送燕都，立周子廟，建太極書院，俾師儒趙復等講授。公遂知性理学，慨然欲以道済天下。耶律楚材罷。遂以公為中書令領省事。太宗崩，太后称制，公以一相負任天下。谷幽皇帝即位，平陽道断事官斜徹，横恣不法，詔公宣慰"。

(77) 戊辰年の十二月三日（1209 年 1 月 10 日）生まれのモンケは，『元史』の本紀によれば，コンゴタンの占星術師から将来"大貴"となるといわれて，"長生"を意味する名を授かったとされる。モンゴル語命令文の冒頭に掲げられる"長生天気力裏 möngke tenggeri-yin küčün-dür"の möngke，パクパ字では mŏn-k'a と音価を指示されるそれである。ところが，ジュヴァイニーの『世界を開くものの歴史』にしても，『集史』「モンケ・カアン紀」にしても，モンゴル時代の写本においては，必ず MNKW > Mangū/Mungū, MWNKKW > Mūnkkū も

しくは MNKKW＞Mangkū/Mungkū と綴る。教皇の命を受け第三代皇帝グユクのもとに赴いたプラーノ・カルピニのジョヴァンニとブリディア修道士の記録，ルブルクのギョームのルイ九世への報告書はもとより，『東方史の華』やヘトゥム一世の旅行記をはじめとするアルメニア語史料もまた，Mengu, Mangu, Mango, Manku と表記する。モンゴル語にこの音価に類似するものを求めるならば，モンゴルそのものの由来ともされる"銀：蒙昆 mönggün"と考えざるをえない。いっぽう，『突厥語総覧』の MNKKW＞mängü であれば，確かに意味は"長生"である。おもしろいことに，モンケ自身がネストリウス派教団のカトリコス（総大主教）に与えた印璽，そこに刻まれたシリア文字テュルク語命令文の冒頭において

MNGW ṬNGRY KWYṢYN'＞ **mängü** tängri küčinta
MNGK' K'KN YRLYKMZ ＞ **Möngkä** qaɣan yarïɣmïz

と明確に区別する。バール・ヘブラエウスの年代記も，おそらくこれを受けてのことだろうが，Mūngā khān と記す。ちなみに，プラーノ・カルピニのジョヴァンニがインノケンチウス四世に届けた国書の冒頭もまた，アラビア文字表記のテュルク語で

MNKW TNKRY KWČNDA ＞ **mängü** tängri küčinda

と書かれるのであった。この問題については，ムハンマド・シャバーンカーライーの『系譜総覧』（イスタンブル写本）が次のように述べる。

> aqa 阿哥たち，后妃たち，公主たちと一致して，その khān の位が MNKW ＞ Mangū に決定されたとき，Bātū バトゥは，各人よりこの趣旨において一筆を課した。日を改め，Mangū の手を執り，かれを khān 位たる四つの枕[*1]の上に座らせた。**かれを MWNKKA QAĀN ＞ Mūnkkā Qā'ān と命名して**，上述したように，碗・曲柄・衣・帽・帯の封印が解かれ，献呈に供され，Mangū もまた，通例のごとく財宝をばらまき，銭糧を分配することを執行した[*2]。
> [*1] バール・ヘブラエウスの年代記によれば，世界の四方を象徴する。
> [*2] パリ写本はイスタンブル写本とは系統の異なる大意要約本といってよいもので，しかも MWNKKW KHAN, MWNKW QAĀN と綴る。

ようするに，モンケ・カアンとは，"チンギス・カン"のごとく，即位に際して贈られたモンゴル語の称号，それもオゴデイを越えることを意識した称号だったのだ。『析津志輯佚』に収録されるクビライ大王の令旨冒頭句が，1254 年五月にあっては"長生天気力裏，**蒙古**皇帝福蔭裏"で，七月には"長生天気力裏，**蒙哥**皇帝福蔭裏"となっているのもうなづける。アリク・ブケがモンケの後継者とみなされていた時期，安蔵によってウイグル語に翻訳された『華厳経』の奥書に，Möngkä qaɣan qan と表記されるのも，同様の理由である。同様に，Badr al-Dīn Lu'lu 時代のコインは，アラビックで MNKW QAN＞Munkū Qā'an と綴り，フレグ・カンの時代にいたって MWNKKA QAN＞Mūnkkā Qā'an と刻されるものが現れる。Munkū は，アバカ以降も用いられている例があるので，蒙古の意味で使用された可能性が示唆される。また，MWNKKA QAN の下に HWLAKW ḤAN＞Hūlāgū khān もしくは HWLAKW AYLḤAN＞Hūlāgū īl-khān を配し，Qā'an と khān の称号が明確に区別されている。『集史』部族志の「ケレイト部」で MWNKKA と表記する点は，『集史』の編纂過程，依拠した資料を知る指標・手がかりのひとつとなるだろう。1325 年，フレグ・ウルスの munshī

522　第 III 部　ケシクからみた大元ウルス史

書記だったナースィルッディーン・キルマーニーが編纂した歴代王朝の vasīr 達の列伝『歴史の香箱からの魔法の陣風』は，MWNGA QAĀN＞Mūngā と綴る（かれは，キルマーンのカラ・キタイ政権の歴史を綴った *Simṭ al-'Ulā li-l-Ḥaẓrat al-'Ulyā*『最高権威のための崇高の緒』の著者でもある）。

　『元史』巻三「憲宗本紀」，Juvaynī/Qazvīnī（ed），***Ta'rīkh-i Jahán Gushá***, vol. 3, Leyden & London, 1937, p. 5, p. 13, MS : Süleymaniye Kütüphanesi, Fatif 4316, f. 366a, MS : Amca Hüseyin Paşa 359, f. 218a, MS : Eşad Efendi 2106, f. 234a, MS : Paris, BnF, suppl. persan 1375, f. 186a, MS : suppl. persan 1556, f. 167a, MS : suppl. persan 205, f. 134b ; ***Jāmi' al-Tavārīkh***, MS : Istanbul, f. 185b-194b, f. 25a, MS : Taškent, f. 155a-164a, f. 23a ; *Dīwān Lūghāt al- Turk*, f. 305a, 海老澤哲雄・宇野伸浩「C. de Bridia による Hystoria Tartarorum 訳・註（1）」（『内陸アジア言語の研究』10 1995 年　p. 53），Fr. Iohannes de Plano Carpini, *Ystoria Mongalorum*, cap. 5, *Sinica Franciscana*, vol. 1, pp. 66-67 ; *Itinerarium, Sinica Franciscana*, vol. 1, pp. 164-332 ; *Recueil des Historiens des Croisades, Documents Arméniens*, Tome II, pp. 163-172, pp. 296-303 ; J. A. Boyle, The Journey of Het'um I, King of Little Armenia, to the Court of the Great Khan Möngke, *Central Asiatic Journal*, vol. 9, No. 3, 1964, pp. 175-189 ; R. Blake & R. Frye, History of the Nation of the Archers（the Mongols）by Grigor of Akanc', *Harvard Journal Asiatic Studies*, vol. 12, No. 3-4, 1949, pp. 322-327 ; J. Hamilton, Le texte turc en characteres syriaques du grand sceau cruciforme de Mār Yahballāhā III, *Journal Asiatique*, vol. 260, pp. 155-170 ; P. Pelliot, *Les Mongols et La Papauté*, Pl. 1, p. 15, 橘堂晃一「古代ウイグル語『華厳経』研究の新展開——奥書と訳出の背景を中心に」（『東洋史苑』86・87　2016 年 3 月　pp. 1-25），S. Poole, *The Coins of the Mongols in British Museum*, London, 1881, pp. 6-10, PL. 1 ; Ömer Diler, *Ilkhans : Coinage of the Persian Mongols*, Istanbul, 2006, pp. 233-252 ; Muḥammad Shabānkārā'ī, H. Muḥaddit（ed）, *Majma' al-Ansāb*, Tehrān, 1985, p. 257, MS : Sülaymaniye, Yeni Cami 909, f. 252b, MS : Paris, BnF, suppl. persan 1278, f. 295a ; Nāṣir al-Dīn Munshī Kirmānī, Jalār al-Dīn Mhaddith Husainī Urmawī（ed）, *Nasā'im al-Asḥār min Laṭā'im al-Akhbār*, Tehrān, 1959, p. 101.

（78）yalavač は，ペルシア語の peighambar/firishtādah，テュルク語・モンゴル語の ilči/elči に等しいとされるが，じつはかれは最初，文字通りチンギス・カンの使臣であった。1325 年編纂の『歴史の香箱からの魔法の陣風』によれば，ヤワラチはホラズム出身だが，早い段階でチンギス・カンの侍奉に加わり，しばしば elči/sifārat の職掌を以てスルタン・ムハンマド・ホラズムシャーのもとに遣わされたという。Yalavač なる名は通称に過ぎない。*The Manuscript of al-Malik al-Afḍal*, p. 186, p. 198 ; *The King's Dictionary*, p. 61, p. 198 ; *Nasā'im al-Asḥār min Laṭā'im al-Akhbār*, p. 100.

（79）熊夢祥著・北京図書館善本組輯『析津志輯佚』「学校」（北京古籍出版社　1983 年　pp. 197-201），曹昭撰・王佐補『新増格古要論』巻十宋景濂「元太宗皇帝御製宣諭後題」，高橋文治「太宗オゴデイ癸巳年皇帝聖旨訳注」（『追手門学院大学文学部紀要』25　1991 年　のち『モンゴル時代道教文書の研究』汲古書院　2011 年　pp. 33-67 に収録），同「クビライの令旨二通——もうひとつの「道仏論争」」（『アジア文化学科年報』2　1999 年　のち『モンゴル時代道教文書の研究』pp. 87-103 に収録）

（80）*Ystoria Mongalorum*, cap. 8-9 ; *Sinica Franciscana*, vol. 1, p. 93, pp. 109-110, pp. 123-124.

（81）P. Pelliot, *Les Mongols et la Papauté*, Paris, 1923. 杉山正明「モンゴル命令文の世界——ヴォルガからの手紙・ローマへの手紙」（京都大学大学院文学研究科 21 世紀 COE プログラム

第 10 章　モンゴル・バクシとビチクチたち　　523

「グローバル化時代の多元的人文学の拠点形成」2003 年 6 月 21 日　http://www.hmn.bun.
kyoto-u.ac.jp/asorder/meetings3-01.html）

(82) *Jāmi' al-Tavārīkh*, MS : Istanbul, f. 325a-326a, MS : Paris, suppl. persan 1561, f. 81b-84b.

(83) *Jāmi' al-Tavārīkh*, MS : Istanbul, f. 83a-84b, MS : Taškent, f. 54b-56a.

(84) *Jāmi' al-Tavārīkh*, MS : Istanbul, f. 222b, MS : Taškent, f. 192a.

(85) 中国語学を中心とする研究者のいわゆる「漢児言語」（『元典章』などの直訳体が，魏晋南
北朝から遼金時代にかけて，非漢族と漢族の間で形成されていったクレオール言語であると
する）論が成立しえないこと，この事例からも明らかだろう。ちなみに，大元ウルス治下の
直訳体が，明初以後，急速に消滅することに対する説明は，いまだ「漢児言語」論者からは
提示されていない。

(86) 『元史』巻十四「世祖本紀」“［至元二十三年十二月］戊午，翰林承旨撒里蛮言**「国史院纂
修『太祖・累朝実録』，請訳以畏吾字繕訳，俟奏読，然後纂定」**。従之”，巻十五「世祖本紀」
“［至元二十五年二月］庚申，**司徒撒里蛮等進読『祖宗実録』**。帝曰「太宗事則然。睿宗少有
可易者，定宗固日不暇給，憲宗汝独不能憶之耶？猶當詢諸知者」”，巻十六「世祖本紀」［至
元二十七年六月］丁酉，**大司徒撒里蛮，翰林学士承旨兀魯帯進『定宗実録』……”，“［十一
月］壬戌，大司徒撒里蛮，翰林学士承旨兀魯帯進『太宗実録』**，巻十八「成宗本紀」“［至元
三十一年六月］甲辰，詔翰林国史院修『世祖実録』，以完沢監修『国史』”，“［元貞元年六
月］甲寅，翰林学士承旨董文用等進『世祖実録』”，巻十九「成宗本紀」“［元貞二年十一月］
己巳，兀都帯等進所訳『太宗・憲宗・世祖実録』。帝曰「忽都魯迷失非昭睿順聖太后所生，
何為亦日公主？順聖太后崩時，裕宗已還自軍中，所紀月日先後差錯。又別馬里思丹炮手亦
思馬因，泉府司，皆小事。何足書耶？」”，巻二一「成宗本紀」“［大徳七年冬十月］庚戌，翰
林国史院進『太祖・太宗・定宗・睿宗・憲宗五朝実録』”，“［大徳八年二月］甲辰，翰林学士
承旨撒里蛮進**金書『世祖実録節文』一冊**，漢字『実録』八十冊”，巻二二「武宗本紀」“［至
大元年三月］己卯，命翰林国史院纂修『順宗・成宗実録』”。

(87) 洛陽市文物管理局『洛陽出土少数民族墓誌彙編』（河南美術出版社　2011 年　p. 92, p. 96），
『魏書』巻七上「高祖紀」“［太和五年］夏四月己亥，行幸方山，建永固石室於山上，立碑於
石室之庭，又銘太皇太后終制于『金冊』，又起鑑玄殿”，『魏書』巻一〇八之三「礼志」

(88) たとえば，テュルク語で書かれた 1398 年発令のジョチ・ウルスのテムル・クトルグの言
語の 35 行目から 36 行目にかけて，ほんらい熬酪・馬妳子・蜜・乾酪，倉の銭糧，承乳車の
□□と記されていたことが，『華夷訳語（甲種本）』「飲食門」“熬酪：阿兒児赤 a'arči”, “馬
妳子：額速 esük”, “乾酪：忽思魯 qurut”，『続増華夷訳語』「飲食門」“蜜：半 bal”，『集史』
部族志「ケレイト族」の “ūndūr の意味は，すなわち，皮革を縫い合わせ，車に積みこんだ
極めて大きな kiākiāvar 袋の数々——毎袋 500 マンの重さの qumïz 黒馬乳酒——である” 等
から推測される。И. Н. Березин, *Ханские ярлыки : Тарханные ярлыки Тохтамыша, Тимур-Кут
лука и Саадет-Гирея*, Казань, 1851 ; A. Grigor'ev, Grants of Privileges in the Edicts of Toqtamïs
and Timur-Qutluġ, *Between the Danube and the Caucasus*, 1987, pp. 85-104 ; A. Özyetgin, *Altın
Ordu, Kırım ve Kazan Sahasına ait Yarlık ve Bitiklerin dil ve Üslûp Incelemesi*, Ankara, 1996, pp.
106-107 ; *Jāmi' al-Tavārīkh*, MS : Istanbul, f. 24b, MS : Taškent, f. 22b. 『元史』巻一〇〇「兵志」
“醞都者，承乳車之名也”。

(89) G. Herrman & G. Doerfer, „ Ein persisch-mongolischer Erlaß des Ġalāyerinden Šayḫ Oveys",
Central Asiatic Journal, vol. 19, No. 1/2, 1972, pp. 1-88 ; G. Herrman & G. Doerfer, „Ein persisch-

524 第 III 部　ケシクからみた大元ウルス史

mongolischer Erlaß aus dem Jahr 725/1325", *Zeitschrift der Deutschen Morgenländischen Gesellschaft*, band. 125, 1975, pp. 317-346.

（90）M. N. Khanykov, Note sur le yarligh d'Abou-Saïd-khan conserve sur les murs de la mosuquée d'Ani, *Mélanges Asiatiques*, Tome II, St. Petersvourg, 1854, pp. 61-68 ; W. Barthold, W. Hinz (tr)„Die persische Inschrift an der Mauer der Manūčehr-Moschee zu Ani", *ZDMG*, 101, 1951, pp. 241-269.

（91）『通制条格』巻五「学令」《蒙古字学》【羊児年三月】，巻六「選挙」《令訳史通事知印》【延祐二年三月】

（92）『華夷訳語（甲種）』『韃靼館訳語』「人物門」"師傅：巴ʼ石 baqši", "吏：必闍赤 bičikči",『高昌訳語』「人物門」"師：把失 baqši"。

（93）『光緒益都県図志』巻二八「金石志」【兀林答僧儁碑並陰】"庚子，皇大弟国王令旨，於益都路取秀才三名，賜行省選，差赴北，充塔察国王位下為頭必闍赤長，於同列府事及文墨語言一切応酬，無所不統"。

（94）Hammer-Purgstall, *Geschichte Der Goldenen Horde in Kiptschak, Das Ist : Der Mongolen in Russland*, Wien, 1840, pp. 463-516 ; *Türkische und Mongolische Elemente im Neupersischen*, vol. 1-4, 本田實信「モンゴルの遊牧的官制——ユルトチとブラルグチ」，同「ジャライル朝のモンゴル・アミールについて」（『内陸アジア・西アジアの社会と文化』山川出版社　1983 年のち『モンゴル時代史研究』pp. 83-99 に収録），同「イルカン国における IQṬĀʼ 制について」（『北海道大学文学部紀要』7　1959 年　のち『モンゴル時代史研究』pp. 233-260 に収録）

（95）王惲『秋澗先生大全文集』巻六七「翰林遺稿」に収録される【改元詔】は，その内容から元貞改元のための起草と知れるが，『元典章』巻一「詔令」，『聖元名賢播芳続集』巻五に収録される十一月二十七日発令の【元貞改元詔】とは，まったく異なる。しかし，一句一句は，内容・言葉ともに，みごとに対応しあう。

	『元典章』『聖元名賢播芳続集』	『翰林遺稿』
01	朕荷天洪禧	朕祗遹先猷
02	承祖丕業	嗣承丕構
03	守成継統	訪予落止，在夙夜以靡遑
04	弗替於孝思	永言孝思，閲歳時而憒憒
05	踰年改元	惟春秋之謹始
06	勉遵於旧典	古今之成規
07	履端伊邇	適届履端
08	紀号惟新	聿新紀号
09	可改元三十二年為元貞元年	可改元三十二年為元貞元年
10	咨爾有衆	咨爾有衆
11	体予至懐	体予至懐

王惲は，至元二十九年（1292）より翰林学士を拝しており，封諡・除拝・大典の冊文の起草はもとより，『世祖実録』の編纂にも携わっている。発布された詔に物足りなさを感じて，

遊び半分に，添削・作り直した案とも考えられるが，『秋澗先生大全文集』は，息子の王公孺（とうじ著作左郎）が中書省・御史台に申請しカアンの認可を得て，江浙行省下の儒学銭糧を以て刊行，諸路に頒布されたいわゆる国家出版物である。「偽の詔」を載せて問題にならなかったことからすれば，モンゴル語原文が存在し，雅文漢文のコンペで落選したものと考えるのが素直だろう。『元史』巻二九「泰定帝本紀一」に収録される直訳体の「即位詔」と『元典章』，『国朝文類』等に収録される歴代カアンの雅文漢文の「即位詔」の内容・言い回しの類似は，それを強烈に示唆する。泰定帝の直訳体の詔については，杉山正明「大元ウルスの三大王国——カイシャンの奪権とその前後（上）」（『京都大学文学部紀要』34　1995年）に訳註がある。

(96)　『高昌館訳語』「通用門」"委任：土失的 tüšdi"，『続増華夷訳語』「人事門」"除授：土失周 tüši=jü"，*Türkische und Mongolische Elemente im Neupersischen*, vol. 1, pp. 267-268.

(97)　『華夷訳語（甲種本）』「人事門」"賞：莎余児_中合"，『元朝秘史』巻五 22b2 "莎余^舌児_中合：恩賜"，『高昌訳語』「人事兼通用門」"賞賜：瑣約児哈 soyurqa"，*Türkische und Mongolische Elemente im Neupersischen*, vol. 1, pp. 353-354.

(98)　『高昌訳語』「人事兼通用門」"商議：肯克失都 gengešdi"，*Türkische und Mongolische Elemente im Neupersischen*, vol. 3, pp. 613-614.

(99)　『元朝秘史続集』巻二 25a5

都兀^勒_中合灰　札^舌児里^黒　統_中合阿^舌侖
du'ulqa=qui　jarliq　**tungqa'a=run**
宣諭　的　聖旨　**宣諭**　時

『続増華夷訳語』「通用門」"省諭：撒闌桶哈周 saran-tunqa=ju"，*Türkische und Mongolische Elemente im Neupersischen*, vol. 1, p. 277.

(100)　Muhammad b. Hindūshāh Nakhchivānī, *Dastūr al-Kātib fī Ta'yin al-Marātib*, MS : Istanbul, Süleymaniye Kütüphanesi, Fazl Ahmad Paşa 1241, f. 175b-177a, MS : Paris, BnF, suppl. persan 463, f. 167b-168b, MS : Leiden, 574, f. 179a-180b ; Алаи-заде (ed), *Дастӯр ал-Кāтиб фӣ Та'йӣн ал-Марāтиб*, vol. 2, Москва, 1976, pp. 39-46.

(101)　"möngke tengri-yin küčün-dür 長生天気力裏 yeke su jali-yin ibegen-dür 大福廕護助裏" の意訳。

(102)　報酬，権利などの意味で使用されることが多いが，『集史』「チンギス・カン紀」の "如今，さまざまな ḥuqūq 勳功 のうち，汝に俺が与えた第一の ḥaqqī 功 は，これである" に対応する『皇元聖武親征録』，『元史』巻一「太祖本紀」の当該箇所は，それぞれ "此我有造於汝，一也"，"此大有功於君，一也" である。*Jāmi' al-Tavārīkh*, MS : Istanbul, f. 83a, MS : Taškent, f. 54b.

(103)　直訳体漢文では，"畏吾児毎" と表記される。

(104)　*Türkische und Mongolische Elemente im Neupersischen*, vol. 1, pp. 145-147 ; Muḥammad Mahdī Xān, *Sanglax*, London, 1960, f. 86r, l. 15-16.

ūlkā＜Tur. ölkä：vilāyat 邦土／田地, shahr 城子，またその名だたるものをいう。

(105)　校訂本の MTFṢY では意味が通らないので，イスタンブル本が明確にしめすごとく MTQZY＞mutaqaẓẓī と読む。

(106)　ふつう "bi-jāy āvardan" で "執行する／履行する" の意味を有するが，敢えて直訳した。

526 第III部 ケシクからみた大元ウルス史

(107)『韃靼館訳語』来文 "奴婢毎在辺外功労**出力**年遠了 bogol nar balan qijagar γadan-a ülümlen **küčü ogčü** on qola baraba", 漢蒙合璧の「張氏先塋碑」に頻出する "**küčü ogügsen**",『大元至元弁偽録』巻二に収録される至元十八年十月二十日付の皇帝聖旨に二箇所現れる "添気力" や,『水利集』巻一「行都水監添気力」, 巻三の「至元三十年八月初十日行省准都省咨文該」 "這の勾当裏也気力を添えて伴当と做した呵怎生?" 等に同じ。『回回館訳語』来文は "与朝廷出気力 **dādah** dar[g]āh **quvvat** bar āmadah" とする。F. W. Cleaves, The Sino-Mongolian Inscription of 1335 in Memory of Chang Ying-jüi, *HJAS*, vol. 13, 1950, pp. 1-131.

(108) 校訂本およびパリ本は, "Kuttāb 書記毎" に作る。

(109) 校訂本は, na-gardand とするが, na-kardand だろう。

(110)『通鑑続編』巻二二(台湾国家図書館蔵元刊本)「辛亥(1251)/蒙古憲宗皇帝元年秋七月」"蒙古以蒙哥撒児為断事官, 孛剌合為大必闍赤掌朝貢事。断事官, 掌国訟, 其権任為至重。大必闍赤, 其任猶左丞相也"。

(111) *Dastūr al-Kātib fī Ta'yin al-Marātib*, MS : Istanbul, f. 187b-188a, MS : Paris, f. 178b-179a, MS : Leiden, f. 191a-192a；*Дастӯр ал-Кāтиб фӣ Та'йин ал-Марāтиб*, vol. 2, pp. 105-108.

(112) 校訂本は MTFŞY と綴るが, 諸本を照らし合わせ MTQZY＞mutaqaẓẓī と読む。

(113) 未詳。後出の jalīl(＝輝きの・光栄な)と対になっているはずであるが, 天霊の, 選ばれた, 顕著な, 等の意味を有する asīr と解しておく。フレグ・ウルスのカンたちの言語の筆記という職務から, モンゴル命令文の冒頭句が意識されているに違いないからである。

(114) G. Doerfer, Mongolica aus Ardabīl, *Zentralasiatische Studien*, 9, 1975, pp. 187-263；G. Herrmann, *Persische Urkunden der Mongolenzeit*, Harrassowitz Verlag Wiesaden, 2004；F. W. Cleaves, The Mongolian Documents in the Musée de Téhéran, *HJAS*, 16, 1953, pp. 1-107；A. Soudavar, On Abū Sa'id bahādor Khān Edict in Uighur Language, *Nāmeh-ye Bahārestān*, vol. 11, No. 16, 2010, pp. 197-210.

(115)『黒韃事略』"行於回回者, 則用回回字, 鎮海主之。回回則有二十個字母, 其余只就偏傍上湊成。行於漢人・契丹・女真諸亡国者只用漢字, 移剌楚材主之。却又于後面年月之前, 鎮海親写回回字, 付与某人。此蓋専防楚材。故必以回回字為験, 無此則不成文書, 殆欲使之経由鎮海, 亦可互相検柅也"。

《著者略歴》
宮　紀子
みや　のりこ

1972 年生　徳島県出身
1999 年　京都大学文学研究科博士課程単位取得退学
2009 年　日本学術振興会賞，日本学士院学術奨励賞受賞
現　在　京都大学人文科学研究所助教，博士（文学）
著　書　『モンゴル時代の出版文化』（名古屋大学出版会，2006 年）
　　　　『モンゴル帝国が生んだ世界図』（日本経済新聞出版社，2007 年）他

モンゴル時代の「知」の東西　上

2018 年 2 月 28 日　初版第 1 刷発行

定価はカバーに
表示しています

著　者　宮　　紀　子

発行者　金　山　弥　平

発行所　一般財団法人　名古屋大学出版会
〒 464-0814　名古屋市千種区不老町 1 名古屋大学構内
電話 (052)781-5027/FAX (052)781-0697

© Noriko MIYA, 2018　　　　　　　　　Printed in Japan
印刷・製本 ㈱太洋社　　　　　　　ISBN978-4-8158-0900-3
乱丁・落丁はお取替えいたします。

JCOPY〈出版者著作権管理機構　委託出版物〉
本書の全部または一部を無断で複製（コピーを含む）することは，著作権法
上での例外を除き，禁じられています。本書からの複製を希望される場合は，
そのつど事前に出版者著作権管理機構（Tel：03-3513-6969，FAX：03-3513-
6979，e-mail：info@jcopy.or.jp）の許諾を受けてください。

宮　紀子著
モンゴル時代の「知」の東西　下
菊・600 頁
本体 9,000 円

宮　紀子著
モンゴル時代の出版文化
A5・754 頁
本体 9,500 円

井上　進著
中国出版文化史
―書物世界と知の風景―
A5・398 頁
本体 4,800 円

冨谷　至著
文書行政の漢帝国
―木簡・竹簡の時代―
A5・494 頁
本体 8,400 円

荒川正晴著
ユーラシアの交通・交易と唐帝国
A5・638 頁
本体 9,500 円

森安孝夫著
東西ウイグルと中央ユーラシア
菊・862 頁
本体 16,000 円

森平雅彦著
モンゴル覇権下の高麗
―帝国秩序と王国の対応―
A5・540 頁
本体 7,200 円

大塚　修著
普遍史の変貌
―ペルシア語文化圏における形成と展開―
A5・456 頁
本体 6,300 円

家島彦一著
海域から見た歴史
―インド洋と地中海を結ぶ交流史―
A5・980 頁
本体 9,500 円

家島彦一著
イブン・バットゥータと境域への旅
―『大旅行記』をめぐる新研究―
A5・480 頁
本体 5,800 円

小杉泰／林佳世子編
イスラーム　書物の歴史
A5・472 頁
本体 5,500 円

桝屋友子著
イスラームの写本絵画
B5・372 頁
本体 9,200 円

高田英樹訳
マルコ・ポーロ／ルスティケッロ・ダ・ピーサ　世界の記
―「東方見聞録」対校訳―
菊・822 頁
本体 18,000 円